蓮都年鑒

LIANDU YEARBOOK

《莲都年鉴》编纂委员会　编

2016

方志出版社
Publishing House of Local Records

图书在版编目(CIP)数据

莲都年鉴.2016/《莲都年鉴》编纂委员会编.—
北京:方志出版社,2017.2
ISBN 978-7-5144-2365-5

Ⅰ.①莲… Ⅱ.①莲… Ⅲ.①区(城市)—丽水—
2016—年鉴 Ⅳ.①Z525.54

中国版本图书馆CIP数据核字(2017)第047300号

莲都年鉴(2016)

编　　者:《莲都年鉴》编纂委员会
责任编辑:刘方圆

出 版 人:冀祥德
出 版 者:方志出版社
地址　北京市朝阳区潘家园东里9号(国家方志馆4层)
邮编　100021
网址　http://www.fzph.org
发　　行:方志出版社发行中心
电话(010)67110500
经　　销:各地新华书店
印　　刷:丽水市新时代教育印刷有限公司

开　　本:889×1194　1/16
印　　张:28.5
字　　数:778千字
版　　次:2017年2月第1版　2017年2月第1次印刷
印　　数:0001~1000册

ISBN 978-7-5144-2365-5　**定价**:150.00元

LIANDU YEARBOOK

编辑说明
EXPLAIN

一、《莲都年鉴》是中共丽水市莲都区委、莲都区人民政府主办,《莲都年鉴》编纂委员会编纂的地方综合年鉴。

二、本年鉴以马克思列宁主义、毛泽东思想、邓小平理论、"三个代表"重要思想、科学发展观为指导,深入学习贯彻习近平总书记系列重要讲话精神和治国理政新理念新思想新战略,客观、真实、准确地记述丽水市莲都区政治、经济、文化、社会发展的基本情况,充分发挥资政、咨询、教化、媒介、存史的作用。

三、本年鉴分类编辑,设类目、分目、条目三个层次。除特载、文件选编为综合性文献外,其他栏目均采用条目体。条目是记述内容的基本形式。

四、本年鉴共设30个类目,依次是:特载、专辑、大事记、总述、中国共产党莲都区委员会、莲都区人民代表大会·人大常委会、莲都区人民政府、政协莲都区委员会、中共莲都区纪委·区监察局、民主党派和工商联、工会·共青团·妇联、侨务·台务、编制·人事·劳动·社保、法治、武装、农村经济、林业、工业·经济·商贸、旅游、交通·信息、财政·税务·金融、城建·城管·征迁·环保、经济管理、教育、科学技术、文化、卫生、社会生活、乡镇·街道、文件选编。

五、本年鉴记述时限从2015年1月1日—12月31日;特载类目收录区委十三届九次暨区政府十五届八次全体(扩大)会议上的报告、莲都区第十五届人民代表大会第五次会议上区政府工作报告、莲都区第十五届人民代表大会第五次会议上区人大常委会工作报告、政协第十四届丽水市莲都区委员会第五次会议上区政协常务委员会工作报告、莲都区第十五届人民代表大会第五次会议上区人民检察院工作报告、莲都区第十五届人民代表大会第五次会议上区人民法院工作报告、莲都区第十五届人民代表大会第五次会议上区发改局关于莲都区2015年国民经济和社会发展计划执行情况与2016年国民经济和社会发展计划草案的报告、莲都区第十五届人民代表大会第五次会议上区财政局关于莲都区2015年预算执行情况和2016年预算草案的报告。

六、本年鉴收入的区直部门和乡镇、街道机构及负责人名录均系担任实职的副科级以上领导干部。

七、本年鉴由承编任务单位提供初稿,经年鉴编辑部修改完稿,主编汇总审查后报区年鉴编纂委员会批准交付出版。全区主要数据以区统计局为准。

2015年7月23日，丽水市委常委、莲都区委书记葛学斌（左二）调研指导市、区重点项目政策处理攻坚工作

2015年6月8日，莲都区委副书记、区长杨秀清（右三）调研老竹镇新屋村主题村落建设

2015年7月15日，莲都区人大常委会主任雷萍(左二)到碧湖镇南山村巡查“六边三化三美”工作

2015年6月10日，莲都区政协主席谷江南（左二）在太平乡小安村督导“六边三化三美”工作

目　录

特　载

专　辑

大事记

总　述

中国共产党莲都区委员会

莲都区人民代表大会、人大常委会

莲都区人民政府

政协莲都区委员会

中共莲都区纪委、区监察局

民主党派和工商联

工会　共青团　妇联

侨务　台务

编制　人事　劳动　社保

武　　装

农村经济

林　业

工业　经济　商贸

旅　游

交通　信息

财政　税务　金融

城建　城管　征迁　环保

经济管理

教　　育

科学技术

文　　化

卫　　生

社会生活

乡镇　街道

文件选编

特　　载

坚持以“两山”战略为指引　全面建设“中国莲都”为与全省同步高水平全面建成小康社会而努力奋斗

——在区委十三届九次暨区政府十五届八次全体（扩大）会议上

葛学斌

这次会议的主要任务是：深入学习贯彻党的十八大和十八届三中、四中、五中全会，中央经济工作会议精神和省委十三届八次全会、全省经济工作会议、市委三届十次全会及全市经济工作会议精神，回顾总结2015年主要工作，深入谋划我区“十三五”发展，审议通过《中共丽水市莲都区委关于制定莲都区国民经济和社会发展第十三个五年规划的建议》。

一、关于2015年的主要工作

过去的一年，我们认真贯彻落实中央、省、市重大决策部署，坚定不移走“绿水青山就是金山银山”绿色生态发展之路，全力营造美丽环境，发展美丽经济，创造美好生活，基本实现“十二五”规划的各项目标任务。

全年实现地区生产总值283.19亿元，增长6.5%；一般公共预算收入12.47亿元，增长10.4%；区属固定资产投资146.56亿元，增长16.4%；旅游总收入42.86亿元，增长30.0%；城镇居民人均可支配收入35038元，农村居民人均可支配收入19327元，分别增长8.4%和9.8%。污染减排等约束性指标全面完成。

（一）致力认识、适应和引领新常态，扎实推进“三大平台”建设。

认识新常态，适应新常态，引领新常态，是当前和今后一个时期我国经济发展的大逻辑。我们主动按照这个大逻辑，加强学习思考，主动设计谋划，加快建设旅游名城、特色小镇、主题村落“三大平台”，不断强化经济社会发展的支撑与保障。

主动融入生态旅游名城建设。坚持落小落细抓创建、聚沙成塔创品牌，以创建全国文明城市为抓手，积极打造“一个捡不到烟头的城市”，深化“烟头不落地、丽水更美丽”活动，市区捡烟头活动蔚然成风，并顺利完成国家卫生城市复评和省、国家城市文明程度指数测评。围绕打造“一个不会吃到地沟油的城市”，发起“居游丽水、食尚莲都”活动，专项整治食用油质量安全，设立最高达30万元的投诉举报奖励机制。围绕打造“一个零投诉的旅游城市”，及时解决旅游发展中的各类矛盾和问题，积极推动并实现电动汽车分时租赁与高铁同步开通运营。

加快古堰画乡小镇建设。以古堰画乡成功跻身全省首批37个特色小镇创建名单、全省首批3个服务业特色小镇建设创新试点和全国首批20个乡村旅游创客示范基地为契机，谋划并加快小镇“景镇融合”发展，设立古堰画乡工作委员会、古堰画乡小镇和创AAAAA景区建设指挥部，初步实现权力高度集中、要素高度集聚、工作高效推进。抓紧抓实古堰画乡创AAAAA工作，推进画乡游客接待中心、文化产业基地等项目建设，完成渡南路、丽云路、江滨路等改造美化提升。景区创AAAAA景观质量通过省级评审。

精心打造大健康主题村落。坚持尊重自然、传承文脉，以植入一个主题、导入一个工商资本、建立一个盈利模式、形成一个共享机制、健全一个服务体系“五个一”为要求，重点推进利山、港口、大港头、余岭、新屋等首批12个主题村落建设，以点带面推进传统村落向主题村落升级，初步形成“一村一品”“一村一景”“一村一韵”乡村格局。编纂出版《港口寻津》《千年余岭》等6本莲都乡愁文化丛书。春节前，除利山村外，还有港口、沙溪2个村实现整体开业。

（二）致力培育美丽经济新亮点，加快发展“三大业态”。

产业是经济社会发展的根本支撑。我们坚持生态经济发展方向不动摇，充分发挥生态资源优势，在培育美丽经济新业态中推动莲都加快转型。

坚定发展民宿经济。积极发挥民宿的集成、龙头、平台、支撑、转型“五大作用”，出台民宿经济发展实施意见，安排1000多万元专项资金，扶持民宿经济发展。12月21日—22日，在利山村成功承办全市民宿经济推进现场会。隐居画乡、画中游、小楼、莲舍等一批特色精品民宿深受游客好评，“村民进城奔小康、市民进山享健康”的共赢局面初步形成。全年新增农家乐民宿103家，达到284家；新增床位2099张，达到3126张，实现翻一番目标；共接待游客194.96万人次，营业总收入1.28亿元，分别增长45.1%和50.3%。

积极发展养生农业。编制生态精品养生农业三年行动计划，倡导不使用农药化肥，推进省级农产品质量安全放心示范区创建，抓好国家农业综合开发现代农业园区试点、省级现代农业综合区等项目建设。组团参展杭州第二届丽水市生态精品农博会、“舌尖上的丽水”丽水好食材推荐会、全省农博会等展示展销会，在北京第六届国际社区支持农业大会上，成功举办“农耕复兴，乡村再造，中国莲都发展新探索”主题分论坛，扩大了“中国莲都·养生农业”品牌效应。

加快发展“互联网+”新产业。围绕创建全国电子商务示范区，组建实体运行的电商办公室，在瓯微大厦建设区电子商务产业园和公共服务中心，每年安排500万元专项扶持资金。推进线上线下融合发展，举办首届电子商务创业大赛，新增“电子商务进万村”网点162家，涌现出“倪老腌”辣椒酱、润生苔藓等一批网络知名品牌。全区电商网店数913家，增长32.5%；从业人员4500余人，增长58.2%；销售总额17.11亿元，增长139.1%。

（三）致力发挥全面深化改革的牵引作用，全力推进各项改革举措落地见效。

全面深化改革是“四个全面”战略布局中突破性和先导性的关键环节。我们突出问题导向，坚持试点先行，积极推进重点领域和关键环节改革，共实施七大领域23个改革项目，开展各级试点工作20项，其中2015年新增省级及以上试点12项。

着力推进“三大国家改革试点”。农村金融改革方面，拓展农村金融服务功能，完善农地、林地、农房“三权”抵押贷款管理办法，“三权”抵押贷款余额达26.4亿元。扶贫开发综合改革方面，基本完成村经济合作社股份制改革。低丘缓坡开发利用改革方面，完成土地征收4650亩、场地平整4431亩。

着力推进政府职能转变。强化政府机构改革，整合资源组建了市场监管局、卫计局。深化“四张清单一张网”改革，推进权力清单"瘦身"和责任清单"强身",政府部门权力事项精简率达51.9%。深化"两集中两到位"改革,无现场勘察环节的审批事项提速94.0%,为民宿项目提供"组团服务、联审联批、流动办证"服务。优化旅游发展管理体制,实行古堰画乡"景镇合一"管理;区风景旅游局更名为区旅游委员会,更好发挥行业管理和业务指导作用。

着力推进投融资体制改革。深化"非禁即入"的商事登记制度改革,推行"先照后证""五证合一、一照一码"登记制度,进一步激发市场活力,改善营商环境。市区在册市场主体达33105户,总量全市第一。南山互通至丽新公路、天网工程3期等PPP项目开工建设。

(四)致力提高美丽环境建设水平,持续深入推进城乡环境综合治理。

美丽环境是发展美丽经济、创造美好生活的基础所在。我们统筹城乡,挂图作战,坚持治水、治违、治脏、治乱、治房"五治并举",全域开展城乡环境综合整治,城乡面貌得到有效改观。

全面推进"六边三化三美"。持续开展六边区域环境综合整治"大会战",完成高速沿线房美改造224.12万平方米、完成率436.0%,累计拆除六边区域乱搭建77.09万平方米。高标准完成全省美丽县城暨农房设计现场会考察点沿线整治及提升工作。高铁站周边及沿线环境综合整治取得明显成效。推进平原绿化提质增效,我区被评为全省"1818"平原绿化行动先进集体。

持续开展"五水共治"。健全"河长制",加快瓯江大溪治理工程、中小河流治理重点县等项目建设,开展砂石资源开发利用专项整治、企业环保大排查等行动,畜禽养殖污染整治工作获黄旭明副省长批示肯定,成功创建市级"清三河"达标区。配合做好丽阳坑、好溪堰等内河水系治理,丽阳坑现已成为"清水河""民心河"。在宣平溪试点村民参与河道治理长效机制。

强势推进"三改一拆"。坚决拆除典型违建,第一时间整改被《今日聚焦》曝光的3家农家乐违建、大港头镇十八都制砂场违法占地问题。拆除老年公寓等一批涉访人数多、社会影响面广的违法建筑。平稳推进区政府周边楼顶违建拆除及平改坡试点。东城教会违章拆除和标志物整改工作获省委夏宝龙书记批示肯定。全年完成"三改"面积324.77万平方米;拆除各类违法建筑194.2万平方米,拆违总量全市第一。

(五)致力增强群众幸福感、获得感,扎实做好保障和改善民生工作。

惠民生是党和政府的应尽之责。我们以增强群众幸福感、获得感为目标,以民生支出占财政支出比重87.0%、占比全市第一的实际行动,千方百计推进各项民生事业发展,让莲都老百姓生活得更加幸福。

打好消除贫困攻坚战。坚持"党委负总责、政府主抓、干部帮扶、基层主推、群众主体"的大扶贫格局,召开专题会议,出台管用政策,以高度的政治责任感推进扶贫开发工作。继续深入实施农民异地搬迁工程,大力实施农民素质提升工程,全区共成立31个村级资金互助会。加大一户一策、精准扶贫力度,开展"个十百千万"结对帮扶活动,全面消除4600元以下低收入农户7952户、12122人,不把贫困现象带入"十三五"。

加快发展社会事业。坚持教育优先发展,投入近4000万元实施专用校车工程,启动学前教育第二轮三年行动计划,普惠性幼儿园覆盖面达65.0%,初三学业成绩连续12年名列全市第一。推进国家慢性病综合防控示范区和省级卫生强区创建,推进卫生医疗"双下沉"工作,实现20分钟医疗卫生服务圈全覆盖。加强科技创新,争取国家科技项目1个、省级3个,国家创新基金项目实现零突破。平稳实施单独二孩政策,计生率93.11%、多孩率0.77%,扭转年初计生工作被动局面。

全面加强就业和社会保障工作。实施积极的就业政策,对高校毕业生、零就业家庭等就业困难群体实行动态管理、专项帮扶。深化"五保合一"大社保建设,社会保险制度实现全覆盖,政策范围内医疗救助报销比例从60.0%提高至70.0%，封顶线提高到8万元；城乡低保月标准提高到612元、459元，低保人数占比为2.23。加快养老事业发展，新增机构养老床位295张，新建城乡社区居家养老日间照料服务中心34个。

（六）致力培育和践行社会主义核心价值观，加快建设文化强区。

文化软实力是一个地方发展和进步的内在支撑。我们坚持把社会主义核心价值观作为文化建设的魂，抓实意识形态工作，加快文化事业发展，形成共识、凝聚力量、助推发展。

大力弘扬社会主义核心价值观。广泛宣传“里东大救援”中所展现的执政为民、情系人民的高度负责精神，身先士卒、舍我其谁的担当精神，攻无不克、战无不胜的战斗精神，军民心手相连、鱼水情深的团结精神，一方有难、八方支援的最美精神，凝聚起加快发展的强大正能量。围绕“绿水青山就是金山银山”“三美融合、主客共享”“旅游+”“中国莲都”等主题，精心组织宣传报道，举办专题辅导报告会10余场、人文小讲坛100多次。在全市率先制定实施《莲都区道德模范待遇保障若干规定》。深入开展“立家规、传家训、树家风”和“最美”系列选树活动，2人入选“中国好人榜”，10人入选“浙江好人榜”。

牢牢占领意识形态斗争的主战场。坚持党管意识形态的领导权、主动权，认真落实意识形态工作责任制，进一步强化全区宣传思想战线的党性观念。创新传播载体和方式，健全正确舆论导向管理机制，壮大主流舆论，讲好莲都好故事，传播莲都好声音。加强网络莲军建设，重视网络舆论斗争，实行网评员季度例会制度，打好主动仗，妥善处置了“里东山体滑坡”等突发事件和热点敏感问题。

统筹抓好各项文化工作。推进基本公共文化服务标准化重点县建设和全国数字文化馆试点工作，区文化中心正式投入使用。新建“天天乐”文体广场活动点44个，建成10个省重点村农村文化礼堂，成功创建市级“乡村春晚”示范县。加强非遗保护传承，出版《丽水鼓词》专著。推进体育事业发展，公共体育设施开放率100%，基本实现小康体育村全覆盖。建成农村应急广播技术系统，并在里东抢险救援中发挥有效作用。

（七）致力法治莲都建设，积极向社会传递法治理念。

法治建设事关人民幸福安康和长治久安。我们全面落实依法治国方略，全面深化法治莲都建设，造氛围，立规矩，树典型，把法治思维和法治方式贯穿于工作的方方面面。

加快推进法治化进程。坚持扩大人民民主，切实加强对人大工作的领导，制定出台加强人大工作的意见，支持人大对“一府两院”工作开展监督。支持政协发挥协商民主重要渠道和专门协商机构作用，出台了加强人民政协民主监督的实施意见，提高协商民主制度化水平。加强统战工作，充分发挥统一战线的独特优势和作用。支持工青妇等群团组织围绕中心开展工作。加强党管武装工作，持续推进全区武装工作和后备力量建设创新发展。深化行政执法规范化建设，全区未发生执法不严、执法不公、执法不规范的事件。推进公共法律服务体系建设，实现“一村一法官”联系全覆盖。

依法推进大港头木制品行业整治。按照“三个一批”的总体要求，果断决策，精准发力，坚决“不让老实人吃亏、不让要无赖得益”，仅用43天时间，就圆满完成154家低、小、散木制品企业（加工点）的整治任务，拆除违章建筑8.18万平方米，清理违法用地22.52万平方米，达到未安排疏导用地、未采用强制措施、未发生上访事件的良好效果，维护了法律的尊严、政府的权威和制度的公平。

以法治思维推进项目征迁。坚持“从以地为本转变为以人为本、从以项目为单位转变为以村为单位、从单一的经济手段转变为综合手段、从一对一谈判转变为阳光征迁”的“四个转变”，市区联动、依法推进重点项目政策处理攻坚大会战暨“正风肃纪打霸拔钉”专项行动。大会战期间，共完成重点工程政策处理任务78个，征收土地3266.24亩，征收房屋648户16.5万平方米，取得历史同期最好成绩。

（八）致力提高社会治理水平，深化平安莲都建设。

平安和谐是全面小康社会的重要标志。我们坚持把推进社会治理体系和治理能力现代化摆在更加突出的位置，努力把平安建设抓得更加扎实，平安建设有望实现“十连冠”。

加强社会治理创新。深化“大调解”体系建设，扎实推进“行政调解工作机制”省级试点。推进综治网格和部门网格整合工作，基本建成“一张网(综治网)、全覆盖”网格体系。开展了23个重大事项的社会稳定风险评估。完成村规民约和社区公约修订工作，提升基层组织自治水平。区曙光服务管理救助中心被列为“吸毒人员社会化管理”省级创新试点。

维护社会大局稳定。深化“三色预警”机制建设，认真开展“百日维稳攻坚大会战”专项行动，圆满完成“9·3”大阅兵、世界互联网大会等维稳任务。全面落实安全生产政府监管责任和企业主体责任，工矿商贸企业事故死亡人数占市控指标的50%，未发生较大事故，安全生产和食品药品安全形势总体平稳。始终保持对各类违法犯罪的严打高压态势，严厉打击各类违法犯罪活动，全区社会治安持续向好。

强化信访维稳工作。开展“区领导督百案”活动，建立信访督查项目库，实行重点时期领导值班接访等制度，建立律师接访团队。全区信访总量、进京访批次分别同比下降10.7%、10.1%，无赴省集体访。

（九）致力伟大工程和伟大事业协同推进，坚决把全面从严治党要求落到实处。

党要管党，丝毫不能松懈。从严治党，一刻不能放松。我们坚持把抓好党建作为最大政绩，强化主角意识和主动精神，切实在思想上重视起来、责任上明晰起来、工作上担当起来，不折不扣把全面从严治党要求落到实处。

高质量抓好“三严三实”教育。区委班子在浙西南革命根据地纪念馆、中共丽水县委旧址(岱后)召开专题研讨会，各单位党委(党组)到岱后村接受革命传统教育。领导干部带头在“三严三实”专题教育和“学党章、守纪律、讲规矩”主题教育中上党课，带头参加所在支部组织生活会。重视以反面典型为镜，选取雅溪镇原党委书记朱振新等3个“不严不实”典型案例，广泛开展全区大讨论，党员干部深受警醒，有效提振了精气神。

着力打造忠诚、担当、公道、自律的干部队伍。推进干部“能上能下”，明确四大类21种情形的干部坚决予以调整，全年共调整不适宜担任现职领导干部2名。认真做好乡镇(街道)党委(党工委)书记抓基层党建专项述职评议和季度工作例会。推动党员“能进能出”，处置不合格党员14人，其中党内除名4人。

强化大抓基层的工作导向。区委十三届八次全会作出关于全面加强基层党组织和基层政权建设的决定，统筹推进基层各领域党建工作。全年共下拨四项保障经费3257万元。全面完成19个软弱落后党组织整顿工作。推动基层党组织开门纳谏，深化“住村联心”制度，推行乡镇(街道)班子“组团夜访”制。开展村级干部“办实事、拼干劲、比作为”活动，召开村(社区)主要干部季度工作交流会。在全市率先开展农村基层作风巡查工作。

深入推进党风廉政建设和反腐败斗争。认真落实“两个责任”，项目化推进责任清单刚性落实，区、乡两级实现主体责任报告全覆盖。严格规范权力运行，认真执行党政“一把手”“七个不直接分管”权力制衡和决策末位表态制度。支持纪委“三转”改革，实现派驻机构全覆盖。从严执行中央“八项规定”精神，始终保持正风肃纪高压态势。全年共立案查处党员干部违纪违法案件120件，103人受到党政纪处分。

认真抓好省委巡视整改工作。按照巡视监督工作“四个着力”和47项监督内容，坚持问题导向，逐一对照、认真反思，梳理出四个方面、19个突出问题。针对巡视组提出的问题，旗帜鲜明、态度坚决，立说立行、举一反三抓好整改。

尤其是面对突如其来的“11·13”里东山体滑坡灾害，我们在党中央、国务院、国家部委领导亲切关怀下，在省、市党委政府正确领导下，在部队专业救援力量和社会各界的全力帮助下，全区广大党员干部第一时间响应号召，奔赴救灾现场，取得了抢险救援工作完胜，遇难者遗体处置、灾后安置政策制定及兑现、过渡安置房建设等每一项工作都圆满画上句号，展示了基层党员干部良好形象，共同谱写了里东大救援精神，彰显了浙江大家庭温暖。

在总结工作的同时，我们也要清醒认识到，我区正处在爬坡过坎、不进则退、慢则掉队的重要时期，改革发展稳定还面临许多困难和挑战。从经济发展看，资金、人才、体制等要素制约还未得到有效破解，仍然存在发展任务重、历史欠账多、城乡统筹难等突出问题；从社会民生看，基本公共服务与群众期待还有一定差距，社会保障体系仍不够完善，食品安全、安全生产、社会治安等方面还有一些薄弱环节；从自身建设看，少数党员干部的纪律意识、担当意识、责任意识还不够强，隐形“四风”问题还一定程度存在，作风建设管用方法、有效举措还不多。对此，我们务必保持忧患意识和清醒头脑，切实采取有效措施加以解决。

二、关于区委建议稿的起草说明

受区委常委会委托，我就《中共丽水市莲都区委关于制定莲都区国民经济和社会发展第十三个五年规划的建议》有关情况，向全会作说明。

行百里者半九十。“十三五”是奔小康长跑的最后冲刺阶段，是最为关键的决胜阶段，也是开启全面建设“中国莲都”的关键时期。制定好“十三五”规划，描绘好莲都未来五年的发展蓝图，事关莲都以什么样的姿态、什么样的发展质量、什么样的社会面貌奔小康，事关莲都全局和长远发展，意义十分重大。

（一）起草过程。

区委对制定“十三五”规划建议高度重视，精心部署，周密安排。一是加强组织领导。建议稿起草工作是在区委常委会领导下进行的，由我主持，文件起草组具体承担。区委常委会对建议稿进行了讨论审议。二是深入调查研究。区委、区政府布置17个“十三五”发展重大课题，区领导组织相关部门开展调研，我和秀清同志分别主持召开座谈会，开展“十三五”发展思路和若干重大问题研究，为起草建议稿打下了良好基础。三是广泛征求意见。文件起草组根据中央、省委、市委精神，结合莲都实际，认真开展建议稿起草工作。在广泛征求乡镇（街道）、区直部门，党代表、人大代表、政协委员，民主党派、工商联和无党派代表人士的意见的基础上，对建议稿反复进行修改。

可以说，建议稿的形成过程，是总结过去、谋划未来的过程，是统一思想、凝聚共识的过程，是科学决策、民主决策的过程。从反馈情况看，各方面对建议稿给予了充分肯定。大家一致认为，建议稿既符合中央、省委精神和市委对我区的要求，又符合莲都实际，具有很强的战略性、前瞻性、指导性和可操作性。

在征求意见过程中，各方面提出了许多很好的意见和建议，主要有以下几个方面。一是建议对“十三五”时期我区发展环境作出更加深入的分析，准确把握形势，坚定发展信心。二是建议始终抓好发展第一要务，深入贯彻省委、市委、区委既有重大决策部署，不断充实全面建设“中国莲都”内容。三是建议充分发挥生态优势，强化创新驱动、人才支撑，在发展美丽经济上采取更加有效的举措。四是建议加大基础设施投入，重视解决教育、医疗等民生问题，补齐民生事业发展短板。五是建议加强领导班子和干部队伍建设，持续优化政治生态，以“三严三实”的精神抓好各项任务落实。对于这些建议，文件起草组全面汇总，逐条分析，做到能吸收的尽量吸收。

（二）总体考虑。

建议稿的起草，充分考虑了“十三五”时期我区经济社会发展的现实基础、重大机遇、严峻挑战和发展需要。起草过程中，我们主要有以下六个方面的考虑。

1. 紧扣中央、省委、市委要求。党的十八届五中全会确立了创新、协调、绿色、开放、共享五大发展理念，标志着我们党对发展规律的认识达到了一个新高度，为“十三五”乃至更长时期的发展指明了方向。省委十三届八次全会强调，要突出把握习总书记对浙江发展的定向指导，高水平全面建成小康社会，继续发挥先行和示范作用。市委三届十次全会提出，要打造“两山”样板，争当“双区”示范，加快建设美丽幸福新丽水。谋划莲都“十三五”发展，必须紧扣中央、省委、市委要求，积极回应全区人民期待和关切，力求贯彻上级要求与立足莲都实际相统一。建议稿提出“坚持以‘两山’战略为指引，以‘三美融合，主客共享’为工作主线，全面建设‘中国莲都’”的思路和举措，充分体现莲都特色，将中央精神、上级部署具体化、本地化。

2. 主动顺应大趋势适应新常态。“十三五”时期，我国经济发展的显著特征就是进入新常态。这是我国经济发展到今天，向着形态更高级、分工更优化、结构更合理的阶段演进的必经过程，是一种必然会出现的状态。在一定意义上说，当前莲都发展面临的转型升级和跨越赶超的“双重任务”，发展动力转换和要素瓶颈的“双重课题”，就是莲都经济进入新常态的一个具体表现。“十三五”时期，生态文明建设成为国家重大发展战略，绿色发展成为新的发展趋势，高铁网、互联网、物流网“三网兴起”的时代契机，为莲都实现新一轮绿色生态发展提供了前所未有的发展机遇和发展空间。建议稿充分考虑这些趋势、变化和要求，把适应新常态、把握新常态、引领新常态作为贯穿发展全局和全过程的大逻辑，提出了坚持生态保护的底线不动摇、坚持示范引领的定位不动摇、坚持绿色发展的路径不动摇、坚持创新创业的动力不动摇、坚持共享发展的目的不动摇等具体要求，体现了因势而谋、因势而动、因势而进。

3. 坚定发展目标，深化发展路径。到2020年全面建成小康社会，是我们党确定的第一个百年奋斗目标。省委提出要在全面建成小康社会上更进一步，高水平全面建成小康社会。市委提出力争与全省同步高水平全面建成小康社会。建议稿紧紧围绕高水平全面建成小康社会这个奋斗目标，明确提出“十三五”时期“六个更”的发展目标，并提出要依托“三大平台”、落实“五大行动”、全面建设“中国莲都”的发展路径，目标明确、路径清晰，符合实际、富有操作性。

4. 紧扣莲都实际，深化品牌引领。成功的区域品牌，是区域综合竞争力的象征和标志，不仅可以提升区域的整体认同感，还能引领区域未来发展。建议稿立足实际，深入对比研究“莲”元素的发展基础及优势条件，并通过广泛征求意见，提出“十三五”时期要全面建设“中国莲都”的历史使命，打造统一、鲜明、不可复制的区域品牌形象。在区域竞争日趋激烈的环境下，随着“中国莲都”声名鹊起，我们必将通过这个区域品牌来推动莲都转型跨越发展。

5. 坚持补齐短板，深化底线思维。区委建议稿是指导全区“十三五”发展的纲领性文件，必须着眼全局、系统谋划，完整阐明区委战略意图，为全区干部群众指明前进方向、提供基本遵循。同时，要突出重点领域和薄弱环节，下大力气补齐产业发展、基础设施、扶贫攻坚、公共服务等领域的发展短板，努力增进民生福祉，促进经济社会协调发展。特别要深化底线思维，紧扣高水平全面建成小康社会、在26个加快发展县中走在前列和在全市示范引领三大定位，集中力量办好既该干又能干成的大事。这既是立足莲都优势的客观选择，也是出于补齐短板的精准发力。

6. 坚持全面规划，深化规划引领约束作用。考虑到建议稿通过后，还要根据建议稿制定“十三五”规划纲要，两个文件之间要有合理分工。为此，建议稿把重点放在明确莲都“十三五”时期发展大的方向和举措上，一些具体的工作部署和具体项目则由规划纲要去落实，以更好体现和发挥建议稿的宏观性、战略性、指导性。同时，重视保持规划的权威性、严肃性和连续性，深化规划引领约束作用，力求规划纲要与专项规划有效衔接，实现一张蓝图绘到底、一个目标干到底。

（三）框架结构。

在框架结构上，建议稿充分吸取中央、省委、市委规划建议稿的精神，分三大板块、四个部分。

第一板块，由导语和第一部分构成。第一部分阐述了“两山”战略思想的科学内涵，总结“十二五”时期的生动实践，研判“十三五”面临的机遇和挑战，并提出“十三五”莲都经济社会发展的总体要求。

第二板块，由第二部分和第三部分构成。主要对“三美融合、主客共享”和全面建设“中国莲都”进行阐述。第二部分强调要把握“三美融合、主客共享”工作主线，认清全面建设“中国莲都”的基础条件，并提出“六个更”的具体目标。第三部分讲全面建设“中国莲都”的主要任务，从“三大平台”“五大行动”2个方面展开，具体对生态旅游名城、特色小镇、大健康主题村落“三大平台”，生态保护、养生农业、文创旅游、改革创新、民生福祉“五大行动”进行了阐述和部署。

第三板块，由第四部分和结束语构成。第四部分讲加强和改善党的领导、为实现“十三五”规划提供坚强保证，从完善党委领导经济社会发展工作体制机制、运用法治思维和法治方式推动发展、在新的起点上深化作风建设、加强和创新社会治理、确保“十三五”规划建议的目标任务落到实处等5个方面展开。

三、需要重点说明的几个问题

建议稿对我区“十三五”发展作了全面部署，提出了一系列新要求和新举措。这里，我就其中几个重点问题作简要说明。

第一，关于高水平全面建成小康社会。2015年5月25日至27日，习近平总书记在浙江考察时，殷切希望浙江“在提高全面建成小康社会水平上更进一步，在推进改革开放和社会主义现代化建设中更快一步，继续发挥先行和示范作用”。省委、市委深刻领会习总书记的教导和期待，相继提出“十三五”时期要“高水平全面建成小康社会”的总目标。莲都作为我市唯一的市辖区、首位区，必须肩负起示范引领、争创一流的新使命。经过前期调查研究和广泛征求意见，区委提出“与全省同步高水平全面建成小康社会，全面建设‘中国莲都’”两大历史任务。这是对中央五大发展理念的深入贯彻落实，是对总书记在浙江考察时的重要讲话精神的深入贯彻落实，也是对省委、市委战略部署的深入贯彻落实，更是对全区人民作出的庄严承诺。

高水平全面建成小康社会，全面建设“中国莲都”，体现在“六个更”：区域品牌更鲜明，即“中国莲都”区域品牌形象引领未来发展的功能显著增强；经济实力更雄厚，到2020年生产总值、人均生产总值、城乡居民收入均比2010年翻一番；城乡发展更协调，旅游名城、特色小镇、主题村落建设齐头并进、卓有成效；生态环境更优美，莲都的天更蓝、地更净、水更清、山更绿；人民生活更幸福，人人享有高水平的基本公共服务；治理体系更完善，法治政府基本建成，社会和谐进一步提升。

第二，关于“绿水青山就是金山银山”战略指引。2006年7月29日，时任浙江省委书记习近平同志到丽水调研时，留下了“绿水青山就是金山银山，对丽水来说尤为如此”的论断，告诫丽水“守住了这方净土，就守住了‘金饭碗’”。十年来，“两山”战略思想深度改变浙江，深刻影响中国，已经成为习近平总书记治国理政思想的重要组成部分。“两山”战略思想体现了习总书记“山水林田湖是一个生命共同体”的系统思维，是当代中国马克思主义发展理论的重要创新成果；体现了发展理念、发展方式的深刻变革，是走向社会主义生态文明新时代的重要遵循；体现了总书记心系群众、为民造福的伟大情怀，回应了人民群众对美好生活的热切期盼，是生态富集地区加快发展的根本指引。

回顾莲都的发展历程，我们始终把生态最大优势和后发最大实际紧密结合起来，牢牢把握莲都发展的阶段性特征，经济社会发展取得显著成效。从“美丽莲都”到“两美莲都”，再到“三美融合”，生态战略的持续接力，也让“两山”战略思想转化成为干部群众的共同意愿和自觉行动。

可以说，“两山”大战略既是我们过去发展的根本指导思想，也是“十三五”发展的根本指引，是我们谋求跨越的“金钥匙”。随着生态资源的优势和价值日益凸显，“高铁时代”“互联网时代”到来，莲都已站在了新的历史起点上。我们必须继续坚定不移地坚持以“绿水青山就是金山银山”为指引，努力推动“两山”大战略在莲都的新实践。

第三，关于“三美融合、主客共享”工作主线。以美丽环境、美丽经济、美好生活为基本内涵的“三美融合、主客共享”发展主线，是区委基于莲都发展基础和生态文明建设实践，经过科学判断走向趋向、深入研究思考，于区委十三届八次全会正式提出，是莲都当前和今后一个时期发展方向的科学概括，具有很强的战略性、前瞻性和指导性。经过近一年的实践，已在全区上下形成广泛共识。

其中，美丽环境是基础，美丽经济是支撑，美好生活是目标。没有美丽环境的基础，发展美丽经济将困难重重，人民群众也享受不到天蓝、地绿、水净的美好生活；没有美丽经济的发展，美丽环境建设将不可持续，美好生活也将失去物质支撑；没有美好生活的创造和共享，美丽环境建设、美丽经济发展就会因缺乏群众基础而不可维系，三者是相辅相成、相互依存、相得益彰的统一整体。

“三美融合、主客共享”工作主线完全符合党的十八届五中全会精神，符合五大发展理念。其中，“三美”彰显绿色的理念，“融合”体现协调的内在要求，“主客”体现了内外互动开放发展，“共享”是发展的落点、可持续的动力源泉，整个工作主线则体现了一种创新，既体现了科学发展的智慧和担当，也展示了“绿水青山就是金山银山”的道路自信，具有十分重大的实践意义。因此，“十三五”时期，我们必须遵循发展的经济规律、自然规律和社会规律，立足于莲都正处于农耕文明、工业文明和生态文明交织演进的过程，处于扩量与提质、成型与转型、补课与赶趟阶段，把“三美融合、主客共享”工作主线贯穿经济社会发展全过程，护美绿水青山，赢得金山银山。

第四，关于“中国莲都”的品牌定位和战略定位。成功的区域品牌是一个地方独一无二的名片，是一个地方难以复制的无形资产。在这方面，省里其他一些地方已经走在前面，比如温州的“中国鞋都”、永康的“五金之都”、海宁的“皮革之都”等，其品牌的兴起对当地的经济发展起到了巨大的促进作用。

莲都要在“十三五”时期实现跨越赶超发展，沿用过去粗放式的老路显然不行，必须通过品牌引领，把经济社会发展转到提高质量和效益上来。那莲都有没有自己的品牌呢？莲都，因“莲”而名、因“莲”而兴，具有“莲名称标识鲜明”“莲文化底蕴深厚”“廉之风世代传承”“莲生态环境优越”“莲农业声名鹊起”等优势基础条件。从全国、全省视角审视莲都“十三五”发展，全面建设“中国莲都”，树立新形象，打响新品牌，契合实际，条件成熟。

“中国莲都”彰显了莲都地域特色和品牌形象，在全国乃至世界上都将是唯一的区域品牌。我们要做足“莲”的文章，大力发展莲产业、莲文化、莲旅游，发展以莲体验为代表的“花语乡村”主题村落体系，塑造以莲元素为主题的区域形象，推进莲的具象化，让莲都真正成为莲花盛开的清丽之地。同时，要充分发挥“中国莲都”的吸引力，集聚人气、集聚资本，实现集成消费，实现城乡融合，实现主客共享，推动莲都转型跨越发展。

第五，关于“中国莲都”依托的“三大平台”。建设“中国莲都”离不开物质的土地空间。无论是从当下发展，还是未来趋势看，由生态旅游名城、特色小镇、大健康主题村落构成的“三大平台”，是我们全面建设“中国莲都”最可靠、最有效的载体平台。

生态旅游名城是区域品牌打造的龙头，起着重要的引领带动作用，其主要特点是城乡富美、旅游富强、生活富足。要立足市区同城、市区一家的实际，强化共建共享理念，把莲都建设成为市域发展的重要主体和浙西南旅游的集散中心，不断拓展生态旅游名城的内涵和外延。要持续打造“一个捡不到烟头的城市”“一个不会吃到地沟油的城市”“一个零投诉的旅游城市”，推进城市形象“凤凰涅槃”，力争2020年创成全国文明城市。要突出瓯江板块建设，使其成为塑造全区“山水田城”“山环水绕”生态城乡格局的主动脉。要挖掘处州历史文化底蕴，有效提升中心城市的文化环境品质。要大力发展城市经济，形成配套齐全、设施先进的楼宇经济聚集区。

特色小镇是区域经济新增长点。要深刻理解特色小镇的独特内涵和内在本质，坚持山水塑形、人文立魂、特色扬名、规划引领，推进小镇“文态、生态、业态”融合发展，建设产业、文化、旅游相融、充满创业活力的特色小镇。“十三五”时期，重点是抓好5个特色小镇建设。其中古堰画乡小镇，要按照“古堰农耕文化中心、油画创作生产中心、生态养老度假中心”的定位，加快项目建设，力争未来5年完成投资57.59亿元，总产出达到25亿元，旅游人数150万次以上，确保实现3年创成AAAAA级景区、5年建成特色小镇的目标。

大健康主题村落是最大空间所在。要按照“五个一”要求，推进有故事、有内涵、能富民的大健康主题村落提质升级。“十三五”时期，在原有精品村基础上升级创建50个主题村落。要保护传统农耕文化景观，尽可能地挖掘、抢救和保存传统村落遗迹与传统乡村生活印记。要建设精品主题村落旅游线路，重点打造“宿风情东西”主题休闲游、“宿唯美画乡”处州文化游、“宿古道山村”古道寻踪游、“宿生态河谷”库坑福地游等一批精品主题村落旅游线路。

第六，关于打造“中国莲都”的“五大行动”。全面建设“中国莲都”，必须找准突破口，明确路径，精准发力，一步一个脚印把美好蓝图变成生动实践。

一是以生态保护为首要。2015年1月12日，习近平总书记与中央党校第一期县委书记研修班学员座谈时，称赞莲都“你们那里环境好，空气好，我印象很深。”对莲都而言，保护好生态环境，既是发展的奠基石，更是决定未来发展的核心优势。为此，“十三五”期间，我们要坚定不移把生态保护作为首要任务，作为“第一底线”，统筹生态保护、修复、建设各项工作，实现蓝天常在、青山常在、绿水常在，让人民群众共享生态红利。特别要打好治水、拆违、综合整治等组合拳，以“甩开膀子再干五年”的气势，决不把违法建筑、不把污泥浊水、不把脏乱差的环境带入全面小康。

二是以养生农业为基础。养生农业体现了人与自然的和谐，是文化创意产业的重要平台，只要精心植入创意，让养生农业与旅游、文化产生关联，就可以达到“1+1>2”的效果。莲都山水优美、农耕文化丰厚，发展养生农业既符合时代潮流，又充满发展机遇。为此，我们要以请上门体验、送上门消费为目标，深入实施生态精品养生农业三年行动计划，培育一批高品质、高效益、高知名度的拳头产品。着力推动农耕文化复兴，倡导不使用农药化肥，逐步恢复传统农耕生产方式，回归东方农耕智慧，持续放大“中国莲都·养生农业”品牌效应，让莲都的好产品卖出好价钱。积极推动农旅结合，打造“中国赏莲品莲胜地”。把碧湖平原打造成为国家农业公园。

三是以文化创意旅游产业为重点。文化是旅游的灵魂，旅游是文化的载体。文化创意旅游产业是适应消费新需求的战略性产业，具有知识密集型、环境友好型等特征，带动作用大，综合效益好。要紧抓“高铁时代”机遇，以“旅游+”的思维，主动融入“浙皖闽赣国家东部生态文明旅游实验区”“省级旅游综合改革试验区”创建工作，加快发展摄影文化、古堰文化、油画文化、农耕文化等地方特色文化，推进一批辐射带动能力强的精品文化创意旅游项目建设，把莲都打造成为浙皖闽赣国家东部生态文明旅游区门户。坚定发展民宿经济，到2020年，实现50个民宿特色村，达到2万张床位，打造浙江首个最具文化故事、主题情景的乡村休闲度假旅游目的地。同时，要以"生态低碳、提质增效"为导向，积极发展生态工业，着力推进供给侧改革，加快"四换三名"和园区循环化改造，培育先进装备制造、健康制造、农林产品加工、信息经济，引进成长潜力大、资源消耗少、技术含量高、综合效益好的新兴产业，让生态工业焕发新的生机与活力。

四是以改革创新为动力。面对发展黄金期、改革攻坚期、社会转型期和矛盾凸显期，我们必须坚定不移地把改革创新作为第一动力，充分释放改革红利，增强创新驱动力，不断提升区域经济实力。要全面强化改革推动，争取重点领域和关键环节的改革突破，在新一轮改革中培植竞争新优势，收获更多改革红利。大力实施创新驱动，培养造就一支支撑发展的创业创新人才队伍。加快推进开放联动，积极参与瓯江生态经济带联动发展，借梯登高，借船出海，加快发展。

五是以增进民生福祉为目的。全面小康的成果，理应由人民共享。中央"十三五"规划建议一条最重要的原则，就是坚持人民主体地位。为此，我们要认真落实"人民至上"理念，继续做好居民就业和社会保障工作，促进城乡居民持续普遍增收，加快完善城乡基础设施，推进教育现代化和"健康莲都"建设，构建"一品清莲"文化体系，努力打造群众向往的"美好生活"。基础设施建设的重点是交通，要实施一批重大交通工程和农村公路提升改造工程，实现城乡客运一体化和高铁、公路与公共交通的无缝对接。同时，要实施万人下山脱贫计划，推进联城、碧湖等农民安置小区建设，切实提高扶贫实效，确保低收入群体收入增长快于全区平均增长。

第七，关于全面从严治党，为"十三五"发展提供坚强政治保证。决胜高水平小康社会，全面建设"中国莲都"，关键在党、关键在人。我们一定要坚持全面从严治党，守纪律、讲规矩，转作风、重实干，努力营造风清气正的政治生态和干事创业的良好氛围。要坚持把纪律和规矩挺在前面，严格执行新《准则》和新《条例》，真正把党规党纪的权威树起来、立起来，执行到位；要持之以恒纠正"四风"，加强党章党规党纪的学习教育，坚决把作风建设进行到底，着力构建"不敢腐、不能腐、不想腐"的体制机制；要锲而不舍地抓基层打基础，坚持"书记抓、抓书记"，全面推动基层党建工作提档升级；要着力锻造素质过硬的领导班子和干部队伍，重实干、重实效、重实绩，从严整治精神萎靡不谋事、缺乏担当不干事、得过且过应付事、依赖公车慢干事等突出问题，让干部进一步担当起来，为莲都"十三五"发展提供坚强的政治保证。

讨论、修改、通过"十三五"规划建议，是这次全会的主要任务。希望大家深刻领会发展目标、发展理念、重大战略、主要任务，认真思考，充分讨论，结合实际提出建设性意见和建议，共同把建议稿完善好、把这次全会开好。

同志们，"十三五"的征程已经开启，让我们更加紧密地团结在以习近平同志为总书记的党中央周围，坚持"绿水青山就是金山银山"战略指导思想，围绕"三美融合、主客共享"工作主线，奋发有为，扎实工作，为全面建设"中国莲都"、力争与全省同步高水平全面建成小康社会做出新的更大贡献！

政府工作报告

——在莲都区第十五届人民代表大会第五次会议上

杨秀清

一、“十二五”发展成就和2015年工作回顾

五年来，面对复杂的宏观环境和艰巨的改革发展稳定任务，我们坚定“绿水青山就是金山银山”绿色生态发展之路，推动经济平稳增长，社会保持和谐稳定，“十二五”规划目标基本实现。地区生产总值从176.89亿元增长到283.19亿元，年均增长7.7%；人均生产总值从39693元增长到60928元，年均增长6.8%；三次产业结构由6.9∶41.4∶51.7调整为6.2∶36.4∶57.4；固定资产投资总额从66.32亿元增长到146.56亿元，年均增长16.8%；社会消费品零售总额从100.22亿元增长到176.68亿元，年均增长13.1%；一般公共预算收入从5.34亿元增长到12.47亿元，年均增长17.7%；外贸出口总额从4804万美元增长到14847万美元，年均增长24.8%；城镇居民人均可支配收入从21712元增长到35038元，农村居民人均可支配收入从10278元增长到19327元，年均分别增长10.0%和13.5%。节能减排等约束性指标全面完成。

（一）这是生态优势不断凸显的五年。以治污为突破口，开展“五水共治”，大力实施城镇截污纳管和农村生活污水治理工程，丽阳坑、好溪堰等黑臭河整治成效显著，集中式饮用水源地水质稳定达标，地表水监测断面水质达标率超过93%。持续开展“洁净村居”创建，推行生活垃圾分类收集，城乡生活垃圾集中处理覆盖率、生活垃圾无害化处理率均达100%。强化生态建设，被评为全省平原绿化行动先进集体，市区生态环境状况指数连续11年在全省设区市的市区排名第一，公众环境满意度稳定在全省前10位。

（二）这是产业经济提质增效的五年。争取并实施国家级农业综合开发现代农业园区试点项目，完成省级现代农业综合区建设，累计建成省级粮食功能区4万亩。水果、蔬菜等传统农业主导产业稳步发展，“两白一皇一草”等特色农业产业加快成型，农业标准化、组织化、精品化程度进一步提高，处州白莲成功注册为国家地理证明商标，新增“三品”认证农产品111个。农旅融合成为农业转型发展新趋势，观光农业、休闲农业等新业态不断呈现。工业园区建成区面积由1.80平方公里扩展到2.62平方公里。莲都—义乌山海协作产业园累计完成投资20.81亿元。全区规模以上工业企业达到50家，规上工业产值占比由57.7%提高到62.6%。培育国家高新技术企业10家。丽水瓯江风情旅游度假区创成全市首个省级旅游度假区，古堰画乡景区创成国家AAAA级旅游景区。古堰画乡文化产业基地、通济堰养生文化园等一批生态旅游项目相继落地。乡村旅游、民宿经济蓬勃发展，被评为全省首批休闲农业与乡村旅游示范县。旅游总收入从9.30亿元增长到42.86亿元，游客接待总人数从173.29万人次增长到712.77万人次，年均分别增长33.9%和30.9%。

（三）这是城乡统筹阔步迈进的五年。市区合力推进“六城联创”，先后创成国家森林城市、中国优秀旅游城市、国家园林城市、国家卫生城市、省环保模范城市、省示范文明城区。以高效征迁服务市区大建设、大发展，中心城区建成区面积从32.31平方公里扩展到34.38平方公里。

实施旧住宅区、城中村改造项目20个，改造面积530.29万平方米，惠及居民3.75万户。推进行政区划调整和村规模调整，加快新型城镇化步伐，城镇化率由65.1%提高到72.0%，高出全市平均水平15.6个百分点。古堰画乡小镇入选全国首批乡村旅游创客示范基地、全省首批特色小镇、全省首批服务业特色小镇创建名单。碧湖镇被列入全国重点镇、省级中心镇培育试点（参照）。统筹推进"农村发展六大行动计划""六边三化三美"和中心村培育等一揽子工作，被评为全省美丽乡村创建先进县，连续9年获浙江省社会主义新农村建设优秀单位。金丽温高铁、丽武公路、新50省道建成通车，新开通农村公交线路19条。

（四）这是全面改革深入推进的五年。开展"四张清单一张网"建设，政府部门权力事项精简率达51.9%。推行项目审批"局长代办制"，比法定时限提速96%。农民建房审批等30多项管理和审批权限下放到乡镇（街道）。落实"非禁即入"的商事登记制度改革。承接环境卫生、安全生产、市场监管、国有土地上的房屋征收和安置等职能下放，成立城管处州分局、区卫生和计划生育局、区市场监管局、区经合办（招商局），完成纪检监察体制改革和区质监局体制划转，完成区农场、区林场改制。深化农村产权制度改革，完成208个村经济合作社股份合作制改革，农村土地承包经营权确权登记颁证被列入全省整县制推进试点。深化农村金融改革，组建建信村镇银行、小额贷款公司、民间融资服务中心，完成莲都农商银行改制，建立农村金融服务站235个，实现"三权"抵押贷款余额10.53亿元。深化投融资体制改革，南山互通至丽新公路、天网工程3期等PPP项目开工建设。在全省率先开展农村公路综合财产保险。被农业部列入政府向经营性服务组织购买农业公益性服务机制创新试点。

（五）这是民生事业稳步提升的五年。民生领域公共财政支出年均增长19.8%。深化扶贫综合改革，构建精准扶贫工作体系，促进低收入农户持续稳定增收。完成农民异地搬迁4879户11508人。全面推进"五保合一"，建成社会保障信息系统，社会保险制度实现全覆盖。完善社会救助体系，城乡低保实现应保尽保。实施新一轮医药卫生体制改革，全面落实基本药物制度。落实教育优先发展战略，完成"学前教育第一轮三年行动计划"，初三学业考试成绩连续12年全市第一。平稳实施单独两孩政策。建成农村文化礼堂48个。"天天乐"文体广场被评为全省首批公共文化服务体系示范项目。通济堰入选世界首批灌溉工程遗产名录，"丽水鼓词"入选国家非物质文化遗产名录。先后创成全国义务教育均衡县、省慢性病综合防控示范区、省双拥模范区、省体育强区、省扶残助残爱心城市。建立重大事项社会稳定风险评估机制和"三色"预警机制。建成区中心粮库和粮食应急加工厂。平稳做好"8·20"洪灾、"11·13"里东山体滑坡抢险救援和灾后重建工作。获省"平安银鼎"，有望实现省平安区创建"十连冠"。

同时，物价、统计、档案、慈善、老龄、妇女、儿童、红十字等事业取得新进展，民族、宗教、侨台、外事、史志、保密等工作取得新成效，人民武装、国防教育、拥军优属和国防后备力量建设得到新加强。

刚刚过去的2015年，我们坚持"三美融合、主客共享"工作主线，努力肩负"示范引领、争创一流"新使命，在前四年基础上，积极研究新常态、适应新常态、引领新常态，各项工作取得了新进步。实现地区生产总值增长6.5%，人均生产总值增长5.8%，固定资产投资增长16.4%，一般公共预算收入增长10.4%，社会消费品零售总额增长3.9%，城乡居民人均可支配收入分别增长8.4%和9.8%。主要做了三方面的工作：

（一）打造美丽环境取得新成效。美化城乡环境。以创建全国文明城市为统领，加大城市管理与执法力度，打造"一个捡不到烟头的城市"，国卫巩固省级暗访综合考评获全省第一，全国城市文明程度指数测评全省第二。开展"六边三化三美"行动，完成农房立面改造224万平方米，“两路两侧”省、市交办点位全部完成整改，高铁站周边及沿线环境综合整治取得明显成效，获全市年度考核一等奖。推进“三改一拆”。坚持法治思维，精准发力，43天就完成了大港头镇154家低小散木制品企业（加工点）的搬迁整治工作。全年拆除各类违法建筑207.72万平方米，十八都砂场、九和老年公寓等一批热点违建问题得到妥善处置。深化“五水共治”。健全“河长制”，加快瓯江大溪治理工程、中小河流治理重点县等项目建设，完成中央财政小型水利重点县建设，开展砂石资源开发利用专项整治、企业环保大排查、畜禽养殖污染整治等行动，完成75个村生活污水治理项目，新增城镇污水管网45.92公里。狠抓项目征迁。以服务市区为己任，理顺体制机制，开展“打霸拔钉”，推行阳光征收，开展重点项目政策处理攻坚大会战，完成征收项目107个，征收土地4005亩、房屋30余万平方米。加强生态建设。完善以生态文明建设为主导的五张报表考核体系。开展环境保护大检查等环保系列专项行动，关停整治非法排污单位414家。新增平原绿化面积2031亩，括苍森林古道被评为“浙江十大经典古道”“浙江最美森林古道”。

（二）发展美丽经济呈现新态势。发力养生农业。倡导不使用化肥农药，创成省农产品质量安全放心示范县，省级现代农业综合区通过验收。新发展设施蔬菜、高山放心菜近1000亩，处州白莲600亩，三叶青500亩，皇菊164亩，铁皮石斛110亩。参加第六届国际社会生态农业大会，成功举办“社会生态农业在莲都的实践”主题分论坛。提质生态工业。继续深化“四换三名”工程，完成技改投资6.57亿元，清理整顿低小散企业301家，盘活闲置低效用地218亩。新增国家高新技术企业3家、省科技型企业9家、省级名牌和省著名商标2件，新建省级高新技术企业研发中心1个。落实企业帮扶措施，提供应急转贷服务65次、累计金额3.46亿元。提升旅游产业。与法国巴比松市缔结友好城市。成立古堰画乡小镇和创AAAAA景区建设工作领导小组，设立小镇党工委和指挥部，“景镇合一”推进古堰画乡建设。注册古堰画乡投资建设有限责任公司，引入省金融控股公司共同投资开发。完成渡南路、丽云路、江滨路等改造美化提升，扎实推进游客接待中心、文化产业基地等项目建设，通过AAAAA景观质量省级评审。利山村创成国家AAA级旅游景区。电动汽车分时租赁项目投入运营。优化旅游发展环境，打造“一个‘零投诉’的旅游城市”。培育民宿经济。启动首批12个主题村落建设，利山、港口、沙溪3个民宿特色村整体开业，承办全市民宿经济推进现场会。全区新增民宿（农家乐）123家，达到304家；新增床位1784张，达到3311张；民宿（农家乐）接待游客194.96万人次，营业总收入1.28亿元，同比分别增长45.1%和50.3%。发展电子商务。成立区电子商务工作领导小组，组建区电商办，依托绿谷信息产业园，建立区电子商务产业园，举办全区首届电子商务创业大赛，新增电子商务进万村网点162家，累计242家。实现电子商务销售额17.1亿元。

（三）创造美好生活实现新提升。推进扶贫攻坚。深入实施农民异地搬迁工程、农民素质提升工程，成立31个村级资金互助会。构建精准扶贫工作体系，开展“个十百千万”结对帮扶活动，全面消除农村家庭人均年收入4600元以下贫困现象。加强社会保障。城乡低保标准分别提高到每人每月612元、459元，新增城乡居民低保人数1532人。城乡居民养老保险待遇提高到每人每月120元。完成省民政厅“救急难”试点工作。新增机构养老床位295张，新建城乡居家养老日间照料中心34个。发展民生事业。投入4000万元实施专用校车工程，白云小学、厦河幼儿园开工建设。区文化中心投入使用，建成农村应急广播系统。完成5个乡镇卫生院改扩建（修缮）项目，创成市级卫生强乡9个。争取到国家科技项目1个、省级3个，国家创新基金项目实现零突破。创新社会治理。区曙光服务管理救助中心被列为“吸毒人员社会化管理”省级创新试点。完成村规民约和社区公约修订工作。开展“百日维稳攻坚大会战”“区领导督百案”等专项行动，信访总量、进京访批次同比分别下降10.7%、10.1%。开展市区农贸市场食品安全溯源体系建设，打造“一个不会吃到地沟油的城市”。应急管理、防灾减灾、社区矫正、法律援助等工作扎实推进，安全生产和社会治安局面持续向好。加强政府自身建设。深入落实中央“八项规定”精神、省委“28条办法”，“三公”经费同比下降20.0%。盘活结余、沉淀资金1.67亿元，财审核减项目资金1.13亿元，试行公款竞争性存放。完善区政府常务会议学法制度，开展“行政调解工作机制”省级试点。认真办理人大议案、建议和政协提案。积极开展“三严三实”专题教育，配合做好省委巡视组对莲都区巡视工作。

尤其是面对“11·13”里东山体滑坡灾害，在党中央国务院亲切关怀下，在省、市党委政府和区委坚强领导下，军地军民心手相连，社会各界大力支持，顺利完成抢险救援，平稳推进善后处置，积极开展灾后重建，里东大救援精神蕴含的正能量，已成为莲都加快发展的强大精神动力。

各位代表，五年来的成就，为今后发展打下了坚实基础；五年来的实践，为继续前进积累了宝贵财富。所有亲身经历这一切并作出贡献的人们，所有关心支持莲都改革发展的人们，都会为我们取得的成就感到自豪！这是上级党委、政府和区委正确领导的结果，是区人大、区政协有效监督支持的结果，是历届政府继往开来、接力奋斗的结果，是全区上下开拓进取、团结拼搏的结果，也是各民主党派、工商联、无党派人士、人民团体、海外华侨、社会各界人士和驻莲部队倾力支持的结果。在此，我谨代表区人民政府，向大家致以崇高的敬意和衷心的感谢！

在前进的道路上，我们没有理由懈怠。受宏观形势等因素影响，市区人均生产总值、工业总产值、社会消费品零售总额、城镇居民人均可支配收入等指标未能达到“十二五”预期目标。同时，发展中还面临不少困难和挑战，主要有：生态特色优势的充分发挥仍有一个较长过程，绿色生态发展潜力有待充分释放；土地、资金、人才、体制等制约仍然突出，要素保障长期面临短缺局面；产业低小散、创新动力不强、发展不平衡等问题仍然突出，供给侧改革尚未真正破题，经济转型升级任重道远；城乡基础设施、基本公共服务等历史欠账较多，与人民群众的期待相比还有不小差距；管理虚拟社会、应对突发事件、维护公共安全能力有待提升，保持社会稳定的压力始终存在；干部“庸、懒、散、疲”等现象不同程度存在，党风廉政和作风建设仍需加强。对此，我们将保持清醒头脑，切实采取有效措施加以解决。

二、“十三五”时期的主要目标任务

“十三五”时期，是冲刺高水平全面建成小康社会的五年，是“绿水青山就是金山银山”战略落地生根的五年，也是充满机遇、充满挑战的五年。根据区委《关于制定丽水市莲都区国民经济和社会发展第十三个五年规划的建议》，区政府制定了《丽水市莲都区国民经济和社会发展第十三个五年规划纲要（草案）》，提请大会审议。经本次大会批准后，区政府将认真组织实施。

今后五年发展的指导思想是：高举中国特色社会主义伟大旗帜，以马克思列宁主义、毛泽东思想、邓小平理论、“三个代表”重要思想、科学发展观为指导，深入贯彻习近平总书记系列重要讲话精神，以“四个全面”战略布局为统领，深入落实创新、协调、绿色、开放、共享五大发展理念，以“八八战略”为总纲，以“绿水青山就是金山银山”为指引，以“三美融合、主客共享”为工作主线，积极推进生态环境保护和生态经济发展双示范区建设，大力弘扬里东大救援精神，全面建设“中国莲都”，与全省同步高水平全面建成小康社会。

“十三五”主要经济指标预期年均增幅为：地区生产总值增长7.5%，人均地区生产总值增长7.3%，城镇和农村居民人均可支配收入分别增长7.5%和10%，固定资产投资增长10%，一般公共预算收入增长7.5%，社会消费品零售总额增长8%，规上工业增加值增长6%，游客接待人数增长20%，旅游总收入增长25%。同时，守牢生态良好、百姓增收、社会平安“三条底线”。努力使区域品牌更鲜明，经济实力更雄厚，城乡发展更协调，生态环境更优美，人民生活更幸福，治理体系更完善。

根据上述指导思想和工作目标，“十三五”时期，我们要重点完成五个方面的任务。

（一）转型发展，着力提升美丽经济新能级。

坚持以质量和效益为中心，加快转变经济发展方式，培育新经济增长点，推动绿色经济成型成势。

把生态旅游业打造成为第一战略支柱产业。把全区作为一个旅游景区来打造，全域化推进景区景点和旅游支撑体系建设，到2020年，累计建成AAAAA级景区1个、AAAA级景区5个、AAA级景区8个，着力构建“山水林田湖城镇村”和谐共生的区域风貌，形成较为完善的旅游产品体系。古堰画乡景区2017年完成国家AAAAA级旅游景区创建。力争古堰画乡旅游投资有限公司在新三板挂牌上市，瓯江风情旅游度假区升格为国家级旅游度假区。以东西岩景区为核心，以宣平溪为轴线，凸显畲乡风情魅力，推进老竹丽新区块旅游联动发展。围绕“高山避暑休闲”主题，加快峰源、天堂山等山区旅游资源开发，推进梦里水乡欢乐谷等项目建设。以民宿经济引领乡村旅游转型发展，争取创建主题村落30个以上，民宿床位达到1万张以上。推进通景公路、慢行绿道等基础设施建设。完善旅游营销体系，积极开发智慧旅游应用。

以养生农业为方向提升农业综合效益。传承传统农耕的理念和技艺，完善养生农业组织、监管、技术、销售体系，全域推进养生农业发展。实施养生农业“1238”战略，创新养生农产品营销体系，推广“两门农业”“互联网+”“旅游+”“社区+”等模式，聚力将养生农业资源优势转化为市场优势，让“好产品卖出好价钱”。提升农业传统主导产业，实施老果园改造，鼓励发展“两白一皇一草”、小水果、林下经济等特色产业，生态精品农产品产值占比达到60%以上。推进绿色农产品主产区、生态循环农业先行区、农产品质量安全示范区、农业养生旅游区创建。新增一批省级农业龙头企业、示范性专业合作社、示范性家庭农场、名牌农产品和“三品一标”认证农产品。培养一批新型职业农民。在碧湖平原集成创建“一区一镇一园”，打造农业园区升级版。实施“中国赏莲品莲胜地”提升工程，推动“莲”全产业链发展。推进畜牧业转型升级。

提升生态工业和信息经济发展水平。以丽水工业园区为主平台，推进莲都—义乌山海协作产业园建设，聚力发展先进装备制造、健康制造产业，打造生态制造业基地。科学谋划推进高溪低丘缓坡区块开发利用。深化“四换三名”工程，加快淘汰落后产能和僵尸企业，力争到2020年技改投资占工业投资比重达到80%，装备制造业增加值占规上工业比重达到30%，工业园区规上企业亩均税收达到10万元。依托中心城区带动，积极发展总部经济、楼宇经济。制定实施“‘互联网+’行动计划”，促进大数据应用和电子商务发展，培育一批互联网创业主体，推动传统产业“互联网+”和“+互联网”，信息经济达到全市领先水平。

（二）统筹协调，着力构建美丽城乡新格局。

把协调发展作为可持续发展的内在要求，增强城乡发展的整体性、协调性和平衡性。

以共建生态旅游名城为抓手提升城市竞争力。推进特色服务业街区和城市旅游综合体建设，依托高铁枢纽建设综合性旅游集散中心，整合市区休闲旅游资源，共建生态旅游名城。挖掘处州历史文化底蕴，推动处州府城、瓯江文苑民间博物馆、美术馆等项目落地，增设一批城市“莲”景观，使“中国莲都”品牌具象化。巩固“六城联创”成果，提升城市精细化、法治化、智慧化、人文化管理水平，实施市民文明素养提升计划，塑造市区城市品牌，持续打造“一个捡不到烟头的城市”“一个不会吃到地沟油的城市”“一个‘零投诉’的旅游城市”，确保2020年前创成全国文明城市、全国环保模范城市。

以建设特色小镇为抓手加快新型城镇化步伐。完善城镇规划体系，统筹推进城镇道路、给排水等基础设施建设，加大教育、文化、卫生等公共服务投入，完善城镇功能。推动偏远山区人口异地搬迁和地质灾害点避险搬迁，实施“万人异地搬迁计划”，推进联城、碧湖等安置小区建设。深化扩权强镇改革，提高经营城镇能力，提升城乡规划、综合执法、环卫保洁水平。以特色小镇建设为平台，促进城镇集约集聚发展。碧湖镇以“高溪台地小镇”“水墨田园小镇”为平台，实施“农业为基、旅游带动、工业支撑”三产融合发展战略，建设中心城市特色旅游副中心。古堰画乡小镇按照“古堰农耕文化中心、油画创作生产中心、生态养老度假中心”定位，着力打造全省首个AAAAA级景区特色小镇。老竹镇以建设“畲乡风情小镇”为抓手，发展畲乡体验、山地旅游、农事体验等特色产业，与丽新组团打造“中国畲族风情园”。雅溪镇整合岱后县委旧址、西溪村省级历史文化街区、巨溪三岩寺等红色旅游资源，打造“红色文旅小镇”。

以打造主题村落为龙头推动城乡统筹发展。纵深推进“六边三化三美”“洁净村居”“美丽田园”等行动，进一步改善农村环境面貌。按照植入一个主题、导入一个工商资本、建立一个盈利模式、形成一个共享机制、健全一个服务体系“五个一”要求，建设一批有故事、有内涵、能富民的主题村落。推动美丽乡村串点成线，打造若干精品主题村落旅游线路。深入实施历史文化村落（街区）保护工程。加快南山互通至丽新公路、大大线莲都段改建等重点项目建设，提升农村公路建设水平，打造“城乡半小时交通圈”，力争全区所有乡镇公交通达。完成大溪治理工程莲都段、中小河流重点县建设和水利工程标准化管理创建工作，推进碧湖灌区综合治理、河湖库塘清污（淤）等项目，构筑水利安全网。实施新一轮农村电网改造提升和城镇天然气管网工程，推进太阳能、风能等可再生能源开发利用，构建绿色能源保障网。

（三）绿色引领，着力提升美丽生态新优势。

积极推进生态环境保护和生态经济发展双示范区建设，努力让莲都天更蓝、水更清、山更绿、空气更清新。

全面加强生态环境治理和保护。推进“三改一拆”、“五水共治”、治气除霾、治固净土、治山护绿五大行动，确保不把违法建筑、不把污泥浊水、不把脏乱差的环境带入全面小康。继续实施城市旧住宅区、城中村、背街小巷改造工程，实现城镇截污纳管和农村生活污水有效治理建制村全覆盖。地表水监测断面水质达到Ⅲ类以上，空气质量优良天数达到90%，城市污水处理率达到93%。耕地保有量24万亩。实施美丽林相建设，创建猕猴峡自然保护区。

着力加强生态文明建设的制度供给。全面贯彻落实“811”美丽浙江建设行动方案，严格实施主体功能区规划，加强环境监管网格化管理，推进环保机构监测监察执法制度创新，完善生态保护预警监管机制、生态环境执法联动机制。健全生态文明绩效考核机制，推动实施绿色GDP绩效考核。开展自然资源资产离任审计。落实生态补偿机制，探索研究公益林分类补偿机制。

不断提高绿色低碳循环发展水平。加强资源节约和高效利用，强化约束性指标管理。深入实施节能降耗“双控工程”，推进园区生态化改造，大力发展生态产业和节能环保产业，提高清洁生产技术开发水平和创新能力。倡导绿色生活方式，实施全民节能行动计划，开展重点用能单位节能低碳行动，提高城乡公共自行车、电动汽车覆盖面。抓好城镇低效用地再开发，加大土地开发整理和闲置土地清理力度，提高土地产出强度和产出效率。

（四）改革创新，着力培育美丽发展新动力。

坚定不移地把改革创新作

为第一动力，充分释放改革红利，增强创新驱动力和开放发展能力，不断提升区域经济实力。

深化各领域改革。优化市区职能职权配置。完善区级管理体制。推进综合行政执法体制改革。全面实行企业“零土地”技改投资项目政府不再审批、企业独立选址项目高效审批。深化农村产权制度改革和农村金融改革，进一步拓展农村产权抵押物范围。强化用地保障，建立用地指标向重点领域、重点产业倾斜机制，建立以“亩产效益”为导向的资源要素差别化配置机制。推进投融资体制改革，鼓励社会资本以独资、PPP等形式进入公共基础设施、社会事业等领域。推进户籍制度改革。完成政府向经营性服务组织购买农业公益性服务机制创新试点。

实施创新驱动战略。推动“大众创业、万众创新”，强化企业创新的主体作用，实施创新型领军企业培育计划、科技型初创企业培育计划、科技型中小企业成长计划，着力培育创新型企业发展“雁形梯队”。完善科技投入稳定增长机制，健全公共技术服务体系。深化“基地+市场+企业”等模式，构筑“众创空间”，推广众包、众扶、众筹等新型孵化模式。优化人才发展环境和人才政策体系，引进一批高层次人才。选派好科技特派员、农村指导员。完善知识产权保护机制。

强化区域交流与合作。主动融入“浙闽赣皖国家东部生态文明旅游区”发展体系，强化瓯江生态旅游精品线路的共同打造，优化旅游集散功能。积极参与瓯江生态经济带联动发展，推动与瓯江上下游产业协作、设施互联、生态共保。创新莲都—义乌山海协作产业园共建机制，借助“义新欧”对外通道，不断深化与义乌市的合作。提高外贸发展水平，加强外贸出口主体和出口品牌建设。深化“浙商回归”工程，对接省万亿产业发展规划，提高招商引资实效。

（五）民生为本，着力推动美好生活新提升。

创新公共服务供给方式，提高供给质量和水平，不断提升人民群众的获得感、满意感、幸福感。

提高社会保障水平。全力发展来料加工、农村电子商务、农家乐民宿等富民产业，促进城乡居民持续稳定增收。完善扶贫开发工作机制，确保低收入群体收入增速快于全区平均增速。实施就业优先战略，支持创业带动高质量就业，零就业家庭保持动态清零。维护劳动者合法权益，构建和谐劳动关系。推进全民参保计划，扩大各类社会保险参保率和覆盖面。完善社会福利和新型社会救助体系，确保最低生活保障应保尽保。全面实施城乡居民大病保险、应急救助和临时救助制度。健全“五保”“三无”对象、失独老人、留守儿童、残疾人保障和服务体系。加快养老服务体系建设。

构建现代公共服务体系。以“全市一流，全省中上”为目标，全面提高教育质量和办学水平，加快建成东港小学、碧湖幼儿园等教育项目，实施“学前教育第二轮三年行动计划”，力争到2017年基本达到省教育现代化区水平，到2020年省等级幼儿园比例、义务教育标准化学校比例均达到90%。加强教师和校长队伍建设。提高档案管理数字化水平。深化文化体制改革，构建现代公共文化服务体系，推进图书馆、博物馆、非遗展示馆、乡镇文化站、农村文化礼堂等建设，实施数字文化惠民工程，构建环城文化休闲健身带、市区“10分钟文体圈”和乡村“30分钟文体圈”。围绕打造健康莲都，强化医疗卫生服务体系建设，推进区人民医院改扩建、区公共卫生中心新建、丽云中心卫生院迁建等项目，深化医药卫生体制改革，建立基层首诊、双向转诊、分级诊疗制度，实施心理卫生健康工程，完成省卫生强区创建。深入实施全民健身计划，促进体育事业健康发展。坚持计划生育基本国策不动摇，稳妥实施全面两孩政策。

加强社会治理能力建设。加强社会主义核心价值观体系建设。全面加快法治莲都建设，推进行政执法过程、结果公正公开。积极推进平安莲都建设，加强突发事件应急管理，健全防灾减灾机制和应急救援体系，完善社会治安防控体系,深化社会稳定“三色”预警工作,健全重大事项社会稳定风险评估机制,深化大调解体制建设。推进质量强区,提高安全生产监管能力,创新食品和餐饮安全治理体制。积极推动民主监督、基层自治和行业自律,加快建立社区、社会组织、社会工作“三社联动”机制,增强社区自治功能,提升“96345”市民服务中心服务水平。提升志愿服务组织化、社会化、常态化、专业化发展水平。

三、2016年政府工作重点

2016年,是实施“十三五”规划的开局之年。我们将坚定“三美融合、主客共享”工作主线,全面建设“中国莲都”,厚植发展优势,破解发展难题,坚持补短板与调结构并重,积极适应和引领新常态,为“十三五”规划顺利实施开好局、起好步。

综合考虑当前经济发展基础和“十三五”规划目标,2016年经济社会发展主要预期目标为:地区生产总值增长7.5%左右,固定资产投资增长10%以上,社会消费品零售总额增长10%,一般公共预算收入增长7.5%以上。同时,确保完成节能减排、空气质量优良天数等约束性指标;确保城乡居民人均可支配收入分别增长7.5%以上和10%以上;确保实现“平安区”创建目标。重点抓好以下几方面工作:

(一)抓城乡环境美化。一是狠抓“三改一拆”。保持控违高压态势和拆违良好氛围,加快既有违建处置,全面清理缓拆的违法建筑,全区“无违建乡镇(街道)”创建率达到90%以上,“无违建村(社区)”创建率达到95%以上。实施11个旧住宅区、8个城中村改造项目和市区截污纳管工程。二是推进“五水共治”。深入落实“河长制”,完善督查考核机制,提升河道长效保洁水平,推进“河湖库塘清污(淤)工程”,巩固“清三河”成效。抓好治水工程建设,加快城镇截污纳管、农村生活污水治理等重点项目建设。三是深化“六边三化三美”。深入开展“全民保洁日”“六边区域综合环境整治大会战”活动,以高铁莲都段、新50省道莲都段沿线为重点,创建4个美丽乡村精品村、1条美丽乡村风景线、1条高铁沿线风景线,完成沿线农房外立面改造,推进“十美工程”建设。四是强化生态建设与保护。建立健全重污染行业企业环境信息强制公开制度,完善环境监管三级网格和“三员”制度。完成制砂场集中整治,规范砂石资源开发利用。严格执行禁限养殖区规划,巩固畜禽养殖污染整治成果,推广“非接触式发酵床养猪”模式。加快整治淘汰燃煤锅炉和工业窑炉。推进化肥农药减量化,建立绿色防控示范区。

(二)抓产业转型升级。一是全域发展养生农业。加快养生农业示范基地建设,推动传统农耕文化复兴。推进白莲产业扩面提质,做大做强“莲”产业,大力扶持特色小水果、花卉、中草药等旅游农业发展,打造旅游农业示范基地5个。深化省级农产品质量安全放心示范县创建,加快推进国家级农业综合开发现代农业园区建设,谋划碧湖平原国家农业公园项目。强化“中国莲都·养生农业”“山水”品牌营销。二是积极发展生态工业。以提高亩产效益为核心,坚决清理僵尸企业,推进低小散企业整治提升。大力推进“腾笼换鸟”,盘活闲置土地和厂房,积极发展总部经济。推进科技创新,优化企业服务,实现上市企业零突破。创建省、市名牌产品3个以上,规上工业总产值和规上工业增加值同比增长6.5%以上。三是全力发展生态旅游。抓好古堰画乡游客接待中心、文化产业基地、江滨休闲街区等项目建设,谋划“巴比松”油画大师苑和中法“巴比松”艺术交流展,确保列入国家AAAAA级景区创建名单。优化东西岩景区管理体制,确保景区门票收入翻一番。积极发展民宿经济,建成1个农家乐综合体、5个市级农家乐特色村(点)、50个三星级农家乐经营户(点),新增民宿床位3000张以上。狠抓景区环境治理、服务提升、安全管理等工作,提升莲都旅游知名度。四是大力发展信息经济。出台促进电子商务发展实施意见,完成电子商务产业园建设,推进电子商务示范村(社区)、村级服务网点、示范电商企业建设。探索电子商务与三次产业融合发展，着力在农产品和旅游两大领域取得突破，争取建成10个“互联网+民宿”电子商务示范点。完成网商培训1000人以上，开展第三届青年网商创业周活动。

（三）抓城乡统筹发展。一是提升城市管理建设水平。以国家文明城市创建为统领，坚持“小烟头”撬动“大文明”，推进综合执法体制改革，加强高铁站场区域综合管理，构建管理、执法、服务三位一体的城市管理格局。继续推进城区生活垃圾分类，提升城市环卫保洁水平。成立“餐饮业产业创新创业联盟”，强化行业自律，提升食品安全保障水平。二是加快新型城镇化步伐。加快完善城镇基础设施网络，推进碧湖第一水厂等城镇基础设施项目建设。加快联城城郊农民新社区三期、碧湖镇区安置小区等异地搬迁小区建设。推进新型建筑工业化试点项目。三是推进美丽乡村建设。建立主题村落动态培育机制，深化首批12个主题村落打造，推进第二批8个主题村落建设。加快中心村、特色村和历史文化村落建设。积极稳妥推进里东灾后重建工作。加强城乡规划管理，提高规划执行刚性。四是完善城乡基础设施网络。加快大溪治理工程莲都段等重点水利工程建设，完成防洪堤建设5公里，中小河流治理50公里，实施水库除险加固、山塘整治、饮用水提升等水利项目。加快南山互通至丽新公路项目建设步伐，开展大大线改建工程项目前期，完成港周线美丽公路建设。

（四）抓扩大有效投资。一是提升投资效率。优化投资结构，力争民间投资占比达到60%以上。深入开展项目攻坚活动，大力推进省“411”和省市重点项目建设。做好中央、省级项目的储备及申报，重点在产业投资领域谋划一批高端产业、技术改造、生态治理项目。二是狠抓招商引资。完善浙商创业创新信息库和项目库建设，健全异地商会联络机制，探索多样化招商模式，力争实际利用内资27亿元，实际利用外资1200万美元，引进大项目11个，完成浙商回归到位资金14亿元。三是强化项目保障。强力推进政策处理集中攻坚行动，保持“打霸拔钉”高压态势，强化责任落实，高效推进桐岭路、丽阳溪综合整治、坪地半岛等重点项目征收。推进依法征收、阳光征收，切实保障群众合法权益。盘活一批城镇低效用地，重视土地整理、耕地垦造及后续耕种管理，完成垦造水田2000亩、旱地1000亩，土地整理100亩。积极推进投融资体制改革，继续探索PPP投融资模式，多渠道筹措基本建设资金。四是改善投资环境。理顺项目推进责任落实机制，加强项目全过程管理，优化审批流程，创新评价机制。严厉整治工程建设和招投标领域突出问题。健全企业联系服务机制，开展“五帮五助”活动，重点帮扶有前景的企业解决融资等实际困难。

（五）抓民生福祉改善。一是促进就业和居民增收。推进创业创新带动就业，城镇登记失业率控制在4%以内，城镇新增就业1300人以上，城镇失业人员再就业800人以上。实施低收入群众收入倍增计划，推动低收入农户持续增收。二是完善社会保障体系。养老保险覆盖率达到90%以上，医疗保险覆盖率达到99%以上。拓展社保卡社会应用功能。推进医疗费用付费方式改革。适时调整城乡居民社会保险缴费和待遇标准。三是加快发展社会事业。加大标准化学校创建力度，开工梅山中学迁建二期、碧湖中学扩建等项目，稳步提高教育教学质量。完善公共文化服务体系，开展“莲文化”系列活动。实施区人民医院改扩建项目前期，基本完成岩泉和白云社区卫生服务中心建设，争创省卫生强区、省卫生应急示范区。健全社会养老服务体系，新建70个居家养老照料中心。四是深化平安莲都建设。抓好信访维稳、社会治安、安全生产、消防安全、网络安全、防灾减灾、食品药品安全等各项工作，全力做好G20峰会期间安保工作，确保社会秩序稳定。提高基层自治水平，夯实基层基础，平稳做好村级换届选举工作。

四、全面加强政府自身建设

新形势、新任务、新期待对

政府工作提出了新要求。我们将本着对46万莲都人民高度负责的态度，以“三严三实”为标尺，切实加强政府自身建设，努力建设人民满意的政府。

（一）解放思想、与时俱进，建设创新政府。以开展“‘归零翻篇开新局’大讨论”活动为契机，解放思想、实事求是、与时俱进，推动莲都大发展、大转型、大跨越。健全政府系统学习制度，营造善学习、勤思考、重研究的良好风气。善于用发展的思路、改革的办法、市场的手段，不断破解体制性矛盾、结构性问题、政策性障碍，探索建立鼓励创新、宽容失败、允许试错、责任豁免的“容错”机制，推进政府管理和服务创新。

（二）转变职能、提升效能，建设务实政府。建立健全“四张清单一张网”动态调整机制，重点推进权力清单“瘦身”、责任清单“强身”、政务服务网功能提升。把民生工作放在更加突出的位置，确保新增财力主要向民生领域倾斜。落实住村联心制度和党员领导干部结对帮扶机制，打通联系服务群众“最后一纳米”。坚持问题导向抓落实，效果导向抓落实，马上就办抓落实，管用办法抓落实，锻造政府执行力，树立“敢担当、善作为、勇创新、能包容”的干部队伍形象。

（三）依法行政、科学决策，建设法治政府。自觉接受监督，严格执行人大及其常委会的决议决定，积极支持人民政协履行职能，认真听取民主党派、工商联、无党派人士、人民团体和新型社会组织意见，广泛接受新闻舆论和社会公众监督。健全公众参与、专家咨询和政府集体决定相结合的决策机制，确保“三重一大”决策的民主性、合法性和科学性。规范行政许可行为，加强行政复议工作，加强行政执法队伍建设，发挥政府法律顾问作用，提升行政争议化解能力。深化政务公开，严格行政问责，增强政府公信力。加强法治宣传教育，推进公共法律服务体系建设。

（四）严守纪律、从严治政，建设廉洁政府。巩固党的群众路线教育活动、“三严三实”教育活动成果，开展“两学一做”学习教育，严明政治纪律和政治规矩，严守组织纪律和组织原则。全面落实中央“八项规定”精神，加强干部“生活圈”“社交圈”监督，严查“酒局”“牌局”，推动正风肃纪高压态势常态化。举一反三抓好省委巡视组巡视反馈问题的整改，加强重大项目、政府采购及国有资产管理等领域制度建设，完善财政资金使用和管理办法，全面实行公款竞争性存放。加大审计监督力度。支持纪检机关加大纪律审查力度，保持反腐败高压态势。

各位代表，实现“十三五”宏伟蓝图，使命光荣，责任重大，全区干部群众要更加紧密地团结在以习近平同志为总书记的党中央周围，适应新常态，抢抓新机遇，奋力新作为，为与全省同步高水平全面建成小康社会、全面建设“中国莲都”而努力奋斗！

莲都区人大常委会工作报告

——在莲都区第十五届人民代表大会第五次会议上

雷　萍

一、过去一年的主要工作

2015年，区人大常委会在中共莲都区委的正确领导下，紧紧围绕“三美融合、主客共享”工作主线，忠实履行宪法和法律赋予的职权，较好地完成了区十五届人大四次会议确定的各项任务。全年共召开常委会会议12次，主任会议21次，组织代表视察5次，听取和审议专项报告10项，作出决议决定12个，提出审议意见6个。

（一）围绕中心、依法履职，服务发展大局

常委会围绕全区中心工作，认真履行重大事项决定权和干部任免权，与党委同心同向，扎实工作，为推动经济社会发展作出积极贡献。

行使重大事项决定权。审议并批准区政府《关于提请审议丽水市莲都区（丽水市区）环境功能区划的议案》，要求政府完善环境功能区划分，控制建设开发活动，落实准入管理制度，推动“两山”发展战略在莲都的新实践。关注全区经济社会运行情况，针对经济下行压力加大的现状，批准年度财政预算调整方案，作出决定3个，同意政府融资4.5亿元，为我区发展提供资金支持。行使法定职权，作出《关于授予徐峻莲都区荣誉市民称号的决定》，吸引高层次人才服务我区经济发展，优化全区发展软环境。

规范人事任免工作。制定出台《莲都区人大常委会关于落实宪法宣誓制度的具体办法（试行）》，组织新任命人员进行宪法宣誓，进一步增强他们的宪法意识。坚持党管干部原则，全年任免国家工作人员43人（其中任命副区长4人、免去2人）。坚持年度述职制度，常委会组成人员书面审查政府组成部门局长以及法院副院长、检察院副检察长的述职材料，实现对被任命干部监督的常态化。首次开展法官、检察官履职评议，听取8名被评议对象的工作汇报，由监督工作领导小组成员、法工委委员、部分区人大代表进行当场评议，有效促进了“两官”队伍建设。

努力推动中心工作。常委会根据区委部署，发挥班子作用，全力支持和服务我区中心工作。在“六边三化三美”、发展民宿经济等工作中，承担起8个联系村、1个精品村、7条乡村公路、2个民宿示范村的督促指导任务，为建设美丽乡村出谋划策。在“五水共治”工作中，常委会领导和工委主任分别担任治水“河段长”和“指导员”，为改善水环境尽心尽力。在全国文明城市和“一个捡不到烟头的城市”创建活动中，利用休息时间到联系村（社区、路段）开展创建巡查，为建设宜居城市亲力亲为。在低收入农户帮扶、大港头木制品整治、推进区养促会等工作中，也都活跃着人大干部的身影，工作成效明显。

（二）精选议题、注重实效，维护群众利益

常委会围绕群众关心、社会关注的热点问题，精选监督议题，深入调查研究、改进监督方法、提高监督实效，深化了对政府的工作监督。

助力营造美丽环境。回应群众关切，常委会开展农村生活污水处理工作专项督查。听取和审议区政府关于全区农村生活污水处理工作的专项报告，在前期督查组深入实地检查工程实施情况的基础上，针对工程承包、质量监管、政策宣传中存在的问题，敦促政府实事求是，做

好工程整改和维护，把这项民生工程做实、做好。听取和审议少数民族特色村寨建设专项报告，要求政府正视特色村寨建设滞后等问题，加大规划建设工作力度，挖掘和传承好民族文化，在美丽乡村建设、发展民宿经济中打响民族特色品牌。组织人大代表视察全区“六边三化三美”“三改一拆”“城区项目征迁”等工作，督查“五水共治”工作情况，配合市人大开展全市大气污染防治和美丽乡村建设情况调研，推动实现不把“违法建筑、污泥浊水、脏乱差环境”带入全面小康社会的目标。

助力发展美丽经济。常委会把推进招商引资制度建设和严肃财经纪律作为监督重点，推动政府科学理财、民主理财。专题开展招商引资工作调研，针对“招商成效不明显、引进资金界定不准确”等问题，采取走访企业与查阅档案相结合的方式，对部分招商引资项目的签约投资额、实际投资额等情况进行全面了解，分析招商引资考核中存在的问题，建议政府完善考核制度，确定合理的奖励额度，提高招商资金使用绩效。听取和审议区政府关于国民经济和社会发展计划执行、财政预算执行以及审计等工作报告，作出《关于批准莲都区2014年财政决算的决议》等，推动政府进一步优化支出结构，促进我区经济健康发展。听取区政府关于“十二五”规划纲要实施情况的报告，要求对相关指标未完成的原因作出分析和说明。

助力创造美好生活。常委会以改善农村医疗条件和提高社会管理水平为切入点，推动政府采取措施，提高群众幸福指数。听取和审议基层医疗卫生服务能力建设专项工作报告，要求政府重视“乡镇卫生院医疗资源利用不够充分、基层卫技人员外流严重、政策体系和激励机制不够完善”等问题，进一步优化基层医疗机构和设施配置，完善考核激励机制，提高财政资金使用的社会效益。调研社区增设和分设工作，听取社会各界的意见，凝聚民智，建议政府优化方案，助力提升社会管理水平。调研乡村有线电视网络建设管理情况，要求相关部门加强监督管理，提升服务质量，满足广大农村群众的文化需求。

自觉接受上级人大指导，配合省人大督查饮用水源保护工作；配合市人大调研城区地下管线建设、市区停车难等工作。此外，自主开展了现代农业园区建设、国有资产管理情况等调研。

（三）深化监督、加大力度，推进依法治区

常委会肩负着监督“一府两院”依法行政、公正司法的法定职责。我们以深化司法监督为重点，加大监督力度，扎实开展工作，有序推进了“法治莲都”的建设进程。

深化司法监督。成立由常委会主任担任组长，分管副主任担任副组长的领导小组，加强对深化司法监督活动的领导。坚持问题导向，深入基层，广泛听取社会各界意见建议。认真梳理司法机关在规范、严格、廉洁司(执)法中存在的问题，经主任会议审议交由司法机关整改落实。明确将“落实立案登记制度和破解执行难问题”“解决取证不规范问题”“完善行政执法与刑事司法相衔接机制”“依法保障律师会见权，建立有效的案件移送告知律师制度”等作为跟踪督查的重点，常委会会议专题听取和审议整改情况报告，以无记名投票方式进行满意度测评，当场公布测评结果。

强化法律监督。细化规范性文件备案审查流程，做到审查靠前、把关从严。全年审查政府规范性文件19个，对发现的问题及时与政府法制部门沟通，督促落实整改，确保了政府相关文件符合上位法。严格落实重大事项报告制度，全年共收到司法机关报送的重要文件16件、特定案件305件，进一步规范了对司法机关工作的监督。针对“执行难、执行率低”等问题，开展法院民事执行工作专题调研，建议加大执行力度、完善执行机制、推动破解执行难，做到案结事了。参与调研政府“四张清单一张网”、行政执法、政府合同管理及执法部门宗卷检查等工作，推动政府行权更加规范、高效。

细化部门监督。加强对政府部门预决算的监督，审查区民政局、水利局2015年预算草案和科技局2014年决算草案，督促相关部门明确项目实施目标、细化项目经费支出、严格预算执行，提高资金使用绩效。推动53个区直部门在网上公开年度预决算草案，提高财政资金的透明度，接受社会监督。同时，督促对审议问题的整改落实，确保财政资金使用安全。加强对政府部门的工作监督，主任会议听取区科技局、司法局、林业局、统计局、交通局等部门工作汇报，就推进科技强区、加强矫正管理、规范森林虫害防治、强化统计成果运用、加快交通基础设施建设等提出意见建议，要求政府加以落实。

（四）建好平台、激发活力，发挥代表作用

代表是保持人大工作活力的源泉。常委会通过抓代表联络站规范化建设，运用好“互联网+”，提高代表履职积极性，更好地发挥了代表主体作用。

联络站建设取得实效。各代表联络站围绕区域中心工作和群众关心的热点问题，确定代表活动主题，邀请各级人大代表进站开展活动，取得了较好成效。探索运用“互联网+联络站”模式，建立南明山、峰源2个网上代表联络站，让代表与选民的联系更顺畅、更便捷。南明山代表联络站通过约见政府相关部门负责人，推动了千年古樟保护、居民饮用水改善等问题的解决；碧湖代表联络站采用“一站六室”活动方式，分组开展代表活动，提升联络站工作成效，促成了石牛桥头交通信号灯投入使用。另外，各代表联络站结合“六边三化三美”“三改一拆”等工作，发挥人大代表的作用，化解多起信访积案，有力推进了我区中心工作。

履职主动性明显增强。全区代表积极参加代表中心组活动，采取上下联动方式，积极参与到监督已治理的河、推动转型升级十大组合拳落实、查找基层群众办事审批难事项等主题活动。活动中，通过接待选民、跨组交流、电视问政，以及听取政府工作汇报等方式，拓宽了自身知情知政渠道，进一步提升了履职主动性。在“11·13”里东山体滑坡灾害救援中，广大代表第一时间行动起来，协助政府做好救援抗灾工作，积极捐款捐物，诠释了“一方有难、八方支援”的里东大救援精神。

建议办理稳步推进。区十五届人大四次会议共有大会议案1件，建议110件。常委会通过召开代表建议交办会，进行集中交办，明确建议办理的主办单位和会办单位。完善建议办理工作机制，运用代表建议办理系统进行网上督办，通报办理进度，有力推动了办理工作。坚持重点代表建议由政府领导领办、常委会领导督办制度，明确各重点建议办理的责任人。代表建议均在规定时限内完成了办理答复工作。代表对办理工作满意的107件，基本满意的3件；建议所提问题解决或基本解决的39件；正在解决的61件；受条件限制留作参考或不可行的10件，和2014年建议办理情况相比，A类件从30%提高到35%，B类件从55%提高到56%，C类件从15%下降到9%。

（五）转变作风、求真务实，加强自身建设

常委会以抓好自身建设为切入点，以改进干部作风为主线，加强县乡人大工作和建设，提高干部队伍的凝聚力和战斗力。

加强常委会自身建设。贯彻落实省委、市委人大工作会议精神，协助区委召开全区人大工作会议，出台《中共丽水市莲都区委关于进一步加强人大工作和建设，充分发挥人大作用的意见》，为加强我区人大工作和建设提供了有力保障。认真组织《廉洁自律准则》和《纪律处分条例》学习，开展“三严三实”“学党章、守纪律、讲规矩”专题教育，提高人大干部政治定力和规矩意识。在里东救援和灾后重建中，常委会领导和机关干部承担了医疗机构协调、受灾民工服务、救灾款物管理、现场指挥救援等任务，展现了人大干部队伍攻坚克难、敢于担当的精神。

加强机关建设。坚持正确用人导向，营造良好学习氛围，通过干部轮训和业务培训等方式，提升人大机关服务“三会”的能力和水平。继续深化作风建设，组织干部赴中共丽水县委旧址纪念馆参观学习，运用现场教学模式，重温入党誓词，提高党性修养，努力打造政治定力强、忠诚务实的干部队伍。加强与兄弟市县人大的交流。坚守人大宣传工作主阵地，在省、市级纸质媒体和网站上共发表文章127篇。在全市人大信息考核评比中，区人大机关荣获集体奖，1人被评为先进工作者。重视信访工作，加大信访交办力度，落实领导信访督案责任制，全年受理来信85件，其中省、市人大交办3件；来访125批次，136人次，维护了社会和谐稳定。

加强基层人大建设。落实中共中央办公厅《关于加强县乡人大工作和建设的若干意见》，配足配强乡镇（街道）人大干部队伍。完善对乡镇（街道）人大工作考核制度，将联络站建设列为考核内容，首次开展优秀代表联络站和先进工作者评选，推动各代表联络站规范、有序运行。加强业务培训力度，组织乡镇（街道）人大负责人参加全市专题业务学习培训，提升乡镇（街道）人大干部的履职水平，夯实乡镇（街道）人大工作基础。建立和运用乡镇（街道）人大工作微信群，密切工作联系，增进日常工作交流。

各位代表，区人大常委会所取得的成绩，是常委会组成人员和全体代表共同努力的结果，离不开区委的正确领导，离不开“一府两院”的密切配合，也离不开全区人民以及社会各界的大力支持。在此，我谨代表区人大常委会，表示衷心的感谢！

在肯定成绩的同时，我们也清醒地认识到，人大常委会各项工作离发展的新要求和人民群众的新期待还有一定差距，主要表现在：监督工作刚性手段运用不足，监督实效有待提升；发挥代表作用的渠道不多，服务代表的能力有待提高；审议意见跟踪督办有待加强。对于存在的问题，常委会将虚心听取各位代表和各方面的意见，认真加以改进。

二、2016年工作任务

各位代表，2016年是全面实施“十三五”规划的开局之年，也是人大工作承上启下、创新发展之年。区人大常委会工作的指导思想是：以党的十八届三中、四中、五中全会精神和省委十三届八次全会，市委三届十次全会，区委十三届九次全会精神为指导，牢固树立“绿水青山就是金山银山”战略指导思想，以“创新、协调、绿色、开放、共享”的发展理念为引领，以“三美融合、主客共享”为工作主线，着眼于全区工作大局，依法履行职责，以“归零”的心态，“翻篇”的姿态，“奋发”的状态，看齐的意识，找短板、补短板，敢于担当，创新有为，充分发挥人大在民主法治建设中的重要作用，为推进“绿色发展、生态富民、科学赶超”，打造“中国莲都”提供强有力的保障。

（一）坚持党的领导，在推动依法治区上下功夫

坚持区委对人大工作的领导，发挥常委会党组的领导核心作用，严守政治纪律和政治规矩，切实发挥人大在法治莲都建设中的重要作用。

规范人事任免与监督。坚持党管干部的原则，依法行使好人事任免权，规范任前法律考试、表态发言、颁发任命书等工作，推进宪法宣誓制度实施，精心组织被任命干部向宪法宣誓仪式，增强干部的宪法意识。继续深化完善“两官”履职评议工作，强化对法官、检察官的任后监督。

推进法律监督工作。对2015年司法监督中提出的重点问题，以及法院民事执行工作调研中提出的意见建议落实情况开展“回头看”，巩固监督工作成果。组织人大代表旁听法院庭审。专题听取和审议区法院刑事案件审判专项工作报告。

推动依法行政工作。对规范性文件开展全面审查，维护社会主义法制的统一。坚持主任会议听取部门工作汇报制度，将听取区市场监管局、质量监督局、民政局、监察局的工作汇报，推动部门依法行政。

参与市级立法工作。今年是市级人大获得地方立法权，付诸立法实践的第一年。我们将主动参与市人大《城市市容和环境卫生管理条例》等立法工作，及时反映我区群众的呼声与

愿望。

促进社会和谐稳定。听取和审议“六五”普法实施和“七五”普法规划的报告，作出关于“七五”普法工作的决议，推动全区普法宣传教育。认真受理人民群众来信来访，加大信访督办力度，抓好领导督案制度的落实，引导群众依法行使权利、表达诉求、解决纠纷。

（二）助力改革发展，在打造“中国莲都”上下功夫

按照“四个全面”布局和“五大发展理念”，适应发展新常态，关注社会民生，认真履行职责，提高监督实效，推动区委决策部署的贯彻落实。

行使重大事项决定权。提请本次大会行使重大事项决定权，作出《关于加快养生农业发展的决定》，发挥人大在推进绿色发展，践行“两山”理论中的重要作用。扎实开展“十三五”规划纲要编制情况的调研和初审，引导代表深入讨论、积极建言，使规划纲要更加符合莲都实际，符合群众的意愿。闭会期间，还将围绕全区中心工作，对涉及经济社会发展的重大事项进行审议，并适时作出决议决定。

深化预决算监督。审查和批准2015年度区财政决算；听取和审议区政府2016年上半年预算执行情况的报告；听取和审查区经济商务局、文广新体局预算情况，继续深化政府部门预算审查和决算公开工作。

推动经济健康运行。听取和审议区政府2016年上半年国民经济和社会发展计划情况的报告；听取和审议区政府提出的审计机关关于2015年度预算执行和其他财政收支的审计工作报告，提出审议意见；对2015年审计查出问题的整改情况进行跟踪督查。

促进社会事业发展。听取和审议区政府关于市区学前教育和民宿经济发展情况等专项工作报告；组织代表视察全区养生农业发展情况，推动政府落实好《关于加快养生农业发展的决定》；开展二孩政策实施情况、实施华侨要素回流工程情况等工作调研。

（三）发挥代表作用，在完善平台建设上下功夫

始终把发挥代表主体作用摆在突出位置，深化代表联络站和履职平台建设，继续完善“两联系一发挥”机制，促进代表主体作用更好发挥。

完善联络站建设。鼓励代表积极参与人大代表联络站的工作，运用好联络站平台听取民意、汇聚民智，推进解决人民群众关切的民生热点问题。全面铺开网上代表联络站建设，引导代表广泛参与联络站网上网下活动，进一步增强代表与选区、选民的联系，促进代表履职的常态化。

提升代表履职能力。认真落实常委会组成人员联系人大代表、代表联系人民群众的制度，增强联系群众实效。加强代表日常管理，完善述职制度和履职激励机制，切实提高代表履职水平。推进服务信息化，加强代表履职服务平台建设、开设人大微信公众号，提升与代表的互动水平。

提高建议办理质量。加大大会议案、代表建议的督办力度，运用好代表建议办理系统和人大代表履职服务平台，开展代表建议办理工作回头看，建立反馈通报制度，提高建议办理的面商率和解决率，推动建议办理工作取得更好的社会效果。

（四）提升履职能力，在加强自身建设上下功夫

坚持抓基层、抓基础，及时总结实践经验，不断完善工作指导机制，激发基层人大活力，推进人大工作与时俱进。

重视换届选举工作。在区委的领导下，认真贯彻上级换届选举工作的部署以及《选举法》《代表法》等法律法规，全面落实对区乡换届选举工作的组织责任，加强对区乡两级选举委员会的领导和监督。协助党委把好代表候选人“入口关”，推荐好政治素质高、履职优秀的连任代表人选。加强选举过程的监督和不稳定因素的预判，确保区乡人大代表换届选举工作严格依法有序、风清气正。

重视常委会建设。坚持把学习贯彻党的十八届三中、四中、五中全会以及省委十三届八次全会精神，作为当前和今后一段时期的首要政治任务。推动

落实《中共中央转发〈全国人大常委会党组关于加强县乡人大工作和建设的若干意见〉的通知》和省委《关于认真贯彻落实中央文件精神加强县乡人大工作和建设的若干意见》以及市委、区委相关意见，进一步加强常委会机构和干部队伍建设，为区人大常委会依法履职提供组织保障。

重视工作机制建设。巩固“三严三实”主题教育活动成果，在全体党员中开展“学党章党规、学系列讲话、做合格党员”学习教育活动，持续推进作风建设。深入开展“归零翻篇开新局”主题大讨论活动，通过找短板、补短板，完善工作机制，健全讨论决定重大事项制度，不断增强工作实效。积极参与全国文明城市创建、“六边三化三美”、民宿经济发展、“五水共治”、“三改一拆”等重点工作，强化机关的整体意识、服务意识。

重视乡镇人大工作。要进一步加强对乡镇(街道)人大工作的指导，规范乡镇人代会程序，提高会议审议质量。开展评先评优活动，激励基层人大干部爱岗敬业。继续邀请乡镇(街道)人大工作负责人列席常委会会议，参加有关调研视察活动。坚持基层人大干部半年例会制度。坚持人大常委会领导和工委分片联系乡镇(街道)人大工作制度，指导乡镇人大开好人代会、组织好闭会期间的代表活动。

各位代表，新的形势对人大工作提出了新的要求。让我们高举中国特色社会主义伟大旗帜，更加紧密地团结在以习近平同志为总书记的党中央周围，在中共莲都区委的领导下，解放思想、锐意进取、齐心协力，扎实工作，推进“绿色发展、生态富民、科学赶超”，为加快打造“中国莲都”，与全省同步实现高水平的小康而努力奋斗！

《区人大常委会工作报告》名词解释

互联网+联络站：“互联网+”战略就是利用互联网的平台，利用信息通信技术，把互联网和包括传统行业在内的各行各业结合起来，在新的领域创造一种新的生态。省人大常委会在全省推行建设的网上代表联络站，就是“互联网+”战略在代表联络活动中的最新运用。目前，莲都区已经建成南明山、峰源网上代表联络站。

“三会”：区人代会、区人大常委会会议和主任会议。

“一站六室”：碧湖人大代表联络站在开展联络站活动中，为了解决镇域广、代表多，组织活动难度大等问题，而探索实行分组开展代表联络活动的工作方法。“一站”是指碧湖人大代表联络站；“六室”是指联络站下设城区、联合、新合、高溪、平原、石牛等六个代表联络室。

代表建议办理A、B、C分类：A类代表建议是有政策项目支撑、有条件办理的；B类代表建议是通过争取政策项目、创造条件可以办理的；C类代表建议是暂时无政策项目支撑、无条件办理的。

“两联系一发挥”：加强人大常委会同人大代表的联系、密切人大代表同人民群众的联系，充分发挥人大代表作用。

“转型升级十大组合拳”：2015年省人大常委会以上下联动方式，部署开展的主题监督活动，包括浙商回归、“五水共治”、“三改一拆”、“四换三名”、“六边三化三美”、生态产业强区、创新驱动、市场主体升级、小微企业三年成长计划、七大产业培育等方面。

中国人民政治协商会议第十四届丽水市莲都区委员会常务委员会工作报告

——在政协第十四届丽水市莲都区委员会第五次会议上

谷江南

一、工作回顾

2015年是区政协务实求进、积极有为的一年。这一年，常委会在中共莲都区委的坚强领导下，坚持团结民主主题，践行“绿水青山就是金山银山”思想，推进“研究型”政协建设，以研聚力、以研增效、以研促学，先后召开常委会议5次、主席会议9次，完成常委会议、主席会议课题6个，开展专项集体民主监督活动3次，交办集体和个人提案191件，反映社情民意信息165篇，为莲都经济社会发展贡献了智慧和力量。

（一）协助区委开好全区政协工作会议

全区政协工作会议于8月20日召开。会前，常委会贯彻全省、全市政协工作会议精神，就“基层政协民主监督的现状和发展路径”开展调研，汇集广大委员、政协各参加单位、老同志和界别群众意见，协助区委出台《关于加强人民政协民主监督的实施意见》。会上，葛学斌书记要求全区党政部门贯彻会议、文件精神，重视支持政协工作，为政协履职创造良好条件，希望区政协讲政治、讲大局、讲担当，增强责任感和使命感，围绕“三美融合、主客共享”工作主线，发挥独特优势和重要作用，与区委、区人大常委会、区政府一同做好当前各项工作。

（二）服务大局，政治协商有序进行

一年来，常委会落实年度协商计划，组织多层次、多形式协商活动，主动服务我区经济社会发展大局。

一是深化专题协商。把编制“十三五”规划作为政治协商的重要内容，召开十四届十五次常委会议，协商递交了12份建言材料。协商《丽龙公路南山互通至丽新公路建设工程南山至高溪段PPP实施方案》，通过十四届三十次主席会议，建议提高财务测算精准性，推行“赢利捆绑”补偿方式，强化项目建设监管，提升财政资金使用绩效，减轻政府后期债务压力。协商城区社区设置问题，就“增设和调整社区设置、规划命名、人员及设施配备、运行机制”等方面提出建议，并出具了《协商纪要》。

二是活跃界别协商。继续开展界别月活动，鼓励和引导社会各界有序参与。台联活动组与有关方面赴雅溪镇岱后村现场办公，延伸水源地，完善设施管护措施，解决了群众的“饮水难”问题；工商联活动组在老竹镇周坦村组织“民宿发展大讨论”，向有关部门和村委提出“完善配套设施、培育村落文化、改造村庄环境，为引得进资金、建得好民宿、留得住游客打实基础”等建议。教育界活动组以暗访为开头，与城区学校商讨校园环境、家校联动等举措，助推“无烟头城市”创建活动。少数民族界、宗教界活动组开展“和谐寺观、美丽畲寨”主题活动，为我区宗教场所和少数民族村建设献计出力。

三是探索对口协商和提案办理协商。区委、区人大、区政府、区政协“四办”联席会议定期沟通协商，专委会及时联系对口单位、界别活动组，保障政协会议、活动有序进行。常委会更加重视提案办理协商，在电话、网络、文字沟通基础上，呼吁提案承办单位与提案单位、提案人通过现场调研、会议座谈等方式，面对面协商提案办理工作，有24件提案进行了座谈协商，有84件提案采用了其他协商方式。十四届十五次常委会议民主评议区旅委、区经商局提案办理工作，进一步提出“加强提案办理协商、针对性答复提案办理情况”等意见，已收到整改反馈。

（三）直言利弊，民主监督集中发力

一年来，常委会强化专项民主监督，探索反映问题方式方法，提高民主监督成效，助推决策落实和民生改善。

一是围绕“治水”联合联动。会同省、市政协，对企业排污、河道保洁、农村生活污水治理等开展专项监督，特别是针对农村生活污水处理设施建、管、用情况，以PPT形式反映监督发现的问题，引起区委、区政府及其部门高度重视，已梳理问题989个，完成销号856个。联合区治水办，完善“随手拍、快捷报”平台，反映河道点位问题19期84个，已完成整改83个。念好“五水共治”、专项民主监督、“三字经”、“随手拍、快捷报”等工作做法被省、市、区领导肯定。

二是围绕“三美”跟踪跟进。开展“两路两侧”“六边三化三美”专项民主监督活动，发动40多名常委、委员和摄影之友社成员，对龙丽（丽龙）高速、金丽温高速、金丽温铁路和330国道沿线200多个村开展民主监督，以视频形式反映“脏乱差”问题296个，经会议交办，落实了问题整改。践行“干着监督”要求，落实“路段长”暨干部蹲点联系制度，组织政协领导干部参与丽和、黄碧等5个路段和小安、下岙等6个村的“六边三化三美”工作，监督完成了一大批整治任务。

三是围绕“消除”助力助推。持续关注“竹柳新桥”经济社会发展问题，视察丽新乡和老竹镇通村公路、文化礼堂、畲族村寨建设项目，了解“十二五”以来民族乡镇发展扶持资金到位和使用情况，以政协建议形式反映“项目储备不足、‘造血’功能不足、投入较为分散”等问题，建言“建设民生工程项目库、加大产业扶持力度、提高资金使用绩效”，助力“消除欠发达地区”。组织委员走访4乡2镇3街道227家农户，核查低收入农户结对帮扶情况，向区委、区政府建议“统一使用新卡、增进信息互通、加强产业补助”，助推“消除4600”工作。

（四）发挥优势，参政议政成效明显

一年来，常委会发动广大委员和政协各参加单位，深入调查研究，积极献计出力，取得了明显成效。

一是学习通报知情。及时组织“四个全面”和破解“三大命题”学习讨论活动；于十四届十四次常委会议，听取区政府2015年上半年工作情况、“国家农业综合开发现代农业园区试点项目”和“正风肃纪、打霸拔钉”专项行动情况的通报；于十四届十六次常委会议，听取区委2016年工作思路；按计划组织委员，视察我区曙光服务管理救助中心、雅溪镇箬坑村古民居和碧湖镇上赵村、老竹镇梁村村、丽新乡咸宜村文化礼堂；多次组织农业、卫计等专业知识的履职前培训。

二是课题调研深入。围绕乡愁经济、“中国莲都”品牌、农村文化礼堂建设、传统村落保护等，组织委员集中调研活动240多人次，先后递交《政协建议》6期，全部被区委、区政府领导批示交办，为有关工作提供了积极参考。《打造乡愁旅游目的地的建议》紧扣“瓯江风情走廊”，建言特色民宿、度假乡居、休闲乡村建设；《打造“中国莲都”品牌的建议》提出莲文化“研究会、展示馆、鉴赏馆”和“莲博园”的设想；《建设大港头村“画乡亲水步道”的建议》呼吁传承地方文化，敞开瓯江山水风光，还原“商埠重村”风情；《加强古村落保护的建议》和《创新农村文化礼堂建设的建议》在工作创新、支撑保障、作用发挥等方面提出了对策。

三是提案办理落地。通过网上平台交办集体提案49件、个人提案142件，经56个区级部门承办，被采纳95件，被部分采纳或列入计划采纳77件，因条件所限未能采纳或留作参考19件，提案整体答复率为100%。十四届二十六次主席会议确定重点提案6件，涉及电子商务、文化产业、农村饮用水源地保护、生态旅游、城乡建设、平安建设等内容，经区领导领办督办，已落实办理并答复。如，电子商务方面的2件提案引起区政府高度重视。区电子商务工作领导小组组织了创业大赛，推出了“网易贷”信用贷款服务，形成了“村邮站+电子商务进万村工程”模式。莲都区电子商务产业园也在筹建中。十四届十六次常委会议听取了区委、区政府关于提案办理情况的通报。

四是社情民意通达。召开专项会议8次，推行“委员信息沙龙”和“强强联合、组团服务”等做法，向市政协反映社情民意信息157条，向区委、区政府反映社情民意信息8条，年度考评成绩位居全市第一。“处理高级领导干部腐败行为”“重视食药监管队伍建设”“促进流动党员管理”等被全国政协采用，“完善土地政策，保障‘低小散’行业整治”“衔接新高考改革”等被省领导批示交办，“下放环境保护监测事权”“抓好城区加油站安防工作”“整治和改造城区历史街区”等被市领导批示交办，“建设劳模（职工）休养站”“加强古树和珍稀树木保护”“发展民宿经济既要‘拓面’更要‘拓链’”等被区领导批示交办，社情民意信息“直通车”作用突显。

（五）广泛联系，团结民主凝心聚力

一年来，常委会牢牢把握团结和民主两大主题，广泛调动各方面积极性，为全区改革发展凝聚人心、汇集力量。

一是努力营造合作共事氛围。重视发挥各民主党派、工商联、有关人民团体和无党派人士的作用，组织相关单位大会发言11篇，反映社情民意信息105条，支持相关单位、界别委员开展调研视察和服务群众工作。举办“情系里东”爱心捐赠活动，发动各界别委员向里东灾区捐款32.86万元。征编9个版块、300多张履职图片的纪念画册，汇编22位委员的履职风采，创作了30多幅书画作品，筹备了纪念区政协成立60周年座谈会，团结广大委员、政协各参加单位和衷共济谱新篇。

二是认真组织联谊联络活动。落实常委联系委员72人、群众108人，落实委员联系群众647人，广泛听取委员和群众的意见，努力帮助排忧解难，积极争取理解和支持。承办全市政协系统第九次书画展，以“绿水青山就是金山银山”为主题，组织书画家创作笔会，创作并展出书画作品80多幅。支持女委员联谊会联谊交流、文体培训46批次、200多人次，支持摄影之友社“挖掘莲都乡愁经济，传播莲都古民居文化”摄影采风活动，支持书画会义务送春联1000多对，增进了委员与委员、委员与群众的交往交流。

三是不断加强文史资料工作。多次组织委员、特邀委员赴碧湖、雅溪、联城、太平等乡村调查采访，编撰文稿31篇，征集图片80多张，出版了《灯舞莲都》文史专辑。征集17篇文稿及相关图片，完成了市政协交办的“‘非遗’传承人口述”文史资料征集任务。召开“撤市设区、撤镇设街道”文史资料征编工作动员会，启动了有关工作。完成了《区政协成立60周年纪念画册》和《委员风采》的征编出版。配合区文明办，整理编辑书稿，征编出版《莲都家训家风故事》，为创建全国文明城市作出了贡献。

（六）抓本治源，自身建设持之以恒

一年来，常委会以“三严三实”教育和“学党章、守纪律、讲规矩”教育为契机，积极建设“研究型”政协。

一是教育活动深入开展。组织区政协领导参加区委“三严三实”专题教育活动，组织机关党员干部参观中共丽水县委旧址，观看《与时俱进话党章》等专题教育片，学习新《条例》、新《准则》等规定，讨论“不严不实”典型案例，重温入党誓词，开展批评与自我批评，增强党性修养。落实机关领导干部联系紫金、白云等乡镇（街道）“百日攻坚”、文明创建等工作，参加里东“11·13”山体滑坡灾害抢险值班和善后服务救助工作，结对低收入户33户，以实际行动检验了教育成效。

二是理论研究成果丰厚。坚持理论研究助推履职实践，把握政协工作规律，明确事业发展方向，为区政协创新会议安排、丰富委员活动、完善履职评价提供了重要依据。发挥政协理论与实践研究会作用，组织广大委员和政协各参加单位参加全省政协理论征文活动，征集政协理论研究文章17篇，其中获全省二等奖1篇、三等奖1篇、优秀奖4篇，1名委员应邀在省政协理论研究会2015年年会暨第七次理论研讨会上作交流发言。

三是宣传工作力度加大。加大委员宣传力度，3名委员获评浙江省“百名新乡贤”，1名委员入选莲都区2015年度“身边好人”。加大外部宣传力度，《政协提案落地，山区群众看病不再难》在全国政协网站发表，《莲都“六边三化三美”政协在行动》等15篇信息在省、市媒体发表。加大网站建设力度，发布履职动态信息370多篇，转载新闻信息2165篇，新增里东大救援专栏。此外，还编辑出版《莲都政协》第3期、第4期，集中展示了区政协2015年工作。

各位委员！区政协常委会过去一年所取得的成绩，是区委、区人大常委会、区政府以及各部门（各单位）和乡镇（街道）大力支持的结果，是广大委员和政协各参加单位积极履职的结果，也是区政协历届老领导、老同志和老委员关心支持的结果。在此，我代表常委会表示衷心的感谢！

回顾工作，我们有欣喜，也有遗憾。政协协商民主实践有待进一步探索，政协意见建议的办理反馈有待进一步规范，政协履职能力建设有待进一步增强等等。真诚希望广大委员、会议列席人员提出批评和建议。

二、工作任务

2016年是实施“十三五”规划的开局之年，是全面建设“中国莲都”的起始之年，又恰逢莲都区政协成立60周年，也是本届区政协委员履职尽责的收官之年。区政协常委会工作的总体要求是：贯彻中共十八届五中全会和习近平总书记系列讲话精神，落实省、市、区政协工作会议部署，以“四个全面”战略布局为统领，以“三美融合、主客共享”为主线，以“智慧型”政协建设为载体，找短板、补短板，继往开来，与时俱进，认真履行政治协商、民主监督、参政议政职能，助推“绿水青山就是金山银山”在莲都的新实践。

（一）丰富实践，政治协商更加有方

新的一年，我们将紧扣中心工作，广泛征集协商议题，努力丰富协商实践，不断完善协商的方式方法。要征求广大委员、政协各参加单位和有关部门意见，会同党委、政府制定年度协商计划。要围绕“一府两院”工作报告和区委全会重大决策等开展政治协商，就“挖掘‘中国莲都’元素”“深化主题村落建设”“融入‘浙皖闽赣国家东部生态旅游实验区’”等组织专题协商。要跟进大会发言和提案的办理落实工作，开展界别协商、对口协商和提案办理协商。要以协商民主制度建设为契机，促进政治协商规范化、程序化，发挥专门协商机构作用。

（二）扎实推进，民主监督更加有力

新的一年，我们将加强探索和创新，加大民主监督力度，促进履职成果转化，助推党政工作的改进和落实。要加强工作的通报和交流，持续深化开展“五水共治”长效机制、“六边三化三美”等专项集体民主监督活动，继续用好“随手拍、快捷报”平台和多媒体反映问题方式，组织委员视察文明创建、国资管理和基层组织建设等情况。要提高集体提案比例，改进提案立案机制，完善民主评议监督，开展提案办理“回头看”活动，进一步增强提案工作透明度。要对照区委有关政协工作文件增进协商沟通，执行好“政府领导每人每年领办一件政协提案”等要求，推动政协所提意见建议的办理和反馈。

（三）拓宽视野，参政议政更加有效

新的一年，我们将弘扬里东大救援精神，执着担当，团结进取，参与全区产业培育、品牌建设、民生改善等方面工作，在建设“中国莲都”中积极作为。要

加强联系各界人士，围绕工业旅游、民宿产业、养生养老服务业和地方文化、民间组织、留学海归等，深入调查研究。要加强社情民意的调查和研判，认真收集和反映义务教育、延迟退休、房产税等公众关注的焦点、热点问题，继续保持全市社情民意信息工作领先成绩。要落实政协领导干部参与联系乡镇(街道)、重点项目、重点工作，落实政协界别月活动和其他活动，进一步加强联系和服务群众。

（四）汇集智慧，自身建设更加有为

新的一年，我们将结合“归零翻篇开新局”主题大讨论活动，努力建设“智慧型”政协。要进一步加强和创新机关工作，推动政协理论与实践研究会、女委员联谊会、摄影之友社、书画会活动更经常、更活泼，更好地服务委员履职。要发挥人才荟萃、智力密集、联系广泛的优势，深化常委联系委员、委员联系群众活动，联络更多专家学者、有识人士，探索筹建政协智库，为建设“中国莲都”凝心聚力。要持续完善“互联网+”智慧平台，加强网站建设，健全工作微信群，升级网上提案系统、委员管理系统，开通手机服务网络客户端，提升政协工作信息化水平。要做实文史资料工作，优化履职评价办法，加大履职宣传力度，普及政协知识，强化政协意识，促进政协事业长远发展。

各位委员！“十三五”征程已经开启，新一年的履职任务相当艰巨，发展政协事业任重道远。让我们紧密团结在以习近平同志为总书记的中共中央周围，在中共莲都区委的坚强领导下，聚焦“中国莲都”，汇集改革发展“大智慧”，朝着高水平全面建成小康社会的宏伟目标奋勇前进！

莲都区人民检察院工作报告

——在莲都区第十五届人民代表大会第五次会议上

王小刚

2015年工作回顾

2015年，我院在区委和上级检察院的领导下，在区人大及其常委会的监督下，在区政府、区政协和社会各界的支持下，深入贯彻落实党的十八大以来各次全会精神，紧紧围绕全区工作大局，认真履行法律监督职责，积极推进法治莲都建设，努力为促进全区绿色生态发展、建设美丽幸福新莲都提供有力的司法保障，各项工作取得了新成效，被评为市级先进基层检察院。

一、围绕全区工作重点，充分发挥服务保障作用

紧紧围绕区委中心工作，努力找准检察工作服务大局的着力点和切入点，充分发挥检察职能优势，全面融入全国文明城市创建、“六边三化三美”、“五水共治”、“三改一拆”、扶贫结对等工作中，积极参与全区“正风肃纪打霸拔钉”、大港头木制品行业整治等专项行动，切实做好服务和保障工作。在“11·13”里东山体滑坡灾害事件中，坚持以让党委政府放心、群众满意为目标，第一时间赶赴现场，全程参与有关善后服务工作，圆满完成了阶段性的工作目标和任务，获得了区委区政府的肯定，省检察院原检察长陈云龙、常务副检察长庄建南等领导对此给予充分肯定，全力支持并为我院工作点赞。积极开展“三项检察”，加强与公安、法院、环保、金融、市场监管等部门的沟通联系，合力打击各类破坏环境资源犯罪、金融犯罪、知识产权犯罪以及危害食品药品安全犯罪等影响国计民生的重大犯罪。加强与安监部门的协作配合，主动介入安全生产事故调查，履行法律监督职责，严查事故背后的职务犯罪。以担任法制副校长、开设模拟法庭等形式为平台，深入中小学校开展法制教育，预防青少年违法犯罪。

二、强化批捕起诉职能，有效维护社会和谐稳定

保持打击严重犯罪高压态势。牢固树立维稳意识，强化批捕、起诉职能，严把案件质量关，确保稳准狠打击。全年共受理各类提请批捕案件499件698人，移送审查起诉案件990件1374人，同比分别上升10.3%和9.6%，人均办案数远超全国、全省平均数。克服案多人少突出矛盾，以占全市10%的检力圆满完成了全市近30%的刑事检察任务。经审查批准或决定逮捕439件591人，提起公诉861件1178人。其中，对故意杀人、绑架等严重暴力犯罪，“两抢一盗”等多发性侵财犯罪以及电信诈骗、涉网络等新型犯罪依法批捕296件373人，起诉310件397人，同比分别上升26.4%和21%。

全面贯彻宽严相济刑事政策。着力减少社会对立面，全面贯彻宽严相济刑事政策，积极构建依法从宽处理工作机制。一方面，严格落实客观性证据审查制度，依法排除非法证据，对不构成犯罪或事实不清、证据不足的依法决定不批捕21人，不起诉13人。另一方面，认真审查犯罪社会危害性、犯罪嫌疑人社会危险性，对犯罪情节轻微、可以免予刑事处罚的依法决定不起诉55人。专门成立未成年人刑事检察办公室，完善检察环节“合适成年人”参与制度，依法对122名涉罪未成年人作出宽缓处理，其中通过附条件不起诉，促使1名涉罪未成年人继续学业并进入高等院校。

积极妥善化解社会矛盾纠纷。坚持把化解矛盾纠纷贯穿

于检察执法各个环节，引导和帮助当事人化解积怨，增加社会和谐。全面落实首办责任制，妥善处理各类群众来信来访51件次。认真开展“举报宣传周”活动，发放检察宣传资料，现场接受群众咨询、举报。加强对生活确有困难的刑事被害人及其亲属的司法救助工作，办理有关司法救助案件3件，发放司法救助金53000元。完善检调对接机制，推行释法说理工作，力求办案“法律效果、政治效果、社会效果”的有机统一，积极促成当事人双方达成刑事和解，依法决定不批捕12人，不起诉26人。

三、加大惩防腐败力度，努力构建良好政治生态

依法惩处职务犯罪。坚决贯彻中央、省委关于反腐败工作的方针、政策，紧紧抓住当前职务犯罪的多发领域、易发环节，加大办案力度，严肃查办职务犯罪大要案和损害民生民利的腐败案件。依法立案查办各类职务犯罪案件19件21人，其中查办科级以上干部要案4人，10万元以上大案5件。着眼从根源上遏制腐败，加大对行贿犯罪的打击力度，依法查办行贿犯罪案件8件9人。所查办的丽水出入境检验检疫局等系统窝窜案，在社会上引起较大反响，有效震慑了腐败分子，推动了全区反腐倡廉建设。

注重提升办案质效。从人民群众反映强烈、社会普遍关注的重点领域、重点行业入手，加强对有关专业知识的学习，不断提高查办案件的专业化水平。建立健全侦查工作机制，整合办案资源，形成惩治腐败合力。高度重视办案质量和效果，审讯、取证等各个侦查环节均严格按照规定进行，严格落实讯问全程同步录音录像制度，坚决杜绝疲劳审讯，强化对强制性侦查措施的决定、使用等重点环节的监督，切实保证侦查活动严格、依法、规范、文明开展。其中，侦查审讯工作经验做法在省检察院组织的有关座谈会上作了交流发言。

着眼源头治理腐败。扎实推进职务犯罪预防工作，开展职务犯罪预防宣讲和警示教育7次，发送《涉农专项资金领域职务犯罪白皮书》（下称《白皮书》）等预防宣传资料2000余份，就有关案件及时向案发或主管单位发出检察建议，有效推动相关单位完善制度，强化管理。其中，配合市检察院编印《白皮书》发送给全市农口系统及所有乡镇干部，该做法得到了省委常委、原市委书记王永康，原市长黄志平的批示肯定。高度重视行贿犯罪档案查询对遏制贿赂犯罪、促进社会诚信建设的积极作用，依法查询行贿犯罪档案98件次。

四、全面加强诉讼监督，依法保障社会公平正义

加强对侦查活动的监督。坚决纠正有案不查、有罪不究问题，依法对公安机关立案情况开展监督，监督立案的13名犯罪嫌疑人均被作出有罪判决。对公安机关应当逮捕而没有逮捕的追捕5人，应当移送审查起诉而没有移送起诉的追诉5人，均作有罪判决。立案监督、追捕、追诉案件中，判处五年以上有期徒刑6人，其中立案监督的一案犯被判处有期徒刑八年。强化非法证据排除，落实人权保障机制，依法监督撤案1人，排除非法证据6件，书面纠正违法侦查行为7起。

加强对审判活动的监督。对认为存在重罪轻判、轻罪重判、定罪量刑不当等案件提起刑事抗诉1件，获得改判3件（2014年提起抗诉2015年改判），其中一交通肇事案经抗诉重审后，法院减轻了对两被告人的量刑，成为全市乃至全省“抗重”并获得成功改判的典型案例。以公权力监督为本位，坚持结果监督与过程监督、对事监督与对人监督、公权力监督与公共利益保障相结合，着力拓展民行监督渠道，扎实开展审判（执行）人员违法行为监督、执行监督、行政执法监督和虚假诉讼监督等工作，积极推进民行检察工作多元化发展。

加强对刑事执行活动的监督。密切关注刑事执行活动中的突出问题，坚持日常监督和专项监督相结合，全面开展对刑事执行活动的监督。办理捕后羁押必要性审查案件10件10人，有关变更逮捕强制措施的建议

均被采纳。就监管中存在的违法问题或倾向性、苗头性问题及时提出检察建议，其中监督收监社区矫正罪犯13人，监督指定居所监视居住不当监管4件。依法监督有关财产刑执行不当案件28件，其中办理的我院首例跨地区财产刑执行监督案件，促使当事人自愿执行了拖欠5年的没收个人财产8万元的刑罚。

五、切实规范司法行为，不断提升司法公信力

扎实开展“规范司法建设年”活动。以最高人民检察院开展的全国检察机关规范司法行为专项整治工作、省人大常委会部署的对司法人员依法履职公正司法情况专项审议为契机，认真组织开展“规范司法建设年”活动，切实查找和解决影响规范司法的突出问题。通过走访人大代表、政协委员，召开征求律师意见座谈会，深入纪委、法院、公安、司法等相关部门征求意见和建议，以及内部自查等方式，共征集到有关问题21个，意见和建议35条。坚持即查即改，明确整改时限，层层落实到人，有效推动了自身规范司法长效机制建设。

主动接受人大监督和政协民主监督。始终把接受人大监督作为检察机关依法履职、公正司法的重要保证。主动向人大及其常委会报告检察工作并坚决执行其决议，积极配合人大常委会开展深化司法监督暨“两官”履职评议工作，认真落实有关整改意见。适时通报检察工作情况，自觉接受政协民主监督。通过举办“检察开放日”、邀请代表委员视察检察工作等方式，加强与人大代表、政协委员和人民监督员的联络工作，认真办理有关建议和提案。高度重视代表委员对检察工作的智力支持，在新选任的莲都辖区人民监督员中，各级人大代表、政协委员占45.5%。

全方位推进检务公开各项工作。牢固树立“阳光检察”理念，深化检务公开，进一步提高执法透明度和公信力。坚持检务公开实体化，突出推进案件信息公开，全年公开案件程序性信息1757条、终结性法律文书740条、重大案件信息8条，接待律师咨询138人次。着力以信息化手段增强检务公开的主动性和及时性，积极开展检察宣传工作，推进“两微一端”平台建设，更新改版检察官方网站，建立健全检察官方微博、微信，紧贴司法办案实际和群众需求，及时向社会公众发布检察信息，接受社会监督。

六、大力加强自身建设，着力夯实检察工作根基

加强纪律作风建设。认真开展“三严三实”专题教育、“信仰法治、守护公正”等各类主题教育活动，加强正面典型引路、反面警示教育，增强干警的政治纪律、党性修养和法治信仰，确保检察工作正确的政治方向。狠抓党组、纪检组“两个责任”的落实，推行领导干部“一岗双责”，严格落实检察人员从严管理各项规定、禁令，引导干警强化纪律、规矩意识，推进自身惩防腐败体系建设，被评为“全市检察机关党风廉政建设先进集体”。坚持以制度管人管事，完善制度约束体系，强化检务督察，自身管理科学化水平进一步提升。

加强队伍素能建设。围绕司法改革、刑诉法修改带来的一系列新任务、新要求，大力开展各类教育培训200余人次，组织参加各类技能竞赛和岗位练兵活动20余人次，队伍专业化水平进一步提升。在参加上级检察院开展的有关业务竞赛中，荣获省市级“十佳”“优秀”“能手”等称号17人次，以绝对优势名列全市第一。其中，1人获评全省优秀公诉人，1门微课获评全省优秀微课。加强检察理论研究工作，完成省、区级课题4个，有关论文在省法学会、省检察院等单位组织的优秀成果评奖中分获一等奖2篇、三等奖3篇。

加强基础保障建设。先后完成涉密信息系统分级保护、控申远程视频接访项目，全面保障全国统一业务应用系统顺利运行，着力以信息化促进检察工作现代化。以履行“三项职能”为重点，推进碧湖检察室工作，有效促进基层法治建设，维护基层和谐稳定。重视发挥检察信息服务领导决策、宣传检察工作的作用，扎实推进检察信息工作走

在全省前列，多次被评为“全省检察机关信息工作先进单位”。以加强与高等院校之间的“检校合作”为依托，大力实施检察文化工程，积极搭建交流合作平台，推动检察工作创新发展。

各位代表，一年来，莲都检察工作取得的成绩，离不开党委和上级检察院的正确领导，人大及其常委会的有力监督，政府、政协以及社会各界的大力支持。在此，我代表区检察院向各位人大代表、政协委员以及所有关心和支持检察工作的各界人士表示衷心的感谢，并致以崇高的敬意！

同时，我们也清醒地认识到，当前工作中还存在着不少问题和不足：一是检察职能作用的发挥与法治建设的新要求还存在差距；二是以法治思维和法治方式推进检察工作的力度有待进一步加大；三是执法办案规范化、队伍建设和管理有待进一步加强；四是信息化建设与办案任务需求不相适应，基层建设水平有待进一步提高。对于这些问题，我们将加强深入分析，认真研究解决。

2016年工作思路

2016年，是全面推进依法治国的关键之年，也是我区实施“十三五”规划的开局之年，莲都检察工作的总体思路是：深入贯彻落实党的十八大和十八届三中、四中、五中全会和区委全会精神，坚持以“两山”战略为指导，紧紧围绕区委中心工作，坚决贯彻全面深化法治莲都建设的要求，坚持运用法治思维和法治方式推进检察工作，着力维护社会和谐稳定、服务经济社会发展、保障社会法治建设、提升检察工作水平，为全面建设“中国莲都”，与全省同步高水平全面建成小康社会提供坚强有力的法治保障。重点抓好五个方面工作：

*一是以深化检察职能为重点，全力保障经济社会发展。*围绕全区“十三五”规划关于坚持绿色生态发展、全面践行“绿水青山就是金山银山”理论等一系列部署要求，更加强化检察工作与经济社会发展的融合度，把“创新、协调、绿色、开放、共享”五大发展理念贯穿于各项检察工作中，主动走进大局、了解大局，找准检察工作服务大局的切入点。加强对新常态下经济领域犯罪活动的分析研判，突出打击重点，强化服务保障，着力营造法治化营商环境。深化“三项检察”，助推经济社会发展转型升级。继续会同有关部门深入开展对危害食品药品安全犯罪、涉网络犯罪等专项整治工作，推行综合式法律监督，加强统筹协调，提升工作的针对性和实效性。深入研究推进“互联网+”时代司法应对和检察机关参与社会治理工作，确保检察工作与经济社会发展同频共振。

*二是以突出刑事检察为重点，全力维护社会和谐稳定。*坚持把维护稳定作为第一责任，强化忧患意识、底线思维，及时掌握社会稳定情况，加强问题研究预判，充分发挥批捕、起诉等刑事检察职能，严厉打击严重危害国家安全、公共安全和人民群众生命、财产安全的各类犯罪，加强维护金融、网络、企业安全，全力做好G20峰会等重大会议检察环节维稳安保工作。对有关重大敏感案件，在确保法律底线的基础上，着力运用政治智慧和法治智慧妥善处理，注重办案“三个效果”的有机统一。密切关注经济领域与稳定相关的问题，重点关注集资类刑事犯罪和恶意“逃废债”问题，加强综合施策，积极稳妥办理。认真贯彻宽严相济刑事政策，深化检察环节释法说理、情绪疏导等工作，推进公开审查、公开宣告，加强司法说理、司法救助，切实预防和化解各类矛盾纠纷。

*三是以惩防职务犯罪为重点，全力打造清廉政务环境。*全面贯彻中央关于深入反腐败的要求，始终保持严厉惩治腐败的高压态势，在坚决严肃大力查办职务犯罪大案要案的同时，重点查办土地出让、工程建设、房地产开发等重点领域和群众反映强烈的领导干部、基层干部职务犯罪以及损害民生民利的职务犯罪，重点查办危害经济发展环境、影响国家重大经济政策实施、影响重大改革措施落实的职务犯罪。继续开展惠农扶贫领域职务犯罪惩防专项工作，重点查办和预防虚报冒领、截留私

分、挥霍浪费扶贫资金职务犯罪。依法查办行贿犯罪，重点查办围猎干部、主动行贿、情节恶劣的犯罪分子。加大追逃追赃力度，建立健全追逃追赃常态化机制。更加突出职务犯罪预防功能，充分运用年度报告、专题报告、检察建议、法制宣教等方式，积极推动职务犯罪预防工作制度化、社会化、常态化。

四是以强化诉讼监督为重点，全力促进严格公正司法。深入贯彻省人大常委会有关决定部署要求，全面加强对刑事、民事、行政诉讼活动的法律监督，重点监督纠正有案不立、有罪不究、违法立案、非法取证、滥用强制措施、定罪量刑错误、裁判不公、虚假诉讼、违法调解、违法执行等问题，严把罪与非罪法律界限，严防冤假错案。加强对监督难点问题的研究，着力解决非法证据排除、律师执业权利保障、行政执法与刑事司法衔接等问题。强化证据意识、程序意识和权利保障意识，积极研究应对以审判为中心的诉讼制度改革；认真落实区人大常委会对“两官”依法履职、公正司法的有关意见和要求，把强化自身监督放在更加突出的位置，进一步完善内外监督制约体系，促进检察自身规范、严格、廉洁司法，努力让人民群众在每一个司法案件中都能感受到公平正义。

五是以打造过硬队伍为重点，全力推进自身建设和改革。以开展“学系列讲话、学党章党规、做合格党员”学习教育活动和查找“短板”专项工作为契机，继续巩固和深化“三严三实”专题教育和规范司法行为专项整治工作成果，强化纪律意识、作为意识、看齐意识和责任担当。加强队伍素质能力建设，提升队伍专业化水平，着力培养一批有影响力的领军人才。以实施电子检务工程为抓手，大力加强信息化建设与应用，努力为检察工作适应新形势发展提供科技支撑。以争创全省“示范检察室”为抓手，进一步加强碧湖检察室建设，着力打造莲都检察工作品牌。深化检务公开，加强检察服务大厅等平台建设与应用，提升主动宣传、立体传播、一体服务的效果。顺应中央、省委和省检察院关于2016年实行全省检察改革试点工作全覆盖的决定部署，加强组织领导、沟通协调和正面引导，确保各项改革稳步有序推进。

各位代表，在新的一年里，我们将在区委和上级检察院的正确领导下，在区人大及其常委会的有力监督下，忠实履职，改革创新，奋勇争先，为我区实现“十三五”发展良好开局，全面建设“中国莲都”，与全省同步高水平全面建成小康社会作出新的更大的贡献！

《区检察院工作报告》名词解释

1.“三项检察”：是指环保检察、金融检察和知识产权检察。在2014年初召开的全省检察长会议上，省检察院明确将这三项工作作为工作重点，下发了推进环保检察、金融检察和知识产权检察三项工作的实施意见，出台了《关于深化服务保障“五水共治”促进美丽浙江建设专项行动的工作方案》，并建立了领导小组工作机制，统筹推进全省检察机关“三项检察工作”的组织领导和业务指导。

2.“合适成年人”参与制度：是指在刑事诉讼程序中，司法机关在对涉案未成年人进行调查时，应当有包括其法定代理人或其他成年人在场，以保证未成年人在合法、公正、舒适的情况下理性对待调查，最大限度地保护未成年人的合法权益。修改后刑事诉讼法第270条确立了这一制度。

3.附条件不起诉：指检察机关对应当负刑事责任的犯罪嫌疑人，认为可以不立即追究刑事责任时，给其设立一定考察期，如其在考察期内积极履行相关社会义务，并完成与被害人及检察机关约定的相关义务，足以证实其悔罪表现的，检察机关将依法作出不起诉决定。修改后刑事诉讼法第271条对此作出规定。

4.检调对接：是指检察机关在依法履行法律监督职能的同时，依托社会矛盾纠纷大调解机制，以和谐司法的理念和调解的方式，在法律规定的框架内，有效化解检察环节各类矛盾纠纷。检调对接工作机制是以促成轻微刑事案件和解、民行申诉息诉和解和涉检信访息诉和解为主要内容的工作机制。

5.行贿犯罪档案：是指检察机关为预防贿赂犯罪，促进社会信用体系建设，运用计算机对行贿犯罪信息进行分类录入、存储和管理而形成的档案。行贿犯罪档案录入的范围是1997年以来由人民检察院立案侦查并经人民法院作出生效裁判的，发生在建设、金融、医药卫生、教育和政府采购领域的个人行贿、单位行贿、对单位行贿、介绍贿赂犯罪的案件。检察机关依照规定为有关行业主管(监管)部门以及符合条件的其他单位和个人提供查询服务。2012年1月26日，全国行贿犯罪档案查询系统正式在全国联网开通，至此各级检察机关可在本地完成对全国范围内行贿犯罪档案的查询。

6.规范司法行为专项整治：根据最高人民检察院的统一部署，决定从2014年12月至2015年12月在全国检察机关开展为期一年的规范司法行为专项整治工作。重点围绕职务犯罪侦查、侦查监督、公诉、民行检察、刑事执行和监管活动监督、控告申诉检察、职务犯罪预防、案管等部门和环节，重点整治执行办案规范和纪律规定不严格、不依法听取当事人和律师意见、滥用强制措施、违法取证、违规办案、司法作风简单粗暴、受利益驱动越权办案、接受吃请或收受贿赂以案谋私等八个方面的问题。

7.基层检察室“三项职能”：根据多年的实践探索，浙江省检察院确定了基层检察室应当履行三项基本职能:一是查办和预防职务犯罪；二是办理轻微刑事案件，化解社会矛盾；三是开展基层执法监督。

检察机关职能简介

人民检察院是国家专门的法律监督机关，与政府和法院并称“一府两院”，均由同级人民代表大会产生，对其负责，受其监督。检察权主要包含7个方面：职务犯罪案件侦查权、批准和决定逮捕权、公诉权、立案监督和侦查监督权、刑事审判监督权、刑罚执行和监管活动监督权、民事行政诉讼监督权。

职务犯罪案件侦查权。根据中华人民共和国刑事诉讼法第十八条第二款规定，人民检察院行使对国家工作人员职务犯罪案件的侦查权，具体负责侦查以下四大类职务犯罪：(一)贪污贿赂犯罪，包括贪污罪、受贿罪、行贿罪、巨额财产来源不明罪等；(二)渎职犯罪，包括玩忽职守罪、滥用职权罪、故意泄露国家秘密罪、徇私枉法罪等；(三)侵犯公民人身权利、民主权利的犯罪，包括非法拘禁罪、刑讯逼供罪、报复陷害罪、非法搜查罪、破坏选举罪等；(四)国家机关工作人员利用职权实施的其他重大的犯罪案件，经省级以上人民检察院决定，可由人民检察院立案侦查。

批准和决定逮捕权。公安机关等侦查机关立案侦查刑事案件后，认为需要逮捕犯罪嫌疑人的，应提请检察机关审查批准逮捕。检察机关认为符合条件有必要逮捕的，作出批准逮捕的决定；认为不符合逮捕条件或无逮捕必要的，作出不批准逮捕的决定，对此侦查机关应当立即释放，改变强制措施。检察机关直接受理立案侦查的职务犯罪案件，认为需要逮捕犯罪嫌疑人的，由上一级检察机关行使决定逮捕权。

公诉权。公安机关等侦查机关将案件侦查终结以后，对构成犯罪需要追究刑事责任的，应将案件移送到检察机关审查起诉。检察机关审查以后，认为构成犯罪需要追究刑事责任的，应当向法院提起公诉并派员出庭支持公诉；依法不认为是犯罪的，或案件事实不清、证据不足的，应当作出不起诉决定；认为犯罪情节轻微，依法不需要判处刑罚或者免除刑罚的，可以作出不起诉决定。

立案监督和侦查监督权。对刑事犯罪案件，公安机关等侦查机关应当立案而没有立案的，或者不应当立案而立案的，检察机关有权进行监督。对于侦查活动中的违法行为，检察机关有权进行监督予以纠正。

刑事审判监督权。检察机关认为人民法院的刑事判决或裁定确有错误时，依法提起抗诉，人民法院应当开庭审理。

刑罚执行和监管活动监督

权。重点是对在押人员执行刑罚的监督,减刑、假释、暂予监外执行等刑罚变更情况的监督,执行管制、缓刑、假释、监外执行等社区矫正的监督,死刑立即执行的临场监督,以及监管活动是否依法规范的监督。为增强监督的及时性和有效性,检察机关在监狱、看守所等监管场所设立派驻检察室。

民事行政诉讼监督权。检察机关自行发现或由当事人申诉发现法院已经发生法律效力的民事、行政判决确有错误的,检察机关依法提起抗诉或提出检察建议,由法院启动审判监督程序,对民事、行政诉讼案件进行再审。

检察机关设有举报中心、控告申诉检察部门。人民群众对国家工作人员贪污、受贿、挪用公款等犯罪行为,国家机关工作人员玩忽职守、徇私枉法、刑讯逼供等渎职、侵权犯罪行为,可以向检察机关举报、控告。人民群众不服人民法院已经生效的刑事、民事判决或裁定,可以向检察机关提出申诉。

莲都区人民法院工作报告

——在莲都区第十五届人民代表大会第五次会议上

李美顺

2015年，我院在区委的领导、区人大及其常委会的监督和上级法院的指导下，在区政府、区政协和社会各界的关心、支持下，深入学习贯彻党的十八大和十八届三中、四中、五中全会精神，主动适应经济发展新常态，严格履行宪法和法律赋予的职责，为建设法治莲都、平安莲都提供了有力司法保障。全年共受理各类案件13957件，结案12654件（含旧存），同比分别上升13.83%和12.86%。

一、依法履职，严格司法，推进“法治莲都”建设

刑事审判宽严相济，依法惩治犯罪保障人权，维护社会安定。审结刑事案件857件，判处罪犯1184人，同比分别下降6.2%和9.3%。依法惩治危害人民群众生命财产安全的犯罪行为，审结故意伤害、强奸、绑架、抢劫等暴力犯罪案件64件79人，审结盗窃、抢夺、诈骗等侵财型犯罪案件230件312人，审结集资诈骗、非法吸收公众存款等涉众型经济犯罪3件7人，审结涉“黄赌毒”犯罪案件112件232人，其中蒋某某假冒记者诈骗案入选全国“扫黄打非”典型案例。加大对职务犯罪的打击力度，审结贪污、贿赂、渎职等职务犯罪案件3件7人，其中处级4人，科级2人。坚持贯彻“宽严相济”刑事政策，对421名具有初犯、从犯、未成年犯等具有从轻情节的，依法适用非监禁刑。强化刑事司法人权保障，严格非法证据排除，确保刑事司法公正；积极落实被告人不穿囚服出庭的规定，保障被告人人格尊严；为217名符合条件的被告人通知法律援助律师出庭辩护。

民商事审判调判结合，主动适应经济新常态，引导社会公平。审结民商事案件7802件，同比上升16.94%。进一步优化大调解工作机制，民事调撤率为45.18%。审结各类人身、财产等侵权纠纷1340件，保护公民人身和财产权利。审结婚姻家庭、继承纠纷600件，增进家庭和睦。坚持保障劳动者权益和促进企业发展并重，审结劳动争议、劳务合同纠纷171件。审结买卖、承揽、租赁等合同纠纷923件，维护市场正常交易秩序。审结民间借贷、金融借款纠纷3643件，结案标的额32.56亿元，同比分别上升14.27%和25.91%。妥善审结涉房企纠纷案件245件，促进房地产市场健康有序发展。积极稳妥开展涉外商事审判工作，审结涉外、涉港澳台商事案件7件，平等保护中外当事人合法权益。

行政审判监督与互动并重，突出争议实质性化解，促进行政机关依法行政。全面落实新行政诉讼法，积极应对诉讼案件“井喷式”增长压力，审结行政诉讼案件107件，同比上升167.5%，其中经法院协调促成和解撤诉的34件，协调撤诉率为31.75%。推进落实行政机关负责人出庭应诉制度，全年行政诉讼案件开庭审理69件，行政机关负责人出庭应诉率97.1%。全面落实推进行政非诉申请执行案件“裁执分离”工作，共审查39件，裁定准予执行24件。强化与行政机关的良性互动，坚持以集中专题授课和发送司法建议相结合的方式，加强行政执法监督指导。及时分析新法实施后行政诉讼案件的特点及存在问题，

向行政机关提出应对建议，助推法治政府建设。

执行工作查控与惩戒并重，完善机制规范管理，保障当事人胜诉权益实现。全面推进执行“一性两化”建设，多渠道查控被执行人财产，执结各类案件3848件，同比上升11.2%，执结到位3.08亿元，实际执行率21.57%。加大执行查控力度，通过网上“点对点”查控系统查询被执行人存款12197人次，成功冻结账户4695个；通过网上布控机制查获被执行人85人；通过交警部门车辆协助查扣机制成功查扣机动车65辆。加大对失信被执行人的惩戒威慑力度，通过人民银行征信系统、互联网发布失信信息4806条，限制高消费2611人，限制出境182人，司法拘留58人。严肃惩处拒不履行生效裁判行为，袁某某拒不执行生效判决、裁定案入选浙江法院依法惩处拒执罪十大典型案例。

二、围绕中心，服务大局，护航经济社会发展

依法保障重点工作。围绕市区“五水共治”、“三改一拆”、“六边三化三美”、大港头木制品行业整治等重点工作，积极发挥司法职能作用。第一时间参与“11·13”里东山体滑坡灾害救援，积极做好遇难家属及受灾村民的善后服务工作。根据区委统一部署开展“正风肃纪打霸拔钉”专项活动，共审理各类案件11件，促进农村社会治安风清气正。加强环境审判工作，整合资源延伸服务，助推市区生态文明建设，我院环境审判工作获环保部、中国法学会“生态环境法治保障制度创新事例”评比优秀事例奖，系全省唯一获奖法院。

助推经济转型升级。注重运用法治思维和法治方式，因案制宜做好涉困企业审执工作，审慎采取查封、冻结、扣押等司法手段，帮扶企业维持生产、渡过难关。妥善审理因企业资金链、担保链断裂引发的案件，并针对企业联保问题开展专题调研，提出司法建议。加强涉金融债权案件的审执力度，通过实现担保物权程序快速审结金融债权案件36件，结案标的额1.67亿元；成立涉金融案件执行组提升专业化处置水平，共执结涉金融案件401件，执行到位标的额1.24亿元。加大对网络金融犯罪的惩处力度，依法审结全市首例P2P金融网贷集资诈骗案件，并通过官方微信、微博进行宣传报道，取得较好社会效果。

参与社会综合治理。进一步完善纠纷多元解决机制，加强与行业协会的工作对接，与丽水市保险行业协会建立保险纠纷诉调对接机制；加强与行政调解的衔接，依法确认交通事故等调解协议930份。及时梳理分析审判执行实践中反映的经济发展、社会治理方面存在问题，组织开展医患民事纠纷相关问题的专题调研，从司法角度提出对策建议。推进未成年人犯罪预防工作，对38名未成年人犯罪记录进行封存，帮助他们回归社会；拍摄专题普法视频短片，开展“送法进校园”活动9次，增强在校学生遵纪守法意识。

三、开拓创新，务实为民，回应群众司法需求

加强涉案民生保障。完善欠薪案件“绿色通道”，建立健全欠薪纠纷协同处置机制，协同地税、社保等部门开展农民工个人养老金缴纳确认工作，为217名农民工追回被拖欠工资432余万元。妥善审理农村土地承包合同、土地承包经营权等涉“三农”案件6件，切实维护农民合法权益。依法严惩危害食品药品安全、制售假冒伪劣商品犯罪行为，26人被依法追究刑事责任。注重保护妇女、儿童、老年人合法权益，审结赡养、抚养、抚育等案件46件。加大对弱势群体的司法保护和救助力度，为74名困难当事人申请司法救助金39.87万元，为24名困难当事人缓、减、免诉讼费38.65万元。

落实便民惠民举措。立足群众需求，打造集窗口、网络、热线“三位一体”的诉讼服务中心，为当事人提供多元化的司法服务。开展跨区域（市内）异地办理诉讼事务，为当事人提供异地开具法律文书生效证明、异地远程案卷档案查询、异地预约立案等便捷服务。落实民事诉讼立案调查令制度，签发立案调查令41份，协助调查函336份，缓解

当事人因“取证难”而导致的“立案难”问题。在全市法院率先引入责任保险制度作为诉讼财产保全担保的新模式，有效降低当事人财产保全的诉讼成本。在全省率先运行“浙江法院律师服务平台”，律师无须到法院即可完成立案、缴费、提交证据材料、申请诉讼保全、证人出庭等诉讼业务。坚持“公开网拍优先”原则，全年网拍成交146件，总成交额2.26亿元，平均溢价率39.16%，为当事人节省佣金641.78万元，协同金融机构搭建网拍房产按揭贷款平台，为短期资金不足的竞买人提供缓冲空间。

完善信访申诉机制。积极落实信访改革要求，落实第四批3件终结案件移交工作，并配合乡镇、街道和有关部门做好后续稳控工作。完善院领导接访制度，及时通过门户网站、官方微博、微信公布院领导接访安排，畅通诉求表达渠道，共接待群众来访439人次，其中集体访156人次，重复访139人次。协同区司法局设立莲都区法律援助中心人民法院工作站，为当事人提供业务咨询和法律援助，借助律师代理申诉机制成功化解历时七年的谢某某信访案件。加大远程视频接访力度，开展远程视频接访3次，降低涉诉信访社会成本。加大依法治闹力度，对1名在信访中妨害公务的人员追究刑事责任，维护正常信访秩序和法治秩序。

四、深化公开，强化监督，提升司法公信水平

稳步推进改革创新。准确把握司法体制改革的要求和任务，积极尝试，稳妥推进。严格落实立案登记制，对依法应当受理的案件，做到有案必立、有诉必理；对材料不全的，一次性告知补齐、补正，当场登记立案率达99%。全力推进庭审记录改革，探索运用庭审录音录像代替庭审笔录，提升庭审效率，共运用庭审录音录像方式审理案件1280件。协同市交警支队、区检察院建立“酒驾”案件快速办理机制，共办理危险驾驶案件261件，平均审理天数6天。

深化司法公开民主。以新技术、新平台、新媒体为支撑，不断深化“互联网+”时代下司法公开新模式。坚持“公开为原则，不公开为例外”，全年上网公开裁判文书5894份，裁判文书上网率90.41%，全面落实庭审同步录音录像工作，庭审录音录像率100%，实现法官办案全程留痕。依托新兴媒体打造“指尖上的阳光司法”，通过微信平台定期推送司法资讯，通过官方微博直播典型案件庭审，满足群众知情权。组织“公众开放日”活动44次，邀请3000余名社会公众走进法院、了解法院。不断加强人民陪审员工作，陪审员参与审理案件3888件次，陪审率99.44%。

自觉接受各方监督。始终秉承监督就是支持的理念，自觉将法院工作置于社会各界监督之下，认真贯彻区十五届人大四次会议决议，在规定期限内办结政协委员提案1件。高度重视区人大常委会深化司法监督和开展法官履职评议活动，研究制定六个方面32项针对性整改措施，逐条逐项将意见建议落到实处。加强与代表、委员的日常联络，完善法官联络人大代表制度，定期汇总代表意见建议，专题研究落实；定期向代表、委员邮寄《联络专刊》，邀请代表、委员视察法院工作和旁听案件庭审，通报法院工作举措和成效。支持、配合检察机关依法履行法律监督，建立抗诉案件逐案分析制度。重视舆论监督，健全新闻发言人制度，先后召开新闻发布会3次。

五、加强管理，严明作风，打造过硬法院队伍

完善审判管理机制。充分发挥质效指标“体检表”作用，每月通报各部门考核得分和全市横向排名情况，形成倒逼工作机制。强化院庭长指导办案机制，将审委会委员分为6个小组，定向联络8个业务庭，建立典型案例库，通过随机抽案评查、定期驻庭指导等方式，强化对疑难复杂案件的督促指导。强化信息化技术在审判管理中的运用，推广运用裁判文书电子签章系统，提高办案效率。利用法院智慧司法综合平台，不断提升审判管理精细化和智能化水平。加强涉案款物管理，开展留存涉案款

物专项清理活动，共清理执行款、诉讼费7938万元。

注重业务能力提升。完善教育培训体系，与浙江大学光华法学院建立干警素质提升培训机制，建立每月集中夜学机制，有针对性地开展业务知识更新培训。完善青年法官导师制和疑难案件研讨制度，定期开展庭审观摩、岗位练兵、裁判文书评比、卷宗评查等活动，提升干警司法业务素质，我院干警在全市法院优秀裁判文书、优秀案例评选活动中获得一等奖。在全区探索“开放式”党建试点工作，密切联系群众，增强群众工作水平。加强理论调研工作，注重审判实务调研和成果转化，参与省级重点调研课题1个，共有16篇调研文章在国家级、省级刊物上发表及获奖。

深化廉洁司法防控。以“三严三实”和“学党章、守纪律、讲规矩”等主题教育活动为契机，大力加强纪律作风专项整改，着力解决“不严不实”和“六难三案”问题。制定出台党风廉政建设“两个责任清单”和责任追究办法，并配套建立月报制度，确保主体责任和监督责任落到实处。深化“廉政套餐”教育，每周发送助廉短信、每月组织廉政学习、每季度听取廉政述职，增强干警廉洁意识。强化对干警业外活动监督，开展院班子成员“家访”干警活动，签订家庭助廉承诺书173份，增进对干警的了解，督促和引导筑牢廉政“防火墙”。

各位代表，2015年，区法院秉承克难攻坚、创先争优的拼比精神，较好地完成了全年工作任务，我们所取得的成绩和进步，离不开社会各界的关心、支持和帮助。在此，衷心感谢各位人大代表、政协委员和各界人士对法院工作的监督、理解和支持！

在肯定成绩的同时，我们也清醒地认识到，法院工作还存在着一些不足和困难：一是“案多人少”矛盾进一步凸显。受立案登记制改革、外部经济环境等因素影响，我院2015年收案数再创新高，群体性、敏感性案件骤增，增加法官办案压力。二是审执质效与目标任务仍有差距。民间借贷、金融借款案件“送达难”“执行难”问题未根本改变，导致案件审判和执行效率不高，特别是案件实际执行率指标出现较大滑坡，在全省法院排名靠后，执行力度、执行规范上还不够到位。三是外部司法环境有待进一步改善。部分当事人及相关人员以自伤、自残或伤害法官及其家属等相威胁，或通过网络炒作诋毁、侮辱法官，恶意制造舆情，干扰正常办案。四是执法办案水平有待进一步提高。面对经济发展新常态和人民群众新期待，法院干警的思想理念、工作方式、司法能力还存在一定差距。对此，我们将立足自身，争取各方支持，积极采取措施努力加以解决。

2016年，我院工作的总体思路是：深入学习贯彻党的十八届三中、四中、五中全会精神，以“努力让人民群众在每一个司法案件中都感受到公平正义”为准则，坚持司法为民公正司法工作主线，全面落实司法体制改革的各项要求，为我区“十三五”规划顺利开局，实现“三美融合、主客共享”、全面推进“中国莲都”建设提供有力的司法保障。

一是以公平正义为标尺，依法履行审判职责。坚持推进平安莲都建设，依法惩治各类犯罪，保护人民群众生命和财产安全。全面落实严格公正司法要求，牢固树立“审判中心”和“庭审中心”理念，实施好刑法修正案（九），坚决贯彻证据裁判原则。积极应对经济下行压力下的案件高发态势，实施好新民事诉讼法及其司法解释，统一裁判尺度，实现实体公正和程序公正的统一。灵活运用调判结合工作方式，继续完善纠纷多元化解决机制，有效化解矛盾纠纷，实现案结事了。全面落实新行政诉讼法，更加注重行政纠纷实质性化解，严格落实“裁执分离”机制，支持促进依法行政。加强和改进审判管理，强化均衡结案意识，加大案件评查力度，确保优质、高效办结各类案件。

二是以服务大局为中心，保障经济社会发展。不断深化对经济社会发展新常态的认识，紧紧围绕“三美融合，主客共享”工作主线，充分发挥职能作用，依法服务和保障区委打响“中国莲都”品牌，提升为大局服务的针对性和有效性。强化环境审判职能，依法支持“三改一拆”“六边三化三美”“五水共治”等重点工作，依法妥处涉案纠纷，全力保障生态文明建设。妥善审理民间借贷、金融借款、非法集资等案件，依法保护债权，化解“两链”风险对地方经济的不良影响。大力推进破产审判，积极探索破产案件简易审程序，畅通“执破结合”路径，支持党委政府依法处置“僵尸”企业，促进企业兼并重整，助推经济转型升级。

三是以解决问题为导向，狠抓整改补齐短板。正视案件实际执行率偏低这一短板，坚持“全员抓执行、全程抓执行、全案抓执行”的工作理念，从加强组织领导、狠抓队伍建设、严格规范管理等方面入手，统筹全院办案资源，形成工作合力。进一步加大执行力度，在党委政府的大力支持下，扎实开展涉公职人员等特殊主体案件集中清理行动，利用夜间开展集中执行“零点”行动，切实提升案件实际执行率。强化对拒执行为的打击力度，除与公安、检察机关联合打击以外，积极运用自诉程序对拒执行为予以追诉。充分发挥调解手段在提升实际执行率方面的支撑作用，继续强化诉调衔接、诉讼调解、执行和解工作，有效破解执行难题。

四是以司法为民为根本，维护群众合法权益。严格落实立案登记制度，强化立案工作指导，切实保护当事人正当诉权。加强诉讼服务中心建设，丰富窗口服务功能，优化“一站式”诉讼服务。推进“互联网+审判”改革，扩大“律师服务平台”的运用，为律师和当事人提供更加便捷的诉讼服务。进一步强化保障民生意识，妥善审理涉劳动争议、食品药品安全等事关群众切身利益的案件，加大司法救助力度，强化法律援助工作。进一步扩大司法公开范围，关注群众司法需求，运用微博、微信等新媒体主动、及时公开相关情况。关注群众反映的问题和社情民意，有效回应群众来信来访，切实解决群众合理合法诉求。

五是以改革创新为动力，加强法院队伍建设。以“两学一做”和“队伍建设年”活动为载体，主动向政治规矩和政治纪律看齐，向宪法法律看齐，向《准则》和《条例》看齐，打造一支政治过硬、业务精通、对党忠诚、干净担当的法院队伍。坚持正确的改革导向，稳步推进人员分类管理、法官员额制和司法责任制等改革制度。加强专业化建设，通过案例教学、结对帮带、素质提升培训等形式，着力提升法官的庭审驾驭、法律适用和群众工作能力。深入推进党风廉政建设，坚决贯彻省委“七个绝不允许”、严格遵守“浙江法院五条纪律”，以“零容忍”的态度坚决查处司法不公不廉行为。继续加强与人大代表、政协委员和社会各界的联系，自觉接受监督，不断改进工作。

各位代表，新的一年，我们将以更加强烈的责任感和使命感，以勇破坚冰的决心，以归零翻篇的心态，扎扎实实补齐短板，不断开创法院工作新局面，为我区“十三五”良好开局提供更加有力的司法保障和更加优质的司法服务！

有关用语说明

“一性两化”建设：最高法院周强院长提出的执行工作基本思路。即“依法突出执行工作的强制性，全力推进执行工作信息化，大力加强执行工作规范化”。

立案登记制：是指法院对当事人的起诉不进行实质审查，仅仅对形式要件进行核对。除了规定不予登记立案的情形外，当事人提交的诉状一律接收，并出具书面凭证。起诉状和相关证据材料符合诉讼法规定条件的，当场登记立案。

立案调查令：是指当事人在民事诉讼立案阶段因客观原因无法取得诉讼所需要的证据，经申请并获人民法院批准，由人民法院签发给当事人的代理律师或者基层法律服务工作者，由其向有关单位收集所需证据的法律文书。

律师服务平台：指省高院在我院试点开发的网上服务平台。该平台以服务律师、当事人为导向，律师无须到法院即可完成立案、缴费、提交证据材料，以及申请诉讼保全、证人出庭、延长举证期限等诉讼业务,还可与案件承办法官和其他诉讼参与人在线沟通,对司法行为提出投诉与建议等等。该平台现已在全省推广应用。

实际执行率:指执行案件中以自动履行、强制执行、和解执行的方式执结的案件占同期执行案件受理总数的比例,是体现执行效果的重要指标。

关于莲都区2015年国民经济和社会发展计划执行情况与2016年国民经济和社会发展计划草案的报告

——在莲都区第十五届人民代表大会第五次会议上

汪强华

一、2015年国民经济和社会发展计划执行情况

2015年是“十二五”收官之年和“十三五”谋划之年，一年来，全区上下以科学发展观为统领，积极应对错综复杂的宏观经济环境和各种挑战，坚定不移走“绿水青山就是金山银山”绿色生态发展之路，坚持“三美融合、主客共享”这一主线，加快经济发展方式转变，狠抓各项任务落实，全区经济总体平稳运行，内生动力有所增强，社会事业和谐发展。

（一）着力稳增长，经济总量逐步提升

初步核算，2015年实现市区生产总值283.19亿元，按可比价格计算，比上年增长6.5%，增幅居全市第6位，比全市平均水平高0.1个百分点。其中：第一产业实现增加值17.48亿元，增长2.3%；第二产业增加值103.04亿元，增长2.2%；第三产业增加值162.67亿元，增长10.1%。三次产业比重由2014年的6.3∶38.9∶54.8调整为2015年的6.2∶36.4∶57.4，第三产业增加值占GDP比重比上年提高2.6个百分点，高出第二产业21个百分点。工业经济小幅增长。实现区属规上工业总产值58.92亿元，增长2.4%，其中区属规上工业增加值12.28亿元，增长3.7%。投资稳定增长。实现固定资产投资146.56亿元，增长16.4%。财政保持增长。实现财政总收入21.43亿元，增长11.9%，其中一般公共预算收入12.47万元，增长10.4%；消费大幅回落。实现市区社会消费品零售总额176.68亿元，增长3.9%，同比回落了9.1个百分点。其中限上消费99.51亿元，下降3.8%。外贸进出口总体良好。实现进出口总额14966万美元，增长10.1%，其中出口总额14847万美元，增长12.1%。旅游业总体发展良好。实现旅游接待总人数712.77万人次，增长25.0%　。旅游总收入42.86亿元，增长30.0%。金融运行总体平稳。年末市区金融机构本外币存款余额609.61亿元，增长-0.3%；本外币贷款余额559.06亿元，增长3.6%。

（二）着力调结构，三次产业稳步增长

农业方面：全年实现农业增加值17.48亿元，同比增长2.3%。粮食生产继续保持稳定。全区粮食播种面积14.8万亩，产量4.85万吨，圆满完成粮食生产目标。特色产业规模持续扩大。新增中药材面积912亩，其中新发展铁皮石斛110亩，皇菊164亩，处州白莲600亩。累计发展处州白莲4800亩，中药材种植总面积达到1.94万亩，总产量4584吨，总产值5074万元。农旅融合发展步伐加快。休闲农业与乡村旅游涉及农家乐经营户225家，直接营业收入12463万元。

工业方面：全年完成全部区属工业总产值58.92亿元，增长2.4%。其中，完成规上工业增加值12.28亿元，同比增长3.7%。机器换人取得成效。实现以机器换人为核心的技术改造投资亿元。其中依莱特公司实施负

氧离子丙纶装饰布生产线的更新改造，减少用工67人。腾笼换鸟有序推进。盘活鸿佳鞋业二期、天艺装饰、天时利公司、森宏活性炭公司、上尚光能土地共计137.89亩，新企业、新项目入园工作有序推进。品牌建设逐步加快。欧意阀门研发中心入选省级高新技术企业研发中心。乾麟缝制生产的智能无刷节能电机成为我区首个“浙江精品制造”产品。

服务业方面：服务业发展稳中趋升，全年市区服务业实现增加值162.67亿元，同比增长10.1%，占GDP比重57.4%，比上年提高2.6个百分点，高出第二产业21个百分点。批发和零售业实现增加值33.20亿元，同比增长4.9%；其中，批发业实现增加值23.47亿元，同比增长6.9%；零售业实现增加值9.73亿元，同比增长0.3%。交通运输、仓储和邮政业实现增加值11.52亿元，同比增长5%。住宿餐饮业实现增加值6.72亿元，同比增长6.7%。其中，住宿业实现增加值0.99亿元，同比增长9.3%；餐饮业实现增加值5.73亿元，同比增长6.2%。金融业实现增加值26.89亿元，同比增长5.2%。房地产业实现增加值13.71亿元，同比增长9.9%。

（三）着力强基础，项目建设取得实效。

全年完成区属固定资产投资146.56亿元，增长16.4%，高于全市3.4个百分点，实现了年度增长15%的目标。工业投资持续较快增长。1—12月工业投资完成17.01亿元，同比增长26.7%，增幅位居全市第二。其中制造业投资7.92亿元，同比增长9.5%；工业技改投资完成6.57亿元，同比增长6.0%，从11月份开始实现了增长。基础设施投资平稳增长。1—12月基础设施类项目完成投资48.95亿元，同比增长25.4%，占固定资产投资的33.4%，成为拉动投资的重要力量。生态产业低丘缓坡开发项目场地平整工程、之江监狱工程、金丽温高铁扩能改造工程、东城院区配套基础设施项目等项目进展较快。房地产投资仍是拉动投资主力。1—12月房地产投资完成61.09亿元，同比增长0.1%，占固定资产投资比重的41.7%，是拉动投资增长的主要力量。丽嘉花园、绿谷庄园、金龙水梦庭苑等项目进展顺利，投资效应显现。

（四）着力抓生态，环境质量不断改善

国家级生态乡镇建设加快推进。围加强乡镇农村生活污水治理、畜禽养殖污染整治等建设，对规模以上畜禽养殖场开展了专项整治行动，共立案4家，处罚2家，处罚金额9.4万元，农村生态环境不断改善。企业污染专项整治深入开展。全年共检查企业1525家，共整治完成122家，依法关停13家，停产整治15家，限期整治88家，停产整治并行政处罚13家，现该项工作已进入日常监督阶段。多措并举助推“五水共治”。以工程治水为抓手，全力推进内河水系居住小区雨污水分流改造工作。好溪堰水系周边已完成改造项目2个，正在实施改造6个，进行项目前期7个；着重做好丽阳坑治水工作。“六边三化三美”持续深化。碧湖南山出入口景观提升工程顺利完工；完成G25、S33高速公路(莲都段)沿线约2000栋房屋、52万平方米的立面改造。高铁周边房屋里面改造加快推动，已确定芦埠村一幢民房为样板楼，推动问题点位落实。

（五）着力促统筹，城乡发展更加协调。

城市居住条件得到明显改善。积极推动旧住宅区和城中村改造落实，累计完成“两改”投资1.5亿元。旧住宅区完成改造6个，正在实施改造5个。水利建设加快推进。投资600万元，完成1万人的饮水安全工程建设。投资1400万元，新增高效节水灌溉面积6600亩。投资850万元，新增改善灌溉面积4700亩。道路交通更加便捷。丽龙高速公路南山互通至丽新公路、大大线莲都区段改建工程等重点项目前期工作取得新突破。太平竹舟至下岙危桥改造工程、丽新乡黄岭上桥危桥拆建等危桥改建工程全面推进。教育质量进一步提升。在城区和部分农村的22所学校实施义务教育课程改革，差异化、个性化教育积极推进。初中毕业生学业考试成绩连续第12年名列全市第一。公共文化服务标准化均等化有序推进。以基本公共文化服务标准化重点县建设为契机，制定浙江省基本公共文化服务标准化重点建设县提升方案，公共文化产品和服务供给能力不断提高。医疗卫生体制改革深入推进。根据“双下沉、两提升”要求，由市人民医院全面托管莲都区人民医院，由省新华医院全面托管莲都区人民医院妇产科专科，优质资源下沉工作顺利开展。对原有的基层医疗卫生单位进行考核，允许在收支结余中提取40%用于上浮的绩效工资水平、建立绩效考核奖(6000元)。

（六）着力惠民生，社会总体和谐稳定。

民生支出保障有力。民生类支出22.35亿元，增长21.6%，占一般公共预算支出的比重达87.0%。居民收入稳步增加。城镇常住居民人均可支配收入35038元，增长8.4%，农村常住居民人均可支配收入19327元，增长9.8%。城乡收入比由去年的1.84∶1缩小至1.81∶1。“大就业”体系建设不断推进。积极引导和帮助广大城乡劳动者实现就业、创业，累计开发城镇公益性岗位26个、农村公益性岗位205个、高校毕业生就业见习岗位51个。全年实现新增城镇就业1442人，城镇登记失业率控制在2.90%。社会保障工作持续加强。及时调整标准，促进政策落地。启用社保卡作为身份凭证，实现了区、乡镇(街道)、村(社区)“三级”系统联网。社保服务中心和城市社区服务站覆盖率100%。社会救助体系不断完善。规范最低生活保障工作，新增低保对象991户。及时调整低保标准，目前低保标准农村每人每月459元，城市每人每月612元，分别较上一年度提高了18%和13%。

尤其是面对“11·13”里东山体滑坡灾害，全区广大党员干部第一时间响应号召，奋战一线，取得抢险救援的胜利，共同谱写了里东大救援精神，彰显了浙江大家庭的温暖。

总的来看，2015年我区经济社会发展各项工作取得了新进展，成绩的取得不易。同时，在计划执行过程中我们也清醒看到，全区经济社会发展仍面临许多困难和挑战：经济总量小、结构差的状况尚未根本转变，稳增长压力加大。传统制造业缺乏核心技术和自主品牌，受资源环境约束明显加大；居民消费比例低，经济结构转型难度大；财政收入结构不合理，民生保障压力进一步增强，收支平衡难度大。同时，投资可持续增长难度加大，工业投资尤其是制造业投资有待提升，发展活力和动力需增强。金融潜在风险不容忽视。行政执法、安全生产、食品药品安全监管、社会治安等领域还面临不少新问题和老矛盾，政府依法行政以及社会管理和公共服务能力还需进一步加强。对此，我们必须增强忧患意识、责任意识和法制意识，努力在今后工作中采取有效可行措施，认真加以解决。

说明：受宏观经济减速等因素影响，2015年计划报告中提出的经济指标中有5项主要指标低于预期目标，其中：市区生产总值增长率与预期增长7.5%的目标相差1个百分点。其主要原因是丽水经济开发区全年只完成生产总值57.33亿元，增长率为-2.7%，从而影响了市区生产总值的增速。(说明：今年统计部门不出区属GDP数据)区属规上工业增加值增长率与预期增长9%的目标相差5.3个百分点。主要原因我区25家规模以上企业中有13家产值出现了下降，产值下降超过亿元的企业有4家，整体下滑态势明显，带动效应减弱，对区属规上工业增加值的增幅产生较大影响。区属农业增加值增长率与预期增长3.5%目标相差1.2个百分点。主要原因是畜牧生产下降较多导致，由于畜牧产业受“五水共治”“三改一拆”“六边三化三美”等工作影响，截止去年底，全区累计关停畜禽养殖场406家，治理提升285家，养殖业与“五水共治”工作开展前相比大量萎缩。由于我区畜牧业总产值在农业总产值中的占比高，因此畜牧业总产值的下滑，对我区农业增加值的影响大。市区社会消费品零售总额增长率与预期增长11%以上的目标相差7.1个百分点。主要原因是本来基数就很高了,增长潜力受限,再加上占比大的石油、汽车等权重类商品零售额下降较快,这两项去年分别下降了19.5%和4.5%,拉低社零总额增幅5.2个百分点。市区农村居民人均可支配收入增长率低于预期增长目标0.2个百分点。主要原因我区收入绝对值已连续28年居全市首位,从高位放缓的趋势正在逐年显现,再加上受国内经济大环境影响,农村居民工资性收入、经营净收入、财产性收入和转移性收入这四大块收入的增长幅度均有不同程度的放缓,导致农村居民收入增长目标没有实现。

二、2016年国民经济和社会发展主要预期目标

2016年是"十三五"开局之年。总体看,不确定性因素仍然较多,经济形势依然复杂。从宏观环境看,世界经济将继续缓慢复苏,但复苏基础不牢。我国发展仍处于可以大有作为的重要战略机遇期,也面临诸多矛盾叠加、风险隐患增多的严峻挑战,特别是结构性产能过剩比较严重,这意味国家的政策导向将更加注重供给侧改革。从区域环境看,我区仍处于重要的战略机遇期和快速发展期,长三角经济一体化、海西战略的提升,金丽温高铁的开通,使莲都区域条件逐步改善;国家和省里支持地区加快发展的政策导向愈发清晰,为我区争取政策、项目、资金支持创造有利条件,发展基础将持续夯实。

2016年我区国民经济和社会发展各项主要预期目标为:

1. 地区生产总值(区属):增长7.5%左右(2015年市区增长6.5%)

2. 规模以上工业增加值(区属):增长6.5%以上(2015年增长3.7%)

3. 固定资产投资(区属):增长10%以上(2015年增长16.4%)

4. 社会消费品零售总额(市区):增长10%(2015年增长3.9%)

5. 出口总额(区属):适度增长(2015年增长12.1%)

6. 一般公共预算收入(区属):增长7.5%以上(2015年增长10.4%)

7. 常住居民人均可支配收入(市区): 城镇增长7.5%以上(2015年增长8.4%);农村增长10%以上(2015年增长9.8%)

8. 旅游总收入(区属):增长25%(2015年增长30%)

1. 区属地区生产总值(增长7.5%左右)

主要考虑:全市GDP2016年预计增长7.5%左右,考虑到莲都力争在全市率先发展,GDP增速力求不低于全市平均水平,因此提出2016年区属GDP增长7.5%左右

2. 区属规上工业增加值(增长6.5%以上)

主要考虑:一是虽然当前经济仍然复杂严峻,内、外需求均不容乐观,企业面临更加激烈的竞争,但由于政府将更加重视实体经济发展、更加重视鼓励民间投资、更加重视促进外贸发展,相信企业微观运行环境将逐步改善。二是区域协作进程加快,"山海协作"产业园进入实质性发展阶段,助推产业培育成型。三是企业扩张发展的信心不足,投资减速、资金链断裂风险上升等因素对我区工业发展掣肘明显。四是由于缺乏新增产能,加上因两链风险潜在的减产因素,工业快速回升动力不足。

3. 区属固定资产投资(增长10%以上)

主要考虑:投资既有积极向好的因素,也面临较大挑战和压力。一是项目储备比较理想,一大批涉及莲都长远发展的重大建设项目,为 "十三五"期间投资的可持续增长打下良好基础。二是体制机制不断健全,全区上下抓项目、谋项目、求发展的愿望更加迫切,工作力度不断加大,投资环境不断改善。三是宏观环境影响,企业家信心指数走低,投资越发谨慎,工业投资和房地产受宏观环境、土地出让滞缓和政策处理滞后等因素影响,后劲不足。民间投资意愿逐步回落,地方政府偿债压力加大,投资增长压力进一步加大。

4. 市区社会消费品零售总额(增长10%)

主要考虑:由于受经济持续增长内在动力放缓、居民收入增速难以大幅提升、居民消费意愿

及购买力下降等因素影响，传统消费热点也逐步进入稳定增长阶段，汽车、住房、家电、金银珠宝等降温明显；新热点、新增长点短期难以培育，消费持续较快增长压力较大。近两年来，消费增长整体呈下滑态势，再加上市区基数较大，总量占全市1/3左右，要保持较快的增幅难度较大。

5. 区属出口总额（适度增长）

主要考虑：在全球经济脆弱复苏，国际贸易总体低迷的背景下，2016年外贸形势不确定和不稳定性因素较多，中国的出口状况可能会重新转坏，预示出口短期难以快速转好。

6. 区属一般公共预算收入（增长7.5%以上）

主要考虑：2016年，财政经济形势依然复杂严峻，虽然经济有望延续平稳向好态势，重点企业的税收仍能实现一定的增长，但财政收入可持续增长的基础尚不稳固。同时，结构性减税、普遍性降费等政策的实施将带来新的减收，我区尚缺乏新的税收收入增长点；在此基础上，参考2016年市区生产总值增长预期以及市本级一般公共预算收入增长预期，预计 2016年莲都区一般公共预算收入134000万元，增长7.5%以上。

7. 市区城乡常住居民收入（城镇常住居民人均可支配收入和农村常住居民人均可支配收入分别名义增长7.5%以上和10%以上）

主要考虑：随着促进农民增收主题活动方案的深入实施，农村居民收入仍会保持平稳增长。但受经济下行压力增大、企业经营困难增大、股市震荡等因素影响，城镇居民工资性收入和财产性收入增速放缓可能较大。同时，在生产成本大幅上涨，主要农产品价格波动加大等因素的影响下，农业生产进入高成本、高风险阶段，实现农村居民纯收入持续高位增长压力更大。整体看，居民收入增长潜力仍显不足，支撑点不多，再加上莲都区居民收入本身基数较大，要实现持续较快发展难度较大。

8. 区属旅游总收入（增长25%）

主要考虑：省、市《关于加快旅游业发展的实施意见》《关于推进美丽城乡建设、打造生态旅游名城》等文件的出台，对我区旅游行业发展带来了许多历史性机遇；全区旅游产业规模不断扩张，旅游形象日益鲜明，旅游发展形势喜人，旅游市场繁荣稳定，已基本实现了“健康、安全、秩序、质量”统一发展的目标。我区休闲旅游产品竞争力将不断增强，旅游经济仍将保持良好的发展势头。

为完成上述计划目标，要按照区委 十次全会和全市经济工作会议的总体部署，以创新、协调、绿色、开放、共享五大发展理念为引领，适应经济发展新常态，追求高水平、推进均衡化、增创新优势，为实现“十三五”良好开局奠定基础，突出抓好以下工作：

（一）大力推进供给侧改革，努力增强内需拉动

坚持以绿色生态发展为导向，围绕使市场在资源配置中起决定性作用，着力破除供给约束，探索推进供给侧结构性改革，破解经济结构和动力转换的现实难题，释放出创新动能，切实增强内需拉动力。

一是继续着力扩大有效投资。有效投资是保持我区经济平稳增长的重要保证。为确保2016年度投资增长10%以上，加大项目谋划申报力度，围绕区委“三美融合、主客共享”工作主线，突出重点，抓紧谋划一批可行性强的项目。高质量地完成“十三五”重大项目规划编制工作。继续通过“集中开工月”“百日攻坚”定期跟踪重大项目进展情况。加快大力推广PPP模式，鼓励和促进民间资本进入各类基础设施和公共事业领域，有效激活民间资本。

二是积极打造五大特色小镇。特色小镇是推进供给侧结构性改革和新型城镇化的有效路径。古堰画乡小镇：按照“古堰农耕文化中心、油画创作生产中心、生态养老度假中心”发展定位，积极推进保定圩大自然营地、轿马郑度假乡村、5D梦幻油画馆、乡村旅游创客示范基地等项目建设，创AAAAA工作争取在上半年完成国家级景观质量

评估，列入创建名单。水墨田园小镇：突出近郊滨水田园型休闲旅游主题。畲乡风情小镇：以东西岩景区为核心，以宣平溪流域为轴线，发展畲乡体验、山地旅游、农事体验特色产业，完成AAAA景区提升工作。红色文旅小镇：整合雅溪镇、太平乡、仙渡乡红色旅游资源。高溪台地小镇：发挥高溪台地地形特色鲜明以及临近中心城区、周边山水环境较好、农耕文化底蕴深厚的优势，深入开展养生养老、运动健身、生态工业等项目建设的可行性研究。

三是努力推进“三去一降”。加快供给侧改革，全面落实去产能、去库存、去杠杆、降成本各项举措。对特困企业、“僵尸企业”情况开展摸底调查，坚持“腾笼”与“换鸟”并举，坚决清理“僵尸企业”和亩均税收在3万元以下的低小散企业。鼓励瑞新药业等企业申报高新技术研发中心。发挥乾麟、瓯宝、金茂电机等企业的带头示范效应，推进信息化与机电、机械制造等行业融合。

四是着力扩大消费及外贸出口增长。发挥消费稳增长基础作用，以社会消费品零售总额增长10%为目标。出台《莲都区促进电子商务发展的实施意见》，鼓励农村电子商务发展。加强六江源、鱼跃、不知等农产品、传统企业和旅游产品品牌的电商化培育，确保网络零售额增长35%以上。主动引导优质民营企业、进出口潜能企业开展对外贸易，新增外贸主体企业5家以上。

（二）大力推进产业培育，努力发展美丽经济

全面落实区委“十三五”建议和区“十三五”规划纲要，积极对接市“195”生态产业，着重扶持实体经济，聚力突破生态旅游、民宿产业、生态工业、养生农业，提升美丽经济新能级。

一是加快发展生态旅游。高起点塑造“秀山丽水·中国莲都”的品牌内涵和外延，着力编制好《莲都区旅游发展总体规划》《莲都区旅游业“十三五”发展规划》等规划。积极推进“旅游+”，着力抓好古堰画乡、东西岩景区提升，加快推进大山峰森林公园、石牛温泉、梦里水乡欢乐谷建设；打造六个重点农旅结合示范基地；引导鱼跃酿造、百兴菇业等企业加快工业旅游建设步伐。全年力争实现接待旅游总人数850万人次，同比增长20%，实现旅游总收入52亿元，同比增长25%以上。

二是坚定发展民宿产业。抓住大健康主题村落建设机遇，以发展民宿为抓手，放大产业叠加效应。提高农家乐综合体和乡村特色民宿在全区农家乐产品中的占比，继续推动乡村旅游资源集聚区的农家乐综合体项目创建。争取引进等高端民宿项目，全年新增民宿特色村8个、总数达到20个。

三是加快推进养生农业。以农旅融合的理念，以“八个一”为抓手，编制好国家农业公园规划和农业旅游发展规划。着力培育提升“两白一皇一草一鲩”、花卉、处州白莲、轩德皇菊等特色产业，以特色产业发展实现以农兴旅，以旅促农。建好莲文化研究会，建设“莲博馆”“莲博园”，举办莲文化研讨与讲座、高峰论坛，挖掘“莲”文化渊源，全力打造莲都高铁农业旅游季，打响“中国莲都·养生农业”品牌。

四是加快发展生态工业。继续强化树立“亩产论英雄”理念，进一步完善生态工业指标评价体系。对特困企业、“僵尸企业”情况开展摸底调查，把“僵尸企业”治理作为提质增效的重要抓手，充分利用市场化机制和政策机制，大力推进企业兼并重组。加快重大项目建设，重点抓好联威机电、鱼跃酿造、程翔矿业等7个新项目和欧威克阀门、丙戌实业等2个续建项目的建设工作。扶小育新，紧紧盯住50家规上企业和20家工业经济新增长点企业。出台个性化扶持政策，重点培植骨干企业，加强“功勋企业”“最佳效益企业”的培育与扶持，力争全年规上工业增加值增长6.5%。

（三）大力推进生态建设，加快建设美丽莲都

围绕打造美丽城乡升级版，把生态环境保护作为首要政治任务，依托“五水共治”“洁净村居”“六边三化三美”等一揽子工程，加大突出环境问题综合治

理，努力把城乡环境治得更美。

一是推进农村美丽环境打造。围绕区委提出的“拉高标杆、加快进度、加大力度、快出成效”的工作要求，循序渐进推动农村生活污水治理项目，完成2014年、2015年220个治理村工程的扫尾和验收，启动37个村治理村项目建设。深入开展“六边三化三美”行动，重点整治环城线、高铁及高速沿线、s328丽浦线、s222龙丽线、新50省道及丽武公路、桃碧线、黄碧线、石郎线等道路两侧的区域环境。

二是全力做好“治水”文章。加强“河长制”牵头指导力度，健全“河长制”等长效管理机制，提升河道水质，巩固“清三河”结果。做好巡查督查，有序推进丽阳坑水系治理工作，全年新开工3个，年内完成改造5个。实施好溪堰水系周边工程治污项目7个。完成碧湖污水厂提标改造开工建设。大力推进节水型小区创建工作，完成节水型小区创建6个，创建户数达到8200户等基础设施建设。

三是全面推进大气综合治理工作。在2015年工作基础上，全面完成燃煤电厂、燃煤锅炉和工业窑炉的污染治理设施建设与改造。在2015年涂装行业60%以上的企业完成整治任务的基础上，继续推进挥发性有机物污染治理工作。严格产业环境准入，强化节能环保指标约束，禁止新建20蒸吨/小时以下的高污染燃料锅炉。

（四）大力加强社会保障，不断改善民生福祉

把保障和改善民生摆在更加突出的位置，推进大众创业万众创新，加快推进社会事业发展，着力加强公共服务供给，构筑群众向往的“美好生活”，不断增强群众的获得感和幸福感。

一是实施更加积极的就业政策。搭建信息、培训、招聘、援助和创业“五大平台”，全面优化公共就业管理与服务。推进创业创新带动就业模式，组织就业、创业专项服务活动10次。推进“一园三库”建设。确保完成城镇新增就业1300人，城镇失业人员再就业825人，保持城镇登记失业率低于4%。

二是扩大社保覆盖面。拓展社保卡社会应用功能。推进机关事业养老保险制度改革，加强企业退休人员社会化管理。适时调整城乡居民两项社会保险缴费和待遇标准实施全民参保计划，进一步扩大各类社会保险参保率和覆盖面。推进莲都与省内其他地市实现基本医保异地即时结算。力争养老保险达到90%以上，医疗保险达到99%以上。

三是完善社会救助体系。以最低生活保障为核心，全面实施城乡居民大病保险应急救助和临时救助制度。切实保障“五保”“三无”对象及困难老人、孤残儿童和重度残疾人对公办福利机构的需求。提高救助水平，最低生活保障适度扩面，低保占比达到2.8以上，实现“应保尽保”

四是促进城乡居民增收。完善收入分配制度和劳动报酬增长机制，努力实现居民收入增长高于经济增长。在巩固好种养业、种植业、外出务工“老三宝”基础上，全力支持发展来料加工、农村电子商务、农家乐民宿等“新三宝”产业，千方百计促进农民增收。推进精准扶贫，提高扶贫实效，确保低收入群体收入增长快于全区平均增长。实施万人异地搬迁安置计划，推进联城、碧湖等农民安置小区建设项目。

三、继续全力扩大有效投资

2016年计划完成区属固定资产投资161亿元以上，增幅10%以上。区本级明年预安排总投资亿元以上的项目有36个，将力争开工20个总投资亿元以上项目，完工8个总投资亿元以上项目，32个总投资亿元以上项目进展顺利。安排年度计划投资2000万元以上的项目55个，安排年度计划投资5000万元以上的项目34个，安排年度计划投资1亿元以上的项目14个。

力争新开工总投资亿元以上项目有：坑口安置小区项目、2016年配电网建设项目、江滨休闲街区、钭氏医院、万丰骨伤医院等项目。力争新开工总投资5000万以上新项目有：2016年“六边三化三美”项目、垦造耕地项目、画乡接待中心、大港头镇区给水、雨、污水管网提升工程、

处州养老公寓等项目。

着力抓好以下重大项目实施：

抓生态休闲旅游建设。重点加快梦里水乡欢乐谷、丽水城市花园石牛度假区二期项目、民宿建设、处州养老公寓等休闲旅游、养生养老基地建设。

抓农林水利项目建设。重点推进莲都区国家农业综合开发现代农业园区试点项目、瓯江大溪治理工程(莲都段)、中小河流治理重点县综合整治及水系连通试点等项目建设。

抓城镇基础设施建设。确保加快市区老小区、城中村改造工程、莲都区丽龙高速公路南山互通至丽新公路建设工程(一期)、古堰画乡特色小镇、碧湖中心镇等道路网建设、岩泉街道社区卫生服务中心项目、白云小学项目、金丽温天然气管道工程莲都段等项目建设。

抓民生保障建设。全面推进“五水共治”项目建设,加快下山脱贫小区、安置小区、新社区建设。重点是积极推进“五水共治”工程、坑口安置小区项目、大港头派出所治安管理用房工程等项目建设,尤其要加快联城城郊农民新社区三期工程推进进度,确保里东山体滑坡受灾群众早日得到安置。

抓工业结构调整和技术改造建设。加大传统行业技改投入力度,培育新的工业经济增长点。积极推进联威机电、远钢实业、鱼跃酿造等项目建设。

各位代表,在新的一年里,我们将全面落实区十五届人大五次会议的决议和部署,与时俱进,创新实干,努力实现2016年国民经济和社会发展各项目标,确保“十三五”开好局、起好步。

附件1:莲都区2015年国民经济和社会发展主要目标完成情况

附件2:莲都区2016年国民经济和社会发展主要目标初步建议

附件1

莲都区2015年国民经济和社会发展预期目标完成情况

表1

类别	序号	指标	单位	目标	实际增长	备注
经济发展	1	地区生产总值（市区）	%	7.5左右	6.5	—
	2	规模以上工业增加值	%	9	3.7	—
	3	服务业增加值（市区）	%	7	10.1	目前没有分类指标
	4	农业增加值	%	3.5	2.3	—
	5	固定资产投资	%	15以上	16.4	—
	6	社会消费品零售总额（市区）	%	11以上	3.9	目前没有分类指标
	7	出口总额	%	7.5以上	12.1	—
	8	一般公共预算收入	%	7.5以上	10.4	—
结构优化	9	战略性新兴产业增加值	%	12	6.7	—
	10	高新技术产业增加值	%	7	-12.4	—
	11	旅游总收入	%	25	30	—
	12	民间投资	%	15左右	-1.8	—
	13	城市化率（市区）	%	71以上	72.0	目前没有分类指标
环境保护	14	单位生产总值综合能耗	%	按省定目标要求执行	预计完成	—
	15	化学需氧量排放量	%			—
	16	二氧化硫排放量	%			—
	17	氮氧化物排放量	%			—
	18	氨氮排放量	%			—
	19	空气质量优良天数	天	275天以上	327	—
	20	地表水Ⅰ—Ⅲ类水比例	%	96	93.3	—
民生事业	21	城镇居民人均可支配收入（市区）	%	8以上	8.4	目前没有分类指标
	22	农村居民人均可支配收入（市区）	%	10以上	9.8	目前没有分类指标
	23	义务教育标准化学校创建率	%	85	86.2	—
	24	建制乡镇卫生院（社区卫生服务中心）的床位使用率”	%	—	26.8	—
	25	城镇新增就业岗位	人	1300	1442	—
	26	城镇登记失业率	%	4以内	2.90	—
	27	人口自然增长率	‰	7以内	3	—

说明：①地区生产总值增幅按可比价格计算；②城镇居民人均可支配收入和农村居民人均纯收入增幅为名义增长速度；③规模以上工业增加值综合能耗、化学需氧量排放量和二氧化硫排放量指标市里尚未核定

附件2

莲都区2016年国民经济和社会发展主要目标初步建议

表2

类别	序号	指标	单位	目标	备注
经济发展	1	地区生产总值(区属)	%	7.5左右	—
	2	规模以上工业增加值	%	6.5以上	—
	3	服务业增加值(市区)	%	8以上	目前没有分类指标
	4	农业增加值	%	3.5	—
	5	固定资产投资	%	10以上	—
	6	社会消费品零售总额(市区)	%	10左右	目前没有分类指标
	7	出口总额	%	适度增长	—
	8	一般公共预算收入	%	7.5以上	—
结构优化	9	战略性新兴产业增加值	%	12	—
	10	高新技术产业增加值	%	7	—
	11	旅游总收入	%	25以上	—
	12	民间投资	%	10左右	—
	13	城市化率(市区)	%	72以上	目前没有分类指标
环境保护	14	单位生产总值综合能耗	%	按省定目标要求执行	—
	15	化学需氧量排放量	%		—
	16	二氧化硫排放量	%		—
	17	氮氧化物排放量	%		—
	18	氨氮排放量	%		—
	19	空气质量优良天数	天	275天以上	—
	20	地表水Ⅰ—Ⅲ类水比例	%	96	—
民生事业	21	城镇居民人均可支配收入(市区)	%	7.5以上	目前没有分类指标
	22	农村居民人均可支配收入(市区)	%	10以上	目前没有分类指标
	23	义务教育标准化学校创建率	%	85	—
	24	千人床位数(卫生)	张	4.13	—
	25	城镇新增就业岗位	人	1300	—
	26	城镇登记失业率	%	尚未下达	—
	27	人口自然增长率	‰	7以内	—

说明:①地区生产总值增幅按可比价格计算;②城镇居民人均可支配收入和农村居民人均纯收入增幅为名义增长速度;③规模以上工业增加值综合能耗、化学需氧量排放量和二氧化硫排放量指标市里尚未核定

关于莲都区2015年预算执行情况和2016年预算草案的报告

——在莲都区第十五届人民代表大会第五次会议上

赖志平

一、2015年预算执行情况

2015年，面对复杂的经济形势，在市委、市政府、区委的领导和区人大及其常委会的监督下，我们围绕“绿水青山就是金山银山”的生态发展战略，遵循“促进发展、保障民生、科学理财、加强监管”的理财观，坚持“三美融合，主客共享”的工作主线，克服了经济运行过程中的不利因素，切实做好“生财、聚财、用财”三篇文章，圆满完成了区第十五届人大四次会议确定的年度预算任务，全区财政预算执行情况良好，有力地促进了全区经济社会健康稳定发展。

（一）一般公共预算执行情况

1.收支预算执行情况

2015年，全区一般公共预算收入预算数为121100万元，执行数为124668万元，完成预算的102.9%，比上年同口径增长（以下简称“增长”） 10.4%，其中：税收收入110695万元，完成预算的106.8%，增长9.9%；非税收入13973万元，完成预算的80.2%，增长14.6%（见表3）。

2015年，实现一般公共预算支出251190万元，同比增长20.3%，其中区本级安排支出224894万元，同比增长26.7%，完成年初预算的107.1%。年度执行过程中，因机关事业单位工资改革增支和新增地方政府债券因素，经人大常委会批准后，支出预算作了调整，调入预算稳定调节基金3110万元，新增地方政府债券支出5600万元。调整后，区级当年一般公共预算支出增加8710万元，支出预算调整为223940万元。一般公共预算支出合计256790万元（见表4）。

按照现行的分税制和市区财政体制计算，2015年一般公共预算收入加上税收返还收入，新增地方政府债券资金，以及省、市财政转移性收入，预计2015年一般公共预算收支平衡。由于2015年省与市、市与区之间的财力结算有一个过程，最后的平衡结果待全省决算会审后，依照法律的规定程序，再专题向区人大常委会报告。

2.收支项目具体执行情况

（1）全区一般公共预算主要科目收入执行情况。

增值税20364万元，完成预算的118.9%，增长22.4%；营业税36258万元，完成预算的96.0%，增长2.1%；企业所得税20047万元，完成预算的113.3%，增长1.3%；个人所得税4224万元，完成预算的110.36%，增长18.9%；非税收入13973万元，完成预算的80.2%，增长14.6%，非税收入未完成预算的主要原因是专项收入中森林植被恢复费减收806万元以及行政事业性收费和罚没收入不及预期收入等原因所致。

（2）全区重点支出科目执行情况。

教育支出55212万元，增长24.4%。切实保障教育发展，落实教育财政政策，加大教育经费保障力度，推进教育均衡发展和课堂教学改革，继续安排教学教育质量提升项目资金，促进全区中小学的教学质量的提升。加大学前教育投入，鼓励发展学前教育，扶优扶强，加快民办教育优质发展；提高学前教育、中小学生均公用经费标准，生均公用经费预算的安排进一步加大对偏远小规模学校倾斜；落实好扶困助学政策，加大扶困助学经费保障力度。

科学技术支出6257万元，增长14.6%。支持农业科技和工业企业技术的提升改造，促进农业生产和生态工业的发展。

文化体育与传媒支出6969万元，增长37.6%。继续加大力度推进文化馆等文化体育设施的免费开放，安排资金用于送戏下乡、文化走亲和农村文化礼堂建设。

医疗卫生与计划生育支出37699万元，增长14.2%。有力保障城乡居民医疗保险，离休、残军医疗费、城乡医疗救助资金、基本公共卫生服务专项补助资金，以及基层卫生院的医疗卫生设备购置。

社会保障和就业支出34515万元，增长28.7%。贯彻落实机关事业单位养老保险制度改革，及时落实机关事业单位退休人员调整资金，确保退休人员增资及时足额发放。扎实做好社会救助和社会福利工作。加大促进就业资金投入力度，全年共支出1434.51万元，全面落实就业再就业各项优惠政策，鼓励各类企业吸纳失业人员、高校毕业生等就业，重点推进并落实高校毕业生就业创业扶持政策，促进未就业高校毕业生参加见习，提升就业能力。

农林水支出42522万元，增长4.7%。切实保障农村生活污水治理、大溪治理和中小河流治理项目建设，推进国家农业综合开发现代农业园区试点项目实施；大力推进村级公益事业“一事一议”财政奖补项目实施。有效落实农村产权制度改革经费，完善森林生态效益补偿机制，实行补偿标准的再提高，继续安排资金用于保障基层组织建设，保证村级组织运转和村主职干部报酬的发放。

（二）政府性基金预算执行情况

2015年，全区实现政府性基金收入4030万元，完成年初预算的104.9%，同比增长11.9%；政府性基金预算支出3760万元，完成年初预算的82.0%，同比增长37.6%(见表7、表8)。

（三）国有资本经营预算执行情况

2015年，全区实现国有资本经营预算收入28万元，完成年初预算的112.0%,增长250%；完成国有资本经营预算支出20万元，完成年初预算100.0%，增长150.0%，调出资金到一般公共预算8万元(见表11、表12)。

（四）社会保险基金预算执行情况

2015年，全区实现社会保险基金预算收入29417万元，完成预算的98.8%，增长3.5%，完成社会保险基金预算支出30899万元，完成预算的99.2%，增长4.8%，当年收支结余-1482万元，年终滚存结余16320万元(见表15、表16)。

（五）落实区人大预算决议有关情况

一是提升增收节支能力，确保财政平稳运行。强化一般预算收入、政府性基金收入、国有资本经营预算收入管理并重的意识，合理组织非税收入，加强收入的源头控管，多渠道筹措财政资金，确保预算收入目标的完成。加强财政支出管理，强化部门支出监管，继续严控“三公经费”等行政性支出和一般性支出。经汇总，2015年全区“三公经费”支出执行数2258万元,比上年决算数下降20.0%，其中：出国(境)经费支出51.4万元，与上年持平，公务接待支出645.9万元,下降32.4%,公务用车购置与运行维护费支出1561.3万元,下降16.3%。推进结转结余资金清理整合，全年共盘活存量资金16744万元。出台《丽水市莲都区财政资金公款竞争性存放管理暂行办法的通知》，推行公款竞争性存放试点，实现了财政资金最大限度地保值增值。通过规范财政评审机制，创新“背靠背”政府投资项目财政评审模式，全年净核减政府投资项目财政资金1.13亿元。

二是发挥财政职能作用，加大创新发展力度。参与投资设立浙江丽水生态经济产业基金，完成出资市产业基金公司4800万元资本金，推进资产整合组建成立了浙江丽水古堰画乡旅游投资有限公司，引入省金融控股公司共同投资开发，有力促进古堰画乡特色小镇建设。积极推广运用政府和社会资本合作模式，拓宽基础设施建设、公共服务项目和新型城镇化建设融资渠道，提升经济增长动力。注重财政科技研发经费投入，激励企业加大技改投入，助推科技创新能力提升，促进养生农业和生态工业发展。

三是优化财政收支结构，保障民生政策落实。社会保障持续加强，基本民生保障有力，民生支出22.35亿元，增长21.6%，占一般公共预算支出的87.0%，一般公共预算新增支出中民生支出占比继续保持三分之二以上。多渠道筹措社保资金，稳步推进社保扩面提标工作，城乡居民基础养老金提高20元/月，调整“低保、五保、三无、孤儿困境儿童”等困难群众的基本生活救助标准，进一步完善社会救助体系，共发放城乡最低生活保障金2049.51万元。财政投入城乡社区居家养老服务照料中心和养老机构建设资金361万元、运行经费62万元，推进政府购买养老服务。实施机关事业单位养老保险制度改革，完善事业单位绩效工资制度，职工与城乡居民养老保险、医疗保险基本实现“全覆盖”。加大教育经费保障力度，推进教育均衡发展。将公办学前教育生均公用经费提高到285元/年；农村小学742元/年、城市小学682元/年、农村初中1046元/年、城市初中946元/年；民办中小学生均公用经费按省定生均公用经费小学650元/年、初中850元/年的标准安排，生均公用经费预算的安排进一步加大对偏远小规模学校倾斜。加大扶困助学经费保障力度，爱心营养餐资助标准提高到年人均1000元。及时拨付救灾资金，支持里东山体滑坡灾害救助和灾后重建工作。

四是推进财政管理改革，切实提高理财能力。认真贯彻落实新预算法和国家、省财政改革政策。深化预算管理制度改革，加大政府性基金预算、国有资本经营预算与一般公共预算的统筹力度。积极推进政府预决算信息、部门预决算信息和“三公”经费公开，进一步细化内容，打造“阳光财政”。健全预算绩效管理机制，将绩效评价重点由项目支出拓展到部门整体支出和政策、制度、管理方面，将评价结果作为调整支出结构、完善财政科学安排预算的重要依据。按照“四单一网”的要求，完善专项资金管理清单。深入实施乡镇财政公共服务平台建设，夯实乡镇财政管理基础。稳步推进政府综合财务报告编制工作。

加强地方政府债务管理，严格举债程序和资金用途，按省财政厅要求开展政府存量债务清理甄别工作，为将政府债务分类纳入全口径预算管理奠定基础。向省里争取新增地方政府债券资金8000万元，有效化解到期债务偿债压力和风险，降低政府债务成本，优化政府债务期限结构。做好政府债务限额管理，截至2015年12月31日，我区地方政府债务余额为269276万元，其中：一类债务为183540万元（一般债务139840万元，专项债务43700万元），二类债务710万元，三类债务85026万元。根据《浙江省财政厅关于下达2015年地方政府债务限额的通知》（浙财预〔2015〕49号）文件，省财政厅下达我区2015年地方政府债务限额（一类债务限额）为19.7亿元（其中：一般债务14.8亿元、专项债务4.9亿元），目前我区地方政府债务余额在省下达的债务限额以内。

在取得成绩同时，我们也清醒地看到，我区财政收支矛盾非常突出，财政增收的基础不稳固，收入结构问题依然存在；预算平衡压力很大，市区体制有待进一步完善；在财政管理过程中，还存在预算编制不够细化、支出执行不够规范、支出进度偏慢；部分专项资金整合不够到位、绩效不高；部门预决算公开内容不够细化、不够完整；对此，我们高度重视，将通过培值财源，深化改革、完善制度、严格管理等一系列扎实有效的措施切实加以解决。

二、2016年预算草案

（一）2016年财政经济形势

2016年，财政经济形势依然复杂严峻，财政收支矛盾突出。虽然我区经济有望延续平稳向好态势，但财政收入可持续增长的基础尚不稳固。同时，国家结构性减税、普遍性降费等政策的实施将带来新的减收;中央和省积极财政政策、重大战略实施,我区"六三三"等重点项目推进、民生保障、深化改革等支出需求刚性增长,财政收支"紧平衡"将成为新常态。

(二)财政预算编制的指导思想

根据2016年度全区经济社会发展目标,结合对2016年财政经济形势的分析和预测,并参考上年度执行情况,按照省市和区委对经济工作的总体部署以及财政改革总体要求,我区2016年财政预算安排的指导思想是:全面贯彻落实党的十八大和十八届三中、四中、五中全会以及省委十三届、市委三届和区委全会精神,按照省委、省政府、市委、市政府和区委的决策部署,以"绿水青山就是金山银山"为指引,遵循"促进发展、保障民生、科学理财、加强监管"的理财观,做好"生财、聚财、用财"三篇文章。坚持稳中求进、改革创新,加快推进财政管理体制改革,充分发挥财政政策促进产业结构调整、经济转型升级和培育发展新动力的重要作用,大力支持大众创业、万众创新;加大财政资金统筹使用力度,盘活存量、用好增量,优化财政支出结构,重点保障基本民生支出,从严控制"三公经费"等行政性支出和一般性支出;通过财政资金引导和带动社会资本投入,增加基本公共服务供给;加强地方政府债务管理,有效防范财政风险;加大向上资金争取力度,不断强化财政监督,为全面建设"中国莲都",力争与全省同步高水平全面建成小康社会作出新的更大贡献。

(三)2016年重点财政收支政策

1.着力加强收入管理。密切关注国家和省市重大财税体制改革动向,积极配合好国地税部门加强税收征管。注重部门合力,加强非税收入的征管,做到依法征收,确保应收尽收。继续开展财政存量资金的清理,有力推进财政性资金竞争性存放,提高财政资金增值效应。深入研究市区财政体制需完善的内容,积极争取上级财政支持。

2.完善支农资金投入机制。重点保障"六边三化三美"、"五水共治"、民宿产业和养生农业等项目的资金投入。持续增加对民宿发展的投入,以发展民宿为抓手,放大产业叠加效应,推动乡村旅游资源集聚区的农家乐综合体项目创建。以农旅融合的理念,进一步深化农业三区(粮食生产功能区、现代农业园区、农产品加工园区)建设。大力支持美丽乡村升级版行动计划,保障历史文化村落保护利用和农村生活污水治理的资金需求。持续投入资金用于农村环卫保洁和河道垃圾清理。进一步完善森林生态效益补偿机制。

3.注重教育和文化发展。扶持教育文化发展,切实保障教育优先发展原则,进一步落实教育财政政策,加大教育经费保障力度,促进教育均衡发展;推进中小学课程改革和课堂改革,进一步提升教育教学质量;安排民办教育发展资金,有力促进全区民办教育发展和提升。继续加大补助力度,促进图书馆、文化馆、体育场所免费开放。大力实施文化惠民工程,支持送戏下乡、农家书屋和农村文化礼堂建设,丰富人民群众文化生活。

4.优先保障民生支出。在发展的基础上不断加大民生保障力度,处理好发展经济和保障民生的关系,建立公平可持续的社会保障制度。实施更加积极的就业政策,完善创业扶持政策,加强对灵活就业、新就业形态的支持。完善城乡居民基本医疗保险筹资机制。加大城镇居民养老保险和新型农村养老保险覆盖范围。健全优抚对象等人员抚恤和生活补助标准体系,继续做好困难群众生活保障,加大城乡低保补助和医疗救助力度。进一步加大就业投入,完善职业培训、公共就业服务、社会保险补贴等政策,帮助高校毕业生、农村转移劳动力、城镇就业困难人员、退役士兵等尽早实现就业。提高基本公共卫生服务经费人均财政补助标准到45元/人·年,加大重大公共卫生服务项目整合力度,提高资金使用效益。支持社会管理创新,深入实施政法经费保障制度,支持社会综合治理和司法救助,加大食品安全监管投入，保障好人民群众生命财产安全和社会稳定。

（四）一般公共预算草案

1.收入预算

根据当前的财政经济形势及上述指导思想，参考2016年市区生产总值增长预期以及市本级一般公共预算收入增长预期，2016年莲都区一般公共预算收入预期为134000万元，增长7.5%，其中：税收收入116210万元，增长5.0%；非税收入17790万元，增长27.3%(见表5)。

一般公共预算收入加上税收返还收入4922万元，省市体制结算补助收入75489万元，省财政一般转移支付收入25490万元，专项转移支付收入2196万元，调入资金8586万元，政府性基金预算调出资金收入26500万元，国有资本经营预算调出资金收入7万元，调入预算稳定调节基金8500万元，减去上解支出25190万元，累计一般公共预算收入预期260500万元。

2.支出预算

2016年，围绕区委、区政府中心工作，拟安排一般公共预算支出260500万元，比上年预算数 215230万元增长21.0%，比上年执行数251190万元(剔除政府债券支出)，同比增长3.7%。收支相抵，全区一般公共预算收支平衡。(见表6)

（五）政府性基金预算草案

政府性基金预算按照“专款专用，以收定支，结余结转使用”原则编制。2016年政府性基金预算收入预期34040万元(其中：其他政府基金收入中耕地占补平衡指标转让收入3亿元)，增长744.7%，加上上年结余1134万元，合计可用资金35174万元(未含省转移支付收入数)，2016年政府性基金支出预算安排8292万元(未含省转移支付支出数)，增长120.5%，从政府性基金预算收入中调出资金26500万元到一般公共预算。收支相抵，收支结余382万元(见表9、表10)。

（六）国有资本经营预算草案

莲都区编制国有资本经营预算的企业为：丽水市粮食总公司、莲都区雅一电站、莲都区雅二电站。根据“量入为出，以收定支”的预算编制原则，国有资本经营预算收入预期35万元，增长25.0%，支出预算28万元(用于企业发展28万元)，增长40.0%，按20%收入调出资金到一般公共预算收入7万元，收支相抵，国有资本经营预算收支平衡(见表13、表14)。

（七）社会保险基金预算草案

2015年起莲都区职工养老保险等五大保险收支管理上划市里，2016年莲都区的社会保险基金预算收支为城乡居民养老保险基金和城乡居民医疗保险基金。2016年全区社会保险基金收入预算33047万元，增长11.0%，社会保险基金支出预算安排33336.5万元，增长7.1%，收支相抵，当年收支结余-289.5万元，年末滚存结余16030.5万元(见表17、表18)。

三、扎实做好2016年预算执行

2016年是“十三五”开局之年，也是财税体制改革的攻坚之年。我们将高度重视、加强组织、周密部署、认真落实，扎实做好2016年预算执行工作。

（一）推进政府预算体系建设

全面推进政府预算体系建设，将政府所有收入和支出全部纳入预算管理。完善预算支出定额和标准体系，强化预算执行结果和绩效评价结果与预算安排相挂钩的机制。探索建立预算执行全过程动态监控机制，完善预算执行管理办法，健全预算绩效管理体系，增强预算执行的严肃性，提高预算执行的准确率。按照“可持续、保基本”的原则，严格控制民生支出提标增幅。进一步细化政府预决算公开内容，扩大部门预决算公开范围，除涉密信息外，所有使用财政预算资金的部门都应公开预决算。加大“三公”经费公开力度，细化公开内容。2016年，全区“三公经费”支出预算比上年执行数下降1.1%。加强对乡镇财政管理的指导，完善区对乡镇的财政体制，出台新一轮区乡(镇)财政管理办法，切实加快乡镇区域的经济社会发展。

（二）着力创新财政投入方式

发挥财政资金的激励和约束作用，进一步优化财政扶持方式，规范完善项目扶持资金的分配机制，支持具有莲都特色的生态产业发展，尤其是加大扶持三产力度。着力项目资金整合，结合实际，将支出方向相同，扶持领域相近的项目资金统筹使用，集中财力办大事，防止出现多头补助，重复扶持。积极发挥产业基金作用，做实古堰画乡旅游投资发展有限公司，争取与市生态产业基金进一步合作，切实解决古堰画乡特色小镇建设资金问题；规范国有资产管理，做好保值增值。推进政府购买服务改革，建立健全政府购买服务制度体系。推广政府和社会资本合作（PPP）模式，创新公共服务供给机制，鼓励社会资本进入公共服务领域。

（三）加强债务管理和存量资金盘活

加强地方政府债务管理，做好后续批次地方政府债券置换工作，加强债务预警分析，切实防范债务风险；建立定期结转结余资金清理机制，对连续两年未执行完的结余资金一律收回统筹使用，向存量要增量；进一步加强财政资金管理，不断完善社保基金增值保值管理、财政资金竞争性存放管理等工作，确保财政资金管理使用的安全、透明和规范。

各位代表，2016年的财政工作任务非常艰巨，责任重大。我们将在区委的坚强领导下，严格按照区十五届人大五次会议的决议和部署，坚持以绿色生态发展为导向，以“归零翻篇开新局”的姿态、奋发有为的状态，充分发挥财政职能，加强管理，努力实现2016年财政预算各项目标任务，为“十三五”开好局、起好步做出积极贡献。

莲都区2015年一般公共预算收入预算执行情况表

表3

项 目	2014年决算数（万元）	2015年预算数（万元）	2015年执行数（万元）	完成预算（%）	比上年决算数+、-（%）
一、一般公共预算收入合计	112899	121100	124668	102.9	10.4
（一）税收收入小计	100701	103670	110695	106.8	9.9
1.增值税	16639	17130	20364	118.9	22.4
其中：营改增增值税	2469	2670	2908	108.9	17.8
2.营业税	35509	37770	36258	96.0	2.1
3.企业所得税	19795	17700	20047	113.3	1.3
4.个人所得税	3554	3830	4224	110.3	18.9
5.城建税	4294	4630	5053	109.1	17.7
6.房产税	3430	3690	3442	93.3	0.3
7.土地使用税	1892	2040	2289	112.2	21.0
8.车船税	1664	1800	1871	103.9	12.4
9.印花税	655	710	1074	151.3	64.0
10.土地增值税	2214	2380	627	26.3	-71.7
11.资源税	767	800	811	101.4	5.7
12.耕地占用税	4609	5060	10058	198.8	118.2
13.契税	5679	6130	4577	74.7	-19.4
（二）非税收入小计	12198	17430	13973	80.2	14.6

续表3

项 目	2014年决算数(万元)	2015年预算数(万元)	2015年执行数(万元)	完成预算(%)	比上年决算数+、-(%)
1.行政事业性收费收入	1436	2450	2920	119.2	103.3
2.罚没收入	1878	5095	2735	53.7	45.6
3.专项收入	6632	6810	5609	82.4	-15.4
4.国有资产有偿使用收入	2252	3075	2709	88.1	20.3

说明：1.耕地占用税收入增长118.2%,主要原因是清理历年未入库的耕地占用税在2015年入库所致；

2.非税收入未完成预算的主要原因是专项收入中森林植被恢复费减收806万元以及行政事业性收费和罚没收入不及预期收入等原因所致

莲都区2015年一般公共预算支出预算执行情况表

表4

支出科目	2014年决算数（万元）	2015年预算数（万元）	2015年调整后执行数（万元）	2015年新增债券支出（万元）	完成预算(%)	比上年决算数+、-(%)
一般公共服务支出	19360	19649	23630	—	120.3	22.1
公共安全支出	14225	13909	16681	—	119.9	17.3
教育支出	44375	45850	55212	—	120.4	24.4
科学技术支出	5461	5624	6257	—	111.3	14.6
文化体育与传媒支出	4628	4890	6369	600	130.2	37.6
社会保障和就业支出	26813	27756	34515	—	124.4	28.7
医疗卫生与计划生育支出	33007	36270	37699	400	103.9	14.2
节能环保支出	1680	1743	2641	—	151.5	57.2
城乡社区支出	8571	6783	11181	—	164.8	30.5
农林水支出	40612	24522	42522	4600	173.4	4.7
交通运输支出	2510	908	2797	—	308.0	11.4
资源勘探信息等支出	691	588	2496	—	424.5	261.2
国土资源气象等支出	145	70	1253	—	1790.0	764.1
住房保障支出	4455	3604	4811	—	133.5	8.0
商业服务业等支出	779	569	831	—	146.0	6.7
粮油物资储备支出	842	850	904	—	106.4	7.4
预备费	0	2500	—	—	0.0	—
其他支出	624	19145	1391	—	7.3	122.9
一般公共预算支出总计	208778	215230	251190	5600	116.7	20.3

说明：2015年执行数251190万元不含当年新增地方债券支出,包括年度执行过程中省财政转移支付增加的支出20209万元和上年结转2015年的支出数6087万元。2015年一般公共预算支出合计256790万元

莲都区2016年一般公共预算收入预算表(草案)

表5

项 目	2015年 执行数(万元)	2016年 预算数(万元)	比上年执行数 +、-(%)
一般公共预算收入合计	124668	134000	7.5
一、税收收入	110695	116210	5.0
1.增值税	20364	22600	11.0
其中:营改增增值税	2908	3340	15.0
2.营业税	36258	37700	4.0
3.企业所得税	20047	21850	9.0
4.个人所得税	4224	4500	6.5
5.城建税	5053	5360	6.1
6.房产税	3442	3600	4.6
7.城镇土地使用税	2289	2500	9.2
8.车船税	1871	2080	11.2
9.资源税	811	820	1.1
10.印花税	1074	1150	7.1
11.土地增值税	627	660	5.3
12. 契税	4577	4790	4.7
13. 耕地占用税	10058	8600	-14.5
二、非税收入	13973	17790	27.3
1.行政事业性收费和罚没收入	5655	9290	64.3
2.专项收入	5609	6500	15.9
3.国有资产有偿使用收入	2709	2000	-26.2

说明:1.耕地占用税收入增长-14.5%,因2015年含清理以前年度耕地占用税收入入库的一次性因素,预计2016年收入8600万元,比上年有所减少;2.行政事业性收费和罚没收入增长64.3%,主要是预计2016年罚没收入可能增长;3.国有资产有偿使用收入增长-26.2%,主要原因是2015年有清理以前年度的专户利息收入(一次性因素),而今年无清欠收入,故预计比上年执行数减少约700万元

莲都区2016年一般公共预算支出预算表(草案)

表6

科目名称	2015年执行数（万元）	2016年预算数（万元）	比上年执行数+、-(%)
一般公共预算支出	251190	260500	3.7
一般公共服务支出	23630	20807	-12.0
人大事务	836	819	-2.0
行政运行	687	627	—
一般行政管理事务	—	14	—
人大会议	71	80	—
人大监督	27	27	—
人大代表履职能力提升	9	10	—
代表工作	27	60	—
其他人大事务支出	15	1	—
政协事务	529	610	15.3
行政运行	443	439	—
政协会议	47	53	—
委员视察	5	22	—
参政议政	3	15	—
事业运行	25	28	—
其他政协事务支出	6	53	—
政府办公厅(室)及相关机构事务	10656	7858	-26.3
行政运行	8435	5091	—
专项业务活动	—	300	—
政务公开审批	234	256	—
法制建设	12	52	—
信访事务	82	130	—
事业运行	233	191	—
其他政府办公厅(室)及相关机构事务支出	1660	1838	—
发展与改革事务	715	627	-12.3
行政运行	361	390	—
社会事业发展规划	26	20	—
经济体制改革研究	20	25	—
物价管理	90	—	—
事业运行	188	172	—
其他发展与改革事务支出	30	20	—
统计信息事务	473	581	22.8
行政运行	135	134	—
专项统计业务	49	45	—
统计管理	56	3	—
专项普查活动	22	154	—
统计抽样调查	7	15	—
事业运行	204	181	—
其他统计信息事务支出	—	49	—
财政事务	1875	2128	13.5

续表6

科目名称	2015年执行数（万元）	2016年预算数（万元）	比上年执行数+、-（%）
行政运行	780	675	—
财政国库业务	2	—	—
信息化建设	—	30	—
财政委托业务支出	299	340	—
事业运行	246	257	—
其他财政事务支出	548	826	—
税收事务	320	320	—
其他税收事务支出	320	320	—
审计事务	530	497	-6.2
行政运行	246	213	—
审计业务	114	117	—
事业运行	105	99	—
其他审计事务支出	65	68	—
人力资源事务	164	204	24.4
行政运行	120	123	—
公务员招考	—	2	—
事业运行	23	22	—
其他人力资源事务支出	21	57	—
纪检监察事务	596	695	16.6
行政运行	446	455	—
派驻派出机构	—	76	—
事业运行	33	—	—
其他纪检监察事务支出	117	164	—
商贸事务	725	590	-18.6
行政运行	404	465	—
招商引资	110	5	—
事业运行	165	92	—
其他商贸事务支出	46	28	—
工商行政管理事务	1120	796	-28.9
行政运行	987	676	—
工商行政管理专项	71	33	—
执法办案专项	—	25	—
消费者权益保护	4	5	—
信息化建设	20	20	—
事业运行	38	37	—
质量技术监督与检验检疫事务	291	268	-7.9
行政运行	160	158	—
质量技术监督行政执法及业务管理	48	48	—
事业运行	68	62	—
其他质量技术监督与检验检疫事务支出	15	—	—
民族事务	26	125	380.8
行政运行	25	15	—

续表6

科目名称	2015年执行数（万元）	2016年预算数（万元）	比上年执行数+、-(%)
民族工作专项	—	100	—
其他民族事务支出	1	10	—
宗教事务	—	27	—
行政运行	—	14	—
宗教工作专项	—	13	—
港澳台侨事务	90	118	31.1
行政运行	48	57	—
台湾事务	25	25	—
华侨事务	4	—	—
其他港澳台侨事务支出	13	36	—
档案事务	294	275	-6.5
行政运行	165	166	—
档案馆	119	109	—
其他档案事务支出	10	—	—
民主党派及工商联事务	161	197	22.4
行政运行	129	122	—
其他民主党派及工商联事务支出	32	75	—
群众团体事务	953	725	-23.9
行政运行	346	321	—
厂务公开	4	4	—
工会疗养休养	36	36	—
事业运行	141	50	—
其他群众团体事务支出	426	314	—
党委办公厅(室)及相关机构事务	1394	1459	4.7
行政运行	1194	1254	—
事业运行	190	205	—
其他党委办公厅(室)及相关机构事务支出	10	—	—
组织事务	596	688	15.4
行政运行	314	322	—
事业运行	56	57	—
其他组织事务支出	226	309	—
宣传事务	388	434	11.9
行政运行	232	216	—
事业运行	81	43	—
其他宣传事务支出	75	175	—
统战事务	160	162	1.3
行政运行	158	131	—
一般行政管理事务	—	20	—
其他统战事务支出	2	11	—
其他共产党事务支出(款)	465	604	29.9
行政运行	252	296	—
事业运行	31	60	—

续表6

科目名称	2015年执行数（万元）	2016年预算数（万元）	比上年执行数+、-(%)
其他共产党事务支出(项)	182	248	—
其他一般公共服务支出(款)	273	—	-100.0
其他一般公共服务支出(项)	273	—	—
国防支出	552	651	17.9
公共安全支出	16681	16908	1.4
其中：武装警察	655	838	27.9
公安	10348	10863	5.0
检察	1399	1545	10.4
法院	2982	2429	-18.5
司法	1101	1233	12.0
其他公共安全支出(款)	196	—	-100.0
教育支出	55212	42014	-23.9
教育管理事务	1889	2232	18.2
行政运行	216	167	—
一般行政管理事务	19	20	—
其他教育管理事务支出	1654	2045	—
普通教育	49755	35375	-28.9
学前教育	4133	2752	—
小学教育	29605	19661	—
初中教育	15076	10720	—
高等教育	4	—	—
其他普通教育支出	937	2242	—
成人教育	177	113	-36.2
其他成人教育支出	177	113	—
特殊教育	15	15	—
特殊学校教育	15	15	—
进修及培训	824	739	-10.3
教师进修	421	479	—
干部教育	403	260	—
教育费附加安排的支出	2019	2040	1.0
农村中小学教学设施	119	—	—
城市中小学校舍建设	—	50	—
城市中小学教学设施	397	—	—
其他教育费附加安排的支出	1503	1990	—
其他教育支出(款)	533	1500	181.4
其他教育支出(项)	533	1500	—
科学技术支出	6257	6712	7.3
科学技术管理事务	184	290	57.6
行政运行	175	167	—
其他科学技术管理事务支出	9	123	—
技术研究与开发	5705	6300	10.4
应用技术研究与开发	471	—	—

续表6

科目名称	2015年执行数（万元）	2016年预算数（万元）	比上年执行数+、-(%)
产业技术研究与开发	2633	3110	—
科技成果转化与扩散	202	140	—
其他技术研究与开发支出	2399	3050	—
科学技术普及	154	122	-20.8
机构运行	68	59	—
科普活动	50	50	—
青少年科技活动	1	3	—
其他科学技术普及支出	35	10	—
其他科学技术支出(款)	214	—	-100.0
科技奖励	100	—	—
其他科学技术支出(项)	114	—	—
文化体育与传媒支出	6369	5198	-18.4
文化	2376	3067	29.1
行政运行	311	289	—
图书馆	50	113	—
文化活动	2	115	—
群众文化	1256	1631	—
文化创作与保护	16	14	—
文化市场管理	17	25	—
其他文化支出	724	880	—
文物	309	118	-61.8
文物保护	309	118	—
体育	79	93	17.7
群众体育	44	58	—
其他体育支出	35	35	—
广播影视	1331	840	-36.9
广播	1113	31	—
电视	63	—	—
电影	56	—	—
其他广播影视支出	99	809	—
新闻出版	427	—	-100.0
新闻通讯	6	—	—
其他新闻出版支出	421	—	—
其他文化体育与传媒支出(款)	1847	1080	-41.5
宣传文化发展专项支出	771	—	—
文化产业发展专项支出	30	80	—
其他文化体育与传媒支出(项)	1046	1000	-4.4
社会保障和就业支出	34515	45042	30.5
人力资源和社会保障管理事务	2013	1663	-17.4
行政运行	670	556	—
综合业务管理	10	6	—
劳动保障监察	24	32	—

续表6

科目名称	2015年执行数（万元）	2016年预算数（万元）	比上年执行数+、-(%)
就业管理事务	5	5	—
社会保险业务管理事务	8	—	—
信息化建设	—	68	—
社会保险经办机构	276	252	—
劳动关系和维权	57	50	—
劳动人事争议调解仲裁	16	16	—
其他人力资源和社会保障管理事务支出	947	678	—
民政管理事务	832	1164	39.9
行政运行	182	153	—
拥军优属	55	75	—
老龄事务	151	189	—
基层政权和社区建设	117	498	—
其他民政管理事务支出	327	249	—
财政对社会保险基金的补助	10076	11634	15.5
财政对城乡居民基本养老保险基金的补助	6789	6965	—
财政对其他社会保险基金的补助	3287	4669	—
行政事业单位离退休	8846	15117	70.9
归口管理的行政单位离退休	155	129	—
未归口管理的行政单位离退休	8691	2086	—
其他行政事业单位离退休支出	—	12902	—
就业补助	688	754	9.6
扶持公共就业服务	—	130	—
职业培训补贴	66	56	—
社会保险补贴	321	383	—
公益性岗位补贴	—	38	—
小额担保贷款贴息	5	—	—
职业技能鉴定补贴	1	4	—
就业见习补贴	43	64	—
求职补贴	—	79	—
其他就业补助支出	252	—	—
抚恤	1919	2226	16.0
死亡抚恤	74	84	—
伤残抚恤	348	392	—
在乡复员、退伍军人生活补助	427	461	—
优抚事业单位支出	—	5	—
义务兵优待	639	800	—
农村籍退役士兵老年生活补助	153	188	—
其他优抚支出	278	296	—
退役安置	699	514	-26.5
退役士兵安置	326	425	—
军队移交政府的离退休人员安置	170	21	—
军队移交政府离退休干部管理机构	203	49	—

续表6

科目名称	2015年执行数（万元）	2016年预算数（万元）	比上年执行数+、-(%)
退役士兵管理教育	—	19	—
社会福利	1122	968	-13.7
儿童福利	524	437	—
老年福利	359	246	—
殡葬	239	264	—
其他社会福利支出	—	21	—
残疾人事业	900	1724	91.6
行政运行	113	105	—
残疾人康复	59	40	—
残疾人就业和扶贫	588	367	—
其他残疾人事业支出	140	1212	—
自然灾害生活救助	1091	145	-86.7
中央自然灾害生活补助	123	—	—
地方自然灾害生活补助	418	84	—
自然灾害灾后重建补助	120	—	—
其他自然灾害生活救助支出	430	61	—
红十字事业	76	69	-9.2
行政运行	42	39	—
其他红十字事业支出	34	30	—
最低生活保障	2167	2998	38.3
城市最低生活保障金支出	428	555	—
农村最低生活保障金支出	1739	2443	—
临时救助	224	322	43.8
临时救助支出	223	319	—
流浪乞讨人员救助支出	1	3	—
特困人员供养	175	360	105.7
农村五保供养支出	175	360	—
其他生活救助	174	216	24.1
其他农村生活救助	174	216	—
其他社会保障和就业支出(款)	3513	5168	47.1
其他社会保障和就业支出(项)	3513	5168	—
医疗卫生与计划生育支出	37699	46175	22.5
医疗卫生与计划生育管理事务	531	672	26.6
行政运行	382	506	32.5
其他医疗卫生与计划生育管理事务支出	149	166	—
公立医院	770	904	17.4
综合医院	770	904	—
基层医疗卫生机构	5031	5159	2.5
城市社区卫生机构	1458	1544	—
乡镇卫生院	3175	3020	—
其他基层医疗卫生机构支出	398	595	—
公共卫生	2447	2448	0.0

续表6

科目名称	2015年执行数（万元）	2016年预算数（万元）	比上年执行数+、-(%)
卫生监督机构	197	15	—
基本公共卫生服务	1415	1468	—
重大公共卫生专项	276	422	—
突发公共卫生事件应急处理	22	110	—
其他公共卫生支出	537	433	—
医疗保障	24410	31899	30.7
行政单位医疗	2831	3613	—
事业单位医疗	1459	5900	—
优抚对象医疗补助	—	164	—
新型农村合作医疗	13239	20282	—
城镇居民基本医疗保险	3310	—	—
城乡医疗救助	1631	1900	—
其他医疗保障支出	1940	40	—
中医药	1	3	200.0
中医(民族医)药专项	—	—	—
其他中医药支出	1	3	—
计划生育事务	3764	3789	0.7
计划生育机构	138	—	—
计划生育服务	1096	749	—
其他计划生育事务支出	2530	3040	—
食品和药品监督管理事务	631	1072	69.9
行政运行	348	794	—
一般行政管理事务	25	—	—
食品安全事务	79	183	—
事业运行	72	59	—
其他食品和药品监督管理事务支出	107	36	—
其他医疗卫生与计划生育支出(款)	114	229	100.9
其他医疗卫生与计划生育支出(项)	114	229	—
节能环保支出	2641	2681	1.5
环境保护管理事务	1	—	-100.0
行政运行	1	—	—
环境监测与监察	—	20	—
其他环境监测与监察支出	—	20	—
污染防治	368	538	46.2
水体	323	518	—
排污费安排的支出	45	—	—
其他污染防治支出	—	20	—
自然生态保护	126	60	-52.4
生态保护	126	60	—
污染减排	514	—	-100.0
减排专项支出	514	—	—
循环经济(款)	285	—	-100.0

续表6

科目名称	2015年执行数（万元）	2016年预算数（万元）	比上年执行数+、-(%)
循环经济(项)	285	—	—
其他节能环保支出(款)	1347	2063	53.2
其他节能环保支出(项)	1347	2063	—
城乡社区支出	11181	11478	2.7
城乡社区管理事务	5174	5102	-1.4
行政运行	2206	2467	—
城管执法	1523	1277	—
住宅建设与房地产市场监管	46	38	—
其他城乡社区管理事务支出	1399	1320	—
城乡社区规划与管理(款)	1129	691	-38.8
城乡社区规划与管理(项)	1129	691	—
城乡社区公共设施	1286	370	-71.2
其他城乡社区公共设施支出	1286	370	—
城乡社区环境卫生(款)	1493	5190	247.6
城乡社区环境卫生(项)	1493	5190	—
建设市场管理与监督(款)	131	125	-4.6
建设市场管理与监督(项)	131	125	—
其他城乡社区支出(款)	1968	—	-100.0
其他城乡社区支出(项)	1968	—	—
农林水支出	42522	20237	-52.4
农业	10198	9089	-10.9
行政运行	904	814	—
事业运行	3693	2742	—
科技转化与推广服务	459	228	—
病虫害控制	444	437	—
农产品质量安全	92	72	—
执法监管	4	20	—
统计监测与信息服务	12	—	—
农业行业业务管理	—	1036	—
农业生产资料与技术补贴	266	137	—
农业生产保险补贴	116	—	—
农业组织化与产业化经营	1080	—	—
农产品加工与促销	47	100	—
农村公益事业	—	437	—
农村道路建设	67	—	—
对高校毕业生到基层任职补助	455	198	—
其他农业支出	2559	2868	—
林业	7469	5238	-29.9
行政运行	609	563	—
林业事业机构	1438	1224	—
森林培育	202	215	—
林业技术推广	—	80	—
森林生态效益补偿	2306	2670	—

续表6

科目名称	2015年执行数（万元）	2016年预算数（万元）	比上年执行数+、-（%）
动植物保护	—	30	—
湿地保护	18	—	—
林业执法与监督	15	8	—
林业检疫检测	—	11	—
林区公共支出	396	—	—
林业贷款贴息	203	—	—
林业防灾减灾	172	282	—
其他林业支出	2110	155	—
水利	8453	1709	-79.8
行政运行	495	492	—
水利行业业务管理	1135	—	—
水利工程建设	630	—	—
水利工程运行与维护	9	—	—
水利前期工作	5	—	—
水利执法监督	5	—	—
水土保持	190	—	—
水质监测	90	—	—
水文测报	114	96	—
防汛	845	120	—
农田水利	51	218	—
水利技术推广	737	545	—
水利建设移民支出	829	25	—
农村人畜饮水	72	—	—
其他水利支出	3246	213	—
扶贫	2843	—	-100.0
农村基础设施建设	40	—	—
生产发展	1046	—	—
社会发展	1422	—	—
其他扶贫支出	335	—	—
农业综合开发	147	139	-5.4
机构运行	67	79	—
其他农业综合开发支出	80	60	—
农村综合改革	6276	3962	-36.9
对村级一事一议的补助	4153	1500	—
国有农场办社会职能改革补助	—	—	—
对村民委员会和村党支部的补助	1484	2462	—
对村集体经济组织的补助	20	—	—
农村综合改革示范试点补助	578	—	—
其他农村综合改革支出	41	—	—
促进金融支农支出	906	100	-89.0
支持农村金融机构	744	—	—
涉农贷款增量奖励	162	—	—

续表6

科目名称	2015年执行数（万元）	2016年预算数（万元）	比上年执行数+、-(%)
其他金融支农支持	—	100	—
其他农林水支出(款)	6230	—	-100.0
其他农林水支出(项)	6230	—	—
交通运输支出	2797	1100	-60.7
公路水路运输	2797	950	-66.0
行政运行	188	177	—
其他公路水路运输支出	2609	773	—
铁路运输	—	150	—
其他铁路运输支出	—	150	—
资源勘探信息等支出	2496	3328	33.3
工业和信息产业监管	100	—	-100.0
工业和信息产业支持	100	—	—
安全生产监管	673	808	20.1
行政运行	319	324	—
安全监管监察专项	235	242	—
其他安全生产监管支出	119	242	—
支持中小企业发展和管理支出	1723	2400	39.3
中小企业发展专项	144	2400	—
其他支持中小企业发展和管理支出	1579	—	—
其他资源勘探信息等支出(款)	—	120	—
其他资源勘探信息等支出(项)	—	120	—
商业服务业等支出	831	881	6.0
商业流通事务	185	165	-10.8
行政运行	179	165	—
旅游业管理与服务支出	615	516	-16.1
行政运行	151	120	—
其他旅游业管理与服务支出	464	396	—
其他商业服务业等支出(款)	31	200	545.2
其他商业服务业等支出(项)	31	200	—
国土海洋气象等支出	1253	124	-90.1
国土资源事务	1250	124	-90.1
地质灾害防治	1026	—	—
土地资源储备支出	14	—	—
事业运行	73	124	—
其他国土资源事务支出	137	—	—
地震事务	3	—	-100.0
地震灾害预防	3	—	—
住房保障支出	4811	10234	112.7
保障性安居工程支出	1051	20	-98.1
农村危房改造	543	20	—
其他保障性安居工程支出	508	—	—
住房改革支出	3689	10214	176.9

续表6

科目名称	2015年执行数（万元）	2016年预算数（万元）	比上年执行数+、-(%)
住房公积金	3689	10214	—
城乡社区住宅	71	—	-100.0
其他城乡社区住宅支出	71	—	—
粮油物资储备支出	904	719	-20.5
粮油事务	133	—	-100.0
其他粮油事务支出	133	—	—
粮油储备	771	719	-6.7
储备粮油差价补贴	771	719	—
预备费	—	3000	—
其他支出(类)	363	18141	4897.5
其他支出(款)	363	18141	4897.5
其他支出(项)	363	18141	—
债务付息支出	442	5000	1031.2
地方政府债务付息支出	442	5000	1031.2
一般债务付息支出	442	5000	—
地方政府一般债券付息支出	442	5000	—
债务发行费用支出	34	70	105.9
地方政府债务发行费用支出	34	70	105.9
一般债务发行费用支出	34	70	—

说明：1. 一般公共服务支出比上年下降主要原因是2016年的行政退休人员工资由社保部门发放，机关事业单位的退休人员工资列支渠道变化

2. 教育支出增长-23.9%，下降的原因是，为进一步规范政府收支科目列支口径，2016年教育系统人员基本养老金和公积金支出预算分别在“社会保障和就业”“住房保障支出”科目中列支，而上年均用“教育”科目列支，教育在职人员较多，导致教育支出预算比上年执行数下降较大，但财政实际用于教育系统的经费还是有所增长的

3. 社会保障和就业支出增长30.5%，主要是有关民生支出增加、在职人员的社会保险缴费比例提高；以及2016年部门预算的基本养老金和职业年金已在“社会保障和就业支出”科目列支，上年均跟单位的主科目列支

4. 资源勘探信息等支出预算同比增长32.3%，主要是企业扶持支出预算增加了2400万元

5. 住房保障支出预算同比增长112.7%，“住房保障支出”支出增长翻番是因2016年部门预算包括当年公积金基数提标、2015年工资提标后的补差、教育系统2016年的公积金用“住房保障支出”科目、预算安排补2011年1月1日前参加工作人员的一次性住房补贴（上年未安排）所致

6. 农林水支出增长-52.4%，主要原因是2015年支出执行数包括了省市的专项转移支付资金，并且有些项目是一次的补助资金，但2016年预算时同口径项目未包括省专项转移支付资金，因此，2016年预算数同口径相比下降幅度较大。年度执行过程中有关农林水的项目资金再按省里下达的文件规定再作省专项增加支出

7. 其他支出18141万元，主要包括了人员工资增支预留、乡镇财政分成、企业政策兑现预留等，在年度执行过程中发生支出时均相应列支到对应的功能科目

8. 预备费3000万元，占预算支出的1.2%，符合《中华人民共和国预算法》按预算支出的1%～3%比例安排预备费的规定

莲都区2015年政府性基金预算收入执行情况表

表7

项　目	2014年决算数（万元）	2015年预算数（万元）	2015年执行数（万元）	完成预算的（%）	比上年+、-(%)
新型墙体材料专项基金收入	16	17	37	217.6	131.3
散装水泥专项资金收入	19	22	42	190.9	121.1
其他政府性基金	3566	3801	3951	103.9	10.8
合　计	3601	3840	4030	104.9	11.9

说明：其他政府基金收入未完成预算，主要是个别单位的基金收入不及预期

莲都区2015年政府性基金预算支出执行情况表

表8

项　目	2014年决算数（万元）	2015年预算数（万元）	2015年执行数（万元）	完成预算的（%）	比上年+、-(%)
一、资源勘探电力信息等事务	224	51	12	23.5	-94.6
新型墙体材料专项基金支出	122	22	—	—	—
散装水泥专项资金支出	102	29	12	41.4	-88.2
二、其他政府性基金支出	2509	4534	3748	82.7	49.4
其他政府性基金支出	2509	4534	3748	82.7	49.4
合　计	2733	4585	3760	82.0	37.6

说明：2014年决算数不含森林植被恢复费收入

莲都区2016年政府性基金收入预算表(草案)

表9

项　目	2015年执行数（万元）	2016年预算数（万元）	比上年执行数+、-(%)
一、新型墙体材料专项基金收入	37	34	-8.1
二、散装水泥专项资金收入	42	36	-14.3
三、其他政府性基金	3951	33970	759.8
其中:水资源费收入	217	324	49.3
合　计	4030	34040	744.7

说明：其他政府性收入33146万元，增长759.8%，其中耕地占补平衡指标出让收入预计3亿元，作为其他政府性基金收入，而2015年无此项收入，故收入预算增长较大

莲都区2016年政府性基金支出预算表(草案)

表10

项 目	2015年执行数（万元）	2016年预算数（万元）	比上年执行数 +、-(%)
一、资源勘探电力信息等支出	12	14	16.7
新型墙体材料专项基金支出	—	9	—
散装水泥专项资金支出	12	5	-58.3
二、其他支出	3748	4278	14.1
其他政府性基金支出	3748	4278	14.1
三、债务付息支出	—	4000	—
地方政府专项债务付息支出	—	4000	—
合 计	3760	8292	120.5

说明:2015年支出未含省转移支付数据。2016年政府性基金支出增长120.5%,主要原因是政府专项债券付息支出同比增加了4000万元。政府性基金预算收入中有2.65亿元作调出资金到一般公共预算,在支出上作线下支出科目,不在预算支出科目中反映。

莲都区2015年国有资本经营预算收入执行情况表

表11

项 目	2014年决算数（万元）	2015年预算数（万元）	2015年执行数（万元）	完成预算的(%)	比上年 +、-(%)
一、利润收入	8	25	28	112.0	250.0
其中:电力企业利润收入	4	18	21	116.7	425.0
贸易企业利润收入	4	7	7	100.0	75.0
二、股利、股息收入	—	—	—	—	—
三、产权转让收入	—	—	—	—	—
四、清算收入	—	—	—	—	—
五、其他国有资本经营预算收入	—	—	—	—	—
合 计	8	25	28	112.0	250.0

说明:莲都区编制国有资本经营预算,电力企业收入为莲都区雅一电站、莲都区雅二电站上交的净利润;贸易企业收入为丽水市粮食总公司上交的净利润

莲都区2015年国有资本经营预算支出执行情况表

表12

科目名称	2014年决算数（万元）	2015年预算数（万元）	2015年执行数（万元）	完成预算的(%)	比上年 +、-(%)
一、资源勘探电力信息等支出	4	14	14	100.0	250.0
其中:产业升级与发展支出	4	14	14	100.0	250.0
二、商业服务业等支出	4	6	6	100.0	50.0

续表12

科目名称	2014年决算数（万元）	2015年预算数（万元）	2015年执行数（万元）	完成预算的（%）	比上年+、-（%）
其中：产业升级与发展支出	4	6	6	100.0	50.0
三、其他支出	—	—	—	—	—
合　计	8	20	20	100.0	150.0

说明：2015年国有资本经营预算收入8万元作调出资金到一般公共预算

莲都区2016年国有资本经营预算收入表（草案）

表13

项　目	2015年执行数（万元）	2016年预算数（万元）	比上年执行数+、-（%）
一、利润收入	28	35	25.0
其中：电力企业利润收入	21	19	-9.5
贸易企业利润收入	7	16	128.6
二、股利、股息收入	—	—	—
三、产权转让收入	—	—	—
四、清算收入	—	—	—
五、其他国有资本经营预算收入	—	—	—
合　计	28	35	25.0

莲都区2016年国有资本经营预算支出表（草案）

表14

科目名称	2015年执行数（万元）	2016年预算数（万元）	比上年执行数+、-（%）
一、教育支出	—	—	—
二、科学技术支出	—	—	—
三、文化体育与传媒支出	—	—	—
四、节能环保支出	—	—	—
五、城乡社区支出	—	—	—
六、农林水支出	—	—	—
七、交通运输支出	—	—	—
八、资源勘探电力信息等支出	14	15 20	7.1
其中：产业升级与发展支出	14	15	7.1
九、商业服务业等支出	6	13	116.7
其中：产业升级与发展支出	6	13	116.7
合　计	20	28	40.0

说明：国有资本经营预算收入中有7万元作调出资金到一般公共预算，在支出上作线下支出科目，不在预算支出科目中反映

莲都区2015年社会保险基金预算收入执行情况表

表15

项 目	2014年决算数（万元）	2015年预算数（万元）	2015年执行数（万元）	比上年决算数 +、-(%)
一、城乡居民社会养老保险基金收入	8396	7881	7794	-7.2
其中:个人缴费收入	736	839	733	-0.4
财政补贴收入	7300	6789	6789	-7.0
利息收入	359	251	271	-24.5
二、城乡居民医疗保险基金收入	20031	21885	21623	8.0
其中:个人缴费收入	4988	4852	4867	-2.4
财政补贴收入	14636	16548	16549	13.1
利息收入	407	481	207	-49.1
收入合计	28427	29766	29417	3.5

莲都区2015年社会保险基金预算支出执行表

表16

项 目	2014年决算数（万元）	2015年预算数（万元）	2015年执行数（万元）	比上年决算数 +、-(%)
一、城乡居民社会养老保险基金支出	7605	7757	7699	1.2
其中:城乡居民社会养老保险待遇支出	6058	6419	6480	7.0
二、城乡居民医疗保险基金支出	21878	23383	23200	6.0
其中:城乡居民医疗保险待遇支出	20848	22169	22564	8.2
支出合计	29483	31140	30899	4.8

莲都区2016年社会保险基金收入预算表（草案）

表17

项 目	2015年预算数（万元）	2015年执行数（万元）	2016年预算数（万元）	比上年执行数 +、-(%)
一、城乡居民社会养老保险基金收入	7881	7794	7923	0.5
其中:个人缴费收入	839	733	746	-11.1
财政补贴收入	6789	6789	6965	2.6
利息收入	251	271	211	-15.9
二、城乡居民医疗保险基金收入	21885	21623	25124	14.8
其中:个人缴费收入	4852	4867	4549	-6.2
财政补贴收入	16548	16549	20282	22.6
利息收入	481	207	293	-39.1
收入合计	29766	29417	33047	11.0

莲都区2016年社会保险基金支出预算表（草案）

表18

项　目	2015年预算数（万元）	2015年执行数（万元）	2016年预算数（万元）	比上年执行数+、-（%）
一、城乡居民社会养老保险基金支出	7757	7699	7225.5	-6.9
其中：城乡居民社会养老保险待遇支出	6419	6480	6302	-1.8
二、城乡居民医疗保险基金支出	23383	23200	26111	11.7
其中：城乡居民医疗保险待遇支出	22169	22564	24884	12.2
支出合计	31140	30899	33336.5	7.1

《区政府财政预算报告》名词解释

公共财政：指在市场经济条件下，主要为满足社会公共需要而进行的政府收支活动模式或财政运行机制模式。具体来说，公共财政是国家以社会和经济管理者的身份从市场上取得收入，并将这些收入用于政府的公共活动支出，为社会提供公共产品和公共服务，以保证国家机器正常运转，保障国家安全，维护社会秩序，实现经济社会的协调发展。

预算：指遵循统筹兼顾、勤俭节约、量力而行、讲求绩效和收支平衡的原则编制，经法定程序审核批准的国家年度集中性财政收支计划。政府的全部收入和支出都应当纳入预算，地方各级预算一般不列赤字。

预算绩效管理：指在预算管理中融入绩效理念，将绩效目标设定、绩效跟踪、绩效评价及结果应用纳入预算编制、执行、监督全过程，以提高预算的经济、社会效益为目的的管理活动。预算绩效管理是一种以资金使用绩效为导向的预算管理模式，要求政府部门不断改进服务水平和质量，有效提高财政资金使用效益，并成为实施行政问责制和加强政府效能建设的重要抓手，是政府绩效管理的重要组成部分。

预算稳定调节基金：指财政通过超收收入和支出预算结余安排的具有储备性质的基金，视预算平衡情况，在安排下年度预算时调入并安排使用，或用于弥补短收年份预算执行的收支缺口。预算稳定调节基金的安排使用接受本级人大及其常委会监督。

预备费：在编制预算中按照一般公共预算支出额的1%～3%设置预备费，用于当年预算执行中的自然灾害等突发事件处理增加的支出及其他难以预见的开支。预备费的动用方案由本级政府财政部门提出，报本级政府决定。莲都区2016年预备费3000万元，占预算支出的1.2%。

政府预算体系：由一般公共预算、政府性基金预算、国有资本经营预算和社会保险基金预算共同组成。四本预算保持完整、独立并相衔接，全面反映政府收支总量、结构和管理活动。

一般公共预算：对以税收为主体的财政收入，安排用于保障和改善民生、推动经济社会发展、维护国家安全、维持国家机构正常运转等方面的收支预算。修订后的预算法将传统的一般预算、公共财政预算等概念统一为一般公共预算。

政府性基金预算：对依照法律、行政法规的规定在一定期限内向特定对象征收、收取或者以其他方式筹集的资金，专项用于特定公共事业发展的收支预算。政府性基金预算应当根据基金项目收入情况和实际支出需要，按基金项目编制，做到以收定支。

国有资本经营预算：对国有资本收益作为支出安排的收支预算。国有资本经营预算应当按照收支平衡的原则编制，不列赤字，并安排资金调入一般公共预算。

社会保险基金预算：对社会保险缴款、一般公共预算安排和其他方式筹集的资金，专项用于社会保险的收支预算。社会保险基金预算应当按照统筹层次和社会保险项目分别编制，做到收支平衡。

财政管理体制：指各级政府之间划分财政收支范围、财政管理职责与权限的财政管理根本制度。广义的财政体制是规定各级政府之间，以及国家同企事业单位之间在财政资金分配和管理职权方面的制度；狭义的财政体制就是国家预算管理体制，是在中央与地方政府之间、地方各级政府之间划分预算收支范围、财政资金支配权和财政管理权限的制度。

分税制：指将国家的全部税种在中央和地方政府之间进行划分，借以确定中央财政和地方财政收入范围的一种财政管理体制。分税制的实质是根据中央政府和地方政府的事权确定其相应的财力，通过税种的划分形成中央与地方的收入体系。

财政转移支付： 指以各级政府之间所存在的财政能力差异为基础，以推进地区间基本公共服务的均等化为目标，以规范、公平、公开为要求，而实行的一种财政资金转移或财政平衡制度。

一般性转移支付：指上级政府为均衡地区间基本财力，根据下级政府在组织财政收入能力、必要支出需求、各地自然经济和社会条件差异等因素，按照基本标准和计算方法测算，将其无偿转作下级政府收入来源，并由下级政府统筹安排使用的转移支付。

专项转移支付：指上级政府对承担委托事务、共同事务的下级政府，给予的用于办理特定事项的转移支付。

中央返还：中央财政为保障消费税、增值税、企业所得税、成品油价格和税费等改革后地方的既得利益给予的税收返还。

上解支出：指下级政府按照有关法律法规及财政体制规定，按照一定标准和计算方法测算，上交上级政府，并由上级政府统筹安排的资金。

部门预算:指与财政部门直接发生预算缴、拨款关系的国家机关、社会团体和其他单位，依据国家有关法律、法规规定及其履行职能的需要编制的本部门年度收支计划。部门预算的实施，严格了预算管理，增加了政府工作的透明度，是防止腐败的重要手段和预防措施之一。

国库集中收付： 指所有财政性资金纳入国库单一账户体系管理，收入直接缴入国库或财政专户，支出在支付行为发生时通过国库单一账户体系以直接支付和授权支付方式支付到收款人或用款单位的现代国库管理制度。国库集中收付的实施有利于规范财政收支行为，加强财政收支管理监督，提高财政资金的使用效率，从制度上防范腐败现象的发生。

政府采购： 指各级国家机关、事业单位和团体组织，使用财政性资金采购依法制定的集中采购目录以内的或者采购限额标准以上的货物、工程和服务的行为。政府采购是规范财政支出管理和强化预算约束的有效措施。

财政投资评审：指财政部门为加强财政资金管理，提高财政预算编制的科学性、准确性，运用技术手段对财政性资金投资项目预算进行评价审查和专项检查的行为。

财政支出绩效评价：指财政部门和预算部门(单位)根据设定的绩效目标，运用科学、合理的绩效评价指标、评价标准和评价方法，对财政支出的经济性、效率性和效益性进行客观、公正的评价。其中，绩效目标的设立是开展绩效评价的前提和基础，绩效评价指标是绩效评价的工具和手段，财政支出的经济性、效率性和效益性是绩效评价的主要内容。

财政监督：指财政部门在财政分配过程中，对国家机关、企事业单位、社会团体和其他组织或个人涉及财政收支、财务收支、国有权益以及其他有关财政管理事项进行监督，对其合法性进行监控、检查、稽核、督促和反映。

“三公”经费：指因公出国(境)费、公务用车购置及运行费和公务接待费。其中，因公出国（境）费反映单位公务出国（境）的国际旅费、国外城市间交通费、住宿费、伙食费、培训费、公杂费等支出；公务用车购置及运行费反映单位公务用车购置费及租用费、燃料费、维修费、过路过桥费、保险费、安全奖励费用等支出；公务接待费反映单位按规定开支的各类公务接待（含外宾接待）支出。

政府购买服务：指通过发挥市场机制作用，把政府直接向社会公众提供的公共服务等事项，按照一定的方式和程序，交由具备条件的社会力量承担，并由政府根据服务数量和质量向其支付费用。

政府和社会资本合作模式（PPP）：指政府和社会资本为提供公共产品或服务而建立的全过程合作关系，以授予特许经营权为基础，以利益共享和风险共担为特征，通过引入市场竞争和激励约束机制，发挥双方优势，提高公共产品或服务的质量和供给效率。

专　辑

里东大救援

一、里东山体滑坡地质灾害隐患点治理情况

里东村山体滑坡地质灾害始发于2012年6月24日，坡脚部分房屋后墙出现裂缝，地面鼓起，但未在坡体上发现裂缝。8月10日，受“海葵”台风降雨影响，滑坡体失稳下滑，两侧及后缘出现裂缝，坡脚3幢民房倒塌，多幢民房受损。市国土局当即委托浙江省第七地质大队开展应急调查，根据调查报告，该滑坡隐患体积约42万立方米，为中型、中层顺坡向岩质滑坡，其中坡脚危险区涉及56户103人，需要实施避让搬迁，市国土局随即将该点列入地质灾害A类点进行管理。

根据《丽水市莲都区雅溪镇里东村滑坡隐患应急调查报告》的结论与建议，为抓紧开展工程治理工作， 2012年8月10日，雅溪镇委托省第七地质大队进行前期的勘查、设计工作。2012年11月10日，勘查设计报告通过专家评审。2013年9月23日，再次组织向国土资源部申报补助资金项目材料，并经专家审查后，上报国土资源部申请补助。2013年12月24日，获国土资源部立项及资金补助800万元。另外市、区两级财政安排矿产两权出让金700万元用于治理工程配套资金。

2014年7月4日，项目在莲都区招投标中心重新公开招投标，按程序履行评审、公告无异议后确认由地质灾害治理甲级资质单位浙江华坤地质发展有限公司和浙江丽水恒业市政园林建设有限公司(联合体)中标，项目施工合同造价14666687元。

2014年9月16日，雅溪镇人民政府与地质灾害治理工程监理资质甲级单位江苏省地质矿产局第三地质大队签订监理合同。2014年8月11日，施工单位浙江华坤地质发展有限公司与雅溪镇人民政府签订施工合同。项目于2014年10月进场，受坡脚搬迁政策处理问题影响，项目未按期开工。

2015年3月21日，项目正式进场施工。截至2015年11月初，基本完成工程削坡处理，开挖土石方量约7万立方米，基本完成上部锚索格构施工工序，完成项目总投资约800万元，累计拨付雅溪镇资金715.9127万元，雅溪镇拨付施工单位538万元。

二、里东“11·13”山体滑坡灾害受灾情况

2015年11月13日22时50分左右，莲都区雅溪镇里东村(雅溪镇东北方向7.5公里)发生山体滑坡灾害，造成重大人员伤亡和财产损失。滑坡体长约220米、宽约100米、厚约15米，体积估算30余万方，堆积面积2万平方米。38人遇难、1人受伤、433人受灾，房屋、水利、农作物、道路、通信、电力设施等被冲毁，直接经济损失约2917万元。

三、抢险救援情况

从灾害发生的那一刻起，党中央、国务院和地方各级党委政府、部队官兵、社会各界的心就和灾区群众紧紧连在一起。

第一时间，中共中央政治局常委、国务院总理李克强作出重要批示，要求抓紧全力搜救失联群众，救治受伤人员，尽最大努力减少伤亡；党中央、国务院领导张高丽、杨晶、郭声琨、王勇等也分别作出批示。

第一时间，省委书记、省人大常委会主任夏宝龙，省委副书记、省长李强给丽水市委书记王永康打电话，作出批示，并在凌晨视频连线丽水，要求不惜一切力量尽最大努力迅速全力搜救失联人员，尽最大限度减少人员伤亡，防止次生灾害发生，切实做好受灾群众的疏散和安置、安抚工作。11月14日，省长李强、副省长黄旭明、省军区司令员张明才、省武警总队司令员白海滨、第1集团军副军长王秀斌等赶赴现场，指导部署救灾工作，成立由副省长黄旭明担任现场总指挥的省一级联合救援指挥部。省领导王辉忠、葛慧君、刘力伟、袁家军等也分别多次给予指导和关心。

市委书记王永康，市委副书记、代市长朱晨第一时间作出批示，第一时间赶赴现场，并成立以王永康任总指挥长、朱晨任常务副指挥长的市级抢险救援指挥部，下设综合协调、抢险救灾、医疗救护、社会维稳、物资生活保障、交通保障、通讯电力保障、信息宣传、调查评估、善后安抚等10个专项工作组。丽水市委常委、莲都区委书记葛学斌，区委副书记、区长杨秀清第一时间赶赴现场，迅速启动地质灾害特别重大Ⅰ级响应，成立应急救援指挥部和现场救援指挥中心，下设17个专项工作组，全力抢险救灾。指挥部24小时坚守一线，实行每日会商、专家研判、善后安抚、现场值班等有效制度，并通过广泛宣传中央领导及省委、省政府领导对抢险救援工作的指示，凝聚起“灾难无情、人间有爱”的强大社会动员力量。

举全省之力，驰援丽水。在夏宝龙、李强等省领导的指示下，公安、武警、消防、通讯、电力、水利、卫生、交通、建设、民政、人武部、乡镇、村等单位，省红十字会，以及民安、蓝天、户外、公羊会等26个社会专业救援组织，迅速奔赴一线，全力投入到抢险搜救中。先后有24个省级部门单位的340多名领导、专家前来参加救援抢险。

举驻浙部队和武警部队之力，救助里东。灾害发生后，省军区第一时间协调部队参与救援，南京军区第1集团军、二炮部队某基地、武警浙江总队、武警交通部队、浙江消防总队、丽水军分区、杭州疗养院、118医院、102医院等部队风驰电掣，汇聚里东，1450名官兵，日夜坚守在救援一线，为救援工作提供了充足的力量和装备。部队先后有8名将军参与指挥救援。

举全市之力，坚决打赢抢险救援硬仗。灾害发生后，王永康、朱晨等市领导每天坐镇灾区一线指挥部，亲自研究，亲自部署，亲自指挥，先后召开军地联合指挥部协调会、抢险救援指挥部会21次。市、区两级全力为灾区提供物资生活保障，大米、油、矿泉水、方便面、饼干等供应充分，确保灾区群众有饭吃、有衣穿、有地方住。莲都区及时从各部门、乡镇(街道)抽调520余名干部，组建14个善后服务组，及时做好受灾群众及其亲属的接待、联络、安抚、安置工作。

从灾害发生当夜救出的第一人，到19日12时39分，39名失联人员全部搜救出来，取得了抢险救援的重要成果，夺取了我国类似地质灾害失联人员搜救的完胜，画上了“第一个句号”。

四、灾后安抚情况

灾害发生后当天，莲都区委、区政府成立了14个受灾群众善后服务组，具体负责善后处理、安置帮扶、灾情统计、政策解读、后续安置等相关工作，共转移325人，临时安置107人，确保受灾群众有衣穿、有饭吃、有地方住、有人帮，受灾群众情绪稳定。按照“责任明确、包干到底、服务到位”的原则，14个受灾群众善后服务组与12户受灾户建立起“一对一”结对帮扶。另外，由综合组承担综合协调职能，外地民工组专项负责外地民工安抚善后工作。

莲都区委、区政府及时研究出台善后安抚政策。11月21日，莲都区委召开区委书记专题会议、区委常委会、全区副科级以上领导干部参加的区委常委(扩大)会议，研究制定了《莲都区“11·13”里东村山体滑坡灾害遇难者善后处置意见》《莲都区“11·13”里东村山体滑坡灾害受灾群众过渡安置办法》等文件，并及时向社会公开。

莲都区委、区政府成立了市

区殡仪工作协调组，及时开展家属DNA采集工作，核查失联人员及其家属的身份信息，专项抽调86人，驻守殡仪馆，陪护家属、辨认遗体、同悲共哀，为逝者守灵。600多名帮扶干部走访受灾户及其亲属437户（次）1147人（次），收集受灾群众及亲属诉求196个，及时解决120个，取得了遇难者家属的信任。通过耐心细致的工作，在事发后的两周内（11月27日前），38位遇难者遗体全部火化完毕。

根据"里东村山体滑坡灾害遇难者善后处置意见"，最终由民政部门按每位遇难者15万元发放救济金，由政府发动社会捐助等筹集的资金救助每位遇难者40万元，共计2090万元。

五、灾后重建情况

市委常委、莲都区委书记葛学斌先后10次主持召开区委书记专题会议听取灾后重建工作政策研究汇报并提出要求，区长杨秀清多次听取政策研究工作进展汇报。区委常委、常务副区长胡献如牵头负责灾后重建工作政策研究，政策研究组先后10余次深入灾区走访受灾群众，了解群众诉求，对受灾信息进行全面的摸底统计，做到户内人员、户口变迁、房屋结构、房屋面积等基础信息翔实准确，共核实确认房屋受损占地面积10701.54平方米，建设面积20969.15平方米；先后召开20多次讨论会，6次召开会议征求结对帮扶小组意见建议，不断修改完善相关政策。《莲都区"11·13"里东村山体滑坡灾后住房重建实施方案》等四个政策，经过区委书记专题会议、区长办公会、区政府常务会议、区委常委会、区委常委（扩大）会议反复讨论审议后再组织实施。12月31日上午，举行专题培训会，确保各结对帮扶小组对政策理解掌握到位。

2016年1月1日—4日，受灾信息在里东村委公示栏进行公示，接受群众的监督。1月5日下午，受灾户救助协议等文书签订工作正式开始，100户受灾户根据前期的结对安排，由19个小组分别负责做工作。各结对帮扶小组坚持"白+黑""5+2"精神，耐心工作，用情用心，甚至赶赴江苏、郑州、贵州、新昌等地做群众思想工作。经过不懈努力，2016年1月17日24时，完成全部102户受灾群众灾后救助协议等文书签订工作。经核对无误后，陆续将721万元救助资金发放到受灾群众手中，其中，发放房屋重建救助441万元，危险区房屋拆除补助32万元，临时生活救助91万元，第一年过渡房租救助21万元，按时签约增加的救助87万元，房屋进水浸泡救助49万元。

过渡安置方面：迅速启动位于里东村东弄坑口的过渡安置房项目的谋划实施，该过渡安置房项目箱体由浙江惠明集团牵头援建，可安置28户59人。从2015年11月25日开始施工以来，施工团队克服了连日下雨的不利条件以及电力、水利、污水管网、土建等力量多方施工的协调难题，全力推进过渡房项目建设。2016年1月17日，项目通过相关部门组成的联合验收，1月18日交付使用，首批23户群众入住。从春节前农历腊月廿四日开始，横向到边、纵向到底的"情暖里东"系列活动开始，区、镇、村三级共走访慰问受灾群众和困难群众211户。除夕，市委常委、区委书记葛学斌带着各级党委、政府的关心关怀，赶往里东看望村民，给他们送上新年的祝福。

长期安置方面：丽水市国土资源局于2015年12月28日就联城城郊农民新社区三期项目所需的2.87公顷土地上报省里进行农转用和土地征收审批，2016年1月底获省批复。同时，积极争取市委、市政府的重视支持，计划5年内完成全区所有地质灾害隐患点农户安置工作。

六、里东大救援精神

中共浙江省委十三届八次全会对"里东大救援"精神给予高度肯定和评价，认为里东大救援体现了各级党委、政府执政为民、情系人民的高度负责精神，体现了基层党组织和党员干部身先士卒、舍我其谁的担当精神，体现了部队官兵攻无不克、战无不胜的战斗精神，体现了浙江军民心手相连、鱼水情深的团结精神，体现了社会各界一方有难、八方支援的最美精神。

一是这次大救援，体现了各

级党委政府执政为民、情系人民的高度负责精神。里东滑坡灾害发生后，党中央、国务院高度重视，总理李克强、副总理张高丽等中央领导第一时间作出重要批示，确定了正确的救援方向。

省委、省政府第一时间作出反应，省委书记夏宝龙第一次与市委书记王永康通电话，就明确提出要科学施救，举全省之力支持救援。凌晨，省委书记夏宝龙和省长李强赶到省委、省政府值班应急指挥中心，连线受灾现场，指挥抢险救援行动，并委派副省长黄旭明赶赴现场，统一指挥现场抢险救援。14日下午，省长李强也到现场指导。丽水市委王永康书记、朱晨代市长和市委常委、区委书记葛学斌，区委副书记、区长杨秀清都第一时间赶赴现场，迅速启动地质灾害特别重大Ⅰ级响应。

国土资源部、中国安全生产科学研究院和省地质、安监、水利、气象等23个省直部门迅速派出专家，火速驰援灾区，统筹开展救援工作。

着眼于“黄金72小时”，不惜一切力量、不放弃一丝希望、不放过每一个角落，争分夺秒地抢夺救援进度，努力让逝者有尊严地安息，令生者坚强并获得宽慰。整个救援过程中，没有发生次生灾害、没有出现一名救援人员伤亡，实现受灾群众有地方住、有东西吃、有病得到及时医治。在22日上午送别救援部队时，许多村民含着热泪高呼：共产党万岁！这些朴实的话语，真正喊出了老百姓的心声！

二是这次大救援，体现了基层党组织和党员干部身先士卒、舍我其谁的担当精神。天灾就是命令，大灾面前见素质、见作风。在里东大救援现场，党旗始终在高高飘扬，党组织的战斗堡垒作用更加凸显。

王永康、朱晨、葛学斌等市领导连续6个昼夜坚守在现场、奋战在最前线，直到被埋人员全部找到。灾情发生后，里东村党支部迅速成立了指挥部，组织村两委干部和党员冲到救灾一线；雅溪镇其他18个党支部收到消息后，立即组织了176名党员干部赶到现场；临近的金竹村党支部14日零时许召集16名党员组成救援队带着铁锹、畚斗连续开展救援。党员干部在关键时刻的考验中，在大家与小家的抉择中，喊响“看我的、跟我上”，用朴实的行动践行着对人民的忠诚。

17日，武警丽水支队在救援现场举行一场火线入党仪式，3位战士成为光荣的中共预备党员。抢险救援关键时刻，“共产党员”不再是一个简单的词汇，而是风雨里最有温度的群体。

三是这次大救援，体现了部队官兵攻无不克、战无不胜的战斗精神。得知里东受灾后，南京军区司令员上将蔡英挺、副政委王平立即给省委书记夏宝龙打电话，表示要派出工兵等部队，支持救援工作。解放军、消防、武警等10支部队、7位将军（省委常委、省军区政委王新海，省军区司令员张明才，武警交通部队司令员傅凌，省军区副司令员姚淮宁，第1集团军副军长王秀斌，二炮52基地司令员李洪军，省武警总队司令员白海滨）、浙江消防总队长陈子浩等19位大校、1800多名官兵参战，发挥了排头兵和中流砥柱的作用。

广大官兵冒着二次塌方的危险，不怕苦、不怕累，以钢铁意志和血肉之躯与时间赛跑，“人员轮流上，机械不停歇”，全力以赴、昼夜作战，充分体现“特别能吃苦、特别能战斗、特别守纪律、特别讲奉献”的优良作风。武警交通部队司令员傅凌，身为正军级的将军，在救援期间始终与战士们同吃同住，睡在隧道内的简易帐篷中，直到撤离。他还亲自上山侦察地形、亲自找村民了解情况、亲自判定挖掘点位。

最早赶到现场的丽水市消防支队特勤中队中队长张小军，徒手作业，硬是用自己的双手挖出数位被埋者，双手都挖破了，也不停歇，直到第二天下午才被后续增援部队替换下来。

武警丽水支队官兵为了争取救援时间，就在现场附近的高速公路隧道里席地而睡。目睹这些感人场景，里东村村民们都说：“人民子弟兵又回来了！”“人民军队好！地方有难时，部队永远是靠山！”救援结束当天，省委、省政府就给每一支救援部队写感谢信，要向中央军委为参加救援的部队请功。

四是这次大救援，体现了浙江军民心手相连、鱼水情深的团结精神。军爱民，百姓安危记心头；民拥军，点滴之间见真情。武警交通部队准备撤离时，坚持要把伙食费交给当地政府，被再三谢绝后，将两万多元餐费捐赠给莲都区红十字会；二炮某部离开时，不仅细心地填好被重型装备压坏的道路，还把停放车辆的学校操场打扫得干干净净；省武警总队后勤部部长毛明横，在现场全程参与了38名遇难者的搜救，在灾后重建时听说村里一名高三女孩在灾难中不幸成为孤儿，主动与她结对助学；许多官兵还自发在现场捐出津补贴。

群众听说部队要撤离，争先恐后涌上高速公路，拎着自家的鸡鸭、蜜橘和莲子等土特产，放起了送别的鞭炮。群众难忍送别的泪水，握着战士们的手，依依不舍。送别时，死难者家属李建英拉着一位部队干部的手说："战士们这么用心地搜救，真正把老百姓当成了亲人，我真想叫你一声哥哥。"让这位救险中不怕流血流汗的铮铮汉子，流下了眼泪。这样的动人事例和感人画面，比比皆是、数不胜数，已经通过各种媒体、通过网络，传遍四面八方，感动了无数的人。

五是这次大救援，体现了社会各界一方有难、八方支援的最美精神。在这次灾害面前，无数普通人用朴素的行动充分证明了我们浙江就是一个爱心涌动、团结温暖的大家庭。有的义务救援，先后有26支民间救援队伍等社会力量参与了救援，每天都有数千人，最多时近5000人。义乌民间救援协会自带挖掘机等设备，全副武装赶往里东，没有片刻休整就投入救援。一旦发现被埋群众，为避免造成二次伤害或破坏，队员们就纷纷徒手扒开乱石、刨开泥土进行搜寻。有的送水送饭，杭州魂之力科技有限公司创始人蒋玮霖，组织"豪斯先生移动餐车"员工25人赶到里东，连续6天6夜、24小时不间断工作，免费为救援部队和受灾群众供应热水和热食。有的参与心理疏导，来自全省各地的心理救助志愿者轮番在里东村现场陪护，为受灾群众排解心理压力。截至2016年9月30日，社会各界共向里东捐款3535.69万元。新闻媒体全方位、全天候报道救援进展，报道现场救援所展现出来的强大正能量，为救援顺利推进营造了良好的舆论氛围。

"执政为民、情系人民，身先士卒、舍我其谁，攻无不克、战无不胜，心手相连、鱼水情深，一方有难、八方支援"的里东大救援精神，与源远流长的浙江精神一脉相承又与时俱进，是浙江经济社会发展成就的重要体现，是高水平全面建成小康社会的宝贵财富，必将激励我们在实现"两富""两美"浙江的道路上砥砺奋进、勇往直前。

（莲都区史志办）

大事记

1月

1月1日—1月15日，中央党校县委书记研修班举办，市委常委、区委书记林健东参加。

1月4日上午，区2014年度工作责任制考评年终考核动员大会召开，区委副书记陈元龙，区委常委、常务副区长李一波，区委常委、组织部长张继芳参加。

1月5日上午，市瓯江生态旅游景区总体规划、AAAAA创建提升策划及行动实施计划汇报会召开，副区长郭巧燕参加。

1月6日下午，全国安全生产工作电视电话会议召开，区委常委、常务副区长李一波参加。

1月7日上午，全省民族工作暨第五次民族团结进步表彰视频会议召开，区长王小荣，区委常委、统战部长朱超模，副区长赵加慧参加。

1月7日下午，全省经信科技与高新区工作会议召开，副区长李玮参加。

1月9日上午，《市委关于进一步深化“法治丽水”建设的实施意见》征求意见会召开，区长王小荣，区委副书记陈元龙参加。

1月9日上午，市2014年度食品安全工作汇报会召开，副区长雷勇军参加。

1月12日上午，全市党政机关办公用房清理整改工作动员大会召开，区委常委、常务副区长李一波参加。

1月12日，全市教育工作座谈会在云和召开，副区长雷勇军参加。

1月12日下午，市委全委会、全市领导干部会议召开，区长王小荣参加。

1月12日晚、13日晚，全省县（市、区）委书记工作交流视频会议召开，区领导参加。

1月14日上午，莲都—义乌山海协作产业园考核汇报会召开，区长王小荣，区委常委、常务副区长李一波，区委常委、碧湖镇党委书记李见阳参加。

1月14日，全省农村工作会议在杭州召开，区委副书记陈元龙，副区长郭巧燕参加。

1月15日上午，全省“五水共治”工作电视电话会议召开，区长王小荣，区委副书记陈元龙，区委常委、常务副区长李一波，副区长雷勇军、俞丽威、郭巧燕参加。

1月15日下午，全省财政地税工作电视电话会议召开，区长王小荣参加。

1月16日上午，全省住房城乡建设工作会议在杭州召开，副区长叶建光参加。

1月16日上午，市政府第36次常务会议召开，区长王小荣参加。

1月16日下午，市政府新环保法专题学习会召开，区长王小荣，区委常委、常务副区长李一波，副区长雷勇军、王世强、俞丽威参加。

1月16日下午，全省交通运输暨治理城市交通拥堵工作电视电话会议召开，区政府党组副书记叶金荣参加。

1月18日上午，市委常委（扩大）会议召开，市委常委、区委书记林健东，区长王小荣参加。

1月18日下午，召开全区领导干部大会。

1月19日上午，省纪委十三届四次全会第二次大会（视频）

召开,区领导参加。

1月19日,全省国土资源工作会议暨“812”土地整治工作现场会在德清召开,区委常委、常务副区长李一波参加。

1月19日—3月5日,莲都区2015年春节期间安全生产大检查活动举行,区领导参加。

1月20日上午,中央政法工作视频会议召开,区委副书记陈元龙,区委常委、常务副区长李一波参加。

1月22日上午,全市文明委全会召开,区委副书记陈元龙,区委常委、宣传部部长宋珍花参加。

1月22日下午,区采砂制砂工作专题会议召开,区长王小荣,区政府党组副书记叶金荣,副区长俞丽威参加。

1月22日下午,全区加强城市管理工作推进会暨“六边三化三美”工作督查会召开,区委副书记陈元龙,区委常委、宣传部长宋珍花,区政府党组副书记叶金荣,副区长雷勇军、郭巧燕参加。

1月23日上午,召开区委常委会议、区委常委(扩大)会议。

1月23日下午,市落实党风廉政建设责任制考核反馈会召开,区领导参加。

1月23日下午,区老干部情况通报会召开,市委常委、区委书记林健东,区委副书记陈元龙参加。

1月26日下午,丽水“巴比松”画派座谈会召开,市委常委、区委书记林健东,区委常委、宣传部部长宋珍花,副区长郭巧燕参加。

1月26日下午,全省防范处置企业拖欠工资工作电视电话会议召开,副区长王世强参加。

1月27日上午,市委三届八次全体(扩大)会议暨全市经济工作会议召开,市委常委、区委书记林健东,区长王小荣参加。

1月28日上午,全市县(市、区)委书记座谈会召开,市委常委、区委书记林健东参加。

1月28日下午,区第四届道德模范暨“最美莲都好人”表彰活动举行,市委常委、区委书记林健东,区长王小荣,区委副书记陈元龙,区委常委、宣传部部长宋珍花,副区长雷勇军参加。

1月28日下午,全省商务工作电视电话会议召开,副区长李玮参加。

1月28日晚,全市乡镇(街道)党(工)委书记工作交流会召开,区领导参加。

1月29日,全省政法工作会议在杭州召开,区委副书记陈元龙参加。

1月29日下午,召开区委常委(扩大)会议。

1月29日下午,全省政府法制工作电视电话会议召开,区委常委、常务副区长李一波,副区长王世强参加。

1月30日下午,全省扩大有效投资暨重点项目推进大会(视频)召开,区长王小荣,区委常委、常务副区长李一波参加。

1月30日下午,全区“六边三化三美”工作推进会召开,区委副书记陈元龙,副区长郭巧燕参加。

2月

2月上旬—中旬,莲都区节前走访慰问、安全生产大检查活动举行,区领导参加。

2月2日上午,区委十三届七次暨区政府十五届六次全体(扩大)会议召开,区领导参加。

2月2日下午,市委全委会召开,市委常委、区委书记林健东,区长王小荣参加。

2月3日上午,莲都区2015年第一次安全生产暨消防工作例会召开,区委常委、常务副区长李一波参加。

2月4日上午,省委常委、省军区政委王新海,副省长黄旭明来我区慰问困难群众、基层干部、武警官兵,市委常委、区委书记林健东陪同。

2月4日下午,市落实党风廉政建设责任制工作情况汇报会召开,市委常委、区委书记林健东,区长王小荣参加。

2月4日下午,区“最美商店”表彰活动举行,区委常委、宣传部长宋珍花参加。

2月5日上午,全省食品安全工作电视电话会议召开,区长王小荣,副区长雷勇军参加。

2月5日上午,市慈善总会第三届会员大会召开,副区长俞丽威参加。

2月5日上午,市本级房地

产企业健康发展与监督管理领导小组成员会议召开，副区长李玮参加。

2月5日下午，市涉污企业整治工作现场会在景宁县召开，区长王小荣参加。

2月6日上午，区涉污企业整治工作紧急会议召开，区长王小荣，副区长俞丽威参加。

2月6日上午，区文明委全会召开，区委副书记陈元龙，区委常委、宣传部长宋珍花参加。

2月6日下午，市委武装工作暨市国防动员委员会第十七次全体会议召开，市委常委、区委书记林健东，区长王小荣，区委常委、人武部政委王永伟参加。

2月9日上午，城区出险段应急闭合工程（独流入海丽水市大溪治理补充工程）开工仪式举行，副区长郭巧燕参加。

2月9日上午，国务院、省政府第三次廉政工作会议暨市政府廉政工作会议召开，副区长李玮参加。

2月10日上午，全省粮食工作电视电话会议召开，副区长李玮参加。

2月10日，市政府和社会资本合作（PPP）模式实务培训会召开，区委常委、常务副区长李一波参加。

2月11日上午，市委常委会议召开，市委常委、区委书记林健东参加。

2月11日上午，全省安全生产工作电视电话会议召开，区委常委、常务副区长李一波，副区长王世强参加。

2月11日下午，区老干部新春座谈会召开，市委常委、区委书记林健东，区委常委、组织部部长张继芳，区委常委、常务副区长李一波参加。

2月11日下午，全市外事与侨务工作会议召开，副区长俞丽威参加。

2月12—13日，市长黄志平到莲都区开展节前慰问与安全生产检查工作，市委常委、区委书记林健东，区委常委、常务副区长李一波陪同。

2月12日下午，市纪委三届四次全体会议第二次大会视频会议召开，区领导参加。

2月13日上午，莲都区羊年春节年俗体验暨首届稻草人创意比赛活动举行，区委常委、宣传部部长宋珍花，区委常委、碧湖镇党委书记李见阳，副区长郭巧燕参加。

2月13日上午，全市食品安全工作会议召开，副区长雷勇军参加。

2月13日下午，莲都区2015年春节团拜会举行，区领导参加。

2月13日下午，全市防范处置企业拖欠工资工作电视电话会议召开，副区长王世强参加。

2月14日上午，市委书记王永康调研丽阳坑水系治理工作，市委常委、区委书记林健东陪同。

2月15日上午，召开区委常委会议。

2月15日下午，市委、市政府团拜会召开，市委常委、区委书记林健东参加。

2月16日上午，区“六边三化三美”工作领导小组会议召开，区委副书记陈元龙，副区长俞丽威、郭巧燕、叶建光参加。

2月25日上午，莲都区新春植树活动举行，区领导参加。

2月25日下午，召开区委常委会议。

2月25日下午，召开全区领导干部会议。

2月26日上午，召开全区干部大会。

2月26日上午，全市信访、人口计生与资源环境工作座谈会暨第十次循环经济领导小组会议召开，市委常委、区委书记林健东，代区长杨秀清参加。

2月26日下午，市创业创新暨生态经济大会召开，区领导参加。

2月26日下午，全国外贸工作电视电话会议召开，副区长李玮参加。

2月27日上午，莲都区人民医院——丽水市人民医院分院揭牌仪式举行，区委常委、碧湖镇党委书记李见阳，副区长雷勇军参加。

2月27日下午，全省推进26县加快发展工作会议召开，市委常委、区委书记林健东，代区长杨秀清参加。

2月27日下午，全市“六边三化三美”点评会召开，区委副书记陈元龙参加。

2月28日，莲都区“浙商(莲商)之春”走访慰问活动举行，区领导参加。

3月

3月2日上午，全市县(市、区)委书记座谈会召开，市委常委、区委书记林健东，区委副书记陈元龙参加。

3月2日上午，市委政法工作会议召开，市委常委、区委书记林健东，区委副书记陈元龙参加。

3月2日下午，全市“低小散”企业整治提升工作会议召开，区委常委、常务副区长李一波，副区长俞丽威参加。

3月3—4日，全市卫生计生工作会议与全市文化体育工作会议在龙泉召开，副区长雷勇军、俞丽威参加。

3月3日下午，全省浙商回归工作推进电视电话会议召开，区委常委、常务副区长李一波参加。

3月4日上午，全省对台工作会议在杭州召开，副区长赵加慧参加。

3月4日下午，市长黄志平调研好溪堰河长制工作，市委常委、区委书记林健东，区长杨秀清，副区长俞丽威陪同。

3月5日上午，全市商务工作会议召开，副区长李玮参加。

3月6日上午，全省审计工作电视电话会议召开，区长杨秀清参加。

3月6日下午，召开第39次区政府常务会议。

3月9日上午，丽水市绿色生态发展暨“清单”制度建设专题学习报告会举行，市委常委、区委书记林健东，区长杨秀清，区委常委、常务副区长李一波，副区长俞丽威参加。

3月10—14日，丽水市美丽城乡建设专题研修班在北京举行，副区长叶建光参加。

3月11日上午，全市安全生产工作会议召开，区长杨秀清，区委副书记陈元龙，区委常委、常务副区长李一波参加。

3月11日上午，区编委会议召开，区长杨秀清，区委副书记陈元龙，区委常委、常务副区长李一波参加。

3月11日下午，全市质量工作会议召开，副区长雷勇军参加。

3月12日上午，召开第40次区政府常务会议。

3月13日上午，召开区委常委会议、区委常委(扩大)会议。

3月中旬，全区机关领导干部植树活动举行，区领导参加。

3月16日，区第十三届纪律检查委员会第五次全体(扩大)会议召开，区领导参加。

3月17日上午，市政府第38次常务会议召开，区长杨秀清参加。

3月17日下午，全市领导干部会议召开，市委常委、区委书记林健东，区长杨秀清参加。

3月18日上午，全市“五水共治”暨全国水生态文明城市建设试点工作推进会召开，市委常委、区委书记林健东，区长杨秀清，区委副书记陈元龙，副区长俞丽威、郭巧燕参加。

3月18日下午，全市农村工作会议召开，市委常委、区委书记林健东，区长杨秀清，区委副书记陈元龙，副区长郭巧燕参加。

3月18日下午，全国打击假冒侵权工作电视电话会议召开，副区长王世强参加。

3月18日晚，全市乡镇(街道)党(工)委书记工作交流会议召开，区领导参加。

3月19日上午，市委常委会议召开，市委常委、区委书记林健东参加。

3月20日上午，召开区委常委会议。

3月20日下午，全区组织、宣传、统战工作会议暨创建省示范文明城区工作标准大会召开，市委常委、区委书记林健东，区委副书记陈元龙，区委常委、组织部部长张继芳，区委常委、统战部部长朱超模，区委常委、宣传部部长宋珍花，副区长雷勇军参加。

3月23日下午，市农村污水治理工作座谈会召开，副区长俞丽威参加。

3月25日，第五届仙渡桃花节开幕式举行，区委副书记陈元龙，区委常委、人武部政委王永伟，副区长郭巧燕参加。

3月25日下午，市创“国卫”

巩固相关工作会议召开，副区长王世强参加。

3月26日上午，县（市、区）委书记履行党风廉政建设主体责任情况汇报会召开，市委常委、区委书记林健东参加。

3月26日上午，全省禁毒工作电视电话会议召开，区委常委、公安分局局长叶建利，区委常委、常务副区长李一波，副区长李玮参加。

3月26—27日，市委书记王永康调研莲都区G25高速沿线“六边三化三美”工作，市委常委、区委书记林健东，区长杨秀清，副区长郭巧燕陪同。

3月27日上午，全市交通运输工作会议召开，副区长王世强、叶建光参加。

3月27日下午，区茶文化研究会成立暨第一届会员大会举行，市委常委、区委书记林健东，区委副书记陈元龙，副区长郭巧燕、李玮参加。

3月30日下午，市“六边三化三美”第四次点评会召开，区委副书记陈元龙，副区长郭巧燕参加。

3月30日下午，全省土地出让收支和耕地保护情况审计整改工作电视电话会议召开，副区长叶建光参加。

3月30日下午，全省春耕生产暨森林消防工作电视电话会议召开，副区长郭巧燕参加。

3月31日上午，全省建设“平安浙江”工作视频会议召开，市委常委、区委书记林健东，区长杨秀清，区委副书记陈元龙，区委常委、组织部部长张继芳，区委常委、碧湖镇党委书记李见阳，区委常委、公安分局局长叶建利参加。

4月

4月2日下午，全市审计工作会议召开，区委常委、常务副区长李一波参加。

4月2日下午，全国贯彻落实《中共中央国务院关于深化供销合作社综合改革的决定》电视电话会议召开，副区长李玮参加。

4月3日上午，市土地和房屋征收专题会议召开，副区长叶建光参加。

4月3日下午，全省促进健康产业发展电视电话会议召开，副区长赵加慧参加。

4月8—9日，省委书记夏宝龙到莲都区调研古堰画乡景区建设，市委常委、区委书记林健东，区长杨秀清陪同。

4月8日下午，全市放心农贸市场建设及商品交易市场提升发展工作会议在遂昌召开，副区长王世强参加。

4月9日上午，省小微企业三年成长计划动员部署电视电话会议召开，区长杨秀清，副区长赵加慧参加。

4月9日，省教育厅厅长刘希平调研我区教育工作，市委常委、区委书记林健东，副区长雷勇军陪同。

4月9日晚，召开区委常委（扩大）会议。

4月10日上午，区农业农村、“五水共治”、计划生育、旅游工作会议召开，市委常委、区委书记林健东，区长杨秀清，区委副书记陈元龙，区委常委、碧湖镇党委书记李见阳，副区长雷勇军、王世强、俞丽威、郭巧燕参加。

4月10日下午，市委常委（扩大）会议召开，市委常委、区委书记林健东，区长杨秀清参加。

4月13日，区扩大有效投资暨工业、招商、安全生产、金融工作会议召开，市委常委、区委书记林健东，区长杨秀清，区委副书记陈元龙，区委常委、碧湖镇党委书记李见阳，区委常委、常务副区长李一波，副区长俞丽威参加。

4月13日下午，市委书记王永康调研丽阳坑水系治理和老小区改造工作，区长杨秀清陪同。

4月13日晚，全省县（市、区）委书记工作视频会议召开，区领导参加。

4月14日上午，省人大常委会副主任毛光烈调研莲都区民族地区发展工作，市委常委、区委书记林健东，副区长赵加慧陪同。

4月14日下午，全国涉农资金专项整治电视电话会议召开，副区长郭巧燕参加。

4月15日上午，市生态环境损害责任追究调研座谈会召开，区长杨秀清参加。

4月15—17日，莲都区“四个全面”暨绿色生态发展专题学习报告会召开，区委理论学习中心组成员参加。

4月15日下午，市委常委会议召开，市委常委、区委书记林健东参加。

4月16日晚，区洁净村居专项行动部署会暨“六边三化三美”工作推进会召开，区长杨秀清，区委副书记陈元龙，副区长雷勇军、王世强、俞丽威、郭巧燕、蔡通友参加。

4月17日上午，全市生态服务业发展工作会议在遂昌召开，市委常委、区委书记林健东，区委常委、常务副区长李一波参加。

4月20日上午，区委武装工作暨区国防动员委员会第十二次全体(扩大)会议召开，区委常委领导参加。

4月20日下午，市政府第39次常务会议召开，区长杨秀清参加。

4月20日晚，全市乡镇(街道)党(工)委书记工作视频交流会召开，区领导参加。

4月21日上午，竹柳新桥“三月三”畲族歌会举行，区委副书记陈元龙，区委常委、统战部部长朱超模，区委常委、副区长赵加慧，副区长郭巧燕参加。

4月21—22日，全省农村文化礼堂建设工作现场会在德清召开，区委常委、宣传部部长宋珍花参加。

4月22—23日，全市学前教育发展推进会在景宁召开，副区长雷勇军参加。

4月23日上午，市小额贷款公司发展座谈会召开，区委常委、常务副区长李一波参加。

4月23—24日，市乡村旅游示范点和旅游厕所建设现场推进会在云和、遂昌召开，副区长郭巧燕参加。

4月23日下午，市企业股改挂牌上市工作推进会召开，区委常委、常务副区长李一波参加。

4月24日下午，召开第41次区政府常务会议。

4月27日下午，市“六边三化三美”工作第五次点评会召开，区委副书记陈元龙参加。

4月28日上午，召开区委常委会议、全区领导干部大会。

4月29日上午，全市县(市、区)工作汇报会在遂昌召开，市委常委、副市长、区委书记葛学斌，区长杨秀清，区委常委、常务副区长胡献如，副区长郭巧燕参加。

4月29日下午，全国深化医药卫生体制改革工作电视电话会议召开，区长杨秀清，副区长雷勇军参加。

4月30日下午，全市统计与调查工作会议召开，区委常委、副区长赵加慧参加。

5月

5月4日下午，区“六边三化三美”部署会召开，市委常委、副市长、区委书记葛学斌，区长杨秀清，区委副书记陈元龙，副区长王世强、郭巧燕、叶建光参加。

5月4日下午，全省经济工作电视电话会议召开，区长杨秀清，区委常委、常务副区长胡献如参加。

5月5日下午，市委书记王永康调研丽阳坑水系治理和老小区改造工作，市委常委、副市长、区委书记葛学斌，区长杨秀清陪同。

5月6日上午，召开区委常委会议。

5月6日上午，区第七个全民慈善捐款活动月启动仪式举行，区领导参加。

5月6日上午，市生态市建设暨大气污染防治工作会议召开，区长杨秀清，副区长俞丽威参加。

5月6日下午，县(市、区)委书记专题会议召开，市委常委、副市长、区委书记葛学斌，区长杨秀清参加。

5月7日上午，省“三严三实”专题党课暨专题教育部署会召开，区领导参加。

5月7日下午，全省“河长制”工作电视电话会议召开，区领导参加。

5月8日上午，市农民增收、“六边三化三美”和农村改革工作汇报会召开，副区长郭巧燕参加。

5月11—12日，市农村文化礼堂建设工作现场会在缙云召开，区委常委、宣传部部长宋珍花，副区长雷勇军参加。

5月12日上午，全国推进简政放权放管结合职能转变工作电视电话会议召开，区领导参加。

5月12—13日，全省农村生活污水治理现场推进会在金华召开，区委副书记陈元龙，副区长郭巧燕参加。

5月12日下午，丽水市创建“节水型城市”工作推进会召开，市委常委、副市长、区委书记葛学斌，区长杨秀清，副区长王世强参加。

5月12日晚，召开区政府42次常务会议。

5月14日上午，召开区委常委(扩大)会议。

5月14日下午，省环保厅厅长徐震到莲都区调研生态建设工作，区长杨秀清，副区长俞丽威参加。

5月15日，省委常委、组织部部长廖国勋到莲都区调研基层党建工作，市委常委、副市长、区委书记葛学斌，区委常委、组织部部长张继芳陪同。

5月15日下午，大港头木制品企业整治工作动员大会召开，区领导参加。

5月18日下午，全省美丽城乡建设现场会筹备领导小组会议召开，市委常委、副市长、区委书记葛学斌，区委副书记陈元龙，副区长郭巧燕参加。

5月19日上午，全区一季度工作汇报会暨经济运行分析会召开，区领导参加。

5月19日下午，金丽温输气管道工程推进会在杭州召开，副区长叶建光参加。

5月19日晚，全市乡镇(街道)党(工)委书记工作交流会召开，区领导参加。

5月20日上午，区农村文化礼堂建设工作现场会召开，区委常委、宣传部长宋珍花，副区长雷勇军参加。

5月20—21日，全省城镇低效用地再开发推进会在金华召开，副区长叶建光参加。

5月21日下午，全市“三严三实”专题党课暨专题教育部署会召开，区领导参加。

5月22日上午，全省计划生育工作电视电话会议召开，区委常委、宣传部长宋珍花，副区长雷勇军参加。

5月22日下午，第十届浙江绿茶(郑州)博览会暨丽水香茶郑州推介会举行，副区长郭巧燕参加。

5月23—24日，义乌国际旅游商品博览会举行，市委常委、副市长、区委书记葛学斌参加。

5月25日下午，莲都论坛——推进生态文明建设专题报告会召开，区委理论学习中心组成员参加。

5月27日上午，市委书记王永康到莲都区检查美丽城乡现场会筹备情况，市委常委、副市长、区委书记葛学斌，副区长郭巧燕陪同。

5月28日上午，召开区委常委会议、区委常委(扩大)会议。

5月28日上午，市道路交通安全工作领导小组(扩大)视频会议召开，区委常委、常务副区长胡献如参加。

5月29日上午，市“六边三化三美”工作第六次点评会召开，市委常委、副市长、区委书记葛学斌，区委副书记陈元龙参加。

5月29日下午，全市金融支持生态经济发展暨银行不良资产处置任务交办会召开，区委常委、常务副区长胡献如参加。

5月29日下午，全区“三严三实”专题党课暨“三严三实”专题教育、“学党章、守纪律、讲规矩”主题教育部署会召开，区领导参加。

5月30日上午，全省领导干部视频会议召开，区领导参加。

6月

6月1日，“六一”儿童节慰问活动举行，区领导参加。

6月1日下午，省消防安全委员会成员单位(扩大)视频会议暨全区消防工作会议召开，区委常委、常务副区长胡献如参加。

6月3日上午，丽水学院王俊文荣誉教授聘任仪式举行，市委常委、副市长、区委书记葛学斌，区委常委、区委办主任叶祖平，副区长俞丽威参加。

6月3日上午，全省美丽城乡现场会筹备工作会议召开，区委副书记陈元龙，副区长王世强、郭巧燕、叶建光、蔡通友参加。

6月3日下午，市土地和房屋征收专题会议召开，副区长叶建光参加。

6月4日下午，全省职业教育工作电视电话会议召开，区长杨秀清，副区长雷勇军参加。

6月4日下午，省科技厅副厅长曹新安到莲都区调研科技惠民计划项目，副区长俞丽威陪同。

6月5日上午，市委常委会议召开，市委常委、副市长、区委书记葛学斌参加。

6月5日上午，市委常委(扩大)会议召开，市委常委、副市长、区委书记葛学斌，区长杨秀清参加。

6月5日上午，区农村产权制度改革工作推进会召开，区长杨秀清，区委副书记陈元龙，副区长王世强、郭巧燕、叶建光参加。

6月5日下午，召开区政府43次常务会议。

6月5日下午，市2015年计划生育工作形势分析会、全市深化医药卫生体制改革工作会议召开，副区长雷勇军参加。

6月6日上午，区“双促双送”现场会暨白云小学开工仪式举行，市委常委、副市长、区委书记葛学斌，区委常委、常务副区长胡献如，区委常委、副区长赵加慧，副区长雷勇军参加。

6月8日上午，市委书记王永康调研丽阳坑水系治理及检查防汛工作，市委常委、副市长、区委书记葛学斌，副区长叶建光陪同。

6月8日，县(市、区)长工作会议召开，区长杨秀清参加。

6月9日上午，省推广“同心同行共建和谐”工作现场会在温州召开，市委常委、副市长、区委书记葛学斌参加。

6月10—12日，省委十三届七次全体(扩大)会议在杭州召开，市委常委、副市长、区委书记葛学斌，区长杨秀清参加。

6月11—12日，全省美丽城乡建设现场会筹备会在景宁县召开，副区长郭巧燕参加。

6月11日下午，全国加强食品安全工作电视电话会议召开，副区长王世强参加。

6月12日上午，全市防汛工作会议召开，副区长郭巧燕参加。

6月12日下午，召开区委常委(扩大)会议。

6月15日上午，召开区委常委(扩大)会议。

6月15日—16日上午，全省农村电子商务工作现场会在临安召开，副区长李玮参加。

6月16日下午，市委书记王永康调研美丽城乡建设工作，市委常委、副市长、区委书记葛学斌，区长杨秀清，副区长郭巧燕陪同。

6月16日下午，全省推进农村土地确权登记颁证深化农村产权制度改革电视电话会议召开，区委副书记陈元龙，副区长俞丽威、郭巧燕参加。

6月17日上午，市区重点项目政策处理攻坚大会战暨全区“正风肃纪打霸拔钉”专项行动部署会召开，区领导参加。

6月18日上午，意大利萨尔扎纳市政府代表团到莲都区交流访问，区长杨秀清，区委常委、常务副区长胡献如陪同。

6月18日晚，全市乡镇(街道)党(工)委书记视频交流会召开，区领导参加。

6月19日上午，莲都论坛——加快县域经济发展专题报告会举行，区委理论学习中心组成员参加。

6月19日上午，市农村生活污水治理工作推进会召开，副区长郭巧燕参加。

6月24日，全市“十三五”战略性新兴产业发展现场会在缙云召开，副区长俞丽威参加。

6月24日下午，全省特色小镇规划建设工作现场推进会在杭州召开，区长杨秀清参加。

6月26日上午，丽水市创建国家文明城市动员大会召开，市委常委、副市长、区委书记葛学斌，区长杨秀清参加。

6月26日上午，市各类开发区整合优化提升领导小组会议召开，副区长俞丽威参加。

6月26日下午，全省加强基层宣传思想文化工作电视电话会议召开，副区长雷勇军参加。

6月27—28日，生态文明贵阳国际论坛2015年会举行，市委常委、副市长、区委书记葛学斌，副区长王世强参加。

6月29日，2015丽水(上海)

生态旅游推介会举行，市委常委、副市长、区委书记葛学斌参加。

6月30日上午，大港头镇木制品行业整治工作总结暨古堰画乡特色小镇动员大会召开，区领导参加。

6月30日下午，市“六边三化三美”工作第七次点评会召开，区委副书记陈元龙参加。

6月30日下午，全省城镇污水处理厂运行管理工作视频会议召开，副区长王世强参加。

7月

7月1日下午，纪念建党94周年庆祝活动举行，区领导参加。

7月1日下午，市委书记王永康调研联城街道港口村、老竹镇沙溪村美丽乡村建设，市委常委、副市长、区委书记葛学斌，区长杨秀清陪同。

7月2日上午，全市创建国家文明城市动员大会召开，市委常委、副市长、区委书记葛学斌，区长杨秀清，区委副书记陈元龙，区委常委、宣传部部长宋珍花参加。

7月2日上午，莲都区公安干警防爆演练举行，区长杨秀清，区委副书记陈元龙，区委常委、常务副区长胡献如现场观摩。

7月3日，莲都论坛——生态文明专题报告会、学习党章专题报告会举行，区委理论学习中心组成员参加。

7月3日，全省“三改一拆”现场会在诸暨召开，区长杨秀清参加。

7月6日晚，全省县(市、区)委书记工作视频交流会召开，区领导参加。

7月7日下午，市长黄志平调研好溪堰水系治理工作，市委常委、副市长、区委书记葛学斌，区长杨秀清陪同。

7月7日，全省土地确权登记工作会议在杭州召开，副区长郭巧燕参加。

7月8日上午，召开区政府第48次常务会议。

7月8日下午，市委常委(扩大)会议召开，市委常委、副市长、区委书记葛学斌，区长杨秀清参加。

7月8—9日，省医疗资源“双下沉”现场会在淳安县召开，副区长雷勇军参加。

7月9日上午，“美丽城乡·幸福丽水”暨全市“六边三化三美”阶段成果图片展览活动举行，区领导参加。

7月9日下午，市委书记王永康调研丽阳坑水系治理工作，市委常委、副市长、区委书记葛学斌，区长杨秀清陪同。

7月10日下午，省防御9号台风(灿鸿)紧急视频会议召开，市委常委、副市长、区委书记葛学斌，区长杨秀清参加。

7月10—11日，召开区委书记专题会议。

7月13日上午，召开区委常委会议。

7月13日上午，区研究生联谊会成立大会举行，区委常委、副区长赵加慧，副区长李玮参加。

7月14日上午，县处级以上领导干部“严以修身”专题学习研讨会举行，区领导参加。

7月14日下午，全省“两路两侧”“四边三化”推进会召开，市委常委、副市长、区委书记葛学斌，区长杨秀清参加。

7月15日，市委常委会议召开，市委常委、副市长、区委书记葛学斌参加。

7月16日，召开区委常委会议、全区领导干部大会。

7月17日，莲都论坛——生态旅游发展专题报告会举行，区委理论学习中心组成员参加。

7月21日上午，市长黄志平调研瓯江流域坪地半岛等区块开发利用工作，区长杨秀清，区委常委、常务副区长胡献如陪同。

7月22日上午，省安委会全体成员(扩大)暨重点行业领域事故隐患排查整治专项行动电视电话会议召开，副区长俞丽威参加。

7月23日上午，全省美丽县城暨村庄规划设计现场会预演，区委副书记陈元龙，副区长王世强参加。

7月27日上午，市“无违建县”创建工作现场会举行，市委常委、副市长、区委书记葛学斌，区长杨秀清，区委常委、常务副区长胡献如，副区长王世强参加。

7月27日下午，省委深化法治建设工作电视电话会议召开，市委常委、副市长、区委书记葛学斌，区长杨秀清参加。

7月27日晚，全市乡镇（街道）党（工）委书记工作视频交流会召开，区领导参加。

7月28日上午，莲都区文明城市创建动员大会召开，市委常委、副市长、区委书记葛学斌，区长杨秀清，区委副书记陈元龙，区委常委、宣传部部长宋珍花，区委常委、常务副区长胡献如，区委常委、区委办主任叶祖平，副区长王世强、蔡通友参加。

7月28日上午，首届莲都区电子商务创业大赛举行，区委副书记陈元龙参加。

7月28日下午，全区“五水共治”工作推进会召开，区领导参加。

7月29日，全市县（市、区）工作汇报会在龙泉召开，市委常委、区委书记葛学斌，区长杨秀清参加。

7月30日上午，莲都论坛——国防形势专题报告会举行，区委理论学习中心组成员参加。

7月30日，全省山海协作工作推进现场会在衢州召开，区委常委、常务副区长胡献如参加。

7月31日下午，市“六边三化三美”工作第八次点评会召开，市委常委、区委书记葛学斌，区委副书记陈元龙参加。

8月

8月3日，召开区委书记专题会议、区委常委会议。

8月4日下午，市委常委（扩大）会议、市委常委会议召开，市委常委、区委书记葛学斌参加。

8月4日下午，全区卫生计生工作推进会召开，区长杨秀清，副区长雷勇军参加。

8月6日上午，全市国家生态文明先行示范区创建暨国家级园区循环化改造试点推进会召开，副区长俞丽威参加。

8月6日下午，全省旅游局长研讨班在安吉举行，市委常委、区委书记葛学斌参加。

8月7日下午，市委书记王永康调研丽阳坑治水工作，区长杨秀清陪同。

8月9日，省、市防汛防台视频会议召开，市委常委、区委书记葛学斌，区长杨秀清参加。

8月10日晚，全省维稳工作视频会议召开，市委常委、区委书记葛学斌，区委副书记陈元龙参加。

8月11日下午，召开区委常委（扩大）会议、区委常委会议。

8月11日下午，市政府常务会议召开，区长杨秀清参加。

8月12日，市委三届九次全体（扩大）会议召开，市委常委、区委书记葛学斌，区长杨秀清，区委常委、组织部部长张继芳参加。

8月13日，莲都区白莲产业发展专题会议召开，市委常委、区委书记葛学斌，副区长郭巧燕参加。

8月14日上午，全国股转系统丽水企业专场挂牌仪式在北京举行，市委常委、区委书记葛学斌参加。

8月14日下午，省、市安全生产紧急视频会议召开，市委常委、区委书记葛学斌，区长杨秀清，区委副书记陈元龙参加。

8月18日上午，全市创建全国文明城市点评会暨全国文明城市文明指数测评部署会召开，市委常委、区委书记葛学斌，区长杨秀清，区委常委、宣传部部长宋珍花参加。

8月18日上午，全国行业协会商会与行政机关脱钩电视电话会议召开，区委副书记陈元龙，区委常委、副区长赵加慧参加。

8月18日晚，副省长熊建平调研古堰画乡特色小镇建设情况，市委常委、区委书记葛学斌，副区长王世强陪同。

8月19日，全省美丽县城暨村庄规划设计现场会召开，市委常委、区委书记葛学斌，副区长王世强、郭巧燕参加。

8月19日上午，全市农村精神文明建设暨“六星文明户”创建工作现场会在松阳召开，区委常委、宣传部部长宋珍花参加。

8月19日下午，全市信用体系建设工作会议召开，区委常委、常务副区长胡献如参加。

8月20日，全区政协工作会议召开，市委常委、区委书记葛学斌，区委副书记陈元龙，区委常委、组织部部长张继芳，区委常委、副区长赵加慧参加。

8月20日晚，全市乡镇（街道）党（工）委书记视频交流会召开，区领导参加。

8月21日上午，市委常委（扩大）会议、市委常委会议召开，市委常委、区委书记葛学斌参加。

8月24—25日，召开区委十三届八次暨区政府十五届七次全体（扩大）会议，区领导参加。

8月24日晚，召开区委常委会议。

8月25日下午，市委书记王永康调研古堰画乡特色小镇建设情况，市委常委、区委书记葛学斌陪同。

8月26日上午，召开区委常委（扩大）会议，区领导参加。

8月26日，全市农村生活污水治理、农村产权制度改革、水利项目建设工作推进会在遂昌召开，区长杨秀清，副区长郭巧燕参加。

8月27日上午，全市信访维稳工作会议召开，市委常委、区委书记葛学斌参加。

8月28日上午，召开区委书记专题会议。

8月28日上午，莲都区民宿特色村建设启动大会召开，市委常委、区委书记葛学斌，区长杨秀清，区委副书记陈元龙、周海忠，区委常委、常务副区长胡献如，副区长王世强、俞丽威、郭巧燕参加。

8月28日下午，市长黄志平调研好溪堰水系治理工作，市委常委、区委书记葛学斌，区长杨秀清，副区长俞丽威陪同。

8月31日下午，全市扩大有效投资"百日攻坚"动员大会召开，区长杨秀清，区委常委、常务副区长胡献如，副区长蔡通友参加。

9月

9月1日上午，丽水市纪念中国人民抗日战争暨世界反法西斯战争胜利70周年影像图片展举行，市委常委、区委书记葛学斌参加。

9月1日下午，全区禁毒工作会议召开，区长杨秀清，区委常委、常务副区长胡献如参加。

9月2日上午，莲都区创建全国文明城市工作推进会召开，市委常委、区委书记葛学斌，区委副书记陈元龙，区委常委、宣传部部长宋珍花，区委常委、常务副区长胡献如，副区长王世强、俞丽威参加。

9月2日下午，召开区委书记专题会议、区委常委会议。

9月6日上午，召开区委书记专题会议。

9月7日下午，古堰画乡小镇建设推进大会召开，市委常委、区委书记葛学斌，区长杨秀清，区委副书记陈元龙、周海忠，区委常委、组织部部长张继芳，区委常委、宣传部长宋珍花参加。

9月8日上午，市委常委（扩大）会议召开，区长杨秀清参加。

9月8日下午，市长黄志平调研瓯江大溪水系治理，区长杨秀清，副区长俞丽威参加。

9月9日上午，市委书记王永康调研丽阳坑治水工作，市委常委、区委书记葛学斌，副区长王世强参加。

9月10日上午，丽水市委落实省委巡视组反馈意见整改工作动员会议召开，市委常委、区委书记葛学斌，区长杨秀清，区委副书记陈元龙，区委常委、组织部部长张继芳，区委常委、宣传部部长宋珍花参加。

9月10日下午，召开区政府第46次常务会议。

9月11日上午，市人大三届六次会议召开，市委常委、区委书记葛学斌，区长杨秀清，区委副书记陈元龙参加。

9月14日下午，市委书记王永康调研金丽温铁路扩能改造工程，市委常委、区委书记葛学斌陪同。

9月15日上午，扩大有效投资百日攻坚动员大会召开，区长杨秀清，区委常委、常务副区长胡献如，副区长俞丽威、李玮参加。

9月15—17日，浙江省工青妇工作专题研讨班举行，区委副书记陈元龙参加。

9月16日上午，市委常委（扩大）会议、常委会议召开，市委常委、区委书记葛学斌，区长杨秀清参加。

9月17日上午，莲都区"三严三实"专题教育第二次专题学习研讨会举行,区领导参加。

9月18日,丽水市生态精品农博会在杭州举行,区长杨秀清,副区长郭巧燕参加。

9月22日上午,市长黄志平调研莲都区"双百"攻坚行动,市委常委、区委书记葛学斌,区长杨秀清,区委常委、常务副区长胡献如陪同。

9月22日下午,省发改委主任谢力群调研古堰画乡特色小镇建设,区委常委、常务副区长胡献如参加。

9月23日下午,召开书记专题会议。

9月24日下午,召开区政府第47次常务会议。

9月24日晚,全市乡镇(街道)党(工)委书记工作交流会举行,市委常委、区委书记葛学斌,区长杨秀清参加。

9月25日下午,召开区委常委(扩大)会议。

9月28日上午,召开区委书记专题会议。

9月29日上午,全市特色小镇规划建设工作现场推进会在景宁举行,区长杨秀清,区委副书记周海忠,区委常委、常务副区长胡献如参加。

9月29日下午,召开区委常委(扩大)会议、区委常委会议。

9月29日下午,食品安全事故应急演练活动举行,副区长王世强参加。

9月30日上午,市区2015年烈士纪念日活动举行,区领导参加。

10月

10月8日上午,莲都论坛——"主题村落"建设专题报告会举行,区委理论学习中心组成员参加。

10月9日上午,市委书记王永康调研丽阳坑治水工作,市委常委、区委书记葛学斌,区长杨秀清,副区长王世强陪同。

10月9日下午,全区人大工作会议召开,市委常委、区委书记葛学斌,区长杨秀清,区委副书记周海忠参加。

10月9日下午,区委书记专题会议召开。

10月9日下午,全省社会治安防控体系建设暨重大维稳安保工作视频会议召开,区委副书记陈元龙参加。

10月9日,全省综合行政执法工作推进现场会在嘉善县举行,区委常委、常务副区长胡献如参加。

10月12日下午,利山民宿村开业仪式举行,市委常委、区委书记葛学斌,区长杨秀清,区委副书记陈元龙,区委副书记周海忠,区委常委、常务副区长胡献如,副区长王世强,副区长郭巧燕参加

10月12日晚,全省县(市、区)委书记工作交流会召开,区长杨秀清,区委副书记陈元龙,区委副书记周海忠,区委常委、常务副区长胡献如,副区长王世强参加。

10月14日下午,全市领导干部会议召开,市委常委、区委书记葛学斌,区长杨秀清,区委副书记周海忠参加。

10月20日上午,市、区重点项目政策处理攻坚大会战阶段性总结暨工作推进会召开,市委常委、区委书记葛学斌,区长杨秀清,副区长叶建光

10月22日,全区首批民宿特色村创建工作点评会召开,市委常委、区委书记葛学斌,区长杨秀清,区委副书记陈元龙,区委副书记周海忠

10月22日下午,区委常委选人用人专题民主生活会召开。

10月22日下午,区委书记专题会议召开。

10月27日上午,丽水市第三届华侨大会开幕,市委常委、区委书记葛学斌,副区长俞丽威参加。

10月27日下午,村(社区)"两委"主要干部工作交流会召开,市委常委、区委书记葛学斌,区长杨秀清,区委副书记陈元龙,区委常委、常务副区长胡献如参加

10月28日上午,全区领导干部大会召开,区领导参加。

10月28日下午,副省长孙景森调研古堰画乡特色小镇建设情况,市委常委、区委书记葛学斌陪同。

10月28日下午,全市旅游综合试点启动暨AAAAA级景区

创建动员大会召开，区长杨秀清，区委副书记周海忠，区委常委、常务副区长胡献如，副区长郭巧燕参加。

10月29日，副省长黄旭明考察现代农业发展，区长杨秀清，副区长郭巧燕陪同。

10月30日上午，农村基层作风巡查工作部署会召开，区委副书记陈元龙，区委常委、纪委书记宋珍花参加。

11月

11月2日上午，代市长朱晨调研丽水国际摄影节开幕式筹备工作，区长杨秀清陪同。

11月3日上午，4600元以下低收入农户增收工作、农村生活污水治理工作推进会举行，区长杨秀清，区委副书记陈元龙，副区长郭巧燕参加。

11月3日下午，中央党校学员调研古堰画乡小镇，市委常委、区委书记葛学斌，区委副书记周海忠陪同。

11月4日上午，全市领导干部会议召开，市委常委、区委书记葛学斌，区长杨秀清，区委副书记周海忠参加。

11月4日下午，全省政法系统学习践行“三严三实”先进典型事件宣讲报告电视电话会议召开，区委副书记陈元龙参加。

11月5日上午，区政府48次常务会议召开。

11月5日下午，区委书记专题会议召开。

11月6日上午，全区领导干部会议召开，区领导参加。

11月6日下午，2015防恐演习举行，区委书记陈元龙，区委常委、常务副区长胡献如参加观摩。

11月9日下午，市委书记王永康调研丽阳坑治水工作，市委常委、区委书记葛学斌，区长杨秀清陪同。

11月10日上午，市委书记王永康调研文明城市创建工作，市委常委、区委书记葛学斌，区长杨秀清陪同

11月11日下午，全省推进县域经济体制综合改革暨市县行政审批层级一体化改革电视电话会议召开，区委常委、常务副区长胡献如参加。

11月12日上午，区政府49次常务会议召开。

11月13日晚—22日，雅溪镇里东村发生山体滑坡，区领导参与抢险救灾和灾后重建等工作。

11月23日上午，市委常委（扩大）会议召开，市委常委、区委书记葛学斌，区长杨秀清参加。

11月23日下午，区委书记专题会议召开。

11月24日上午，里东村山体滑坡灾害救援指挥部成员会议召开，区领导参加。

11月25—26日，省委十三届八次全体会议召开，市委常委、区委书记葛学斌，区长杨秀清参加。

11月27日上午，区委书记专题会议召开。

11月27日上午，常务副省长袁家军调研金丽温铁路扩能改造工程，市委常委、区委书记葛学斌，区长杨秀清陪同。

11月30日上午，区委“三严三实”专题教育第三次专题学习研讨会举行，区委领导参加。

11月30日，全省特色小镇“比学赶超”第一次现场推进会在嘉兴举行，区委常委、常务副区长胡献如参加。

11月30日，义乌国际装备博览会举行，副区长俞丽威参加。

11月30日下午，市委书记王永康、代市长朱晨长调研高铁经济及高铁站场有关工作，市委常委、区委书记葛学斌，区长杨秀清陪同。

12月

12月1日晚，区委书记专题会议召开。

12月2日上午，共青团丽水市莲都区第十九次代表大会召开，市委常委、区委书记葛学斌，区长杨秀清，区委副书记陈元龙，区委常委、宣传部部长雷勇军参加。

12月2日下午，市委书记王永康调研绿谷智慧小镇项目建设，区长杨秀清，副区长李玮陪同。

12月3日上午，中共十八届五中全会精神宣讲报告会举行，市委常委、区委书记葛学斌，区长杨秀清，区委副书记陈元龙，

区委副书记周海忠，区委常委、宣传部部长雷勇军，副区长王世强参加。

12月3日下午，全市各县(市、区)“十三五”规划汇报会举行，市委常委、区委书记葛学斌参加。

12月4日上午，市委统战工作会议暨全市民族工作会议召开，市委常委、区委书记葛学斌

12月4日下午，区委常委会议召开。

12月11日下午，区国动委进行战时行动演练，市委常委、区委书记葛学斌，区长杨秀清，区委副书记周海忠参加观摩。

12月11日下午，市委书记王永康调研民宿现场会筹备工作，区长杨秀清，副区长郭巧燕陪同。

12月14日晚，区委书记专题会议召开。

12月15日上午，市委书记王永康调研高铁站场建设，市委常委、区委书记葛学斌，副区长王世强陪同。

12月17日下午，市长朱晨调研好溪堰治水工作，区委常委，常务副区长胡献如，副区长俞丽威陪同。

12月17日晚，区政府第50次常务会议召开。

12月18日上午，党管军队会议召开，市委常委、区委书记葛学斌、区委副书记陈元龙，区委常委、纪委书记宋珍花参加。

12月18日下午，区委常委会议召开。

12月18日下午，区委书记专题会议召开。

12月20日下午，市委书记王永康调研高铁站场、丽阳坑治水情况，市委常委、区委书记葛学斌，区长杨秀清，副区长王世强、俞丽威陪同。

12月21—22日，全市民宿经济推进会召开，市委常委、区委书记葛学斌，区长杨秀清，区委副书记陈元龙，副区长郭巧燕参加。

12月23日，全省经济工作电视电话会议召开，市委常委、区委书记葛学斌，区长杨秀清，区委常委、常务副区长胡献如参加。

12月23日晚，全市扶贫开发工作暨乡镇街道书记会议召开，区委副书记陈元龙，副区长郭巧燕参加。

12月28日下午，区红十字会第二次会员代表大会召开，市委常委、区委书记葛学斌，区长杨秀清，区委常委、宣传部部长雷勇军，副区长张妍参加。

12月29日上午，96164部队组建15周年纪念活动举行，市委常委、区委书记葛学斌参加。

12月29日下午，区委常委会议召开。

12月30日上午，中国生态休闲养生健康产业大会暨丽水市创新创业非零和共享经济论坛举行，区长杨秀清，区委常委，常务副区长胡献如参加。

12月30日下午，区委书记专题会议召开。

12月31日下午，区政府第51次常务会议召开。

总　述

自然环境

【地理位置】 莲都区位于浙江省西南部，瓯江中游，区境介于北纬28°06′～28°44′和东经119°32′～120°08′之间。东与青田县毗邻，南与云和县、景宁畲族自治县接壤，西与松阳县相连，西北与武义县交界，东北与缙云县连接。市人民政府驻地。

【地形地貌】 莲都区境处在括苍山、洞宫山、仙霞岭3座山脉之间。地形属浙南中山区，以丘陵山地为主，间有小块河谷平原。地势具有盆地格局，四周高山环抱，峰峦连绵高峻，海拔1000米以上山峰有30余座。境内最高处为南部八面湖山峰，海拔1389米，最低处是下风化村河漫滩，海拔40米。地形大势自西南向东北倾斜。

境内地形可分为河谷平原、丘陵、山地3种。其中：河谷平原海拔在100米以下，面积192.2平方千米，占总面积的12.8%，主要有碧湖平原和城郊平原。碧湖平原面积80.3平方千米，地势平坦，海拔60~70米，相对高差小于20米。城郊平原面积44.8平方千米，海拔50~80米，相对高差小于30米。丘陵可分为低丘和高丘，低丘海拔100~250米，面积364平方千米，25度以上陡坡面积占78.3%。高丘海拔250~500米，面积493.1平方千米，相对高差100~200米，25度以上陡坡面积占89.16%。低丘和高丘合计面积857.1平方千米，占全区总面积的57%。山地可分为低山、中山。低山海拔500～800米，面积319.3平方千米，相对高差200～300米，25度以上陡坡面积占67.9%。低山、中山合计面积452.8平方千米，占全区总面积的30.2%。

境内山脉位于大溪以南的属洞宫山北支，位于大溪以北的属仙霞岭支脉，位于好溪以东的属括苍山西端。洞宫山北支主脉，自龙泉市黄茅尖（1929米）向东北延伸，经云和县的鸡头尖（1127.9米），至莲都云和界上有水苋湾（1069米）、李山坟（1062米）、朝头湾（814米），入境经新砀山（1062米）、坳帅（1135米）至莲都、青田界上大路后（1071米）分为两支：一支续向东北，经石步尖、双尖炎、大山尖、大梁山至境内大溪边下端尖；一支向东南，经莲都、青田界上有葑垟湖（1059米），延伸境内水牛相筑（1325米），折往东北莲都、青田界上有草坳（1276米）、八面湖（1389米）。仙霞岭山脉呈西南—东北走向，西南接武义山，东北接大盘山脉、天台山脉。境内仙霞岭支脉有4支，千米以上山峰有千岗顶（1071米）、竹翠横栏尖（1082米）等。境内括苍山脉主要有2支，名山有天堂山（1010米）、连尖山（994米）等。

【水系径流】 莲都境内河流皆属瓯江水系。瓯江发源于庆元、龙泉两县市交界的锅帽尖北麓，上游段称龙泉溪，流经云和县进入莲都区大港头镇，与松阴溪会合后称大溪，再经碧湖、水阁、联城、富岭、万象、紫金等乡镇（街道）后入青田县境，与小溪会合后称瓯江，大溪干流在莲都境内长46千米，河道落差43米，流域面积1373.65平方千米。境内主要支流有好溪、小安溪、宣平溪、松阴溪4条。南部峰源一带溪流（流域面积128.45平方千米）汇入瓯江支流——小溪。

江溪径流量多年平均年径流深850毫米，最大年径流深1585.5毫米，最小年径流深411.5毫米。多年平均年径流量12.76亿立方米，其中从大溪出境水量11.30亿立方米，从峰源乡汇入瓯江支流——小溪的水量1.46亿立方米。外县(市)流入莲都境多年平均年径流量69.37亿立方米，其中龙泉溪入境水量34.5亿立方米，松阴溪入境水量18.41亿立方米。全区年均出境总水量82.13亿立方米。径流在年内分配不均，5—9月汛期径流量约占全年的2/3。大溪河底坡度较小。4条主要支流河床切割深度较大，均属山区性河流，源短流急，水位暴涨暴落，汛期保持一段时间中高水位，每年10月至次年2月，长期保持在低水位状态。

(莲都区史志办)

气 象

【概 况】 2015年，莲都区年平均气温19.1℃，较常年偏高0.7℃，极端最高气温39.7℃，极端最低气温-3.0℃；年日照1102.3小时，为历史新低；年降水量1674.2毫米，较常年偏多19.1%；年雨日178天，较常年偏多20.2天，暴雨日3天。全年气候异常，天气复杂，气象要素变幅大，多个时段的多个气象要素接近或突破历史极值，总体气候年景较差。年内影响较大的天气过程有：1月天气多变，相继出现低温、寒潮和多晴少雨天气；4月降水异常偏少，并先后出现高温、冰雹、倒春寒、大风、晚霜冻、局地暴雨等天气；5—6月多过程性降水和局地暴雨；盛夏气温偏低出现凉夏；盛夏多雨且强对流天气多发，局部地区受灾；8月“苏迪罗”台风影响较重；秋冬季节持续长时间多雨寡照天气。

【气 温】 2015年，莲都区年平均气温19.1℃，较常年偏高0.7℃。各季节平均气温：冬季(2014年12月－2015年2月)8.7℃，较常年偏高0.6℃；春季18.7℃，较常年偏高0.9℃；夏季27.5℃，较常年偏低0.5℃，达凉夏标准；秋季20.5℃，较常年偏高0.7℃。极端最高气温39.7℃，出现在8月4日；极端最低气温-3.0℃，出现在1月2日。春季回暖过程中日平均气温稳定≥10℃的初日出现在3月8日；秋季日平均气温≥22℃的终日出现在10月7日。年高温(日最高气温≥35℃)日数37天，较常年偏少9.8天；年低温(日最低气温≤0℃)日数为8天，较常年偏少8.5天。

【降 水】 2015年，莲都区年降水量1674.2毫米，较常年偏多19.1%。各季节降水量较常年平均起伏较大：冬季127.1毫米，较常年偏少19.7%；春季418.3毫米，较常年偏少9.0%；夏季603.3毫米，较常年偏多13.0%；秋季374.3毫米，较常年异常偏多64.0%。年降水日数178天，较常年偏多20.2天。年暴雨日数3天，最大日雨量72.0毫米，出现在8月9日。年内最长连续无降水时段出现在10月9日至10月26日，持续18天；年内最长连续降水时段出现在2月23日至3月9日，持续15天。

【日 照】 2015年，莲都区年累计日照时数1102.3小时，较常年偏少522.2小时，为历史新低。年内冬季日照偏多，春、夏、秋季均显著偏少：冬季342.1小时，较常年偏多46.3小时；春季284.1小时，较常年偏少75.0小时；夏季362.2小时，较常年偏少201.3小时，为历年第二少；秋季217.2小时，较常年偏少188.6小时，为历史同期新低。

【初、终霜】 2015年，莲都区春季终霜日在2月19日；秋、冬季初霜日在12月18日；无霜期301天。

【雷 暴】 2015年，莲都区年地闪(及地雷电)次数为908次，雷暴日54天，初雷在2月23日，终雷在11月16日；年内地闪频次较高的日有：7月28日243次，7月1日118次，5月30日86次，5月14日50次。

【重大天气气候事件】

1.一月天气多变，相继出现低温、寒潮和多晴少雨天气

2015年1月，气温偏高、降水偏少，天气多变，多次出现寒潮、低温和连晴天气：26—28日出现寒潮过程；2日、9日和23日分别出现大范围低温天气，其中2日全区所有气象站点的最低气温均在0℃以下，市区-3.0℃为全年极端最低气温；月内仅7日、13—14日、28日出现降水，其余时段持续晴朗少雨，致使全市各地出现较明显的气象干旱和持续较长时间的高森林火险气象等级。

2.二月前期多晴少雨持续，二月下旬至三月上旬连阴雨

2015年2月上中旬多晴少雨，其中2月4—14日连晴。2月下旬到3月上旬则持续阴雨天气，降水异常偏多，2月23日至3月9日连续15天阴雨，为年内持续时间最长的连续降水时段。

3.四月降水异常偏少，并先后出现高温、冰雹、倒春寒、大风、晚霜冻、局地暴雨

2015年4月降水持续偏少，上中旬天气复杂多变，先后出现高温、局地暴雨、冰雹、倒春寒、大风、晚霜冻等灾害天气。其中1—5日连续出现日最高气温≥30℃的高温天气，4日市区最高气温达35.7℃，为历年4月上旬最高；4日出现雷电、雷雨大风和冰雹等强对流天气；7—10日出现倒春寒天气；13日受干冷空气影响出现极大风速达6~10级的大风天气。14—15日大部分山区和部分平原地区连续出现晚霜冻天气。

4.五月中下旬降水明显偏多，局地暴雨频现

2015年5月上旬晴多雨少，中下旬多雨，降水量明显偏多，多次出现局地暴雨天气。较明显的过程有：14日溪上村、梁村出现暴雨（24小时雨量≥50毫米）；16日出现入汛以来首次大范围的大到暴雨过程；18日下圩村出现暴雨；28日泄川出现短时强降水，雨量达89.6毫米；30日出现入汛以来第二次较大范围的大到暴雨过程，黄村、大港头、梁村出现暴雨。

5.降水集中期梅雨较典型，并多次出现区域性暴雨天气

2015年梅汛期降水集中期（6月7日至7月12日）暴雨过程多，且梅中有伏，后期还有台风影响，梅雨形势和特征均较典型。较明显的区域性暴雨过程有：6月9日普降暴雨局部大暴雨，全区平均雨量56.0毫米，梁村达130.5毫米，6月11日、18日、7月2—3日分别普降大到暴雨局部大暴雨；7月11日受台风“灿鸿”外围影响，库头、黄村、溪上、峰源等部分乡镇出现暴雨。

6.“苏迪罗”台风影响较重，造成较大经济损失

2015年，1513号台风“苏迪罗”8月8日22:10左右在福建省莆田市秀屿区沿海登陆后，穿过福建、江西和安徽等省，8月10日14时在安徽省境内停止编报。“苏迪罗”台风从8月7日白天开始影响，到10日白天影响减弱并趋于结束，历时近4天，其中8日白天至9日夜里影响最明显。全区过程平均雨量138.7毫米，郑地乡、峰源乡雨量超过250毫米。高山出现并长时间持续6级以上大风。“苏迪罗”影响时间长、累计雨量大、影响范围广、大风范围大，对莲都区的影响灾害等级评估为“较重影响”等级，受其影响直接经济损失868万元。

7.秋台风“杜鹃”造成较明显的风雨影响

2015年，1521号台风“杜鹃”9月23日02时在菲律宾以东洋面上生成，9月28日17:50左右在我国台湾省宜兰沿海以强台风级登陆后横穿台湾岛，9月29日8:50左右在福建省莆田市秀屿区沿海以台风强度再次登陆，9月29日17时在福建省连城县境内减弱为热带低压后停止编报。受“杜鹃”外围影响，9月28—30日出现较明显的风雨过程，全区平均雨量58.4毫米，29—30日部分地方出现暴雨到大暴雨，部分高山地区出现6~8级大风。

8.秋冬季节持续长时间多雨寡照

2015年11—12月降水异常偏多，日照异常偏少，致使出现罕见的秋冬长时间多雨寡照天气。11月全市平均降水量153.1毫米，较常年偏多153.5%，为历年同期第四多，其中中旬雨量为历年同期最多；日照时数39.3小时，为历年同期最少。12月降水量161.1毫米，较常年偏多283.6%，为历年同期第二多，下旬降水量为历年同期最多；日照时数43.3小时，较常年偏少78.6小时，为历年同期第二少。另外，12月5日出现大范围大到暴雨过程，全区有17站（共29个站）日雨量超过50毫米，最大雾岭头村达63.8毫米。

（邓霞君）

自然资源

【自然资源】 莲都区自然资源较丰富，生态环境保持较好，为国家级生态示范区。

土地资源：全区土地面积15.02万公顷，合1502.10平方千米。其中山区占28.52%，丘陵占45.18%，平原占26.3%。人均土地面积0.40公顷，全区耕地11150.8公顷，人均耕地面积0.03公顷（0.45亩）。2012年，垦造耕地100.73公顷。

森林资源：1976年全区林木总蓄积量135.01万立方米，1989年201.42万立方米。2002年开始，实施生态公益林、绿色长廊、退耕还林建设。2005年全区林业用地面积12.034万公顷，林木总蓄积量227.79万立方米。森林覆盖率79%，森林资源特点以马尾松、杉木等针叶树最多。樟树、枫香、柏林、苦槠等散生各处，无成片林。1990年前油茶林分布较广，莲都区为全省3个油茶重点基地县（区）之一。1994年消灭宜林荒山，1999年实现绿化达标。2012年完成迹地更新876.53公顷；"四边"山体绿化77.3公顷；阔叶林发展工程286.67公顷；建设景观林42公顷；抚育中幼林4739.07公顷。

矿产资源：20世纪90年代前，境内发现矿产20多种，分布在170个点，其中金属矿有钛磁铁矿、铅锌矿、银矿等，非金属矿有萤石、花岗岩、泥煤、高岭土等。2012年具有开采证的金属矿有钼矿，非金属矿有砖瓦用页岩、建筑石料。

水力资源：全区水力资源比较丰富，理论储藏量为28.5万千瓦，可开发26.5万千瓦，（其中瓯江干流为19.5万千瓦，属市管辖），莲都区实际可开发量为7.4万千瓦。至2012年底已开发6.8万千瓦。

生物资源：境内动植物资源较为丰富。木本植物有93科278属655种，主要分布在山间、山脚坡地、溪坎路旁多被野草覆盖。列入国家重点保护的植物有11科12种，属二级重点保护植物有伯乐树（钟萼木）、香果树、银杏、鹅掌楸、华东黄杉、长叶榧等6种。属三级重点保护植物有银钟树、凹叶厚朴、黄山木兰、短萼黄连、短穗竹、中华水韭等6种。境内自然散生的古、珍、稀树种有南方红豆杉、樟、枫槠、漆、榕、罗汉松、槐等56个树种。动物种类较多，其中脊椎动物有5纲，37目，76科，400多种。哺乳纲有8目，19科，36属，44种，主要有山兔、松鼠、黄鼬、蝙蝠等。属国家一类保护的有黑麂；属国家二类保护的有穿山甲、大灵猫、水獭、猕猴、九江狸、野山羊等。爬行纲有3目，9科，25属，40种，属国家一类保护动物为鼋。两栖纲有2目，7科，13属，35种，属国家二类保护动物有大鲵。鸟纲有14目，22科，68属，200种，属国家二类保护的鸟类有鸳鸯、勺鸡、白鹇。鱼纲有10目，19科，61属，66种。节肢动物有多足、甲壳、蛛形、昆虫4纲，昆虫纲中天敌昆虫36种。

旅游资源：以"生态·休闲·养生"为主题，以瓯江流域和自然山水为主线，着力打造"绿色莲都"旅游品牌。国家AAAA级风景名胜区风情东西距市区28千米，景区属典型的丹霞地貌，东、西两岩对峙，险峰绝壁、穹隆崛起，宏奇壮观，并以民族风情为特色。省级风景名胜区南明山多象形怪石、石梁、飞瀑，寺阁古迹掩映于远眺如螃蟹形的山崖之中，景区有摩崖石刻58处，自然、人文景观独特。古堰画乡包括碧湖镇和大港头镇，核心区块包括大港头镇区、坪地、堰头、保定，有建于南朝梁天监（公元505）年间的国家级文物保护单位通济堰、保定青瓷古窑址；有省内外著名的摄影、巴比松画派和专业美术写生创作基地，历史文化底蕴深厚，发展生态休闲度假中心具有独特优势。全区有省级森林公园白云山森林公园、大山峰森林公园2个；省级文物保护单位有南明山摩崖石刻、灵鹫寺石塔、谭宅古民居、沈家邸、花门楼、河桥、西溪村乡土建筑7处；国家级湿地公园有丽水九龙湿地公园1个；省级农家乐特色村有碧湖镇堰头村、老竹镇沙溪村2个。生态自然景观保持完好，正在组织开发或列入开发计划的旅游区有峰源猕猴峡、葑垟湖、西溪古民居、雅一电站库区、天堂山、石牛城市温泉度假中心、瓯江风情旅游度假中心等。2012年，全区有重要革命遗址、纪念地40多处，红色旅游点主要有中共浙江省委机关旧址、巨溪三岩寺红军洞、峰源小岭根村红军挺进师驻地、仙渡葛畈村北乡革命纪念馆、雅溪岱后村中共丽水县委旧址等。

（莲都区史志办）

历史沿革

【概　况】 置县（市、区）1400余年，莲都区名的由来是因丽水城依山傍溪，在环山之中，形如莲瓣，宋代以后别名莲城，丽水又特产"处州白莲"，定"莲都"为市辖区区名，意欲将美丽的莲都建成繁华的都市。此一区名系从全丽水地区2000多名参与区名征集者中精选所得。

隋开皇九年（589年），分松阳东乡置括苍县，置处州，治设括苍。开皇十二年（592），改处州为括州。大业三年（607），括州改称永嘉郡（隋代括苍县境包括今莲都区、云和县、景宁县、青田县大部，文成县、缙云县及武义县南部）。

唐武德四年（621），复为括州，括苍、丽水二县属括州。武德八年（625）省丽水入括苍。万岁登封元年（696）分括苍、永康两县地置缙云县。景云二年（711），析括苍置青田县。天宝元年（742），改括州为缙云郡。乾元元年（758）复改郡为州，括苍属括州。大历十四年（779），避德宗讳，改括州为处州，改括苍县为丽水县。《元和郡县志》："丽水本名恶溪，以其湍流阻险，九十里间五十六濑，名为大恶，隋开皇中，改为丽水，皇朝因之，以为县名。"《名胜志》："以县北七里有丽阳山，故以丽水为名。"《括苍汇记》："县北七里有丽阳山，下环清溪，县名丽水以此。"

五代十国，丽水县为吴越国地，属处州。宋太平兴国三年（978），吴越归宋，州县沿前代。

元至元十三年（1276），改州为路，丽水县属处州路。

明代改路为府，丽水县属处州府。景泰三年（1452），分丽水浮云乡、元和乡之半置云和县；析宣慈乡、应和乡及懿德乡之半置宣平县。

清代丽水县属处州府，直至宣统三年（1911）七月，除丽水县，划归府兼理。自隋建州设县以来，丽水县历为州、郡、路、府治所。

1911年（清宣统三年）11月25日，浙江革命军攻克丽水，立处州军政分府，兼理丽水县政事，上隶浙江军政府。

民国3年（1914）行省、道、县三级制，丽水县属瓯海道。民国16年废道，行省、县二级制，丽水县直属省。民国19年省分设县政督察区，属第十一区，后改第二特区。民国24年，改设行政督察区，丽水县属第九行政督察区。民国37年4月，改第六区，7月改第七区。丽水县均为督察专员公署驻地。

1949年5月10日，丽水解放，属浙江省第七专区。

1949年10月1日，中华人民共和国成立，丽水县属丽水专区。1950年4月，县府迁驻碧湖镇。1952年1月，撤丽水专区，丽水县属温州专区。5月13日，县府迁返城关镇。1958年7月、1960年2月，云和、景宁两县先后并入。1961年6月1日，县府迁驻云和镇。1962年4月（国务院6月1日发文），县府迁返城关镇。1963年5月，复设丽水专区，丽水县属丽水专区，仍为专署驻地。1968年11月专区改称地区，丽水县属丽水地区。1986年3月1日，国务院批准撤丽水县置丽水市，仍属丽水地区。2000年5月，撤丽水地区设地级丽水市，撤县级丽水市设市辖莲都区。7月18日莲都挂牌授印。

行政区划

【概　况】 2000年6月6日，省政府下发《关于撤销丽水地区设立地级丽水市的通知》，决定丽水撤市（县级）设区，莲都区的区划范围与县级丽水市相同。根据《浙江省人民政府关于丽水市莲都区部分乡镇行政区划调整的批复》（浙政函〔2006〕90号）和《丽水市人民政府关于莲都区部分行政区划调整的复函》（丽政函〔2006〕62号）精神，莲都区对部分行政区划做出调整：撤销郑地乡建制，与峰源乡合并；撤销严鸟乡建制，与黄村乡合并；撤销巨溪乡建制，与太平乡合并；撤销西溪乡、泄川乡、双溪镇建制，合并设立雅溪镇；撤销富岭乡建制，设立富岭街道办事处。2011年12月22日撤销联城镇建制，改设联城街道。2012年12月11日根据《浙江省人民政府关于丽水市莲都区部分行政区划调整的批复》（浙政函〔2012〕209号）和《丽水市人民政府关于莲都区部分行政区划调整的批复》（丽政函〔2012〕101号）精神，撤销高溪乡建制，其行政区域并入碧湖镇。撤销双黄乡建制，其行政区域改由莲都区政府直辖，并入岩泉街道。2014年6月20日，根据《丽水市人民政府关于莲都区部分行政区划调整的批复》（丽政函〔2014〕53号）精神，撤销水阁街道、富岭街道，合并设立南明山街道。2015年，莲都区辖峰源、太平、仙渡、丽新、黄村5个乡；碧湖、大港头、雅溪、老竹4个镇及岩泉、紫金、白云、万象、联城、南明山6个街道（其中南明山街道委托市经济开发区管委会管理）。是年，莲都区共有243个行政村（包括南明山街道），25个社区。

2015年莲都区行政区划

表19　　　　单位：个

乡（镇、街道）名称	行政村	社区（居民区）	行政村、社区（居民区）名称
峰源乡	8	—	赛源、庞山、夏庄、库坑垟、郑地、新砀、正岙门、毛山
太平乡	19	—	横岗、戴彰、玉田、下土夭、富源、吾古、太平、留龙、小安、富山头、大河、巨溪、大畈、城头、吴弄、长濑、竹舟、朱弄、长乐
仙渡乡	11	—	根竹园、梅田、董弄、仙里、何金富、葛畈、张山后、皂树、南源、滴水岩、芦村
丽新乡	9	—	畎岸、吾赤口、黄弄、上塘畈、山村、咸宜、马村、白岸口、黄岭上
黄村乡	11	—	黄村、郑村、严鸟、汇村、皂坑、黄泥墩、戈剳、和垟、天堂、池岭、金鸟
碧湖镇	43	3	镇区：一、二、三居委、河口、上街、古井、行口、下街、碧一、上赵、河东、沙岸；新合办事处：魏村、概头、保定、岩头、三峰、周巷、堰头；平原办事处：大陈、红圩、里河、上阁、九龙、章塘、下叶、同心；石牛办事处：郎奇、蒲塘、白桥、下赵、泉庄、石牛、白口；联合办事处：联济、中岙、南山、中溪、松坑口；高溪办事处：高溪、竹溪、南坑、龙岩、大吴山、缸窑、红南
大港头镇	10	1	一居委、大港头、河边、利山、西坑口、小山、均溪、北埠、石侯、西黄、小井
雅溪镇	19	—	双溪、莲房、洪渡、雅义、西溪、里东、库川、上金竹、上黄村、季岭根、周村、雅里、潘百、岩蒙、上陈、金竹、泄下、双源、岱后
老竹镇	12	—	曳岭脚、榴溪、新陶、沙溪、后坑、周坦、郑丰、徐庄、丁公、赤坑、老竹、梁村
岩泉街道	18	5	社区：朝阳、天宁、丽阳、正阳、北苑路；村委：里佳源、雨伞岗、余岭、枫树湾、下后弄、后甫、天宁寺、九里、凉塘、长岗背、岩泉、青林、社后、关下、冷水、秋塘、黄畈、瑄头
紫金街道	19	7	社区：永晖、金苑、东银苑、西银苑、万丰、大洋河、东升；村委：大众、海潮、新建、厦河、城东、古城、水东、芦埠、塔下、黄垅井、河村、祝庄、杨坑、开潭、瀑泉、风化、湾岙、金东、水岭根

续表19

乡(镇、街道)名称	行政村	社区(居民区)	行政村、社区(居民区)名称
白云街道	4	6	社区:北郭桥、白云、后庆、灯塔、三岩寺、接官亭;村委:城北、灯塔、城西、丽光
万象街道	4	7	社区:丽阳门、夏河门、左渠门、大水门、府前、梅山、凤凰;村委:丽南、城南、水南、丽华
联城街道	21	—	张村街、下林、坛峡、莲景、苏港、竹道、青岗、花街、金周、路湾、敏河、武村、白前、常宅、林宅口、凤鸣、官桥、坑口、苏埠、港口、瑶畈
南明山街道	35	—	张垵、小木溪、大门楼、中堂、叶村、富岭、大坑口、下仓、下张、陶庄、前垟、张村、水阁、叶圩、旭光、白岩、垟店、吴垵、桐岭、俞庄前、七百秧、丽沙、上沙溪、龙石、岑山、里坑、陈店、山根、章巷、大源、下章、松坑圩、丽周、金山、潘田

（莲都区史志办）

人口与民族

【人口变迁】 2015年，全区总户数181023户，总人口401404人，分别比2014年增加2739户和1490人，上升1.5%和0.37%，平均每户2.22人。全区总人口中：男性202109人，占总人口数50.35%；女性为199295人，占总人口数49.65%。性别比为101:100(女性人口为100)。全区城镇人口180472人，占总人口数44.96%，比2014年178906人增加1566人，乡村人口数220932，占总人口数55.04%；全区出生人数4021人，出生率10.03‰ 死亡人数2409人，死亡率6.01‰。全区迁入人数3013人，迁出人数2359人。全区人口自然增长率4.02‰。

（吴进勇）

【民　族】 丽水市莲都区是浙江省民族工作重点县(市、区)之一，有汉族和蒙古族、回族、藏族、维吾尔族、苗族、彝族、壮族、布依族、朝鲜族、满族、侗族、瑶族、白族、土家族、哈尼族、哈萨克族、傣族、黎族、傈僳族、佤族、畲族、高山族、拉祜族、水族、东乡族、纳西族、景颇族、土族、达斡尔族、仫佬族、羌族、布朗族、毛南族、仡佬族、普米族、塔吉克族、俄罗斯族、京族等39个民族成分。莲都区少数民族人口居全省第二位，全市第一位，2015年底全区少数民族人口26903人，其中以畲族居多，约有2.53万。辖区内有老竹、丽新两个畲族乡镇，少数民族人口在1000人以上的乡镇(街道)8个，分别是老竹畲族镇、丽新畲族乡、碧湖镇、大港头镇、联城街道、白云街道、岩泉街道、南明山街道(水阁街道和富岭街道合并)。

（李飞）

2015年区和乡镇、街道机构及负责人名录

【中国共产党丽水市莲都区委员会】

书　记：林健东(—2015.4)
　　　　葛学斌(2015.4—)
副书记：王小荣(—2015.2)
　　　　杨秀清(2015.2—)
　　　　陈元龙
　　　　周海忠(2015.4—)
常　委：洪起平(—2015.8)
　　　　张继芳
　　　　朱超模
　　　　宋珍花(女)
　　　　李见阳(—2015.4)
　　　　李一波(女)(—2015.4)
　　　　王永伟(—2015.5)
　　　　吕林勇(—2015.4)
　　　　叶建利
　　　　胡献如(2015.4—)
　　　　赵加慧(2015.4—)
　　　　叶祖平(2015.4—)
　　　　潘新雄(2015.5—)

楼章能(2015.6—)
雷勇军(2015.10—)

【丽水市莲都区人民代表大会常务委员会】

主　任:雷　萍(女)
副主任:吴新民
陈　萍(女)
兰仁生
江爱军
蓝丽华
陈鲁军(2015.4—)
党组书记:雷　萍(女)
办公室主任:陈岳波
副主任:陈晓宁
蓝晓芬(女)
代表工委主任:徐柳玉(女)
农工委主任:桑小明
副主任:吴丽友
教科文卫工委主任:汤永华
民侨工委主任:傅瑗君(女)
财经工委主任:麻益民
副主任:刘黎明
法工委主任:夏宁炎

【丽水市莲都区人民政府】

区　长:王小荣(—2015.2)
杨秀清(2015.4—)
代区长:杨秀清(2015.2—2015.4)
副区长:杨秀清(2015.2—2015.4)
李一波(女)(—2015.5)
胡献如(2015.5—)
雷勇军(—2015.11)
俞丽威
郭巧燕(女)
赵加慧(女)
叶建光
李　玮(挂职)
王世强
张　妍(女)(2015.11—)
蔡通友(2015.5—)
徐旭卿(女)(2015.8—(挂职)
区长助理:卢　伟(2015.11—2016.1)

【中国人民政治协商会议丽水市莲都区委员会】

主　席:谷江南
副主席:谢林森
虞为粮(女)
卢　进
任文红(女)
叶晓东(2015.4—)
党组书记:谷江南
党组副书记:朱超模
虞为粮(女)
秘书长:叶建华(—2015.3)
王金友(2015.4—)
副秘书长:虞海雄(—2015.3)
雷玉英(女)(—2015.3)
叶良成
邱旭平
朱爱琴(女)
华俊林
瞿宗囡(女)
张春华
吴海霞(女)(—2015.3)
周献贤(2015.3—)
王智勇
办公室主任:虞海雄(—2015.3)
王金友(2015.3—)
副主任:黄建兵
纪跃华

科教文卫体委
主　任:黄建兵(—2015.3)
邱旭平(2015.3—)
副主任:吕春耀
谢发贤
叶旭亮(—2015.3)
江建东

经济委
主　任:林玉美(女)
副主任:吴雯华
赵　涌
周奇星(—2015.3)
陆朝霞

提案委
主　任:雷玉英(女)(—2015.3)
周献贤(2015.3—)
副主任:瞿宗囡(女)
黄于林

文史委
主　任:黄建兵(2015.3—)
副主任:邱旭平(—2015.3)
留红伟

社会法制委
主　任:武瑜芳(女)(—2015.3)
周奇星(2015.3—)
副主任:金洪斌(—2015.3)
毛利军

港澳台侨民宗委
主　任:梁满云
副主任:李顺富
陈海波

委员工作委员会
主　任:王金友(—2015.3)
谢晓鹏(2015.3—)
副主任:郭晓波
陆朝霞(女)

【中国共产党丽水市莲都区纪律检查委员会】

书　记：洪起平（—2015.8）
　　　　宋珍花（2015.10—）
副书记：陈永军
　　　　徐伟群
常　委：蒋　嫲（女）
　　　　陆湘阳
　　　　田志萍（女）
　　　　钟勇军
办公室
主　任：陆湘阳（—2015.12）
干部室
主　任：何雪琴（女）（—2015.12）
宣传教育室
主　任：郑超敏
党风政风监督室（区政府纠正行业不正之风办公室）
主　任：王　皓
信访室
主　任：陈鲍军
案件监督管理室
主　任：田志萍（女）
第一纪检监察室
主　任：傅　华
第二纪检监察室
主　任：汤杨伟
第三纪检监察室
主　任：张　杰
案件审理室
主　任：何瑞芬（女）
区纪委正科级纪检员：
　陆湘阳（—2015.12）
　田志萍（女）
区纪委副科级纪检员：李伟军
派驻第一纪检组
组　长：陆湘阳（2015.12—）
副组长：李　涛（2015.12—）
　　　　叶　盈（女）（2015.12—）
派驻第二纪检组
组　长：诸葛彬（2015.12—）
副组长：何雪琴（女）（2015.12—）
　　　　叶伟英（女）（2015.12—）
派驻第三纪检组
组　长：梁满云（2015.12—）
副组长：范红胜（2015.12—）
派驻第四纪检组
组　长：沈小聪（2015.12—）
副组长：林　蓓（女）（2015.12—）
派驻第五纪检组
组　长：徐雪峰（2015.12—）
派驻第六纪检组
组　长：周陈亮（2015.12—）
派驻第七纪检组
组　长：陈红敏（女）（2015.12—）
派驻第八纪检组
组　长：陈君佐（2015.12—）
派驻第九纪检组
组　长：吴耿王（2015.12—）
派驻第十纪检组
组　长：王华平（2015.12—）
派驻第十一纪检组
组　长：
副组长：尚小军（2015.12—）
　　　　蓝丽美（女）（2015.12—）
派驻区法院纪检组
组　长：
副组长：宋建中（2015.12—）
派驻区检察院纪检组
组　长：
副组长：吴喆文（2015.12—）
派驻区委组织部纪检组（区直属机关纪检委）
组　长：
副组长：林　慧（女）（2015.12—）

【丽水市莲都区人民法院】

院　长：舒维云（—2015.2）
　　　　李美顺（2015.4—）
代院长：李美顺（2015.2—2015.4）
副院长：李美顺（2015.2—2015.4）
　　　　魏建平
　　　　施建伟
　　　　黄祖培
　　　　王庆文（女）
审判委员会专职委员：阎丽群
　　　　张叶伟
　　　　王燕芬（女）
执行一局局长：蓝小春
执行二局局长：厉子勇
碧湖法庭庭长：朱益钦
南城法庭庭长：韦剑锋
党组书记：舒维云（—2015.2）
　　　　李美顺（2015.2—）
党组副书记：魏建平
党组成员：宋建中
政治处主任：蒋华靖
审管办主任：周山丹（女）

【丽水市莲都区人民检察院】

检察长：王小刚
副检察长：孙越明（—2015.3）
　　　　卢建华
　　　　王韵俊（女）
检察委员会专职委员：
　　　　林宏伟
　　　　朱　乐（女）
反贪局局长：
反渎职侵权局局长：叶　军
党组书记：王小刚
党组副书记：赵金明
纪检组长：赵金明

政治处主任:吴喆文
碧湖检察室主任:杨建贞

【丽水市莲都区人民武装部】
部 长:潘新雄
政 委:王永伟
副部长:廖卫民(—2015.3)
兰龙军(2015.4—)

【区委工作部门】
区委办公室(区委政策研究室)
主 任:叶祖平
副主任:叶庆武
陈华君
陈江涛
陈海波
雷金华(—2015.3)
蔡毓良
卜广富
区委区府办党委书记:叶祖平
区委区府办党委副书记:雷 成
区委、区政府信访局
局 长:陈华君
副局长:刘守平
王瑶鸿
李 威(—2015.10)
梁 健(2015.10—)

区委防范和处理邪教问题领导小组办公室、区政府防范和处理邪教问题办公室
主 任:徐 明
副主任:郑南平
赵军飞
周建荣

区委区政府督查室
主 任:江慧霞(女)

机要局(密码管理局)
局 长:纪正鸿(女)

保密局
局 长:龚丽丽(女)

区委台湾工作办公室,区政府台湾事务办公室
主 任:陈海波
副主任:叶予序

区委组织部
部 长:张继芳
常务副部长:管兴标(2015.3—)
副部长:桑亦球(—2015.9)
翁伟标(—2015.3)
吴丽云(女)
郭晓波
梁永光(2015.3—)
赵礼成(2015.3—)

直属机关工作委员会
书 记:郭晓波
副书记:陈君佐(—2015.12)
纪工委书记:陈君佐(—2015.12)

新经济与新社会组织工作委员会
书 记:桑亦球(—2015.9)
副书记:奚海峰

人才办
主 任:陈真伟

区委副科级组织员:吴 铭
俞 洁(女)
(—2015.3)
邹青芬
(2015.03—)
吴松妹(女)

老干部局
局 长:赵礼成
副局长:夏伟文
徐叶艳(女)

党校:
校 长:张继芳
常务副校长:林 军
副校长:刘宏华
罗文双

宣传部
部 长:宋珍花(女)(—2015.11)
雷勇军(2015.11—)
副部长:张爱勤(—2015.9)
叶玲娣(女)
留红伟
王伟平

精神文明建设委员会办公室
主 任:叶玲娣(女)
副主任:黄 庆

区委外宣办(区政府新闻办)
主 任:林 慧(女)(—2015.3)
留红伟(2015.3—)
专职副主任:许晓燕(女)
(2015.3—)

社科联
主 席:留红伟
副主席:任迎春(女)

统一战线工作部
部 长:朱超模
副部长:李顺富
陆朝霞(女)

区政府侨务办公室
主　任：朱海毅（—2015.9）

政法委员会
书　记：陈元龙
副书记：梁守根（—2015.10）
　　　　毛利军
　　　　廖翊慧
　　　　李一波（女）（—2015.5）

综治办
主　任：梁守根（—2015.10）
副主任：王文俊

维稳办
主　任：廖翊慧
副主任：郑丽珍（女）

档案局
局　长：吴慧彬
副局长：徐丽静（女）
　　　　杨忠根
党组书记：吴慧彬

史志办公室
主　任：叶庆武
副主任：郑永忠

工作责任制考评委员会办公室
主　任：
副主任：卜广富
　　　　吴祥宇

老龄工作委员会
主　任：郭巧燕（女）
副主任：管兴标
　　　　赵　颖（女）
　　　　叶志军

办公室主任：朱珈仪（女）
办公室副主任：卢春花（女）

关心下一代工作委员会
名誉主任：张继芳
　　　　　雷勇军
主　任：王国荣
副主任：程敬群
　　　　刘宗林
　　　　陈江涛
　　　　王品伟
　　　　翁伟标
　　　　张爱勤
　　　　梁守根
　　　　雷金华
　　　　余宗南
　　　　叶志军
　　　　赵礼成
　　　　毛致富
　　　　金献章
　　　　张丽青（女）
专职副主任：周献贤
办公室主任：周献贤

【区政府工作部门】
区政府办公室
主　任：雷　成
副主任：刘进君
　　　　王品伟
　　　　诸葛彬
　　　　刘海勇
　　　　王伟荣
　　　　周贤华
　　　　林伟群
　　　　赵　颖（女）
　　　　魏　俊
党组书记：雷　成

区直机关人武部
部　长：陈永春

区机关事务管理局（区接待办）
局　长（主　任）：周贤华
党组书记：张　明（—2015.10）
副局长（副主任）：
　　　　　　徐建波
　　　　　　张　明（—2015.10）
纪检组长：林蓓（女）（—2015.12）

区政府外事办公室
主　任：诸葛彬

区政府法制办公室
主　任：林伟群
副主任：卢土法

区政府应急办公室
主　任：张小平

区政府金融办公室
主　任：林　伟

区政府行政审批中心
主　任：苏增平（—2015.3）
　　　　虞海雄（2015.3—）
副主任：徐建波
　　　　朱丛伟
党组书记：苏增平（—2015.3）
纪检组长：徐建波

发展和改革局
局　长：汪强华
副局长：吕旭勇
　　　　吴玉贞（女）
　　　　周慧霞（女）
　　　　刘鹤林
　　　　麻伟明

党组书记:汪强华
纪检组长:何伯成
重点前期办主任:朱文卿(女)

生态休闲养生养老经济委员会办公室
专职副主任:刘鹤林

经济商务局
局　长:王君伟
副局长:何振华(—2015.3)
　　　　吴雯华
　　　　叶卫东(—2015.3)
　　　　蓝伟军(2015.3—)
总经济师:钟闪闪(—2015.3)
　　　　　叶卫东(2015.3—)
党组书记:王君伟
纪检组长:蓝伟军(—2015.3)
　　　　　王华平(2015.3—2015.12)

经济合作办公室
主　任:李小富
副主任:周文林
招商投资服务中心
主　任:李军舫(女)

教育局
局　长:余宗南
副局长:谢晓鹏(—2015.3)
　　　　吕春耀
　　　　李勇军
　　　　蓝永明(—2015.7)
党组书记:余宗南
纪检组长:叶伟英(女)(—2015.12)

科学技术局
局　长:朱瑞亮
副局长:谢发贤
　　　　雷光伟
党组书记:朱瑞亮
纪检组长:周陈亮(—2015.12)

监察局
局　长:陈永军
副局长:蒋　嫜(女)
　　　　雷丽慧(女)
区政府正科级监察员:蒋　嫜(女)

民政局
局　长:叶志军
副局长:郑林土
　　　　洪万升
　　　　朱珈仪(女)
党组书记:叶志军
党组副书记:朱珈仪(女)
纪检组长:李　涛(—2015.12)

司法局
局　长:梁永光(—2015.3)
　　　　管青林(2015.3—)
副局长:梁智伟
　　　　陈一娟(女)
党组书记:梁永光(—2015.3)
　　　　　管青林(2015.3—)
纪检组长:叶　盈(女)(—2015.12)

财政局
局　长:赖志平
副局长:黄于林
党组书记:赖志平
纪检组长:陈君佐(2015.3—2015.12)
总会计师:吕焕祺
财政监督局局长:唐林军
预算执行局局长:史伟军
预算编制局局长:吕焕祺(兼)

人力资源和社会保障局
局　长:管兴标(—2015.3)
　　　　梁永光(2015.3—)
副局长:杨雪琼(女)
　　　　侯学峰
　　　　傅佩珍(女)
党组书记:管兴标(—2015.3)
　　　　　梁永光(2015.3—)
纪检组长:蓝丽琴(女)
社会保险事业管理中心
主　任:雷永兵

质量技术监督局
局　长:吴日清
副局长:吴君跃
党组书记:吴日清
纪检组长:叶君龙

机构编制委员会办公室
主　任:吴丽云(女)
副主任:周　剑
　　　　俞　洁(女)(2015.3—)

交通运输局
局　长:蓝小华
副局长:洪　飞
　　　　蓝献土
党组书记:蓝小华
党组副书记:蓝献土
纪检组长:周丽芬(女)(—2015.3)
总工程师:吴　俊

公路管理局
局　长:李海燕(女)

农村工作办公室(扶贫办)
主　任:雷金华(—2015.3)
　　　蔡毓良(2015.3—)
副主任:赵　涌
　　　程晓东
　　　李秀红(女)
党组书记:雷金华(—2015.3)
　　　　蔡毓良(2015.3—)
纪检组长:王华平(—2015.3)
　　　　吴海霞(2015.3—)

农业局
局　长:潘金发
副局长:朱爱琴(女)
　　　李如林
　　　陈雪清(2015.3—)
总农艺师:程碧霞(女)
党组书记:潘金发
党组副书记:李如林
纪检组长:吴耿王(—2015.12)

畜牧兽医局
局　长:梁聪女(女)

农业特色产业办
主　任:李益平

农村土地承包经营权流转服务中心
主　任:吴小梅(女)

现代农业园区管理委员会(2015.7成立)
主　任:潘金发(兼)(2015.11—)

林业局
局　长:陈森云
副局长:章华祥
　　　纪伟平(—2015.9)
　　　叶立钦(2015.9—)
党组书记:陈森云
党组副书记:华赴云
纪检组长:华赴云
总工程师:俞加夫

水利局
局　长:方志水
副局长:叶立钦(—2015.9)
　　　瞿宗囡(女)
　　　陈礼聪(女)(2015.11—)
党组书记:方志水
纪检组长:杨小华(—2015.3)
　　　　叶雪军(2015.9—)
总工程师:林　敏

防汛抗旱指挥部办公室
主　任:叶雪军(—2015.9)
　　　陈礼聪(女)(2015.11—)

区水利开发建设有限公司
董事长兼总经理:陈礼聪(女)(—2015.11)

文化广电新闻出版局(体育局)
局　长:胡菊萍(女)
副局长:江建东
　　　叶青春
党组书记:胡菊萍(女)
纪检组长:尚小军(—2015.12)

人口和计划生育局(2015.3撤销,与卫生局合并为卫生和计划生育局)
局　长:钟金亮(—2015.3)
副局长:商跃华(—2015.3)
　　　郑雪君(女)(—2015.3)
　　　王晓玉(女)(—2015.3)
　　　刘益民(—2015.3)
党组书记:钟金亮(—2015.3)
纪检组长:徐雪峰(—2015.3)

卫生局
局　长:周彩林(—2015.3)
副局长:叶旭亮(—2015.3)
　　　杨娇云(女)(—2015.3)
党组书记:周彩林(—2015.3)
纪检组长:张晓霞(女)(—2015.3)

卫生和计划生育局(2015.3成立)
局　长:钟金亮(2015.3—)
副局长:郑雪君(女)(2015.3—)
　　　刘益民(2015.3—)
　　　叶旭亮(2015.3—)
　　　杨娇云(女)(2015.3—)
党组书记:钟金亮(2015.3—)
纪检组长:徐雪峰(—2015.12)

爱国卫生运动委员会办公室
主　任:孙　钧

红十字会
会　长:雷勇军(—2015.12)
　　　张　妍(女)(2015.12—)
副会长:陈文生(—2015.3)
　　　王品伟(2015.12—)

审计局
局　长:徐屈霞(女)
副局长:李益彬
　　　吴武贵
党组书记:徐屈霞(女)(2015.9—)

党组副书记:徐屈霞(女)
(—2015.9)
纪检组长:李益彬
总审计师:刘朝辉
经济责任审计联席会议办主任:
李煜莹(女)

统计局
局　长:戴旭伟
副局长:吴春建
吕慧萍(女)
党组书记:戴旭伟
纪检组长:吕慧萍(女)

安全生产监督管理局
局　长:赵秀峰
副局长:宋新魁
孙　婷(女)(—2015.3)
姚顺苗(2015.3—)
党组书记:赵秀峰
纪检组长:蓝丽美(女)
(—2015.12)
总工程师:胡来福
安委办专职副主任:孙　婷(女)
(2015.3—)

市场监督管理局
局　长:王　弘
副局长:吴为晨
霍跃胜
陈　杰
上官潮涌
朱泽霞(女)
稽查大队大队长:朱泽霞(女)
岩泉所所长:王碧军
紫金所所长:何卫芳(女)
白云所所长:潘李伟
万象所所长:张　骊(女)
联城所所长:吴志明
碧湖所所长:陈　杰
党组书记:沈小聪(—2015.12)
党组副书记:王　弘
纪检组长:莫晓俊

民族宗教事务局
局　长:李顺富
副局长:雷岳莲(女)

建设(城乡规划)分局
局　长:章金宝
副局长:叶向荣
杨耀武
党组书记:章金宝
纪检组长:周贤池(—2015.3)
林　慧(2015.3—
2015.12)
总工程师:冯　远

环境卫生管理局
局　长:郑丽君(女)(—2015.7)
王世强(兼)(2015.7—)
副局长:高和平
朱永胜
王苍松
纪检组长:吴海平

征地拆迁安置办公室(2015.9更名为土地和房屋征收工作办公室)
主　任:章旭宇(—2015.9)
副主任:许新钢(—2015.9)
周志方(—2015.9)
陈鑫荣(—2015.9)
谢建平(—2015.9)
党组书记:章旭宇
纪检组长:程　梅(女)
(—2015.6)

土地和房屋征收工作办公室
(2015.9成立)
主　任:章旭宇(2015.9—)
副主任:许新钢(2015.9—)
周志方(2015.9—)
陈鑫荣(2015.9—)
谢建平(2015.9—)
党组书记:章旭宇
纪检组长:

风景旅游局(东西岩风景区旅游管理委员会)(〔2015.9更名为旅游委员会(东西岩风景区旅游开发建设管理委员会)〕)
局　长(主任):翁伟标
(—2015.9)
副局长(副主任):
姚顺苗(—2015.3)
陶　琤(女)(—2015.9)
党组书记:翁伟标(—2015.9)
纪检组长:陈红敏(女)
(—2015.9)

旅游委员会(东西岩风景区旅游开发建设管理委员会)(2015.9成立)
主　任:翁伟标(2015.9—)
副主任:陶　琤(女)(2015.9—)
党组书记:翁伟标(2015.9—)
纪检组长:陈红敏(女)
(2015.9—2015.12)

瓯江风情旅游度假区管委会
主　任:徐建林
常务副主任:周奇星(—2015.3)
副主任:杨　杰
党组书记:徐建林
纪检组长:尤恒芳(女)

丽水生态产业集聚区莲都分区管委会（浙江丽水工业园区管委会）
主　任：沈建祖
常务副主任：李美华（女）
副主任：曾群英（女）
　　叶刘军（2015.3—）
党组书记：李见阳（—2015.5）
党组副书记：沈建祖
　　胡　军
纪检组长：
区委副科级组织员：钟申友

城管处州分局（国土资源执法监察一大队）
局　长（大队长）：
　　叶金荣（—2015.3）
　　蔡通友（2015.3—）
副局长（副大队长）：王再明
　　周蕴敏（女）
　　吕建军
办公室主任：林力亚（女）
副主任：郑和发
综合管理科科长：胡根和
法规监督科科长：张作涌
副科长：余世亮
岩泉中队中队长：傅文强
副中队长：李　俊
　　夏品文
紫金中队副中队长：罗启文
　　何伟慧
白云中队中队长：季乐天
副中队长：周志凯
　　王龙健
万象中队中队长：刘建荣
副中队长：周华懂
　　叶庆游
联城中队副中队长：季　蔚
　　季祖建
其他干部：桑立俊（保留副科级）

城管莲都分局（国土资源执法监察二大队）
局　长（大队长）：朱祖胜
副局长（副大队长）：陈金多
　　王占祥
　　张伟杰
党组书记：朱祖胜
党组副书记：陈金多

移民工作办公室
主　任：李桂元
党组书记：李桂元（2015.9—）
党组副书记：李桂元（—2015.9）

【区级民主党派】

中国国民党革命委员会莲都区委员会
主　委：虞海雄（2015.12—）
副主委：华俊林
　　陈哈利

九三学社莲都区委员会
主　委：林玉美（女）
副主委：瞿宗囡（女）
　　蓝云仙（女）

中国农工民主党莲都区委员会
主　委：郭巧燕（女）
副主委：朱爱琴（女）
　　王智勇

中国民主促进会莲都区委员会
主　委：邱旭平
副主委：李美华（女）
　　张小平

中国民主同盟莲都区委员会
主　委：谢林森（—2015.12）
周贤华（2015.12—）
副主委：叶良成
　　洪万升

中国民主建国会莲都区委员会
主　委：任文红（女）
副主委：梁智伟
　　张春华

【部分群众团体】

总工会
主　席：尚小林
副主席：周林茂
　　王　琳（女）
党组书记：尚小林
纪检组长：周林茂

团委
书　记：叶祥根
副书记：李朝铨
　　尚佐方

妇联
主　席：蓝旭君（女）
副主席：梁玮珺（女）
　　王　菁（女）
党组书记：蓝旭君（女）

工商业联合会（总商会）
主　席：蓝丽华
副主席：王金华
　　李　炎
　　杜建华
　　章　龙
　　黄小毛

熊金平
王　雨(女)
王华文
王爱凤(女)
叶大庆
孙荣福
何建勇
陈旭东
陈晓建
周仕真
林雪平
金丽君
梁　永
吴海霞(女)
党组书记:陆朝霞(女)

文学艺术界联合会
主　席:邱旭平

科学技术协会
主　席:史珍平
副主席:王路永
　　　　胡　峰
党组书记:史珍平

残疾人联合会
理事长:李冠武
副理事长:阙伟华
　　　　　曾　锋
党组书记:李冠武

计划生育协会
会　长:陈　萍(女)
常务副会长:钟金亮

归国华侨联合会
主　席:陈海华
副主席:叶　玲(女)
　　　　李和根
　　　　章丽和
　　　　王兴平
　　　　孙育来
　　　　吴永建
　　　　林连明
　　　　金根木
　　　　徐剑毅
　　　　虞海勇(驻会)
　　　　蔡仙英(女)
　　　　魏　彪
秘 书 长:虞海勇
副秘书长:留旭东
　　　　　张俊杰

【垂直管理部门】

国土分局
局　长:程晓东
副局长:季建忠
　　　　谭　伟
　　　　江南平
　　　　王肖健
党组书记:程晓东
纪检组长:王肖健
土地储备中心主任:季晓华

环保分局
局　长:徐龙平
副局长:王　炜
总工程师:张雪峰

莲都供电公司
总经理:谢　力
党委书记:张叶根
副总经理:黄祖金(—2015.3)
　　　　　陆文彪
　　　　　林巧红(女)
　　　　　叶慧强(2015.3—)
纪委书记:朱会军

莲都农村商业银行
董事长:陈胜珠
监事长:刘洪芝(女)
行　长:刘俊毅
副行长:王志军(—2015.3)
　　　　朱　敏
　　　　林小勇(2015.3—)
党委书记:陈胜珠
纪委书记:刘洪芝(女)

公安分局
局　长:叶建利
政　委:尤晓剑
副局长:周德云
　　　　叶伟春
　　　　吕小平
　　　　胡　玮
　　　　邹丽华(挂职)
　　　　(—2015.10)
　　　　潘惠和
　　　　周德平
党委书记:叶建利
党委副书记:金洪斌(—2015.3)
　　　　　　尤晓剑
纪委书记:宋国勇
政治处主任:陈友荣(—2015.5)
　　　　　　王芳芳(女)(2015.5—)
网络警察大队大队长:冯征宇
刑侦大队大队长:
　　　　富亚勇(—2015.5)
　　　　施国平(2015.5—)
教导员:林跃儿
治安大队大队长:章良旺
教导员:项巧军
经侦大队大队长:
　　　　张兆彦(—2015.5)

沈柳飞（2015.5—）
禁毒大队大队长：
邱慧刚（—2015.6）
朱启东（2015.6—）
国保大队大队长：
杨震宇（—2015.6）
邱慧刚（2015.6—）
天宁派出所所长：
王时豪（—2015.5）
傅作勤（2015.5—）
教导员：傅作勤（—2015.5）
任旭东（2015.5—）
流动人口服务管理局局长：何　鑫
指挥中心主任：吴永标
警务保障室主任：
任旭东（—2015.5）
余　军（2015.5—）

【部分事业企业单位】

供销合作社联合社
理事会主任：余良富
理事会副主任：周　亮
熊鑫俊
监事会主任：施建江（—2015.8）
杨小华（2015.8—）
党组书记：余良富
纪检组长：施建江（—2015.3）
杨小华（2015.3—）

国有资产投资经营公司
董事长：
总经理：
副总经理：叶丽勇

【岩泉街道】

中国共产党岩泉街道工作委员会
书　记：王　峰
副书记：傅文强
郭跃伟
王育波（2015.9—）
纪工委书记：兰立新
（2015.9—）
委　员：叶超荣
蓝林春
周元进
王育波（—2015.9）
舒旭勇（—2015.9）
兰立新
傅志伟
杨震宇（2015.9—）
正科级组织员：薛和平
区委副科级组织员：夏根平
（—2015.3）
副科级组织员：黄晓波
肖丽君（女）
区人大岩泉街道工作委员会
主　任：陈雪清（—2015.3）
副主任：吴建荣（—2015.3）
岩泉街道办事处
主　任：郭跃伟
副主任：周元进
刘金平
沈根祥（—2015.3）
尤会贤
袁丽娟（女）

【紫金街道】

中国共产党紫金街道工作委员会
书　记：陶旭峰
副书记：金伟君（—2015.3）
唐　键（女）
林国友（2015.3—）
纪工委书记：唐　键（女）
（—2015.9）
张田信（2015.9—）
委　员：叶进林
张田信
夏海伟
朱小勇
邱丽平
副科级组织员：叶旭红（女）
金慧虹（女）
夏根平（2015.3—）
区人大紫金街道工作委员会
主　任：陈维成（—2015.3）
叶　波（2015.3—）
紫金街道办事处
主　任：金伟君（—2015.3）
林国友（2015.3—）
副主任：叶进林
蓝友春
雷秀香（女）
林根永
徐建庭
吕君勇

【白云街道】

中国共产党白云街道工作委员会
书　记：蓝木申
副书记：钟海峰
周亚军
季乐天
纪工委书记：周亚军（—2015.9）
陈永铭（2015.9—）
委　员：章友华
陈永铭
叶根平
沙　狄
叶冠俊
卢匀科
副科级组织员：傅仁权
（—2015.3）
麻和凤（女）

区人大白云街道工作委员会
主　任：杨继义
白云街道办事处
主　任：钟海峰
副主任：章友华
　　　　高岳云
　　　　李高祥
　　　　夏巧娇（女）（—2015.10）
　　　　王刘毅
　　　　陈卓文
　　　　吴娜妮（女）
　　　　〔2015.5—（挂职）〕

【万象街道】
中国共产党万象街道工作委员会
书　　记：王东华
副书记：朱明海
　　　　徐伟乐
　　　　刘建荣
纪工委书记：朱明海（—2015.9）
　　　　叶文波（2015.9—）
委　员：叶文波
　　　　杨海霞（女）
　　　　施国平（—2015.9）
　　　　陈伟贤
　　　　蓝林余
　　　　陈岳平
　　　　周望波（2015.9—）
副科级组织员：樊秀娟（女）
　　　　周永海
　　　　吴建荣（2015.3—）
区人大万象街道工作委员会
主　任：陈建伟
万象街道办事处
主　任：徐伟乐
副主任：陈林伟
　　　　蓝林余
　　　　陈国武
　　　　何丽琼（女）（—2015.9）
　　　　任文伟
　　　　周希仁

【联城街道】
中国共产党联城街道委员会
书　记：赵建勇
副书记：张　濂
纪委书记：雷秀云（女）
（2015.9—）
委　员：金昌伟
　　　　王良平
　　　　吴朝勇
　　　　雷秀云（女）
　　　　卢　剑
　　　　周　伟（—2015.9）
　　　　季　蔚
　　　　叶勇伟（2015.9—）
区委副科级组织员：周永东
　　　　饶连友
副科级组织员：
　　　　张奕祎（女）（—2015.3）
区人大联城街道工作委员会
主　任：蓝春香（女）
副主任：兰伟军
联城街道办事处
主　任：张　濂
副主任：陈荣环（—2015.3）
　　　　陆庶宽
　　　　张　城
　　　　卢　剑
　　　　石伟明

【碧湖镇】
中国共产党碧湖镇委员会
书　记：李见阳（—2015.5）
副书记：舒丽红（女）
　　　　沈建祖
　　　　胡　军
纪委书记：舒丽红（女）
　　　　（—2015.9）
　　　　李育虹（女）
　　　　（2015.9—）
委　员：李育虹（女）
　　　　叶志文
　　　　张　武
　　　　周望波（—2015.9）
区委副科级组织员：陈国忠
　　　　（—2015.9）
副科级组织员：叶跃平
　　　　（—2015.3）
碧湖镇人大主席团
主　席：华官丽
副主席：尚再伟（—2015.4）
碧湖镇人民政府
镇　长：胡　军
副镇长：郭玉伟
　　　　胡春杰
　　　　王贤戴
　　　　叶刘军（—2015.4）
　　　　张美英（女）
　　　　潘秀华

【大港头镇】
中国共产党大港头镇委员会
书　记：管青林（—2015.3）
　　　　黄玉香（女）（2015.3—）
副书记：徐根发
　　　　陈　军
纪委书记：陈　军（—2015.9）
　　　　孙聪龙（2015.9—）
委　员：郑永波
　　　　黄礼义
　　　　刘丽伟
　　　　孙聪龙
　　　　谢永多

副科级组织员：陈肖兰（女）
大港头镇人大主席团
主　　席：邹永红（—2015.12）
副主席：吕建林
大港头镇人民政府
镇　　长：徐根发
副镇长：黄礼义
　　毛南维
　　杜良飞
　　李亮德
　　金益林
　　梁　健

【峰源乡】

中国共产党峰源乡委员会
书　　记：黄玉香（女）（—2015.3）
　　金伟君（2015.3—）
副书记：陈黎霞（女）
　　钟爱平
纪委书记：陈黎霞（女）
　　（—2015.9）
　　黄琮竣（女）
　　（2015.9—）
委　　员：叶薛超（女）
　　齐国伟（—2015.3）
　　金陵海
　　黄琮竣（女）（2015.9—）
副科级组织员：齐国伟
　　（2015.3—）
峰源乡人大主席团
主　　席：李海慧
峰源乡人民政府
乡　　长：钟爱平
副乡长：齐国伟（—2015.4）
　　郑旭军
　　梅巧美（女）（—2015.4）
　　黄琮竣（女）

【太平乡】

中国共产党太平乡委员会
书　记：吴蔚国
副书记：林国友（—2015.3）
　　赵　基
纪委书记：赵　基（—2015.9）
　　朱伟林（2015.9—）
委　　员：朱伟林
　　刘文波
　　陈受贵
　　叶小丽（女）
太平乡人大主席团
主　　席：蓝池星
副主席：徐雄伟
太平乡人民政府
乡　　长：王　荷（女）
副乡长：雷李俊
　　李高平
　　刘文波
　　黄燕明
　　李仙英（女）（—2015.5）

【雅溪镇】

中国共产党雅溪镇委员会
书　记：朱振新（—2015.9）
副书记：叶仙美（女）
　　孙海波
　　徐　清（2015.9—）
　　（挂职）
纪委书记：叶仙美（女）
　　（—2015.9）
　　李栽慧（2015.9—）
委　　员：李栽慧
　　蓝煜斌
　　叶勇伟（—2015.9）
　　林伟伦
副科级组织员：邹青芬（女）
　　（—2015.3）
　　李小林
　　（—2015.10）
雅溪镇人大主席团
主　　席：
副主席：余子来
雅溪镇人民政府
镇　长：占雅静（女）（—2015.4）
　　（挂职）
　　孙海波（2015.4—）
副镇长：江建云
　　潘国龙
　　郭伟平
　　吴　胤
　　张　挺

【仙渡乡】

中国共产党仙渡乡委员会
书　记：熊　剑
副书记：周建伟
　　吕　回（—2015.5）
纪委书记：吕　回（—2015.5）
　　黄剑波（2015.9—）
委　　员：徐旭芬（女）
　　蓝　青
　　黄剑波（2015.9—）
仙渡乡人大主席团
主　　席：周苍秀
仙渡乡人民政府
乡　　长：周建伟
副乡长：吴友平
　　黄剑波
　　陈　超（女）
　　李岘闻（—2015.4）

【老竹畲族镇】

中国共产党老竹畲族镇委员会
书　　记：叶　东
副书记：蓝海霞

蓝 韬
纪委书记:蓝 韬(—2015.9)
张 丽(女)
(2015.9—)
委 员:罗益锋
陈菁和
朱启东(—2015.9)
梁媛媛(女)
张 丽(女)
副科级组织员:刘 渊
老竹畲族镇人大主席团
主 席:叶 波(—2015.4)
副主席:雷金荣
老竹畲族镇人民政府
镇 长:蓝海霞
副镇长:罗益锋
陈良富
莫永勤
曾青霞(女)
于伟宏

【丽新畲族乡】

中国共产党丽新畲族乡委员会
书 记:蓝旭华
副书记:蓝军伟
刘 华(女)
纪委书记:刘 华(女)
(—2015.9)
叶伟俊(2015.9—)
委 员:章官蔚
杨 丽(女)
叶伟俊(2015.9—)
丽新畲族乡人大主席团
主 席:应永生
丽新畲族乡人民政府
乡 长:蓝军伟
副乡长:陈必文
叶伟俊
翁靖靖(女)
黄莉蓉(女)
邹永红(2015.12—)
(提名候选人)

【黄村乡】

中国共产党黄村乡委员会
书 记:陈金奎
副书记:许晓燕(女)(—2015.3)
纪委书记:许晓燕(女)
(—2015.3)
王 静(女)
(2015.9—)
委 员:王 静(女)
林伟俊
张晓波
张力鹏
黄村乡人大主席团
主 席:朱伟勇
黄村乡人民政府
乡 长:叶春晓(女)
副乡长:熊余伟
周炳翔
林伟俊
叶泳梅(女)
徐 科

(莲都区委组织部)

中国共产党莲都区委员会

综　述

2015年，莲都区实现地区生产总值283.19亿元，增长6.5%。城乡居民人均可支配收入分别达到35038元、19327元，分别增长8.4%和9.8%。打造美丽环境，东城教会违章拆除和标志物整改工作获省委书记夏宝龙批示肯定，被列为全省2016年农村垃圾减量化资源化处理试点县，成功创建市级“清三河”达标区评，为全省“1818”平原绿化行动先进集体。发展美丽经济，民宿经济、养生农业、“互联网+”新产业成为加快转型发展新动力，成功列入浙江省级电子商务示范县创建名单。民生类财政支出总量和比例全市最高，启动学前教育第二轮三年行动计划，消除4600元以下低收入农户，成功创建市级“乡村春晚”示范县，实现省平安区创建“十连冠”，获全省平安建设“平安银鼎”。推进生态旅游名城、特色小镇、主题村落建设“三大平台”成为经济社会发展的新支撑，“无烟头、无地沟油、无投诉”“三无”养生城市获全社会参与和各界关注点赞，顺利完成国家卫生城市复评和省、国家城市文明程度指数测评。古堰画乡成功跻身全省首批37个特色小镇创建名单、全省首批3个服务业特色小镇建设创新试点和全国首批20个乡村旅游创客示范基地。选取4个反面典型警醒干部，队伍作风显著优化。

重要会议

【区委常委会议、区委常委（扩大）会议】 1月23日上午，先后召开区委常委（扩大）会议、区委常委会议。区委常委（扩大）会议：传达中央、全省农村工作会议精神；传达中央、省纪委全会精神；传达全国、全省组织部长会议精神；传达全国宣传部长会议、全省宣传思想工作会议精神；听取省委督查组1月督查反馈情况和全市党的群众路线教育实践活动整改落实推进会情况汇报；审议《2015年区领导信访接待和包案工作方案》。区委常委会议：审议区委十三届七次暨区政府十五届六次全体（扩大）会议议程、会议报告和《中共丽水市莲都区委关于全面深化法治莲都建设的实施意见》；研究进一步落实乡镇（街道）“十个一”工作机制情况；听取乡镇（街道）纪检组织规范履职情况汇报；审议《莲都区道德模范待遇保障若干规定（暂行）》；听取区审计工作情况汇报；听取补选丽水市第三届人大代表情况汇报；传达全省第九次党史工作会议精神。

1月29日下午，召开区委常委（扩大）会议。传达省人大十二届三次会议精神；传达省政协十一届三次会议精神；传达王永康同志在县（市、区）委书记座谈会上的讲话精神。

2月15日上午，召开区委常委会议。听取省委督查组2月份督查反馈情况、省两新工委书记会议和全市组织部长会议精神汇报，审议2014年度“十佳住村干部”名单；听取2014年度乡镇、街道、区直单位工作责任制考评情况汇报；听取《莲都新闻》升级提质工作情况汇报；审议《关于加强基层安全生产监管队伍建设的若干意见》；听取中央、全省政法工作会议精神及贯彻意见、莲都区2014年度社会稳定形势

(平安莲都建设)工作情况,全省防范和处理邪教工作会议精神、区防范和处理邪教问题工作情况汇报,审议2014年度综治工作、2013—2014年度莲都区防范处理邪教工作先进集体和先进个人名单;审议2014年莲都区信访维稳“四无”乡镇(街道)、信访工作进步奖、信访工作先进集体和先进个人名单。下午,研究干部人事工作。

2月26日上午,召开区委常委会议。研究干部人事工作。

3月13日上午,先后召开区委常委(扩大)会议、区委常委会议。区委常委(扩大)会议:传达全省推进26县加快发展工作会议精神,听取莲都区贯彻意见汇报;听取“六边三化三美”工作情况汇报,审议《莲都区深化“六边三化三美”行动方案(2015—2020年)》《莲都区“六边三化三美”项目资金管理办法》。区委常委会议:听取市纪委三届四次全会精神及区纪委十三届五次全体(扩大)会议筹备情况汇报;听取区政府领导班子分工调整情况汇报;审议有关先进集体和先进个人名单:审议2014年度部门、乡镇(街道)安全生产责任制考核等次和安全生产先进个人名单;审议莲都区文明单位评选和复评名单,2014年度创建省示范文明城区工作先进集体和先进个人名单;审议2014年度农村发展六大行动计划、美丽乡村建设先进集体和个人名单;审议2014年度城乡社区工作先进集体和先进个人名单;审议2014年度计划生育工作先进集体和先进个人名单;审议2014年度“五水共治”工作先进集体和先进个人名单;审议《2015年区委常委会工作要点》(书面汇报);听取政协第十四届莲都区委员会委员调整情况汇报;听取有关单位领导职数调整情况汇报;研究干部人事工作。

3月20日上午,召开区委常委会议。传达学习《中共中央纪委关于8起党风廉政建设责任追究典型案件的通报》(中纪通〔2015〕2号)精神;听取省、市统战部长会议,全省民宗工作会议精神及贯彻意见汇报;听取区人大、政府、政协,法院、检察院工作报告和区“两会”筹备有关情况汇报;审议《2015年度莲都区财政预算编制草案》;审议《莲都区2014年国民经济和社会发展计划执行情况与2015年国民经济和社会发展计划草案报告》《莲都区2015年基本建设项目投资计划》;审议《关于中央“八项规定”及实施细则、省“28条办法”、市实施意见和我区实施办法执行情况督促检查工作机制》《关于中央“八项规定”及实施细则、省“28条办法”、市实施意见和我区实施办法执行情况督促检查工作分工协作方案》;审议《关于完善能上能下机制建设过得硬打胜仗干部队伍的实施意见》《莲都区调整不适宜担任现职领导干部实施办法(试行)》;审议《莲都区机关事业单位办公用房统一管理试行办法》《丽水市莲都区党政机关国内公务接待管理办法》;审议《莲都区农村环境卫生治理工作考核督查细则(修订)》;听取联城街道、区科协、区国资服务中心、区质监分局2014年度工作责任制考核情况说明;审议2014年度关心支持武装工作好局长(主任)名单。

4月9日晚上,召开区委常委(扩大)会议。听取全区宗教工作基本情况及“三改一拆”涉及宗教场所违法处置情况汇报;听取大港头竹木制品加工企业整治工作情况汇报。

5月6日上午,召开区委常委会议。听取2015年全市宣传思想工作会议精神和2015年全区宣传思想文化工作要点汇报;听取莲都区2015年第一季度社会稳定形势分析暨平安莲都建设工作情况汇报;审议《2015年莲都区党风廉政建设和反腐败工作组织领导与责任分工》;审议《莲都区2015年重点建设项目及重大项目前期工作责任目标计划表》;审议2014年度莲都区农村产权制度改革工作先进集体和先进个人名单;研究干部人事工作。

5月14日上午,召开区委常委(扩大)会议。听取大港头竹木制品加工企业整治工作情况汇报,审议《莲都区大港头镇木制品企业整治工作方案》。

5月28日上午,先后召开区委常委(扩大)会议、区委常委会议。区委常委(扩大)会议：传达中共中央政治局常委、中纪委书记王岐山在浙江考察调研时的重要讲话精神；传达书记王永康参加碧湖人大代表联络站代表活动和在大港头镇木制品行业整治座谈会上的讲话精神；传达市长黄志平在督查莲都区美丽城乡建设工作座谈会上的讲话精神；审议《莲都区“六边”区域综合整治大会战行动方案》。区委常委会议：听取全区“三严三实”专题教育，“学党章、守纪律、讲规矩”主题教育活动情况汇报；审议《2015年度莲都区“六边三化三美”工作督查考核办法》；听取区纪委有关案件情况汇报；通报因公出国(境)有关情况。

6月12日下午，召开区委常委(扩大)会议。传达中央关于周永康同志处理结果的通报。

6月15日上午，召开区委常委(扩大)会议。传达习近平总书记在浙江考察时的重要讲话精神和省委第十三届七次全体(扩大)会议精神；传达中央统战工作会议精神、全省推广“同心同行、共建和谐”工作现场会精神及我区贯彻意见情况；审议《市、区重点项目政策处理攻坚大会战行动方案》《莲都区“正风肃纪打霸拔钉”专项行动实施方案》。

6月26日上午，召开区委常委会议。审议2014年度先进基层党组织、优秀共产党员和优秀党务工作者名单；审议大港头木制品行业整治先进集体和先进个人名单；研究干部人事工作。

7月13日上午，召开区委常委会议。学习贯彻习近平总书记在部分省区市扶贫攻坚与“十三五”时期经济社会发展座谈会上的讲话精神。

7月16日上午，召开区委常委会议。审议区委十三届八次暨区政府十五届七次全体(扩大)会议方案、全会报告和《中共丽水市莲都区委关于全面加强基层党组织和基层政权建设的决定》；审议《中共丽水市莲都区委关于加强人民政协民主监督的实施意见》；听取区纪委上半年党风廉政建设和反腐败工作情况汇报，分析研究下半年工作；听取全面开展全国文明城市创建工作情况汇报；听取市区重点项目政策处理攻坚大会战活动进展情况汇报；审议《莲都区联城城郊农民新社区二期安置住房申购和管理办法》；审议《绿城秀丽春江“括苍园”“南明园”违法建筑处置方案》；审议《关于农村房屋产权登记相关问题的处理意见》；听取区政府领导班子分工调整情况汇报；传达2015年全市对台工作会议精神；传达全省加强基层宣传思想文化工作会议精神；通报因公出国(境)有关情况。

8月3日下午，召开区委常委会议。传达贯彻习近平会见全国优秀县委书记时的重要讲话和刘云山在全国优秀县委书记表彰会上的讲话精神。葛学斌传达习近平、刘云山重要讲话精神；张继芳传达中共中央办公厅《推进领导干部能上能下若干规定(试行)》、中组部《关于赵乐际同志在省区市贯彻落实〈干部任用条例〉和推进“三严三实”专题教育工作座谈会上的讲话》文件精神；陈元龙同志围绕“示范引领、争创一流”目标，就“六边三化三美”工作作发言；洪起平、张继芳围绕“不严不实”反面典型案例作发言；听取雅溪镇里东村工作组工作情况调查报告；传达《关于十起发生在群众身边“四风”和腐败问题典型案例的通报》(中纪通〔2015〕5号)文件精神；通报莲都区考察团外出学习考察方案；研究干部人事工作。

8月11日下午，先后召开区委常委(扩大)会议、区委常委会议。区委常委(扩大)会议：传达《关于吸取温岭市“7·4”房屋倒塌事故教训推动领导干部增强担当意识抓好工作落实的通报》文件精神。杨秀清传达通报内容；陈永军围绕担当、问责作专题汇报；俞丽威围绕如何抓好安全生产工作作发言；四套班子成员作表态发言；葛学斌作重要讲话；传达书记夏宝龙在全省常委会上半年经济社会分析会上的讲话摘要，省长李强在省政府第六次全体会议暨全省深化“四张清单一张网”改革推进政府职能转变工作会上的讲话要点。葛学斌传达书记夏宝龙、省长李强的讲话要点；胡献如围绕“十三五”规划编制情况作专题发言；

四套班子成员结合“十三五”规划和改革任务进行讨论；葛学斌作重要讲话。传达中组部《关于组织人事部门对领导干部进行提醒、函询和诫勉的实施细则》文件精神；传达全省维护稳定工作会议精神。区委常委会议：听取《中共丽水市莲都区委关于全面加强基层党组织和基层政权建设的决定》征求意见情况汇报，审议《区政府十五届七次全体（扩大）会议报告》；听取组建里东美丽乡村建设工作组和大港头土地拆后利用工作组情况汇报。

8月26日上午，召开区委常委（扩大）会议。听取上半年经济运行情况及重点职能工作汇报：听取中共浙江省委办公厅、浙江省人民政府办公厅关于《淳安等26县发展实绩考核办法（试行）》（浙委办发〔2015〕53号）文件精神及贯彻落实情况汇报；有关区领导汇报：陈元龙汇报平安综治、大调解工作、信访工作及区领导督案化解情况；宋珍花汇报全国文明城市创建工作情况；胡献如汇报经济运行、统计工作情况；雷勇军汇报计划生育工作情况；王世强汇报“三改一拆”（“无违建区”创建）工作情况；俞丽威同志汇报“五水共治”、招商引资、安全生产工作情况；郭巧燕汇报“六边三化三美”工作、生态旅游工作、农村生活污水治理情况；叶建光汇报市区重点工程征迁情况；市委常委、区委书记葛学斌作重要讲话；审议《古堰画乡特色小镇建设管理体制机制调整工作方案》；听取莲都区丽龙高速公路南山互通至丽新公路建设工程情况汇报。

9月2日下午，召开区委常委会议。审议《2015年度乡镇、街道、区直单位工作责任制考评实施意见》；审议《莲都区2015年度扩大有效投资考核办法》；审议《莲都区2015年计划生育考核办法》；听取关于授予谢力丽水市莲都区劳动模范称号以及撤销陈钦贵、余凤花等劳动模范称号的情况汇报；听取区机构编制有关情况汇报；听取区纪委有关案件情况汇报；研究干部人事工作；传达全省基层党建骨干培训班和全市“三严三实”专题教育工作推进会精神；审议《关于在村“两委”主要干部中开展“办实事、拼干劲、比作为”活动的实施方案》；审议《2015年莲都区人才工作要点及责任分工》《2015年莲都区人才工作目标责任制考核办法》。

9月25日下午，召开区委常委（扩大）会议。城管莲都分局朱祖胜汇报石侯制砂场整治情况；区砂管办桑亦球汇报全区面上制砂场情况；区纪委陈永军汇报涉事两名村干部调查情况；有关区领导讲话；市委常委、区委书记葛学斌作重要讲话。

9月29日下午，先后召开区委常委（扩大）会议、区委常委会议。区委常委（扩大）会议：学习贯彻习近平总书记在中央政治局第二十六次集体学习时的重要讲话精神，深入推进“三严三实”专题教育；听取市区重点项目政策处理攻坚大会战进展情况及下步打算汇报；传达中共中央关于四川南充拉票贿选案查处情况及其教训警示的通报、中纪委关于河南省新乡市委原书记李庆贵落实党风廉政建设主体责任和新乡市纪委落实监督责任不到位问题的通报精神；传达省委党的群团工作会议精神；传达黄志平到莲都区调研“双百”攻坚工作座谈会精神。区委常委会议：审议《关于进一步加强人大工作和建设充分发挥人大作用的意见》，听取全区人大工作会议筹备情况汇报；审议《莲都区区管领导干部年度考核优秀等次评定办法》《2014年度区管领导干部年度考核等次评定》；审议《莲都区民兵应急连常态化管理工作方案（试行）》；审议《全区有关单位推行职业员工人事管理制度》；审议《丽水市莲都区卫生和计划生育局主要职责、内设机构和人员编制规定》。

10月9日下午，召开区委常委会议。审议《莲都区创建全国文明城市督查考核及奖惩办法》；听取关于开展农村“六星文明户”创建工作的情况汇报；审议《莲都区2015年度招商引资工作目标责任制考核办法》；研究干部人事工作。

10月28日上午，先后召开区委常委会议、区委常委（扩大）会议。区委常委会议：听取开展农村巡查工作方案汇报；听取区禁毒工作情况汇报；听取莲都区电子商务发展整体提升方案汇报；听取关于授予谢力丽水市莲都区劳动模范称号情况汇报；审议《关于辞退李群荣的决定》。区委常委（扩大）会议：传达省委常委（扩大）会议精神；传达学习习近平总书记以普通党员身份参加所在党支部组织生活会时的重要讲话精神；传达《中共中央关于部分省市县委书记违纪违法案件及其教训警示的通报》《中纪委关于六起违反中央“八项规定”精神问题的通报》精神；传达省委统战工作会议精神及莲都区贯彻意见；听取莲都区第三季度社会稳定形势暨平安莲都建设工作汇报。

11月6日上午，召开区委常委会议。审议《莲都区工作情况汇报》《莲都区纪检监察工作情况汇报》《莲都区干部选拔任用工作情况汇报》；传达省委组织部严格执行条例规范选人用人工作会议精神；听取关于和丽水市生态经济产业基金管理有限公司合作组建丽水市古堰画乡旅游集团投资建设有限公司的情况汇报；听取共青团丽水市莲都区第十九次代表大会筹备情况汇报；研究干部人事工作；传达学习《中国共产党廉洁自律准则》《中国共产党纪律处分条例》和《关于五起党风廉政建设责任追究典型案件的通报》。

11月21日上午，先后召开区委常委会议、区委常委（扩大）会议。区委常委会议：听取里东村山体滑坡灾害抢险救灾情况汇报，审议过渡安置办法、受灾房屋灾后重建意见、灾害遇难者善后处置意见、理赔相关政策和灾后重建工作情况。区委常委（扩大）会议：胡献如汇报里东村山体滑坡灾害抢险救灾及相关政策和灾后重建工作情况；与会领导发言；市委常委、区委书记葛学斌作重要讲话。

12月4日下午，召开区委常委会议。听取迎接省委巡视工作前期筹备情况汇报；听取区纪委派驻机构建设工作情况汇报，审议《乡镇纪委书记、副书记提名考察办法（试行）》《区纪委派驻纪检组组长提名考察办法（试行）》；审议《关于进一步加强“26县发展实绩考核”工作的实施意见》；审议《莲都区加强旅游人才队伍建设的实施办法（试行）》；审议《关于加快莲都区旅游农业产业发展的实施意见》；审议丽水市创建国家卫生城市行政奖励莲都区推荐名单；听取区纪委有关案件情况汇报；通报区政府领导班子分工调整情况。

12月18日下午，先后召开区委常委（扩大）会议、区委常委会议。区委常委（扩大）会议：听取关于夏宝龙书记在《非法采砂和沥青加工严重污染“古堰画乡”》上批示精神的贯彻落实情况汇报；审议里东村灾后重建相关政策。区委常委会议：听取市委统战工作会议暨全市民族工作会议精神及莲都区贯彻意见汇报；通报区领导2016年元旦、春节前后主要活动安排；审议《莲都区推进“五好”服务型乡镇（街道）建设考核办法》；听取区总工会、团区委、区妇联2015年度工作情况汇报；听取区科技局2015年度工作情况汇报；听取区红十字会第二次会员代表大会筹备情况汇报；听取关于电动汽车分时租赁项目在莲都落户及投资意向书情况的汇报；研究干部人事工作。

12月29日下午，召开区委常委会议。听取区委常委落实党风廉政建设主体责任情况汇报。

【区委十三届七次暨区政府十五届六次全体（扩大）会议】 2015年2月2日，莲都区召开区委十三届七次暨区政府十五届六次全体（扩大）会议。市委常委、区委书记林健东主持会议；区委副书记、区长王小荣及区领导雷萍、谷江南、陈元龙等出席会议；区委委员、候补委员，区纪委委员，副处级以上领导干部，乡镇街道、区直各单位党政主要负责人，担任过副处级以上实职的老干部等参加会议。会议总结2014年工作，部署2015年任务，并审议通过《中共丽水市莲都区委关于全面深化法治建设的实施意见》。

会上，林健东代表区委、区政府作工作报告。林健东指出，2014年，莲都区在上级党委、政府的正确领导下，坚持稳中求进、改中求好，以促进三大莲都建设为核心，努力实践“绿水青山就是金山银山”，在建设美丽莲都、创造美好生活上迈出新步伐、取得新成效。

林健东强调，2015年是全面深化改革的关键之年，是全面推进依法治国的开局之年，全区上下要科学认识当前形势，准确把握经济发展新常态。在加快推进“两美”建设过程中，要着力强化“四轮”驱动，即强化改革驱动，提升发展内生动力；强化生态驱动，壮大绿色生态经济；强化特色驱动，加快建设美丽城乡；强化法治驱动，促进社会公正和谐。

林健东同时强调，要全面推进从严治党各项工作，不断巩固和扩大教育实践活动整改成果，为推进“两美”莲都新发展提供坚强的组织保障和作风保障。

王小荣在会上对全年工作作了具体部署，会议还分组讨论并表决通过《中共丽水市莲都区委关于全面深化法治建设的实施意见》。

【全区干部大会】 2015年2月26日上午，莲都区以视频会议的形式召开全区干部大会，市委常委、区委书记林健东在会上全面回顾了过去一年的成绩，并对新一年的工作提出更高要求。区领导杨秀清主持会议。

会议通报表彰2014年先进集体和先进个人。林健东在会上代表区四大班子向受表彰的单位和个人表示祝贺。

林健东指出，刚刚过去的一年，是全面深化改革、谋划推进“两美”莲都建设的开局之年。区委十三届六次全会，作出建设美丽莲都、创造美好生活的决定，提出“五美五好”十方面主要任务，为当前和今后一个时期发展指明了方向，“两美”莲都实现良好开局，不仅进一步坚定了战胜各种风险挑战的信心和决心，也为今后绿色生态发展、加速转型升级奠定了坚实基础。

林健东强调，2015年是全面深化改革的关键之年，是全面推进依法治国的开局之年，是收官“十二五”、谋划“十三五”的承接之年，也是巩固拓展教育实践活动成果、全面推进从严治党的重要一年。全区上下要深入学习、认真贯彻中央、省、市、区有关精神，坚定不移走绿色生态发展之路，主动适应经济发展新常态，强化改革驱动、生态驱动、特色驱动、法治驱动，以“钉钉子”的精神狠抓各项工作的落实。切实做到“一个坚定”，即坚定不移走“绿水青山就是金山银山”绿色生态发展之路；“两个消除”，即消除欠发达帽子、消除4600元以下低收入农户；“三线发力”，即在“六边三化三美”、“洁净村居”、基础设施改善等三线发力，努力打造美丽宜居环境；“四法齐用”，即“加、减、乘、除”四法齐用，打好转型升级“组合拳”；“五措并举”，即加强思想、组织、作风、纪律、平安建设，有力保障各项事业发展；通过做好“一二三四五”，推进“两美”莲都新发展。

杨秀清在会上要求各级、各部门认真贯彻落实会议精神，围绕“一二三四五”工作要求，进一步明确时间、分解任务、抓好落实。要调整状态、振奋精神，继续发扬“5+2”“白+黑”的苦干、实干精神，确保工作取得实效，让群众满意。

【全区政法、综治、信访、反邪教工作会议】 2015年3月9日下午，市委常委、莲都区委书记林健东在全区政法、综治、信访、反邪教工作会议上强调：要切实增强政治定力、服务效力、维稳能力和队伍战斗力，全面深化平安莲都、法治莲都建设，努力推进“两美”莲都新发展。

会议表彰了2014年综治、信访、反邪教工作先进集体、先进个人，林健东在会上代表区四大班子向受表彰的集体和个人表示祝贺，向广大政法维稳干部表示感谢。

林健东指出，过去一年，全区政法维稳战线求真务实、苦干实干，各项工作令人满意。平安建设有新突破；社会治理有新亮点；各条战线有新成绩。

林健东强调，在新的一年里，我们要对照上级要求和群众期望，找准差距求突破、围绕目标抓落实。要积极适应政法维稳工作新常态，切实“增强四个力”，即旗帜鲜明坚持党的领导，进一步增强政治定力，自觉做到守土有责、守土负责、守土尽责，力保政治安全；要忠实履行保驾护航职责，进一步增强服务效力，找准政法工作切入点、结合点、着力点，为全面深化改革、加快转型升级作出贡献；要全面推进平安莲都建设，进一步增强维稳能力，坚持问题导向工作法，推进基层社会治理创新，努力把平安莲都建设提升到新水平；要不断强化从严治警意识，进一步增强队伍战斗力，结合“三严三实”教育活动，全面落实从严治警措施，用铁的纪律带出一支过硬的队伍。

会上，林健东还代表区委、区政府与相关单位签订了综治、信访工作目标责任书。部分乡镇（街道）、部门在会上作经验交流和表态发言。

区委副书记、政法委书记陈元龙部署工作。区领导李见阳、叶建利等出席会议，李一波主持会议。

【莲都区第十三届纪律检查委员会第五次全体（扩大）会议】 2015年3月16日，莲都区召开第十三届纪律检查委员会第五次全体（扩大）会议。市委常委、区委书记林健东出席全会并作重要讲话，区委副书记、代区长杨秀清，区领导雷萍，谷江南，陈元龙，洪起平等出席会议。

全会深入学习领会中央、省、市纪委全会精神，总结回顾莲都区2014年党风廉政建设和反腐败工作，研究部署新一年的目标任务。

会议指出，2014年全区各级纪检监察组织聚焦中心任务，强化监督执纪问责，严明纪律、严纠“四风”、严惩腐败，全面深化“三转”，党风廉政建设和反腐败斗争取得了新进展、新成效。

会议强调，要以从严治党、依规管党为主线，坚持问题导向、改革导向，不断强化监督执纪问责，着力营造不敢腐、不能腐、不想腐的政治氛围，为推进“两美莲都”新发展提供有力保障。

会上，林健东充分肯定了莲都区党风廉政建设和反腐败工作取得的成效，明确提出全区各级各部门要做政治坚定的“明白人”，做执纪为民的“清白人”，做敢于担当的“带头人”，要深化纪检体制机制改革，加强纪检监察干部队伍建设，努力建设一支忠诚、干净、有担当的纪检铁军。

会议表彰了2014年度纪检监察工作先进集体和先进个人、区级五星级廉政模范村，审议通过了《坚守纪律规矩，坚持依规治党，坚定不移推进党风廉政建设和反腐败斗争》工作报告，还就《关于防止领导干部在公款存放方面发生利益冲突和利益输送的办法》等文件进行解读和学习。

【全区组织、宣传、统战工作会议暨创建浙江省示范文明城区工作表彰大会】 2015年3月20日下午，莲都区召开组织、宣传、统战工作会议暨创建浙江省示范文明城区工作表彰大会。市委常委、区委书记林健东出席会议并讲话。区委副书记陈元龙主持会议。

会议表彰了2014年创建省示范文明城区工作先进集体和先进个人。林健东在会上代表区委向受到表彰的集体和个人表示祝贺，对过去一年，全区组织、宣传、统战工作取得的成绩给予肯定。

林健东指出，当前和今后一个时期要深入学习贯彻党中央“四个全面”战略布局，扎实推进组织、宣传、统战和文明创建工作。组织工作要突出“三个最”：把最讲认真贯穿始终，持之以恒地推动作风建设；把最严标准执行到位，切实选准用好管住干部；把最实举措落到实处，营造大抓基层的良好氛围。宣传工作要推进“四个强化”：强化中国特色社会主义理论武装，进一步增强道路自信、理论自信和制度自信；强化网络舆论正面引导，营造良好的网上舆论环境；强化文化软实力提升，唱响“两美”莲都最强音；强化社会主义核心价值观建设，文明引领新常态。统战工作要把握“三个新”：适应新常态；把握新机遇；增强新活力。文明城市创建工作要下好“五步棋”：加大力度，全面提升城市功能；集中突破，规范重点行业管理；持之以恒，开展精神文明创建；总结提炼，提升一批创建亮点；着眼长效，不断完善长效机制。

林健东强调,组织、宣传、统战部门要进一步加强自身建设,为坚定不移走“绿水青山就是金山银山”绿色生态发展之路提供有力保障,为推进“两美”莲都新发展作出更大贡献。

区委常委、组织部部长张继芳,区委常委、统战部部长朱超模,区委常委、宣传部部长宋珍花在会上分别就组织、统战以及宣传和文明创建工作作了总结和部署。

【莲都区农业农村、五水共治、计划生育、旅游工作会议】

2015年4月10日上午,莲都区召开农业农村、五水共治、计划生育、旅游工作会议,市委常委、区委书记林健东出席会议并讲话。区委副书记、区长杨秀清主持会议,区领导雷萍、谷江南、陈元龙、李见阳等出席会议。

会议表彰了先进集体、先进个人。林健东在会上代表区四大班子向受到表彰的集体和个人表示祝贺,并向奋战在农业农村、五水共治、计划生育及旅游工作第一线的广大党员干部群众表示崇高敬意。

林健东表示,过去一年,全区农业农村、“五水共治”、计生、旅游工作保持了良好的发展势头,取得了明显成效。“三农”工作有新进展;“五水共治”有强势头;计生工作有实举措;旅游工作有大提升。

针对今年工作,林健东指出,农村工作要抓牢重点,围绕“摘帽欠发达、实现绿富美”目标,扎实推进。要全面消除4600元以下低收入现象;抓实抓好“六边三化三美”工作;大力发展生态特色农业。“五水共治”要一抓到底,抓好工程治水、管理治水、社会治水。计生工作要抓实举措,做到思想不松懈、工作不松劲、责任不松动。生态旅游要抓出亮点,科学谋篇布局、致力特色项目、提升市场效应,努力将其打造成全区第一战略性支柱产业。林健东希望全区各级各部门和广大党员干部大兴干事文化,锐意进取,真抓实干,为全力推进“两美”莲都新发展作出新贡献。

杨秀清在会上要求与会人员深刻领会精神,结合实际,抓紧抓好今年各项工作,深化细化目标,分解落实任务。加快推进“六边三化三美”“洁净村居”“三改一拆”,农村生活污水治理,农村电子商务发展等工作,确保工作取得实效。

副区长雷勇军、俞丽威、郭巧燕在会上分别就分管工作作了部署,区农办及碧湖、大港头、丽新等乡镇负责人结合工作实际作表态发言。会上还举行了“个十百千万”工程低收入农户帮扶结对启动仪式。区直单位代表与扶贫联系村签订结对帮扶协议书,副区长王世强等代表各级干部与低收入农户进行现场结对。

【莲都区召开扩大有效投资暨工业、招商、安全生产、金融工作会议】 2015年4月13日上午,市委常委、莲都区委书记林健东在莲都区扩大有效投资暨工业、招商、安全生产、金融工作会议上强调,全区上下要进一步树立“别任性,走下去,马上办”的理念,切实抓好各项工作,努力开创“绿水青山就是金山银山”的新时代。区委副书记、区长杨秀清主持会议。

会议表彰了2014年度扩大有效投资及工业、招商、安全生产、金融等工作中涌现的先进单位、优秀企业和先进个人。林健东在会上肯定了各战线取得的成绩,并对大家付出的努力表示感谢。

林健东表示,过去一年,莲都区发展成效明显,线上工作亮点突出,区属固定资产投资首破百亿大关;工业指标稳中有升;招商引资总量、质量进一步攀升;安全生产形势总体平稳;金融创新、不良贷款处置等有序推进。

林健东强调做好2015年的投资、工业、招商、安全生产、金融等工作,要继续发扬蛮拼狠拼的干劲,真抓实干,攻坚克难。要牢固树立“绿水青山就是金山银山”的发展理念,千万别任性,坚持把护美“绿水青山”、做大“金山银山”作为一项重要的政治任务,做到认识不模糊、思想不松懈。要把加快发展生态经济作为推动绿水青山变成金山银山的根本途径，照着“绿水青山就是金山银山”的路子坚定走下去，必须做好点绿成金的文章，着力扩大有效投资、努力谋求工业突破、有效实施精准招商、高度重视安全生产、不断强化金融支持。对于明确的目标、任务，各级各部门必须不等不靠“马上办”，以“钉钉子”的精神狠抓落实，务求实效，努力为推进“两美”莲都新发展作出更大贡献

杨秀清在会上要求全区上下迅速行动，凝心聚力，攻坚克难，狠抓落实，确保全面完成年度各项工作任务。

区领导雷萍、谷江南、陈元龙、李见阳等出席会议。李一波、俞丽威在会上分别就分管工作作了部署。乡镇（街道）部门代表在会上作了表态发言。

【莲都区召开“三严三实”专题党课暨“三严三实”专题教育、“学党章、守纪律、讲规矩”主题教育部署会】 2015年5月29日下午，莲都区组织召开“三严三实”专题党课暨“三严三实”专题教育、“学党章、守纪律、讲规矩”主题教育部署会。市委常委、副市长、莲都区委书记葛学斌作主题讲课，区领导杨秀清、雷萍、谷江南、陈元龙等出席会议。

葛学斌指出，在县处级以上领导干部中开展“三严三实”专题教育，是党中央作出的重大决定。“三严三实”继承和发扬了管党治党的优良传统；延展和深化了作风建设的内在要求；丰富和具体了从政为官的根本准则。全区各级党员领导干部一定要深刻认识“三严三实”的丰富内涵和重要意义，切实把思想和行动统一到党中央和总书记对从严治党的要求上来，要拧紧螺丝、上紧发条，确保作风建设“不歇脚”“不断线”；要向问题叫板，查摆问题，整改问题，进一步营造风清气正的政治生态和从政环境。

葛学斌强调，开展好“三严三实”专题教育，必须严肃正视“不严不实”的突出问题和严重危害。要从做人、做事、做官三方面分析思考，找出问题、找到症结，抓好整改。必须以严的精神和实的作风修身做人、为官用权、干事创业。

葛学斌要求，当前要结合大港头木制品行业整治、“六边三化三美”、政策处理等中心工作，围绕“三美融合，主客分享”的工作要求，扎实推进“三严三实”专题教育活动，努力在全区打造一支对党忠诚、个人干净、敢于担当的干部队伍，为坚定不移走“绿水青山就是金山银山”发展之路、加快建设“两美”莲都提供组织保障和力量支撑。

会议还传达了全市“六边三化三美”工作点评会精神。部署了“三严三实”专题教育和“学党章、守纪律、讲规矩”主题教育工作。

【莲都区纪念建党94周年庆祝大会】 2015年7月1日下午，莲都区组织召开纪念建党94周年庆祝大会。市委常委、副市长、莲都区委书记葛学斌出席会议，并围绕“缅怀党的光辉历史，牢记新常态下的新使命，履行新使命下的新担当以及如何践行‘三严三实’的新要求”等内容为大家上了一堂生动的党课，进一步增强党组织的凝聚力和战斗力。莲都区委副书记、区长杨秀清主持会议。区领导雷萍、谷江南、陈元龙、周海忠等出席会议。

会议表彰了2014年度区级先进基层党组织、优秀共产党员和优秀党务工作者。葛学斌代表区委，向受表彰的单位和个人表示祝贺！向全区各级党组织、广大共产党员致以节日的问候。

葛学斌在会上指出，历史是最好的教科书，每一名共产党员都要讲党史，牢记历史，更好地坚定党的信念，践行党的宗旨。

葛学斌强调，当下，经济发展进入新常态，新常态也赋予我们新的使命。广大共产党员要牢记新常态下的新使命，履行新使命下的新担当，努力践行“三严三实”的新要求；要有激情干事的态度、虎口夺食的勇气、善作善成的决心，切实抓好“六边三化三美”，市、区重点工程政策处理大会战，古堰画项特色小镇建设和AAAAA级景区创建，以及民宿经济发展、城市管理与文明创建、城市经济发展等方面工作，把机遇和挑战把握好，把莲

都人民对美好生活的向往实现好，一步一个脚印地把美好蓝图变为生动现实。

【区委十三届八次暨区政府十五届七次全体(扩大)会议】 2015年8月24日，莲都区委十三届八次暨区政府十五届七次全体(扩大)会议拉开序幕，市委常委、莲都区委书记葛学斌主持会议，并代表区委作工作报告。区委副书记、区长杨秀清以及区领导雷萍、谷江南、陈元龙、周海忠等出席会议。

葛学斌指出，这次区委全会的主要任务是：深入学习贯彻习近平总书记在浙江考察时的重要讲话精神和省委十三届七次全体(扩大)会议、市委三届九次全体(扩大)会议精神，推进三美融合，实现主客共享，奋力推进“绿水青山就是金山银山”在莲都的新实践。并审议通过《中共丽水市莲都区委关于全面加强基层党组织和基层政权建设的决定》。全区各级党组织要深刻领会精神，真正学习内化于心、落实外化于行，肩负起在全市“示范引领、争创一流”的新使命，努力开创莲都发展新境界。

葛学斌强调，当前，中国经济发展正进入一个以中高速、优结构、新动力、多挑战为主的新阶段，政治生活、社会建设、文化发展、作风建设等方面也出现了许多新气象。全区上下务必保持战略定位，坚持在学习中开阔思路，在研究中推进工作，读懂格局、准确定位，应势而谋、精准发力，把上级党委、政府的决策贯彻好，把当下的机遇和挑战把握好，把莲都人民对美好生活的向往实现好。在工作中，必须坚持以“绿水青山就是金山银山”为指引，准确把握“三美融合，主客共享”发展主线；精心谋划主题村落、特色小镇、旅游名城“三大平台”；大力发展民宿经济、养生农业、“互联网+”和“三大业态”；积极打造“中国莲都”、八百里瓯江富莲都、国家东部旅游示范区“三大品牌”；立足当前，着眼长远，一步一个脚印把美好蓝图变为生动现实。

葛学斌同时要求，要全面加强基层党组织和基层政权建设，切实发挥每个基层党组织战斗堡垒作用，为推进“三美融合”，实现“主客共享”提供坚强保障。

区委副书记、政法委书记陈元龙在会上代表区委汇报了《中共丽水市莲都区委关于全面加强基层党组织和基层政权建设的决定(审议稿)》。随后，与会人员还分组学习贯彻了习近平总书记在浙江考察时的重要讲话精神，并讨论和审议了全会报告以及“决定”(审议稿)。

会议为期一天半时间，其间杨秀清将代表区政府作工作报告，会议还将审议通过“决定”，并围绕主题进行大会交流发言。

【莲都区民宿特色村建设启动大会】 2015年8月28日上午，莲都区组织召开民宿特色村建设启动大会。市委常委、区委书记葛学斌在会上强调：要以“三美融合、主客共享”为主线，围绕“五个一”要求，努力把民宿经济培育成莲都区新的增长点。区委副书记、区长杨秀清主持会议，雷萍、谷江南、陈元龙、周海忠等区领导出席会议。

为全面贯彻落实省、市文件精神，积极推进美丽城乡一体化建设进程，促进生态绿色产业发展和美丽乡村建设管理、经营统筹发展；莲都区委、区政府研究决定，把民宿经济培育作为新的增长点，进一步拉动乡村休闲旅游业发展，切实带动农民增收、致富。根据《莲都区2015民宿经济发展实施意见》要求，到年底，全区将建成民宿特色村10个，民宿经营床位数达到3000张。为有效抓好落实，莲都区还专门成立了领导小组，并建立了区领导、区直部门联系民宿特色村帮扶机制以及组建民宿建设专家指导团，强化指导、强抓服务、强势推进。

会议以PPT的形式介绍了大港头、沙溪、港口等民宿特色村建设情况，并部署了相关工作。

葛学斌在会上指出，发展民宿经济是生态资源富集地区千载难逢的历史机遇，是改变乡村的重大推手，也是实实在在的富民工程，对莲都来说，高铁时代的到来，将加大了发展机遇。各级、各部门要充分把握机遇、主动应对挑战；积极运用主题村落建设、特色小镇建设、生态旅游名城建设“三大平台”，以美丽环境、美丽经济、美好生活“三美融合、主客共享”为主线，围绕“植入一个主题、导入一个工商资本、建立一个盈利模式、形成一个共享机制、健全一个服务体系”的“五个一”要求，加快推进民宿经济发展。

葛学斌强调，在推进过程中要抓实三大举措，要从作风建设入手，坚持问题导向、任务牵引，班子领导要主动带头，党员干部要勇于担当；要深入发动群众，进一步提高百姓参与民宿发展的积极性；要坚持典型引路，重点推进10个民宿发展示范村建设，以点带面引领和推动全区民宿经济发展。

杨秀清在会上要求，各级、各部门要提振信心、鼓足干劲，切实围绕做足“乡愁”、打造品牌的目标和要求，认真谋划、深入思考，扎扎实实抓好各项工作，确保工作取得实效。

办公室工作

【文字工作】 2015年，区委办围绕“精、实、简”要求，做好调查研究、信息服务、新闻报道等文字工作。牵头起草各类材料500余篇，其中大型调研材料70多个；编发《破解三大命题》信息170期，编发参阅、专报等信息188期，20余条经验信息被省、市刊物录用；共上报涉及里东信息80余条，未发生信息报送迟报、漏报、误报现象，里东信息报送工作获省委办、市委办信息处领导的高度肯定。获全市党委系统信息考核第二名，连续5年获全省党委系统先进。全年在《浙江日报》等省级以上媒体报道48篇，市级媒体400余篇，其中《不是莲都偏爱菊　此花开在惠农心》登上新华网头条，得到中央网信办肯定，并要求各地转载。新闻报道工作获全市新闻报道考核第一名，连续3年排名全市第一。

【督查考评工作】 2015年，区委办将主题村落建设、低收入农户消除及“六边三化三美”“五水共治”“三改一拆”等15项重点工作，列为重大督查事项，适时利用“秀山丽水、绿色莲都”等工作微信群的推进督查，确保各项决策部署落到实处。全年完成涉及督办的工作事项1000多个，办理建议提案374件，领导交办件按时办结率100%。制定发布《2015年度乡镇、街道、区直单位工作责任制考评实施意见》，将市对区考核“五张报表”指标内容纳入区考核指标责任单位的加扣分项。制定《2015年度市对区考核指标任务分解表》，将市里考核我区的48项“五张报表”考核指标、45项举证扣分项目，全部分解下达到53个责任单位。

【应急处置工作】 2015年，“11·13”里东山体滑坡灾害发生后，区委办全体干部连夜到岗，迅速组织“两办”干部80余人前往救灾现场，参与抢险救灾工作，做好现场指挥中心24小时值班工作，配合值班主任及时处置紧急突发事件。成立24小时信息报送中心，即时向上级党委、政府及社会媒体报送、发布抢险救援最新情况。全体干部连续72小时值守现场，保障指挥部和现场指挥中心正常运转、救援抢险高效开展。机关事务管理局累计运送包子3万余只，豆浆豆奶1万余杯，快餐3万余份，救援车辆每天行程达300多千米，确保抢险救援工作顺利进行。

【沟通协调工作】 2015年，区委办对外，主动做好与市委办公室、基层各部门及区四套班子之间的联系，形成上情下达、下情上传、配合紧密、整体联动的良好态势；对内，共召开7次两办党委会议，对两办重大事宜进行研究讨论、民主决策。

【规范文秘工作】 2015年，区委办实行全面登记制度，每月末制作上月份批示件办理情况反馈表，供领导阅示，并每周向主任汇报，进一步督促领导批示件办理。全年共办理区委主要领导批示件1022个，印发正式文件211件，筹备各类会议170余次，其中“出门办会”近40场。完成省委主要领导在莲都调研、全省美丽县城暨村庄规划设计现场会、全市民宿经济推进会、上海旅游推介会、省委巡视工作等重大会务的服务工作。

【机要保密安全工作】 2015年，区委办健全机要值班制度，全年共召开全省县市委书记交流会、全国政法工作、“五水共治”等会议75场，视频调试170多场次。做好计算机保密管理工作，对全区重要部门、岗位开展保密检查。全年共收发密码电报1476份，传输办理1476份；明传通信1648份，传输办理2107份。未发生过任何丢失、压误和错办、漏办电报等责任事故。

【信访维稳工作】 2015年，区委办建立律师值班接访制度，每周固定时间（周三），由22位具有一定知名度的律师组成接访团队，轮流到信访局值班接访，为上访群众提供法律咨询。开展“区领导督百案”活动，全年化解案件38件，其中息访23件，走复查复核程序2件，引导走法定途径13件。做好重点时段信访维稳工作，实现重点时段进京零上访。

【对台服务工作】 2015年，区委办通过开展“两岸一家亲”和“从心开始，共迎未来”丽水台湾两岸青年交流等系列活动，先后接待300余位台胞、台湾友人来到莲都探亲参访，为两地民宿、乡村旅游、生态农业等多领域多层次交流提供有益助力。做好对台服务，帮助在莲台胞协调解决在子女就读、涉台婚姻、经商务工等方面的问题。

组织工作

【党的群众路线教育实践活动整改落实工作】 2015年1月至3月，省委督查组每月一次对群众路线教育实践活动整改落实情况开展督查。1月主要督查整改落实进度和基层党建工作开展情况；2月主要督查习近平总书记“绿水青山就是金山银山”绿色生态发展要求是否到位，省委夏书记对丽水“尽快‘富’起来、更要‘美’起来”要求是否到位，中央、省委关于坚持全面从严治党、深化整改落实各项要求是否到位；3月主要督查“两方案一计划”的落实情况和农村基层党建工作情况。督查组认为，莲都区的整改落实工作取得的成效，主要表现在三个方面，区委抓作风转变、从严治党的责任意识和主动性进一步增强；“绿水青山就是金山银山”绿色生态发展理念进一步确立；干部深入基层服务群众工作进一步常态化机制化。

【“三严三实”专题教育和“学党章、守纪律、讲规矩”主题教育】 根据上级统一部署，2015年在县处级以上领导干部中开展“三严三实”专题教育，在全区党员中开展“学党章、守纪律、讲规矩”主题教育。5月29日，区委召开全区“三严三实”专题党课暨“三严三实”专题教育、“学党章、守纪律、讲规矩”主题教育部署会，市委常委、区委书记葛学斌根据“三严三实”要求，联系莲都区实际，联系全区党员干部思想、工作、生活和作风实际，带头讲党课。全区县处级以上领导干部结合理论中心组学习，采取个人自学、集体交流研讨等形式，学习习近平总书记系列重要讲话精神，学习党章和党的纪律规定。7月14日，全区县处级以上领导干部在集体参观浙西南革命根据地纪念馆和中共浙江省委旧址后，围绕“严以修身”主题进行第一次交流研讨。9月17日，区委组织召开第二次专题学习研讨会，围绕律己用权，讲政治、守纪律、懂规矩主题进行交流发言。11月30日，区委组织召开第三次专题学习研讨会，学习贯彻《中国共产党廉洁自律准则》和《中国共产党纪律处分条例》，查摆和分析“修身、做人、用权”等方面存在的问题。在全区党员中开展“学党章、守纪律、讲规矩”主题教育。组织开展区管党员领导干部党章党规党纪专题集中轮训。各党支部结合党员固定活动日、“三会一课”每月学习等活动，组织党员开展集中专题学习讨论，召开专题组织生活会，全区49个区直单位和14个乡镇（街道）党委（党组）书记带头上党课。组织每名党员针对自身查摆出来的不守纪律不讲规矩的问题表现，围绕“八要八不得”义务清单做出承诺并限期整改。树立正反典型，开展学习讨论。一方面，树正面典型示范带动，宣传大港头木制品行业整治工作组先进事迹；另一方面，树反面典型警示教育，组织全区机关事业单位党员干部对3起“不严不实”典型案例开展专题学习讨论，进一步提振党员干部的精气神，锤炼好作风，增强践行“三严三实”的思想自觉和行动自觉。

【基层党建“整乡推进、整县提升”工作】 2015年，区委组织部印发《莲都区农村基层党建“整乡推进、整县提升”工作实施方案》，按照分步实施、分类提升的工作思路，力争通过三年左右时间的努力，使全区所有村党组织达到基本型以上要求，其中60%以上达到提升型或示范型要求，其中大港头镇和丽新乡作为2015年“整乡推进”的试点乡镇。各乡镇（街道）对标浙江农村基层党建“二十条”要求，对照分类建设标准和提升内容，对所辖村党组织进行全面摸底并逐村梳理问题清单，完成基础数据台账并逐村提出提升整改措施，制定出本乡镇（街道）“整乡推进”工作计划。

【基层党组织书记队伍建设】 2015年，区委组织部强化基层党组织书记“党建主业”意识，建立乡镇（街道）党（工）委书记基层党建工作责任制和党建工作公开承诺制，每个书记年初确定3～5项个人领衔主办的基层党建重点项目。完善基层党建报表，制订乡镇（街道）党（工）委年度党建任务清单（共提出10个方面37项工作）和农村党支部党建任务清单（10项工作），通过区委书记与乡镇（街道）书记、乡镇（街道）书记与村党组织书记层层签订责任状的形式将任务进行分解落实。开展以杭兰英为代表的“千名好支书”学习宣传活动。组织优秀村（社区）党组织书记参加全市基层党组织书记示范培训班培训，其中接官亭社区党总支书记管伟红在王永康书记专题党课前代表莲都区作交流发言。

（奚海峰）

【发展党员和党员管理】 按照中央“控制总量、优化结构、提高质量、发挥作用”的总要求，2015年全区共新发展党员300人，其中党政机关、事业单位53人，非公有制经济领域18人，农民党员156人，35周岁及以下的有179人，女性党员105人，大专及以上学历的有138人。先锋指数考评从农村党员拓展到机关、企事业单位、社区、两新组织等其他领域，实行每半年评定一次，年末开展总体评价。共评出年度先锋党员2165人、合格党员16195人、警示党员36人、不合格党员15人。

【“五好”服务型乡镇（街道）创建工作】 按照乡镇（街道）推动发展好、服务群众好、社会管理好、工作效能好和自身建设好的要求，开展“五好”服务型乡镇（街道）创建工作。经各相关单位考核和区工作责任制考评领导小组成员会议审议，并经区委常委会研究，岩泉街道、紫金街道、白云街道、万象街道、联城街道、大港头镇、峰源乡、太平乡、雅溪镇、仙渡乡、老竹镇、丽新乡和黄村乡等13个乡镇（街道）被命名为2015年度“五好”服务型乡镇（街道）。

【基层服务型党组织星级管理评定】 根据省委组织部《关于推行五星级管理深化基层服务型党组织建设的指导意见》（浙组〔2012〕45号）和区委组织部《关于推行五星级管理深化基层服务型党组织建设的实施意见（试行）》（莲组〔2013〕22号）的文件要求，继续在全区基层党组织中开展2014年度基层服务型党组织星级评定工作，全区共842个党组织参与评级，81个党组织被评为五星，344个党组织被评为四星，326个党组织被评为三星，48个党组织被评为二星，40个党组织被评为一星，3个党组织被评为无星。按照中组部制定的整顿软弱涣散党组织标准，确定13个村党组织和3个社区党组织为软弱涣散村（社区）党组织，采取“一村（社区）一策”的办法，研究制定整顿方案，提出整改措施，明确目标、时限和责任人，落实区四套班子主要领导及区委常委班子成员挂点联系，按时完成整顿工作。

（舒怡然）

【大学生村干部管理】 根据省市统一部署，通过择优选聘和公开选聘，2015年共选聘大学生村干部8名(其中择优选聘3名，公开选聘5名)，离岗大学生村干部39名(其中两个聘期期满12名、考录公务员及事业单位21名、考录社工5名、自主创业1人)。参保下乡保险70人。启用"大学生村干部管理系统"。

【村两委干部基本报酬及离任村干部定期补助资金】 2015年，发放2014年度村两委主职干部基本报酬795.4万元，暂缓发放13.6万元，发放对象504人(含因提前换届离任村干部)；发放非主职干部基本报酬172.3万元，暂缓发放1.2万元，发放对象1138人。发放2015年离任村主职干部定期补助资金77.49万元，发放对象747人。

【农村"第一书记"选派工作】 2015年，根据《关于做好选派机关优秀干部到村任第一书记工作的通知》(莲组〔2015〕102号)的要求，经过区直各单位推荐，确定区派第十一批农村工作指导员和省市派第九批、区派第十批农村指导员中的党员同志共55人，为莲都区第一批机关优秀干部到村任第一书记人选，分别被派往软弱落后村和扶贫帮扶重点村任职，任期一年。

【党内统计】 截至2015年年底，莲都区共有党组织842个，其中基层党委29个，党总支38个，党支部775个(含农村支部213个、社区支部116个)；派出工委7个，党组42个；党员20487人，其中预备党员461人，少数民族党员1080人，女党员5774人，农村党员12088人。

(王宁)

【党内先进评比】 2015年，区委组织部开展2015年度"十佳驻村干部""十佳村干部"和"十佳村干部搭档"评选活动，授予潘林强(岩泉街道城管办副主任)、金慧虹(紫金街道副科级组织员)、吴朝勇(联城街道党工委委员、人武部长)、周雅慧(碧湖镇社会事业服务中心主任)、叶亦平(碧湖镇城区办事处主任)、雷国亮(峰源乡社保员)、汤伟波(太平乡党政办主任)、邹乐(雅溪镇组织干事)、杨丽(丽新乡党委委员)、张晓波(黄村乡党委委员)等十位同志为"十佳驻村干部"。授予厉朝武(岩泉街道长岗背村党支部书记)、李伟成(万象街道水南村党支部书记)、张畈儿(联城街道下林村党支部委员兼村委会主任)、陈跃芳(碧湖镇碧一村党支部书记)、李小华(碧湖镇白桥村党支部书记兼村委会主任)、江永平(峰源乡郑地村党支部书记)、刘德胜(太平乡长濑村村委会主任)、周和真(雅溪镇周村村党支部书记)、周内文(仙渡乡葛畈村党支部书记)、王平岳(丽新乡白岸口村党支部书记)等十位同志为"十佳村干部"。授予紫金街道开潭村党支部书记陈丽平、村委会主任鄢永庭；白云街道城西村党支部书记蓝马林、村委会主任周伟军；联城街道港口村党支部书记李跃法、村委会主任颜丽南；碧湖镇竹溪村党支部书记余俊、村委会主任叶军；碧湖镇岩头村党支部书记沈军华、村委会主任吴王平；大港头镇河边村党支部书记毛丽青、村委会主任江建华；太平乡小安村党支部书记黄陈庭，村委会主任何奎荣；雅溪镇西溪村党支部书记朱荣林、村委会主任李罗勇；老竹镇老竹村党支部书记吴丽平、村委会主任陈仁松；黄村乡严鸟村党支部书记方柳庄、村委会主任潘丽明等十对"十佳村干部搭档"。

开展2015年度区级先进基层党组织、优秀共产党员和优秀党务工作者评比活动，共评选出先进基层党组织共46个：莲都区岩泉街道丽阳社区党总支部、莲都区岩泉街道社后村党支部、丽水市鱼跃酿造食品有限党支部、莲都区紫金街道厦河村党支部、莲都区紫金街道塔下村党支部、莲都区紫金街道东银苑社区党总支部、丽水市丽通工程监理有限公司党支部、莲都区白云街道灯塔村党总支部、莲都区万象街道梅山社区党总支部、莲都区万象街道凤凰社区党总支部、莲都区万象街道水南村党支部、莲都区联城街道金周村党支部、莲都区联城街道下林村党支部、莲都区碧湖镇河口村党支部、莲都区碧湖镇河东村党支部、莲都区碧湖镇碧一村党支部、莲都区碧湖镇竹溪村党支部、莲都区碧湖镇堰头村党支部、莲都区碧湖镇蒲塘村党支部、莲都区大港头镇大港头村党支部、莲都区大港头镇农林水党支部、莲都区太平乡长乐村党支部、莲都区太平乡小安村党支部、莲都区太平乡朱弄村党支部、莲都区雅溪镇岱后村党支部、莲都区雅溪镇西溪村党支部、莲都区雅溪镇洪渡村党支部、莲都区仙渡乡皂树村党支部、莲都区老竹镇后坑村党支部、莲都区老竹镇新陶村党支部、莲都区丽新畲族乡民族小学党支部、莲都区黄村乡严鸟村党支部、莲都区黄村乡戈刹村党支部、莲都区委统战部机关第一党支部、莲都区委组织部机关党支部、丽水市花园中学党支部、莲都区人民医院党支部、莲都区人民法院第一党支部、莲都区大港头派出所党支部、莲都区财政局党支部、丽水瓯江风情旅游度假区管委会党支部、莲都区经济商务局机关党委、莲都区人力社保局机关党支部、莲都区质量技术监督局支部委员会、莲都区农办党支部、莲都区儿童福利院党支部。共评选优秀共产党员113名：郭跃伟、雷发元、徐妙君、黄雅芳、叶寿庭、余丽祥、陈宝龙、谢东华、陶旭峰、谢茜、郑炳寅、叶晓珍、王碧华、徐建云、金文伟、蒋俊凌、蓝木申、张红卫、刘慧、陈建平、赵璟、徐伟乐、李硕、施彦、蓝杨瑾娜、程巧俐、金军勇、陈家民、赵建勇、廖颖愚、李跃法、周德军、郑伟才、胡军、魏根华、石磊、蓝岳青、金晶、何文静、吕进满、叶敏君、陈跃方、李小华、陈洪伟、何育清、孙聪龙、杨静、徐联法、江国炎、金伟君、雷国亮、叶忠平、毛叶峰、吴蔚国、汤伟波、刘松春、郭岳军、傅陈波、邹丽丽、陈苗、邹乐、谢春仙、周和真、朱松法、陈超、方超、尚林法、徐祝平、陈菁和、张世平、吴丽平、梁佰平、刘华、雷丽娟、雷金德、朱伟勇、潘丽明、周林茂、单吴滨、赵秀峰、吴海霞、姜建水、田伟明、王一、梅浙赣、张伟、叶宁、周伟青、徐燕、任益军、赵秀清、叶晓娟、陈仁武、梁伟健、吴应森、郑鹤翔、王玮、林旭红、邹献武、武晓峰、古春锋、潘永凤、吴彦仪、范立伟、吕贤良、蓝炜琮、叶巧梅、柴石玄清、金涛、林爱玲、郑丽、伍远安、王敏。评选优秀党务工作者24名：兰林春、金慧虹、叶根平、陈岳平、陈肖兰、叶薛超、叶小丽、黄东英、熊剑、杨丽、黄兵、吴武贵、周志凯、诸葛俊芳、傅武伟、周洵、杨裕斐、徐海东、应志平、周慧霞、涂和平、王红、邢真伟、王维君。

【党代表联络】 在2015年1月31日之前所有乡镇街道都召开乡镇党代会年会和街道党员代表会议。共收到提案82件，其中立案53件，转为建议29件。乡镇（街道）党（工）委承诺办实事计划共143件，其中党建工作实事32件。提案办结率和满意率均为100%。邀请区党代表列席区委全委会、区纪委全委会、七一表彰大会、创建全国文明城市工作动员大会等重要会议。会前，提前告知相关事宜，根据议题分类邀请代表；会上，直接听取代表的意见建议；会后，做好代表意见反馈工作。共组织38名区党代表列席各类重要会议10个。2015年以来全区已组织406名区、乡（镇）两级党代表开展集中调研视察28次，内容涉及“三改一拆”“五水共治”“六边三化三美”“民宿建设”“主题村落建设”等群众关心的热点难点问题。另外邀请党代表参与莲都区第四届道德模范暨（最美莲都好人）表彰和区法院执行工作调研等活动。邀请党代表担任公务员面试评委和电视问政嘉宾。党代表扎根基层，深入一线访民情、解民忧、办实事。全区各级党代表接待1726名群众，听取意见建议394件，交办382件；对863名党员群众进行了走访，听取意见建议312件，交办297件。各工作室共组织41次以“学党章、守纪律、讲规矩”“三严三实”专题研讨、做好基层政权建设、习总书记重要讲话等为主要内容学习研讨活动，600多名各级党代表参加学习。

（周黎燕）

【“两新”组织党建】 2015年，莲都区两新工委动态推进两新组织党的工作全覆盖，继续推进两新组织的组织覆盖。截至年底，全区非公企业1566家，已建党组织企业数1354家，组织覆盖率86.5%；新社会组织245家，已建党组织160家，组织覆盖率65.3%。做好防瘫预警，建立健全防瘫预警机制，关注小微企业和薄弱联合支部的防瘫预警工作，开展“覆盖检修”工作，实现党组织不散架。2015年返还2014年度党费72904元，用于两新党组织开展党建活动。组建企业志愿者服务队，涌现出鱼跃酿造等一批非公企业党支部的志愿者服务队。推进“96345”公共服务与党员志愿服务有机集成融合，建设完善“一网、一线、一中心”的党员志愿服务体系。

（徐伟）

【党员远程教育】 2015年，根据省市区及部各项工作要求，电教中心做好部重点工作的新闻片、专题片的拍摄制作和报道工作，做到重要会议、重点工作、重大活动的全程记录。5月，配合全国党建现场会在浙江召开契机，拍摄制作《鲜红党旗耀莲城—莲都区党建纪录片》《蜕变的力量—利山畲族村党建工作纪实》《党徽在为人民服务中熠熠生辉—西溪村党支部》《守住绿水青山，换来金山银山—碧湖镇红南村》等4部党建宣传片，7月前拍摄制作《打赢创卫拆违双攻坚的王维君》等7名“省千名好书记”党建宣传片。完成对全区涌现出来的优秀基层党组织《贴心热线暖莲都—96345党建工作纪实》和“全市百名百姓身边的好书记”徐时海、周炳林的党建宣传片拍摄制作工作。面对里东山体滑坡自然灾害，组织拍摄《压不垮的堡垒》专题视频，完整真实地展现莲都区各级党组织和党员干部抢险救灾中发挥的先锋模范作用。共向省党建新闻频道上报选题20余条，其中《“智慧治水”系统　实现河情一手掌握》《大港头木制品行业整治》被省党建新闻栏目录用。《绿水青山梅田村、桃红果香金银山》获全省党建微视频三等奖。根据省市部署要求，结合区域化党建推进共享站点建设、结合团区委，共新增83个“远教+赶街”项目推进延伸站点。

【民情地图工作】 在手绘民情地图的基础上，2015年继续在全区乡镇（街道）开展“民情地图”促服务工作。经过多轮谈判，5月29日与杭州天阙科技有限公司正式签订“民情地图”电子信息系统软件合同。8月，电子信息系统正式上线试用。9月30日完成全部试点村信息录入工作。12月底前所有信息全部完成录入，采集、录入人口数据22万多条，涉及近10万农户，农村房屋关联率达到90%，房户关联数据近9万条，基本实现对农村房户信息的全覆盖。每季度组织全区乡镇（街道）干部开展“民情地图”应知应会能力知识考试，考试采取纸质试卷闭卷形式，内容为所有对农知识点、政策法规、办事流程等。

（蒋超）

【规范开展基层党建工作】 严格发展党员，规范程序，严格按照发展党员的“十六字”方针和“一推三公示”制度，实行发展党员预审制度，未经预审同意，所在党组织不能发展其入党。2015年发展党员42名，转正党员33名，为党组织输入了新鲜血液。2015年开始开展党员先锋指数考评工作，共评出年度先锋党员544人、合格党员3045人、警示党员3人。举办为期一周的入党积极分子培训班，共有42名来自区直各单位的入党积极分子参加培训，并开设志愿服务活动课程。规范党员组织关系接转和党费收缴工作，做到及时足额完成党费收缴工作。全年区直机关共收缴党费475765.6元。

【优化调整机关基层党组织设置】 根据便于管理、便于活动的原则，对机关党的基层组织设置进行调整。新建中共丽水市莲都区卫生和计划生育局机关委员会和机关纪律检查委员会，机关党委下设区卫计局机关党支部、区卫生监督所党支部、区计生宣传技术指导站党支部、区公共卫生工作站党支部、区人民医院党支部、区流动人口计生办党支部、紫金街道社区卫生服务中心党支部、白云街道社区卫生服务中心党支部、万象岩泉街道社区卫生服务中心党支部、水东卫生院党支部、枫树湾卫生院党支部；新建了中共丽水市莲都区委党校机关总支部委员会、中共丽水市莲都区委党校离退休人员支部委员会，原中共丽水市莲都区委党校机关支部委员会归属中共丽水市莲都区委党校机关总支部委员会。中共丽水市莲都区机构编制委员会办公室机关支部升格为中共丽水市莲都区机构编制委员会办公室机关支部委员会。撤销中共丽水市莲都区卫生局机关委员会和机关纪律检查委员会、中共丽水市莲都区计划生育局机关总支部委员会以及区计生局机关党总支下属的计生局机关党支部、计生宣传指导站党支部、区流动人口计划生育管理办公室党支部；撤销中共丽水市莲都区食品药品监督管理局机关支部委员会、中共丽水市住房和城乡建设局（城乡规划局）莲都区分局大港头建设管理所支部、中共丽水市莲都区工商联（总商会）上海分会支部、中共丽水市莲都区工商联（总商会）湖北分会支部、中共丽水市莲都区工商联（总商会）陕西分会支部、中共丽水市莲都区工商联（总商会）云南分会支部、中共丽水市莲都区工商联（总商会）广东分会支部。区教育局机关党委下属新建了联城中心幼儿园党支部。整建制转入中共丽水市莲都区市场监督管理局机关委员会，下设区市场监管局机关党支部、区市场监管局岩泉党支部、区市场监管局紫金党支部、区市场监管局白云党支部、区市场监管局万象党支部、区市场监管局综合党支部，新建中共丽水市莲都区市场监督管理局机关纪律检查委员会。并对党组织班子成员发生人事变动的及时进行增补。

【推进学习型机关党组织建设】 为迎接建党94周年，举办“2015年莲都区直机关迎‘七一’学党章知识竞赛”，全区7支代表队参赛，宣传系统代表队获一等奖，财贸金融系统代表队、经贸系统代表队获二等奖，党群系统代表队、政法系统代表队、发展计划系统代表队、农口系统代表队获三等奖。开展“时刻牢记优秀革命传统，提升党员干部担当精神”主题活动。各党支部组织围绕“我们党从何而来”“为什么星星之火可以燎原”“党员干部在新常态下如何担当新使命”三个问题开展学习讨论；组织党员参观中共丽水县委旧址（岱后）等革命教育基地，开展入党宣誓活动，2015年全区68个单位组织2000多人到中共丽水县委旧址（岱后）参观学习。

【开展党员志愿服务】 以“莲都志愿者”网站为平台，关注社会特殊群体，针对空巢老人、留守儿童、贫困学子、外来务工人员等，征集微心愿，2015年征集2100多个，被认领1900多个；围绕党委政府创建全国文明城市、国家卫生城市复评、“六边三化三美”“五水共治”“三改一拆”等中心工作，开展创建巡逻、文明劝导、治水巡查等志愿服务活动，2015年组织开展志愿服务590多场次，参与人次9400多人次；继续做好机关党组织与百名外来流动党员、百名农村低收入户、百名城市困难职工以及百个农村和社区党组织结对工作，定期开展走访调查、关怀慰问、指导帮扶活动。全年各机关党组织累计走访、慰问困难党员群众800余人次，赠送慰问金和慰问品价值17万余元。

【城市社区党建工作】 2015年，区委组织部完成第五届城市社区党组织换届工作，进一步选优配强社区党组织领导班子，为社区各项工作的推进打下坚实的基础。培育社区党建示范点，择优确定北苑路、丽阳、大洋河、金苑、北郭桥、后庆、灯塔、左渠门、大水门等9个社区为党建示范点。制定规范化培育标准、考核验收标准，完成考核验收。通过示范点带动全区所有社区党建工作，进一步提升社区党建水平。

【落实社区党组织服务群众专项经费】 根据省里相关文件精神，为支持社区党组织开展服务群众工作，从2015年起，设立社区党组织服务群众专项经费，社区党组织服务群众专项经费主要用于社区党组织开展社区党员服务团队建设、社区服务设施建设、服务群众主题活动和社区群众迫切需要解决的其他服务事项。按照社区党组织服务群众专项经费每年不少于10万元，并结合各社区年度党建示范点创建等因素分三个类别给予补助，各类别2015年度补助标准分别为13万元、12万元、11万元，合计286万元。

（周淑红）

【党员服务中心工作】 2015年，莲都区推进党员服务中心建设，以服务广大党员为基础，拓展党员服务中心服务功能，创新载体，推进工作，提高服务党员的能力和水平。继续做好外来党员的接纳工作，将外来党员纳入本地党员经常性教育范畴，通过上党课、发放学习资料等方式，开展外来党员的学习、教育和培训。同时了解掌握外来党员的工作、生活情况，为困难党员在生活、就业等方面提供力所能及的援助和服务，并为有劳资纠纷诉求的外来党员提供协调帮助。组织外来党员参与市区开展的创建文明城市、无烟头城市等志愿服务活动，开展多种形式的便民、利民活动。充分发挥区党员服务中心党支部的作用，做好党员组织关系的转接、党员转正、党费收缴等工作，同时依托党员服务中心网络教育平台，做好支部党员的党性教育工作。

（李颖）

【领导班子和干部队伍建设】 坚持党管干部原则和正确的用人导向，以科学发展观为统领，围绕省委“三好”和市委“五型”要求，始终坚持德才兼备、以德为先的用人标准，建设信念坚定、敢于担当、实绩突出、群众公认的领导班子和干部队伍。完善干部队伍建设和干部配备方式方法，“不唯票”“不唯分”，注重选拔在实践锻炼中实绩突出、群众公认、作风过硬的优秀干部，把那些想干事、会干事、能干事、干成事的干部选拔到领导岗位上来。全年共调整干部10批次215人次，其中提任干部1人次，转任重要领导岗位5人次，交流轮岗81人次，退二线31人次，免职11人次，降职1人次，其他85人次。

【干部人事制度改革】 2015年，区委组织部贯彻省、市《关于完善能上能下机制建设过得硬打胜仗干部队伍的若干意见》和《调整不适宜担任现职领导干部办法（试行）》文件精神，结合现有干部管理考核办法，制定出台《中共丽水市莲都区委关于完善能上能下机制建设过得硬打胜仗干部队伍的实施意见》和《莲都区调整不适宜担任现职领导干部实施细则（试行）》。逐步建立健全干部日常管理机制，制定出台《丽水市莲都区乡镇街道、区直单位领导班子和领导干部季度、年度分析操作办法（试行）》，建立区委组织部领导联系乡镇街道、部门制度和谈心谈话制度，定期、全面的掌握了解干部的思想、工作、作风和廉洁自律等情况，做好平时考核和管理工作，建立和完善“能者上、平者让、庸者下”的用人机制，畅通干部能上能下渠道。注重“狮子型”干部的培养，注重培养选拔优秀结构型干部，优化领导班子结构。

【干部教育】 2015年，区委组织部落实全区干部培训教育五年规划和2015年全区干部教育培训计划，制定下发《莲都区2015年干部教育培训办班计划》并组织实施。重点抓好主体班次的培训，协调带动部门联合办班。全年共举办各种培训班51期，培训干部近1.1万人次，其中主体班次41期，为期1个月的科级领导干部进修班一期，培训科级领导干部43人；为期3个月的中青班一期，培训优秀中青年干部45人；举办全区副处级以上领导干部和科级领导干部、规上企业负责人6000余人参加的“四个全面”暨绿色生态发展“全员轮训”培训班；组织开展全区区管党员领导干部参加的为期3天的党章党规党纪集中轮训。除常规班外，办好“旅游人才专题培训班”“乡村旅游人才解说员、政务解说员培训班”“民宿主人培训班”等专题班、特色班，特别是成功举办第一期《乡愁学堂》，聘请夏铸九（亚洲规划学院学会（APSA）会长）、周立、石嫣、赵燕菁、刘昭吟、孙君等15名知名学者为特约讲师，500多名科级及以上领导干部参加培训，增强培训的针对性和实效性。共安排干部参加省、市各类培训班16批次，43人次，抽调干部上挂、下派、互派等近40人，接收省、市下派挂职锻炼干部22人，同时选派1名优秀领导干部到义乌等地挂职锻炼，选派30名优秀区管后备干部到区重点工作挂职锻炼。针对干部教育经费分散的实际，带队到外地考察学习，理顺干部培训经费统筹机制，干部教育培训经费从2016年起改由区委组织部单独统筹管理，由组织部统一安排使用。

（吴铭）

【公务员管理】 2015年，区委组织部做好考试录用公务员工作，组织完成2015年考试录用公务员的网络报名资格初审、复审、面试、体检、考察及录用报批等工作，公开招录党群机关单位公务员4名，乡镇机关公务员14名，选调生村干部2名；招录1名专职人民武装干部学员，经人民武装学院培养合格后再予以派遣。同时完成了3名乡镇选任制公务员录用、1名公务员调任手续的报批工作。做好公务员年度考核工作，党群序列单位公务员2015年度考核共81人优秀、25人不定等次、1人不称职。办理2014年度试用期满的21名公务员的考核和任职定级工作，向市委组织部上报选调生3人，办理25名公务员的登记工作。共调配一般干部6批次22人，办理调动手续68人。完成2015年莲都区公务员年报，做好公务员管理信息系统更新工作，与大组工网连接，对有关人员信息进行更新。做好非领导职务申报审批工作，共审批主任科员4人，副主任科员21人。全面铺开全区职务与职级并行工作。根据国家和省《县以下机关建立公务员职务与职级并行制度实施意见》及全市工作安排，我区于10月30日完成全区机关及参照公务员法管理的事业单位的全面部署工作，并按照管理权限对全区110个单位进行梳理和核查。

（魏国华）

【干部人事档案工作】 2015年，区委组织部全面开展干部人事档案专项审核工作，成立专项审核工作领导小组，制定下发《莲都区干部人事档案专项审核工作实施方案》，分级、分批对全区68个单位的公务员、参照公务员以及10个事业单位班子成员共计1840卷干部人事档案进行一次全面的“巡视”和“体检”。截至年底，完成899卷干部人事档案的初复审工作。

（邹青芬）

【干部监督工作】 2015年，区委组织部对照省委巡视组以及市委选人用人专项检查反馈意见，组织召开区委常委会选人用人专题民主生活会，深刻剖析原因，深化整改措施。科学制定经济责任审计计划，全年共对10个单位的16名党政“一把手”开展经济责任审计工作，受市委组织部委托，对4家单位的“一把手”市管领导开展离任经济责任交接工作，召开离任经济责任交接会议。严把股级干部审核备案关口，切实纠正违规现象，全年共审查备案股级干部209人次，其中提任正股46人次，担任副股67人次，交流58人次，免职34人次，其他4人次。规范领导干部出国（境）审批备案工作，共审批因私出国（境）人员43人次，开展违规办理和持有因私出国（境）证件专项治理工作，共收回相关证件79本，注销28本。严格执行领导干部个人有关事项报告制度，完成全区35名省、市管和602名区管领导干部的审核、录入、汇总上报工作。耐心做好信访维稳工作，全年接待群众来信来访95人次，完成市委组织部和信访局信访转办件6件。完成领导干部宗教信仰情况、“吃空饷”情况、随带身边工作人员和驾驶员情况、在企业社团兼职、经商办企业情况、配偶子女及其配偶移居国（境）外情况、违规安排近亲属工作及违反任职回避制度情况等专项调查摸底工作，并根据上级要求进行清理规范。

（叶小青）

【人才工作】 2015年，区委组织部制定出台《莲都区关于加强旅游人才队伍建设的实施办法(试行)》，举办乡村旅游人才培训班。做好《莲都区加强高学位和高技能人才队伍建设的若干意见》《莲都区非公单位人才住房租金补助办法(试行)》等人才政策的实施工作，全年合计兑现各类人才政策资金500多万元。坚持在“双招双引”和“市区联动”机制下推进招才引智工作，全年共组织外出招聘9次，引进硕士以上高学历人才17名，高技能人才227名。有效衔接浙江省“千人计划”、丽水市“绿谷精英”创业创新团队评选工作，季鹰、李丙先博士参加浙江省“千人计划”评选，相继通过资格审核和网上评选。李丙先博士团队的“填埋场陈腐垃圾处理与土地再生”研发项目获丽水市“绿谷精英”创业创新项目资助。浙江不知慢运动服饰有限公司与西安工程大学纺织材料专家姚穆院士签订协议，成立莲都区第二家院士工作站。安派科生物有限公司成功创建丽水市博士工作站。重视地方特色人才队伍建设，激发人才干事创业活力，深入推进“乡村能人”品牌建设，8位省、市级专家与莲都区第一批、第二批“乡村能人”结对帮培，全年共培训农村实用技术人才1800名。重视电子商务人才培养，成立全市首个县级电子商务工作领导小组办公室，先后组织开展电商创业班、微信营销特色班、电商精英班、大学生村干部电商培训等，累计培训人员达1000多人次。举办莲都区首届电子商务创业大赛暨第二届青年网商创业周活动，涌现出“倪老腌”辣椒酱、润生苔藓等一批网络知名品牌。开展大学生村干部电子商务培训，依托丽水讯唯电子商务有限公司开展2期“大学生村干部服务农村电子商务集训营”，培训大学生村干部98名。组织莲都区首届拔尖人才的提升培训，继续实施优秀企业家培养计划，组织3次企业经营管理人才培训。开展“名师名校长”培养工程， 推进医疗系统“名中医”师徒结对培养工程。

（蓝荣杰）

宣传工作

【概　况】 2015年，区委宣传部组织区委中心组集中学习46次，安排专题辅导报告会10余场，举办“人文小讲坛”106堂。完成第三批10个省重点村农村文化礼堂建设任务。举办文化礼堂管理员培训班，开展“敬老礼仪”“村民唱村歌”等系列活动，推动礼堂正常开门开放。组织各项文化活动，开展2015莲都区乡村春晚文化活动、“喜气洋洋闹新春”系列文化活动等，成功举办第六届“欢乐莲城”社区文化艺术节和“三美”主题送戏下乡巡回演出共25场。围绕文明城市创建，共发放交办单378份，投放温馨提示语2万多份，完成问卷调查4万余份，围绕打造“捡不到烟头的城市”品牌，做好城市志愿服务，组织文明创建实践活动近6万余人次。市政基础设施得到完善，城市整体环境明显改善，创建工作机制不断优化，城市文明程度和市民素质持续提升。完成省城市文明程度指数测评和全国城市文明创建年度暗访考核工作。

【新闻宣传】 从2015年1月开始，区委宣传部就围绕区委、区府中心工作，先后开展“五水共治”“三改一拆”、全国文明城市创建、“六边三化三美”、大港头木制品行业整治、“世界反法西斯战争胜利暨中国人民抗日战争胜利70周年”纪念活动、“里东山体滑坡灾害”救援等中心工作的宣传，开展“绿水青山就是金山银山”“美丽城乡”建设、“干在实处永无止境　走在前列要谋新篇”等主题外宣报道活动。全年，中央、省、市媒体到莲都采访调研有48批276人次，刊登、播放涉莲正面报道457篇(条)。

【舆论引导】 2015年，区委宣传部通过落实准入制、做好平时监督管理和重点时间段的安全检查，做好属地内网站的监督管理工作。举办浙江大学核心网评员培训班，实行网评员季度例会制度，提高网评水平。妥善处置“里东山体滑坡”等突发事件和热点敏感问题。规范网络问政工作。做好莲都网络直通车督查工作，每月印发《莲都网络问政直通车办理情况通报》，督促各单位及时主动回应网民的问题，主动引导网络舆情。区网络问政平台开通至今，总点击量3889万人次，日均点击量5.2万人次，共收到网民提问987件，977件已回复，回复率98.99%。有效疏导网民情绪，化解民愤，为和谐莲都、平安莲都建设营造良好舆论环境。

【精神文明建设】 2015年，区委宣传部继续开展“最美”系列选树活动，2015年度2人荣登“中国好人榜”，10人荣登“浙江好人榜”，37人获评“莲都好人”，并通过处州晚报“莲都专刊”等平台广泛宣传最美精神。在全市率先制定实施《莲都区道德模范待遇保障若干规定》，向道德模范陶梅韵发放医疗补助款8500余元，首次组织历届道德模范进行健康体检。农村“六星文明户”创评全面推进，截至年底，第一、二批共计80个村已按照创评流程全面完成评选活动。在全区广泛开展“立家规、传家训、树家风”活动，共征集到家训和家风故事共40000余条（个），基本完成《莲都好家训》（暂名）一书编撰。未成年人思想道德建设工作进一步加强和改进，志愿服务、道德讲堂和文明单位创建等系列基层文明创建活动有序推进。

（王燕）

统战工作

【概　况】 2015年，区委统战部引导统一战线成员参与“五水共治”“三改一拆”“六边三化三美”工作，完成涉及宗教领域“三改一拆”任务。落实“五水共治”项目3个，帮扶资金65万元，落实“六三三”项目1个，帮扶资金15万元。全年通过统战系统直接牵线搭桥或引导莲商、侨商意向投资项目等项目近10个，意向投资近10亿元。发动统一战线组织和代表人士参与里东山体滑坡善后、救援服务工作56人次，捐款捐物140.26万元。开展文明城市创建“五个一”活动，引导统一战线成员参与文明城市创建近千人次，助力打造“没有烟头的城市”。教育引导非公经济人士发扬莲商精神，承担社会责任，参与社会公益事业、“五水共治”、结对4600元以下低收入农户活动，援助里东抢险救灾107万元。注重商会组织建设，指导成立区总商会江苏分会换届和太平商会。是年，区委统战部获全国统战工作实践创新成果入围奖1项、全省统战理论政策研究创新成果1篇、全市统战工作实践创新奖、信息宣传工作先进集体和全市统战理论政策研究创新成果2篇。

【多党合作事业和政治协商制度建设】 2015年，区委统战部健全对口联系、联系交友等制度。召开情况通报会、征求意见会、协商座谈会等8次。完善知情明政机制，畅通民主监督渠道。引导党外人士参政议政、建言献策。坚持和发展中国特色社会主义学习实践活动。支持和引导民主党派、无党派人士发挥优势、服务民生，开展社会服务活动。重视党外代表人士队伍建设，完成指导民革、民盟区委会换届工作，顺利实现政治交接。

【党外知识分子工作】 2015年，区委统战部引导党外知识分子爱岗敬业、创业创新，特别是发挥知联会、新联会等平台作用，支持引导各领域党外知识分子服务经济社会发展。开展知联会“同心知联·共享阳光”小候鸟暑期读书班同心品牌活动，支持新联会开展百岁老人走访慰问、大港头学校微心愿圆梦、参与里东救援善后等活动，取得良好的社会效应。

【宗教领域工作】 2015年，区委统战部开展“和谐寺观教堂”创建活动和星级场所评选工作，成功创建省级“和谐寺观教堂”达标场所40处，达标率75%，成功创建省级先进场所4处。取缔基督教非法活动3起。如期完成34处涉及基督教和天主教活动场所宗教标志物整改工作任务。制定出台《关于在全区宗教界深入开展“同心同行　共建和谐”活动实施意见》，组织开展“五进场所”活动，维护宗教领域和谐稳定。开展民间信仰场所登记编号，出台加强民间信仰依法管理实施意见，全区235处民间信仰场所逐步纳入社会化管理。

【开展民族团结进步创建工作】 2015年，区委统战部开展民族团结进步创建工作，3个民族村被评为省民族团结进步小康村。落实少数民族发展扶持政策，争取各类民族发展资金538万元，实施少数民族群众增收帮扶行动。协调落实省政府98号文件扶持民族乡镇发展的政策，结对帮扶项目落实，落实帮扶资金170万元。开展“魅力畲寨”建设，基本建成利山、沙溪、郑坑3个少数民族特色村寨，利山村被评为首批中国少数民族特色村寨。

【港澳台与海外统战领域工作】 2015年，区委统战部建立健全为侨服务长效机制，实施“华侨要素回流”工程，开展“中国莲都—华侨回归招商引资推荐会”活动，全年引进侨资企业3家。举办“侨缘侨心”新春联谊会等联络联谊活动。引导侨胞侨眷参与大局工作和社会公益事业，启动“百侨结百户·助消低收户”活动，帮扶5个乡镇43户低收入户实现脱贫目标。引导侨胞开展爱心送温暖、赈灾救助等活动，送出物资和慰问金18.4万元。

（张艳）

信访工作

【概　况】 2015年，全区信访总量共1484件（人次），同比减少12.14%。其中，群众来访222批1043人次，同比批次减少14.62%、人次减少23.14%，在来访中个访171批240人次，同比批减少16.59%、人次减少32.96%；集体访61批803人次，同比批次减少7.27%、人次减少19.62%。全年共受理群众来信274件次，同比减少21.26%。网上信访167件次。是年，莲都区获“丽水市信访积案化解先进县（市、区）”，区信访局获“浙江省信访系统先进集体”“丽水市信访工作优秀单位”“莲都区社会治安综合治理先进集体”等称号。

【信访工作领导责任制】 2015年，区委、区政府始终把信访工作作为一项重要工作，主要领导负起第一责任人的责任。3月2日分别与14个乡镇（街道）及28个信访重点部门签订信访工作目标管理责任书。坚持每月15日安排1名党委或政府领导接访，每个星期一和星期三安排2名县处级领导轮值接访，重要敏感时期每天安排领导坐班接访，大量的矛盾纠纷被化解在萌芽初始阶段。

【“区领导督百案”活动】 2015年，区信访局在全区联动开展“区领导督百案”活动，梳理出100件信访积案，全部由区级领导督案化解。各督案领导通过现场接访、带案下访、召开案件协调会等方式研究制定化解方案，亲自督促按期化解。区信访联席会议办公室专门编辑《“区领导督百案”活动专刊》，及时对区领导的督案工作进行跟踪报道。通过该活动，信访老户吴某某、钟某某，碧湖镇红圩村等一批信访突出问题和信访积案得到解决，有效地减少信访存量。全年区领导召开各种协调会112次，约谈或接访信访人47次，化解息访38件，其中息访23件，走复查复核程序2件，引导走法定途径13件。

【莲都区首次尝试推行律师值班接访】 2015年5月开始，莲都区首次尝试推行律师值班接访，于每周固定时间（周三），由22位在全市有一定知名度的律师组成接访团队，轮流到信访局值班，接待上访人员，为上访群众提供法律咨询，通过咨询使上访人明确上访诉求是否符合国家有关法律法规和政策、上访诉求的解决途径及相关法律规定，并对无理缠访人员进行法制宣传教育，促使其息诉罢访。对符合法律援助条件的信访群众引导其按规定的程序申请法律援助。对这22名律师进行集中培训，并建立联席会议制度，定期或不定期召开联席会议，通报和交流有关情况，对涉法疑难上访案件进行讨论分析。截至12月底，律师共接访39批57人次，其中23件信访件通过律师接访，引导到诉讼途径解决。

【通过法定途径分类处理信访投诉请求工作】 2015年10月19日，莲都区成立通过法定途径分类处理信访投诉请求工作领导小组，着手编印《莲都区信访投诉请求法定分类(处理)清单》。10月20日，召开全区通过法定途径分类处理信访投诉请求工作动员部署会，全面启动和部署通过法定途径分类处理信访投诉请求工作，制定印发工作方案，明确目标、步骤及时间节点，并召集区直有关单位分管领导及具体承办处室负责人对如何上报分类清单进行指导和培训。通过推进该活动，逐步把莲都区信访工作纳入法治化轨道，提高全区信访工作法治化水平。

【重点时段的信访稳定工作】 在2015年全国“两会”、中共十八届五中全会、“世界互联网大会”、“2015中国·丽水国际摄影节”、“9·3”阅兵、全省美丽乡村现场会和“11·13”里东滑坡等重要时期，区委、区政府主要领导亲自批阅每日信访专报信息，每天安排区领导接待来访群众。各乡镇(街道)主要领导审阅每日信访信息，落实“一把手”责任。对全区面上不稳定因素进行全面排查，对排查出的重点稳控人员逐一建立应急稳控小组。超前掌握信访苗头，超前化解信访隐患，超前进行信息预警，超前启动应急预案，确保防患未然，确保重点时段和敏感节点总体平稳平和。

（李洁琼）

党校工作

【概　况】 中共丽水市莲都区委党校创建于1957年1月，原名中共丽水县委干校，2000年7月撤市建区，改为中共莲都区委党校。2008年6月，区政府成立莲都行政学校，与区委党校合署办公。现校园占地面积0.4公顷，建筑面积约3860平方米 。学校内设办公室、行政科、教务科、教研室4个科室，实有教职工16人。

【区委区政府中心工作】 2015年，区委党校配合区委区政府展开工作，拨付芦埠村帮扶资金2万元，认领路段作为党员文明实践区，安排教职工全天巡查。协助里东大救援工作，山体滑坡灾害发生后，党校教师带队中青班46名学员第一时间赶赴现场，为现场救援工作提供支持，做好灾后安抚救助工作，实行“白加黑”“5+2”工作法，24小时跟随联系受灾农户，做好情绪安抚、保险理赔、困难救济、善后有关事宜。参与“六边三化三美”、低收入农户、“五水共治”等重点工作，落实“路段长制”及干部蹲点联系美丽乡村制度。通过有效帮扶，结对的19户农户年人均收入已超过4600元标准；拨付扶贫资金3万元。拨付“五水共治”扶持资金3万元；与区农办对接，将“五水共治”联系村岱后村列入2015年农村生活污水治理村。

【教宣工作】 2015年4月，区委党校办好全区“四个全面”暨绿色生态发展全员轮训培训班，与区人力社保局联合举办6期专业技术人员继续教育培训班，和区委组织部联合举办莲都区村两委主要干部培训班。6月，举办乡镇(街道)入党积极分子培训班和区直属机关入党积极分子培训班；与区两办联合举办全区办公室主任培训班。9月，举办科级干部进修班及中青年干部培训班。11月，与区政法委联合举办莲都区“大调解”工作业务培训会。12月，与区委组织部联合举办“两新”组织党组织负责人培训班，与区民政局联合举办城市社区专职工作者培训班。全年共举办培训班16期，培训人数3622人次。继古堰画乡被列为丽水市第一批干部教育培训“文化产业”现场教学基地之后，大港头镇利山村被确定为丽水市第二批干部教育培训“新农村建设”现场教学基地。落实《班主任工作细则》，规范教学管理，定期召开班主任工作交流会，分析培训成效、存在问题及相应对策，推进班主任工作常规化、制度化建设。区委党校多名教师围绕“四个全面”、四中和五中全会、“学党章、守纪律、讲规矩”等主题，在莲都区各部门、乡镇、街道进行宣讲；参加由区委宣传部组织的“莲都好人”宣讲团，宣讲莲都区好人故事，社会反响良好。

【科研工作】 2015年，区委党校的科研工作“质”“量”均有提升。课题方面，完成省委党校第十六批规划课题4项，2个省委党校第十七批课题获批立项；市社科联课题结题4项，新获批3项；完成区级课题4项。文章方面，新发表文章12篇；省级研讨会获奖2人次；市级研讨会获奖3人次；市级征文比赛获奖5人次。党校教师参加丽水市党校系统教学大比武获二等奖。党校教师充分发挥人大代表、政协委员的作用，建言献策、撰写提案，2篇调研报告分获市委常委、区委书记及副市长批示；2个提案分别被列为2015年市人大、区政协重点提案；1篇调研报告被区委区政府主办的《参阅信息》采纳刊登。

【人才工作】 2015年8月，经区直机关党工委同意，成立区委党校党总支，下设机关支部和离退休支部，选举产生新的领导班子。新发展一名预备党员。结合“三严三实”专题教育，开展“学党章、守纪律、讲规矩”主题教育活动。全年选派26人次外出进修学习。选派1名副校长先后赴区“三改一拆”办挂职锻炼、里东工作组工作；1名老师到村担任“第一书记”，1名老师借调区文明办。

【行政后勤工作】 2015年，区委党校在行政管理方面，对办公用房清理“回头看”，严格按照要求，对超标问题整改到位。开展“无烟单位”创建。响应文明城市创建要求，破解“三大命题”，创建“无烟单位”，做到烟头不落地。完善安全用电配备，对配电房及办公楼安全设施作了进一步完善，安装防雷等装置，确保校园安全用电。

（徐誉榕）

老干部工作

【概　况】 截至2015年年底，全区归口于区委老干部局服务和管理的离休干部共123人，按单位性质分：行政机关76人，事业单位21人，企业26人；按年龄分：80岁至90岁有84人，90岁以上39人。按参加革命工作时间分：抗日战争前期的有3人，抗日战争后期的有5人，解放战争时期的有115人；按享受级别待遇分：享受副地（厅、司、局）级待遇的1人，享受正县（处）级待遇的3人，享受副县（处）级待遇的48人，享受正、副乡（科）级待遇的71人，享受其他待遇的0人；其中生活不能自理的20人，本年度去世10人。此外，易地安置在莲都的离休干部共21人；副处实职退休干部徐惠仁同志获“浙江省离退休干部先进个人”荣誉称号，老干部局退休干部尤贤福同志获省级“五一劳动奖章”。是年，全区各级党委、政府高度重视老干部工作，老干部政治、生活待遇得到有效落实，工作得到老干部认可。

【提供细致的个性化服务】 2015年，区委老干部局开展“走亲连心”走访活动，建立健全家访制度、与离休干部子女联系制度、与医院建立老干部住院告知制度等。开展“政府买单送服务”活动，借助“96345”市民服务中心的服务资源，每年向老干部发放“老干部温馨服务券”，上门提供家政和技术工种等服务。为每位离休干部配备“关爱通”手机。利用社区资源开展老干部“四就近”服务，引入老年服务社会化力量——莲都区霞光社会服务中心开展“暖心服务”，采用个案工作法、“参与互动式”的小组活动方法，为离休干部提供精神慰藉、人文关怀、心理疏导等服务。据调查，老干部满意率为100%。

【打造老干部精神家园】 2015年，区委老干部局创新老年大学管理机制。老年大学开设有排舞、戏曲、二胡、声乐、国画等14个专业共20个班级，学员达900余人。班级管理上实行班长负责制，设立开学第一堂课，调整对学员的考核和奖励制度，修订老年大学管理规定，并与太平洋保险公司签公众责任险合同，为苍松楼内学习、活动的老干部投保。定期举办各类作品展及文艺会演，老年大学成为广大离退休干部的学习之家、开心乐园、余热舞台。结合“满意家园”创建活动，开展丰富多彩的适合老干部的活动，组织形式多样的离休干部祝寿会、“三八”节活动、重阳节等活动。诗词、书画、集邮、门球、钓鱼等团体协会，开展书画展、邮品展、运动、垂钓等系列活动，让老干部在活动中既展现风采又享受乐趣。

【为社会增添正能量】 2015年，区委老干部局开展“老干部红领先锋”活动，在助企、助农、助学、促和等方面取得显著效果，得到社会各界一致好评。开展“红领助学”，离退休干部筹得助学款共计7万多元，帮助50多位贫困学子。在里东山体滑坡灾害中，老干部时刻关注灾情情况，以实际行动支援灾区和灾后重建工作，共筹得善款49620元。围绕“六边三化三美”工作，老干部开展植树造林、绿化莲都活动；走访考察重点农业企业、环卫保洁重点项目、“五水共治”重要河道等，参加“双创”“五水共治”“三改一拆”等重点工作意见征求会，以及干部任免、政府工作报告等重大事项咨询会，提出意见建议100多条供采纳。

【成立莲都苍松志愿服务队】 根据老同志“老有所为”的愿望和热情，为老同志搭建服务平台，莲都区委老干部局于2015年4月开始筹备志愿服务队成立相关事宜，12月成立“莲都苍松志愿服务队”。莲都区委副书记、政法委书记、区志愿者工作委员会主席陈元龙到会祝贺并致贺词。该志愿服务队是经莲都区志愿者协会注册登记，以自愿参加，自愿退出为组织原则，引导老同志参加文明劝导、环境保护、帮老助幼等公益事业服务活动。

【成立莲都区老年大学和老干部活动中心临时党支部】 为进一步做好老干部思想政治建设，探索老年大学、老干部活动中心党的建设的方式方法，发挥党组织的战斗堡垒作用和离退休党员的先锋模范作用，根据上级有关精神，于2015年12月15日建立莲都区老年大学、老干部活动中心临时党支部。临时党支部直属于中共莲都区委老干部局，由莲都区老年大学在册党员学员、老干部活动中心有关老干部活动团体党员组成，党员组织关系仍在原支部，党费仍由原支部收缴，党员学员在校学习、活动期间参加双重组织生活。临时党支部的成立，方便老干部参加党组织活动，通过各临时党支部活动增强党员的凝聚力，同时以临时党支部为载体，充分发挥老干部党员的先锋模范作用，在助企、助农、助学、促和等方面发挥重要作用，为打造“三美融合、主客共享”新莲都做出重要贡献。

（兰炜虹）

史志工作

【概　况】 2015年，区史志办完成《莲都年鉴(2015)》和“莲都乡愁文化丛书”编纂工作；开展旧志点校工作；继续做好《莲都区志》《党史二卷》编撰工作；《栝苍史志》刊物出版2期。会同相关部门举办莲都区纪念中国人民抗日战争胜利70周年座谈会、文艺演出、播放抗日老电影、老干部书画展和主题征文教育等一系列纪念活动。助推文化礼堂建设工作，共下村指导5次，参加评审会3次，为8个村的文化礼堂建设方案进行文字、内容把关，提出一系列积极性的意见和建议。

【编写《莲都乡愁文化丛书》】 2015年，莲都区提出“三美融合、主客共享”工作主线，推进美丽乡村建设。区史志办积极谋划，主动服务区委、区府中心工作。5月，启动《莲都乡愁文化丛书》编纂工作；9月，完成第一辑6本书，并作为全省美丽县城建设现场会莲都的宣传用书，得到参会领导和人员的高度肯定。《莲都乡愁文化丛书》立足村落文化，突出乡愁主题，内容涵盖村庄沿革、人文、古迹、姓氏、谱牒等多个方面。

【做好《莲都年鉴(2015)》工作】 2015年2月，区史志办编制《莲都年鉴编纂方案(2015)》，并以区委办、区府办名义将方案发至各乡镇(街道)、区属各单位以及各有关部门，对2015年鉴编纂工作作出部署。3月，组织100余名承编单位撰稿人参加年鉴业务培训会，同时下发《临安年鉴》执行主编唐乐平编写的《年鉴编撰与编辑》一书，促使年鉴供稿者学习优秀年鉴的编纂方法。为提高年鉴的编纂质量，区史志办分乡镇和部门两个版本为供稿人员设计编纂样稿及写作规范，并安排专业人员为年鉴供稿单位进行业务指导80余人次，帮助协调解决年鉴稿件编纂过程中出现的问题。3月下旬，首次利用办公助手组建涉及全区年鉴供稿单位的年鉴工作群。该群功能为：开展年鉴业务指导、经验交流、信息反馈、发放通知等工作。从5月初开始，从结构、内容、体例、文字对初稿150余万字的内容开展三轮统稿。12月完成送审初稿，并和方志出版社联系对接，做好出版相关工作。

【推进《莲都区志》编修工作】 2015年，区史志办推进《莲都区志》编修工作。在调框架方面，共调整7编、62章、112节；在补内容方面，根据梳理的500余条意见开展志稿一轮修改，修改内容27编116章，新增内容30余万字；在精文字方面，专门安排3人对整本志书进行通读，对句、字、标点进行修改；在明特色方面，处理好共性和特色的关系，突出地方特色、时代特点和志书特征，使整部志书更具有鲜明的时代特色和个性化特点。在统标准方面，聘请省方志专家王志邦等对志稿进行一轮统稿把关，解决好志稿存在的取材标准不一、体裁运用不一、语言风格不一等问题。

【做好《党史二卷》编纂工作】 《党史二卷》初稿分4编、20章、55节共31万字，存在文体不规范、篇幅比例不科学、叙述详略失当、本地材料空泛、语言标点不准确等问题。2015年，区史志办将《党史二卷》框架结构提请省、市相关处室负责人审核把关，得到许多帮助和宝贵的反馈意见。同时，对初稿开展第一轮统稿，提出200余条修改意见，并段、句、字和标点进行修改。组织人员到档案馆查找档案100多卷，摘录字数达到40余万。

【开展旧志点校工作】 2015年，区史志办为校纠疏误，方便阅读，保存史籍，聘请丽水学院赵治中教授对民国版《丽水县志》开展点校工作。民国版《丽水县志》，共十四卷，为铅印本，由李钟岳、孙寿芝纂修，民国15年成稿付梓。截至年底，完成点校初稿。

（莲都区史志办）

档案工作

【概　况】 丽水市莲都区档案局（馆）为国家三级标准县（区）级综合档案馆，是浙江省级中小学档案教育实践基地、丽水市社科普基地、莲都区爱国主义教育基地，是莲都区档案保管基地、档案信息服务中心、现行文件查阅中心。位于丽水市行政中心西区档案大楼的四、五两层。总建筑面积为2780平方米，其中档案库房面积为800平方米，并设有200平方米的查阅大厅，256平方米的展厅，164平方米的信息中心、92平方米的精品陈列室，及会议室、视听室以及其他办公用房。2015年，莲都区档案局通过开展“节假日预约查档”“异地查档、跨馆服务”等工作，提升档案服务水平，共接待档案利用者4453人次，查阅档案8068卷（件），复印档案9864张。从利用目的统计数据看，为编史修志查阅43卷，为工作参考查阅1498卷，为学术研究查阅53卷，为案件纠纷查阅315卷，为办理退休、养老保险，落实精减下放政策，以及公民为出国、贷款等原因出具结婚证明等查阅6212卷，充分发挥档案的社会价值。至2015年年底，馆藏档案共202个全宗，全宗档案78898卷118526件，破产企业51个55166卷，总共134064卷118526件，其中民国档案1393卷，照片档案4132张，录音磁带、录像磁带、影片档案175盘，实物档案1179件，馆藏资料8976册。

【档案业务指导工作】 2015年，莲都区档案局开展对征迁档案、农村产权改革档案、“五水共治”档案和大港头木制品行业整治档案等4项专项业务档案的指导工作。采取实地检查的方式，对莲都区区直机关档案工作开展为期3个月的年检工作并进行通报。监管重点工程档案，跟进各个项目的档案收集情况，指导预立卷及重点工程档案登记制度和石牛至郎奇公路重点工程档案的收集、整理工作。完成破产改制企业档案处置的调研，详细了解莲都区破产企业档案处置境况。开展对莲都区粮食总公司档案的专项指导，组织人员对档案进行规范整理，共整理出会计凭证5000多卷。

【基层档案室工作】 2015年，莲都区档案局完成1家省级示范数字档案室，18家省级规范数字档案室创建工作。在仙渡乡、大港头镇开展“村档乡管”工作，完成两个乡（镇）及其管辖的19个村的档案收集、规范整理、安全保管工作。至2015年年底，莲都区机关、乡镇、企事业单位以及社区、部分行政村规范化综合档案室共291家，其中档案目标管理达国家二级标准1家，省一级标准5家，省二级14家，省三级9家。全部乡镇的档案室均达到省三级及以上档案目标管理标准，所有社区、行政村都已建档，其中共有9个行政村成功创省级示范行政村、21个行政村创省级规范行政村、1个社区达省级示范档案室。全部机关的档案室（69家）达到区级以上综合档案室标准，成功创建省级示范档案室7家机关单位，51家省级规范数字档案室。

【档案登记备份工作】 2015年，莲都区档案局继续重视民生领域和重点工程、知识产权等数字档案和电子公文的登记备份工作，继续扩大电子业务和数字档案登记备份的范围。至2015年年底，实现电子业务数据登记备份13家，数字档案登记55家，重点工程档案登记备份3家，知识产权档案登记备份6家。开展第四期室藏档案集中数字化加工工作，对莲都区60余家单位2014年前形成的档案进行集中数字化处理，实现纸质档案与电子档案一同归档。完成档案数字化加工112万页。

【数字档案馆（室）建设】 2015年，莲都区档案局组织莲都区70余名档案员进行“1+9+N”数字档案协同管理系统培训，实现莲都区机关单位档案员的全覆盖，为电子文件归档和数字档案馆室一体化建设打下良好基础。至2015年年底，完成1个省级示范数字档案室、18个省级规范数字档案室创建工作，共创建省级示范数字档案室7家，省级规范数字档案室51家。

【抗战口述档案建档】 2015年，为纪念抗日战争胜利70周年，莲都区档案局启动抗战口述档案建档工作。通过半年多的时间，共走访80余名抗战老兵和亲历亲见者，为46个抗战老兵和亲历亲见者采集口述档案影像1000多分钟，整理口述抗战史料近20万字，并于2015年年底出版《浴血征程——莲都区抗日战争解放战争口述档案选编》一书。全书分上下两编：上编为《老兵亲历》，记载了24位在抗日战争和解放战争幸存老兵的参战故事；下编为《见证罪行》，是20位抗战见证者控述日本侵略军在丽水犯下滔天罪恶的目击者。

【档案宣传工作】 2015年，莲都区档案局在各级媒体、网站、报刊杂志上发表文章50余篇，《中国档案报》《浙江档案杂志》《处州晚报》多期介绍莲都区档案工作。《处州晚报》通过5个专版、4个专题报道来介绍莲都区档案局在征集抗战老兵及亲历者档案资料方面的工作，持续关注抗战口述档案建档工作，丽水电视台多个节目播报莲都区档案工作。在丽水市区万象山脚开展以“档案在你身边”为主题的“6·9”国际档案日大型宣传展览咨询活动；开展“局（馆）长接待日”活动；发挥档案馆教育宣传基地作用，做好参观接待工作，全年接待部队官兵、中小学生等社会各阶层人士参观1000多人次。

【档案资源建设】 2015年，莲都区档案局提高“三重一特”档案征集力度和水平，建设民生档案和地方特色档案。接收莲都区文明城区创建活动档案、大港头木制品行业整治档案和莲都区产权改革办公室档案等重大活动档案，征集到宗族谱、地方文献、抗战纪念章等珍贵档案资料70余件，将征集到的蓝伟亮全国劳模档案进行规范整理并数字化，统一送交浙江省档案馆永久收藏。开展莲都区区直部门和乡镇街道到期档案接收工作，接收的主要范围是各单位2005年以前永久、长期、30年保存的文书档案。完成53家单位15305卷71441件档案的接收工作，其中，重大活动档案80卷502件，专题档案37卷，民生档案13522卷21438件。

（吴威）

莲都区人民代表大会、人大常委会

综　述

【概　况】 2015年，区人大常委会共召开常委会会议11次，主任会议21次，组织代表视察5次，听取和审议专项报告10项，作出决议决定12个，提出审议意见6个。坚持从制度建设层面入手，加强常委会依法行权路径的探索。作出《关于调整莲都区人大常委会代表资格审查委员会组成人员的决定》，进一步做好区人大常委会机构建设工作；作出《莲都区人民代表大会代表建议、批评和意见办理规定》，进一步规范代表建议办理工作；作出关于批准《丽水市莲都区（丽水市区）环境功能区划》的决议，进一步推进中长期生态建设等。坚守人大宣传工作主阵地，在省、市级纸质媒体和网站上共发表文章127篇。在全市人大信息考核评比中，区人大机关获集体奖，1人被评为先进工作者。

重要会议

【莲都区第十五届人民代表大会第四次会议】 2015年3月31日至4月3日在莲都区会议中心举行。出席会议的代表199名，列席人员180名。会议听取和审议代区长杨秀清所作的《政府工作报告》、区人大常委会主任雷萍所作的《区人大常委会工作报告》、区人民法院代院长李美顺所作的《区人民法院工作报告》、区人民检察院检察长王小刚所作的《区检察院工作报告》。会议决定批准以上报告，并作出相应决议。会议听取和审议《莲都区2014年国民经济和社会发展计划执行情况与2015年国民经济和社会发展计划草案的报告》《莲都区2014年财政预算执行情况及2015年财政预算草案的报告》。会议批准区国民经济和社会发展计划、财政预算，并通过相应决议。会议选举杨秀清为区人民政府区长；陈鲁军为区人大常委会副主任，管兴标、潘新雄为委员；李美顺为区人民法院院长。会议共收到代表10人以上联名提出的议案20件，涉及生态文明、产业转型、民生保障、公共交通、财经监管、旅游开发、老区建设等方面。根据《中华人民共和国地方各级人民代表大会和地方各级人民政府组织法》《中华人民共和国全国人民代表大会和地方各级人民代表大会代表法》和《莲都区人民代表大会议事规则》的有关规定，经议案审查委员会审议讨论，将蓝春香代表领衔提出的《关于坚定不移地走绿水青山就是金山银山绿色生态发展之路的议案》、谢国霞代表领衔提出的《关于适应新常态　打造绿富美　大力发展绿色生态产业的议案》，合并成《关于坚定不移走绿水青山就是金山银山发展之路　大力发展莲都绿色生态产业的议案》，列为本次大会议案，经大会批准后，交区人民政府办理。议案办理情况由区政府书面向区人大常委会报告，并在区第十五届人民代表大会第五次会议上印发。其余18件议案拟作为建议与大会同时收到的85件代表建议、批评、意见一并交区政府及有关机关和组织研究办理，承办单位负责答复代表并将办理情况及时报告区人大常委会。对事权不在莲都区的意见、建议，将通过其他途径提交市级有关单位处理。

【区十五届人大常委会会议】2015年,区十五届人大常委会会议共举行11次。

1月26日召开区十五届人大常委会第二十三次会议。会议依法补选陈鲁军、邵朝良为莲都区出席丽水市第三届人民代表大会代表;审议通过区人大代表辞职案;通报《莲都区区、乡(镇)人大代表补(增)选工作方案》;书面审议区政府组成部门主要负责人、区法院副院长和区检察院副检察长述职报告;传达省十二届人大三次会议精神。

2月27日召开区十五届人大常委会第二十四次会议。会议审议通过《区人大常委会关于召开区十五届人大四次会议的决定》;审议通过区人大、区政府、区法院人事任免案;评选2014年度区人大代表履职积极分子以及2014年度代表建议承办先进单位和先进个人。审议通过部分区人大代表辞职案;通报2014年度全区基层人大工作先进集体考核结果以及区人大代表补选工作方案。

3月24日召开区十五届人大常委会第二十五次会议。会议审议通过区政府、区人大、区检察院人事任免案;审议通过部分区人大代表辞职案;听取和审议区政府关于2015年财政预算安排的报告以及关于2015年国民经济和社会发展计划草案的报告;听取区十五届人大四次会议筹备情况的汇报;听取和审议莲都区人大常委会代表资格审查委员会关于区第十五届人民代表大会第四次会议代表资格审查和代表变动情况的报告;审议通过区十五届人大四次会议有关事项;审议区人大常委会工作报告稿。

5月12日召开区十五届人大常委会第二十六次会议。会议审议通过区政府、区法院院人事任免案,审议通过区人大代表辞职案,通过《关于调整莲都区人大常委会代表资格审查委员会组成人员的决定》《莲都区人民代表大会代表建议、批评和意见办理规定》《关于莲都区2015年政府投资预算安排草案的报告》,听取和审议区民政局、区水利局2015年预算。书面通报《区人大常委会2015年主要工作安排表》。

6月17日召开区十五届人大常委会第二十七次会议。会议审议《关于提请审议授予徐峻莲都区荣誉市民称号的议案》和《关于提请审议2015年度莲都区水利开发建设有限公司项目贷款还本付息资金列入区本级同期年度财政预算的议案》,作出相关决议。

8月13日召开区十五届人大常委会第二十八次会议。上午的会议审议通过区政府人事任命案。听取和审议《区政府关于提请审议〈丽水市莲都区(丽水市区)环境功能区划〉的议案》《莲都区2015年上半年国民经济和社会发展计划执行情况的报告》《关于2014年丽水市莲都区决算的报告和2015年上半年预算执行情况的报告》,审查和批准2014年度莲都区财政决算。下午的会议听取和审议区科技局2014年财政决算,以及《关于2014年度莲都区本级财政预算执行和其他财政收支的审计工作报告》。

8月28日召开区十五届人大常委会第二十九次会议。会议依法补选陈鲁军、邵朝良为莲都区出席丽水市第三届人民代表大会代表。

9月24日召开区十五届人大常委会第三十次会议。会议审议卢向红辞职案,同意其辞去市三届人民代表大会代表职务。

10月30日召开区十五届人大常委会第三十一次会议。会议听取和审议《区政府关于全区少数民族特色村寨建设工作的专项报告》《区政府关于农村生活污水治理专项工作报告》。

11月13日召开区十五届人大常委会第三十二次会议。会议审议通过区政府人事任免案,及《区政府关于全区基层医疗卫生服务能力建设专项工作报告》。

12月18日召开区十五届人大常委会第三十三次会议。上午的会议分别听取和审议区法院、检察院、公安分局、司法局《关于司法工作人员依法履职公正司法整改情况的报告》,并对区法院、区检察院、区公安分局、区司法局等四家单位整改情况的报告进行满意度测评。下午的会议听取和审议区政府《关于调整2015年度区财政预算的报告》《关于提请审议追加2015年度政府性债务举借计划的议案》《关于莲都区2015年地方政府债务限额的报告》，作出了《关于批准莲都区2015年预算调整方案的决议》《关于同意追加2015年度莲都区政府性债务举借计划的决议》。

【区十五届人大常委会主任会议】 2015年共举行主任会议21次。

1月15日，召开区十五届人大常委会第四十七次主任会议。会议听取区发改局《区政府2015年基本建设项目投资计划》以及编制情况的说明。

1月23日，召开区十五届人大常委会第四十八次主任会议。通过区十五届人大常委会第二十三次会议有关事宜。会议听取区人大代表辞职案，提出补选陈鲁军、邵朝良为莲都区出席丽水市第三届人民代表大会代表的议案。会议听取2014年度乡镇街道人大工作考核情况的汇报，并确定白云、联城街道人大工委，老竹镇、太平乡、仙渡乡、峰源乡人大主席团为2014年度全区基层人大工作先进集体。会议讨论通过《莲都区乡人大代表补(增)选工作方案》《关于莲都区城乡规划工作的调研报告》。

2月12日，召开区十五届人大常委会第四十九次主任会议。通过区十五届人大常委会第二十四次会议有关事宜。会议提出《区人大常委会关于召开区十五届人大四次会议的决定(草案)》；会议提出评选2014年度区人大代表履职积极分子、2014年度代表建议承办先进单位和先进个人建议名单。

2月26日，召开区十五届人大常委会第五十次主任会议。会议听取区政府、区法院人事任免的议案，并提出杨秀清任代区长、李美顺任代院长的议案。听取毛子荣、舒维云、翁伟标辞去区十五届人大代表职务的辞职报告，同意将相关事项提交常委会表决。

3月23日，召开区十五届人大常委会第五十一次主任会议。通过区十五届人大常委会第二十五次会议有关事宜。会议听取审议区十五届四次会议议程、日程草案等八个事项，以及《莲都区第十五届人民代表大会第四次会议选举办法(草案)》，同意提交常委会审议。会议听取了区人大、区政府、区检察院人事任免案和部分人大代表辞职案。听取和审议《莲都区第十五届人大常委会代表资格审查委员会关于莲都区十五届人大四次会议代表资格审查和代表变动情况的报告(草案)》，以及区政府《关于2015年财政预算安排的报告》。

4月23日，召开区十五届人大常委会第五十二次主任会议。会议审议通过《莲都区人大常委会2015年主要工作安排表》；审议《莲都区人民代表大会代表建议、批评和意见办理规定(讨论稿)》，提出修改意见。

5月8日，召开区十五届人大常委会第五十三次主任会议。通过区十五届人大常委会第二十六次会议有关事宜。听取区政府、区法院人事任免案的汇报；审议通过《区十五届人大常委会主任、副主任分工》《莲都区人大常委会关于深化司法监督工作实施工作方案》；审议《区人大代表资格审查委员会变动名单》《莲都区人民代表大会建议、批评和意见办理规定(讨论稿)》，同意提交常委会审议。

6月16日，召开区十五届人大常委会第五十四次主任会议。通过区十五届人大常委会第二十七次会议有关事宜。听取和审议《关于提请审议授予徐峻莲都区荣誉市民称号的议案》《关于提请审议2015年度莲都区水利开发建设有限公司项目贷款还本付息资金列入区本级同期年度财政预算的议案》，同意提交常委会表决。

7月21日，召开区十五届人大常委会第五十五次主任会议。听取区统计局工作汇报，并就该局工作情况和改进方向提出意见建议。

8月10日，召开区十五届人大常委会第五十六次主任会议。会议通过区十五届人大常委会第二十八次会议有关事宜。听取审议《区政府关于提请审议〈丽水市莲都区(丽水市区)环境功能区划〉的议案》《莲都区2015年上半年国民经济和社会发展计划执行情况的报告》《关于2014年丽水市莲都区决算的报告和2015年上半年预算执行情况的报告》《关于2014年度莲都区本级财政预算执行和其他财政收支的审计工作报告》。听取区政府人事任免案和市中级人民法院关于提请许可对代表采取司法强制措施的报告。会议还审议通过《关于全区各级人大代表开展转型升级十大组合拳落实情况主题监督活动实施意见(审议稿)》。

8月27日,召开区十五届人大常委会第五十七次主任会议。会议通过区十五届人大常委会第二十九次会议有关事宜。听取组织部门人事介绍,提出《关于提请杨秀清为丽水市第三届人民代表大会代表候选人的议案》;审议《中共莲都区委关于进一步加强人大工作和建设充分发挥人大作用的意见(审议稿)》。听取区林业局工作汇报,并就该局工作情况和改进方向提出意见建议。

9月18日,召开区十五届人大常委会第五十八次主任会议。审议通过《关于莲都区2015年上半年国民经济和社会发展计划执行情况的审议意见》《关于莲都区2014年度区财政决算和2015年上半年预算执行情况的审议意见》《关于莲都区2014年度预算执行和其他财政收支的审计工作报告的审议意见》《关于区人民法院执行工作的调研报告》。会议部署全区招商引资工作的专题调研,以及农村生活污水处理项目跟踪督查工作。

9月22日,召开区十五届人大常委会第五十九次主任会议。会议通过区十五届人大常委会第三十次会议有关事宜。会议听取市纪检委关于市人大代表涉嫌违纪的情况介绍,主任会议同意将卢向红辞职案提交常委会审议表决。

10月16日,召开区十五届人大常委会第六十次主任会议。会议听取区交通局和科技局工作汇报,并分别就该局工作情况和改进方向提出意见建议。

10月22日,召开区十五届人大常委会第六十一次主任会议。会议分别听取区法院、区检察院、区公安分局、区司法局司(执)法工作人员依法履职公正司法情况的调研意见汇总及整改建议,同意分别交由该单位进行整改,并在下次常委会上听取整改情况的汇报。

10月27日,召开区十五届人大常委会第六十二次主任会议。会议通过区十五届人大常委会第三十一次会议有关事宜。会议听取和审议《莲都区少数民族特色村寨建设情况调研报告》《莲都区农村生活污水处理工程督查报告》。

11月10日,召开区十五届人大常委会第六十三次主任会议。会议通过区十五届人大常委会第三十二次会议有关事宜。会议听取和审议区政府人事任免案;通过《对莲都区城区增设社区工作的建议》《关于全区基层医疗卫生服务能力建设情况的调研报告》。决定召开全区人大工作务虚会,通过本年度有关评估评先文件。

12月3日,召开区十五届人大常委会第六十四次主任会议。听取区发改局关于莲都区第十三个五年规划编制情况的汇报。

12月5日,召开区十五届人大常委会第六十五次主任会议。会议听取区司法局工作汇报,并分别就该局工作中存在的问题和改进方向提出意见建议。

12月15日,召开区十五届人大常委会第六十五次主任会议。会议通过区十五届人大常委会第三十三次会议有关事宜。会议审议通过《莲都区少数民族特色村寨建设情况报告的审议意见》;听取区政府《关于2015年莲都区预算调整方案(草案)的报告》《关于莲都区2015年地方债务限额议案》的情况汇报。

12月25日,召开区十五届人大常委会第六十六次主任会议。学习《关于认真贯彻落实中央文件精神加强县人大工作和建设的若干意见》,讨论《莲都区人民代表大会常务委员会关于落实宪法宣誓制度的规定(草案)》,评选区人大机关2015年度优秀公务员、优秀驾驶员和先进党员。

法律监督

【备案审查规范性文件】 2015年，根据《莲都区人民代表大会常务委员会关于规范性文件备案审查的若干规定（试行）》，开展规范性文件备案审查工作，全年备案审查区政府报送的规范性文件19件。

【落实重大事项报告制度】 2015年共收到司法机关报送的重要文件16件、特定案件305件。

工作监督

【听取和审议区政府关于全区农村生活污水处理工作专项报告】 2015年10月，在前期督查组深入实地检查工程实施情况的基础上，针对工程承包、质量监管、政策宣传中存在的问题，敦促政府实事求是，做好工程整改和维护，把这项民生工程做实、做好。

【听取和审议少数民族特色村寨建设专项报告】 2015年10月，要求政府正视特色村寨建设滞后等问题，做好规划建设工作，挖掘和传承好民族文化，在美丽乡村建设、发展民宿经济中打响民族特色品牌。

【听取和审议计划、预算等执行情况报告】 2015年8月，听取和审议区政府关于国民经济和社会发展计划执行、财政预算执行以及审计等工作报告，做出《关于批准莲都区2014年财政决算的决议》等，推动政府进一步优化支出结构，促进莲都区经济健康发展。加强对政府部门预决算的监督，审查区民政局、水利局2015年预算草案和科技局2014年决算草案，督促相关部门明确项目实施目标、细化项目经费支出、严格预算执行，提高资金使用绩效。推动53个区直部门在网上公开年度预决算草案，提高财政资金的透明度，接受社会监督。同时，督促对审议问题的整改落实，确保财政资金使用安全。

【听取和审议基层医疗卫生服务能力建设专项工作报告】 2015年11月，要求政府重视“乡镇卫生院医疗资源利用不够充分、基层卫技人员外流严重、政策体系和激励机制不够完善”等问题，进一步优化基层医疗机构和设施配置，完善考核激励机制，提高财政资金使用的社会效益。

【开展深化司法监督活动】 2015年5—10月，成立由常委会主任担任组长，分管副主任担任副组长的领导小组，做好对深化司法监督活动的领导工作。坚持问题导向，深入基层，广泛听取社会各界意见建议。梳理司法机关在规范、严格、廉洁司（执）法中存在的问题，经主任会议审议交由司法机关整改落实。明确将“落实立案登记制度和破解执行难问题”“解决取证不规范问题”“完善行政执法与刑事司法相衔接机制”“依法保障律师会见权，建立有效的案件移送告知律师制度”等作为跟踪督查的重点，常委会会议专题听取和审议整改情况报告，以无记名投票方式进行满意度测评，当场公布测评结果。

【首次开展法官、检察官履职评议】 2015年，区人大听取8名被评议对象的工作汇报，由监督工作领导小组成员、法工委委员、部分区人大代表进行当场评议，有效促进“两官”队伍建设。

【专题开展招商引资工作调研】 2015年，区人大针对“招商成效不明显、引进资金界定不准确”等问题，采取走访企业与查阅档案相结合的方式，对部分招商引资项目的签约投资额、实际投资额等情况进行全面了解，分析招商引资考核中存在的问题，建议政府完善考核制度，确定合理的奖励额度，提高招商资金使用绩效。

【调研社区增设和分设工作】 2015年，区人大听取社会各界的意见，凝聚民智，建议政府优化方案，助力提升社会管理水平。调研乡村有线电视网络建设管理情况，要求相关部门加强监督管理，提升服务质量，满足广大农村群众的文化需求。

决定重大事项

【审议区政府提请的议案】 2015年，常委会依据《决定重大事项的规定》，审议并批准区政府《关于提请审议丽水市莲都区（丽水市区）环境功能区划的议案》，要求政府完善环境功能区划分，控制建设开发活动，落实准入管理制度，推动“两山”发展战略在莲都的新实践。关注全区经济社会运行情况，针对经济下行压力加大的现状，批准年度财政预算调整方案，做出决定3个，同意政府融资4.5亿元，为莲都区发展提供资金支持。行使法定职权，做出《关于授予徐峻莲都区荣誉市民称号的决定》，吸引高层次人才服务莲都区经济发展，优化全区发展软环境。

人事任免和监督

【人事任免】 2015年，区人大坚持拟任干部任前公示、法律考试和表态发言等制度，制定出台《莲都区人大常委会关于落实宪法宣誓制度的具体办法（试行）》，组织新任命人员进行宪法宣誓，进一步增强他们的宪法意识。坚持党管干部原则，全年任免国家工作人员43人（其中任命副区长4人、免去2人）。

【对任命干部的监督】 2015年，区人大坚持主任扩大会议听取部门工作汇报制度，听取区科技局、司法局、林业局、统计局、交通局等部门工作汇报。年底，要求常委会任命的政府组成部门局长和法院副院长、检察院副检察长书面向区人大常委会述职，汇报履行职责和勤政廉政情况，接受人大监督。这些举措进一步强化任命干部宗旨意识、人大意识和廉政意识。

联系人大代表和人民群众

【代表建议、批评和意见督办工作】 2015年，区十五届人大四次会议有大会议案1件、代表建议110件。常委会及时召开会议集中交办建议，由部门主要领导亲自参会受领，实行会风督查通报。代表工委会同区委区政府督查室，把建议办理情况作为全年督查的重点。代表对办理工作满意的107件，基本满意的3件；建议所提问题解决或基本解决的39件；正在解决的61件；受条件限制留作参考或不可行的10件，和2014年建议办理情况相比，A类件从30%提高到35%，B类件从55%提高到56%，C类件从15%下降到9%。

【人民来信来访工作】 2015年，区人大重视信访工作，做好信访交办工作，落实领导信访督案责任制，全年受理来信85件，其中省、市人大交办3件；来访125批次，136人次，维护社会和谐稳定。

莲都区人民政府

综　述

2015年，实现地区生产总值283.19亿元，增长6.5%。实现区属规上工业增加值12.28亿元，增长3.7%，服务业增加值162.67亿元，增长10.1%，农业总产值26.14亿元，增长2.8%。完成固定资产投资146.56亿元，增长16.4%；出口总额1.48亿美元，增长12.1%；社会消费品零售总额176.68亿元，增长3.9%；旅游总收入42.86亿元，增长30.0%；一般公共预算收入12.47亿元，增长10.4%。城镇人均可支配收入35038元、农村居民人均可支配收入19327元，分别增长8.4%、9.8%；节能减排、安全生产、计划生育等全面完成上级下达的指标。年度综合考核名列全市第一。“11·13”里东山体滑坡灾害，在党中央国务院亲切关怀下，在省、市党委政府和区委坚强领导下，军地军民心手相连，社会各界大力支持，顺利完成抢险救援，平稳推进善后处置，积极开展灾后重建，里东大救援精神蕴含的正能量，已成为莲都加快发展的强大精神动力。

区政府常务会议

【概　况】 2015年召开政府常务会议13次。

【第十五届政府常务会议】 第三十九次区政府常务会议于2015年3月6日召开。审议《关于莲都区2014年预算执行情况和2015年预算草案的报告（草案）》；审议《莲都区2014年国民经济和社会发展计划执行情况与2015年国民经济和社会发展计划报告（草案）》；审议《莲都区2015年基本建设项目投资计划》；听取被征地农民基本生活保障参保指标恢复相关情况汇报；审议《莲都区深化“六边三化三美”行动方案（2015—2020）》及《莲都区“六边三化三美”项目资金管理办法》；审议《莲都区农村环境卫生治理工作考核督查细则（修订）》。

第四十次区政府常务会议于2015年3月12日召开。听取2014年度莲都区工业企业争先创优获奖企业评选情况汇报；听取2014年度扩大有效投资工作考核情况汇报；听取2014年度安全生产目标管理责任制考核情况汇报；听取2014年度投资项目审批“优秀代办员”考核评选情况汇报；听取2014年度招商引资工作考核奖励情况汇报；听取2014年度洁净村居工作各类先进评比情况汇报；听取2014年度莲都区土地和房屋征收工作考核情况汇报；审议《政府工作报告》。

第四十一次区政府常务会议于2015年4月24日召开。审议《莲都区2015年重点建设项目及重大项目前期工作责任目标计划表》；审议《莲都区加强畜禽养殖污染治理推进畜牧业转型升级实施意见》；审议《莲都区病死动物收集和无害化处理管理办法》；听取2014年度莲都区农村产权制度改革工作先进集体和先进个人评选情况汇报；听取法治政府建设(依法行政)工作情况汇报；听取区属小微企业纳入农行帮扶基金合作范围的情况汇报。

第四十二次区政府常务会议于2015年5月12日召开。听取大港头镇木制品行业整治工作情况汇报；审议《2015年度莲都区“六边三化三美”工作督查考核办法(审议稿)》。

第四十三次区政府常务会议于2015年6月5日召开。听取市、区重点项目政策处理攻坚大会战活动相关情况汇报;审议《丽水市莲都区联城城郊农民新社区二期安置住房申购和管理办法》;审议《莲都区2015民宿经济发展实施意见》;审议《莲都区“救急难”工作实施意见》。

第四十四次区政府常务会议于2015年7月8日召开。审议《丽水市莲都区(市区)环境功能区划》;审议《莲都区创建省级农产品质量安全放心示范县工作方案》;审议《关于农村房屋产权登记相关问题的处理意见》;审议《莲都区小型水利工程建设管理体制改革实施方案》;听取关于国有林场改制清产核资有关事项的情况汇报。

第四十五次区政府常务会议于2015年8月14日召开。审议《莲都区2015年度扩大有效投资考核办法》;审议《莲都区2015年计划生育考核办法》;审议《民办教育改革试点方案》;审议《莲都区民宿管理办法(试行)》;审议《莲都区餐桌安全治理行动三年计划(2015—2017)》;审议《2015年度推进幸福社区建设十件实事》;听取关于授予谢力同志丽水市莲都区劳动模范称号以及撤销陈钦贵、余凤花等劳动模范称号的情况汇报;听取关于组织参加第六届国际社会生态农业大会的情况汇报。

第四十六次区政府常务会议于2015年9月10日召开。听取关于莲都区2015年扩大有效投资百日攻坚活动的情况汇报;审议《莲都区设施农用地备案监管办法》;审议《莲都区现代生态循环农业整建制推进县实施方案》;审议《关于加快莲都区特色农业产业发展的实施意见》;审议《莲都区溪鱼保护管理办法(试行)》。

第四十七次区政府常务会议于2015年9月24日召开。审议《莲都区2015年度招商引资工作目标责任制考核办法》;审议《关于加快建设标准强区的若干意见》;审议《关于在全区有关单位推行职业员工人事管理制度的通知》;研究审计发现问题整改落实工作;审议《莲都区创建全国文明城市督查考核及奖惩办法(试行)》;听取关于开展农村“六星文明户”创建工作的情况汇报。

第四十八次区政府常务会议于2015年11月5日召开。审议《莲都区电子商务产业园建设方案》;听取关于兑现2015年外贸、外资奖励的情况汇报;审议《莲都区旅游人才队伍建设实施办法》;审议《莲都区关于全面推行政府法律顾问制度的实施意见》;审议《莲都区食品安全事故应急预案》;听取关于组建丽水市古堰画乡旅游集团投资建设有限公司的情况汇报;审议《莲都区关于做好涉农项目储备库工作的通知》;审议《关于加快莲都区旅游农业产业发展的实施意见》。

第四十九次区政府常务会议于2015年11月12日召开。审议《莲都区丽龙高速公路南山互通至丽新公路建设工程(南山至高溪段)PPP实施方案》;审议《丽水市莲都区进一步落实生产经营单位安全生产主体责任的若干规定》;审议《丽水市莲都区安全生产督查督办工作办法》及《丽水市莲都区安全生产警示暂行办法》;审议《莲都区火灾隐患整治攻坚行动实施方案》;听取2015年度莲都区天网三期工程工作汇报;听取关于莲都区规划展览馆建设情况的汇报;听取兑现莲都浙兴小额贷款公司2014年度扶持政策的情况汇报;听取关于莲都区行政调解工作机制建设试点工作有关情况汇报。

第五十次区政府常务会议于2015年12月17日召开。审议《关于加强民间信仰事务管理的意见》;听取关于莲都区新能源电动汽车分时租赁项目推进情况的汇报;听取关于碧湖镇环北路出让地块历史遗留问题处置情况的汇报;听取关于2014年度财政预算执行和其他财政收支审计整改情况的报告;听取关于里东山体滑坡灾后重建相关政策的汇报;听取关于莲都区丽龙高速公路南山互通至丽新公路建设工程(南山至高溪段)PPP项目社会投资人采购有关情况的汇报。

第五十一次区政府常务会

议于2015年12月31日召开。听取关于贯彻落实省政府推进市(县区)行政审批层级一体化改革工作的情况汇报；审议《莲都区农村集体资金资产资源管理办法》；审议《莲都区金融支持地方经济发展考核奖励办法》；审议《岩泉街道、紫金街道、联城街道增设社区方案》；审议《里东村山体滑坡灾害捐赠资金使用计划》。

区政府工作会议

【莲都区召开全区加强城市管理工作推进会暨“六边三化三美”工作督查会】 2015年1月22日召开。2014年以来，通过一系列举措，创国卫工作迎来公示、授牌的重要环节，接下来，各级各部门将开展“督整改、防反弹、抓巩固、建长效”主题活动以及春节期间城市管理维护卫生秩序大行动等，强化城市管理。区委副书记、政法委书记陈元龙在会上指出，“六边三化三美”工作是2015年全市推进的一项重点工作，任务重、涉及部门多，需要各级各部门支持配合。接下来，各级各部门要针对问题明要求，突出重点抓整改，健全机制抓落实，确保两项工作顺利推进。区委常委、宣传部部长宋珍花主持会议。兰仁生、雷勇军、郭巧燕、叶金荣、郑丽君等领导出席会议。

【莲都召开党委(党组)履行主体责任和第一责任人职责情况工作汇报会】 2015年1月27日召开。会议采取一对一的形式，听取14个乡镇(街道)、10个重点部门履行党风廉政建设责任制主体情况和履行第一责任人职责情况的汇报。会上，区委常委、纪委书记洪起平要求各部门、乡镇、街道党委(党组)始终以党风廉政建设责任制作为反腐倡廉建设的“龙头”来抓，确保党风廉政建设和反腐败工作落到实处，提升全区经济社会发展和党风廉政建设水平。

【莲都区召开2015年文明委全会】 2015年2月6日召开。区委副书记陈元龙和区委常委、宣传部部长宋珍花出席会议并讲话，副区长雷勇军主持会议。会上，宋珍花对2014年精神文明建设工作情况进行汇报，并对2015年工作思路进行部署。会议审议2014年莲都区文明单位新申报和复评名单、莲都区“诚实立身、信誉兴业”主题活动方案。陈元龙强调，2015年的精神文明建设工作要突出核心价值观引导，深化公民道德建设；要抓好全国文明城市争创和“六星文明户”创评两个重点，完善责任落实、工作运行机制、协调配合机制；做好宣传，使精神文明创建工作家喻户晓、深入人心，形成全民参与、合力共创的浓厚氛围。

【莲都区召开食品安全工作会议】 2015年2月12日召开。副区长雷勇军出席会议并讲话。2014年以来，莲都区开展一系列食品安全专项行动，深入排查食品安全风险隐患。全年共检查食品生产经营单位7003家次，开展风险隐患专项整治5次，责令整改622家，取缔无证生产加工经营单位88家，有效保障人民群众的身体健康。会上，雷勇军指出，当前食品安全隐患风险依然存在，要高度认识食品安全无小事，做好食品安全各项工作，保障人民群众舌尖上安全。

【莲都区召开全区领导干部会议】 2015年2月25日召开。市委常委、组织部部长胡侠传达省委、市委关于莲都区人民政府主要领导职务变动的决定，同意提名杨秀清为莲都区区长候选人。市委常委、区委书记林健东主持会议。区长候选人提名人选杨秀清作表态发言。会上，林健东首先代表区四套班子表示坚决拥护省委、市委的决定，并要求全区各级各部门切实把思想统一到省委、市委的决策上来，讲规矩、讲团结、讲担当，开拓创新，为摘帽“欠发达”、实现“绿富美”、共创“两美”莲都做出贡献。

【莲都区召开政法、综治、信访、反邪教工作会议】 2015年3月9日召开。林健东代表区委、区政府与相关单位签订综治、信访工作目标责任书。部分乡镇(街道)、部门在会上作经验交流和表态发言。区委副书记、政法委书记陈元龙部署工作。区领导李见阳、叶建利等出席会议，李一波主持会议。会上，市委常委、莲都区委书记林健东强调，要对照上级要求和群众期望，找准差距求突破、围绕目标抓落实。要积极适应政法维稳工作新常态，切实“增强四个力”，即旗帜鲜明坚持党的领导，进一步增强政治定力，自觉做到守土有责、守土负责、守土尽责，力保政治安全；要忠实履行保驾护航职责，进一步增强服务效力，找准政法工作切入点、结合点、着力点，为全面深化改革、加快转型升级做出贡献；要全面推进平安莲都建设，增强维稳能力，坚持问题导向工作法，推进基层社会治理创新，把平安莲都建设提升到新水平；强化从严治警意识，增强队伍战斗力，结合“三严三实”教育活动，全面落实从严治警措施，用铁的纪律带出一支过硬的队伍。

【莲都区召开农村生活污水治理工作专题会议】 2015年5月30日召开。莲都区针对《丽水新闻》播放市领导和媒体记者暗访黄村水库“五水共治”情况，部署开展全区农村生活污水治理“回头看”工作，区委副书记、区长杨秀清出席会议并讲话。会上，杨秀清强调，各乡镇（街道）以及相关部门要对农村生活污水治理工作目前所存在的这些共性问题引起高度重视，要进一步明确责任，强化整改；对2015年新启动的39个村的农村生活污水处理设施要严格管理，监督到位，严格按规定验收，对已建、在建的工程要切实做好查漏补缺并整改到位；各乡镇（街道）、部门要高度重视“五水共治”各项相关工作，彻底改善城乡环境面貌，为建设“两美”莲都打下坚实的基础。

【莲都区召开全区消防安全工作会议】 2015年6月1日召开。区委常委、常务副区长胡献如出席会议。胡献如强调，各级各部门要切实理清和明确责任体系，加强夏季火灾隐患整治；规范乡镇街道消防安全委员会和消防工作站建设，推进专职队和志愿消防队建设；做好消防水源、消防车道以及消防通道畅通的强化建设工作；各乡镇、街道和宣传等部门要主动作为，充分发挥现有资源，重点做好农村地区、弱势群体以及外来务工人员的消防宣传工作，为“两美”莲都建设营造安定和谐的社会环境。会上，区政府与各乡镇（街道）、部门签订《2015年度消防工作目标管理责任书》。

【莲都代表团参加省特色小镇规划建设工作推进会】 2015年6月24日召开。浙江省特色小镇规划建设工作现场推进会在杭州举行，莲都代表团参加了此次会议。省长李强强调，规划建设特色小镇是我省适应和引领新常态的新举措，要用改革创新精神加快建设一批产业、文化、旅游和社区功能叠加的特色小镇，使之成为我省稳增长、调结构、强创新的重要载体，推动经济转型升级。会上，莲都首次宣传古堰画乡乡愁小镇，提出以文化体验、养生度假为主导，通过对传统农耕水利文化的挖掘传承和弘扬，培育油画为主导的文化产业链和休闲度假旅游产业链，将古堰画乡乡愁小镇打造成长三角乡愁旅游目的地。

【莲都区召开大港头镇木制品行业整治工作总结表彰暨古堰画乡特色小镇建设动员大会】 2015年6月30日召开。市委常委、副市长、莲都区委书记葛学斌出席会议并讲话。莲都区委副书记、区长杨秀清主持会议。雷萍、谷江南、陈元龙、周海忠等区领导出席会议。莲都区于5月15日全面启动整治工作以来，指挥部7个职能小组和13个政策处理小组相互支持、相互配合、相互竞赛，充分发扬“白+黑”、“5+2”、雨加晴的拼搏精神，保障整治工作圆满成功。截至6月26日，全部完成154家企业（加工点）的搬迁、整治工作，提前4天完成目标任务。会议全面总结通报了整治工作，对工作中涌现的先进集体和先进个人进行了表彰。葛学斌强调，依法推进大港头镇木制品行业整治工作是牢记新使命、践行“三严三实”主题教育的具体行动，是把握新机遇、探索特色小镇建设的重要路径。

【莲都区召开创建全国文明城市动员会】 2015年7月28日召开。市委常委、莲都区委书记葛学斌在莲都区创建全国文明城市动员会上强调：各级、各部门要树立首战当决战的思想和勇气，坚决打好、打赢创建全国文明城市的持久战、攻坚战。市委宣传部常务副部长任韩高出席会议，区委副书记、区长杨秀清主持会议。会上，葛学斌指出，在创建过程中，要做到软件创一流，通过打造"无烟头城市""杜绝地沟油城市""微笑城市"以及"花样社区"等创新载体，进一步提升市民文明素养，做出城市的特色和品牌。同时，要强化硬件设施建设，扎实推进"五水共治"、老小区改造等工程，进一步提升城市环境水平。各级、各部门要有首战当决战的思想和勇气，抓基础、抓攻坚、抓宣传，积极营造全民监督、全民参与的浓厚氛围，确保工作取得实效。会上，杨秀清对相关工作也做了部署，并与相关部门签订了创建国家文明城市工作责任书，部门、街道、社区代表分别在会上作了表态发言。

【莲都区召开老干部情况通报会】 2015年8月31日召开。区委常委、常务副区长胡献如向老干部通报了上半年全区经济社会发展情况，以及下半年的工作目标和思路。区委常委、组织部长张继芳主持会议。会上，胡献如代表区委、区政府向与会的老领导、老同志表示亲切问候和崇高敬意。报告指出，上半年，莲都区狠抓项目建设，固定资产投资58.1亿元，同比增长12.4%，总量、增量均居全市第一；狠抓生态产业培育，农业总产值和电子商务销售额都有较大增长；狠抓重点工作，"三改一拆""五水共治""六边三化三美"等工作全面推进，大港头木制品行业整治工作卓有成效；狠抓社会民生工作，扶贫、教育、卫生、文化、社会保障等得到有力的保障和改善。胡献如表示，希望各位老领导、老干部，能一如既往地关心和支持区委、区政府的工作，多提宝贵建议，共谋发展思路，推进莲都区各项事业健康稳步发展。

【莲都区召开纪念中国人民抗日战争暨世界反法西斯战争胜利70周年座谈会】 2015年9月6日召开。区委副书记、政法委书记陈元龙出席会议并讲话。会议学习了习近平在中国人民抗日战争暨世界反法西斯战争胜利70周年纪念大会上的重要讲话精神，莲都区抗战老同志、专家学者、教师和驻莲解放军官兵等代表先后发言，以自己的切身经历，抒发了发自肺腑的爱国情怀。陈元龙强调，要铭记那段血与火的悲壮历史，缅怀抗日先烈的丰功伟绩，增强民族自豪感和实现中国梦的自信心；也要珍惜当下，立足实际，加快发展，维护社会稳定，全力打造平安莲都，为莲都创造更加美好的明天；弘扬伟大抗战精神，继承革命光荣传统，把革命前辈、抗战英烈开创的伟大事业不断推向前进。区领导宋珍花、江爱军、雷勇军、卢进及区级单位部门机关干部代表参加座谈会。

【莲都区召开26县实绩考核指标分析部署会】 2015年11月2日召开。莲都区委副书记、区长杨秀清出席会议并讲话。从2015年起，省委、省政府取消了原26个欠发达县的GDP考核，以新的考核方式，从总体水平、绿色发展、民生保障、生态保护、重大决策落实情况5个方面，对26个县进行全方位考核。会上，杨秀清指出，26个县考核体系是检验我们各项工作是否落到实处的标准。从当前情况看，形势不容乐观、不容放松，全区上下必须高度重视，各相关部门既要分工、又要合作，有效落实牵头责任、工作责任、对接责任；要讲究工作方法，研究考核规则、摸清工作底子，苦干加巧干，数字加沟通，分工加合作；要强化督查考核和责任追责机制，推动全区上下形成争先进位的良好氛围。

【莲都区召开消除4600元以下低收入农户和农村生活污水治理工作推进会】 2015年11月3日召开。莲都区召开消除4600元以下低收入农户和农村生活污水治理工作推进会，区委副书记、区长杨秀清作重要讲话。据统计，莲都区原有4600元低收入共7952户，12122人，前三季度人均可支配收入达8105元，增长率为17.9%。截至年底，还有2000多名低收入农户消除任务亟待完成。在农村生活污水治理方面，2015年要完成40个新建村治理任务，并同步完成上年180个村的整改、验收工作，目前完成情况距离年度目标仍有差距。杨秀清强调，全区上下要进一步增强紧迫感和责任感，把握最后的冲刺时间，采取力度更大、针对性更强、作用更直接的措施，全力以赴，攻坚克难，全面完成4600元以下低收入农户消除和农村生活污水治理年度各项工作任务。区委副书记陈元龙主持会议并对两项工作提出了具体要求，副区长郭巧燕详细部署了工作。

【莲都区召开里东村山体滑坡灾害救援指挥部会议】 2015年11月24日召开。市委常委、区委书记、区救援指挥部总指挥葛学斌出席会议并讲话，区委副书记、区长、常务副总指挥杨秀清主持会议。“11·13”里东村山体滑坡灾害已从应急抢险阶段转为善后处置和灾后恢复重建阶段，各项工作正稳步有序推进。会上，区指挥部各专项工作组分别对相关情况做了汇报。葛学斌在会上指出，此次抢险救灾工作科学有效，体现了上下齐心，军民同心，有担当、有魄力、负责任的精神，充分检验了党的建设成果、精神文明建设成果和人民军队建设的成果。目前，善后处置和灾后重建工作已全面展开，大家要发扬团队精神、严守法治底线，集中精力，增强底气，精心做好善后安抚工作，稳步推进灾后重建工作。会上，杨秀清传达了上级指示精神并就相关工作作了部署。

【莲都区召开里东村山体滑坡灾后重建政策汇报会】 2015年12月14日召开。市委常委、区委书记葛学斌，张继芳、胡献如等区领导出席会议。会上，22个结对帮扶专项小组汇报了灾后重建相关工作，并围绕灾后重建政策畅所欲言，提出了许多有针对和建设性的意见。里东村山体滑坡灾害发生后，莲都区委、区政府高度重视，立即成立政策研究小组多次深入里东走访受灾农户，倾听受灾群众诉求，全面研究制定灾后重建相关政策，妥善推进里东山体滑坡灾害善后处置和灾后重建等各项工作，为里东受灾群众尽快恢复生产、重建家园不懈努力。葛学斌强调，要千方百计增强政策的合理性和可行性，把灾后重建各项工作做细做实；要确保灾后重建政策出台后有效落实到位，让受灾群众切切实实享受到政策红利；要积极了解受灾户情况，满足受灾群众合理诉求，让群众满意，确保灾后重建各项工作平稳有序。

专题协调会

2015年1月5日，召开九龙国家湿地公园项目政策处理工作专题协调会；1月7日，召开宣平溪河道治理一期工程结余资金使用相关问题协调会；1月12日，召开高溪低丘缓坡开发区块黄山公墓北边道路硬化项目相关问题协调会；1月20日，召开关于括苍新村、园丁新村增加工程费用及成品井政府指导价确定工作专题协调会；1月22日，召开莲都区采砂制砂行业整治工作协调会；1月26日，召开丽水市中心城区住房困难户、无房户申购资格审查工作专题协调会；1月26日，召开丽水巴比松文化景区项目招商有关事宜协调会；2月2日，召开莲都区总工会新大楼物业管理和景观石采购相关问题专题协调会；2月4日，召开瓯江治理工程丽水市大溪治理工程建设有关问题协调会；2月4日，召开莲都区山洪灾害防治项目有关问题协调会；2月6日，召开高溪低丘缓坡项目场地平整工程款支付比例相关问题专题协调会；3月19日，召开莲都区中心粮库项目土建工程款支付比例相关问题专题协调会；3月20日，召开大港头莲城山庄有关问题协调会；3月25日，召开莲都区总工会搬迁相关工作专题协调会；3月25日，召开莲都区“民情地图”电子信息系统采购有关问题协调会；3月

31日，召开莲都区行政审批（招投标、代办）中心办公场所调整协调会；4月1日，召开丽水工业园区北区块雨污水管网项目建设相关问题协调会；4月2日，2015年度高速公路沿线农房立面改造项目建设有关问题协调会；4月9日，召开丽水市航新洗涤中心租赁丽水工业园区闲置厂房相关问题专题协调会；4月10日，召开莲都区丽新乡黄岭上危桥拆建工程专题会；4月17日，召开莲都区省级现代农业综合区迎验工作协调会；4月21日，召开2014年度“六边三化三美”行动村边美化（整治村）项目验收结算有关问题协调会；4月27日，召开1000千伏浙北-福州特高压输变电工程莲都段非法占用林地案件处理的专题协调会；5月6日，召开市区旧住宅区和城中村电力设施改造工作专题协调会；5月12日，召开“梦里水乡·欢乐谷”项目边角地相关问题协调会；5月14日，召开农村生活污水治理项目工程有关问题协调会；5月20日，召开关于蓓蕾幼儿园合同到期承包租赁有关问题的专题协调会；5月21日，召开莲都区畜禽养殖污染整治工作相关问题协调会；5月22日，召开莲都区土地整治工作协调会；5月29日，召开朱晨航同志见义勇为保障工作协调会；5月31日，召开大港头镇木制品企业在丽水工业园区转让取得企业土地使用权和房屋所有权或租赁厂房等相关问题专题协调会；6月4日，召开高溪低丘缓坡开发区块缸窑村移民点边坡治理工程有关问题协调会；6月4日，召开老竹镇梁村幼儿园园舍产权移交专题协调会；6月8日，召开郑榴娟第二养老服务中心二期改扩建项目招标相关问题专题协调会；6月11日，召开莲都区被征地农民基本生活保障人数核定相关问题协调会；6月11日，召开社区基础设施维护与零星修补项目专题协调会；6月11日，召开岩泉街道岩泉村临时污水管道横穿49省道有关问题协调会；6月11日，召开薄弱村集体物业经济发展有关问题协调会；6月17日，召开莲都区联城城郊农民新社区（三期）工作专题协调会；6月23日，召开丽水工业园区南山园A4地块相关经济技术指标协调会；6月26日，召开丽水众达家具有限公司厂房建设等相关问题专题协调会；7月2日，召开灯塔村改造有关事项协调会专题协调会；7月3日，召开碧湖生态农业示范基地50省道路边（碧湖镇缸窑村境内）便道改水渠有关问题协调会；7月7日，召开莲城宾馆锅炉拆迁改造相关问题专题协调会；7月7日，召开区公安分局天网工程三期项目相关问题专题协调会；7月8日，召开莲都区石牛温泉怡泉湾项目一期商品房预售许可相关问题专题会；7月8日，召开关于广电设备采购相关问题协调会；7月15日，召开关于莲都区原城郊粮管所林宅口粮站土地用途调整协调会；7月15日，召开丽阳坑星火商城段拆违空地改造项目专题协调会；7月16日，召开古堰画乡美丽城乡建设项目相关问题专题协调会；7月20日，召开莲都区相关旅游规划编制事宜协调会；7月22日，召开联城街道港口村自来水和村牌项目建设有关问题协调会；7月29日，召开高效节水项目有关问题协调会；7月29日，召开瓯江治理工程丽水市大溪治理工程莲都段（1标、2标）建设有关问题协调会；7月29日，召开国家农业综合开发现代农业园区项目建设相关问题协调会；7月31日，召开雅溪镇岱后村至武义县新宅镇清峰岭村联网公路建设专题协调会；7月31日，召开大港头自来水厂项目取水管网铺设工作专题协调会；8月4日，召开岩泉街道办事处办公楼修缮相关问题专题协调会；8月4日，大港头镇金港小区基础设施项目相关问题专题协调会；8月4日，召开联城街道坑口村安置项目场地平整工程相关问题专题协调会；8月7日，召开城区餐饮服务业油烟污染整治有关问题协调会；8月13日，召开雅溪镇里东村“弱电”、污水处理、电力改造相关问题协调会；8月18日，召开雅溪镇污水处理厂管网铺设问题专题协调会；8月21日，召开莲都区病死动物无害化处理场项目审批手续协调会；8月27日，召开古堰画乡巴比松油画馆门面改造相关问题专题协调会；8月27日，召开紫金街道余庄水库上坝路项目有关事项协调会；8月28日，召开土地房屋征收专题协调会；9月1日，召开2014年小农水重点县项目灌区改造工程Ⅱ标段雅溪片单价变更协调会；9月2日，召开莲都区联城城郊农民新社区二期安置住房申购相关问题专题协调会；9月21日，召开丽水产业集聚区—生态产业低丘缓坡开发项目(莲都组团1)3#地块标高调整土石方工程等相关问题专题协调会；9月28日，召开大港头镇土地收储相关问题协调会；10月10日，召开莲都区丽龙高速公路南山互通至丽新公路建设工程（南山至高溪段）PPP实施方案及采购资格预审文件专题协调会；10月10日，召开雅溪镇污水处理站设备采购与安装工程专题协调会；10月19日，召开干部职工到区内农家乐（民宿）疗休养相关问题专题协调会；10月20日，召开联城蓝色清水湾小区和园丁新村雨篷更换专题协调会；11月5日，召开330国道、50省道政策处理专题协调会；11月6日，召开太平竹舟收储地块出让相关问题协调会；11月6日，召开丽新乡黄岭上保通便道项目建设专题协调会；11月6日，召开碧湖镇环北路出让地块办证相关问题协调会；11月9日，召开大港头镇自来水厂工程设计变更等相关问题专题协调会；11月23日，召开雅溪镇里东村山体滑坡灾害捐赠资金管理使用相关问题协调会；11月23日，召开1000千伏特高压浙南站项目业主土地补偿款重复支付相关问题协调会；11月26日，召开莲都区薄弱村集体物业经济发展相关问题协调会；11月27日，召开大港头镇利山村有关问题协调会；11月27日，召开莲都区“六边三化三美”行动50省道（岚山头至保定段）绿化工程和50省道西山墓地整改工程协调会；12月10日，召开关于碧湖产业区块北区块部分入园企业约定开工、竣工时间延期有关问题协调会；12月10日，召开莲都区砂石资产资源费收取有关问题协调会；12月10日，召开丽水市大溪治理工程（莲都段）项目被征地农民基本生活保障有关问题协调会12月24日，召开碧湖镇低丘缓坡工业路项目政策处理相关专题协调会。

区政府重大活动

【农业经济】 2015年，省级现代农业综合区顺利通过省级验收，新建粮食生产功能区535.53公顷。主导产业加快转型升级，“两白一黄一草一鲩”等特色产业效益明显。成功创建省级农产品质量安全追溯体系区。全面完成208个村经济合作社股份合作制改革；新发放土地流转经营权证80本。农业经营主体财务代理试点工作及农业投入品废弃包装物集中回收和无害化处置工作，被列入农业部政府向经营性服务组织购买农业公益性服务机制创新试点。新发展农民专业合作社50家、家庭农场56家。新增“三品”认证农产品19个。全区农业总产值达26.14亿元，同比增长2.8%。

【工业经济】 2015年，推进莲都-义乌山海协作产业园建设，新引进项目4个，开展高溪低丘缓坡综合开发利用，完成年度投资2.52亿元。推进碧湖产业区块开发，引进工业项目3个，建成投产5个。实施“四换三名”工程，完成以“机器换人”为核心的技术改造投入6.57亿元，围绕“腾笼换鸟”盘活闲置低效用地14.53公顷。完成301家低小散整治。新增规模以上企业3家。新增国家高新技术企业2家、省科技型企业5家、省级高新技术企业研发中心和省名牌产品各1个，实现“浙江精品制造”产品零的突破。全区规上工业总产值达58.92亿元，同比增长2.4%。

【旅游服务业】 2015年，堰画乡景区通过国家AAAAA级旅游景区景观质量省级评审，利山村创成国家AAA级旅游景区，电动汽车分时租赁项目投入运营，全力打造“一个‘零投诉’的旅游城市”。石牛温泉、梦里水乡·欢乐谷项目进展顺利，全年完成新建改建旅游厕所22座，括苍森林古道被评为“浙江十大经典古道”“浙江最美森林古道”。大港头镇“隐居画乡”等一批民宿项目正式营业，利山、港口、沙溪3个民宿特色村整体开业，全区新增民宿（农家乐）123家，达到304家；新增床位1784张，达到3311张。全区社会消费品零售总额增长3.9%，旅游接待总人数712.77万人次，实现旅游收入42.86亿元，同比分别增长24.98%和29.97%。

【服务市区】 围绕“三美融合、主客共享”的工作主线，以国卫巩固、文明城市创建、高铁站场周边环境整治为抓手，全力打造一座“无烟头”“无地沟油”“无旅游投诉”的“三无”养生城市，统筹推进“六边三化三美”“五水共治”“三改一拆”及征地拆迁等市区重点工作。全年完成城中村、老小区及内河周边区块雨污分流改造项目11个，丽阳坑水系实现从“黑臭河”向“清水河”的转变；拆除各类违法建筑207.72万平方米，拆违总量居全市第一。完成征收项目107个，征收土地267公顷、房屋30余万平方米。国卫巩固省级暗访综合考评获全省第一。全国城市文明程度指数测评全省第二。“六边三化三美”工作获全市年度考核一等奖。

【城镇发展】 古堰画乡成功入选全省首批37家省级特色小镇，同时跻身全省首批3家服务业特色小镇创新试点行列，被国家旅游局评为全国首批20家乡村旅游创客示范基地，启动创建国家AAAAA级旅游景区工作，创AAAAA景观资源等级通过省级评估，成功上报国家旅游局。坚持法治思维，精准发力，仅用时43天完成大港头镇154家低小散木制品企业（加工点）的搬迁整治工作。完成75个村生活污水治理项目，新增城镇污水管网45.92千米。

【美丽乡村建设】 2015年，全区“六边”区域开展环境综合整治、城乡洁美擂台赛，率先在全市推进农村厕所革命实践，累计整改“两路两侧”省市区各类交办问题1655个，拆除乱搭建面积78.79万平方米，完成高铁沿线及高铁站周边环境第一轮综合整治提升，以高速、高铁、通景公路为轴，发挥“5+2”领导干部联系机制、路段长制，打造美丽乡村风景线，累计改造山体林相268.2公顷，种植景观花26.67多公顷，改造房屋外立面224.12万平方米，创建花样美村22个。建立农村生活污水治理项目领导领衔制，开展“三查三评三比”，督导员蹲点查、专项组重点查、代表随机查，累计交办各类问题989件，新增受益农户13809户，受益率83.3%。出台《莲都区畜禽规模养殖污染整治成果巩固工作方案》，全区累计关停406家养殖场，治理提升285户。开展中央财政小型农田水利重点县、中小河流治理重点县综合整治及水系连通试点和瓯江大溪治理莲都段工程三大平台建设。平原绿化工作基本实现“点线面”立体绿化全覆盖，实施平原绿化面积135.4公顷，建设森林乡镇1个，建成省级森林村庄1个、市级绿化示范村5个。2015年，莲都区获丽水市“六边三化三美”年度工作考核一等奖，首次获全省“1818”平原绿化先进集体。利山村被农业部列为全国首批“美丽乡村”创建试点。

【农民增收】 2015年，开展农民异地转移搬迁，完成联城城郊农民新社区二期安置房申购，实现农民异地搬迁780户1885人。开展“个十百千万”精准扶贫活动，与全省同步全面消除农村家庭人均年收入4600元以下贫困现象。深入实施“低收入农户收入倍增计划”，落实帮扶资金309万元，新成立区级扶贫资金互助联合会。出台《莲都区民宿经济发展实施意见》，按照“五个一”要求，推进首批12个民宿特色村创建。利山、沙溪、港口等民宿特色村整体开业，举办全市农家乐民宿经济推进现场会，“隐居画乡”“小楼”“莲舍”“青腾小院”等一批精品特色民宿备受市场青睐，全区累计发展农家乐（民宿）经营户284家，客房1613间，床位3126张，农家乐（民宿）接待游客194.96万人次，营业总收入1.28亿元，同比分别增长45.06%和50.31%。全区208个村经济合作社股份制改革全部完成，土地承包经营权确权登记1642.67公顷，新发放土地流转经营权证78本，发放林权抵押贷款2840

户，贷款余额5.97亿元。

【改革创新】 2015年，全面深化农村金融改革，完成“三权”抵押贷款余额10.84亿元，超额完成市政府下达的目标任务。农村信用体系、担保体系、保险体系建设不断完善。深化投融资体制改革，南山互通至丽新公路建设工程、天网工程三期项目等PPP开工建设。莲都区已被农业部批复为政府购买社会化服务试点县；农业险新增扩面险种8个，其中茶园、生猪保险工作获省级试点；民办教育工作获市级改革试点；政策性农业保险大户参保率完成76%，政策性农村住房保险参保率完成100%；出台《莲都区公务用车制度改革工作方案》，车改工作有序推进。

【教育事业】 2015年，全面推进城乡教育共同体建设，共组建10个紧密型城乡教育共同体，“一校两区”实现资源共享。初中毕业班学业考试成绩连续12年位居全市第一；教研工作成果评比的获奖率和获奖等级均居全市第一。新建和扩建贝盈幼儿园、新湖国际、老竹镇中心幼儿园等一批优质幼儿园，全区等级幼儿园比例达到81.7%。教育建设项目政府投资14个总投资7200万元，企业投资2个总投资9500万元，各项目均完成年度建设计划。共创建25所省标准化学校（2015年新增3所），11所走读制学校全面实施半封闭管理。

【民政事业】 2015年，莲都区结合消除4600元以下低收入农户工作，低保实现提标扩面，城乡标准分别提高到每人每月612元和459元，较2014年提高13%和18%，新增低保对象1532人。出台了《莲都区困难居民医疗救助办法的补充通知》，政策范围内救助比例提高到70%。新建城乡社区避灾安置点21个。在里东大救援行动中发挥重要的保障作用，累计接收社会物资捐赠184万元、捐款1200多万元。深化养老服务，百位老人床位数达到3.17张，建成城乡社区居家养老服务照料中心158个，健全养老服务补贴制度。用直选的方式完成了第五届城市社区居委会换届选举，全面落实了社区事务准入制，新创成幸福社区5个，新增社区3个。新登记社会团体10家，民办非企业单位27家。取消婚姻登记证书工本费和收养登记收费。举办抗日战争暨世界反法西斯战争胜利70周年系列活动，开展送文化进军营活动5场次，完成历史遗留货币安置转业士官就业帮扶工作。推进青山白化治理，建立青山白化治理周督查、月通报制度，基本消除青山白化现象。全面完成《村规民约》和《社区公约》的修订，推行村级重大事务代表票决制。

【社会稳定】 在党中央国务院亲切关怀下，在省、市党委政府和区委坚强领导下，军地军民心手相连，社会各界大力支持，顺利完成“11·13”里东山体滑坡灾害抢险救援，平稳推进善后处置，开展灾后重建，出台《莲都区“11·13”里东村山体滑坡灾后住房重建实施方案》等4个政策文件，全面落实房屋重建救助、房屋进水浸泡救助、临时生活救助等政策。区曙光服务管理救助中心被列为“吸毒人员社会化管理”省级创新试点。完成村规民约和社区公约修订工作。开展重大决策社会稳定风险评估23件，实现乡镇（街道）稳评工作100%全覆盖。开展“百日维稳攻坚大会战”“区领导包百案”等专项行动，信访总量、进京访批次同比分别下降10.7%、10.1%。开展市区农贸市场食品安全溯源体系建设，打造“一个不会吃到地沟油的城市”。应急管理、防灾减灾、社区矫正、法律援助等工作扎实推进，安全生产和社会治安局面持续向好。实现省级平安区创建“十连冠”。

【医疗卫生】 2015年，莲都区执行医疗服务价格调整政策，所有药品零差价销售。与丽水市人民医院、省新华医院先后签订医疗合作协议，全面托管。新一轮基本药物目录从原先的557种增加到812种。门急诊人次数从2014年的24.84万人次上升到今年的30.82万人次，同期增长24.7%；门急诊均次费用增长幅度控制在5%以内，抗菌药物占药品使用比例15.57%，静脉输液比例16.43%。对基层医疗卫生单位绩效考核办法进行重新修订，将基本医疗和基本公共卫生服务八个重点指标进行量化考核，真正实现“奖勤罚懒，多劳多得”，医务人员工作积极性得到激发。在联城街道拟建一所民营医院“丽水钭氏医院”，规划床位200张，总投资额约1亿元。

【计划生育】 2015年，全区共出生2583人，其中计划内出生2405人，计生率93.11%，计划外多孩人数20人，计划外多孩率0.77%。莲都区自单独两孩政策落地以来，共受理审批单独夫妇再生育申请856例，单独两孩政策平稳有序实施，未出现较大的生育波动。享受奖扶人数1697人，特扶166人，共计发放283.6万元；对符合特扶条件的独生子女死亡或伤病残家庭的夫妻，参加基本养老、医疗保险时，给予适当补助，全年共补助人数50人1.4万元；继续开展公益金救助，全年有4户独生子女意外死亡父母不再生育的家庭和51户实行计划生育的特困家庭得到了公益金救助共12万元；坚持开展“初升高”爱心助学活动，7年来，区计生协已发放助学金52万元，2015年新增20人；2015年为全区215名独生子女发生三级以上伤残或死亡、未再生育或收养子女的家庭父母提供关爱计划生育特殊家庭系列保险共2.36万元。

【文化广电】 2015年，推进区、乡镇（街道）、村（社区）三级公共文化设施网络建设，区文化中心建成使用，区公共图书馆确定选址，区数字文化馆成功申报全国数字文化馆试点单位。新建白云、大港头乡镇文化站，已投入使用，老竹文化站项目公开招投标。村文化活动室基本全覆盖，双向网、宽带延伸至各行政村；新建“天天乐”文体广场活动点44个，乡村戏苑11个，建成村级室内固定电影放映点10个。全年举办大中小型文化活动526场，送戏下乡437场，其中围绕区委区政府中心工作开展“三美经济”“依法征迁”“大港头木制品行业整治”等送戏下乡80余场，与外地文化走亲10场，送电影下乡2818场，送书下乡2.5万册。承接《中国·莲都》《八百里瓯江赋莲都》等课题，为打造“中国·莲都”城市品牌提供了框架基础，对利山、沙溪等12个民宿村文体设施建设及活动开展进行经费补助。加大文化遗产保护力度，对10个文保单位、6个重点宗祠、2个历史文化村落重点村、8个一般村开展项目维修，对“丽水鼓词”进行活态保护、传承和弘扬。组织开展文化市场系列专项整治行动，为文明城区创建做出积极贡献，全年共出动执法人员5370人次，检查经营单位9186家次。完成农村应急广播体系建设，新增建成并投入使用白云、万象、紫金、岩泉四个街道视频会议系统分会场。《莲都新闻》节目时间从10分钟延长至15分钟，全新推出《莲都聚焦》《莲都故事》《阳光连线》三大板块。举办各类大型群众体育活动10余场，成功创建省级体育强乡镇1个、社区体育俱乐部1个、村级体育俱乐部4个、老年体育活动中心1个、青少年体育俱乐部1个、中心村体育休闲公园2个，1个省级体育强乡镇通过复评。

办公室工作

【调查研究工作】 2015年，区府办围绕区委十三届八次全会提出的谋划“三大平台”、发展“三大业态”、打造“三大品牌”目标任务，针对发展民宿经济、养生农业、互联网+、特色小镇建设、城市管理等工作中面临的新问题，针对“十三五”规划、2016年工作思路等重点工作，做好政府系统调研工作的组织、协调和重大课题的实施工作，提前谋划，做好统筹，细化分工，开展针对性调研、对策性调研、决策性调研和经验性调研，为领导决策、相关政策的制定出台提供基础保障，“参谋助手”作用得到有效发挥。

【信息服务工作】 2015年，区府办做好“11·13”里东山体滑坡灾害信息发布和上报工作，以高质量、高效率、高强度编辑上报里东救灾、善后信息70余条，获省委办、市委办、市府办信息处领导的充分肯定。进一步规范区直机关有关部门和区政府办公室内部紧急信息处理的工作程序、工作职责，增强紧急信息报送意识，紧急信息的快速处置能力明显增强。全年共编发《专报信息》58期、《莲都信息》119期、《参阅信息》18期、《破解三大命题》135期，获区领导批示34条，为领导决策提供及时、可靠、翔实的依据。获全市政务信息考核第3名。

【督查督办工作】 2015年，区府办坚持把人大建议、政协提案办理作为办公室落实民生实事的重要内容之一，全年办理市、区两级建议提案374件，办复率达100%，办理工作满意率达100%。全年印发《督查通报》77期，是2014年的近6倍，下发督查通知50余件、督办区领导批示件748件、市委市政府转来的各类督办件249件，《督查反馈》32件，《重要事项交办单》32期，较上年均有较大增长。开展全区各类大型会议会风会纪督查13次，22家单位61人被通报批评，督查次数、通报人次为历年之最，全区会风会纪较往年有了明显好转。

【办文办会工作】 2015年，区府办做好公文规范处理工作，严格落实核稿把关、登记传阅制度，全年制发各类公文466件、运转各类公文7900余件，确保上情及时下达、下情及时上传。严格执行区政府常务会议议题上会程序，会议有序高效运行。全年安排省市区各类会议、考察、督查930多次，有力保障省、市领导到莲都调研以及全市民宿经济现场会、区“两会”、区政府全会等全区性重大活动的顺利开展。

【沟通协调工作】 2015年，区府办做好与党委、人大、政协办公室的协调配合工作，日常工作随时沟通、重大活动统筹安排。做好区级领导班子内部重要工作、重大活动、重大会议的统筹安排，保证领导公务活动安排井然有序。做好为乡镇(街道)、区直部门“铺路架桥”的保障工作，在全区办公室主任培训会上进行专题培训，理顺府办和乡镇(街道)、区直部门的工作机制。针对乡镇(街道)、区直部门提出的专题会议纪要印发慢、提交申请报告回复慢等问题召开主任秘书会议进行改进。

【服务保障工作】 2015年，区府办执行中央“八项规定”、省委“六个严禁”，严格接待审批、接待标准，周到细致做好省、市领导来莲调研的接待服务工作，完成接待任务728批次，10894人次，其中团体123批。持续推进节能工作，清理腾退办公用房面积3663.89平方米，做好区政府大院安全保卫管理和车辆管理工作。做好因公出国(境)管理工作全年，共审核审批因公出国(境)5批次10人次。完成意大利萨尔扎纳市市长阿莱西奥.卡凡拉等一行14人交流访问接待工作。

【法制建设】 2015年，区府办为政府决策提供法律咨询服务，做好对区政府及各单位重点工作、重要事项、重大民事行为和涉及面广的文件审核。出台《莲都区全面推行政府法律顾问制度的实施意见》，实现区、乡二级政府法律顾问全覆盖。共受理涉及合同标的金额100万元以上合同备案74件，标的金额3.2亿元。全年备案审查行政规范性文件18件，《莲都区国家农业综合开发现代农业园区试点项目资金管理办法》合法性审查意见书被省政府法制办评为“优秀行政规范性文件合法性审查意见书”。

【金融服务】 2015年，区府办全面深化农村金融改革，推进“三权”抵押贷款，“三权”贷款余额10.53亿元，均全面超额完成年度目标任务，贷款不良率为零。优化农村金融支付服务，有序推进农村担保体系建设，全面完成农村信用体系建设，共授信87.88亿元，授信农户94215户，已有60124户信用农户获得贷款。做好政银企沟通工作，清收和处置银行不良资产5600万元，有效维护地方金融稳定。

【政务服务网建设】 2015年，区府办突出重点领域信息公开，规范行政权力运行。全年在区政府门户网站主动公开政府信息2万余条，区本级及全区75家单位的预算、决算、“三公”经费信息全部全面完成公开发布，在网上政务大厅莲都分厅统一发布行政权力事项和便民事项信息1168条，行政权力信息3730条项。在全区开展政府信息公文流程规范化视频教程评选活动，继续有效推进公文起草流程规范化工作。

【应急管理工作】 2015年，区府办健全工作机构，完善应急预案，开展应急演练，应急管理体系和工作机制进一步完善。充分发挥应急管理系统作用，高效应对里东“11·13”山体滑坡灾害。在充分吸收里东大救援工作经验基础上，进一步加强应急管理工作，全区应急管理工作实现高位推进和持续发展。

【开展各项活动】 2015年，区府办开展“三严三实”专题教育和“学党章、守纪律、讲规矩”主题教育活动。组织干部参加专题学习，上党课，学唱《大禹纪念歌》，撰写“大港头木制品行业整治工作”等9个专题学习会的体会文章。建立健全府办学习制度，引导干部深入自学上级方针政策等各方面知识，提升府办参谋服务工作整体水平。破解新常态下异常繁忙、疲于应付的困局，通过一对一谈话和召开会议交流讨论，探索更有效率的工作方法。完成捡烟头、巩固国卫巡查、4600元以入低收入农户结对帮扶、花园路文明示范街创建、微心愿志愿者等活动。

【党风廉政建设】 2015年，区府办深入学习贯彻习近平总书记系列重要讲话精神以及十八届中央纪委四次、五次全会和省纪委十三届四次全会精神，组织学习《中国共产党廉洁自律准则》《中国共产党纪律处分条例》《关于禁止领导干部违反规定插手干预工程建设领域行为的若干规定》等文件和多个上级纪检监察部门发来的关于“四风”问题的典型案例。严格遵守廉洁从政各项规定，坚持把党风廉政建设和府办各项工作紧密结合起来抓，落实党风廉政建设责任制，要求府办干部要做到“六个带头”，不准参加二十类饭局。

【外事工作】 2015年，莲都区外事办共审核审批因公出国（境）5批次10人次，实际出访4批次9人次，其中党政干部实际出访3批次8人次。全年协助企业办理外国人来华签证8批次13人次，接待外宾5批次70余人次。5月21日，莲都区委副书记、区长杨秀清率团对法国、德国进行友城结好及文化教育考察访问，并与法国巴比松市签订友好交流城市协议书，双方正式缔结友好关系。5月28日，“签证官看侨乡——走进丽水”活动的有关领导到莲都考察。6月18日， 意大利萨尔扎纳市市长阿莱西奥.卡凡拉率分管旅游、新闻官员、当地的媒体、企业家及华人华侨共14人到莲都交流访问。8月5日，柬埔寨暹粒省政府代表团一行10余人到莲都考察。8月17日，莲都区花园中学赴日本三岛市参加中日学校交流访问。11月7日，韩国丽水市政府代表团到莲都考察。11月8日，日本三岛市政府代表团到莲都考察。

（雷玉虹）

机关事务工作

【概　况】 2015年，区机关事务管理局在处州晚报、莲都区公众信息网等媒体发布《节能倡议书》，累计向全区干部职工发送节能手机短信10000余条、节能宣传手册4000余份、节能宣传海报500余份。三个大院的绿化带灌溉改造为雾化喷灌，行政大楼原有用水器具全部更换为机械按压式、电子感应式节水器具，并在各楼层安装水表。4月，印发《莲都区机关事业单位办公用房统一管理办法（试行）》的通知，完成全区68家单位清理整改工作。5月，开展“无烟头大院”创建工作，制定创建方案，明确大院内各单位工作职责。6月，派遣工作人员赴松阳县机关食堂交流学习食堂管理经验。11月，清房办公室进一步明确职级、合并办公、隔断、腾退等相关问题。完成紫金办大院屋顶整修工程和第6幢屋顶换瓦工程。完成老地委小区修缮工程的设计工作，开展中共丽水地委旧址文保单位修缮工程。全年安全行车约89.5万千米，节约汽油2.35万升，会议服务达1295场。

发表各类信息82篇，其中在国管网发表节能简讯1篇，在《中国机关后勤》杂志发表工作信息1篇。拟制《丽水市莲都区机关公务用车服务中心车辆管理暂行规定(讨论稿)》和《丽水市莲都区机关公务用车集中保障服务办法（讨论稿）》，完成公车服务中心选址工作。

【参与里东大救援工作】 2015年，“11·13”里东山体滑坡灾害发生后，区机关事务管理局立即组织干部于14日凌晨1时许抵达受灾现场，并采购面包、饼干、雨伞、雨衣、矿泉水和保障车辆等应急救援物资送到灾区。在整个救援活动中，事管局共配送包子31960只，豆浆豆奶9480杯，快餐31230份。每天派出5名以上干部驻扎高速路口配合交警维持秩序，每天调用4辆大巴车、2辆面包车用于人员和物资运送。车管科平均每天行程近6000千米。

【做好全市民宿经济推进会后勤保障工作】 2015年12月21—22日，全市民宿经济推进会在莲都区大港头镇利山村举行。参加此次会议的有市领导、各县（市、区）委书记等120多位领导。区事务局分成综合组、食宿接待组、会务组、车辆调度组等4个工作组开展工作，联络并抽调17名引导员、6名讲解员（志愿者），准备200只无线耳麦及手提音响。联系安排医疗、维稳、用电、通讯等专职工作人员，应对各类突发事件。

【联合联城小学开展节能主题宣传活动】 2015年6月12日上午，区机关事务管理局联合区教育局、联城小学开启以“节能有道、节俭有德”为主题的节能宣传活动。区机关事务局、区教育局、联成小学全体师生以及部分学生家长约1000余人参加活动。活动仪式上，学生代表宣读校园节能倡议书，事管局周贤华局长作讲话。活动最后，全体师生在“凝聚低碳力量 共筑中国梦想”横幅上签名，正式拉开莲都区2015年节能宣传周活动的帷幕。

【创新安全保卫管理模式】 2015年，区机关事务管理局对安全保卫管理模式进行改革创新，综合管理协警队伍。增加和更新3个大院的监控设备，共37个摄像头。采购防暴盾牌13副，防暴头盔18顶，防刺背心13件，脚叉20副。在紫金办和办事中心增设巡逻棒，紫金办增设12个巡逻点，办事中心增设18个巡逻点，要求协警每2小时巡逻一次。每周二早上进行军事素质训练，时间规定为1个小时，训练内容包括队列操、消防演练、防洪堤跑步、白云山爬山。全年保卫科共组织训练近40次，参加人数790人次。实行专人定期检查，共更换过期灭火器351只，新购14只，更换老化皮带173条，新装灭火器箱1只，更换应急灯10只。

（罗豪）

法制政府建设

【概　况】 2015年，区政府坚持把法治政府建设列入政府工作报告的重要内容和政府工作的重要议事日程，印发《政府工作报告》重点工作责任分解表，确定法治政府建设工作由区长杨秀清亲自抓，分管领导具体抓；区政府常务会议2次专题听取区法治政府建设领导工作小组办公室关于全区法治政府建设（依法行政）工作情况汇报。在全市率先制定《深化推进依法行政加快建设法治政府中期(三年)重点任务分工方案》，明确莲都区各单位、各部门法治政府建设的方向和重点、未来三年工作部署。修订《莲都区2015年度法治政府建设（依法行政）工作考评内容标准细则》，重点突出政府当前急需解决的重难点问题。提升依法行政能力，专门邀请省委党校和浙江大学教授专家对全区500多名副科以上领导干部进行“四个全面”“四单一网”和新行政诉讼法、环境保护法知识学习辅导；8次组织分管领导及经办人员400余人次，培训行政规范性文件制定管理、法制信息、行政调解、行政机关合同管理和综合法律知识等业务，6次委派政府法制办工作人员参加省市法制业务培训，组织30余人次执法人员参加法院典型行政诉讼案件庭审旁听。完善行政决策机制，区政府、14个乡镇（街道）和13个区政府主要部门均聘任法律顾问，实现区、乡二级政府法律顾问全覆盖。坚持合法性审查制度，参与审核或草拟政府重要事项或中心工作有关涉法文书（包括合同）63件，出具法律意见书16份，参与协调各类涉法事务81次，全程参加区政府常务会93个审议议题；组织政府法律专家咨询组成员参与政府决策咨询活动共20多次，为“五水共治”“六边三化三美”“民宿经济”“里东村山体滑坡灾害重建安置政策”“南山互通至丽新公路建设工程PPP项目”等重点工作顺利推进提供法律保障。切实提高规范性文件制定质量，全年依法依规制定行政规范性文件26件，内容涉及困难居民生活救助、病死动物无害化处理、安全生产、农业设施钢架大棚建设扶持政策、设施农用地备案等民生方面，审查部门报备18件，未出现有问题文件，合法率、报备率以及公开率均为100%；开展行政规范性文件清理，废止4件；另外，编发《2014年度莲都区政府规范性文件汇编》；《莲都区国家农业综合开发现代农业园区试点项目资金管理办法》合法性审查意见书被省政府法制办评为“优秀行政规范性文件合法性审查意见书”。做好行政执法监督工作，全面推行行政处罚结果公开，1200余件行政处罚结果在政务网上公开；组织全区案卷评查，抽查行政执法案卷356卷，书面反馈整改意见共554条；发放行政执法证88余本，注销行政执法证16本，组织65人参加新增执法人员综合法律知识培训考试工作，合格率达93.8%；开展行政执法个案监督工作，共立案4起行政执法监督案件。预防和化解社会矛盾纠纷，全年接到行政复议26起，不予受理2件，立案受理18件（立案前化解6件）。经审理，维持3件，撤回复议申请13件，撤销行政行为2件，案结事了率达92.3%，正确率为100%；全年全区被提起行政诉讼案件共15件，经法院审理，驳回起诉1件，驳回诉讼请求6件，原告撤诉4件，未结4件。出现被法院确认违法或败诉情形，胜诉率达100%。全年行政负责人出庭应诉率达100%，实现连续6年行政案件零败诉；推进省综治办列为多元化矛盾纠纷解决体系建设项目（建立健全行政调解工作机制），全年全区各行政机关共受理行政调解3807件，成功化解行政争议45起、民事纠纷3552起，成功率达94.5%，涉案金额3000多万元。做好行政合同管理工作，受理涉及合同标的金额100万元以上合同备案74件，标的金额为3.2亿元，共提出意见和建议498条，审查由区政府常务会审议合同9件，涉及标的金额3亿多元，提出法律意见60条。

【推进多元化矛盾纠纷解决体系建设（建立健全行政调解工作机制）项目】 2015年6月，省综治办将莲都区列为多元化矛盾纠纷解决体系建设（建立健全行政调解工作机制）项目试点单位。根据试点要求，莲都区法制办全面梳理行政调解依据及权责关系，共梳理土地（承包）权属争议、农业纠纷、治安管理等行政调解权责121项，涉及法律法规规章176部、规范性文件14件；先后出台行政调解受理登记制度、重大疑难调解案件报告制度、行政调解工作领导小组成员联席会议制度、行政调解员选任及行为规范、行政调解督察回访制度、行政调解员培训制度、行政调解中心（室）调解纪律等10项制度，并对行政调解申请、受理登记等22种文书格式进行全面规范；由行政调解指导中心协调、督促和指导全区行政调解工作，组建以人大代表、政协委员、行业专家、律师为主的39人的行政调解专家咨询团，全面提供行政调解咨询服务，实现区、乡、所、社区四级调解网络全覆盖；形成内外联动配合调解机制，内部由行政调解指导中心统一协调，指定牵头单位，联合部门解决法律关系复杂的矛盾纠纷。外部与人民调解、司法调解建立衔接联动机制，通过邀请、委托、联合、移送等调解方式，与人民调解组织形成合力；通过建立行政调解与司法确认和诉讼对接机制，与司法调解无缝对接。

【行政复议应诉工作】 2015年，区法制办在行政复议方面，全面实行行政复议决定书网上公开。全年除涉及个人隐私和商业秘密外，所有的行政复议决定书上网公开，行政复议规范化水平进一步提升；提高复议案件听证审理比例。为便于当事人各方沟通交流，查明案情，已结的行政复议案件均采用听证方式审理，听证率达100%；积极发挥复议监督指导功能。对复议案件中发现带有普遍性的问题，通过不同的方式向有关单位提出完善制度和改进行政执法的建议意见，并要求整改落实；注重案结事了，在办理复议案件过程中，针对案件特点，细致耐心说导，积极与申请、被申请人沟通。在行政应诉方面，继续做好"两降低一提高"工作。组织新行政诉讼法培训，完善行政执法文书，进一步规范执法行为；不定期与法院相互通报行政复议、行政审判情况，共同研讨解决行政执法过程中遇到的共性、疑难法律问题；提高行政负责人出庭应诉率、行政案件败诉率考核分值；做好行政机关出庭应诉督促指导。充分发挥与人民法院信息互动作用，及时督促行政机关做好应诉相关准备，并主动与法院、原告沟通和协调；加大行政诉讼案件协调化解力度。通过与原被告沟通协调，4起行政争议在庭审前后得到妥善处理，有效降低败诉风险。全年行政负责人出庭应诉率达100%，实现连续6年行政案件零败诉。

【推进省行政机关合同管理示范点建设】 2015年，莲都区法制办进一步做好行政机关合同管理工作。做好重大合同备案审查工作，以重大合同报备审查为切入点，重反馈整改，发挥辐射效应，以点促面实现行政机关合同规范化管理；全年共受理涉及合同标的金额100万元以上合同备案74件，标的金额为3.2亿元,共涉及23个单位，共提出意见和建议498条，并要求整改落实；坚持提交政府常务会讨论决定的合同进行事先审查，共审查该类合同9件，涉及标的金额3亿多元，提出法律意见60条。推行合同规范化管理，着重对区农业局、区环卫局、碧湖镇、大港头镇、区建设发展有限公司5家单位试点单位的合同管理工作加强制度建立与业务指导。组织分管领导和合同专管员培训，邀请丽水知名律师就合同法相关知识以及行政机关合同起草、合法性审核、签订、履行等关键环节、风险点如何把握和防范等内容进行专题授课和讲解，受训人员达120多人。建立联合协作监督机制。与区招投标中心、区财政评审中心、区督查室等建立信息共享和督查移送机制，即每月区财政评审中心和区招投标中心分别向区法制办报送行政机关项目评审和项目招投标中标后合同签订信息，同时要求每个单位每个月填写合同签订报表；对于整改不落实、不到位的，由区督查室统一督查。做好监督检查考核工作，将各单位行政机关合同管理情况纳入法治政府建设(依法行政)年度考核。

【切实提高制度建设质量】 2015年，莲都区法制办在注重计划管理方面，坚持行政规范性文件由区政府主导的制定体制。围绕区委区政府中心工作和经济社会发展主线，制定2015年度规范性文件制定计划，其中，新制定10件，修订6件，计划执行率达81.3%；改进公众参与方式。在所有行政规范性文件均通过网站公开向社会征求意见的基础上，涉及群众切身利益的规范性文件采取面对面听证方式征求行政相对人的意见。在注重制定质量方面，坚持"不抵触、有特色、可操作、少而精"的原则，按照立项、起草、征求意见、审核、决定、公布等程序和权限进行管理，全年依法依规制定行政规范性文件26件，内容涉及困难居民生活救助、病死动物无害化处理、安全生产、农业设施钢架大棚建设扶持政策、设施农用地备案等民生方面，审查部门报备18件，未出现有问题文件，合法率、报备率以及公开率均为100%；注重备案审查；开展"三统一"制度实施情况专项检查和文件清理，并进行专项检查。针对性地开展行政规范性文件清理，废止4件；编发《2014年度莲都区政府规范性文件汇编》；《莲都区国家农业综合开发现代农业园区试点项目资金管理办法》合法性审查意见书被省政府法制办评为“优秀行政规范性文件合法性审查意见书”。

（陈晶）

审批服务工作

【概　况】 2015年，莲都区政府行政审批（招投标）中心各窗口和分中心全年共办理各类审批服务事项33.8万件；各乡镇（街道）便民服务窗口办理各类服务事项11.5万件；招投标中心共受理招投标项目191项，成交金额5.89亿元，共为财政节约和增值资金5303.62万元。通过窗口“两集中两到位”改革，中心功能更加齐全。通过对标达标活动开展，指导乡镇便民服务中心标准化建设，规范服务标准、优化服务环境、完善服务措施、提高服务质量。通过完善制度，规范程序，推进招投标工作管理创新。在区委、区政府工作责任制考评中，莲都区政府行政审批（招投标）中心被评为“工作创新奖单位”，在全市行政审批（招投标）工作考核中，被评为“综合先进单位”。

【审改工作】 2015年，莲都区政府行政审批（招投标）中心部门进驻更加到位，通过对场地搬迁、职能整合、事项及人员进驻进行指导和协调，直接进驻部门17个、工作人员67人（行政审批科长11人）、权力事项340项，进驻综合窗口部门11个，设立分中心部门3个。“四张清单一张网”更加完善，政务服务网网上审批系统和电子监察系统于2015年6月上线运行。项目审批更加快捷，简化政府投资项目审批流程，核准项目不再出具服务联系单；推行建设项目竣工联合专项验收，改变原来的单项分批次验收模式，为项目建设节省时间；探索工业企业“零土地”技术改造项目审批方式改革，实行审批目录清单管理，清单以外项目实行承诺验收制。窗口流程更加优化，跨窗口事项实行“一窗受理、内部流转、统一发放”，跨部门事项减少审批环节，市场监管窗口完成商事登记制度改革，实现“三证合一、一照一码”；城管窗口优化户外广告审批流程；国土和农业窗口实行设施农用地联合备案制。

【代办服务工作】 2015年，莲都区政府行政审批（招投标）中心推行民宿联办，设立民宿综合服务窗口，“固定窗变流动窗”，组织区市场监管、卫计、环保、消防、公安等窗口上门服务，开展“组团服务、流动办证”的全流程全天候代办。通过装修前指导，避免盲目装修；通过联合踏验，提高审批效率；通过容缺特办，为高端项目开辟“绿色通道”，全年共上门服务200多人次，有关工作得到副省长黄旭明、市委书记王永康和市委常委、区委书记葛学斌等各级领导批示或肯定。在“局长代办”工作方面，通过市区联动代办，有效破解区级审批职能不全难题，全年完成局长代办项目8个，办理审批服务事项159个。创新便民举措，重新制作《办事指南》，实现户口跨区（县）迁移一站式办理，居民身份证省内就近补办、快递送达、微信采集相片等服务。

【窗口管理工作】 2015年，莲都区政府行政审批（招投标）中心推行窗口会课制，将办事大厅划分为公安、商事登记、项目审批及综合区域等四个片区，组织召开周例会，每周确定一个主题，进行学习交流。设立咨询引导服务台，为办事群众提供分流导办、咨询查询、投诉举报、参观接待等服务，同时扮演好“文书”的角色，每天可为办事群众提供咨询服务近200次。建立窗口日常管理小组，专人专职负责窗口管理。公安窗口获“省公安系统优胜窗口”和丽水市“工人先锋号”，市场监管窗口1名工作人员入围　“莲都敬业奉献身边好人榜”。

【招投标工作】 2015年，莲都区政府行政审批（招投标）中心创新项目负责人制度，为每个进场的建设工程和政府采购项目安排一名负责人，负责服务协调该项目从公告发布、开标过程到档案整理的全过程，实现一个项目一个负责人，全程服务、全程负责。在房建和市政工程领域实现100%应用电子辅助评标系统，政府采购项目全面采用"暗标"的形式，2万～10万元的政府采购协议供货项目和小额采购项目实行网上竞价，招标采购得到公平公正。

【服务中心工作】 2015年，莲都区政府行政审批（招投标）中心树立主动服务意识，在里东大救援中，做到服从命令听指挥，坚持原则明底线，妥善做好2户遇难者和5户受灾户的救助、政策结对帮扶和安置等服务工作。参与木制品行业整治工作，针对拟搬迁至工业园区的大港头木制品企业，通过提供绿色通道、上门辅导、午休值班、精简流程等全方位的跟踪服务，助力行业整治。

（徐少玉）

政协莲都区委员会

综　述

2015年，区政协坚持团结民主主题，践行“绿水青山就是金山银山”思想，推进“研究型”政协建设，召开全体会议1次、常委会议5次、主席会议9次，完成政协课题6个、专项监督3次，递交政协建议7期、提案191件、社情民意信息165篇。提出“十三五”规划等协商议题，经区委批复同意。组织协商“十三五”规划纲要，递交12份建言材料；协商《莲都区丽龙公路南山互通至丽新公路建设工程南山至高溪段PPP实施方案》，提出意见建议；协商城区社区设置问题，出具《协商纪要》。重视提案办理协商，引导提案承办单位与提案单位、提案人面对面协商提案办理工作。参加“三级政协联动、万名委员同行、助推‘五水共治’长效机制建设”专项民主监督活动，开展“两路两侧”和“六边三化三美”专项民主监督活动，助推问题的整改和落实。组织“十二五”规划以来民族乡镇发展扶持资金到位和使用情况专项民主监督，推动“竹柳新桥”经济社会发展。先后听取发改、经商、民政、农办等部门工作，国家农业综合开发现代农业园区试点项目、“正风肃纪、打霸拔钉”行动等专项工作，以及区政府上半年工作情况、区委2016年工作思路。组织“打造乡愁旅游目的地”“打造‘中国莲都’品牌”“建设‘画乡亲水步道’”等课题调研活动。交办立案集体和个人提案191件，经56个区级部门承办，被采纳95件，被部分采纳或列入计划采纳77件，因条件所限未能采纳或留作参考19件，提案整体答复率为100%。反映社情民意信息，推行“委员信息沙龙”和“强强联合、组团服务”等做法，年度考评成绩位列全市第一。重视发挥各民主党派、工商联、人民团体和无党派人士作用。组织相关单位大会发言11篇，反映社情民意信息105条，发动各界别委员向里东灾区捐款32.86万元。组织纪念区政协成立60周年系列活动，团结广大委员、政协各参加单位和衷共济谱新篇。组织联谊联络活动，承办全市政协系统第九次书画展，以“绿水青山就是金山银山”为主题，组织书画家创作笔会，创作并展出书画作品80多幅。支持女委员联谊会、摄影之友社、书画会活动，增进委员与委员、委员与群众的交往交流。做好文史资料工作，《灯舞莲都》文史专辑顺利出版；开展“撤市设区、撤镇设街道”文史资料征编工作；完成市政协“非遗”传承人口述文史资料征集协作任务；配合区文明办完成《莲都家训家风故事》征编出版；完成《区政协成立60周年纪念画册》和《委员风采》的征编出版。参加区委“三严三实”主题教育活动和“学党章、守纪律、讲规矩”活动。学习中共中央、省委“加强社会主义协商民主建设”有关文件、丽水市《2015年度县（市、区）政协工作考核举证扣分细则》，明确新时期政协工作新要求。改进全体会议日程议程安排，提高履职效率；搭建“随手拍、快捷报”平台，建立委员履职微信群，推进履职信息化建设。发挥政协理论与实践研究会作用，领导政协参加单位和广大委员参加全省政协理论征文活动，征集政协理论研究文章17篇，其中获全省二等奖

1篇、三等奖1篇、优秀奖4篇，1名政协委员应邀在省政协理论研究会2015年年会暨第七次理论研讨会上作代表发言。完善委员履职评价机制，做好与统战、组织部门的沟通衔接，辞去委员16名、撤销委员资格3名、增补委员16名。组织落实普法教育，全体干部通过普法教育考试。严格按照规定选拔任用干部，推荐1名干部参加科级干部培训班学习，1名干部参加中青年干部培训班学习。3名委员获评浙江省“百名新乡贤”，1名委员入选莲都区2015年度“身边好人”。《政协提案落地，山区群众看病不再难》等新闻信息在全国政协和省、市媒体发表。做好政协网站建设，累计编发动态信息370多篇，转载新闻信息2165篇。编辑出版《莲都政协》第3期、第4期，集中展示区政协2015年工作。

（赵军浩）

重要会议

【政协第十四届丽水市莲都区委员会第五次会议】 2016年3月21—24日，中国人民政治协商会议第十四届丽水市莲都区委员会第五次会议在莲都会议中心举行。204名区政协委员参加。会议听取和审议政协第十四届丽水市莲都区委员会常务委员会工作报告和政协第十四届丽水市莲都区委员会常务委员会关于提案工作情况的报告；听取大会发言；委员们列席丽水市莲都区第十五届人民代表大会第五次会议，听取并讨论政府工作报告及其他有关报告；听取政协第十四届丽水市莲都区委员会第五次会议提案审查情况的报告；审议通过政协第十四届丽水市莲都区委员会第五次会议决议。大会共有8位委员作台上发言，20位委员作即席发言，4篇大会发言材料作书面交流。发言材料围绕农产品电子商务、民宿经济发展、社区养老服务、养生旅游品牌等热点问题。全会上，区政协组织发起“车让行人　从我做起”倡议签名活动，倡议广大政协委员和其他参会人员率先参与“车让行人，从我做起”行动，通过“开车礼让行人”，弘扬社会正能量，引导社会好风尚。会议期间，开展“五水共治”民主监督“万千行”视察监督活动。由主席、副主席、秘书长、各专委会主任带队，组织发动110多名委员，分11个组，赶赴全区11个乡镇街道，实地走访村庄、河道和养殖场所看水质、查排污、找短板；深入农村管网、查运营、研机制；针对两路两侧、六边三化三美的问题点位进行“回头看”。活动当天，从区直部门调用21台车辆，组织6路记者并调派无人机航拍设备，全程跟踪记录各监督小组的活动情况。会议同期开展“走近司法、关注执法”活动，分4组视察区公安分局、区检察院、区法院、区司法行政法律服务中心，让委员感知执法、理解执法、助推执法，通过与司法部门互动交流，为法治莲都建设建言献策。休会期间，全体政协委员响应“无烟头城市”创建活动，在市区开展“小小烟头不落地，倡导文明你我他”行动，18个小组200多位政协委员带上红袖套，拿起铁钳子，围绕古城路、紫金路、金苑社区等18个路段开展捡烟头行动。2015年是区政协成立60周年，会议期间在莲都会议中心召开区政协成立60周年座谈会，并举办庆祝莲都区政协成立60周年专题书画展。会议期间，会议提案组共收到以提案形式提出的意见建议191件。经提案委初审，可立案提案170件（其中组合打包5件），其中区各民主党派、工商联、人民团体和界别、专门委员会、界别活动组提出集体提案56件，委员个人和联名提案114件，不予立案21件（都是涉市提案）。经统计分类，有关经济建设类建议有：工业交通9件、金融财贸9件、城建环保18件、农林水利35件、旅游民宿42件，共113件，占提案总数的66.47%。有关科教文卫体类的建议有：科技教育5件、文化体育15件、医药卫生2件，共22件，占提案总数的12.94%。有关统战综合类的建议有：劳动人事5件、政协统战民族宗教2件、政法及其他28件，共35件，占提案总数的20.59%。

会议通过第十四届丽水市莲都区委员会第五次会议决议。决议指出，2015年区政协在中共丽水市莲都区委的坚强领导下，坚持团结民主主题，坚定不移走“绿水青山就是金山银山”绿色生态发展之路，落实年度协商计划，组织多层次、多形式协商活动，主动服务莲都区经济社会发展大局；强化专项集体民主监督，探索反映问题方式方法，助推决策落实和民生改善；发挥人才荟萃、智力密集的优势，深入调查研究，积极参政议政献计出力；加强团结联谊，调动各方面工作积极性，为全区发展凝聚人心、汇集力量；以研聚力、以研增效、以研促学，建设“研究型”政协，推进政协事业发展。常委会2015年工作回顾客观全面，提出2016年工作任务切实可行。号召区政协各参加单位和广大委员，要高举中国特色社会主义伟大旗帜，紧密团结在以习近平同志为总书记的中共中央周围，在中共丽水市莲都区委的领导下，以“绿水青山就是金山银山”为指引，以“三美融合、主客共享”为主线，以“归零”心态、“翻篇”姿态、“决战”状态，建设“智慧型”政协，为莲都区建设“中国莲都”、高水平全面建成小康社会做出新的更大贡献。

中共丽水市委常委、莲都区委书记葛学斌在闭幕会上作重要讲话。他认为，过去的一年里，区政协在区委的领导下，在谷江南主席的带领下，强化看齐意识，积极履行职责，为全区发展大局做出重要贡献。突出研究先行，围绕乡愁经济、“中国莲都”、“十三五”规划制定等开展调查研究、协商议政，提出真知灼见。对“五水共治”“六边三化三美”“消除4600”等进行民主监督，助推重点工作落实。规范提案办理，加强社情民意反映，3条信息被全国政协采用，年度考评成绩列全市第一。推进政协理论的研究与实践，获省级奖项6个，实现政协事业的较快发展。对区政协的工作，区委是满意的。他强调，2015年是“十三五”开局之年，是全面建设“中国莲都”起步之年，也是力争与全省同步高水平全面建成小康社会决胜阶段的第一年。机遇无限，挑战巨大。希望区政协和广大政协委员同心同德、同舟共济，以“归零”的心态、“翻篇”的姿态、“决战”的状态，紧紧抓住生态文明兴起这个千载难逢的历史机遇，坚定不移走“绿水青山就是金山银山”绿色生态发展之路，围绕“三美融合、主客共享”工作主线，虎口夺食抢抓机遇，猛虎扑食谋求跨越，全力推进“中国莲都”建设。

【政协丽水市莲都区委员会常务委员会会议】 2015年，召开区政协常委会4次。分别为：

2月27日下午，区政协在会议中心莲都厅召开十四届十二次常委会议。会议由区政协副主席虞为粮主持，区政协主席谷江南，区委常委、统战部部长朱超模，区委常委、常务副区长李一波，区政协党组成员叶晓东，副主席卢进、任文红，区检察院检察长王小刚，区政协秘书长叶建华等出席会议。常务副区长李一波、检察长王小刚以及到会的区法院负责人分别介绍了区政府、区检察院和区法院工作报告的起草情况，并聆听了与会人员的意见建议。会议决定，政协第十四届丽水市莲都区委员会第四次会议于2015年3月30日至4月2日在莲都会议中心召开。会上还书面通报了区政协2014年度各参加单位和委员个人履职评价情况。

3月23日下午，区政协在会议中心莲都厅召开十四届十三次常委会议。会议由区政协副主席卢进主持，区政协主席谷江南，区委常委、统战部部长朱超模，区政协副主席虞为粮，党组成员叶晓东，秘书长叶建华等出席会议。会议审议区政协常委会工作报告、区政协常委会提案工作情况的报告，通过两份报告的报告人名单、全会建议议程、日程和有关人事事项。

8月31日，区政协在会议中心莲都厅召开十四届十四次常委会议。区政协主席谷江南，区委常委、统战部长朱超模，区委常委、常务副区长胡献如，区政协副主席虞为粮、叶晓东、卢进、任文红，秘书长王金友出席会议。会议听取区政府2015年上半年工作情况、莲都区“国家农业综合开发现代农业园区试点项目”建设情况和“正风肃纪、打霸拔钉”专项行动情况的通报，部分常委会组成人员发表了意见建议。

12月3日上午，区政协在会议中心莲都厅召开十四届十五次常委会，会议由副主席谢林森主持。区政协主席谷江南出席会议并讲话，副主席虞为粮、叶晓东、卢进、任文红，秘书长王金友出席，会议协商讨论了丽水市莲都区国民经济和社会发展第十三个五年规划纲要；对区旅委、区经商局提案办理工作进行民主评议；区政协各专委会书面汇报了2015年度工作。

（雷柳红）

【区政协主席会议】 2015年，召开区政协主席会议10次。分别为：

2月4日，区政协召开十四届二十二次主席会议。主席谷江南，副主席虞为粮、谢林森，党组成员叶晓东，秘书长叶建华等出席会议。会议学习省委夏宝龙书记在省“两会”丽水代表团讲话精神和市委书记王永康批示材料《党员干部必须守纪律讲规矩》；协商通过区政协2015年工作思路、区政协理论与实践研究会有关安排、区政协港澳台侨民宗委特邀委员增补名单、区政协十四届四次会议政情通报会安排、区政协关于完善反映社情民意信息工作队伍的通知；协商确定区政协2015年度重点课题、2014年度区政协工作先进集体和先进个人表彰名单。

2月15日，区政协召开十四届二十三次主席会议。主席谷江南，副主席虞为粮，党组成员叶晓东，副主席卢进，秘书长叶建华等出席会议。会议协商讨论区政协常委会关于召开区政协十四届四次会议的决定（草案）；协商通过区政协港澳台侨民宗委特邀委员增补名单、区政协2014年度委员个人履职情况通报、区政协十四届十二次常委会议安排方案及其他事项。

3月17日，区政协召开十四届二十四次主席会议。主席谷江南，副主席虞为粮、谢林森，党组成员叶晓东，秘书长叶建华等出席会议。会议协商讨论区政协常委会工作报告、区政协常委会关于提案工作情况的报告及建议报告人名单，讨论区政协十四届四次会议建议议程、日程，通过区政协十四届四次会议邀请、列席、旁听人员名单，大会发言安排，以及区政协十四届十三次常委会议方案。

3月23日，区政协召开十四届二十五次主席会议。主席谷江南，副主席虞为粮、卢进，秘书长叶建华等出席会议。会议协商讨论有关人事事项，通过区政协十四届四次会议分组及各组组长副组长名单。即将召开的区政协十四届四次会议，将把全体委员、列席人员分成10个小组，分组讨论区政协常委会工作报告、区政协常委会提案工作情况报告和“一府两院”等工作报告，为全区科学发展、民生改善建言献策。

4月24日，区政协召开十四届二十六次主席会议。主席谷江南，副主席虞为粮、叶晓东、卢进，秘书长王金友等出席会议。会议协商确定区政协2015年度重点提案；调整区政协主席、副主席、秘书长分工，机关工作人员分工，各专门委员会、专业组组成人员名单，各界别活动组组成人员名单；通过区政协《2015年度主要工作责任落实表》《理论研究和信息新闻宣传稿件奖励计酬办法（试行）》；还听取了办公室、各专委会2014年度承办课题完成情况的汇报，常委会议课题《政协民主监督的现状和发展路径》准备情况的汇报。

6月16日，区政协召开十四届二十七次主席会议。主席谷江南，副主席虞为粮、谢林森、叶晓东、卢进，秘书长王金友等出席会议。会议讨论全区政协工作会议和全市政协系统第九次书画作品联展筹备工作；听取《区委关于加强人民政协民主监督的实施意见（征求意见稿）》的起草情况和“加快我区乡村旅游发展”课题的调研情况；审议通过《区政协主席会议成员2015年走访约谈委员活动方案》《区政协2015年界别月活动方案》；还通报了《区委关于同意区政协2015 年度协商议题的批复》。

7月14日，区政协召开十四届二十八次主席会议。主席谷江南，副主席叶晓东、卢进，秘书长王金友出席会议。会上，港澳台侨民宗委和科教文卫体委分别介绍了《“十二五”以来民族乡镇发展扶持资金到位和使用情况专项民主监督活动方案》和《农村文化礼堂建设情况视察方案》。两个专委会承办2015年主席会议课题，将对民族乡镇发展扶持资金落实情况和农村文化礼堂建设情况开展调研视察。会议还协商讨论《中共丽水市莲都区委关于加强人民政协民主监督的实施意见（代拟稿）》，形成了送审意见。

8月14日，区政协召开十四届二十九次主席会议。主席谷江南，副主席虞为粮、叶晓东、卢进、任文红，秘书长王金友和各位副秘书长出席会议。会上，“两路两侧”“六边三化三美”专项民主监督小组和农村生活污水治理项目专项民主监督小组分别以视频和PPT形式汇报了民主监督情况。会议听取各专委会半年工作情况的汇报，讨论通过《纪念莲都区政协成立60周年庆祝活动实施方案》《纪念莲都区政协成立60周年画册编辑工作方案》和《“传统古村落的保护与开发”专题调研实施方案》，决定于8月底召开区政协十四届十四次常委会议，听取莲都区经济社会发展情况和重点工作情况的通报。

10月19日，区政协召开十四届三十次主席会议。主席谷江南，副主席谢林森、叶晓东、卢进，秘书长王金友出席会议。副区长叶建光、区交通局负责人参加会议。会议协商讨论《莲都区丽龙公路南山互通至丽新公路建设工程南山至高溪段PPP实施方案》。建议区政府及其部门加强公路项目财务测算的精准性，完善制定三年以后直投和PPP项目建设的对比财务测算、三年之后政府付款的财务测算；要加强PPP模式的准确理解和把握，科学运用赢利捆绑实施方式补偿投资方的PPP项目利润，减轻政府后期偿还债务的压力；要强化项目实施过程的监管，管住细节、堵住漏洞，使PPP项目测算准确，实现投资成本最小化。会议通过《莲都区政协2015年度民主评议提案办理工作方案》，决定在11月中旬对区旅游委员会、区经济商务局的提案办理工作进行民主评议，要求提案委学习市政协提案工作的好经验、好做法，安排具体座谈地点，明确具体评价表决方式，客观、严格地开展民主评议提案办理工作。

11月27日，区政协召开十四届三十一次主席会议。主席谷江南，副主席虞为粮、谢林森、叶晓东、卢进，秘书长王金友出席会议。会议协商通过区政协十四届五次会议筹备方案（草案）、区政协成立60周年座谈会实施方案（草案）和区政协十四届五次会议委员视察活动方案（送审稿）；协商讨论区政协常委会课题—政协民主监督现状及发展路径（讨论稿）、区政协十四届十五次常委会议安排方案（草案）；会议还听取区政协十五届五次会议秘书处筹备工作各小组细化方案的汇报、区政协各专门委员会2015年工作总结及2016年工作思路和区政协提案委关于区经商局、区旅游委2015年提案办理工作评议情况的汇报（讨论稿）。

（雷柳红）

调研活动和重要建议

【关于创新农村文化礼堂建设的调研报告】 2015年，为进一步推动莲都区农村文化礼堂建设，区政协主席会议组织部分委员对莲都区文化礼堂建设进行实地考察调研。莲都区农村文化礼堂建设的基本情况：2014年，新建成14个农村文化礼堂（其中省级重点村9个），同时，管好用好原建成的21个文化礼堂（其中省级重点村15个）。文化礼堂建设遇到的问题与思考：农村经济相对薄弱，建设经费缺口大。农村文化礼堂的建设是一项不小的工程，包括文化礼堂的设备购置以及设施的基本维护、更新和管理，对经济相对薄弱的村集体来说，文化礼堂建设的经费来源是个大问题。村民认同有差异，全民参与难度大。新农村建设使试点村的村容村貌发生很大的变化，但有些村民的思想观念并没有发生根本的变化。文化内容建设可持续发展堪忧。文化礼堂的内容建设后续乏力。许多村级文化品牌面临后继乏人的问题，简单机械地复制试点经验和模式容易引发兼容性问题，市区送到村里的文化内容多为文艺表演类，内容过于单一。

丰富内涵，解决文化礼堂如何建设的问题：科学规划，推动文化礼堂建设与新农村建设同步。要对全区原有的祠堂（家庙）、礼堂进行全面调查，摸清家底，并组织相关部门和“文化礼堂”建设专家指导组进行调研论证，科学规划全区文化礼堂建设五年行动计划，出台具体的建设标准和实施方案，在全区建成一批布局合理、功能完善、管理有序的文化礼堂。要不断加大政策扶持、资金投入、规范管理、宣传推广等方面的工作力度，将文化礼堂建设经费纳入每年中心村、精品村建设的总体预算，对未纳入中心村、精品村建设范围的村，配套相应的奖励资金，推动文化礼堂建设与新农村建设同步推进。因地制宜，全面整合原有农村文化公共资源。在原有留下的历史悠久，文化底蕴深厚的宗族祠堂，因势利导、因地制宜，秉承“一堂多能、一室多用、灵活多样、功能齐全”的原则，在保护好历史建筑、戏台、厢房、天井等原有设施的同时，整合基层党校、农家书屋、文化活动室、“春泥计划”活动室等功能，建设农村综合性文化服务阵地，使宗族祠堂从过去单一的传承宗族文化的场所变身为传播先进文化的殿堂。礼堂建设要实现功能最大化。要配备舞台，能够适用农民群众举办文化节庆、文化仪式、文体活动、报告会、表彰会、议事集会等需要。要重视未成年人思想道德教育，将“春泥计划”融入文化礼堂建设中，布置贴近儿童生活、富有童趣的春泥活动室。道德讲堂建设要注重规范化。要开设道德讲堂，公开道德讲堂的基本模式、课程安排、道德宣讲员名单，悬挂“社会主义核心价值观、当代浙江人共同价值观”字画和“我们的节日”宣传画。展示展览设置要合理化。每个村都要围绕村史村情、乡风民俗、崇德尚贤、美好家园等主题，精心整理，深入挖掘，合理设置农村文化礼堂的展示展览。道德墙画要做到精品化。文化礼堂不仅是大礼堂、戏台子，更重要的要发挥道德宣扬的重要场所。每个文化礼堂实施村要建一定的道德文化墙画。文化礼堂设计要高水准。可以由区里邀请专门的设计公司，根据各村特色为实施村统一设计礼堂的布置、陈设等。弘扬美德，注重发挥文化礼堂的道德教化功能。挖掘村落的文化底蕴，传承农村优秀传统文化资源。

创新方式，解决文化礼堂活动如何开展的问题。庄重肃穆，开展具有教化作用的文化礼仪活动。结合传统节日、重要节庆假日和村民结婚、参军、入学等特定时节，组织春节祈福迎新、儿童开蒙、重阳敬老、庆祝国庆、成人仪式、新人入村、参军欢送等富有特色的礼仪活动。弘扬美德，开展传播道德正能量的评比活动。结合文明村创建，举行小孝星、文明好少年、好儿子、好媳妇、好婆婆、好邻里、好青年、致富能人、星级文明户等“最美”系列评选，以评促学，在村里营造崇尚最美人物、争做最美人物的氛围，通过表彰奖励、道德荣誉榜展示、道德讲堂现身说法等多种方式及时宣传身边榜样，传递道德正能量。陶冶情操，开展汇聚人气的休闲娱乐活动。组织开展群众喜闻乐见、丰富多彩，参与面广的排舞、体育比赛、文化走亲等各类文体活动。继承传统，开展具有本地特色的文化节庆活动。挖掘优秀传统文化，开展祭祖文化、农耕文化、茶文化、药文化、民俗文化等文化节庆活动。利民惠民，开展方便老百姓的志愿服务活动。开展文化志愿服务进礼堂，党的理论和形式政策宣讲进讲堂，科技知识、法律知识进学堂，名医义诊、司法调解进村庄等活动。引领风尚，开展开放汇聚民智的议事活动。举行大事通报、村民选举等活动，把“文化礼堂”成为村民议事集会的重要场所。开展乡风评议活动，定期或根据需要召开道德风尚评议会，召集村民就村里存在的某些不道德、不文明、不和谐现象进行评议，协商解决邻里纠纷，遏制村里的歪风邪气，引领乡风文明。

建好队伍，解决文化礼堂如何管理的问题。建立专家指导员队伍。组建一支专家指导队伍，邀请本区的乡土专家与各村结对，帮助各村深入挖掘本地乡土特色，因地制宜建设文化礼堂，在展示内容、活动样式上形成品牌，实现一村一特色、一堂一品牌。建立村级管理员队伍。整合提升现有的村两委班子、村级宣传文化指导员、大学生村干部、老年协会、妇委会等基层文化建设力量，培养一支既能熟练操作又能组织管理的文化礼堂建设工作骨干队伍。各块工作进行分工，各项管理责任到人。建立农村宣讲员队伍。以自身素质强、道德素养高、文化修养好为标准，聘请一批德高望重的道德宣讲员和乡风评议员，成立一支5～7人组成的道德宣讲队，定期或根据需要开展适时开展形势政策宣讲、热点问题引导和道德宣讲活动。建立农村文化志愿者队伍。最大限度地调动农村群众自愿参与的内在积极性，采取多种方式，把更多的党员、干部、知识分子、能人，特别是区里的一些艺术能人吸纳和充实到农村文化志愿者队伍中来，鼓励他们以自己的知识、技能为群众提供公益服务。整合资金，解决文化礼堂建设资金哪来的问题。已建设每个文化礼堂村的维护运转经费每年至少需要5万元，但莲都区不少村级集体经济收入根本不足以支持礼堂的建设和运行。市区财政每年拨出一定的经费以"以奖代补"的形式扶持农村文化礼堂建设；可以将文化礼堂建设一并纳入秀美乡村建设的项目，为农村文化建设提供资金保障；通过扶贫结对、文明单位结对帮扶的形式，给予实施村一些资金补助；要引导社会力量广泛参与，动员鼓励企业和社会热心人士贡献力量，参与农村文化礼堂建设。

【莲都区"十二五"期间"少数民族发展专项资金"到位和使用情况民主监督报告】 2015年，为进一步促进莲都区少数民族发展专项资金的合理使用，发挥资金的更大效益，区政协主席会议专门成立民主监督小组，于7月24日到丽新乡和老竹镇，实地查看上塘畈畲族村通村公路建设情况、后坑畲族村文化礼堂建设情况、沙溪畲族村村寨建设和文化礼堂建设情况等，并召开座谈会，对莲都区"十二五"期间"少数民族发展专项资金"的到位和使用情况进行专项民主监督。少数民族发展专项资金的到位使用情况：资金足额到位。截至2015年7月底，除本年度资金未下达拨付外，2011—2014年少数民族发展专项资金已足额落实到位，未发现截留、挪用、挤占、套用等情况。扶持力度较大。2011年以来，莲都区合计下达拨付少数民族发展专项资金1996万元。管理比较规范。严格执行中央、省、市少数民族资金管理办法；制定各级扶贫资金管理办法，全面推行少数民族发展项目资金管理"阳光工程"；制定少数民族项目筛选、申报、实施、验收、拨付操作规定，以委托第三方机构审计等方式，进一步规范资金使用。扶持已见成效。

少数民族发展专项资金使用方面存在的主要问题："造血"功能不足。由于历史原因，莲都区少数民族地区基础设施相对滞后。使用较为分散。扶持项目总体较小，大项目占比低，资金使用集中度不高。项目储备不足。莲都区少数民族乡镇专项扶持建设项目储备不足，项目申报随意性较大，推动经济社会发展的项目不多，计划性不足，不能起到示范引领作用。监管不够到位。一方面，项目监管人才缺乏。另一方面，项目监管机制有待优化。

提高少数民族发展专项资金使用绩效的建议：凸显扶持造血功能。继续完善民族地区基础设施建设，做好少数民族实用技术培训的基础上，将少数民族发展专项资金向特色产业、特色经济倾斜，重点用于少数民族地区经济发展有关方面。完善资金项目库建设。把选好、选准项目作为加强少数民族发展专项资金管理和使用的一项基础性工作来抓。提升资金使用效率。按照"相对集中使用"的原则，将发展专项资金相对集中投入到几个村或几个重点项目上，使资金的使用能够起到更加明显的效果，切实让少数民族群众看到发展前景，得到具体实惠。加强项目知识培训。做好乡镇（街道）干部、村党支部书记、村委会主任、村监会成员及联村干部的培训教育，重点就村级工程建设管理、村集体资金管理等方面的业务知识和技能进行培训，提高乡镇（街道）、村干部、村监会成员的综合素质和履职能力，提升项目管理、村务监督的规范化水平。完善资金监管机制。建立监察、发改、财政、审计、扶贫、民宗等部门参加的联席会议制度，定期召开会议，专题研究少数民族发展资金管理使用和监督检查情况。发挥村监会作用，对村级工程招投标、施工进度、工程量增减、工程质量、资金拨付和使用、竣工验收等环节进行全程监督。

【关于加强莲都区古村落保护的建议】 2015年，根据区政协年度工作安排，区政协主席会议成立专题调研组，于11月5日赴雅溪镇莲房村、西溪村、箬坑村实地视察。并在雅溪镇政府会议室召开座谈会，听取区农办、区建设分局、区文广新体局、雅溪镇有关情况介绍，与会人员座谈。调研组对全区古村落的基本现状进行专题调研，并提出加强古村落保护与开发的对策建议。莲都区古村落的概况与特征：中国历史文化名村1个（西溪村），省历史文化名村1个（曳岭脚村），省历史文化保护重点村2个（下南山村、西溪村），一般村13个（西坑村、古井村、下圳村、沙溪村、箬坑村、陈寮村、皂坑村、新陶村、莲房村、堰头村、大港头村、梁村、西黄村）。相对完整的综合文化体系，古村落以清代民居为主，也有少量明代和民国建筑，尽管建筑属于不同的历史时期，但建筑的总体风貌相对统一，并无断层感；相对独立的社会生活体系，从民居院落的庭院、水井到属于公共生活空间的古戏台、宗祠，保存一个完整的传统社会生活网络，是浙西南传统文化物质遗产和非物质遗产的活化石；特色鲜明的山水文化体系，莲都区的古村落或依山而建，或傍水而居。由于古建筑选址十分重视堪舆学，讲究“风水”的背后也透露着对科学的尊重，因而古村落的山水环境往往给人以天人合一的意境美；氏族聚居的村落传承体系，莲都区古村落的居民往往以某一姓氏或某几个姓氏为主，至今比较充分地保留着重视宗亲的民间传统。

莲都区古村落保护存在的问题：开发建设冲击较大。近年来，城乡一体化建设步伐加快，大规模的开发建设使古村落保护面临危机。保护经费普遍缺乏。保护修缮历史建筑的成本较大，政府出资修缮历史建筑的专项资金有限，大量有保护价值的历史建筑无法顾及。另外产权问题是古村落保护的难题，修缮后的建筑其使用范围、方式受到相关文物法律法规的约束，使得历史建筑所有人或使用人受到一定限制，导致目前社会投资保护修缮历史建筑的积极性还不是很高。保护措施不够有力。由于古村落保护宣传力度不够，村民对历史建筑保护不够重视，对于如何在具体的日常行为和工作生活中有效保护利用好文化资源缺乏应有的认识。莲都区至今尚未出台相关的古村落管理办法，保护力量较为薄弱，缺乏对古村落的有效控制和约束，造成管理无法可依。保护管理体制不顺，“历史文化名村”申报、“传统村落”调查、古村落文物保护、古村落旅游开发、古村落布局规划、古村落生态环境整治、古村落基础设施建设等工作，分属农办、文广、建设、旅游、环保、水利、交通等部门，多头管理难以形成合力。

加强古村落保护的对策建议：营造古村落保护的社会氛围。健全古村落保护的工作机制。树立正确理念。把遗产保护和民生建设结合起来，在加强文化遗产保护的同时，注意做到自然、文化和社会三个生态环境的和谐。明确工作方针。必须按照“有效保护，合理利用，加强管理”的指导思想和“保护为主，抢救第一”的工作方针，结合运用行政、法律、科技等手段， 健全古村落保护机制。夯实群众基础。把古村落保护利用的各项规定纳入村民公约，以提高村民自觉保护意识、发挥村民在古村落保护中的基础性作用。落实工作机构。建议明确和充实古村落保护的工作机构，明确各职能部门及相关人员的权责界限；成立莲都区古村落保护工作领导小组，研究解决古村落保护所遇到的问题，凝聚文化、规划、建设、旅游等部门的合力。创新古村落的保护开发模式。坚持多元化保护。探索实施古村落“村民自保、私保公助”“村集体筹资保护、政府收购保护、产权转移、公保私用”等多元化保护方式。坚持活态化保护。古村落保护要尊重村民自治的权利，不能大拆大建，更不能全部迁走村民，要始终坚持生活延续性和文化活态保护。坚持保护性开发。牢固树立“保护第一，开发利用是为更好地保护”的理念，防止过度的开发利用。做好古村落保护的支撑保障，即规划保障；资金保障；制度保障；人才支撑；技术支撑；执法保障。

【关于保护和发展“老字号”品牌的建议】 2015年，为进一步做好“老字号”品牌的保护和发展，区政协组织专题调研，于11月25日实地考察天宁工业园区的鱼跃过渡性厂房、郎奇“鱼跃文化产业园”规划地块和碧湖工业区农产品加工园区，听取介绍、查看资料、咨询专家学者，深入了解“老字号”企业的生产历史、生产现状、面临的困难问题及发展空间，经反复交流讨论后提出意见建议，供区委、区政府决策参考。

老字号企业发展面临的主要困难和问题：现有生产场地严重不足鱼跃2007年搬入天宁工业园区金笔街28号的过渡性厂房，六层建筑，每层800多平方米，总建筑面积只有5000平方米，生产场地严重不足，严重制约着企业的发展壮大。大型机械设备无法入驻导致产能不足。仓储空间不足提高生产成本。受场地限制，公司生产原料、产品包装品等无法批量采购和存储，不得不分批次限量采购使用，每次采购仅可使用1个月左右，导致生产成本大幅度提高。生产空间狭窄滋生安全隐患。新项目落地困难。征迁难度大。环评要求高。投资压力大。由于存在上述困难和问题，该项目在短期内要真正落地、建设，时机尚不成熟。

做好“老字号”品牌保护和发展的对策建议：研制多层发展目标，促进鱼跃稳步发展。鱼跃近期目标，急需解决的是企业发展空间不足的问题，要把这项工作放在重中之重，通过落实新的生产基地，扩大生产，拓展业务，多出产品，出好产品，满足日益增长的市场需求，为“老字号”企业的保护和稳步健康发展打下坚实的基础。中长期目标，在企业发展基础进一步夯实的基础上，拉长企业的产业链，在现郎奇养生养老区块建设“鱼跃文化产业园”，通过建造鱼跃酿造博物馆、鱼跃酿造体验坊、鱼跃艺术馆、养生科普馆、鱼跃旅游产品展示区等，打造集文化、养生、旅游等功能为一体的综合性产业园区。调整入驻工业园区，解决用地受限问题。经过综合分析比较，调研组认为，鱼跃酿造要在短期内破解制约企业发展的瓶颈，拓展新的发展空间，落地丽水工业园区碧湖区块不失为一种可行的发展之路，即生态产业集聚；地条件成熟；服务体系优良。

研究出台“一业一策”，加大扶持指导力度。建议区委、区政府从保护和弘扬传统文化、培育区域经济新增长点的高度出发，采取“一事一议”，制定“一业一策”，不断加大对“老字号”的保护和支持力度。建立保护和促进“老字号”企业发展的支持体系，挖掘整理传统产品和技艺，增强“老字号”企业自主创新和市场竞争能力。重点培育和指导“老字号”企业做强做大，支持企业进行技术改造，创新产品和服务，营销拓展，专业技能培训。实施振兴“老字号”工程，加大对“老字号”的保护、开发力度，扶持老字号企业开拓创新、提升经营管理水平。建立专项扶持资金，对“老字号”企业的科技投入、品牌保护、经营创新等进行补助。组织有关专家 ，挖掘整理“老字号”的传统产品和技艺，提炼提升“老字号”优秀经营理念和商业文化，开展“老字号”文化宣传活动，扩大“老字号”影响力。

【关于优化莲都区工业发展环境的建议】 为提升莲都区招商引资和工业发展的竞争力，自2014年6月以来，区政协常委会议课题组，组织常委和委员到莲都工业区、经合办、审批中心、经商局等部门走访调研，向在莲企业发放调查问卷，召开企业家座谈会、专家咨询会、小组分析会，最终形成优化我区工业发展环境的建议。莲都区是全市政治、经济、文化教育中心。近年来，区委、区政府实施“工业园区化”战略，兴产业强实体、扩投资强创新、转作风提效能，工业总产值增长较快。经济总量、相对增速等方面的发展问题也长期存在。表现为经济总量偏小、相对增速不快、招商引资较难、整体质量甚忧。对策与建议：挖掘服务优势，建设合作协作园。循市场规律，完善园区招商引资政策，探索小微企业组团入园模式，提高企业建设投产违约成本，畅通企业进出园区的渠道。坚持依法行政，增设招商引资专家库、项目前期数据资料库，完善招商引资保障体系，客观组建招商引资考察队伍，规范招商引资工作。扩大招商视野，向内地、向西北优秀企业招商。听企业心声。视企业困扰、要求、需求为政府责任，问计问需园区企业，优化园区管理服务，保障企业合法权益，减少干扰企业生产经营的行为，探索企业评议部门考核机制，把服务企业落到实处。推合作发展。发挥干工业的最了解工业的优势，吸收园区企业家或企业高管兼职园区管委会岗位，从企业角度参与和改进管委会工作。支持园区企业建设协会、联合会等自治组织，倡导企业自我管理、自我服务，促进企业在互助、合作中成长，通过企业口碑宣传园区，提高园区整体服务水平。借鉴上海紫竹高新技术产业开发区等做法，整体包装推介，市场化运作，联合院校和富有管理经验的集团企业，探索政府、院校和富有管理经验的集团企业共同管理建设园区模式，打造集科研、人才、资本、产业等优势于一体的工业园区。

挖掘区位优势，建设卫星城市园。借中心城区发展之势。协调中心城区院校、医院、商家和工业区企业，探索“联姻”共建机制，促进资源共享，互利互惠。优化工业园区公共交通条件，研究新一轮《丽水市城市总体规划》，完善工业区各区块路网体系，开通中心城区至工业区低价或免费直达公交，减免工业区车辆在水阁公路收费站的通行费，谋划碧湖镇、南明山街道、中心城区、联城街道环形地铁，服务中心城区资金、人才和发展经验入镇入园。借市开发区成长之势。乘市开发区晋升国家级经济技术开发区东风，发挥比邻相望地理优势，做好工业园区与开发区的联系联动，推动道路、桥梁、物流等基础设施共建共享，同步产业规划、招商引资等各项工作，促进两地资本、人力交流，营造合作、互补、协同发展氛围，扩大产业和人口的集聚效应。借碧湖镇小城市建设之势。抓住小城市培育试点契机，整体研制园、镇“十三五”发展规划，引领园区带动镇区、镇区服务园区。摒弃“拆老城建新城”做法，选园区、镇区边新址，建设员工集体宿舍、保障房、廉租房，企业家、专家小区，农民小区，以及其他行政商务配套设施，打造“新城”，逐步置换激活“老城”。探索城市发展PPP模式，研究“经营城镇”做法，鼓励企业资本、农民资本、其他社会资本参与“新城”建设。深化户籍制度改革，鼓励和引导园区企业家、企业员工在我区安家落户，以新碧湖人、新莲都人身份找到归属、融入地方，解决工业发展后顾之忧。

挖掘生态优势，建设品位养生园。生态优势是丽水市普遍优势。挖掘生态优势，宜务实创新、与众不同，做足“水”和“山”的文章。推进治理升级，守护“绿水青山”。划好生态保护红线，创新监测检测举措，畅通投诉举报渠道，坚决打击和制止企业污染。推动企业转型升级，深化产业链培育，立足园区规上产业，考察吸收台州椒江的电机配套企业和温州乐清的高低压电器企业，完善莲都区五金、电机等产业体系。坚定生态工业方向，谋划发展“机器人”产业，推动“省级战略性新兴产业示范基地”建设具体化。注意园区生态，贴近“绿水青山”。改革供地模式，在保障“六通一平”基础上，做好园区建设过程的监督和指导，重视土石开挖中的生态保护，落实基建过后的生态恢复。完善园区生态设计，以获列世界灌溉工程遗产名录的通济堰为核心，以特色小园区建设为抓手，丰富园区绿地，完善休闲养生设施，优化园区生产生活环境。唱响工业养生，享有“绿水青山”。研究旅游业对工业发展的促进作用，出台工业旅游有关政策。引导园区百姓菇业、鱼跃酿造等企业开发厂区旅游，吸引市民游客到企业参观游览，鼓励园区企业资本参与全区旅游开发，实现园区员工免费畅游全区景区。发挥文化育园作用，培育多样化企业养生文化，丰富企业家、员工业余休闲养生生活，打响莲都区“工作即养生”的工业发展品牌。

【打造乡愁旅游目的地的建议】

2015年，为助推莲都区乡村旅游的发展，区政协把加快莲都区乡村旅游发展列入2015年度主席会议调研课题。从5月开始，课题组聘请有关专家学者全程指导，深入大港头、碧湖、老竹、丽新等乡镇，调研了解莲都区乡村旅游现状及乡村旅游资源禀赋；召开有关部门、乡镇领导参加的座谈会，探讨莲都区乡村旅游发展的路子；考察学习桐庐、安吉、德清等县发展乡村旅游的经验做法。打造乡愁旅游目的地的总体构想：“一核”，即以古堰画乡为中心的瓯江风情走廊。依托优越的资源禀赋，进一步优化生态环境，强化巴比松油画特色，彰显通济堰文化和瓯江文化魅力，做好水上文章，借鉴开放式景区管理的“西湖模式”经验，村景融合，打造莲都旅游核心竞争力。“二区”，即宣平溪流域区块和碧湖平原区块。宣平溪流域：依托畲族文化、宣平溪流域文化、红色文化和便利的交通，开发主题特色鲜明的民宿基地型产品。碧湖平原：依托省级现代农业综合区和传统农耕文化，建设休闲农庄，发展休闲农业、创意农业，实现一、二、三产融合，丰富DIY项目，彰显乡村旅游农耕文化教育功能。“多点线”，即避暑型养生民宿点和古道旅游线。选择海拔500米以上，自然生态好的山地村落，开发避暑型养生民宿产品，同时依托良好环境优势，发展原生态精品农业，与民宿经济互动，提升农产品影响力。沿括苍古道、稽勾古道、梅田古道、曳岭古道等，选择特色鲜明的古村落，开发古道客栈型乡村旅游产品。

打造乡愁旅游目的地的几点建议：“四个尊重”，留住“乡愁”资源。尊重自然，尽量保持其原有的生态面貌、古树名木。村庄绿化也尽量要种乡土树种，本土花草。尊重原貌，尽量尊重原貌，充分体现“原乡”原真性，切莫因图奢华而搞大拆大建，更不能搞整村搬迁使原乡消失殆尽。尊重历史，开发建设有历史积淀、文化底蕴、史实依据的旅游资源时，要充分尊重历史，延续历史文脉，传承乡土文明。尊重个性。要在村内保存一定数量的传统居民院落。一个民宿讲述一个乡村历史故事，要尊重个性，注重特色。要以建设瓯江风情走廊为抓手进一步放大巴比松画派的艺术气质，彰显通济堰文化魅力，做好水上文章。引进“印象系列”大型山水实景演出项目，将丽水三宝、瓯江女神、舴艋船、港埠、处州鼓词、双龙庙会等瓯江流域代表性文化有机融入，打造夜游精品，成为却乡愁的精神家园。通过创AAAAA景区、建设“宜居、宜业、宜游、宜文”的古堰画乡风情小镇，成为画家和游客心灵的归宿，提升乡愁旅游核心竞争力。

开发产品，引领莲都乡村诗意栖居。深入挖掘莲都当地人文、生态、民俗风情等元素，按照游客性别、年龄、文化层次、兴趣爱好、收入水平、消费习惯等差异性，进行市场细分，开发高端、中端和大众市场消费的乡村多元化住宿产品和休闲娱乐产品，用以留住客人，推进乡村旅游从传统观光型向休闲度假型和深度体验型转变。打造一批小而美，小而精，小而特的乡村特色民宿。要建一批以“慢生活”“家服务”“趣体验”为特色的乡村民宿，打造一批“文化+创意+专业+美感”的特色民宿，打造“一村一主题，一家一亮点”的特色民宿村。利用下山脱贫的闲置村落，开发乡村高端度假乡居模式。引进开元旅业、花间堂、安缦、隐居、帐篷客等著名酒店集团，开发乡村高端度假乡居模式。建设民宿基地，开发长宿休闲乡村旅游产品。开发“深度旅游”“异地养老”“候鸟式休闲”等长宿休闲旅游产品。如把岩泉街道高山村打造成以皇菊养生为特色的民宿村。

依托已有较成熟的乡愁旅游开发经验并拥有雄厚的资金实力、经营能力的大品牌、大公司入驻加盟，提升乡愁旅游产品的开发、销售和服务水平。深化“莲商回归”，在招商引资、民宿产品设计、特色风格装修等方面给予政策的保障和支持，吸引在外莲商回乡投资乡村旅游产业。鼓励星级酒店、旅行社等旅游企业投资开发乡村旅游。尝试PPP模式、资源出租（入股）、经营权出让等方式，充分发挥农民的主体作用。

依托高校专业优势，设计建设各类乡愁体验创业平台，重点培养乡村旅游经营户、乡村旅游带头人、能工巧匠传承人、非物质文化遗产代表性传承人和乡村旅游干部等各类乡村旅游人才，激活乡村内部力量，让他们成为乡村发展的内生原动力。重视村民素质提升培训工作，一方面要保护民俗文化，推动民俗文化产业化，另一方面要提高广大村民的文化教育和文明素质，培养文明的生活方式和行为方式。要积极探索“社区参与”的发展模式，做到政府、企业与村民三位一体，共同制定发展战略，推动我区乡村活力再造和乡村文明复兴。

【关于打造“中国莲都”品牌的几点建议】 2015年，莲文化是“中国莲都”品牌最值得挖掘的文化资源。“中国莲都”品牌的现有优势、面临挑战。现有优势：莲都地名富有气度；地方特色文化深厚；处州白莲质优价高。面临挑战：“莲都”知名度不高；处州白莲知名度不如国内“四大名莲”，产量仅为湘莲的1%，建莲的3%，广莲的4%，宣莲的一半；城市建设占用核心产区。

打造“中国莲都”品牌要抓住三方面：重振莲都自然农业的雄风。特定农业资源、立地条件和小康社会的供给需求，莲都要摒弃大规模、设施化的化工农业，效仿莲花绽放，发挥最具个性的冬季温和回春早的气候优势和丰富的地形地貌特点，发展优质、安全的精致农业，把莲产品营销从送货上门转变为请客入席。通过开发娱乐、饮食、养生、民俗、休闲、科普、观赏、宗教信仰、旅游商品，促进莲都旅游从假日型、季节型向常年型转变；推进莲食品、保健品等研发，加速文化产业发展，壮大莲都旅游经济整体实力。以“不求做大产业，但求产业链长”的基本定位，把莲要素成为莲都文化、生态经济、区域特色的标志，通过挖掘要素、激活要素、引进要素、输出要素、创新要素，实现区内资源合理配置。

落实打造“中国莲都”品牌的工作建议：建好一个“研究会”。莲文化源远流长、内涵深厚，是中华民族灿烂文明的重要组成部分。建议成立一个莲文化研究会，吸收热衷于莲事业，关心支持莲产业发展，在莲相关领域有研究、有兴趣、有影响力的各方人士、相关组织、社会团体、机关事业单位、农业龙头企业和专业合作社吸收为会员及会员单位。研究会致力于四方面，加强与国内外莲文化研究机构交流合作，学习借鉴成功经验，在交往中扩大莲都影响，在交流中提升莲都品牌。邀请从事莲相关领域（种质科研、食品加工、医学养生、文化创意等）研究的专家学者、企业代表，开展“莲”文化研讨与讲座，把研究会建成对外交流的窗口。举办莲文化博览会、莲文化旅游节，开展以“相约莲都”“为‘荷’而来”“留莲忘返”为主题的莲摄影、油画、诗词散文采风活动。举办莲文化高峰论坛，吸引海内外莲专家、学者到莲都开展学术交流。学莲倡廉，建设清廉之都。“莲”与“廉”谐音，“莲花”又叫“青莲”，通常喻为“清正廉洁”，研究会通过挖掘莲文化，全力打造莲都的“清廉之都”形象。

建成两个“文化馆”。即莲文化展示馆（简称莲博馆，下同）、莲文化鉴赏馆。莲文化展示馆，借鉴安吉竹博馆的做法，建议在大港头镇利山村新建“莲文化展示馆”，展示莲的起源与历史、莲的药用良方、栽培技术与生物学特性；收集莲的古化石和子莲、花莲、藕莲等标本或化石等；展现莲的品种、功效、特性以及莲产品的加工工艺和科技开发成果；挖掘莲文化渊源、颂莲诗歌戏曲和书画作品、莲城历史典故等；收集世界各地与“莲”文化相关的珍贵文物、艺术品、服装服饰等，采用现代3D影像技术，直观地呈现莲生产加工流程，把莲文化贯穿于莲展示的全过程，并结合展示内容吸引游客参与互动，增加展示活动的趣味性。让游客一进入莲文化展示馆，就能知晓中国乃至世界丰富的莲资源、悠久的莲历史、璀璨的莲文化，感受莲文化的博大精深和无处不在的“莲意。”莲文化鉴赏馆，充分利用这些优势与特性，发挥现代科技优势，加强莲文化产品的研发与应用，开发出更多更好、适销对路的莲文化产品，把莲文化鉴赏与莲产品销售有机结合起来，将莲文化植入莲都经济社会发展脉搏之中。建议在东西岩景区周边，新建一个莲文化鉴赏馆。激发企业参与莲产品研发的内生动力，开发、生产和销售更多的色、香、味俱佳的药食两用的莲食品，增加莲的附加值。加强莲文化价值的市场应用，开发具备莲文字、图案、刺绣的鞋服、伞具、袋包、饰品、剪纸、玩具等产品，把莲的祝福和养生内涵融入开发产品中，提升莲产品对游客的消费欲望和冲动。做好莲文化作品和书籍整理，收集和展销与莲有关的文人墨宝、诗歌戏曲、书画摄影等作品。

建设一个“莲博园”。据《中国荷花品种图志》记载，荷花分为3系、50群、23类28组。莲在我国栽培历史悠久，栽培品种有600多个。按照“一花一世界，一叶一如来”的理念，新建“莲种质资源博览园”（简称莲博园，下同），收集500个以上莲的品种，在老竹盆地规划建设一个集科研生产、旅游观光为一体的中国规模最大“莲博园”，让游人在观光中感悟历代文人墨客妙笔所描述和歌颂的莲的俏丽身影、清丽可人的容颜、高洁傲岸的情操，尽情欣赏莲花迷人的风姿，全心感受莲文化的魅力，畅叙自己心中的采莲曲。“莲博园”可分三部分，“处州白莲”种质资源保护区，加强莲的引种试验、莲品种选育、栽培技术、产品研发、技术创新。建“千个莲池”观赏区，引进、收集和种植国内外的藕莲、子莲、花莲品种，涵盖莲的不同花型、株型、花色、花期等品系，力争成为中国乃至世界第一的莲品种观赏园。莲农事体验区，让游客体验采莲子、挖莲藕的乐趣。总之，莲博园要富含“荷花绽放、荷香四溢”之意境，呈现出“接天莲叶无穷碧，映日荷花别样红”的绝美景致。

【建议在瓯江南岸大港头段建设“画乡亲水步道”】 2015年，区政协组织专题调研大港头村民宿主题村落建设。民宿主题村落建设中存在的问题有：单单一条街，回头路难免；沿江十古埠，九埠难近前；隔窗窥山水，山水在外边。进一步做好大港头村民宿主题村落建设调研组建议：借古堰画乡特色小镇建设契机，延续原有建筑风格，在瓯江南岸大港头村的上下码头之间，沿江边民居墙裙修建游客步行栈道，与江滨路形成路线循环（路线备份），与古埠头形成“一线多台”沿江美景，彰显“诗画山水、商埠重村”特色，让“望得见山、看得见水、记得住乡愁”梦想成真。建设上下码头间江边栈道，敞开大港头村山水风光。大港头村的“乡愁”是山水。可以根据沿江民居的墙裙情况，以卵石为主要建筑材料，依墙裙凹凸之势，距秋冬枯水期水面20厘米至50厘米高度，增建2米左右宽度的曲折卵石路面，畅通各个古埠头之间的临水通道。栈道内侧靠着民居墙裙，完善民居墙裙的外立面造型，并处置排污、乱堆放等问题。栈道外侧面临瓯江，延续内侧墙裙风格，以卵石墙裙深入江底。栈道栏杆与现有码头栏杆统一风格，保持沿江风景的整体一致。进一步增设巷口亭棚、桌椅及救生圈等基础设施，提高游览的舒适性和安全性。届时，游客们从游船里可以看古村、看墙裙栈道、看栈道上的游客，从栈道上可以饱览沿江山水、绿树、游船……修葺古埠头及通埠头的巷道阶梯，还大港头村“商埠重村”风情。大港头村的“乡愁”是港埠。要研究古埠头的保护问题,以卵石风格修葺江滨路至各个古埠头之间的巷道阶梯,完善阶梯两边建筑风格,清除巷道上的各类障碍物,清洁埠头条石上的污水泥垢。要传承瓯江船帮文化,为每一个古埠头命名,并在埠头设灯、设旗、设船、设筏,还原“商埠重村”旧时风貌,丰富游客的港埠体验。要开发古埠头助力大港头村发展,以科学发展的眼光,改造古埠头及周边水域,增建埠头亲水功能区,做好安全保障工作,让游客在旅行的间隙,可以休憩在水边,亲水、嬉水,“零距离”享有瓯江山水。

(雷柳红)

【社情民意信息工作】 2015年,区政协共采编社情民意信息166期,其中《莲都政协》专刊8期,区领导批示11人次;专报市政协158期,共被市政协及以上采用稿件42期。其中,被市政协专刊采用13期,市领导批示13人次;上报省政协30期,被省政协综合采用9期,省领导批示3人次,被省部门采纳1期;被全国政协综合采用3期。社情民意信息工作有三个特点:文稿质量高。兰峻、阙沛军、周春红三位同志合作的《规范党费收缴　促进流动党员管理》、朱泽霞的《食品药品体制改革后应重视基层队伍建设》和王雨的《对令计划等高级领导干部的腐败行为处理的三点建议》等3篇信息被国家录用;阙沛军、周春红合作的《关于完善公务用车改革的几点建议》,任迎春的《新高考改革亟需衔接的三点建议》,华俊林、任迎春合作的《“单独二孩”政策遇冷　相关政策亟待妥善衔接》,兰峻的《做好“急剧变革时期”的农村档案搜集与保管工作》,厉日红的《农村生活污水治理要“接地气”避免一刀切》,华俊林的《完善土地政策,保障“低小散”块状行业整治》等12篇(含国家3篇)被省里录用。因为信息质量高,促成录用层次高。约稿反应快,做到第一时间告知委员市里的约稿信息,使政协委员、信息员能够在较短时间内快速形成稿件。研商平台好,区政协特创委员沙龙活动,召集部分委员和信息员专题研商社情民意信息工作,对部分稿件进行深入探讨并取得实效。

(张叶)

政协丽水市莲都区委员会专门委员会工作

提案委员会

【提案征集工作】 2015年,提案委员会组织委员学习提案撰写相关知识,撰写《谈谈对提案书写的一些想法》《提升提案撰写质量　提高委员履职能力》文稿以供各位委员撰写提案做参考。召集提案办理单位分管领导和经办人进行业务集中培训。利用会议通报、界别活动、会员沙龙等平台,组织调查研究、视察等委员活动。在每次政协全会召开前一个月给委员提供撰写提案参考题,召开政协参加单位提案工作会议专题部署集体提案征集工作。两会期间共征集提案220件,参加提案的委员181人,委员参与率达89.6%。立案提案191件(其中组合打包4件),集体提案49件,委员个人和联名提案　141件,不予立案建议29件(其中涉市提案25件)。严格政协提案三审制度,实行同类提案打包交办,规范专人初审、提案组、提案委复审程序。凡未立案提案均转为社情民意报送。

【提案工作职能】 2015年,区政协常委会对区旅委、区经商局的提案办理工作进行民主评议并形成评议意见。开展典型宣传报道,根据《莲都区政协提案工作表彰奖励办法》,评出优秀提案9件,提案优秀承办件9件,提案积极分子9名,并在政协全会上表彰。利用《联谊报》《莲都新闻》和政协网站宣传提案工作先进典型,树立竞先争优的导向。挖掘提案工作职能撰写《充分利用提案方式做好基层民主监督工作》。

【提案办理工作】 2015年,提案委员会通过提案委、提案者、承办单位“三结合”办理协商、重点提案跟踪调研等形式,促进提案办理工作。区委、区政府、区政协领导全面参与重点提案领办督办，6件重点提案已全部落实解决。提案办理更加重视协商对话，有24件提案采取座谈协商办理，有84件提案采取当面协商办理。通过网上办理系统对所有提案进行网上交办，置于群众的监督，扩大提案办理的透明度，将提案办理及办理结果在网上公开，使社会各界对政协提案工作有更多的了解。截至年底，提案所提建议被采纳的95件，占49.3%；被部分采纳或列入计划采纳的77件，占40.31%；对因条件所限未能采纳或留作参考的19件，占9.94%。191件提案答复率和委员反馈满意、基本满意率达100%。

【参与各项活动】 2015年，提案委员会参与五水共治随手拍活动，共拍照片105张;响应结对帮扶低收入农户“个十百千万”活动，开展低收入户帮扶工作。参与“五水共治”长效机制建设专项集体民主监督活动，巡查47个村50余个点，发现并拍摄1类问题(山体损外)2张;4类问题(乱搭建)2张;5类问题(乱堆放)56个点164张；8类问题(黑臭河)一条河16张11类问题(工厂和高大的烟囱)3个点28张。参与并完成莲都区政协公路干线、铁路沿线“三化三美”民主监督活动丽龙线监督任务，发现问题7个，拍摄120张。参与里东救灾工作。筹备并承办莲都区政协常委会关于“十三五”规划(征求意见稿)专题民主议政活动，制定议政会方案，拟定建议9名发言人员，并按照发言人自己的职业，拟定发言方向，于12月3日，成功举办这项活动。

（周献贤）

经济委员会

【开展“五水共治”长效机制民主监督活动】 2015年，经济委员会根据省政协《关于“三级政协联动、万名委员同行、助推‘五水共治’长效机制建设”专项集体民主监督的实施方案》和《全市政协系统开展“‘五水共治’长效机制建设”专项集体民主监督实施意见》，及时制定区政协开展“五水共治”长效机制建设专项集体民主监督活动实施方案，组织召开“五水共治”长效机制建设专项民主监督动员会，各专委会牵头分别开展以河道保洁长效机制、企业排污监督管理机制、农村生活污水治理设施长效运行机制、小流域治理运行机制、农村饮用水安全运行机制为重点的“五水共治”长效机制建设专项集体民主监督活动。继续开展“随手拍　快捷报”活动，共编报“随手拍　快捷报”19期，披露有关乡镇、街道80多个河道点位的垃圾情况。引起区领导的重视，葛学斌书记、杨秀清区长分别做出批示，督促相关乡镇、街道及时整改，并反馈整改情况，促进河道保洁工作。开展“河道保洁长效机制”民主监督，根据区政协“五水共治”长效机制建设专项集体民主监督活动方案，虞为粮副主席带领经济委委员，到碧湖、联城、老竹等乡镇、街道开展河道保洁长效机制民主监督。实地察看通济堰渠、新治河、下林河、虎迹溪、梁村溪等河道保洁情况，并召开座谈会，了解有关乡镇、街道河道保洁机制建立及其运行情况，走访当地村干部、保洁人员和村民，了解河道保洁存在的困难和问题，共同探索我区河道长效保洁机制。与省、市政协联动开展民主监督，配合省政协开展“五水共治”长效机制民主监督，配合市政协经济委到碧湖郎奇工业园区、联城三农屠宰场等地开展企业污水排放情况民主监督，配合市政协农资环委到仙渡、丽新等乡镇开展农村生活污水治理工程民主监督，协同做好“五水共治”长效机制建设的民主监督工作。

【开展乡村旅游发展专题调研】 2015年，经济委员会开展主席会议调研课题“加快我区乡村旅游发展”专题调研，制定调研方案，收集相关资料，课题组成员在虞为粮副主席的带领下深入大港头、碧湖、老竹、丽新等乡镇开展乡村旅游资源、乡愁旅游元素实地调研。召开座谈会，与旅游、农办、农业等相关部门和相关乡镇负责人探讨莲都区乡村旅游发展路子。并赴桐庐、安吉、德清等县考察学习，借鉴经验。在此基础上，提出“发挥优势，统筹谋划，打造成乡愁旅游目的地的建议”，受到区委、区政府领导的高度肯定，葛学斌书记、胡献如常务副区长分别作批示，该文刊登在《丽水研究》2015第5期上。在高铁时代与丽水生态旅游名城建设论坛上做交流发言，并获《高铁时代与丽水生态旅游名城建设》征文比赛一等奖。同时，该课题被评为区政协2015年度优秀调研课题。

【开展“六边三化三美”民主监督】 2015年，经济委员会根据区政协委员界别月活动工作安排和我为“五水共治”“六边三化三美”建言献策为主题的界别月活动要求，以及区政协有关“六边三化三美”和农村生活污水处理两个专项集体民主监督工作部署，联系经济界别、农业界别，到雅溪、太平、联城等乡镇、街道开展“六边三化三美”民主监督和农村生活污水治理工程民主监督，提出意见建议，供有关部门、村委会决策参考。

【开展“老字号保护和发展”课题调研】 2015年，经济委员会组织人员开展莲都区老字号保护和发展专题调研，提交区政协〔2015〕1号建议《关于保护和发展‘老字号’品牌的建议》，引起区委、区政府领导的高度重视。在碧湖食品加工园区给莲都区老字号企业鱼跃公司安排1.33公顷的工业用地，并列为百日攻坚、局长代办的重点项目，在10月已动工建设。同时，又组织课题组成员赴龙泉、景宁、青田等地开展“丽水市老字号保护和发展”课题调研，通过实地考察调研，走访座谈的基础上，形成“关于推进我市‘老字号’保护和发展工作的建议”作为莲都联络组的团体提案上交给市政协。承办单位市经商局及时启动“丽水老字号”认定等相关工作。该提案被市政协评为2015年度优秀提案。

【大会发言工作】 2015年，经济委员会精心组织区政协十四届四次会议的大会发言工作，汇编13篇书面发言材料，其中，7篇上台口头发言。同时，有14位政协委员作即席发言。大会评选出9篇优秀大会发言，其中，钟声代表经济委作的“挖掘‘三大优势’，提升莲都区关于投资发展竞争力”的大会发言被评为优秀大会发言。20多篇发言材料得到区委书记林健东、区长杨秀清等领导的批示，并交给相关部门办理。

（林玉美）

科教文卫体委员会

【参政议政工作】 2015年，科教文卫体委员会在区政协十四届四次全会期间，共组织《走绿色生态发展之路，有效扼制农业劳动力断代》《规范发展中小学生托管机构》《委员发言期待部门回音》等3篇大会发言，其中一篇被评为优秀大会发言。牵头组织区政协十四届五次全会的大会发言的准备工作。做好经常性的提案和反映社情民意信息工作。专委会充分利用会议、委组学习活动等时机，动员本委委员积极做好政协提案、反映社情民意信息和撰写文史资料等工作。

【调研视察工作】 2015年，科教文卫体委员会组织莲都区农村文化建设情况专题视察。视察组成员在卢进副主席带领下实地视察碧湖镇上赵村、老竹镇梁村村和丽新乡咸宜村等村文化礼堂，听取区委宣传部、区文广新体局、丽新乡政府负责人关于农村文化礼堂的建设、运行管理、内涵建设等方面工作情况介绍，并在此基础上撰写视察报告。组织莲都区企业排污长效机制建设情况的民主监督，监督组到南山工业园区，碧湖镇所属企业解排污长效机制建设及运行情况，召开座谈会，提出相关建议意见。协助做好省政协、市政协、衢州市柯城区政协、苍南县政协、江西抚州市政协书画会到莲都区进行调研视察考察的联系和陪同工作，做好相关接待方案。4月，协助市政协到莲都区开展“三位一体”农村新型合作体系建设情况调研；协助衢州市柯城区政协调研组赴莲都区“十三五”教育规划调研交流。6月，协助省政协医卫界别委员到莲都区大港头镇农村环境卫生整治情况调研。10月，协助苍南县政协调研组到莲都区民工子弟入学情况调研。11月，协助市政协做好江西抚州市政协书画会到莲都区采风交流活动。

【民主监督工作】 2015年，科教文卫体委员会根据省政协，市政协工作部署，区政协的统一安排，制定工作计划，科学安排，开展“两路两侧三化三美”、农村生活污水处理情况民主监督工作。动员委员近40余人，分为10个小组分别对峰源乡、太平乡、黄村乡、紫金街道及金温铁路莲都段两侧的58个村的全面督查，查出问题202处，形成文字材料，由区政协统一提交区委、区政府供决策参考。做“好五水共”随手拍工作，提交随手拍图片70余幅，区政协采纳编辑随手拍快捷报8.5期。

【开展各项活动】 2015年，科教文卫体委员会组织区政协书画会成员义务为群众写春联。1月，区政协书画会与民进区委会、区文联联合开展送春联、送戏下乡活动，先后赴仙渡乡滴水岩村和雅溪镇西溪村书写赠送春联1000余幅。开展区政协摄影之友社采风活动。6月，组织20多位成员到太平乡、老竹镇、联城街道的汤山村、西畈村、梁村、界牌村等村开展“挖掘莲都乡愁经济、传播莲都古民居文化元素”主题摄影采风活动。承办全市政协第九届书画展。是年，区政协作为全市政协第九届书画展的承办单位，科教文卫体委员会及时与市政协做好对接，做好书画展的各项筹备工作，高质量完成书画展的工作任务。组织开展书画会笔会活动，发动书画会成员为区政协成立六十周年创作专题作品。配合督促各界别活动组开展界别活动。根据区政协关于开展界别月活动的总体部署，专委会积极配合和督促相关界别开展各项履职服务活动。科技界、文化新闻体育界别开展“两路两侧三化三美”、农村生活污水处理情况民主监督工作；教育界别开展“无烟单位”暗访活动；医卫界别到太平乡下土夭村开展“六边三化三美”调研。

【理论学习工作】 2015年，科教文卫体委员会组织委员学习活动。利用专门组织委员学习会和开展委组活动的有利时机，组织委员学习中共十八大和十八届四中、五中全会精神，以及政协提案、社情民意信息等方面的知识，提高政协委员履职的能力和水平。根据区政协委员履职考核的要求，专委会充分利用会议和活动的时机做好学习宣传，注重委员履职情况的督促提醒。落实《莲都区政协关于常委会组成人员联系委员（群众）、委员联系群众工作意见》，督促本专委会委员按要求做好联系工作。协助开展主席会议成员走访本委委员活动，密切与委员联系。

（邱旭平）

社会法制委员会

【理论学习】 2015年，社会法制委员会学习贯彻中共十八届四中、五中全会精神，学习有关法律法规、市场经济知识和政协业务知识，参与《区委加强人民政协民主监督工作实施意见》的制定，提高理论修养和业务能力。

【建言献策】 2015年全会期间，社会法制委员会委员踊跃发言，4人作即席发言，2个界别作书面发言，吴杨琳委员的即席发言被评为优秀大会发言；递交多篇提案，翁阁谓委员的《关于推进我区农村饮用水水源地保护工作的建议》提案被列为重点提案。发动委员撰写社情民意，兰峻、徐君妙等10名委员共撰写32篇社情民意。其中，兰峻委员撰写的《做好“急剧变革时期”的农村档案搜集与保管工作》上报省政协第44期，省政协综合采用；任迎春委员撰写的《新高考改革亟需衔接的三点建议》被省政协综合采用，并得到一位副省长的批示。徐君妙委员有两篇社情民意上报省政协。在省政协理论研究会第七次理论研讨会征文中，兰峻、赵军浩的《“嵌入式履职”基层政协提升履职能力的关键》获二等奖；杨雪琼的《明确主体责任　提升委员现代履职意识》获优秀奖。

【专题调研】 2015年,社会法制委员会开展《农民饮用水长效管理机制》的专题调研,先后走访丽新乡畎岸村,老竹镇水厂,雅溪镇洪渡村、雅里村,太平乡太平村等,详细了解农村饮用水的供给现状,存在问题并召开座谈会,研讨莲都区农村饮用水长效机制建设的建议;开展《禁毒服务管理救助工作》的主席视察活动,在区政协副主席任文红的带领下,社法委的部分委员对温州的苍南县、乐清市和上海市长宁区的禁毒服务管理救助工作情况进行专题调研,视察莲都区曙光服务管理救助中心并召开座谈会,研讨莲都区禁毒服务管理救助工作,提出建议意见;开展《莲都区城区增设社区工作》的专题调研,在区政协副主席任文红的带领下,社法委的部分委员通过走访、召开座谈会的形式,了解莲都区社区划分及工作现状,分析社区规模调整中存在的问题,为莲都区城区增设社区工作建言献策。在加强自身调研的同时,配合金华市政协的《古村落的开发利用》调研组调研工作,走访莲都区古村落;配合市政协《残疾人就业状况》调研组调研工作,走访莲都区的福利企业、庇护中心,与民政、人力社保、市场监管、福利企业负责人、残疾人代表和在莲的市政协委员进行座谈。

【专项监督】 2015年7月中旬至8月底,社会法制委员会牵头组织开展“两路两侧”“六边三化三美”专项监督活动。在各位主席的带领下,召集30多位政协常委,以及10多位委员和政协摄影之友社成员,对“两路两侧”沿线的44个行政村开展全面巡查。本次监督共发现乱堆乱放现象176处,违章搭建现象77处,垃圾河、黑臭河3处,另有违法宗教场所、绿化管理缺失、赤膊墙等其他问题40余处。并以视频的形式向区委、区政府通报,得到区委主要领导的肯定。发动社会法制委员会的委员参加农村生活污水治理专项民主监督,委员们走访37个村,掌握一手基础资料,为圆满完成该项工作提供保障。

【联系与交流】 2015年,社会法制委员会通过召开会议,走访委员,组织联谊活动,做好与委员的联系、沟通,以形成社法委委员们的工作合力;在平时也与市政协对口专委会和区对口联系部门的保持联系与沟通,增进工作交流。10月,在副主席卢进的带领下,走访、约谈社科联界别、妇联界别、共青团界别、工会界别、社会福利和社会保障界及特别邀请人士界别的委员,了解委员的想法、思路,听取委员的意见、建议,为下一步的工作增加一些思路。通过举办委员沙龙活动,做好委员之间的联系与交流。

【关注普法和信访工作】 2015年,社会法制委员会严格按照区委、区政府部署,落实平安综治工作,强化全体政协委员和机关干部的综治维稳意识,为打造和谐平安莲都和全面完成各项工作目标任务提供良好的综治环境献计出力。组织政协委员和机关干部职工认真学习法律法规及社会管理综合治理工作的基本知识,增强干部职工学习贯彻法规的自觉性加强干部职工的思想道德、法制意识和廉政教育。及时报送区政协有关信访工作的信息和台账。

(周奇星)

港澳台侨民族宗教委员会

【参与全局工作】 2015年,港澳台侨民族宗教委员会准备并积极参加、热情服务区政协十四届四次会议。会前组织开展调研、修改完善集体提案《关于有序推进我区“三改一拆”工作的建议》和大会发言《推动“中国畲族风情园”建设,促进“竹柳新侨”区域协同发展》。协助民宗、侨联、台谊会三个界别组起草集体提案和大会发言,并动员委员撰写提案和大会发言。完成建设“研究型政协”理论文章一篇。协助做好大会信访、安保工作。确保“两会”期间市区内无重大交通事故、无重大火灾事故、无重大刑事案件、无重大群体性事件、无大面积及长时间交通堵塞现象,并能及时有效的处置各种突发事件。及时召开会议,全会之后马上召开专委会全体委员会议，学习区政协相关文件，尽早谋划好全年工作；三个界别就如何开展好各项工作和界别活动作表态发言。落实区政协安排的春节前后相关工作，参加"系列民生"履职活动。分别与民宗、侨联、台谊会做好慰问活动，将温暖送到千家万户。

【参政议政工作】 2015年，港澳台侨民族宗教委员会会议之前组织专委会人员，开展调查研究，撰写大会发言，专委会作的《推动"中国畲族风情园"建设，促进"竹柳新桥"区域协同发展》发言获优秀大会发言。委员阙沛军作的"传承丽水语言文化，不要忘记丽水话"的即席发言被大会评为优秀大会发言。会议期间共发动委员写提案27个，团体提案3个，其中《关于社区无入室犯罪类案件评比的建议》被政协主席会议列为重点提案。上报社情民意信息7篇，被市政协上报省政协3篇，其中被全国政协综合采用1篇，省政协采用1篇，另4篇被市政协编发，并全部得到市委、市政府领导的批示，其中第8期《整治和改造丽水城区历史街区迫在眉睫》受到王永康书记和另外2位副市长的批示。做好"五水共治"民主监督随手拍，充分利用好这一有效民主监督手段，真实反映出莲都区五水共治的真实情况，为领导科学决策提供帮助，共有12组照片被录用。

【组织课题调研】 2015年，港澳台侨民族宗教委员会配合外省、市政协调研。5月20日，配合福建省宁德市政协开展少数民族特色村寨和旅游开发调研；8月10日，配合安徽省宣城市政协开展落实差别化扶持少数民族发展政策的调研。协助省政协民宗委开展"民族乡镇提升内生动力"课题调研。参与宗教工作大调查，推进宗教领域"三改一拆"工作。结合莲都区"三改一拆"工作，按照"七个必拆"和"十先拆"的处置要求，开展宗教和民间信仰活动场所违法建筑调查工作。共排查拆除违章民间信仰活动场所（小庵小庙）76处；可以改造有利用价值的民间信仰活动场所3处；拆除宗教活动场所违法建筑5处。

【民主监督工作】 2015年，港澳台侨民族宗教委员会参加区政协统一组织的"三级政协联动、万名委员同行、助推'五水共治'长效机制建设"专项集体民主监督第八监督组监督活动。通过深入村镇、实地察看，上下联动、了解实情，交流讨论、听取意见，共同探讨"五水共治"小流域治理与运行机制民主监督活动。建立和完善小流域治理规范有序及长效运行机制，完成莲都区小流域治理工作长效机制建设。开展"十二五"以来莲都区民族乡镇发展扶持资金的到位和使用情况专项民主监督。监督组根据现场走访情况、座谈情况梳理研究意见建议，助推区委、区政府加强对民族乡镇发展扶持资金的监管，促进资金安全、规范、高效运行；开展公路干线、铁路沿线"三美三化"工作专项集体民主监督。委员们沿铁路干线1000米可视范围要求，逐村、逐段进行实地走访，及时发现问题，完成预定目标。

【参与界别活动】 2015年，港澳台侨民族宗教委员会为老百姓解决吃水难问题。7月31日，台谊会界别会同雅溪镇党委、政府和区水利局工作人员、技术人员共赴岱后村现场办公，将新水源地的山脉水联接入老水源地的蓄水池中，降低建设成本，实行专人管理维护，落实建设和管理维护资金，解决"饮水难"问题。侨界别委员结合农村生活污水开展民主监督，为农村生活污水治理建设出谋划策。8月14日，民族宗教界别分别在白云山白云寺，大港头利山开展和谐寺观、美丽畲族山寨建设界别活动，为创建和谐寺观、美丽畲族山寨建设献计出力。

（梁满云）

文史资料委员会

【完成《灯舞莲都》文史专辑的征编出版】 自2015年4月中旬召开全体文史委员、特邀委员会议，对《灯舞莲都》文史专辑征编工作任务及分工重新予以明确以后，文史委先后10多次组织文史委员、特邀委员赴联城街道、太平乡、碧湖镇、雅溪镇所属10多个村,以及城区的一些社区和村,调查采访各类龙灯历史传承方面的三亲文史资料。至8月底,31篇文章初稿基本完成。经过9月、10月两个月左右时间的修改、补充、完善,以及图片征集,到春节前顺利出书。

【开展"撤市设区"文史资料征集工作】 2015年,文史资料委员会在前期赴嘉兴学习考察、召开征集工作座谈会、制订征编工作方案和发布征稿启事的基础上,2014年5月下旬由区委办、区政府办牵头,成功召开由区直相关单位、城区各街道分管领导,以及区政协文史委员、特邀委员参加的全区征集工作动员会。会议布置任务,明确要求,并将完成征稿情况列入区委区政府办公室对各单位年度信息工作考核内容。到年底,共征集到15篇文章。

【完成《委员风采》征编出版】 2015年,文史资料委员会为庆祝区政协成立60周年和宣传政协委员的事迹,区政协决定征集出版《委员风采》。二十九次主席会议做出这一决定以后,文史资料委员会立即着手制订征编工作方案,收集委员事迹材料,确定征编委员名单,于11月中旬召开《委员风采》征编工作部署会,纳入征编范围的部分政协委员参加会议,要求尽快对本人的事迹材料进行审核、修改、完善。《委员风采》一书顺利于两会召开前出版。

【做好《莲都好家训故事》征编工作】 2015年,文史资料委员会根据区文明委的要求,《莲都好家训故事》的征编由区政协文史委牵头,区史志办、区档案局、区文联作为责任单位。8月初区文明委牵头召开会议,明确工作责任之后,立即着手制订征编工作方案和经费预算清单,帮助挑选编辑、审稿的人选。到12月底,12多万字的书稿整理完成,最后经区文明办调整补充后顺利出版。

【做好《莲都政协》半年刊的编辑出版】 2015年,文史资料委员会通过系统收集、整理、编辑反映区政协日常工作情况的文字图片材料,精心设计刊物栏目和刊物内容,顺利完成《莲都政协》第3期、第4期的编辑出版。

【完成全市政协系统"非遗"传承人口述文史资料征集工作】 这项工作从2014年开展以来,在区文广局非遗中心的配合下,结合《灯舞莲都》的征编,历经一年多时间,到2015年8月共报送市政协"非遗"传承人口述文稿17篇及有关文章图片,顺利完成市政协文史协作任务。

【完成主席会议关于"传统古村落保护"专题调研】 2015年,文史资料委员会组织部分委员赴福建省南平市延平区、漳州市南靖县、宁德市蕉城区考察古村落保护情况;赴雅溪镇箬坑村实地视察并在雅溪镇政府召开座谈会,听取区农办、区文广新体局、区建设分局有关情况介绍。调研以后及时撰写调研报告,并向区政府报送《政协建议》。

【民主监督活动】 2015年,文史资料委员会参与区政协"五水共治"长效机制建设专项集体民主监督活动。承担统一安排的"随手拍、快捷报"工作任务;组织委员赴仙渡、丽新、联城所辖21个村开展"六边三化三美"整治工作和农村生活污水治理改造工程专项集体民主监督活动。开展区、乡镇(街道)、村三级河长体系运行情况民主监督活动。在前期调研准备的基础上,组织民进、农工党、九三学社、无党派人士界别委员在区治水办召开专题监督座谈会,共同探讨河长制运行中存在的问题及今后工作的建议,于8月递交专题监督报告。配合纪念抗战胜利70周年,为相关单位提供文史服务。先后为《处州晚报》和区档案局收集丽水抗战史料提供线索和素材。

(黄建兵)

委员工作委员会

【委员履职平台】 委员履职平台是委员履职的基础,平台搭建的好坏直接影响委员履职成效。2015年,委员工作委员会在拓展知情明政渠道方面，为让委员们有机会了解农办农村生活污水治理工作、卫计系统人才培养工作、新委员履职常识等，特邀请农办赵涌副主任、卫计局杨娇云副局长和市政协蓝献华副秘书长等领导专家来做3场讲座，目的是为委员参与“五水共治”民主监督和更好履职打下坚实的基层；在搭建围绕中心工作履职平台方面，按照政协工作的总体安排及部门工作需要，除日常履职外，还派出政协委员1056人次参与“五水共治”“三改一拆”“六边三化”以及各类听证会、协商会参与政治协商、民主监督、参政议政；在搭建学习平台方面，做好委员学习培训，运用培训会或沙龙形式邀请有关专家专门指导社情民意写作技巧8次，为委员做好社情民意信息写作铺桥引路。

【委员履职管理】 2015年，委员工作委员会健全考评制度，及时对委员履职进行公正评价，维护好委员管理系统的正常运转；协助市政协为市政协委员履职做好评价，并做好联络组工作。做好推荐参评“百名新乡贤”活动，按照省政协《转发浙江“百名新乡贤”事迹案例征集和评选工作的通知》函发〔2015〕61号要求，7月初，推荐上报丽水碧湖绿源长豇豆专业合作社社长熊金平，丽水市宏盛生猪养殖专业合作社社长王秀华，“浙江老字号”鱼跃酿造传承人陈旭东，“画乡阿庆嫂”徐萍，让助人为乐之花盛开——沈香女当等5位政协委员候选。9月，熊金平、王秀华两位政协委员被丽水市政协推荐到省政协联平。做好推荐参评“身边好人”活动，按照区文明办《关于印发〈莲都区2015年度“我推荐身边好人”工作考核办法（试行）〉的通知》莲文明〔2015〕6号文件要求，7月初，推荐浙江乾麟总经理王雨，丽水市乐购食品工贸有限公司谢根雨，浙江处州山茶油有限公司总经理杨和明等3位政协委员候选，最终浙江处州山茶油有限公司总经理杨和明委员被区文明办录选为“身边好人”。推荐好“莲都区特邀行政执法监督员”，按照区法制办要求，推荐江日伟和沈香女当两位政协委员为莲都区特邀行政执法监督员。

【委员履职环境】 2015年，委员工作委员会围绕“五水共治”“三改一拆”“六边三化三美”等中心工作继续开展界别月活动，促进界别月活动延伸到基层，助推各项事业发展；为扶贫济困、联络感情、加强交流、促进工作，继续开展“双联系”活动，并尽可能扩大活动成效；据统计，政协常委联系委员72人、群众108人；委员联系群众647人；组织委员捐款，全区政协委员为里东救灾捐款共计34.7万元。牵头为继续开展主席约谈委员活动做好服务。开展“政协民主监督现状与发展对策”和“农村生活污水治理设施建管用”等的课题研究，提升委员履职水平，促进事业发展。

【社情民意信息】 2015年，委员工作委员会进一步整合工作力量，区政协整合政协办公室和委员工委的工作合力，做到把握动态、亲力亲为、定期督促，使社情民意的数量和含金量都有所提高。进一步拓宽信息来源，一方面以社情民意信息沙龙为平台，善于从轻松闲聊中激发拟稿灵感，另一方面结合社会经济形势变化，从政协提案、调研报告、视察建议中寻找社情民意信息撰稿线索。进一步加大培训力度，莲都区开展社情民意信息知识培训，让投稿者掌握选点找题、写作技巧、内容构思等技能，增强稿件的前瞻性、综合性、预警性。进一步强化沟通机制，建立拟稿方向先沟通、拟稿难点共商讨、投报之前必初审、录用结果快反馈等工作机制。借助政协网络系统，为政协各参加单位、政协委员和信息员发布撰稿提纲或写作导向，提高稿件质量和录用成功率。进一步完善激励制度，针对社情民意工作奖励的制度缺陷，修改完善《莲都区政协反映社情民意信息工作评选表彰办法》，细化社情民意稿件记分方式，堵住录用稿件的计分缺陷，适当提高先进集体和先进个人奖励标准。

（谢晓鹏）

中共莲都区纪委、区监察局

纪委工作

【区纪委五次全会】 2015年3月16日，区纪委十三届五次全体（扩大）会议在莲都会议中心召开。会议传达十八届中纪委五次全会、省纪委十三届四次全会和市纪委三届四次全会精神，回顾总结莲都区2014年党风廉政建设和反腐败工作，研究部署2015年工作任务。全会由区纪委常委会主持，审议通过区纪委书记洪起平代表区纪委常委会所做的《坚守纪律规矩，坚持依规治党，坚定不移推进党风廉政建设和反腐败斗争》工作报告。市委常委、区委书记林健东出席会议并作重要讲话。区委四套班子领导和有关区领导出席会议。有关方面负责同志参加会议。

全会指出，2014年，区委立场坚定、旗帜鲜明、措施有力，推进党风廉政建设和反腐败斗争。全区各级党委（党组）贯彻落实上级纪委及区委关于党风廉政建设和反腐败工作的一系列新思路、新要求，做好任务部署和工作落实。全区各级纪检监察机关聚焦中心任务、监督执纪问责，严明纪律、严纠“四风”、严惩腐败，推进纪律检查体制改革，深化“三转”，党风廉政建设和反腐败斗争取得新进展、新成效，得到广大干部群众的充分肯定。

全会强调，当前腐败与反腐败呈现胶着状态，党风廉政建设和反腐败斗争永远在路上。做好2015年工作，要深入贯彻落实中共十八大和十八届三中、四中全会精神以及习近平总书记系列重要讲话精神，按照中央和省、市纪委的部署，以全面从严治党、依规管党为主线，以走绿色生态发展之路、营造风清气正的政治生态为主题，坚持问题导向、改革导向，推进纪律检查体制改革，强化监督执纪问责，坚定不移地把党风廉政建设和反腐败斗争引向深入，营造不敢腐、不能腐、不想腐的政治氛围，为推进“两美莲都”新发展提供有力保障。

全会要求，2015年要重点抓好七个方面工作：严明纪律，促使党员干部守纪律、讲规矩；扭住“龙头”，推动“两个责任”落实；持续发力，持之以恒纠治“四风”；敢于亮剑，始终保持惩治腐败高压态势；扎紧“笼子”，对权力运行的监督制约；夯实基础，加强基层党风廉政建设；深化“三转”，加强纪检监察干部队伍建设。

全会号召，全区各级党组织和广大党员干部要紧密团结在以习近平同志为总书记的党中央周围，在上级纪委和区委的坚强领导下，奋发进取，改革创新，不断开创我区党风廉政建设和反腐败斗争的新局面！

【党风廉政建设责任制】 2015年，区纪委协助区委出台《2015年党风廉政建设和反腐败工作组织领导与责任分工》，将责任分解落实到19位区领导、29个牵头单位，执行“三书两报告”制度，明确履职要求。做好履职报告工作，专题听取14个乡镇（街道）和10个重点部门党委（党组）履行主体责任情况的汇报；定期召开工作例会，专题听取乡镇（街道）纪（工）委和部门纪检组的履职情况汇报。建立“两个责任”督查机制，在全区开展落实情况专项督查，对发现的问题及时通报，并督促整改。对4起案件实行“一案双查”，5名班子成员因落实主体责任不力被追究问责。

【纪律执行】 2015年，区纪委严明党的纪律，特别是党的政治纪律和组织纪律，协助区委抓好党章党规党纪专题学习活动，全区600余名科级以上干部参加集中培训，增强党章党规党纪意识。组织学习贯彻新修订的《中国共产党廉洁自律准则》和《中国共产党纪律处分条例》，增强纪律意识和廉洁意识。主动担当，配合区委做好省委巡视各项筹备、协调和对接工作，并集中力量对省委巡视组交办的涉纪信访件进行调查核实、严肃处理。

【干部作风建设】 2015年，区纪委贯彻落实中央八项规定精神和省、市、区关于加强作风建设的部署要求，做好对党员干部公车私用、公款吃喝、违规购买收受节礼、违规发放津补贴等情况的监督检查工作，全年开展专项督查63次，发出督查通报10期，对54人（次）违规违纪行为做出批评教育或党政纪处分。创新公车痕迹化监督管理模式，借助公安“天网工程”电子监控系统，做好对公车使用情况的取证、认定。全年共发现并查处违规使用公车28起，问责28人，对年度内两次违规使用公车的单位分管领导进行约谈提醒。在全市率先开展农村基层作风巡查工作，组建2个巡查组，通过集中驻点对城北村和郎奇村开展巡查工作，收到群众反映的农村基层作风问题81个，即知即改28个，向相关部门转办交办53个，解决侵害群众利益的突出问题。

【监督工作】 2015年，区纪委牵头开展土地出让、工程建设、房地产开发、国有资产领域专项检查。提升村监会的监督水平，创新建立“三会三单四评”工作机制和工分制绩效考核办法，推行区纪委班子分片到点指导村监会例会制度，实现工作例会常态化、制度化和规范化。继续深化校监会建设，着重在校监会的队伍建设、工作流程、监督实效、运行机制上下功夫，破解各个学校之间工作开展不平衡的问题。全面完成企（事）监会建设，实现组织机构全覆盖。

【查处违法违纪案件】 2015年，全区纪检监察机关共受理信访举报334件，立案查处违纪案件120件，结案102件，党政纪处分103人，立案查处科级干部（含非领导职务）12人，移送司法机关2人。化解农村基层越级访、重复访等突出问题，以区委“正风肃纪、打霸拔钉”专项行动为载体，重点开展农村涉纪信访化解专项行动，共收集问题线索32条，经初核转立案15件。出台《莲都区纪委（监察局）约谈制度（试行）》，对党政领导班子及其成员的轻微违纪行为，及时约谈提醒，达到“咬耳扯袖、红脸出汗”的效果。注重发挥典型案例警示教育作用，运用反面典型开展“三严三实”主题教育活动。重点查处丽新乡副乡长陈必文、市场监督管理局孙宏敏等“不严不实”典型案例，在全区广泛开展学习讨论活动，取得良好的警示效果。牵头策划组织“反腐倡廉、警钟长鸣”文艺巡演，受教育的干部群众达3000余人次。

【体制改革】 2015年，区纪委实现区纪委派驻纪检机构全覆盖，共设置14家派驻纪检组，对全区67家党和国家机关实行全面派驻，并有序推进派驻改革的各项相关工作。重点做好乡镇（街道）纪（工）委回归主业，制定出台《莲都区加强乡镇（街道）纪检组织规范履职的实施意见》，实行乡镇（街道）纪（工）委书记和专职副书记、委员编制单列，专职专用。推进“两个为主”改革，出台《乡镇纪委书记、副书记提名考察办法（试行）》《区纪委派驻纪检组组长提名考察办法（试行）》，做好上级纪委对下级纪委的领导和监督工作。

【纪检监察干部队伍建设】 2015年，区纪委在全区纪检监察系统部署开展“学党章、守纪律、讲规矩”和“学思践悟”的“双学”活动，增强纪检监察干部执行和维护党的纪律的政治自觉。出台《莲都区乡镇纪委工作规程

(试行)》《莲都区乡镇(街道)专职纪检干部考评办法》,规范乡镇(街道)纪检监察干部的履职行为。举办全区纪检监察干部业务培训班,建立乡镇(街道)专职纪检干部到区纪委岗位锻炼机制,提升纪检监察干部业务素质和履职能力。建立健全考核激励机制和干部管理制度,强化内部监督和管理,严格执行审查、信访和保密等工作纪律。

监察工作

【执法监察】 2015年,莲都区监察局做好区委、区政府一系列重大决策部署贯彻执行情况的监督检查工作,组织开展"五水共治""大港头木制品企业整治"小金库专项治理"和"办公用房清理回头看"等各类重点工作督查,及时研究出台纪律保障规定,严肃查处有令不行、有禁不止等问题。

【效能监察】 2015年,莲都区监察局强化对庸懒散奢、不作为、慢作为、乱作为等问题的整治力度。全区共受理效能投诉1205件,投诉件报结率达99.1%。

(李巍)

民主党派和工商联

民革莲都区委员会

【概　况】 中国国民党革命委员会(简称“民革”)是具有政治联盟性质的、致力于建设中国特色社会主义和祖国统一事业的政党,是中国共产党领导的多党合作和政治协商制度中的参政党。民革由原中国国民党民主派和其他爱国民主人士所创建。1987年2月,民革浙江省委会在丽水市(县级)发展党员并成立民革丽水市(县级)支部,1989年1月,成立民革丽水市(县级)委会, 2000年7月,撤丽水市(县级)设莲都区(县级)时,民革丽水市委会更名为民革莲都区委会。2015年,民革莲都区委员会下设支部3个,共发展新党员5名,截至12月底,全区共有党员65名,大专以上文化程度50名;中、高级职称34名;有市政协委员2,区政协委员9人(其中政协副秘书长、常委2人);实职科级干部5人,区管后备干部3人。12月8日召开民革莲都区第五次全体党员大会,选举产生新一届领导班子,现任主委虞海雄,副主委华俊林、陈哈利,委员章华祥、蓝友春、朱泽霞、叶旭瑶。

【自身建设】 2015年,民革莲都区委会以纪念会、征文比赛等多种形式,组织广大党员积极参与系列宣传交流活动。组织党员撰写理论文章2篇,撰写各类征文10余篇。多篇文章在《丽水民革》《浙江民革》《团结报》等刊物发表,多视角展示民革莲都区委会、基层组织和广大党员的良好社会形象。建立班子成员与基层组织对口联系制度,深入基层,关心了解党员的思想工作状况。开展调查研究,倾听社会各界的意见和建议。鼓励基层组织创新组织生活,完善《参政议政信息稿酬标准及计分办法》《先进支部评选考核办法》《先进支部和优秀党员、信息工作积极分子评选办法》,开展先进基层组织和先进个人评选活动。通过考评,调动基层组织的主动性和能动性,陈哈利被选为全省民革骄傲人物。

【参政议政】 2015年,民革莲都区委会领导积极参加中共莲都区委、区政府、区政协及有关部门组织的各种协商会、座谈会、通报会等,对莲都的经济、社会发展提出意见和建议。共提交团体提案4件,政协委员在莲都区政协会议上共提交个人提案13件,提交《整治食品加工小作坊乱象》的大会发言,民革莲都区委会副主委陈哈利作《让丽水巴比松油画光芒四射》的即兴发言,第二支部主委阙沛军作《传承丽水语言文化,不要忘记丽水话》的即兴发言,党员沈秋伟代表民革莲都区委会作《将非遗注入旅游,丰富文化旅游内涵》的即兴发言。民革莲都区委会获2014年度优秀履职单位和2014年度社情民意信息工作先进集体,华俊林、阙沛军获2014年度反映社情民意信息工作先进个人,阙沛军关于《传承丽水语言文化,不要忘记丽水话》的发言被评为优秀大会发言,吴彬雄撰写的《关于推进我区农村饮用水水源地保护工作的建议》被区政协评为主席督办重点提案。针对“我市食品加工作坊”基本情况开展专题调研,在充分论证的基础上,《建立小作坊园区，整治食品加工小作坊乱象》的提案被评为市政协重点提案。围绕“乡镇集体资产”进行专题调研，由此撰写的《关于加强乡镇（街道）集体资产管理的建议》被列为市政协重点提案。民革莲都区委会围绕非遗调研后，撰写的《关于将非遗注入文化旅游的建议》被列为市政协重点提案。全年向各部门报送信息30余条，其中被全国政协、民革中央采用2条，被省政协采用4条，被省统战部采用1条，被民革省委会采用9条，被市政协采用8条。其中，朱泽霞撰写的《食品药品体制改革后应重视基层队伍建设》，周春红、阙沛军撰写的《规范党费收缴，促进流动党员管理》被全国政协综合采用；华俊林撰写的《完善土地政策，保障“低小散”块状行业整治》分别被省政协和省统战部采用并获得两位副省长的批示；周春红撰写的《关于完善公务用车改革的几点建议》，章晓敬撰写的《“单独二孩”政策遇冷，相关政策亟待妥善衔接》分别被省政协采用，厉日红撰写的《农村生活污水治理标准不应一刀切》被省政协选中，并应邀参加省政协举办的“民生热线”交流会。阙沛军撰写并被市政协采用的5条社情民意共获6位市领导的批示。阙沛军、厉日红两位党员被市政协聘为特邀信息员，其中，阙沛军被市政协聘为特邀委员。截至年底，民革莲都区委会有市政协委员2人，市政协特邀委员1人，区政协委员10人（其中常委2人），各类特约（邀）监督员9人。

【社会服务】 2015年，民革莲都区委会帮扶新农村建设工作。第二支部坚持以雅溪镇岱后村作为帮扶对象，帮助该村落实饮水扩容问题。莲都民革党员参与市民革组织的送教活动、捐资助学和“五水共治”民主监督集中行动等活动。“里东村山体滑坡”发生后，民革莲都区委会响应市委会号召，发动广大党员积极协助政府与社会各界齐心协力做好救援抗灾工作，为里东灾民捐款共2万余元。副主委陈哈利从花园幼儿园起步，已发展成集七家幼儿园和一家教具加工企业为一体的哈灵教育集团，其中2所幼儿园被评为“全国特色幼儿园”，其个人被评为2015年“全国民办幼儿园卓越举办者”；支部主委阙沛军向市博物馆无偿捐赠“东汉原始瓷双系罐”，受到市民关注和好评；党员叶旭瑶代表民革市委会参加市委统战部组织的学习实践主题演讲比赛获二等奖；党员雷仙贵的书法获省统战部优秀奖；党员朱伟龙被评为市学科带头人；党员陈艳被聘为市级书画优秀教师。

【祖统工作】 祖统工作是民革工作的特色，2015年，民革莲都区委会及时了解台情，做好祖统工作。及时组织对台方针政策的学习，继续深入学习中共十八大关于对台形势的描述，领会民革中央提出的对台工作“四个转变”精神，以孙中山先生爱国、革命、不断进步精神为纽带，把握两岸关系和平发展的主题，推动民革莲都区委会的祖统工作。随着两岸关系和平发展新局面的形成，赴台会亲和接待返乡探亲、旅游观光的台胞逐渐成为主流。使面对面的交流，近距离的沟通，成为现实。据不完全统计，民革党员共接待海外亲朋好友10余人次，书信、电话联络20余人次，出访台湾3余人次。

民盟莲都区委员会

【概　况】 2015年，中国民主同盟丽水市莲都区委员会下设3个支部。全区有盟员51人，其中女盟员15人；退休盟员20人；在职盟员31人；大专以上文化程度475人，高级技术职称18人，中级技术职称24人，平均年龄54岁。界别分布：高等教育1人，普通教育22人，科学技术8人，文化艺术、公有经济各1人，法律界3人，政府机关13人，党派机关2人。盟员中担任市政协委员（常委）1人，区政协副主席1人，区政协常委2人，盟员区政协委员7人；担任副科以上实职9人。担任区法院人民陪审员2人次。

【自身建设】 2015年，民盟区委会继续以民盟中央部署的关于开展“坚持和发展中国特色社会主义学习实践活动”为主线，组织盟员学盟史读盟章，做好社会主义核心价值观和民盟优秀传统教育，选拔盟员参加各项征文和知识竞赛。陈洪斐盟员获全省学盟章读盟史知识竞赛三等奖。区委会开展中共十八大和十八届三中、四中、五中全会精神的系列学习，各支部组织盟员以专题讨论或座谈发言的方式开展学习，结合民盟浙江省委会《关于开展"加入民盟为什么、历史责任是什么、我为浙江做什么"大讨论活动方案》《关于开展创建"双十佳"支部创建活动的实施方案》和民盟省、市委会关于开展坚持和发展中国特色社会主义学习实践活动征文比赛、关于开展"口述盟史"征文活动等通知要求，丰富支部活动的形式和内容。选派1人参加省社院培训，3人参加市委统战部组织的民主党派骨干班培训，22人参加民盟丽水市委会组织的在职盟员轮训（二期）。全年共发展年轻、有代表性、有专业技术特长的优秀人士3名。现有在册盟员51人，其中在职31人。完成区委会的换届工作。6月27日，民盟丽水市委会举办全市"绿林杯"棋类联谊赛，盟员刘章华在全市民盟系统的14个代表队共55位选手中获围棋类冠军。

【参政议政与民主监督工作】 2015年，民盟区委会围绕区委区政府工作，以基层支部参政议政工作"三个一"为任务目标，制定区委会全年参政议政履职工作计划和指标，在年初即拟定相关调研方向和一部分具体课题。广泛调查研究，充分利用政治协商平台建言献策。在莲都区政协十三届四中全会期间，民盟区委会和盟员区政协委员，围绕莲都区经济社会发展的各个方面议政建言。区委会向大会提交《聚农村乡土文化气息　建青山绿水精神家园》《关于机器人产业的几点建议》的大会发言，提交《城市社区建设存在的问题与建议》《关于进一步加强校本课程开发打造特色学校文化的建议》《关于开展农村垃圾"三化"处置的建议》《加强农业大棚设施利用　提升财政资金使用绩效》等四件区民盟提案。其中《关于开展农村垃圾"三化"处置的建议》被列为重点提案，由郭巧燕副区长领办。向民盟市委会提交的《关于城市社区建设的几点建议》被列为市政协的民盟提案。不完全统计，盟员区政协委员个人提交提案9件、盟员市人大代表提交议案3件，盟员市政协委员提交个人提案4件。全年共报出社民意信息13篇，其中《关于政府重大投资项目推行PPP模式建设的建议》《加强农村学生周末接送班车安全管理的建议》《加油站"兼职"太多潜藏隐患不小》《对"十三五"养老方面的几点建议》等四篇被盟省委录用。参与区政协组织的各项专题调研活动，组织区民盟界别的政协委员开展"积极参与破解三大命题、助推五水共治和六边三化三美"等区委区政府中心工作。8月18日，区民盟界别政协委员一行6人在副主席谢林森的带领下，赴民盟区委会基层联系点碧湖镇大林村，围绕该村"六边三化三美"、农村生活污水治理等内容开展委员调研和专项民主监督活动。委员们视察由民盟区委会帮助筹划联系建设并在最近新落成的村级老年人活动场所，察看村水蜜桃基地发展情况，并与村委会干部一起座谈商讨下一步村庄"三美三化"和村其他基础设施的建设工作，民盟区委会决定继续帮助联系建设村内停车场一个。教育支部组织盟员到丽阳门广场开展"烟头不落地、环境更美丽"拾捡烟头活动。活动月期间，上报社情民意信息3篇。民盟区委会、各支部、盟员以多种渠道多种形式在参与和服务"五水共治""三改一拆""六边三化三美""创国卫"等区委区政府重点工作中实施民主监督。如民盟界别内政协委员多人次参加"三级政协联动、万名委员同行、助推五水共治"专项民主监督活动；教育支部多次组织盟员到灯塔社区开展清理垃圾、与万象街道党员志愿者巡查队在丽阳坑及南明湖沿岸联合开展"保护环境，文明垂钓"劝导活动等。

【社会服务工作】 2015年，民盟区委会继续做好区委会联系村的帮扶工作。谢林森、洪万升、叶良成3个主委都多次组织盟员带队赴大林村调研帮扶服务，为其完成村老人服务中心的建成使用，确定2015年和2016年两年再帮助建成村公共停车场一个。参与区委区政府的各项中心工作，主要是农村“五水共治”、“六边三化三美”、城区“创国卫”等区委区政府重点工作。在里东大救援中，洪万升盟员第一时间奔赴灾区应急救援，叶良成盟员参与灾后重建工作组，全区盟员共捐款近6000元。开展低收入农户帮扶，全区在职的机关盟员每人结对1~2户，帮其脱贫解困。

（叶良成）

民建莲都区委员会

【概　况】 2015年，中国民主建国会丽水市莲都区委员会下设3个支部，现有会员68人，成员分布以公有制经济人士为主，政府机关、非公有制经济企业界、普通教育、法律界等为辅。其中，女会员27人；大专以上学历54人；具有中高级技术职称45人；现任副县级领导2名，副科级领导7名；省政协委员1人，市级政协委员2人，区级政协委员9人。

【参加理论学习及各项活动】 2015年，民建区委会鼓励会员参与区委区政府举办的生态文明建设、民宿经济等专题学习会，并结合实际撰写学习体会，提出自己的见解；针对民建组织经济办人士较多的特点，邀请全国人大代表、上海社会科学经济研究所副所长、民建上海市委会副主委张兆安教授作《当前经济形势与企业未来发展》专题讲座；组织民建骨干会员赴上海市社会主义学院培训，听取上海社会主义学院副院长姚俭建讲授《习近平总书记关于统一战线的新思想、新观点、新要求》，上海市政府发展研究中心咨询部主任、民建上海市委副主委张兆安所做的《当前中国经济形势分析》，上海市委党校教授黄真分析的《周边安全形势与中国对外战略》，民建中央副主席、上海市政协副主席、上海市社院院长周汉民主讲的《建设（中国）自由贸易实验区，以更大的开放促进更深入的改革》等报告，使大家在思想、经济、工业、外交、贸易等理论上都迈进一大步。区委会主委任文红主委参加省民建组织的全省基层组织主委（骨干）培训；财经支部主委黄丽珍参加全省基层组织参政议政骨干培训；区委会张春华副主委参加民建全省机关干部暑期读书会；综合支部主委姚志华参加莲都区党外中青班培训等。民建区委会继续深化“坚持和发展中国特色社会主义学习实践活动”，组织会员参加中国民主建国会成立70周年暨浙江省民建成立60周年座谈会；开展学习会史、重温历史、我爱民建知识竞赛活动，要求会员们利用支部活动及平时休息时间，学习民建会章、会史，了解民建的发展历史。综合支部开展“纪念抗战70周年、接受爱国主义教育”活动，组织会员参观南京大屠杀纪念馆、雨花台革命烈士纪念碑、夫子庙、“总统府”等，缅怀革命先烈之伟绩。在社区联系点举办健康养生讲座，多次组织社区群众就当前社会热点、难点问题进行座谈，收集到创国卫、五水共治、老小区改造等事关群众切身利益的社情民意。依托民建会员之家，组织会员在活动基地继续开展“认耕一亩地、体验原生态”活动。三个支部开展形式多样联谊、交流活动，财经和综合支部活动次数分别达到11次与9次。财经支部组织会员前往龙泉调研考察美丽乡村建设，并形成调研报告；在中国抗日战争暨反法西斯战争胜利70周年，综合一支部综合支部与市民建环保、财税、综合一支部联合组织赴南京开展爱国主义教育活动；绍兴嵊州基层委员会第二支部、新昌县支委会来莲都交流考察等。全年发展1位优秀分子加入民建组织。

【建言献策】 2015年，民建区委会在区政协十四届四次全会上，张春华副主委代表区委会所做的《完善机制，集聚产业，加快电商产业发展》的大会发言，被评为大会优秀发言。9月，区委会召开会议，再次专题研究部署参政议政工作，确定《整合资源、融合产业、结合项目、组合资金促进主题村落民宿经济快速稳步发展》为政协大会发言课题、《关于挖掘金庸文化，打造武侠之乡的建议》为政协大会即席发言。会议上，区委会提交集体提案6件、个人提案12件，内容涉及工业、城乡、民生问题等方面。集体提案《关于加快推进电子商务产业发展的建议》被确定为大会重点提案；其他《建议政府重视农村志编纂工作》《关于发挥老干部网上正能量的几点建议》《关于建立中小企业信贷通金融服务的建议》等提案都引起领导的重视，得到较好的落实。经评选，区委会《关于将抚慰失独家庭制度化的建议》获优秀提案奖，阎丽群委员的《关于加强农业、科技项目扶持补助资金的建议》获提案优秀承办件，许国清获文史工作积极分子称号。全年共编发社情信息19条，其中黄丽珍撰写的《关于重复利用咪表泊车卡的建议》，孔伟仙撰写的《关于加快建设废弃农药包装物无害化处理场的建议》，任文红撰写的《关于整治公路路边水果摊点消除安全隐患的建议》《关于对高空抛物行为进行追责的建议》，魏娜撰写的《关于更改老年公交IC卡刷卡提示音的建议》，许国清撰写的《关于打造丽水"武侠之乡"的建议》《关于民建qq群建设的建议》《小区改造将绿地改为停车位的做法的建议不妥》，梁智伟、姚志华撰写的《社区服刑人员收监体检过程存在多方面隐患亟待重视》，邓骅撰写的《关于扶持和发展基层图书馆的建议》等被市民建、区政协、市政协等单位录用。

【开展社会服务活动】 2015年，民建区委会与莲都区装修行业协会联合，持续开展帮扶助困活动。继2013年赴大港镇百埠村慰问、2014年到西溪村慰问后，第三次与莲都区装修行业协会联合开展"装修爱心基金"进农村献爱心活动。8月18日，在雅里村联合开展帮扶助困活动，为雅里村的15户老弱病残的困难家庭送去800元现金和米、油、洗洁用品等价值400元多的实物，帮助解决一定的实际困难。里东灾情发生时，民建莲都区委会积极行动，会员企业鱼跃酿造食品有限公司与新生代企业家一起筹集8000多元的瓶装水一食品等灾区急需物资共300多箱运往灾区，通过市政协、新生代企业家协会、岩泉商会向灾区捐款15000元；民建会员、区劳动模范孙展伟与人合伙购买500份早餐，送往灾区慰问；会员企业浙江中创旅游开发有限公司通过市政协、新联会向灾区捐款13000元。鼓励民建会员为因救灾而受伤的志愿都捐款，共捐11700元。帮助脑血管破裂的蓝龙进，共筹得爱心善款31790元。区委委员梁智伟、支部主委姚志华为会员企业提供法律咨询及法律文书起草、书写活动，维护会员企业法律权益；同时，利用法律专长，梁智伟、姚志华组织法律援助中心律师，无偿为群众提供法律咨询，为弱势群众提供法律援助。会员张云亮组织装饰协会人员上街宣传装饰装修法律法规知识，协调装修纠纷，使莲都装修更加规范，一定程度减少违法装修发生。组织会员30余人参加区委统战部组织"凝聚力量，共创文明"统一战线志愿者文明劝导活动，沿大猷街至古城路一带，边捡烟头、垃圾，对乱扔乱倒垃圾、烟头，乱搭乱建、乱贴乱画、占道经营、噪音扰民等不文明行为进行劝导。同时，响应区委统战部"帮扶一个小区、认领一段路段、维护一块绿地"的号召，落实长效机制，定时组织会员到大洋河社区开展文明创建活动。在创国卫暗访组到来前夕，组织会员分早、中、晚3个班共5天时间，全程参与大洋河社区卫生巡查活动，巩固前期创建成果。各支部也采取不同形式，多次参与大洋河社区、北苑路社区卫生创建活动。

（张春华）

民进莲都区委员会

【概　况】 2015年，民进区委会下设支部5个，专委会3个，会员78人。全年发展会员3人，调出1人，比上年实际增加2人。其中，女性38人；离退休会员26人；中共党员（双重身份）1人；具有高级技术职称33人；中级职称30人。成员界别分布为，成人教育4人；普通教育46人；科学技术4人；医药卫生1人；文化艺术（新闻出版）5人；公有制经济2人；非公有制经济2人；法律1人；政府机关9人；党派机关1

人;团体3人。会员中担任政府部门(社团)正科级实职领导2人,副科级2人,区人大代表2人(市属单位会员),区政协委员12人(其中常委2人),区政协文史委特邀委员2人。兼任民进市委会副主委1人。区委会完成届中基层组织换届任务。春节前分别到雅溪镇、碧湖镇、黄村乡等3个乡镇的5个行政村及南明山街道的3个村庄,开展写春联活动。倡导"服务就在身边,人人可参与"微公益理念,开展"书香彩虹"捐赠图书公益活动。2月向贵州省毕节市金沙县化觉乡中小学共捐赠图书728册,其中,区委会购新书260册,价值4430元,支部会员捐赠旧图书468册。6月,区委会与民进遂昌县总支在莲都联合举行会务工作交流会议,并联合调研生态旅游等课题。在里东大救援中,民进会员通过本单位及其他渠道向灾区捐款15300多元。区委会被民进中央授予民进全国社会服务工作先进集体。

【开展学习实践活动】 2015年,民进区委会结合理论研究和学习宣传工作,开展年度坚持和发展中国特色社会主义学习实践活动,先后举行区委会委员(扩大)会议5次、会员学习会议活动3次,学习中共十八大和十八届三中、四中、五中全会精神,开展学习实践大讨论活动,就"加入党派为什么、历史责任是什么、我为丽水(民进)做什么"等主题展开讨论,争当好会员。区委会班子成员参加市委会召开的学习贯彻中央统战工作会议和《统战工作条例》精神会议。11月区委会贯彻落实民进十三届四中全会精神,借助办公助手、手机微信网络等,向会员宣传会议消息、文献精神。开展以"立足本职开拓进取、情系民进创先争优"为主题的创先争优活动,开展学习宣传身边人和事的活动。撰写介绍先进集体事迹及评比先进申报材料,参加全国及省级评比。综合支部先后分别被评为省级优秀基层组织和民进全省社会服务工作先进集体。在莲都区举行的第四届道德模范暨"最美莲都好人"表彰活动上,潘伟平被评为莲都区第四届道德模范。会刊《莲都民进》(电子版)全年编辑4期,入编文章120多篇。撰写新闻宣传类稿件百余篇,向民进上级组织及区信息中心、区政协及统战部投稿110篇(次),其中被民进省委会采用22篇、图片12幅;丽水政府网采用1篇,处州晚报采用2篇,图片2幅;市政协网站采用2篇;民进市委会网站采用30多篇次,图片10多幅;区政协网站21篇、图片20多幅。此外,市区电视新闻媒体对区委会举行的调研、服务及学习会议等活动进行多次采访报道。利用宣传处州乱弹印发党派宣传资料800多份。借助办公助手发送手机短信7600多条次,利用微信、QQ等手段发挥宣传功能,提高宣传时效。

【开展70周年会庆活动】 2015年,民进成立70周年、莲都民进组织建立30周年,区委会简办会庆,举办并组织参加市委会系列活动。召开基层组织班子成员以上干部会议,举行会员活动,开展会章会史、优良传统、会员先进事迹的学习,增进对民进的组织感情和对参政党的认识。通过微信、QQ等向会员连续发出会庆活动专题学习、宣传会史图片及文字资料,丰富学习内容,增添活动趣味。区委会征编《莲都民进30年》反映履职成果。

【承办民进全市气排球联谊赛】 2015年,民进区委会承办民进丽水市气排球联谊赛,6月19日在莲都区纳爱斯广场体育馆(府前)举行。来自缙云、遂昌、莲都等县区及市直单位民进组织派出的代表队分男队和女队参加气排球团体比赛,缙云县总支代表队的男队和女队双双获团体第一名,遂昌县总支代表队分别获男、女第二名。

【坚持"议政日"调研活动】 2015年,民进区委会开展参政议政课题申报活动。区委会以不同的形式坚持开展2014年设立的每月5日、18日为"议政日"的议政调研活动。参政议政专委会课题组以及民进界别政协委员活动组先后多次分别到碧湖、老竹、雅溪、岩泉等乡镇街道以及相关部门单位调研“五水共治”、生态旅游产业、电商企业、社区医疗卫生服务能力建设等课题，关注文化体制改革等问题。上半年完成4个区委会立项的课题和2个市委会立项的课题，并全部转化为集体提案，提交市区两级政协会议。下半年区委会申报的《丽水工业制造对接中国制造2025的对策》和《经济转型升级视野下丽水实施创新驱动发展战略的路径选择研究》等调研课题被市委会立项，年底结题。区委会先后分别参加区政府领导领办、区政协领导督办的《关于加强配套设施建设　促进城区电商产业发展的建议》和《关于依托科技创新发展生态旅游的建议》2件重点提案的办理视察活动。

【委员代表“两会”履职建言】 2015年，民进2名区人大代表、12名区政协委员及2名区政协文史委特邀委员参加区“两会”，履行职责建言献策。邱旭平主委在政协会议上作题为《构建莲都生态文化旅游交通网》的即席发言，提出构建莲都生态文化旅游线路网的建议。区委会以《依托科技创新　发展生态旅游》为题向大会作书面发言。区委会和政协委员个人向政协会议提交提案共17件，其中集体提案4件，委员个人提案13件。区委会提交的《关于实施处州乱弹抢救保护研究传承工程的建议》提案提出8点建议。《关于加强配套设施建设　促进城区电商产业发展的建议》和《关于依托科技创新　发展生态旅游的建议》2件提案被列为区政协主席重点督办提案。区“两会”上，民进区委会提案《关于进一步规范莲都区租赁企业管理的建议》和陈华生委员的提案《建议政府部门大力发展以社区、乡村为依托的养老模式——托老所》被评为2014年度优秀提案；委员赵创华、陈华生被评为2014年度提案积极分子，赵创华被评为2014年度文史工作积极分子，分别受表彰。举办参政议政“沙龙”，区委会编报《莲都民进信息》12期，多条社情民意信息被政协采用。

【设立民进志愿服务组】 2015年，民进区委会组织政协委员和会员积极投身“五水共治”和创建国家文明城市工作，民进界别政协委员活动组参加民主监督活动，利用相机和手机拍摄“五水共治”问题照片近百幅，以“随手拍、快捷报”方式，制作成PPT文件，及时报送区政协，并以反映社情民意信息等方式提出意见建议。11月，设立民进志愿服务组，经常性开展文明城市创建服务活动。20多名会员参加区委统战部开展的“凝聚力量，共创文明”统一战线志愿者文明劝导活动，上街头捡烟头、拾垃圾，文明劝导。区委会主动联系并落实与白云街道三岩寺社区结对，帮扶莲花新村，认领三岩寺路，维护莲花新村（围墙外）绿化草地。

【传承处州乱弹艺术】 2015年，民进区委会推进社会服务特色和传统文化品牌打造。坚持竭智尽力支持莲都本地非遗文化处州乱弹传承发展工作，将处州乱弹打造为莲都区传统戏剧文化主品牌。5月，民进区委会发起成立处州乱弹研究会。6月，帮助开展处州乱弹艺术培训，近70名学员参加为期5天的学习。区委会还支持经费征集丽水本地乱弹曲谱，开展处州乱弹声腔研究，举办音乐制作活动。9月，启动处州乱弹进校园，处州乱弹研究会在联城小学开班教学处州乱弹，2名会员直接参与讲课与教学管理。支持处州乱弹研究会在联城官桥等地农家乐、民宿村举办“处州乱弹周末农家乐”活动，为游客观众和农村群众表演处州乱弹戏曲节目。区委会开展送戏下乡活动，除单独开展演出活动，与区文联等单位联合，先后在雅溪镇、碧湖镇的5个村文化礼堂举办5场处州乱弹专场演出，观众2000多人。协助剧团演出10多场，多名会员参与演出服务。9月，处州乱弹剧团到上海在上海国际农展中心举办的2015长三角休闲农业与乡村旅游博览会民俗文化展示表演活动中表演处州乱弹节目，实现在省外演出。

【服务农业观光园】 2015年，民进区委会推进休闲农业观光园区和蒲塘基地服务工作。区委会经常性派出人员，到蒲塘村服务基地跟踪调研园区建设，提供多种服务，就功能区块的农家乐综合体建设涉及建设用地与粮食功能区土地关系处理问题，通过调研对土地流转提出相关建议。继续开展园区建设宣传采风活动，按季节先后派出6批次20余人次参加拍摄等服务，编撰印制休闲农业观光旅游推介资料。

【召开七届三次会员大会】 2015年1月29日，民进区委会在莲都区永利商务酒店四楼会议室召开七届三次全体会员大会。会议学习贯彻中共十八届四中全会精神和民进十三届三中全会精神，回顾总结民进区委会2014年工作并部署2015年的工作任务。市政协副主席、民进丽水市委会主委庄志清和中共莲都区委常委、区委统战部部长朱超模分别代表民进丽水市委会和中共莲都区委、区委统战部到会祝贺并讲话。民进市委会副主委、区委会主委邱旭平作题为《创新特色　集智聚力　为建设美丽幸福新莲都作贡献》的工作报告。大会表彰2014年度先进集体、优秀会员和先进基层组织负责人。省级先进基层组织民进莲都区综合支部等先进支部负责人就2014年支部工作开展情况及2015年工作打算作交流发言。民进区委会副主委张小平主持大会。区委统战部副部长陆朝霞，区各民主党派、工商联驻会负责人及区文广新体局、区财政局、区市场监管局、区农办、区教育局等对口联系部门及相关单位的负责人和民进会员共80余人参加会议。

（赵创华）

农工党莲都区委员会

【概　况】 中国农工民主党（简称农工党）是以医药卫生界高中级知识分子、环境保护和人口资源领域的代表性人士为主，由一部分社会主义劳动者、社会主义事业建设者和拥护社会主义的爱国者组成的政治联盟，是接受中国共产党领导、同中国共产党通力合作的亲密友党，是进步性与广泛性相统一、致力于中国特色社会主义事业的参政党。1984年农工党浙江省委会在丽水发展第一批党员，1985年成立省委直属农工党丽水县支部委员会，1989年11月建立农工党丽水市委会，2000年7月，更名为农工党莲都区委会，2003年4月选举产生农工党莲都区第四届委员会，2008年9月选举产生农工党莲都区第五届委员会，2013年11月选举产生农工党莲都区第六届委员会。截至2015年年底，农工党莲都区委员会下设3个支部，党员有64人，离退休人员23人，具有高级技术职称13人，中级技术职称44人，农工党员分布在教育界23人，医药卫生界13人，其他28人。

【参政议政工作】 2015年，农工党莲都区委员会开展重点课题调研活动，履行参政议政、民主监督职能。参加党委、政府的参政议政、民主监督活动区委会主要领导通过参加中共丽水市委、市政府和莲都区委、区政府召开的协商会、通报会和座谈会，听取通报，发表意见，提出建议。2015年区委会共有12名党员担任市、区政协委员。3月30日至4月2日，朱爱琴、王燕芬、董威武、吴碧雅、陈陪娟、任迎春、王智勇、沈丽娟、李华芬、郑春玉、李伟霞等11位党员出席区政协第十四届四次全体会议。区委会向大会提交集体提案5件，个人提案16件（不包括附议），并作题为《走好“一二一”推动畜禽养殖业转型升级》被定为大会发言材料；朱爱琴的《关于加快我区乡村特色民宿建设的建议》被列为区政协重点提案；沈丽娟撰写的提案《关于农村土地流转中重视农民权益保障的建议》被评为2014年度优秀提案；任迎春委员被评为社情民意信息工作积极分子。区委会针对社会热点、难点问题，发动党员深入基层，深入群众，撰写社情民意。全年共收到支部上报的社情民意23篇，被省政协采用2篇，被市政协采用4篇。

【政治理论学习】 2015年，农工党莲都区委员会共组织4次理论学习中心组学习会，各支部共组织12次支部学习活动。1月8

日，区委会在永利商务大酒店三楼会议室召开农工党莲都区六届三次全体党员大会，总结2015年工作，部署2016年工作，表彰2015年优秀党员和先进信息员。中共十八大五中全会召开后，分别召开区委全体（扩大）会议、支部党员学习会。办好区委会机关刊物《莲都农工》，及时传递信息，交流经验。建立信息与调研工作考核制度，将支持各支部的活动经费，通过信息与调研的实效挂钩，激励各支部党员参与社会调研和信息写作积极性，以提高调研和信息的质量。任迎春获农工党丽水市2015年度先进通讯员。先后出台《农工党丽水市莲都区基层组织考核制度》《农工党区委会各专门工作委员会工作制度》《农工党区委会基层组织工作考核评分标准》《参政议政工作制度》《参政议政沙龙制度》，印发各支部工作手册，开展"争创先进支部、争做优秀党员"活动。李伟霞、钟凤新、叶文红三位党员被评为2015年度农工党丽水市优秀党员。全年共发展新党员4名，均大专文化程度以上，分别是中学一级讲师和经济师。

【开展各项工作】 春节期间，主委郭巧燕带领区委会成员先后看望区委会组织初创时期的老主委、老党员及离退休党员20名。2015年3月，部分骨干参加农工党丽水市委会组织的"基层组织负责人培训会" 和"农工党丽水市2015年度参政议政工作培训会"；4月18日，直属支部围绕参政议政选题线索征集进行积极地探讨；4月24日，直属支部召开支委扩大会议，支部主委叶文红提出2015年社情民意课题编写要求，向大家征集课题线索；5月，参加市委会组织的赴浙大华家池校区支部参观学习，听取专题讲座、参观支部规范化建设成果、开展交流座谈。5月，31日，市委会举办党史报告会，邀请省委会副巡视员、组织部部长舒愉来丽作党史专题讲座，开展学习交流，共回收知识竞赛答题61份。8月3日，区委会召开第六届第七次（扩大）会议。开展征文和理论研究活动，围绕"加入党派为什么？历史责任是什么？我为浙江做什么？"等主题，开展"大讨论"主题征文活动。8月、10月，先后接待嵊州市委会、桐庐县委会的党员，并就党派在组织建设、参政议政、社会服务等方面进行学习交流。

【社会服务工作】 2015年，农工党莲都区委员会办公室共收到特别党费6400元，其中：区直属支部3800元，直属支部党员姚韶华个人捐赠1000元，区文教支部2100元，区碧湖医院支部　500元。3月7日，农工党莲都区委会在区老年大学内组织党员开展妙趣横生庆"三八"暨元宵游园活动。4月18日，文教支部在白云山琥珀山庄举行厨艺大赛活动。8月，区委会组织党员赴库坑村，体验"相约峰源，体验乡愁"活动。10月23日，直属支部组织全体党员到丽水市博物馆参观学习。11月13日，雅溪镇里东村发生山体滑坡，在救援中许多农工党党员立足岗位、以不同的形式参加救援活动，在主委郭巧燕的带领下，先后有孙青云、朱爱琴、王智勇、王燕芬、董威武、任迎春、沈丽娟、叶文红、陈俊、高静、朱辉翔、程慧群、兰炜虹等14名农工党莲都区党员奋战在里东抢险救灾第一线，据不完全统计，农工党莲都区委会共向里东灾区捐款10500元。

（王智勇）

九三学社莲都区委员会

【概　况】 九三学社是以科学技术界高、中级知识分子为主的具有政治联盟特点的政党，是接受中国共产党领导、同中国共产党通力合作的亲密友党，是进步性与广泛性相统一、致力于中国特色社会主义的参政党。九三学社丽水市莲都区委员会是九三学社的一个地方组织。2015年，区委会现有九三学社社员39人，主要分布在国企（现已改制）、农业、林业、交通等部门。其中在职社员26人；女社员15人；具有高级技术职称　9人；中级技术职称　23人；大专以上文化程度34人。现有副科以上实职3人，市政协委员1人，区政协委员11人（其中常委2人），区民主监督员4人，区作风建设监督员和行风评议员各1人。区委会设办公室1个，分农业、文教卫、综合3个支社，专职干部1人。

【参政议政工作】 2015年，九三学社莲都区委员会11名区政协委员和1名区人大代表通过视察学习、实地调研，提出切实可行的建议。在莲都区“两会”期间，采用大会发言、团体提案、个人提案等形式积极建言献策认真履职。在政协第十四届莲都区委员会第四次会议开幕大会上，林玉美委员代表九三学社区委会作的口头发言《推进“农旅”融合　建设“两美”莲都》被评为优秀大会发言。大会期间，共提交集体提案5篇，委员个人提案15篇，人大建议案1篇，大会发言2篇，内容涉及农业、林业、旅游、环保、教育、交通等领域，其中团体提案《打造北乡红色旅游品牌　推进革命老区跨越发展》被定为莲都区政协主席跟踪督办的重点提案。同时向市政协大会提交团体提案2篇、个人提案3篇。全年报送社情民意信息35篇，其中，林玉美撰写的《关于要求环境保护监测事权下放的建议》被市政协采用，得到市委书记王永康批示；蓝云仙撰写的《关于进一步推进依法管理民族宗教事务的建议》被省政协采用；雷振东撰写《关于医疗机构余药处置的三点建议》和《关于将行车记录仪列入汽车标准配置的建议》、徐君妙撰写的《减少学生暑期溺水事件的四点建议》、蓝云仙撰写的《加强农业投入品废弃物管理的建议》和《建议以新理念新机制推进小流域综合治理》等5篇社情民意信息被社省委采用。社区委组织九三界别委员积极参与省政协开展“三级政协联动、万名委员同行、助推‘五水共治’长效机制专项集体民主监督活动及区政协开展的“两路两侧”“六边三化三美”专项民主监督活动。先后组织九三界别委员和骨干社员就乡愁艺术小镇和民宿经济主题开展视察调研活动。与区林业局开展对口联系活动，实地调研油茶基地和油茶育苗基地，了解油茶产业发展状况，就有关油茶产业发展提案落实办理工作进行座谈协商交流，增进对口联系单位之间的了解与协作，为拓展党派知情议政渠道提供很好的平台。

【社会服务工作】 2015年，九三学社莲都区委员会以服务基层群众为重点，在医疗卫生、科技教育、群众文化等领域开展多形式的社会活动。组织医卫专家于1月22日、4月16日、5月24—25日分别到松阳县裕溪乡、碧湖镇龙岩村、云和县石塘镇开展送医送药义诊活动，为当地村民群众提供义诊、健康体检、健康咨询等服务。方便当地村民看病就医，受到欢迎和好评。为培养学生的科技创新精神和学习实践能力，提高学生的科学素养，4月12日和12月19日，社区委科技服务工作委员会与梅山中学好奇心科技社团组织开展以“走进鱼跃幸福养生堂探秘神奇传统酿造技艺”为主题的两场共建活动。5月25日，社区委与莲都区公路管理局依次在丽新乡和老竹镇开展以“推进六边三化三美，打造畅通美丽公路”为主题的公路路政宣传活动。在活动现场，工作人员通过发放宣传资料、口头讲解、有奖问答、视频播放等形式，向过往群众宣传《中华人民共和国公路法》《公路安全保护法》《浙江省公路路政管理条例》《丽水市公路两侧控制区管理办法》等内容，提高村民群众的法律意识、安全意识、爱路意识，倡议大家共同维护公路的完好、安全、畅通、整洁和美丽。12月19日，文教卫支社在丽水市区万象书院开展赠书活动。先后组织八批次社员上街捡烟头，开展文明劝导活动，用实际行动支持文明城市创建。社区委委员雷振东主持的“醛固酮合成酶多态性及螺内酯干预在不同血清钾水平的心力衰竭患者中的相关性和安全性评估”项目获浙江省科技厅立项，农业支社副主委朱志军的论文《丽水油茶产业发展中的问题与对策》在国家一级杂志《中国农业信息》上发表，社员刘娇英的论文《文学类作品阅读指导与演练》在省级刊物《语文周报》上发表，文教卫支社副主委叶雪梅的论文《在探索中成长》获浙江省教育厅颁发的浙江省第三届精品课程奖，综合支社委员王景弘发明设计的一种酱料定量挤出机获中华人民共和国国家知识产权局颁发的实用新型专利等。林玉美被九三学社中央委员会、浙江省委会评为优秀社员，蓝云仙被九三学社浙江省委会评为优秀社务工作者，王景弘被浙江省质量协会评为全面质量管理知识普及教育先进推进者，徐君妙被丽水市政协评为社情民意信息工作积极分子，吴宇平被丽水市委市政府评为“五水共治”工作先进个人等等，全年共有44人次获国家、省、市、区级表彰，其中获国家级表彰的有3人次，获省级表彰的有3人次，获市级表彰的有13人次，获区级表彰的有25人次。

【思想建设】 2015年，九三学社莲都区委员会根据学习实践活动方案的安排，把2015年定为“基层组织建设提升年”，开展先进支社创建活动和“爱岗敬业”为主题的教育活动；通过组织社员参加社员骨干培训班、主题演讲比赛、民主党派等人士暑期读书会，建立学习实践服务基地，举行专题座谈会等活动，既有理论学习，又有实践活动；社区委办公室和社员个人向九三学社各级媒体及各级政协媒体等报送相关信息，被采用的各类学习实践活动先进事迹报道、社务工作动态、经验总结、散文随笔等文章及书画、摄影作品等共计41篇，其中被社中央网站、社省委网站分别采用的9篇，蓝云仙的《有一些情怀在心底不曾离开》在联谊报上刊登，赵丽珍的《驻足青山绿水间》被《浙江九三》采用。

【组织建设】 2015年1月，经社区委同意，各支社按照九三学社组织制度建设的有关程序，民主增选一名支社委员。选送1人参加社中央组织举办的省级以下机关干部培训班学习、4人参加省级不同干部主体班次培训学习、11人参加市级不同干部主体班次培训学习、2人参加莲都区中青年干部培训班学习。培养发展2名新成员。关心社员工作生活，以真诚的态度、主动的方式、理解关心的角度，做好社员的服务工作。

（蓝云仙）

工商业联合会（总商会）

【概　况】 2015年2月，区工商联开展“莲商之春”走访慰问活动，寄送省、市领导签名慰问信4500余份，通过短信、微信群等形式，向会员企业和莲商代表发送新春慰问短信共计2800多条，在春节前后上门走访慰问浙商（莲商）20余户。全年注重教育培训工作，组织召开学习会、代表委员培训会、非公经济人士座谈会等各类学习培训活动10余次500多人次，对十八届四中全会、五中全会精神、实用法律知识以及理想信念教育实践等内容进行宣讲。参与双爱宣传，向会员企业和广大职工发出“双爱”倡议书以及宣传资料共计800余份。引导非公优质经济人士发扬公益爱心，履行社会职责。1月，组织新生代企业家联合会开展慈善拍卖活动，筹集爱心善款93700元，并成立爱心基金；组织义乌分会开展“家乡行、送温暖”活动，为巨溪小学全校师生送去总价10万元的生活和学习用品，并向18名贫困生发放慰问金；4月，组织岩泉街道商会开展“游括苍古道　感孝廉文化”活动；11月，里东山体滑坡灾害发生后，区工商联第一时间在会员和各异地商会、基层商会中发起为里东灾区捐款捐物活动，共为灾区捐赠物资价值26.5万元，筹集善款80余万元。是年，莲都区工商联（总商会）被评为2015年度全市工商联系统综合先进单位。

【注重商会组织建设】 2015年6月，区工商联组织干部赴江苏省南京、昆山等地开展走访调研，做好江苏分会换届的筹备工作。7月，组织干部参加兰州丽水商会成立大会、苏州丽水商会换届大会，相互学习，汲取经验。8月，在昆山召开莲都区2015年度商会工作经验交流会，交流年度工作、部署工作要求，进一步加强在外莲商之间的沟通交流，促进异地商会健康发展。注重与省、市工商联的工作对接，及时完成上级工商联交办的各项工作任务。8月7日，召开莲都区总商会江苏分会第二次会员代表大会；10月23日，召开莲都区总商会太平分会成立大会。截至年底，区工商联（总商会）共有异地分会11个，基层商会5个，异地商会2个，社团组织1个。

【做好参政议政工作】 2015年3月，区工商联组织召开了代表委员座谈会，通过面对面的交流，及时掌握和了解代表委员们对莲都区社会经济发展的建议，并在会上就如何撰写建议案和提案进行培训，区“两会”期间，区工商联提交集体提案4篇，共提交以区工商联会员中的人大代表和政协委员为领衔人的政协提案31件，人大建议案15件，较往年有明显增长。《以政府“瘦身”为契机 提升社团职能承接能力》的大会发言被评为区政协十四届四次大会优秀发言。围绕莲都区在外创业人员发展情况等课题，先后组织干部赴黑龙江、甘肃、江苏等地开展调研。组织区政协工商经济组委员和各异地分会会长赴龙泉开展专题调研，就如何借助电子商务平台推动我区特色产品发展进行讨论和座谈。开展区政协工商联界别月活动，组织区政协工商联界别委员围绕莲都特色民宿发展主题到老竹镇梁村村开展实地走访调研，建言献策。

【招商引资】 2015年，区工商联围绕“乡愁能不能成为经济”这一命题和特色民宿、生态旅游发展主题，发动各异地商会开展讨论，以乡愁唤回归，要求各异地商会积极做好推广宣传工作，让商会成为莲都对外宣传的又一重要平台。同时鼓励在外创业莲商抱团发展和联合回归，多渠道把项目、资金、人才引进来。6月30日，联合区旅游委员会在上海召开莲都区企业家座谈会暨旅游招商推介会；8月7日，联合丽水工业园区管委会在昆山召开丽水工业园区招商引资项目推介会。利用电话、短信以及微信、QQ等途径，和有意来莲投资的客商保持信息的畅通，对到莲投资项目做好有关证件审批办理和有关部门的对接、协调工作。先后接待新疆、广东、陕西、义乌等客商考察团到莲都区开展工业项目、旅游业项目和公共服务类项目的投资考察。年度签订招商引资项目合同1个，合同投资额近1.6亿元，实际到资8020万元，较好地完成年度招商引资工作任务。

【实施异地培训项目】 2015年，区工商联以“3+X”模式推广异地培训工作。整合区人才办、区农办的师资及培训资源，对莲都在外经营户数量最多的超市经营群体进行经营理念、经营技能及风险防范等知识的推广。9月，赴四川成都进行莲都籍在成都创业人士技能培训，助推莲都在外超市经营群体向规模化、品牌化发展，共有60多名莲商参与培训。

工会　共青团　妇联

莲都区总工会

【概　况】 2015年，莲都区总工会共有职工业余学校、工人文化宫2个。下属事业单位有教育工会、财贸工会2个产业工会。全区共有乡镇(街道)工会14家，其中总工会5家，工会委员会9家。新建工会10家，其中独立建会企业4家。基层工会458个，涵盖1342个单位，工会会员41248人。全区职工医疗互助保障共有参保职工近8400人，征收保障金42万元，涉及机关、企事业单位223家。职工医疗互助保障报销208人次，报销金额382674元，报销人数和金额同比都有大幅提高，报销金额最高达2万元。落实乡镇(街道)工会工作经费，下拨工作经费26万元。12月9日，白云街道总工会顺利完成换届选举。是年，区总工会在市总工会对各县(市、区)工会的考核中连续四年成绩第一，获2014年度创建省示范文明城区工作先进集体、2014年度全区安全生产工作特别奖、丽水市庆“五一”万人健步走活动先进集体。

【职工疗休养重新启动】 2015年，区总工会根据省总工会、市总工会相关文件精神，职工疗休养在2015年重新启动。全区各基层工会上报2015年度疗休养职工4000多人。为拉动地方民宿和农家乐发展，下发《关于进一步完善莲都区职工疗休养工作的通知》(莲总〔2015〕48号)，增加莲都区范围内(城中村以外)的星级农家乐(含民宿，重点为区委、区政府确定的主题村落、民宿特色村)作为莲都区职工疗休养承办单位。区农办已确定155家农家乐(民宿)作为莲都区职工疗休养承办单位。下发《关于莲都区2015年度未疗休养职工相关经费处理意见的通知》(莲总〔2015〕54号)，当年因各种原因未能疗休养的，基层工会可将结余资金统一转至区总工会疗休养专户，职工可在第二或第三年累积费用疗休养。

【劳模服务队成立】 2015年4月，区总工会成立劳模服务队，以讲座、技术指导、志愿服务、提供咨询、座谈会等形式开展“送服务、送技术、送温暖”活动，充分发挥劳模先进在生产工作和社会生活中的示范引领作用。全年共组织劳模服务活动16次，参与劳模40多人。截至2015年年底，莲都区共有全国劳模3人，全国五一劳动奖章1人，省模范集体1个，省(部)级劳模35人，市模范集体4个，市级劳模17人，56-64省先进工作者18人，区级劳模29人。

【开展工会资产置换】 莲都区总工会迁建工程于2012年12月24日正式启动，原址位于中东路3号，新址位于庆春街666号，用地面积7847平方米，总建筑面积10830平方米，核定工程概算5738.88万元。2013年10月19日，迁建项目主体工程顺利结顶；2014年年底，迁建工程基本完成；已于2015年年初投入使用，并于8月3日正式揭牌，原办公楼已全体移交市人民医院使用。截至2015年年底，新大楼的两证还在办理，区总工会严格按照全国总工会关于工会行政性资产处置的相关要求，逐级报送上级工会审核、审批。资产迁建项目由莲都区国资公司代建，还处在项目后期审计阶段，待审计及所有审查全部通过后，由区国资公司将全部资产移交区总工会，固定资产入账。

【帮扶救助工作】 2015年，区总工会新大楼的落成，职工服务中心软硬件设施得到改善，被省总工会评为浙江省优秀职工服务中心。法人登记变更流程、信访接待、法律援助、医疗互助等相关制度都已上墙公示，电子显示屏滚动播放最新岗位资讯。按照相关标准，莲都区仲裁院总工会派出庭建设完毕，已开庭调解审理4起劳资纠纷，提供4次法律援助。“四送”活动及“爱心透析”如期开展，截至2015年年底，实现各类帮扶救助240余人，各类支出帮扶资金60余万元。

【技能提升与劳动保护工作】 2015年，区总工会成功举办电子商务技能比武、美发职业技能比赛、农商行业务技能比赛、卫生计生监督技能竞赛和动物检疫技能竞赛。10月，联合山海技工学校举办全区职工技能培训班，共有120余名企事业单位职工报名参加烹饪和电工等相关技能的培训学习。新增水电协会为行业性工资集体协商典型，集体合同数据库录入率90%；所有乡镇（街道）工会已全部实施劳动保护分级模式，覆盖面100%。莲都区独立建会企业240家，已开展劳动保护分级管理工作229家，并录入到省总数据库，录入率已达95%，其中验收A级40家、B级188家、C级1家。

【宣传教育工作】 2015年，区总工会采用购买服务的形式送电影票给企业职工，全年安排企业、乡镇（街道）工会会员观影共17场，惠及2800多名职工；与中国摄影网联合举办“相约丽水城”相亲活动，参与职工200多人；与市总联合举办庆“五一”万人健步走活动，莲都区1000余名职工参加；举办区财贸工会首届职工趣味运动会，报名参加的基层单位30家，参赛职工250多人；举办“中国梦·劳动美”全区职工文艺会演，所有演职人员均来自基层一线，共有300多名会员观看。

（吴晓霞）

共青团莲都区委员会

【概　况】 2015年，全区有基层团（工）委35个，基层团（总）支部561个，专职团干部35人，团员14595人。被授予市级先进团委（团支部）3个，市级优秀团干部5人、团员13人，团区委评出先进团委20个，先进团支部38个，优秀团干52人，优秀团员102人。全区新建非公企业团建22家，新社会组织团建9家，团组织5个。组织2015年丽水市“双网互动”精品网格评选，建设20个精品网格。组织开展“中国梦　青春行”五四系列活动，开展“七夕对对碰”青年人才联谊活动，各机关企事业单位近60余名青年人才参加。围绕“六边三化三美”“三改一拆”“五水共治”“无烟头城区创建”等集中开展志愿服务行动21次，参与志愿者1020人次。在时间节点广泛开展“3·5”雷锋月、“腊八粥”志愿服务、端午送爱心粽、“暖冬”春运志愿服务等品牌活动，传递志愿服务社会正能量。全年平台发布志愿服务项目920个，认领微心愿5707个，参与志愿者人数9763余人次。每月开展一期志愿服务广场活动，全年开展15期，参与志愿者800多人次。启动市区《丽水市创建全国文明城市志愿服务三年行动计划》，使志愿服务做到常态化。发动团干部围绕城区十条主干街开展捡烟头和控烟文明劝导，累计发动志愿者1000余人次，联合各高校团委开展专项志愿服务行动，累计组织志愿者参与1000余人次。

【共青团莲都区第十九次代表大会】 2015年12月1日至12月2日，共青团莲都区第十九次代表大会召开，选举产生共青团莲都区委委员25名，其中常委7名，书记1名，副书记2名。市区领导葛学斌、王正飞、杨秀清、陈元龙、张继芳、朱超模、宋珍花、叶建利、赵加慧、雷勇军、江爱军、张妍、任文红出席大会开幕式。丽水市委常委、莲都区委书记葛学斌，团市委书记王正飞作重要讲话。同时，听取叶祥根代表十八届委员会做工作报告。

【农村电子商务工作】 2015年，共青团莲都区委员会出台《大走访、摸实情、解困难——走进电子商务企业"专项活动》实施方案，组织青年团干，对全区电商进行再一轮摸底调查，掌握全区电商发展动态，及时发现优秀青年电商。全区电子商务网店总数达到900余家，其中，年销售额1000万元以上20家，百万以上100余家，电子商务销售额10.3亿元。组织开展电商创业培训班、微信营销特色班、大学生村干部电子商务培训班等电商培训，累计培训10期，累计参与各类培训人员达到1100多人次。举办五四青年电商代表座谈会暨电商沙龙活动，开展莲都区第二届青年网商创业周暨首届电子商务创业大赛，来自全区各大高校、电商企业30组90人报名参加。最终评选出"生鲜农产品"等6个优秀项目获奖。同时，推选团队参加丽水市"邮储杯"创富大赛，12个获奖项目中，获二等奖2个、三等奖1个。启动"寻找青年民宿"创业典型活动，组织开展"国庆期间大港头区域民宿经营现状调研"，对民宿利用互联网经营现状进行全面调研。开展"倪老腌"平台众筹爱心助学项目，共计募集善款10000元，10名贫困学生受助。

【里东救援志愿服务工作】 2015年，在里东山体滑坡灾害发生后，共青团主动第一时间赶赴现场，第一时间组织心理干预志愿者参与救援、服务指挥部工作，组织联系心理干预志愿者参与志愿服务30余人次，对接青田县餐餐美食连锁有限公司等团口企业捐款捐物，累计捐款捐物20余万元。主动联系阿里巴巴集团"阿里公益"开通"共青团支付宝捐款通道"，活动共收集到爱心3.4万份（人次），筹集建设资金30.7万元。

【爱心助学系列活动】 2015年，共青团莲都区委员会开展助学结对工作，对接杭州"滴水公益"爱心助学"彩红盒子"项目，为莲都2所学校发放"彩红盒子"及结对10名贫困学生。完成暑期希望工程助学活动，共资助大学新生20名，共10万元。对接义乌爱心公社，联合区志愿者协会对仙渡小学和囿山小学峰源校区的230多名学生进行帮扶，共发放230多个书包和一批学习用品。对接"台州百人百城助学"，资助10名学生，发放物资和现金价值13000余元。对接海宁太阳能热水器协会，为两所学校安装太阳能热水器。对接葡萄牙青田华侨，为雅溪两所学校送去过冬保暖校服180套。开展"流动青少年宫"进西溪小学、雅里小学等活动11场次，受益青少年3100人次。

【预防青少年违法犯罪】 2015年，共青团莲都区委员会围绕青少年安全自护，组织开展少先队培训班4期，累计培训少先队大队辅导员48人次，累计培训少先队大队小干部55人次。组织召开2015年第一季度校园安全工作例会，举办预防校园性侵工作和女童保护工作专题讲座。开展第四届丽水市少先队队长学校，开办暑期安全自护夏令营、"阳光假日小屋""七彩夏日"等假日学校等服务暑期留守儿童活动，共服务留守儿童700余人。下发《关于加强重点青少年群体服务管理和预防犯罪工作的通知》，各乡镇（街道）定期组织开展慰问走访等方式加强对重点青少年的帮扶，并要求及时录入帮扶信息。不良、闲散以及服刑在教子女帮扶比例达到100%。组织开展2015年"共青团和人大代表、政协委员面对面"座谈会，区人大代表、政协委员代表约15人出席座谈会，就莲都区助学帮扶体系的现状与建议相关议题进行座谈。定期开展面对面倾听活动，关注青少年需求，累计开展10次活动。

【学校阵地建设】 2015年，共青团莲都区委员会开展以"中国梦"为主题的"青春聚力中国梦"系列主题活动、"美德少年"、小巾换大巾"等系列活动，引导青少年的主流价值观念。在丽水开展纪念中国工农红军挺进师入浙创建浙西南革命根据地和中共浙西南特委成立80周年暨刘英同志诞生110周年学术研讨会，中纪委原副书记、红军挺进师政委刘英烈士之子刘锡荣等出席会议为少先队宣讲革命故事。开展“各族少年手拉手——百万新疆各族少年儿童与内地少年儿童书信手拉手”活动，莲都区6所学校与新疆维吾尔自治区阿克苏州新和县6所学校开展结对，累计结对少先队员3755名，发送信件数4145封。组织开展2015年莲都区少先队鼓乐队展示活动，共20支队伍，300余人参加比赛。承办丽水市第四届少先队鼓乐队比赛，莲都区两所学校获全市并列第一。联合丽水摄影文化产业园，组织开展“小小摄影家——寻找家乡美”莲都区首期摄影公益夏令营活动。组织开展以“杨帆中国梦、共筑生态家”为主题的“童眼观生态——全区青少年生态文明教育体验活动美文、美图征集”活动，收到参赛作品1000余幅，共评选出美文、美图活动一等奖各10名；二等奖20名；三等奖30名。

（蓝艺）

莲都区妇女联合会

【概　况】 2015年，莲都区有5个街道妇工委，9个乡、镇妇联，32个机关妇委会、4个妇女小组，208个村妇代会，25个社区妇联。全区　14个乡镇街道208个村有妇代会成员208名，其中党员108名，少数民族19名，平均年龄34.6岁。采取“单建、联建、挂靠”等模式，两新妇女组织192个，其中新经济组织建妇女组织174家，新社会组织建妇女组织18家。全区现有妇女之家233家，实现村社区全覆盖。

【来料加工工作】 2015年，莲都区妇女联合会落实《莲都区促进来料加工业发展五年行动计划（2013—2017）》《莲都区来料加工评比奖励办法》扶持来料加工。评比表彰2014年度来料加工优秀经纪人，来料加工工作先进集体和先进个人、来料加工业务拓展能手、优秀加工户等成绩突出的单位和个人，共奖励资金19.26万元；落实小额贷款贴息11.1万元；落实以奖代补项目，发放补助资金44万元；运费补贴11.6万元。全年共培育经纪人319人，比去年同期增长4%，发动加工者2.9万人，发放加工费23656万元。

【特色家庭创建工作】 2015年，莲都区妇女联合会开展寻找“最美家庭”活动，根据全国文明城市创建工作部署，开展六类特色文明家庭（勤劳致富、科学教子、心系国防、绿色环保、孝老爱亲、爱心公益家庭）的评选，评选出区级“十佳最美家庭”10户。莲都区参与开展寻找“最美家庭”活动的“妇女之家”已达233个，征集到家风家训65条，有80余户优秀的家庭充实到莲都区“最美家庭”典型库中。其中省级“最美家庭”2户，省级好家风家训2条。评选表彰140户家庭为莲都区“平安家庭”示范户。开展绿色家庭评选活动，评选出省级绿色家庭3户，市级绿色家庭3户。

【美丽庭院创建工作】 2015年，莲都区妇女联合会开展“美丽庭院”宣传工作，全区各级妇联邀请专家老师分层分批开展“送理念、送技能、送服务”巡回讲座，向13个村村民讲解如何打理庭院、院子里绿化植物品种的选择及常见花卉的管理、庭院欣赏等有关美化庭院的知识，通过讲座提高妇女群众对创建美丽庭院的知晓率。在全区各乡镇成立巾帼保洁志愿者队伍，发挥妇女、家庭在“美丽乡村”建设中的作用，培育农村家庭成员生态文明意识，倡导绿色健康的生活方式，促进村庄生态美。开展“美丽庭院”技能培训，开展以插花、剪纸、打中国结、垃圾分类为内容的巧手主妇培训，来自乡镇街道的70余名主妇参加为期三天的培训，为全区农村妇女提供学习技艺和交流的平台，从根本上提升农村妇女欣赏美和创造美的能力，为“美丽庭院”创建行动注入活力。区妇联结合自身优势，分批带领沙溪村、梁村、大港头村、均溪村、利山村、敏河村、里东村等“六三三重点村”村干部赴松阳、桐庐考察学习；带领太平乡长濑村主要干部赴景宁考察学习，学习先进地区“美丽庭院”　创建工作的好经验和好做法。

【传统节日庆典活动】 2015年“三八”期间，举办“文明莲都 美丽巾帼”健身操比赛，来自乡镇街道妇联、区直机关企事业妇委会的14支代表队参加比赛。“六一”期间，全区共慰问学校、幼儿园43所，捐款赠物折价总额14.8万元，助学结对69名贫困生，资助金额4.03万元，其中女童20名，资助金额3.11万元。

【妇女儿童关爱工作】 2015年，接待来信来访122件，调解52件。与市妇联共设妇女（家暴）庇护场所，为家庭暴力受害人提供庇护和其他必要的临时性紧急救助。提高女性人民陪审员的比例，全区85名人民陪审员中女性占42名，参与到涉及妇女儿童权益案件的审判中，实现妇联对司法的参与和监督，维护妇女儿童的合法权益。举办“让爱住我家——莲都区2015年为民教育大型家庭教育讲座”。全区争创市级家长学校4个，全区21个社区建立社区家长学校，开展各类对未成年人的培训和活动84场次。开展“进万家门、访万家情、结万家亲”大走访活动，全区区、乡镇（街道）、村（社区）三级妇联共选派152名妇联干部，围绕妇女儿童生存发展中的重点难点问题，妇联干部与村干部和村民面对面交流，了解情况，听取意见，摸清妇女儿童的发展愿望和现实需求，共走访5986户家庭，包括119户困难家庭，送去慰问金23800元，征求意见建议94条，解决实际问题61个。开展送温暖系列慰问活动。为12名“两癌贫困妇女”、24名“贫困母亲”送去慰问金共计5万多元、“母亲家庭包”24件。

（区妇联办公室）

侨务 台务

华侨事务

【概 况】 2015年,莲都区侨办、侨联主动对接服务,谋划全区“浙商之春”走访慰问的侨商联络和走访方案,走访慰问侨商代表10名。做好侨资企业白云小学、万丰中西医综合医院等项目的跟踪服务工作。引导华侨为雅溪镇周村村建桥捐资5万元;春节、重阳节等节假日,组织侨胞侨眷开展走访慰问活动,为困难侨胞侨眷和孤寡老人送上物资和慰问金,全年共开展7次送爱心活动,走访困难群众57户,送出物资和慰问金合计3万元。在侨胞侨眷和海外社团组织中发动为里东捐款捐物活动,累计募集10.4万元。

【侨缘侨心联谊会】 2015年2月28日,区侨办、侨联举行“侨缘侨心—新春联谊会”,邀请返乡探亲的10几个国家200多侨胞侨眷参加,呼吁广大侨胞侨眷主动利用海外资源为生态经济发展牵线搭桥。响应“两个消除”工作,启动“百侨结百户·助消低收户”活动,通过救助、产业、督孝帮扶等措施,结对侨胞共资助2万余元,完成5个乡镇43户低收入户的脱贫工作。

【参与文明城市创建工作】 2015年,区侨办、侨联组建侨胞侨眷文明劝导志愿者服务队,引导侨胞侨眷参与全国文明城市创建和全区统一战线“凝心聚力,共创文明”活动,全年共组织5批次120人次参与参与金苑社区、丽阳门社区的“文明劝导”“捡垃圾”活动。

【参与丽水华侨大会会务服务工作】 2015年10月26—28日,丽水召开华侨大会,侨务干部全程参与会务服务工作,区侨办、侨联牵头组织30余位华侨参加“中国莲都—华侨回归招商引资推荐会”活动,促成投资1500万美元的大港头龙庙村的精品民宿落地莲都。

【职能服务工作】 2015年,区侨办、侨联继续做好网上政务大厅权利事项梳理工作,做好“三侨生”升学政策加分资格审查工作、华侨回国定居证办理和归侨证办理等日常性工作,3—5月共审核中、高考加分材料186份,全年办理华侨回国定居证、归侨证和华人华侨子女入学证明等192份。

(张 艳)

台湾事务

【概 况】 2015年,区台办贯彻落实市委对台工作精神,按照全市对台工作的具体部署和考核要求,围绕两岸和平发展主题,立足莲都、市区互动,强化服务、促进交流,推进各项基层对台工作,共接待台胞300余人。继续开展“为台服务月”活动,做好台胞、台属服务工作,帮助协调解决台胞、台属子女就读、涉台婚姻、就医等方面的问题。做好在台陆生的跟踪服务工作,利用假期组织莲都籍在台陆生座谈;开展新入学赴台陆生行前教育工作,加强在台陆生之间的沟通联系。充分发挥陆生桥梁纽带作用,推动更多台湾各界青年来莲都参访,建设完善两岸青年交流交往长效机制。

【经济交流工作】 2015年,区台办以民宿交流为重点,不断拓宽两岸休闲旅游业、生态精品农业、文化创意产业的交流合作渠道。组织干部去对台民宿交流先行地区考察，做好与当地台联会、台商协会的联系，实现资源共享、优势互补，通过跨平台交流吸引更多台籍商人、学者、有志青年投身莲都乡村民宿发展建设；对台资项目靠前服务，简化行政审批流程，及时落实跟踪项目进展，提高对台资台商的服务效能，丽台生态精品农业合作洽谈会上签订的合作项目得到有效推进。

【基层交流工作】 2015年，区台办做好台湾有青年人回乡、到台湾能结交青年朋友、莲台青年能充分互动三大工作。市、区台办共同举办“从心开始　共迎未来”两岸青年交流活动，实现青年活动有新突破、交流合作步入新层面、了解共识凝聚新高度“三个新”成果。来自台湾10个城市的33位团员平均年龄仅25岁，从陌生到了解、从隔阂到相知，两岸青年在活动中结下深厚友谊，为深化交流打下坚实基础。以“两岸一家亲”理念为核心，持续深化基层交流交往工作，深化旅台乡亲“探亲寻根”“两岸一家亲”活动，组织第三代和第四代旅台乡亲回乡，增进年青一代的亲情乡谊；做好学校、社区结对交流，巩固友好结对社区的交流成果，推进与台湾中南部城市基层社区、民众、团体的交流工作，推动莲台小学间结对。

【文化交流工作】 2015年，区台办整合力量，充分发挥旅台同乡会、旅台乡亲与台湾主流媒体间的宣传中介作用；搭好平台，充分发挥台谊会及台胞台属参政议政、建言献策作用。深刻领会中共十八届四中全会、五中精神，贯彻落实习近平主席对台工作重要讲话精神，把好两岸交流的主基调；丰富内涵，参与打造“中国莲都”品牌，助推形成对台交流交往中具有广泛影响力的活动载体，扩大莲都在台湾岛内知名度和影响力。

编制 人事 劳动 社保

机构编制

【概　况】 2015年，区编委办把“两张清单”纳入区“四个全面”暨绿色生态发展“全员轮训”的重要内容。探索建立权力清单和责任清单动态调整机制。组织各相关部门对省市县三级行政权力事项基本目录进行审核比对，上报103项行政权力修订事项，完善莲都区行政权力目录库。制定出台全区控编减编工作方案，对核减的目标、范围、方法做出明确规定。全区共核减事业编制138名，其中后勤服务人员编制实行控编管理，全部空编收回核销；已使用的编制按照“退一减一”的办法，逐步收回核销。按“精简效能”原则，开展临时性工作机构清理，全年共撤销临时机构7个，保留机构14个（其中职能划入相应职能部门的8个、重新报批6个），合并临时机构2个。全面完成233家事业单位年度报告公示工作。配合市编委办做好事业单位统一登记管理的试点工作，对4家规模较大、较为成熟的社办公益机构进行前期调研走访，为全市稳步推进事业单位统一登记管理提供决策参考。

【政府职能转变和机构改革】 2015年，区编委办组织实施《莲都区人民政府职能转变和机构改革方案》，整合区工商分局、区食药局、区质监分局相关职能，组建区市场监管局和区质监局；整合区卫生局、区计生局职责，组建区卫生和计划生育局。将风景旅游局更名为旅委，制订生态休闲养生（养老）体制调整方案，将养生（养老）职能从发改局调整到旅委。着手开展涉改农业、林业等部门调研，推进不动产登记职责和机构整合工作。配合完成全区纪委统一派驻机构改革，核定区纪委派驻机构实行统一管理后人员编制、领导职数和股级职数。

【综合行政执法体制改革】 2015年，区编委办结合城管处州分局、莲都分局开展城市管理相对集中行政处罚权工作的实际，开展综合行政执法涉及部门调研，全方位摸排全区综合行政执法队伍的种类、数量、机构设置情况、编制数等。与市级做好对接沟通，合理界定综合行政执法领域，形成《丽水市莲都区综合行政执法工作实施方案》，并上报市政府。

【创新古堰画乡小镇体制机制】 2015年，区编委办牵头开展古堰画乡小镇体制机制调整，探索“景镇合一”管理模式，对景区的高位协调架构，以及党工委、镇政府、核心村的三级管理体制进行创新。设立古堰画乡特色小镇党工委，作为区委的派出机构，领导大港头镇和古堰画乡景区全面工作。党工委书记由瓯度委主任兼任，副书记由大港头镇和碧湖镇党委书记兼任，委员分别由大港头镇、碧湖镇、瓯度委相关班子成员组成。其中，碧湖镇班子成员兼任的党工委委员，专门负责联系堰头村和保定村景区建设工作。设立古堰画乡特色小镇和创AAAAA景区建设指挥部，作为特色小镇培育建设的具体实施单位，负责开展大港头镇和古堰画乡景区建设具体工作。总指挥由党工委书记兼任，常务副总指挥由大港头镇党委书记兼任，副总指挥由大港头镇镇长和瓯度委副主任兼任，其他班子成员由大港头镇副镇长及瓯度委、碧湖镇相关班子成员组成。

【编制备案制管理】 2015年，区编委办制定出台《关于在区属公立医院试行事业编制备案制管理的通知》，明确备案制试行的范围，统一规定试行备案制管理的事业单位的编制管理、人事管理、经费管理、体制机制等，重新核定备案编制，与原有事业在编人员实行统一建库、分类管理。7月，区人民医院正式实行备案制管理，按标准重新核定198个备案编制，以后将根据现有事业在编人员减员情况，逐步过渡到备案编制。

【机构编制实名制管理】 2015年，区编委办严格执行年度用编计划申报和进出编登记管理制度，全年共审核审批编制使用计划119批次，审批进编登记535人次，审批出编登记542人次。推行机构编制实名制管理平台网上办理，机关事业单位通过管理平台网上申报办理编制使用、人员进出编等业务，做好实名制数据库日常维护更新工作。配合组织、人力社保、财政部门开展“三超两乱”、在编不在岗和“吃空饷”人员清理等专项检查和整治行动。联合审计部门对区公安分局等4个部门的“一把手”进行任期内的机构编制和经济事项审计。

（金敏婷）

人力资源

【概　况】 2015年，莲都区人力资源和社会保障局在全市人力社保系统目标责任制考评中获“优胜单位”，在区委、区政府工作责任制考评中总分获社会管理类优胜奖第七个年头。此外，莲都区人力资源和社会保障局获“浙江省创建和谐劳动关系暨双爱活动先进组织”；获全省人力资源社会保障宣传工作先进单位；莲都区劳动监察大队获“浙江省劳动保障监察工作目标管理成绩突出单位”；莲都区劳动人事仲裁院获“浙江省劳动争议案件处理工作先进单位”。

【公务员和事业单位工作人员队伍建设】 2015年考录公务员共42名；组织全区事业单位公开招考，共招聘12名工作人员；招聘大学生“村干部”7人；公开招聘农林水基层技术人员7名；人才引进招聘3名；教育系统完成教师招聘85人，委培生聘用5名，卫生系统完成委培生聘用28人。规范行政、事业单位人员调配，严格遵守人事秩序，共调配公务员52人，事业单位工作人员268人次(含教育系统内部调动)。及时做好公务员登记工作，全年共登记24人。组织机关公务员、事业单位工作人员各项培训，共组织公务员初任培训52人，事业单位专业技术人员继续教育培训4000人。

【完善人事管理体系】 2015年，根据国家和省《县以下机关建立公务员职务与职级并行制度实施意见》及全市工作安排，莲都区根据管理权限对全区110个单位进行梳理，完成15人的正科级工资待遇兑现。区委常委会通过《关于在全区有关单位推行职业员工人事管理制度工作的通知》，制定莲都区军人随军家属(非在编)就业安置实施办法，开辟政策性安置新路径，以解决莲都区政策性安置困难问题。莲都区安置随军家属职业员工共2名，现已正式上岗。根据《在全区机关事业单位开展在编不在岗和“吃空饷”人员专项清理整治工作的通知》，进行2次自查自纠、1次突击检查。全区“吃空饷”和在编不在岗人员共27人，其中“吃空饷”2人，因病请假或不在岗13人，停薪留职4人，内退5人，中层退二线3人。经过全面清理整顿，退还“吃空饷”金额27542元，返岗17人，待劳动鉴定办理退休、退职手续2人，请病假4人，按老工伤管理条例办理病休1人，按照省政府相关文件办理离岗创业3人

【人事档案管理】 2015年共接收大专以上毕业生档案730份、中专毕业生档案194份、村干部档案11份、企事业人员档案187份；转出大专以上毕业生档案192份、中专毕业生档案21份、

村干部档案23份、企事业人员档案30份。年底档案在册7260份,集体户在册181人。有序开展应届毕业生就业协议书的审核签订和报到工作,全年共有700名应届大中专毕业生办理报到手续,签订应届毕业生人事代理合同书。

【人才工作】 2015年完成职业技能鉴定2117人,鉴定合格发证1992人,合格率达94.1%,工种涉及中式烹调师、育婴师、家政服务员、营养配餐员、茶艺师、美容师、足部按摩师等专业。培养高技能人才227人,推荐企业参评"丽水市技能人才评价标准化体系建设基地"10家,申报丽水市技能大师工作室3家,申报推荐浙江省首席技师1名,申报推荐丽水市首席技师4名,组织评选出莲都区名技师16人。组织开展莲都区首届美发职业技能大赛。开展2015年丽水市"五养"技能大师推荐,共申报推荐"五养"技能大师24人,完成任务数133%。组织开展4场职业技能大赛,宣传技能人才有关优惠政策。开展博士(博士后)工作站考核评估及"百名博士入百家企业人才引领计划"项目遴选申报工作,并上报单位一家;落实高层次人才各类优惠政策莲都区共有15人申报丽水市高层次人才公寓并获得批准,另有63家单位500余人申报丽水市高层次人才体检,全年共发放各级政府岗位津贴、补助等总计共513万余元;筹备建立莲都区研究生联谊会。组织开展3次高层次人才服务活动,通过送医下乡、送技术下乡,开展专题讲座等形式,发放各种药品价值3000元、宣传资料共计1000余份。开展高层次困难人员慰问2次,惠及25人。组织企业参加市本级人才交流会1次,组团外出参加异地人才招聘会9次,分别前往武汉、西安、成都、杭州等地招揽人才,全年共引进各类人才121人,其中硕士研究生17人。发布《2015年度莲都区紧缺急需人才需求目录》,为莲都区引才工作起导向作用。

【落实各类人才优惠政策】 2015年,区人力社保局举办莲都区首届拔尖人才培训班,26名拔尖人才参加培训;申报丽水市2014年度高层次人才岗位津贴的高层次、高技能人才574人;申报高层次人才公寓15人;发文组织2015年度莲都区高学历、高级能人才区级岗位津贴、住房补助申报工作;符合享受莲都区岗位津贴条件156人,发放金额73.3万;符合安家补助条件32人,发放金额85.5万;非公单位人才住房租金补助1人,发放金额0.36万元。

【职称评聘】 2015年,区人力社保局完成大中专毕业生初定专业技术资格的申报审核并初定确认187人;推荐教育、卫生、工程、新闻、文化、经济、统计、农业、工艺美术、档案、会计等11个系列参评高级职称72人、中级239人、初级222人;发文公布新取得专业技术资格人员465人,其中副高职称51人、中级职称169人、初级职称287人,并发放相应专业技术资格证书。完成186个事业单位1346名专业技术人员岗位聘(任)用变动的材料审查及相应材料的补缺工作。

【各项待遇及信息审核录入工作】 2015年,区人力社保局制定出台农村任教教师特岗津贴政策及审批工作。调整全区机关事业单位在职工作人员工资标准6300余人次。调整全区机关事业单位离退休人员基本离退休费和生活补助3500多人次。调整机关事业单位工作人员死亡后遗属生活困难补助费标准、精减退职人员生活困难补助费标准和计划外长期临时工晚年生活补助费标准,共审批384余人。办理机关事业单位工作人员工资调动转移手续550多人次。审核审批机关事业单位2015年的工资正常晋升、职务、岗位变动等5300人次。审核审批机关事业单位工作人员工龄128人。审核审批机关单位年终一次性奖金,共审批2000人次,事业单位人员考核奖4300余人次,审核审批机关及事业工作人员应休未休年休假报酬6300余人次。核查部分精减退职人员中已享受养老保险待遇的262人,已有231人多发生活困难补助退回到主管单位。

做好工资软件的信息审核录入工作，2015年共完成全区机关事业单位数据导入270余家，全部完成信息核对。完成机关在职人员工资信息核对并申报2065人，事业在职人员工资信息核对并申报4300人，离退休人员信息核对3550人。11月起工资系统迈入正常申报、审批运转程序。办理退休审批173人，一次性抚恤费审批59人，遗属生活困难补助费审批14人。做好人大议案、政协提案的办理以及信访咨询人员的接待答复工作。接待上访（信访、电访）人员数百人次。

社会保障

【促进就业政策】 2015年，莲都区新增城镇就业1442人，完成市级下达目标任务的110.92%；完成城镇失业人员再就业991人，其中就业困难再就业562人，分别完成目标任务的120.12%和140.5%；完成农村劳动力转移就业技能培训851人，完成目标任务的141.8%，创业培训460人，完成目标任务的230%；完成大学生创业培训105人，完成目标任务的214.3%；净增失业保险参保609人，完成目标任务129.57%；失业率控制在2.90%；公益性岗位进村达标率达98.6%，新增9家监测企业，及时掌握39家企业就业失业动态监测情况，继续保持城镇“零就业家庭”基数归零、动态归零，加强失业保险基金监管。促进再就业总收入合计572.32万元，支出596.52万元，其中灵活就业社保支出369.43万元，小额贷款贴息1.80万元，创业补助1.70万元，大学生见习补贴26.26万元，大学生就业补助32.37万元，就业培训费33.44万元，农村兼职保障员补贴76.68万元，企业通讯补贴4.5万元，就业宣传费16.26万元，大学生创业大赛费用15.75万元，技能鉴定费0.61万元，人力资源后勤保障经费5万元，公益性岗位补贴9.2万元，信息系统维护费3万元，其他支出0.52万元，促进再就业资金结余202.05万元。

【就业服务工作】 2015年，针对70名2015届离校未就业高校毕业生开展精准就业帮扶，共引领大学生创业39人，参加创业培训105人。举办相关培训班16期，共824人参加，帮助637人实现就业创业。组织电商培训20期、培训849人次。拓展职业培训基地，新认定丽水市讯唯电子商务职业技能培训学校、丽水学院、丽水职业技术学院等6家基地。组织农家乐经营业主和务工返乡青年，开设3期乡村民宿创业培训班，对200多名有意或已经营乡村民宿的市民提供免费培训、服务。成功举办莲都区首届电子商务创业大赛。通过“赶街网”在全区范围内成功发展80个新农村电子商务服务站点，普惠村民近81000人，交易金额达200万元。首部以莲都大学生就业创业为背景的微电影——《奔跑吧！梦想》出炉。成功举办全区首届创业精英座谈会。推进“一园三库”建设工作，共收录29名创业导师入库，其中创业理念导师14名，创业政策咨询导师13名和创业实践导师2名；征集30个创业项目入库，包括电子商务、餐饮业和农产品种植等9大行业。集中走访企业87家，包括碧湖、南山、天宁等区块，收集企业缺工信息200多条。莲都就业网共登陆招聘单位867家，招聘岗位6019个，求职简历705份，网站点击量逾40万人次。共组织13家规上企业共360多个就业岗位走进丽水学院；组织瓯宝、万控、不知等知名企业参加浙江省高校毕业生就业公益性招聘大会。累计收取简历56份，初步达成意向23人。建立重点企业联系制度，将最新用工需求带到村镇一线，实现就业零距离服务。开发城镇公益性岗位、农村公益性岗位、高校毕业生就业见习岗位。截至2015年年底，累计开发26个城镇公益性岗位，安排3名“4050”就业困难人员就业；开发205个农村公益性岗位，安排205名农村就业困难人员实现就业，其中包括残疾人14名；开发51个高校毕业生就业见习岗位，安排43名高校毕业生到机关事业单位、企业参加就业见习。12名见习期满高校毕业生经考核优秀被招聘至公益性岗位就业，10名高校毕业生通过公开招聘，调配到村（社区）专职从事就业和社保工作。加强莲都就业网、莲都就业微博、微信公众号建设，在线提供政策解读、岗位招聘、创业指导等服务，微博、微信累计推送信息1000余篇，互动数超5000人次。

【全民参保登记】 2015年，以信息比对、入户调查、数据集中管理和动态更新等措施，全面启动“全民参保登记计划”工作，全面推进全民参保登记入户调查登记工作，至2015年12月底全区参保登记率达98.65%。

【机关事业单位养老保险】 2015年底，通过前期的基础数据整理、修改、审核，正式启动机关事业养老保险管理系统。2016年1月，全区有机关事业单位养老保险参保人数9734人，其中享受养老保险待遇人数3284人。2015年，全年机关事业养老保险基金收入9023万元，支出9503万元，基金累计结余1298万元。

【城乡居民社会养老保险】 2015年，发放一次性高龄奖励302人，共计33.4万元；从1月起，对46750人的城乡居民养老保险待遇进行调整，基础养老金从100元提升到120元。新增参保人数1352人，全年城乡居民社会养老保险基金总收入为收入7794万元，支出7699万元。至12月底，全区参加城乡居民社会养老保险人数为参保人数111683人，其中享受养老待遇36594人，基金累计结余9480万元。

【城乡居民基本医疗保险】 2015年，继续完善医疗费用总额控制管理，并进行年度考核；及时执行上级文件，将原来在特殊病种诊疗过程中用到的吉非替尼、地西他滨等15种全自费的特殊药品，纳入大病保险支付范畴；启用社保卡代扣代缴社会保险费，参保人缴费更为便捷。城乡居民基本医疗保险基金收入21623万元，支出23200万元，全年享受城乡居民基本医疗保险门诊待遇105.36万人次、住院待遇3.48万人次，特殊病种门诊待遇8.2万人次。至12月底，参加城乡居民基本医疗保险人数为302462人，参保率达到99.5%，基金累计结余6839万元。

【被征地农民基本生活保障】 2015年，对被征地农民基本生活保障金标准进行调整，共896人，增发保障金30430元。从2014年10月起，市区社保机构开展被征地农民基本生活保障转职工养老保险工作，至2015年底完成21246名被征地农民基本生活保障转职工养老保险相关业务。是年，新增参保人数9104人，全年被征地农民基本生活保障资金收入14734万元，支出2365万元。至12月底，全区参加被征地农民基本生活保障的有7705人，其中享受养基本生活保障金717人，资金累计结余63650万元。

【企业退休人员社会化管理】 2015年，全面实行企业退休人员社区化管理，强化退休人员档案管理，组织13386名企业退休人员进行健康体检，实施企业退休人员网上生存认证。至12月底，市区有41290名企业退休人员进入社区管理。

【劳动监察工作】 2015年，莲都区劳动监察大队依据《中华人民共和国劳动法》和《劳动保障监察条例》等法律法规以构建和谐稳定劳动关系为主线，开展农民工工资支付情况、清理整顿人力资源市场秩序、用人单位遵守劳动用工和社会保险法律法规、整治非法用工打击违法犯罪等专项执法检查活动。开展劳动保障监察书面审查工作，并加强劳动保障日常巡查、服务用人单位。主动巡查各用人单位754家，抓好劳动合同签订“基础线”、工资支付“稳定线”、非法使用童工“高压线”、社会保险缴纳“保障线”；受理欠薪案件85起，涉及601人，成功追薪710.32万元；办理行政处罚案件28件。

【劳动争议调处工作】 2015年，全区共受理劳动争议案件452件，同比增长8.7%；涉及劳动者人数471人，涉案经济标的1605.96万元；接待来人来电法律援助咨询600多人次。办理结案 452件，结案率 100%；其中调解结案407件，调解率90%，共为劳动者追回经济损失789.94万元。法律援助工作站全年共接待农民工170人次，受理劳动争议法律援助案件77件，涉及劳动者人数77人。2015年3月完成仲裁360度全程监控，实现实时刻录，每个庭审进行刻盘随卷管理，有效解决硬盘自动保存一月庭审实况丢失的问题，实现“一案一庭一盘”。是年，区仲裁院立案受理服务窗口正式投入使用，窗口实行专人专岗负责制，为劳动者提供一站式服务。完成区总工会派出庭实体化建设，提高工会参与办案的公信力。出台兼职仲裁员（调解员）办案补助，提高兼职仲裁员办案积极性。区仲裁委员会制定出台《兼职仲裁员（调解员）办案补助管理办法》，给予派出庭兼职仲裁员办案补助。

（秦艺峰）

法 治

政法委及综治

【概 况】 2015年,莲都区委政法委完善重大决策社会稳定风险评估制度,推动万申佳律师事务所、弘安公司等第三方机构参与评估,全区共开展重大决策社会稳定风险评估25件(第三方稳评机构参与评估8件),实现乡镇(街道)稳评工作100%全覆盖。区公安分局共立刑事案件6237起破2962起,其中放火、爆炸、劫持、杀人、故意伤害致死、强奸、绑架等七类案件立15起破15起,命案立3起破3起,破案率达100%。区综治办会同区卫计局、区公安分局、区民政局、区残联等单位共同组织开展严重精神障碍患者排摸管控专项活动,共排摸出重性精神障碍患者1893人,并对85名三级以上的易肇事肇祸精神病人,落实公安、卫计以及乡镇(街道)"一对一"管控措施,做到重性精神病人肇事肇祸案(事)件"零"发生。全区平安建设信息系统全区综治"两网融合"工作共录入实有人口334105人,重点人员5587人,重点人员帮教率达99.24%,管理服务比例达99.19%,关怀对象1933人;共录入各类事项8963件(其中已办结事项8934件,待办事项29件),实现区级分流交办的66件。共排查矛盾纠纷5746起,调处成功5733起,调处成功率为99.8%。全区208个村、25个城市社区全面完成"两约"制订修订工作。全区平安建设自查得分955.27分。

【社会政治稳定】 2015年,莲都区委政法委严格落实重大紧急信息报送制度,在重点时期、敏感时段实行信访、维稳动态"零报告"和领导带班值班制度,突出对"三改一拆""五水共治""六边三化三美"及涉宗标志物拆迁、大港头木制品行业整治等重点工作的预警关注。第二届世界互联网大会期间,推行一日一研判,每日情况即时向区委主要领导作好汇报。坚持矛盾纠纷排查调处例会和季度维稳形势分析制度,做好"三色预警"机制建设工作,定期通报全区和各乡镇(街道)"三色预警"工作情况,开展社会稳定指数探索实践。落实涉稳重点人员信息化管控及专案经营措施,对面上各利益诉求群体和涉稳人员的动态进行经常性分析,对涉军重点人员,建立专门管控小组,对其日常活动轨迹进行密切关注,做好日常稳控工作。"百日维稳攻坚大会战"期间,对153名重点对象建立稳控责任小组,及时掌握重点对象动态情况。依托区委、区政府值班室,履行应急值守职责, 规范健全紧急信息报送制度,落实突发事件应急处置措施,确保化解迅速、应对有力。组织开展安全生产、校园安全、食药安全等应急预案演练,提高实战能力和应急能力。突出对重点案(事)件的网上管控和应急处置工作,按照《莲都区网络舆情分级响应预案》要求,对各类舆情信息的监测,及时做好影响社会安定案(事)件的后续处置工作,消除负面影响。

【治安环境】 2015年,莲都区委政法委坚持"以打开路",打好"亮剑行动""打防侵财犯罪""打黄禁赌""百城禁毒会战"等专项行动组和拳。截至12月20日,区公安分局共立刑事案件6237起破2962起，其中放火、爆炸、劫持、杀人、故意伤害致死、强奸、绑架等7类案件立15起破15起，命案立3起破3起，破案率达100%。区检察院共受理移送审查起诉各类刑事案件428件582人，提起公诉838件1138人。区法院共受理刑事案件759件，审结743件。以省级挂牌的华墩街周边区域治安整治为重点，推进重点区域治安环境、公共卫生以及市容市貌等突出问题整治，确保社会治安秩序平稳。区综治办会同区卫计局、区公安分局、区民政局、区残联等单位共同组织开展严重精神障碍患者排摸管控专项活动，共排摸出重性精神障碍患者1893人，并对85名三级以上的易肇事肇祸精神病人，落实公安、卫计以及乡镇(街道)"一对一"管控措施，做到重性精神病人肇事肇祸案(事)件"零"发生。出台《莲都区集中开展危爆物品、寄递物流清理整顿和矛盾纠纷排查化解专项行动工作方案》(莲综委〔2015〕6号)，深化对危爆物品、寄递物流行业管理和矛盾纠纷排查化解工作，维护基层社会稳定。落实《关于加强社会治安防控体系建设的实施意见》(浙委办发〔2015〕41号)精神，对具体责任进行分解并列入平安综治考核，督促治安防控体系建设落实到位。出台《进一步加强社区警务工作的实施意见》，深化专群结合的巡防队伍建设，充分发挥治安巡防队、平安志愿者等群防群治力量，结合110接处警工作，实行巡逻接处警相结合模式，联合巡特警开展24小时常态巡逻，最大限度将警力推上街面，提高对违法犯罪活动的防范能力，有效挤压犯罪空间。深化反恐防范体系建设，对车站、码头等重点目标单位实行常态化巡查制度，实现涉恐重点目标单位有序安全运转。加强校园安保工作，做到校园安保视频与"天网工程"全面联网，内部视频监控系统和报警系统覆盖面达到100%，现全区学校全部安装CK报警器，提升校园应急报警处置能力。

【基层治理】 2015年，莲都区委政法委以综治网格为基础，整合安全生产、市场监管、环境保护、劳动监察、行政执法、流动人口管理、消防等各部门网格，重新调整划分771个区域网格，形成横向到边、纵向到底的"一张网、全覆盖"网格体系。建立区、乡两级综合指挥平台，建立信息采集、事件分流交办、督查考核等机制，实行信息采集"以奖代补"办法,提高专(兼)职网格员、网格信息员、专业网格员以及社会公众的参与度。截至12月底，全区共录入实有人口334105人，重点人员5587人，重点人员帮教率达99.24%，管理服务比例达99.19%，关怀对象1933人；共录入各类事项8963件(其中已办结事项8934件，待办事项29件)，实现区级分流交办的66件。同时，对全区平安建设信息系统推广运用、分类奖励以及平安通服务之星评选情况，每季度定期进行通报。共发放"以奖代补"资金159300元。做好信访法律法规宣传，推进通过法定途径分类处理信访投诉请求工作，开展"区领导督百案"活动，实行重点时期领导值班接访等制度，建立律师接访团队，推进各类信访积案化解。建立信访督查项目库，实行"三色"管理，提升信访事项办理质量和效果。推进白云、万象、紫金、岩泉、联城和碧湖镇等重点公安派出所人民调解工作室建设，在教育、卫计、文广、水利等10个机关事业单位成立人事争议调解委员会、14个乡镇(街道)和72家企业成立劳动争议调解委员会，25个社区成立劳动关系协调小组，并在各行政村建立"一村一法官"制度。探索"行政调解工作机制"省级试点建设，梳理行政调解范围及涉及的法律法规规章，为全区各乡镇(街道)和40多个部门梳理出行政调解事项105项，涉及法律法规规章95部。截至12月底，全区共排查矛盾纠纷5746起，调处成功5733起，调处成功率为99.8%。推进吸毒人员社会化管理省级创新试点工作，出台《莲都区禁毒工作社会化管理试点工作方案》，健全完善毒品预防和宣传教育工作体系，做好吸毒人员服务管理工作。开展"两约"制订修订工作，将三改一拆、五水共治、平安建设以及古村落保护、主题村落发展、生态旅游等内容纳入“两约”，充分发挥村居“小宪法”作用，提升基层法治、自治、德治水平。截至9月底，全区208个村、25个城市社区完成“两约”制订修订工作。围绕“平安四率”宣传，建立平安综治微信群、平安莲都网等新型媒介，提升宣传和工作效果。

【公共安全】 2015年，莲都区委政法委以仓前菜市场为试点市场，启动市区农贸市场食品安全溯源体系建设。通过实名交易，金融支付，在产、供、销各环节生成溯源信息，建立从田头到餐桌的食品安全全程管控体系。推进放心农贸市场创建，开展市区农贸市场禽类摊位冷链改造。查处取缔无证无照经营，查处违法广告和违法批地、违法用地、违法开采矿产资源以及生产销售假冒伪劣产（商）品案（事）件等行为，确保市场运行规范有序。开展木制品可燃爆粉尘专项整治，开展工贸行业“三场所两企业”(有限空间作业场所、可燃爆粉尘作业场所、喷涂作业场所、涉氨制冷企业、船舶修造企业)专项整治。开展建设工程落实施工方案专项行动。建设、交通、水利、发改等各行业监管部门结合项目特点及进展情况自行组织开展监督检查。推进职业卫生监管工作，出台《丽水市莲都区职业病防治工作联席会议制度》，定期召开联席会议，分析研判职业危害防治工作形势，针对性开展职业危害联合检查。在食品安全方面，启动打造“不会吃到地沟油城市”品牌，公开承诺接受公众举报监督。落实食品安全“红黑榜”制度，建立莲都区食品安全信用“黑榜”名单，在政府网上进行公告。推行食安金融联合惩戒机制，将农户、农民专业合作社、农业龙头企业、家庭农场、农贸市场举办者及经营户六类实施主体的食品安全不良信息纳入丽水市农户信用等级评定，根据失信的严重程度，实行差别化信贷措施。为11所中小学校、1所高校、3所学生配送餐企业及2家餐饮单位建立阳光厨房。铺开餐饮单位量化等级评分工作，做好食品安全电子监管工作。在药品安全方面，开展药械专项整治行动，推进智慧监管工作，做好新修订药品GSP实施等工作。

（陈列）

公 安

【概 况】 2015年，莲都区行政区域面积1502平方千米，户籍总人口40.14万人，登记流动人口21.57万人。全区实现生产总值283.19亿元，财政总收入21.43亿元，地方财政收入12.47亿元，城镇常住民人均可支配收入和农村常住居民人均可支配收入分别为35038元和19327元。区公安分局设有办公室等8个职能科室和国内安全保卫等8个直属大队，下辖12个派出所，共有民警389人、职工4人、协（辅）警624人。是年，共立刑事案件6237起，同比上升9.71%；共破获刑事案件2962起，与2014年同比下降9.64%，其中破年内案件1980起，破案率为31.74%；破年前案件982起，其中“两抢”案件破案率55.36%，盗窃案件破案率27.68%，命案、五类案件破案率均为100%；受理治安案件9156起，查处9156起，查处率100%。年内，岩泉所、雅溪所获“全市十佳美丽派出所”，邱丽平获“全省最美警察”，张虹获“全市团干标兵”，李俊勇获“我的青春榜样”“青春楷模”，梁文秀、曹起和等一大批先进典型代表获“全市十佳优秀派出所民警”；区公安分局1个集体，3人获省级先进称号，10个集体、16人获市级先进称号；全局立集体二等功1个，集体三等功6个；个人三等功29人，个人嘉奖16人（第四季度奖励未批下来）。先后获“全市禁毒工作先进集体”“全市公安信息调研工作先进单位”“全市集中打击整治网络违法犯罪专项行动优胜单位”“全市公安机关信息监控工作优胜单位”“丽水公安系统第二届‘瓯江卫士’书画、摄影作品评展活动优秀组织奖”“全区信息调研工作先进单位（特等奖）”“全区安全生产优秀单位”和“全区五水共治先进集体”等荣誉。

【信访工作】 2015年，区公安分局建立“联勤联动”大调解模式，在城区四所及碧湖派出所等重点所建立驻所人民调解工作室，每个调解室2名人民调解员配置到位，化解社会矛盾纠纷，分局共调解各类矛盾纠纷2970起，调解成功率达98.9%，挽回经济损失1919万元，妥善处置“5·7”市行政审批中心王某标摔倒死亡事件、“7·29”黄岭上村李东养殖场王某君死亡事件、“9·19”王某不慎摔死案等各类非正常死亡案件45起。健全“四项机制”（建平台、强机制、控源头、促规范），解决信访问题，化解涉法涉诉信访案件，年内，共接收群众来信来访371件，其中初信初访131件，办结率96%；信访案件息诉118起，息诉率94.4%；查处反馈率达100%（公安部转办1件已办结，省厅厅长接访2件已办结）；妥善处置上访数808批3634人次，其中5人以上群体访178批2230人次（含50～79人的群体访11批732人次，80人以上的群体访3批302人次），同比上年信访人数下降25.54%。全年安排局领导接访31批次，约访群众共16批次33人，当场解决信访问题5起，成功化解长达五年涉及14人的驻乡民警信访件，妥善处置7月局长卫中强接访的祁余英和杨树英信访件。充分运用法治思维，依法规范信访秩序，严厉打击恶意缠访闹访，截至年底，已行政拘留“非访”人员12人次，教育训诫9人，信访秩序可控趋好。

【安全保卫工作】 2015年，区公安分局先后出动警力25000余人次，重大活动安保工作近2000次。开展“三改一拆”“五水共治”“六边三化三美”“涉宗违建整治”“创建全国文明城市”和“百日维稳攻坚大会战”等政府中心工作，其中，“大港头木制品企业整治工作”，154家企业如期完成拆迁工作，全区32处涉宗违建全部如期整改到位。11月13日里东发生山体滑坡灾害后，分局全警动员，全面部署，迅速救援，共2500人次警力参与，确保救援通道绝对畅通，救援现场井然有序，周边治安秩序良好，灾区未出现一例灾后人员伤亡、财物损失案和人员集聚事件；11月30日下午，部分里东受灾户以“要吃饭要住房”为由在城区主要道路非法游行，分局及时控制事态发展并成立专案组连夜展开调查，传唤为首组织者5人，另1人主动归案，有效遏制不法人员借机滋事苗头。

【刑事犯罪】 2015年，全区共立刑事案件6237起，与上年同比上升9.71%；共破获刑事案件2962起，与上年同比下降9.64%，其中破年内案件1980起，破案率为31.74%，破年前案件982起；移送起诉犯罪嫌疑人852人，同比上升13.45%。共发现受理治安案件9156起，同比上升4.11%；查处各类违法人员9722人，同比上升11.58%。通过做大做强技术，建好用好视频，培育侦查专业人才，提升对重大恶性案件和团伙犯罪的整体打击能力，全年全区命案发3起破3起（开发区有1起立在区公安分局），同比前五年平均数5.2起下降2.2起，纵火案件发3起破3起，强奸案件发9起破9起。

【经济犯罪】 2015年，区公安分局从预防经济犯罪入手，实行接案接访 “三个第一”和侦查预警 “三个关口前移”机制，履行“打击、防范、服务”职能，稳妥应对金融风波，结合“猎狐、打假、打击整治传销”等专项行动，依法严密防范涉税经济犯罪行为、非法吸收公众存款等各类经济犯罪活动，深入工商、药监等行政执法部门，主动联系沟通，排摸线索，深度经营，成功侦破雨滴财富P2P网贷平台非法吸收公众存款案，丽水市日丰汽车销售有限公司非法吸收公安存款案等大要案。全年全局立各类经济犯罪案件31起，破案34起（其中年前案件4起），抓获嫌疑人32人，涉案金额2.7亿元，侦查终结移送检察院审查起诉31人。办理经侦类信访案件25起。在处理涉众型经济案件的涉案资产过程中，主动与区处非办等部门进行联系沟通，共同做好维稳工作。

【社会防控体系建设】 2015年，区公安分局出台并执行《分局情报会商工作制度》，全年共搜集各类情报信息1245篇，入部库100篇，省厅采编173篇，市委市政及市局采用592篇，区政府采用364篇，其中，“涉宗违建整治”、‘7·5’与‘9·3’敏感期信息、“11·13”里东山体滑坡灾害处置、“世界互联网大会”等部分特别重大情报信息得到各级领导签批。至12月20日，处置违法网站栏目415个，巡查处置有害信息1500条，报送异地有害信息600多条，参与舆情导控4700余条，落地查证50余人，搜集串联聚会和赴省进京上访活动线索28条。妥善处置“7·1”水南抢小孩、“8·5万地广场不雅视频”、“11·13”里东山体滑坡灾害等本地舆情。针对“泰隆银行倒闭”事件，分局成立调查组仅用一周时间查明事实，教育训诫51人，治安拘留1人，确保金融秩序平稳可控。此外，分局政务微博“平安莲都”及时发布各类预警信息、打击违法犯罪活动，并积极与网民互动，为网民一一解答各类咨询；截至年底，分局门户网站浏览数已达29000余次，微博粉丝量3581人，公安门户网站群信息报送数、录用数均名列全市前茅。全年破获网络赌博3起，抓获15人，破获利用伪基站进行网络诈骗5起，抓获8人，破获网络涉黄4次，抓获9人，破获电信诈骗1起，抓获3人。

【社会面治安整治】 2015年，区公安分局受理治安案件9156起，查处9156起，查处率100%。以“平安莲都”建设为切入点，打好“扫黄禁赌”“百城禁毒会战”等专项行动组合拳，确保“黄赌毒”不蔓延、不扩散。华墩街区域共查获赌博、贩毒团伙共8个，采取刑事强制措施35人，行政处罚黄赌毒人员68人，小美容厅从原来的45家锐减到15家。至12月20日，分局共移诉涉黄、涉赌、涉毒犯罪嫌疑人分别为38人、122人和78人，破获3～5人贩毒团伙5个，破获6人以上团伙3个，缴获毒品381.48克（其中，冰毒晶体354.59克，K粉16.33克，海洛因4.7克）。先后破获“日日游戏机厅”开设赌场案、叶何军等人开设赌场案、方俊等人微信红包开设赌场案、利用微信介绍卖淫案等一批大要案；11月29日，分局在市局直接指挥下，成功查破“9·8”特大贩毒案件，共刑拘涉毒犯罪嫌疑人24人，实现分局年度禁毒工作圆满收官。

【公安行政管理】 2015年，区公安分局制定下发《全区夏季消防检查工作方案》《全区小宾馆、出租房冬季消防安全专项整治工作方案》。以“天津港”爆炸事件为戒，全面开展消防重点单位排查工作，共出动警力7362人次，监督检查单位6319家，发现火灾隐患5513处，督促整改火灾隐患5496处，下发责令改正通知书2788份，受理行政案件128起，罚款417050元，责令停业整改11家， 抢救财产价值5779.3余万元，行政拘留3人，抢救被困人员107人，疏散被困人员596人，全区未发生影响恶劣的严重火灾事故。在重大时间节点和敏感时期严密盯人管控举措，确保“不出事、不生事、不惹事”。实有人口“两实”排查开展以来，至12月20日，分局已走访排查实有人口143501户、320160人，完成“两实管理与入户访查系统”建房访查130444户，关联实有人口317891人，录入常住人口现居住地址108837条，登记在册流动人口215769人，在册出租房屋31271户，签订出租房屋治安责任书31271份。据统计，通过“两实”排查，分局共抓获各类违法犯罪人员65名，其中在互联网上通缉的逃犯6名。

【基层基础工作】 2015年，区公安分局解决大港头所、水上所的选址及新建问题，明确巡特警大队办公用房及修缮费用，警务室建设和治安岗亭建设正有序推进。增加巡特警巡防工作经费每年300万元，水上所110万元的巡逻艇已经进入采购程序，落实派出所民警津补贴比较同职级民警上浮20%政策。分局年度工作责任制考评与区两办、四套班子办公室同待遇，不参与排名，不占奖励名额。完成办公用房清理整顿工作，通过重新规划、科学调配，各业务所队均设置案管室和物管室，现使用面积为100多平方米的分局物管中心也已建设完毕即将投入使用；投入200余万元全面完成三中心建设，询问和讯问视频资料存贮时间分别提高到3个月和6个月；投入资金50余万元，在分局和岩泉所设立两个警校合作实习基地。共投入380多万元用于加强网侦、技侦、刑事技术等科技含量高，实战效能好的重点装备项目建设；投资107万元，对各实战部门的办案场所视频监控设备进行升级；投入100余万元为基层所队新增办公设备、更新电脑、空调等。

【危化物品管理】 2015年，区公安分局严格落实旅馆、网吧、娱乐场所、寄递业等场所和反恐重点部位如车站、加油站、大型商场等的管理制度，形成常态整治巡防机制，有效消除治安隐患和治安盲点。起草下发《2015年全区缉枪治爆专项行动工作方案》，进一步明确危爆物品、管制刀具、易制毒品化学品等管理，真正形成常态化的安全监管机制，确保 "不丢失、不被盗、不炸响"。截至12月20日，全局共办理涉枪行政案件2起，行政拘留4人,危化案件1起，罚款2000元，非法燃放烟花爆竹16起，处罚16人，收缴非法枪支17(猎枪2只、火药枪5只、气枪10只)支，仿真枪2支，废旧炮弹6枚、手榴弹4枚，子弹625发，管制刀具212把，过期炸药5306.4千克，雷管7992只，导爆管2000米，销毁废旧、过期、非法烟花爆竹3000余件。

【公安队伍建设】 2015年，区公安分局先后出台《2015年全区公安机关反腐倡廉建设意见》《2015年丽水市公安局莲都区分局反腐倡廉建设领导责任分工》《分局民警日常违规行为计分制度》和《分局领导集中督察工作制度》等规章制度，组织全区公安民警观看《作风建设永远在路上》专题片，组织开展"走括苍古道、品廉政文化"活动，参观却金馆廉政教育基地，组织观看了《手莫伸(四、五)》警示教育片，开展专题讨论。分局纪委、警务督察共开展现场督察252次，出动督察警力822人次，发现和纠正各类问题336个，提出各类整改建议141条，发督察通报11期。共组织18次《局规》检查，发检查通报9期，受理信访85起，其中市、区效能办转发投诉件28起；受理上级纪委、监察转交举报、投诉件39起；受理群众来信、来人举报投诉件12起,受理12389举报电话投诉6起。多次组织各单位到邻近市区公安系统参观交流学习优秀经验，组织派出所、到衢州、金华等地参观考察。12月29日下午，特邀省委第三巡视组组长徐定安在分局第一会议室为全体民警作《现代侦查理念和战法》专题讲座。"11·13"雅溪里东山体滑坡灾害发生后，分局通过《人民公安报》《平安时报》、丽水电视台等各级媒体刊播及官方微信"平安莲都"反映莲都公安"里东救援"正能量的宣传稿件十余篇，取得良好的效果。截至年底，全局共提拔中层正职8人、副职10人(其中88.9%的新提拔领导来自基层)，交流中层正职13人、副职11人，交流民警27人。立功嘉奖41人，其中57.14%来自基层派出所，同时派出所规范津补贴提高20%。是年，区公安分局连续七年获浙江省公安厅新闻宣传工作一等奖，政治处宣传人员连续13年被省厅、市局、市区主流新闻媒体表彰嘉奖。

【执法规范化建设】 2015年，区公安分局法制工作以"为公安中心工作服务，为领导决策服务，为公安执法服务"为指导，以执法规范化建设为载体，以公安法治观念培育为重点，履行法制指导、服务、保障和执法监督职能，不断提高分局公安工作依法行政、公正廉洁执法、依法办事的能力和水平。提出"两个必须一个鼓励"要求(要求尚未通过基本级执法资格考试的民警必须报考基本级，只通过基本级的中层副职以上民警及50周岁以下民警必须参加中级考试，其他民警鼓励参加中级考试)。截至年底，全局民警均通过基本级执法资格考试，中级通过301人，通过率为80.3%，高级通过23人，另有5人通过国家司法考试。全年、分局在各项执法工作中共刑拘701人，取保候审366人，监视居住21人。提请批准逮捕595人，批准逮捕506人，不捕64人；移送起诉852人，相对不诉24人，绝对不诉3人，退查27起。共查处违法单位或个人1380人，其中行政拘留1052人；强制隔离戒毒115人，社区戒毒162人，分局做出的行政处罚决定被提起行政复议13起，其中10起撤回，2起维持，1起复议中；行政诉讼4起，其中2起驳回，2起撤回，无处罚决定被变更。

【和谐警民建设】 2015年，区公安分局通过“警民恳谈会”“警营开放日”“赃物返还会”“五水共治”“三改一拆”深入群众，主动听取群众意见、自觉接受群众评议，整改突出问题，让警务惠及民生。组织开展结对帮扶低收入农户“个十百千万”活动，为369户低收入农户申请产业扶持金5.8万余元，捐款3.6万余元，为雅溪里东灾区人民捐款7.3万元。在网上办事大厅建设管理方面，公安门户网站群信息报送数、录用数均名列全市前茅。推广关注“平安莲都”官方微信，组织策划打击“伪基站”犯罪案件等系列报道，成功处置“万地广场不雅视频”等10余起涉警负面舆情，收集上报微信转发中涉及“里东救援”负面敏感舆情信息的相关报道5条。组建13支兴趣小组，组织开展书画摄影创作比赛等群众性警察文化活动，参加“警盾杯”校局合作单位游泳比赛获亚军，创作情景剧《三张照片的故事》和团体女声小组唱《警营蔷薇》等节目。全年共发放“食药环”宣传资料22000余份，开展大型现场专门宣传6次，突击检查20余次，至12月底，通过专案经营和其他部门密切配合，共破获食品药品犯罪案件18起，依法移送起诉21人，打击“早安早餐店非法添加铝泡打粉案”“舒金余等人违规添加胭脂红案”，切实保障人民群众生命健康安全，为莲都区质量强区建设做出应有的贡献。

【宣传工作】 2015年，区公安分局在内部宣传方面，在本局主页“莲都公安要闻”栏目编发信息536期，较好地反映全局工作的整体动态，及时挖掘工作亮点上报，被市局主页录用115篇，被省厅主页录用23篇，完成调研文章23篇，被市局主页录用21篇，被《丽水警学》录用5篇，被省厅录用4篇，获“全市公安信息调研工作先进集体”。对外宣传方面，在中央、省、市各级主流媒体发稿1015篇（条），其中国家级11篇，省级88篇，市级916篇。其中，在《平安时报》上发表12篇，其中在头版发表4篇，宣传总量和质量在全市公安系统中独树一帜，连续八年获浙江省公安厅《平安时报》新闻宣传工作一等奖，被省厅授予集体三等功一次。

（吴进勇）

检 察

【概 况】 2015年，区检察院服务莲都区全国文明城市创建、“六边三化三美”“五水共治”“扶贫结对”等工作，派出班子成员、业务骨干参与全区“正风肃纪打霸拔钉”、大港头木制口行业整治、农村基层作风巡查等专项行动。特别是在“11·13”里东事件善后服务工作中，始终坚持“让党委政府放心、群众满意”的原则，全程参与善后服务工作，获区委区政府充分肯定。联合公安、法院、审计、市场监管、环保、林业等部门，合力打击各类破坏金融犯罪、环境污染犯罪，危害食品药品安全犯罪等影响国计民生的重大犯罪。全年共受理各类提请批捕案件499件698人，受理移送审查起诉案件990件1374人，同比分别上升10.3%和9.6%，其中批准或决定逮捕439件591人，提起公诉861件1178人。依法立案查办各类职务犯罪案件19件21人；依法立案监督、追捕追诉，提出抗诉、纠正违法意见、检察建议等诉讼监督142件(次)，采纳率100%。依法立案查办贪污贿赂犯罪案件17件18人，均为5万元以上大案（4件为10万元以上），其中科级以上要案4人（含本级现职处级以上2人）；依法立案查办渎职侵权犯罪案件2件3人。人均办案数远超全国、全省平均数，以占全市10%的检力圆满完成全市近30%的刑事检察任务。是年，区检察院完成省、区级课题4个，有关论文在省法学会、省检察院等单位组织的优秀成果评奖中分获一等奖2篇、三等奖3篇；先后获省、市级“十佳”“优秀”“能手”等称号17人次，名列全市第一；被评为市级先进基层检察院、区级综合考评优胜单位、全省检察机关信息工作先进单位和“全市检察机关党风廉政建设先进集体”。

【社会矛盾化解工作】 2015年，区检察院贯彻宽严相济刑事司法政策，对犯罪情节轻微、没有逮捕必要或可以免予刑事处罚的犯罪嫌疑人依法决定不批准逮捕77人，不起诉55人。5月，成立未成年人刑事检察办公室，完善检察环节合适成年人参与制度，依法对122名涉罪未成年人做出宽缓处理，其中对3名涉罪未成年人决定附条件不起诉，对35名涉罪未成年人犯罪档案进行封存。落实首办责任制，妥善处理各类群众来信来访51件次。开展“举报宣传周”活动，发放检察宣传资料，现场接受群众咨询、举报。办理刑事被害人司法救助案件3件，发放司法救助金53000元。促成当事人双方达成刑事和解，并依法做出不批准逮捕12人，不起诉26人。

【职务犯罪预防工作】 2015年，区检察院深入重点行业领域开展职务犯罪预防宣讲和警示教育7次，发送《涉农专项资金领域职务犯罪白皮书》（下称《白皮书》）等预防宣传资料2000余份，就有关案件及时向案发或主管单位发出检察建议。其中，配合市检察院编印的《白皮书》选取丽水市查处的涉农专项资金领域职务犯罪十大典型案例（区检察院2例入选），并发送给全市农口系统及所有乡镇干部。该做法得到市委书记王永康、原市长黄志平的批示肯定。高度重视行贿犯罪档案查询对遏制贿赂犯罪、促进社会诚信建设的积极作用，受理相关查询98批次，涉及50家单位100余名个人。

【侦查监督工作】 2015年，区检察院对不构成犯罪或事实不清、证据不足的依法决定不批捕21人，不起诉13人。依法要求公安机关说明不立案理由7件10人，监督立案案件法院已作有罪判决13人（含2014年监督2015年判决案件）。对公安机关应当逮捕而没有逮捕的追捕5人，应当移送审查起诉而没有移送起诉的追诉5人，均作有罪判决。立案监督、追捕、追诉案件中，判处五年以上有期徒刑6人，切实防止有案不查、有罪不究。强化非法证据排除，落实保障人权机制，依法对不应当立案而立案的依法监督公安机关撤案1件1人；对重大疑难复杂刑事案件提前介入，引导侦查取证、固证，依法排除非法证据6件，书面纠正违法侦查行为7起。

【审判监督工作】 2015年，区检察院对认为存在重罪轻判、定罪量刑不当等案件提出刑事抗诉1件，2014年提起抗诉的3件案件均获改判，其中练某某、黄某某交通肇事案经抗诉重审后，法院减轻对两被告人的量刑，成为全市乃至全省“抗重”并获成功改判的典型案例。以公权力监督为本位，坚持结果监督与过程监督、对事监督与对人监督、公权力监督与公共利益保障相结合，拓展民行监督渠道，开展审判（执行）人员违法行为监督、生效裁判与调解书监督、执行监督和行政执法监督工作，推进民行检察工作多元化发展。

【刑事执行监督工作】 2015年，区检察院密切关注刑事执行活动中的突出问题，坚持日常监督和专项监督相结合，开展对刑事执行活动的监督。经捕后羁押必要性审查后向公安机关发出变更逮捕强制措施检察议10件10人，均被采纳。就监管中存在的违法问题或倾向性、苗头性问题及时提出检察建议，其中监督收监社区矫正罪犯13人，对指定居所监视居住监管活动中存在的问题提出相关检察建议并被采纳4件。对法院执行财产刑的监督，发出相关检察建议28件，均被采纳并予以立案或执行财产刑，其中办理的区检察院首例跨地区财产刑执行监督案件，促使当事人自愿执行拖欠5年的没收个人财产8万元的刑罚。

【主动接受监督工作】 2015年，区检察院配合区人大常委会开展深化司法监督暨“两官”履职评议工作，落实有关整改意见。适时通报检察工作情况，自觉接受政协民主监督。通过举办“检察开放日”、邀请代表委员视察检察工作、为人大代表送阅《检察日报》、发送检察工作信息、日常电话短信联系等方式，增进代表、委员及人民监督员对检察工作的了解、支持和监督。配合完成人民监督员重新选任工作，高度重视人大代表、政协委员对检察工作的智力支持，在2015年新选任的全市11名莲都辖区的人民监督员中，各级人大代表、政协委员占45.5%。

【检务公开工作】 2015年，区检察院坚持检务公开实体化，突出推进案件信息公开，全年公开案件程序性信息1757条、终结性法律文书740条、重大案件信息8条，接待律师咨询138人次。以信息化手段增强检务公开的主动性和及时性，开展检察宣传工作，推进“两微一端”平台建设，更新改版官方网站，开设“莲都检察”微信公众号，完善“莲都检察”官方微博，紧贴司法办案实际和群众需求，及时向社会公众发布检察信息。

（何信英）

法 院

【概 况】 2015年，区法院充分发挥质效指标“体检表”作用，每月通报各部门考核得分和全市横向排名情况，形成倒逼工作机制。做好院庭长指导办案机制，将审委会委员分为6个小组，定向联络8个业务庭，建立典型案例库，通过随机抽案评查、定期驻庭指导等方式，做好对疑难复杂案件的督促指导。开展留存涉案款物专项清理活动，共清理执行款、诉讼费7938万元。完善教育培训体系，与浙江大学光华法学院建立干警素质提升培训机制，建立每月集中夜学机制，有针对性地开展业务知识更新培训。完善青年法官导师制和疑难案件研讨制度，定期开展庭审观摩、岗位练兵、裁判文书评比、卷宗评查等活动，提升干警司法业务素质，区法院干警在全市法院优秀裁判文书、优秀案例评选活动中获一等奖。做好理论调研工作，注重审判实务调研和成果转化，参与省级重点调研课题1个，共有16篇调研文章在国家级、省级刊物上发表及获奖。制定出台党风廉政建设“两个责任清单”和责任追究办法，并配套建立月报制度，确保主体责任和监督责任落到实处。开展院班子成员“家访”干警活动，签订家庭助廉承诺书173份，督促和引导筑牢廉政“防火墙”。全年共受理各类案件13957件，结案12654件（含旧存），同比分别上升13.83%和12.86%。

【刑事审判】 2015年，区法院审结刑事案件857件，判处罪犯1184人，同比分别下降6.2%和9.3%。依法惩治危害人民群众生命财产安全的犯罪行为，审结故意伤害、强奸、绑架、抢劫等暴力犯罪案件64件79人，审结盗窃、抢夺、诈骗等侵财型犯罪案件230件312人，审结集资诈骗、非法吸收公众存款等涉众型经济犯罪3件7人，审结涉“黄赌毒”犯罪案件112件232人，其中蒋某某假冒记者诈骗案入选全国“扫黄打非”典型案例。审结贪污、贿赂、渎职等职务犯罪案件3件7人，其中处级4人，科级2人。坚持贯彻“宽严相济”刑事政策，对421名具有初犯、从犯、未成年犯等具有从轻情节的，依法适用非监禁刑。做好刑事司法人权保障，严格非法证据排除，确保刑事司法公正；落实被告人不穿囚服出庭的规定，保障被告人人格尊严；为217名符合条件的被告人通知法律援助律师出庭辩护。

【民商事审判】 2015年，区法院审结民商事案件7802件，同比上升16.94%。优化大调解工作机制，民事调撤率为45.18%。审结各类人身、财产等侵权纠纷1340件，保护公民人身和财产权利。审结婚姻家庭、继承纠纷600件，增进家庭和睦。坚持保障劳动者权益和促进企业发展并重，审结劳动争议、劳务合同纠纷171件。审结买卖、承揽、租赁等合同纠纷923件，维护市场正常交易秩序。审结民间借贷、金融借款纠纷3643件，结案标的额32.56亿元，同比分别上升14.27%和25.91%。妥善审结涉房企纠纷案件245件，促进房地产市场健康有序发展。稳妥开展涉外商事审判工作，审结涉外、涉港澳台商事案件7件，平等保护中外当事人合法权益。

【行政审判】 2015年，区法院落实新行政诉讼法，应对诉讼案件“井喷式”增长压力，审结行政诉讼案件107件，同比上升167.5%，其中经法院协调促成和解撤诉的34件，协调撤诉率为31.75%。落实行政机关负责人出庭应诉制度，全年行政诉讼案件开庭审理69件，行政机关负责人出庭应诉率97.1%。落实推进行政非诉申请执行案件“裁执分离”工作，共审查39件，裁定准予执行24件。强化与行政机关的良性互动，坚持以集中专题授课和发送司法建议相结合的方式，促进行政执法监督指导。及时分析新法实施后行政诉讼案件的特点及存在问题，向行政机关提出应对建议，助推法治政府建设。

【执行工作】 2015年，区法院推进执行“一性两化”建设，多渠道查控被执行人财产，执结各类案件3848件，同比上升11.2%，执结到位3.08亿元，实际执行率21.57%。通过网上“点对点”查控系统查询被执行人存款12197人次，成功冻结账户4695个；通过网上布控机制查获被执行人85人；通过交警部门车辆协助查扣机制成功查扣机动车65辆。对失信被执行人的惩戒威慑力度，通过人民银行征信系统、互联网发布失信信息4806条，限制高消费2611人,限制出境182人，司法拘留58人。严肃惩处拒不履行生效裁判行为，袁某某拒不执行生效判决、裁定案入选浙江法院依法惩处拒执罪十大典型案例。

【能动司法】 2015年，区法院围绕市区“五水共治”“三改一拆”“六边三化三美”及大港头木制品行业整治等重点工作，发挥司法职能作用。第一时间参与“11·13”里东山体滑坡灾害救援，做好遇难家属及受灾村民的善后服务工作。根据区委统一部署开展“正风肃纪打霸拔钉”专项活动，共审理各类案件11件，促进农村社会治安风清气正。做好环境审判工作，整合资源延伸服务，助推市区生态文明建设，区法院环境审判工作获环保部、中国法学会“生态环境法治保障制度创新事例”评比优秀事例奖，系全省唯一获奖法院。注重运用法治思维和法治方式，因案制宜做好涉困企业审执工作，审慎采取查封、冻结、扣押等司法手段，帮扶企业维持生产、渡过难关。妥善审理因企业资金链、担保链断裂引发的案件，并针对企业联保问题开展专题调研，提出司法建议。通过实现担保物权程序快速审结金融债权案件36件，结案标的额1.67亿元；成立涉金融案件执行组提升专业化处置水平，共执结涉金融案件401件，执行到位标的额1.24亿元。对网络金融犯罪的惩处力度，依法审结全市首例P2P金融网贷集资诈骗案件，通过官方微信、微博进行宣传报道，取得较好社会效果。完善纠纷多元解决机制，做好与行业协会的工作对接，与丽水市保险行业协会建立保险纠纷诉调对接机制；依法确认交通事故等调解协议930份。及时梳理分析审判执行实践中反映的经济发展、社会治理方面存在问题，组织开展医患民事纠纷相关问题的专题调研，从司法角度提出对策建议。推进未成年人犯罪预防工作，对38名未成年人犯罪记录进行封存，帮助他们回归社会；拍摄专题普法视频短片，开展“送法进校园”活动9次，增强在校学生遵纪守法意识。

【司法为民】 2015年，区法院完善欠薪案件“绿色通道”，建立健全欠薪纠纷协同处置机制，协同地税、社保等部门开展农民工个人养老金缴纳确认工作，为217名农民工追回被拖欠工资432余万元。妥善审理农村土地承包合同、土地承包经营权等涉“三农”案件6件，维护农民合法权益。依法严惩危害食品药品安全、制售假冒伪劣商品犯罪行为，26人被依法追究刑事责任。注重保护妇女、儿童、老年人合法权益，审结赡养、抚养、抚育等案件46件。做好对弱势群体的司法保护和救助，为74名困难当事人申请司法救助金39.87万元，为24名困难当事人缓、减、免诉讼费38.65万元。开展跨区域

(市内)异地办理诉讼事务,为当事人提供异地开具法律文书生效证明、异地远程案卷档案查询、异地预约立案等便捷服务。落实民事诉讼立案调查令制度,签发立案调查令41份,协助调查函336份,缓解当事人因“取证难”而导致的“立案难”问题。在全市法院率先引入责任保险制度作为诉讼财产保全担保的新模式,有效降低当事人财产保全的诉讼成本。在全省率先运行“浙江法院律师服务平台”,律师无须到法院即可完成立案、缴费、提交证据材料、申请诉讼保全、证人出庭等诉讼业务。坚持“公开网拍优先”原则,全年网拍成交146件,总成交额2.26亿元,平均溢价率39.16%,为当事人节省佣金641.78万元,协同金融机构搭建网拍房产按揭贷款平台,为短期资金不足的竞买人提供缓冲空间。落实信访改革要求,落实第四批3件终结案件移交工作,并配合乡镇、街道和有关部门做好后续稳控工作。完善院领导接访制度,及时通过门户网站、官方微博、微信公布院领导接访安排,畅通诉求表达渠道,共接待群众来访439人次,其中集体访156人次,重复访139人次。协同区司法局设立莲都区法律援助中心人民法院工作站,为当事人提供业务咨询和法律援助,借助律师代理申诉机制成功化解历时7年的谢某某信访案件。开展远程视频接访3次,降低涉诉信访社会成本。对1名在信访中妨害公务的人员追究刑事责任,维护正常信访秩序和法治秩序。

【司法公开】 2015年,区法院坚持“公开为原则,不公开为例外”,全年上网公开裁判文书5894份,裁判文书上网率90.41%,落实庭审同步录音录像工作,庭审录音录像率100%,实现法官办案全程留痕。依托新兴媒体打造“指尖上的阳光司法”,通过微信平台定期推送司法资讯,通过官方微博直播典型案件庭审,满足群众知情权。组织“公众开放日”活动44次,邀请3000余名社会公众走进法院、了解法院。不断加强人民陪审员工作,陪审员参与审理案件3888件次,陪审率99.44%。认真贯彻区十五届人大四次会议决议,在规定期限内办结政协委员提案1件。高度重视区人大常委会深化司法监督和开展法官履职评议活动,研究制定6个方面32项针对性整改措施,逐条逐项将意见建议落到实处。定期向代表、委员邮寄《联络专刊》,邀请代表、委员视察法院工作和旁听案件庭审,通报法院工作举措和成效。重视舆论监督,健全新闻发言人制度,先后召开新闻发布会3次。

司法行政

【概　述】 2015年7月,按照省考核组的验收要求,区司法局组织区各普法成员单位召开考核验收专题会,指导各单位根据验考核验收标准,整理“六五”普法工作档案及各类验收材料,顺利通过省、市两级考核组的考核验收。10月26日,丽水市中级人民法院对首批6名未成年社区服刑人员宣告特赦决定。12月4日,区司法局联合区检察院、区法院、区公安分局、团区委等33个部门单位在莲都区灯塔公园开展“12·4”国家宪法日暨全国法制宣传日活动,共发放各类法律宣传手册和相关资料3000余份,解答法律咨询130人次。编写幼童版“女童保护”教案,全年陆续走进丽水各中小学,先后在实验、城北、天宁、花园、括苍等10多个中小学开设公益讲座,惠及5000多名孩子。截至2015年年底,全区建成1个国家级、7省级和33个市级“民主法治村(社区)”,6个市级“普法农家院”,7个“诚信守法企业”。2015年成立莲都区法律援助中心莲都区人民法院法律援助工作站,并在法院诉讼服务中心设立法律援助服务窗口,开展法律咨询服务、受理援助申请、参与化解和代理涉法涉诉信访、申诉案件、宣传法律法规和政策等工作职责。全年莲都区法律援助中心共办理法律援助案件650件,其中民事案件260件,刑事案件390件,涉及未成年人186人、残疾人68人、老年人36人、妇女176人、农民工72人,生活困难164人、政府指派案件51件。挽回经济损失约270万元,接待群众来电来访1115人次。全年接待信访群众55批百余人次。区司法局顺利通过目标档案管理省一级认定；区司法行政法律服务中心被省司法厅评为第一批星级司法行政法律服务中心；建成莲都区社区矫正监管指挥中心并投入试运行，实现社区矫正信息化管理；拓展新型普法载体，新增“莲都司法”微信公众号宣传载体，让手机普法成为广大群众的贴身法律顾问。本年度，全区累计接收社区服刑人员2668名，累计解除社区服刑人员2253名，共有在册社区服刑人员415名。因违规被警告的45人次，违法违规被治安处罚10名，严重违反监管规定被收监14名，获减刑1人。莲都区刑满释放人员在册共计1499人，重新违法犯罪25人，重新犯罪率等控制在考核要求的范围内。

【通过目标档案管理省一级认定】 档案是单位职能活动的真实记录，按照《浙江省司法行政系统档案工作目标管理省级认定标准（修行）》文件要求，2015年，健全各项档案管理制度，完善岗位责任制，整理自局机关成立以来的各项档案资料，编研整理局组织机构沿革、大事记、基础数字汇编等，提高档案的开发利用水平，促使档案管理工作逐步走向规范化、制度化、标准化、科学化、信息化。11月24日，由省司法厅、市档案局、市司法局及区档案局相关领导组成的考评组到莲都区司法局进行档案目标管理省一级认定。最终，区司法局以97.5分的成绩顺利通过省司法厅和省档案局档案达标联合检查组检查考评，达到省司法行政系统档案管理工作一级标准。

【星级规范化建设】 2015年，区司法局在万象、岩泉、碧湖、雅溪4个司法所已被评定为星级规范化司法所的基础上，将白云、紫金列为本年度的星级规范化司法所创建重点。从基础设施建设、制度建设、服务模式等软硬件建设入手，开展星级法律服务中心创建工作，构建集公益性、专业性、便民性于一体的“一站式”综合法律服务平台。是年，莲都区司法行政法律服务中心被省司法厅评为第一批三星级司法行政法律服务中心，成为全市首批星级法律服务中心。中心成立4年以来，累计接待群众来访5294次，办理法律援助案件2223起，化解矛盾纠纷1098件，发放宣传资料6万余份，便民利民惠民作用凸显。

【法律顾问体系建设】 2015年，区司法局建立符合政府法律顾问条件的87名市区执业律师数据库，做好担任政府法律顾问律师的资格审核和推荐工作。配合区政府法制办做好乡镇人民政府、街道办事处和政府直属各单位法律顾问聘请工作。截至2015年年底，区政府，各乡镇人民政府、街道办事处，聘任政府法律顾问率达到100%，实现区、乡二级政府法律顾问。为做好基层民主法治建设，担任莲都区14个乡镇（街道）233个村（社区）法律顾问的社会律师、基层法律工作者参与村规民约、社区公约的制定修订工作，对村规民约社区公约进行合法性审查，确保修订后的村规民约社区公约主体合法、程序合法、内容合法。据统计，担任村（社区）法律顾问的13家律师事务所、法律服务所对全区5个街道、9个乡镇208个村25个社区进行村规民约、社区公约的合法性审查工作，合法性审查完成率达100%。会同丽水工业园区管委会联合举办系列“企业法律风险防控培训班”。首期培训班邀请浙江工商大学法学院经济法系主任王惠教授进行授课，瓯宝安防科技股份有限公司等25家规模较大企业负责人、高管等40余人参加培训。浙江泽厚（丽水）律师事务所律师在现场开展法律服务，进行法律问题咨询、一对一就诊式法律体检。

【人民调解工作】 2015年，区司法局做到定期排查、分类化解、及时通报，抓早、抓小、抓苗头，把握工作主动权，把矛盾化解在基层，解决在萌芽状态。做好人民调解组织队伍建设，全区共建立各类人民调委会266家，共有调解人员1000余人，其中乡镇（街道）调委会14家，村（居、社区）调委会236家，企业调委会8家，行业性专业性调委会8家，自上而下形成区级人民调解指导中心（融和人民调委会）—乡镇（街道）调委会—村（居、社区）调委会三级调解组织网络。此外，年初在岩泉、万象、白云、紫金、碧湖5个公安派出所建立人民调委会驻公安派出所工作室，做好人民调解和行政调解的衔接互动，建立以纠纷移送、协助调解等形式为辅的“警调衔接”机制。组织开展各种类型的培训，提升人民调解队伍素质和业务水平，组织评选全区典型调解案例，且7篇案例入选《浙江省人民调解案例选编》。是年，全区各调委会共调处各类矛盾纠3823件，其中调处成功3821件，成功率达99.9%，其中重大案件37件，涉及金额1230.38万元；非正常死亡案件28起，涉及金额881.6万元；医患案件4起，涉及金额6.2万元，人民调解工作切实起到维护社会和谐稳定的防线作用。

【安置帮教工作】 2015年，区司法局在落实服刑人员信息核查制度、“重点帮教对象”接回制度、刑满释放人员衔接帮扶制度，确保安置帮教对象无遗漏。坚持半年走访制度和重大节假日、重大活动必访制度，时时掌握帮教对象动态。帮、教并举，引导、扶助刑满释放人员自谋职业、自食其力，做好帮教工作。帮助经济困难和“三无”人员予以过渡性补助，解决回归社会后的“第一餐饭”问题，本年度累计对10名生活困难的刑满释放人员进行困难救助。同时，推进监地协作，拓宽安置帮教工作面，组织帮教团到金华监狱开展莲都籍在服刑人员集体帮教，帮助解决家庭困难。

【公共法律服务体系建设】 2015年，区司法局以莲都区司法行政法律服务中心为枢纽，以14个司法所和28个村（社区）司法行政工作室为延伸点，按照“法律服务咨询、矛盾纠纷化解、困难群众维权”的功能定位，整合普法宣传、法律援助、律师、人民调解等法律服务资源，建设覆盖城区、乡镇（街道）和村（社区），布局合理、操作科学、便民利民的城乡基本公共法律服务体系，以促进基本公共法律服务均等化的重点，让农村基层群众享受和城市居民相同的便捷法律服务。以司法行政工作人员、法律援助律师、司法协理员为专职力量，建设专业的公共法律服务队伍。以专职律师、基层法律服务工作者、专职人民调解员为中间力量，建设稳定的法律服务队伍。以法律服务志愿者补充，引导高校法律专业的师生、退休政法干警等社会力量参与公共法律服务，提高公共法律服务供给水平。在莲都区司法行政法律服务中心设立莲都区旅游消费法律服务中心，在古堰画乡和东西岩风景区设立法律服务工作站，为莲都区旅游经济发展提供优质法律服务。

【服务中心工作】 2015年，区司法局承担创建全国文明城市民主公正法治环境专项组牵头部门职责，“五水共治”结对帮扶仙渡港、“六边三化三美”结对帮扶敏河村、消除年人均收入4600元以下农户结对峰源乡，参与“11·13”里东地质灾害灾后善后处置，指派干部进驻水南区块征迁工作组、高溪低丘缓坡指挥部、金丽温铁路扩能改造工程指挥部、金丽温天然气输气管莲都段政策处理指挥部等区重大项目工作组，指导援助律师和社会律师参与“三改一拆”“五水共治”“六边三化三美”等中心工作。

（叶丹青）

武　　装

人民武装

【概　述】 2015年，莲都区人武部先后组织学习全军政工会议、十八届五中全会、习近平视察驻浙部队讲话等精神，开展“三严三实”教育整顿，组织党规党纪学习，做好政治纪律规矩。做好军事斗争准备，组织战场环境和防区重要目标勘察，开展战备值班信息化建设，修订完善作战方案，依照战时方案计划开展首长机关编组联训，实战组织望城岭水厂及通信传输站重要目标防卫演练、应急通信演练和战时动员行动实兵演练，抽调工程装备维修分队参加全省战役装备保障实案化演练。分层组织首长机关、专武部长、民兵连长、应急分队、专业分队、民兵骨干等6个层次训练，现役干部、专武干部和民兵应急连参加军分区考核比武成绩优良。做好国防动员实战化准备，组织人武动员潜力调查和作战能力评估，完成G25高速车辆装备支前保障点建设。开展大走访慰问活动，采取开设“八一光荣榜”、播放宣传片、张贴宣传海报、推送手机短信和微信等方式，多渠道、全方位做好征兵宣传。率先探索民兵应急连常态化保持建设路子，扩编应急连，制定出台各项制度措施，将民间专业救援力量纳入应急力量体系，建成“随时能召集、随时能应急、随时能遂行任务”的应急拳头力量。完成新兵征集任务，大学生比例达53.6%。调整编实国防动员机构人员，落实学习、会议等制度，系统梳理完善台账资料，经济动员、科技动员、信息动员和综合考评成绩均列全市第一。开展民兵基层党组织建设工作，民兵应急连党支部被省军区评为“红旗党支部”。是年，区人武部被省军区评为军事训练先进单位、新闻报道先进单位。

【区委武装工作暨区国动委第十二次全体(扩大)会议】 2015年4月16日，区委武装工作暨区国动委第十二次全体(扩大)会议在莲都会议中心召开。区委常委、区国动委委员、区直各部门负责人、各乡镇(街道)党政主要领导、专武干部等100余人参加会议。会议由区委副书记、区长杨秀清主持，区委常委、区人武部部长、区国动委常务副主任潘新雄做工作报告，总结2014年度党管武装和国防动员工作，部署2015年度任务，市委常委、区委书记林健东出席会议并讲话。会议通报表彰武装工作先进单位和个人，3名乡镇(街道)党(工)委书记进行党管武装工作述职。

【承办全市冲锋舟操舟手集训】 2015年5月18—22日，受丽水军分区委托，区人武部承办全市第二期冲锋舟操舟手集训，丽水各县(市、区)80余人参训。集训主要安排冲锋舟操作基本理论、冲锋舟离(靠)岸、水上编队行进、水上救援行动、夜间航行等课目训练考核。22日，在市区南明湖水域组织水上应急救援行动综合演练，市委副书记、市长黄志平，军分区司令员姜华、政委范金华，军分区机关及各县(市、区)人武部部长、副部长等50余人到场观摩。

【组织民兵参加“11·13”里东山体滑坡救援】 2015年11月13日22时50分，莲都区雅溪镇里东村发生山体滑坡，塌方量30余万立方米，27户房屋被埋，21户房屋进水，近40名群众被埋。灾情发生后，区人武部立即启动应急预案，紧急召集民兵应急分队人员，深夜赶赴现场，配合协同军地救援力量展开施救。救援行动持续至22日，先后动用民兵1700余人次，联系动员其他社会救援力量330余人。救援中，引导堰塞湖水流，防止次生灾害。组织民兵320余人次搬运沙包，完成里东村高速公路东侧100余米泄洪道的搭设和加固，确保李家祠堂片区村庄安全；组织60余人次参与里东村西侧50米防水坝构筑，保证下游施救现场安全。配合地方政府疏散和安抚灾区群众，帮助2户受灾群众搬运物资，协助拆除受损危房2栋。听令完成各种临时突击性任务，先后协助地方搭设帐篷2顶，转移指挥帐篷1顶，搬运爱心物资5吨，设立山体滑坡观察点2处，为救援行动取得完胜做出应有贡献。

【民兵整组及拉动】 2015年，区人武部根据全省民兵工作会议和丽水市民兵调整改革任务部署会精神，3月初至4月底，组织开展全区民兵组织整顿工作，区分应急、支援、储备三类队伍，编组基干民兵分队XX支XX人。4月底，民兵应急连接受军分区拉动点验，到点率94%。12月中旬，抽组省军区机动支援力量1支100人，接受军分区的拉动点验，到点率98%。

【民兵军事训练】 2015年，区人武部以专武干部、民兵干部、应急分队为重点，落实民兵军事训练10余批次XX人次。5月上旬，在军区通信传输站、望城岭自来水厂等重要目标地域，组织安全警戒分队XX支XX人开展“三个现地”训练演练。5月下旬至6月初，组织无线通信、核化救援、情报侦察、教学法、山林灭火和应急维稳等6个专业10名民兵干部骨干参加省军区跨区联训。7月上旬，依托武警教导队组织一期7天的专武干部和民兵应急连强化训练，并参加了军分区组织的排名考核，分别取得总评第五、第二的成绩。7月下旬，出动民兵10人、冲锋舟1艘，配合区水利局在联城街道金弄口村完成防汛演练。11月上旬，组织常态化民兵应急连开展非战争军事行动训练。

【国防动员工作】 2015年4月，召开区委武装工作暨区国动委第十二次全体（扩大）会议，拟制下发《莲都区2015年度国防动员工作和后备力量建设要点》，明确年度国防动员工作任务。7月，按照“军地一体、平战结合”原则，调整充实区国动委领导小组和“八办”机构，集中组织国动委成员开展业务培训。7月9日，丽水市委副书记、市长、市国动委主任黄志平带队对区国防动员工作进行综合考评，考评总成绩及经济动员、科技动员、信息动员3个单项工作名列全市第一。10月，组织国防动员工程装备维修专业队开展训练，按需购置补充部分装备器材，在G25高速丽水服务区建立车辆装备科技支前保障点，顺利通过省国动委检查验收。

【作战能力评估】 2015年12月7—9日，丽水军分区通过查阅资料、观摩演练、拉动点验等方式，对区人武部作战能力进行综合评估。根据评估要求，区人武部组织修订大规模作战方案、战时国防动员方案及各专项动员方案，按照“缙云模式”组织人武部机关开展防卫作战编组联训，按照“云和模式”开展国动委战时行动演练，同时还组织兵员动员实兵行动，接受人武动员能力专项评估。区人武部机关、区国动委领导、各专业办公室有关人员及3支民兵分队参加考核。

【召开全区基层武装部规范化建设推进会】 2015年12月28日，区人武部组织召开全区基层武装部规范化建设推进会，全区各乡镇、街道1名党政主要领导和全体专武干部50余人参加会议。与会代表先后参观仙渡乡武装部、白云街道武装部及白云街道城西村民兵连部，现地观摩规范化建设情况，听取单位领导介绍抓建经验，区人武部部长潘新雄对全面推进基层武装部规范化建设进行任务部署。军分区参谋长宣国民到会指导。

【开展全民国防教育】 2015年，区人武部依据《浙江省国防教育条例》，针对青年学生、领导干部、普通群众等不同群体，灵活运用不同的教育宣传方式，提高全区广大干部群众的国防意识。区人武部政委王松龙先后4次为地方单位团体上国防教育课。6—9月，结合征兵宣传和“全民国防教育周”活动，通过三大通信运营商、办公助手短信平台、农民信箱、微信公众号等，发送国防和征兵短信累计达10余万条，发放宣传单10000份。

【开展走访慰问活动】 2015年，“八一”、春节期间，区人武部和乡镇（街道）武装部对70余户莲都籍现役干部家庭和立功受奖及特困军人进行走访慰问，赠送慰问品、慰问金共4万余元。各乡镇（街道）走访慰问贫困军人家属、烈军属、残疾军人、在乡老复员军人和带病回乡退伍军人300余人，赠送慰问金10多万元。

（金威）

莲都武警

【概　况】 2015年，莲都武警中队作为总队树立的“标兵中队”、支队的“窗口中队”、莲都区安全保卫的“拳头”中队，完成“两会”安保、“3·14”和“7·5”敏感期及“9·3”大阅兵期间的城市武装巡逻、“11·13”里东山体滑坡抢修救援等任务。被浙江省总队评为“抢险救援”先进集体，荣立集体三等功一次。中队长刘胜勇获“浙江骄傲”年度特别奖；支队军事大比武获团体第二名，下士龙胡知、上等兵张一笑被支队评为军事训练先进个人；2名战士考学提干；中队班长强俊强代表支队参加总队政工“四会”比武取得第四名，荣立三等功一次；中队班长张爱文在里东山体滑坡抢险救援中，荣立个人三等功一次。

【思想政治建设】 2015年，莲都武警中队针对当前深化国防和军队改革和新形势下官兵思想复杂、追求多样性和战士中独生子较多等特点，坚持把改革强军主题教育作为政治教育重点内容，制订教育实施计划方案召开教育动员会，注重备课、教育等环节的落实，实现塑造人、培养人、教育人的目的。做好报考武警院校人员思想稳定工作，提前做好考生思想稳定工作，使考生以良好的心态对待考学，并及时做好落榜考生的思想工作。

【军事训练】 2015年，莲都武警中队结合年度训练计划，合理安排训练时间、科学施训。夯实官兵“当兵打仗、带兵打仗、练兵打仗”的素质基础，训练过程中遵循科学组训、因人施训、分层分训等方法，军事训练质量稳步提升。定期开展体能、技能等科目的考核。是年，支队比武获团体第二名。

【双拥工作】 2015年，莲都武警中队支部坚持将双拥工作作为重点工作。成立以中队长、指导员为组长，支部各委员为组员的双拥工作领导小组，制定专人负责具体事务性工作，并根据中队领导班子的变化情况，及时调整双拥工作领导小组。明确目标要求，坚持把双拥工作摆上议事日程，与中队日常工作同部署、同计划、同实施，以区政府年初下达的工作指示为依据，在梳理年度工作思路时，把双拥工作纳入年度工作目标。年初，根据区双拥工作要点，制定中队双拥工作实施方案，明确工作责任和制度措施，做到“三个确保”，即无论业务工作再忙，也要确保双拥工作时间；无论办公经费再紧张，也要确保双拥活动经费；无论领导工作再繁忙，也要确保亲自过问和参加双拥活动，使双拥工作制度化、规范化、经常化、科学化。派遣100余人次协助花园中学、丽水学院、丽水职业技术学院、莲都区公安分局等公建单位军训，参加执勤60余人次，社会活动安保150余人次，出动兵力500余人次配合市、区公安局进行武装巡逻，确保地方安全稳定。中队接待13500多人参观警营，其中包括地方企业、学生、幼儿园小朋友等。整理图书350余套和人民币5000余元资助联城小学贫困学生4名。与区公安分局、派出所开展联动执法行动，打击违法犯罪行为。开展警民共建活动，定期或不定期走访共建单位和困难户，力所能及解决一些实际问题。

【后勤保障工作】 2015年，莲都区武警中队坚持“以人为本、厉行节约”的原则，充分利用中队有限的经费，创造最佳的效益；注重后勤队伍建设，提高后勤人员的专业技术水平和军事素质，确保全面发展。结合“伙食管理精细年”活动，广泛征求官兵对伙食的意见建议，合理调剂伙食，确保广大官兵的饮食营养需要。做好经费管理，落实重大经费开支报告、中队“双主官”签字等制度严格落实记价挂账、物资交接和检查评比等制度，增强营产营具使用效益。贯彻落实总队卫生规范化管理工作规定，做好厨房、餐厅的卫生管理；落实各项卫生管理制度和伙食管理五项制度。

（徐宝学）

莲都消防

【概　况】 2015年6月，区消防大队成功入围市级“青年文明号”；7月，大队在支队开展的“守纪律、讲规矩、听指挥”主题征文中获一等奖；10月，在全市大队党委书记“三严三实”专题党课优秀视频评比中获二等奖。截至11月18日，消防队伍共接警275起，出动293次（含增援），出动消防车601辆次（占全市32%），消防人员3912人次，抢救被困人员8人，疏散人员525人，抢救财产价值4975.1万元。全区共检查单位场所1809家，发现各类火灾隐患2327处，督促整改2314处，临时查封单位11家，责令“三停”7家，下发处罚决定书63份，处罚款26.17万元，行政拘留2人。继2014年“8·20”抢险救援以后，大队在处置“11·13”雅溪山体滑坡事故中，充分发挥首批到场参战力量具备的“尖刀”作用，陆续搜救出7名被困人员，并成功营救出此次特大滑坡灾害的唯一一名63岁的幸存者。

【荣誉与奖项】 2015年，区消防大队在全省政工岗位练兵普考中平均成绩位居全市第一，省政工网稿件全年累计51篇，超额完成指标任务112%。中队长吴仁飞入围夏季消防执法风采展示，中队班长吴朱昊获莲都好人。在“9·7”南明化工爆炸中，中队政治指导员毛月新获个人三等功一次、中队6名战士获个人嘉奖。在“11·13”雅溪山体滑坡救援中，中队战士获个人二等功一次，中队长吴仁飞获个人三等功一次。

【班子建设工作】 自“创满意”活动开展以来，大队围绕消防服务、监督执法、灭火救援、部队形象等问题，广泛向人大、政协、执法对象、廉政监督员代表征求意见及建议。2015年，共走访60位党政机关代表、136家执法服务对象，回访207位报警人员，向社会单位发放意见建议征求表196份，回收108份，整理归纳意见建议4条；安排副大队长定期到窗口坐班，先后到审批中心上门指导30余次，服务群众200余人次，首次被市审批中心评定为“五星窗口”。大队、碧湖中队先后获市级“青年文明号”、市级“文明单位”。开展创建“示范基层党组织”活动，发挥党组织的战斗堡垒作用和党员的先锋模范作用。大队党委被评为“先进大队党委”，4名官兵被评为“优秀共产党员”。

【练兵工作】 2015年，区消防大队进行实战化训练，组建多支专业水上救援队伍，28人通过培训取得冲锋舟驾驶操作证。共组织协调完成隧道突发事件应急救援演练、道路运输突发事件应急救援演练、燃气管道泄漏事故应急救援演练、大型油罐灾害事故实战演练等大型演练，组织官兵对各类场所实地熟悉演练125余次，修订完善各类预案186份。开展“人装结合”、交接班“每日一讲”活动，对中队车辆装备进行摸底测试，对车辆出水、出炮时间、车辆吸水性能、最大供水距离等进行实战测试。

【社会管理工作】 2015年，区消防大队借势大港头竹木制品企业搬迁契机，开展为期两个月的统一整治行动。多部门入驻大港头开展为期两个月的木制品行业区域性火灾隐患整治行动，

37家企业停产转业，33家企业关停，拆除影响消防安全的彩钢板、简易棚等违章建筑8.18万平方米。整治期间原市委书记王永康、市长黄志平、支队军政主官等领导多次亲临一线指导。区政府召开常务会议，审议通过《莲都区火灾隐患整治攻坚行动暨今冬明春火灾防控工作方案》，集中整治城区"七大类"隐患密集区。开展"区域性火灾隐患专项整治""重大火灾隐患专项整治""夏季消防安全大检查""劳动密集型企业专项整治"等规定动作，并结合莲都区实际情况开展"消防车通道专项整治""汽修行业专项整治""金融行业专项整治"等工作。

【队伍建设工作】 2015年，区消防大队推进多种形式消防队伍建设，碧湖中队单编试点和大港头专职队升级圆满通过总队验收。大队党委多方协调，专题向区政府汇报，争取2015年多种形式消防队伍建设专项经费180万元，用于组建5个建制乡的专职消防队和20个人口超千人的行政村志愿消防队伍，灭火救援网络更加稳固。完成营区路面硬化、墙面油漆、战士宿舍改造、干部寝室升级等项目。

（毛月新）

农村经济

综　述

【概　况】 2015年,全区实现农林牧渔业总产值26.14亿元,同比增长2.8%。其中:种植业产值19.33亿元,增长3.1%;林业产值2.14亿元,增长2.9%;畜牧业产值3.76亿元,下降0.4%;渔业产值0.66亿元,增长9.5%。莲都区围绕“三美融合,主客共享”工作主线,遵循“示范引领、争创一流”工作要求,践行“绿水青山就是金山银山”发展理念,连续第十年被省委、省政府评为“社会主义新农村建设优秀单位”。坚持请上门体验、送上门消费的“两门”农业发展目标,打造“中国莲都,养生农业”品牌。开展“向经营性服务组织购买农业公益性服务机制创新、农村土地确权登记颁证整县推进、整县制推进高床发酵生态养殖模式”三大试点工作。省级现代农业综合区建设、农产品质量安全追溯体系建设通过省级验收,成功创建“三区四园”。推动现代生态循环农业整建制推进县、省级农产品质量安全放心示范县创建。全区粮食播种面积9933.33公顷,产量4.83万吨,完成粮食生产目标。新增中药材面积58.27公顷,其中新发展铁皮石斛7.33公顷,皇菊10.93公顷,处州白莲40公顷。累计发展农业龙头企业80家,新发展农民专业合作社50家,家庭农场56家。新增无公害农产品14个,绿色、有机食品5个,累计通过“三品”认证的农产品119个,农产品省级抽检合格率达100%。出台《关于加快莲都区旅游农业产业发展的实施意见》,推进农旅深度融合发展。

【农民创业增收】 2015年,全区农村常住居民人均可支配收入19327元,同比增长9.8%,农民人均纯收入总量连续29年居全市首位;低收入农户人均纯收入8727元,同比增长20.7%,除低保外,家庭人均纯收入超8000元的占64.1%。完成农民搬迁843户1953人,新增投资2843万元,推进安置小区(点)建设,完成联城城郊农民新社区二期287套安置房申购工作。完成农村劳动力培训10521人,为农民创造更多“家门口打工”的机会。首创师资提升研修班,开办莲都籍成都异地超市创业培训班、微信创业示范班等,农民工资性收入和经营性收入继续保持增长。发展来料加工、农村电子商务、农家乐(民宿)成为农民增收致富的“新三宝”。全区农家乐民宿产业保持较快发展势头,累计发展农家乐(民宿)经营户284家,客房1613间,床位3126张。全年接待游客194.96万人次,营业总收入1.28亿元,同比分别增长45.06%和50.31%。发放农村来料加工费2.36亿元,加工者队伍2.2万人。全区实现电子商务销售总额近20亿元,位居全市前列。

【农村人居环境】 2015年,全区以“六边三化三美”行动为推手,开展六边区域综合整治大会战,完成高铁沿线及高铁站场周边环境第一轮综合整治提升。以城乡洁美擂台赛为载体,开展堆柴垛比赛、洁净日行动等特色活动,率先在全市推进农村厕所革命实践。以高速、高铁、通景公路等重要交通道路为轴打造美丽乡村风景线。全年累计完成省“两路两侧”交办问题点位15个、市交办“六边三化三美”问题点位489个，完成自查交办问题点位5431个，改造山体林相268.20公顷，种植景观花26.67多公顷，改造房屋外立面224.12万平方米，创建花样美村22个。继续推进农村生活污水治理76个村，新增受益农户13809户。继续推进农业面源污染治理，出台《畜禽养殖污染整治成果巩固工作方案》《莲都区畜禽养殖场治理工作网格化管理实施方案》，落实村、乡镇（街道）、部门三层网格化管理机制。全区累计关停畜禽养殖场405家，集中治理规模猪场285家，完成沼液利用1.5万吨。开展农业投入品废弃包装物集中回收和无害化处置工作，病死动物无害化处理中心试运行。

【农村社会事业】 2015年，实施农村幼儿园质量提升建设工程，基本完成乡镇中心幼儿园建设。乡镇中心幼儿园二级及以上等级占比率达64%。农村生均公用经费提高到小学742元、初中1046元，高于省定标准。吸纳1524名（小学1085名，初中439名）民工子女到城区学校就读，做到同城同待遇。发放中小学营养餐及教育券资助款372.68万元，营养餐惠及贫困学生7387人次，教育资助券惠及学生142名。发放民族教育券资助款17.538万元，资助少数民族学生2264人。98名贫困幼儿享受保育费减免。结合消除4600元以下低收入农户工作，新增低保对象991户1532人，累计达到6263户7792人，农村低保标准由每人每月389元提高到每人每月459元，城乡低保增幅达到15%以上，低保工作做到“应保尽保，应退尽退”动态管理。累计建成乡镇卫生院17家，村卫生室109家。建成村文化活动室233个，覆盖率达到100%。新建“天天乐”文体广场活动点44个，累计达462个。新建乡村戏苑11个，累计达55个，建成村级室内固定电影放映点10个。完成243个行政村应急广播体系建设。

【农村体制机制创新】 2015年，全区继续推进宅基地使用制度和创新社区管理方式两项改革，加快构建农村经济发展转型升级的体制机制。农村地籍调查、农村集体建设用地使用权确权登记颁证、“村民自治+社区管理”农村社区管理模式深入推进。继续推进农村产权制度改革，全面完成208个村经济合作社股份制改革。新发放土地流转经营权证80本，累计发放116本。开展全省农村土地确权登记颁证整县推进试点，土地承包经营权确权登记按工作进度（指界）完成的承包合同面积4946.07公顷，完成实测面积6616.27公顷，按工作进度（指界）完成率为66.8%。继续深化金融服务“三农”，完成“三权”抵押贷款余额10.84亿元，其中：林权抵押贷款6.75亿元、完成率105.1%；农房抵押贷款3.55亿元，完成率105.8%；土地流转经营权抵押贷款5748万元，完成率112.7%。“三权”抵押贷款全部超额完成市政府下达的目标任务，且不良率为零。

新农村和全面小康建设

【概　况】 2015年，莲都区财政预算内资金用于“三农”支出140724万元，同比增长18.33%。涉农贷款余额57.8亿元，比年初新增5.2亿元，同比增长11.6%。全区以“三美融合、主客共享”为工作主线，以“经营山水、统筹城乡”为思路，以“串点成线，连线成片”为要求，坚持“政府主导、全民参与，因地制宜、城乡联动，综合治理、长效管理”，持续深入推进“六边三化三美”行动，打造首善之区“秀山丽水、养生莲都”和最具幸福感旅游城市。

【六边三化三美行动】 2015年，全区围绕“1359”的建设目标，以1条环城线、3个进城主路口（西入口、青田入口、缙云入口）、5条重要交通道路（G25长深高速、S328丽浦线、S33龙丽高速、丽和线、港前线）、9个精品村（利山村、大港头村、南山村、松坑口村、里河村、沙溪村、梁村村、新陶村、港口村）、7个示范村（均溪村、里东村、凤鸣村、小安村、敏河村、太平村、长濑村）为重点，兼顾沿线5个乡镇(街道)23个村,全面开展视野范围综合整治,结合"五水共治"、"三改一拆"、美丽城乡建设等重点工作,推进"六边三化三美"行动。出台《2015年度莲都区"六边三化三美"工作督查考核办法》《莲都区农村环境卫生治理工作考核督查细则(修订)》,将全区14个乡镇(街道)、66个区直部门单位、208个行政村纳入考核,协调工作推进。印发《莲都区深化"六边三化三美"行动项目建设和资金管理办法》《莲都区民宿经济发展服务指南(试行)》《莲都区农村卫生公厕标准(暂行)》《莲都区"六边三化三美"工作参考标准(第一期)》《莲都区六边三化三美工作路段长制暨美丽乡村蹲点联系工作指南》等指导文件,明确标准要求,规范开展工作。根据"十美工程"建设目标,成立美丽村庄等12个专项组,分头抓好美丽工程建设。成立"5+2X"专家组(农办、建设、发改、财政、林业五部门+相关乡镇(街道)分管领导和社会邀请专家),统筹推进各区域的整治工作,谋划指导项目建设。建立健全"路段长制"暨干部蹲点联系美丽乡村制度、"5+2"(区委书记、区长、区人大常委会主任、政协主席、区委副书记+分管农业、城建副区长)领导干部联系美丽乡村建设等一系列制度,全区共有区级路段长38位、乡科级路段长150位、村级路段长359位,66家区直部门单位分别与38条路段和45个美丽乡村进行结对并开展帮扶工作。按照"区政府主导、农民自筹、社会参与"的资金筹措思路,区财政每年最少整合安排3600万元专项资金,累计投入4.67亿元用于"六边三化三美"及相关工作。莲都区获全市"六边三化三美"年度工作考核一等奖。

【农村生活污水治理】 2015年,全区开展农村生活污水治理75个村,新增受益农户数13809户,受益率达83.3%。解决2014年141个已完工治理村整改接户、管网、终端三大工程上存在的问题,分批开展质量和水质抽测。继续开展区领导农村生活污水治理项目领衔制,38个副处级以上领导每人联系2~3个村,每月深入开展调研指导工作。开展"三查三评三比","三查"是乡镇(街道)自查、互查,区抽查,"三评"是乡镇(街道)自评,区点评,民主评议,"三比"是比进度、比质量、比验收运维。严格规定村干部不得自己或借用他人名义承接治理工程,业主单位严格把好施工单位准入关、资金使用关,禁止将工程发包给村干部挂靠的"施工单位",并不得分包与转包。继续做好培训与实践,组织设计、监理、管理等单位专家进行现场指导。建立农村生活污水治理"微信群",通过及时发布检查情况组图对比,督促乡镇(街道)找出差距落实整改。实行农村生活污水治理"周通报"制度,利用莲都零距离、效能眼等电视媒体平台,做好对农村生活污水治理工作的宣传与督促。

【美丽乡村建设】 2015年,全区在建历史文化保护利用村15个,2013年省委、省政府启动保护利用工作,规定项目建设周期为三年。2013年,启动村省级重点村下南山村、省级一般村岩泉街道陈寮村、老竹镇沙溪村、峰源乡西坑村基本完成项目建设。2014年,启动村碧湖镇古井村、下圳村、黄村乡皂坑村、雅溪镇箬坑村完成项目形象进度的80%以上。2015年,启动省级重点村雅溪镇西溪村,碧湖镇堰头村、大港头镇大港头村、西黄村(官岭自然村)、雅溪镇莲房村、老竹镇新陶村和梁村村等省级一般村,完成项目形象进度的30%以上。全区列入第三次全国不可移动文物名录有六大类共619处,其中:古民居298处,宗祠102处,寺庙49处,古桥55处,古遗址14处,古井、古亭、古塔、古堰坝、牌坊等其他101处。在重要交通干道沿线22个村,建设迷你城墙、鹅卵石花坛、行步道等村边美化项目,提升村庄环境。集中创建花样美村22个,累计创建市、区两级美丽乡村示范村30个。全区203个村323个记录在册的农村公厕开展"公厕革命",全方位集中整治,并选点进行精品打造,建设"美丽公厕"。

【扶贫开发工程】 2015年，全区继续深入实施“低收入农户倍增计划”，选派区级农村工作指导员(第一书记)59名。继续推进123个扶贫重点村项目实施，25家省市结对单位、43位市区副处以上领导、66个区级单位入村245次，共落实结对帮扶资金309万元。新成立区级扶贫资金互助联合会，累计建立31家村级扶贫资金互助会，互助资金总额达到876万元。参加互助会农户数1146户，其中低收入农户数231户，农户入股资金达147.62万元，累计借出互助资金1458.3万元。继续做好农民异地搬迁，完成异地搬迁843户1953人，涉及12个乡镇(街道)60个自然村，其中整村搬迁10个自然村348户664人，完成年度任务的123%。年度新增投资2843万元，推进安置小区(点)建设，完成联城城郊农民新社区二期287套安置房申购工作。累计建成联城城郊农民新社区、大港头镇金港小区等11个安置小区和丽新乡白岸口、黄村乡磨石坑等13个安置点，累计完成农民异地搬迁7706户19021人，其中整村搬迁177个自然村3846户9050人。全年发放扶贫小额贷款4300多万元，合计贴息90.9万元。

【“消除4600”工作】 2015年，全区立足实际，通过开展“百家单位结百村”“千名干部结千户”“万名志愿者帮万人”等一系列活动，发动党员、干部、企事业单位、社会力量参与“4600”元以下低收入农户脱贫工作，构建政府、社会、市场协同推进的大扶贫格局。累计出动干部2500人次，走访农户12030户18890人，“完成一户一卡”建档立卡。开展“个十百千万”“百侨结百户、共消低收入”和党员志愿者认领低收入农户“微心愿”等活动，全区3435名干部结对4356户非低保低收入农户，落实帮扶措施。通过社会保障兜底一批、产业帮扶增收一批、落实政策帮扶一批的“三个一”工程，累计发放产业扶持资金98.08万元，带动增收近300万元。通过电子商务、来料加工等产业发展，带动约300多名低收入农民增收。发放专项扶贫资金69.34万元，其他各类补助371.5万元，全区低收入农户7403户11267人全面实现脱贫。其中，实施产业帮扶的农户1783户2721人，督孝帮扶1278户1907人，劳动转移就业帮扶140户214人，助困救济帮扶915户1222人，死亡197户223人。

【农村劳动力素质培训】 2015年，根据全区农村劳动力特点、农村实用人才分布情况、农业产业发展状况、市场用工需求等特点，共组织培训农村劳动力10521人。其中，农村“两创”实用人才培训1757人，普及性培训6022人，农民转移就业技能培训702人，务工农民岗位技能培训2000人，农村后备劳动力培训40人，新增农村实用人才400余人。创办“2015年莲都区农民素质培训基地师资提升研修班”，完成四川45人异地超市创业培训。开展餐饮、服务、文化、礼仪、活动、营销、乡村导游等方面民宿系统培训，编撰民宿经营户培训实用手册。依托丽水讯唯电子商务有限公司开办两期“莲都区农村实用人才微信创业人才示范班”，“莲都区农村两创实用人才淘宝创业提升班”，继续培育本土电商精英。做好文艺人才培训，举办“2015年莲都区农村实用人才处州乱弹培训班”，开展3期180人的莲都区“天天乐”农村实用人才排舞培训，1期乡镇文艺骨干精英班培训，促进农村精神领域品牌建设。继续推动第二批50名“乡村能人”典型事迹走进千家万户。莲都区农村合作银行针对两批100名“乡村能人”，继续提供快捷、便利、有效地信贷扶持，实施贷款额度、期限、利率的最大优惠，最大综合授信额度2550万元，最长期限2年，利率比同等其他贷款再下浮40%。

【民宿主题村落创建】 2015年，全区坚持以植入一个主题、导入一个工商资本、建立一个盈利模式、形成一个共享机制、健全一个服务体系“五个一”的工作要求，开始推进有故事、有内涵、能富民的大健康主题村落提质升级，启动12个民宿特色村创建，围绕不同主题开展设计，每个村都挖掘不同的亮点。累计发展农家乐民宿经营户284家，客房1613间，床位3126张。创建省级农家乐特色村4个，省级农家乐特色点4个，四星级农家乐经营户（点）6个，五星级农家乐经营户（点）1个。全区副处以上领导、区直联系部门以技术指导、资源整合、资金帮扶等方式，助推民宿特色村开展各项创建工作。以“六三三”环境综合整治、美丽乡村精品村和示范村建设、历史文化村落保护利用等项目为载体，进一步提升特色村的村容村貌。编制《莲都区民宿工作培训手册》，落实农家乐民宿形象“三统一”（统一形象标识物、服务人员服饰和餐饮用具）服务“三规范”（服务接待规范、环境保护规范和安全经营规范）。组团参加各地推介莲都旅游产品系列活动，推出农家乐自驾游指南、莲都旅游手绘地图等系列宣传折页和“微信”微营销。“隐居画乡”“遇见花开”“云上伊人”“港口船说”等一批精品特色民宿备受市场青睐。据统计，1—12月全区农家乐（民宿）共接待游客194.96万人次，营业总收入1.28亿元，同比分别增长45.06%和50.31%。

现代农业

【概　况】 2015年，莲都农业围绕“三美融合、主客共享”工作主线，以“农业增效、农民增收”为核心，以发展生态精品养生农业为重点，坚持请上门体验、送上门消费的“两门”农业发展目标，推进农业转型升级，取得较好成效。2015年，实现农业总产值26.14亿元，同比增长2.8%；农民人均可支配收入19327元，同比增长9.8%。

【农业龙头企业】 2015年，莲都农业局坚持“扶强、扶大、扶优”的原则，培育专业化、规模化、企业化和法人化的现代农业生产经营主体，提高农业产业化水平。截至年底，全区共有农业龙头企业80家。推进农业标准化生产，实施农产品品牌战略。新认证绿色、有机食品5个、无公害农产品14个，累计通过有机、绿色、无公害农产品认证的农产品119个。开展生态精品现代农业示范创建，全区创建生态精品示范乡镇2个（峰源乡、丽新乡）、大学生创业典型5个、示范企业4家、示范合作社5家、示范家庭农场21家、生态精品农产品98个。

【农民合作经济】 2015年，全区新发展农民专业合作社50家，至年底，全区共有农民专业合作社415家，成员1.32万人，其中，省级以上示范性农民专业合作社有19家，市级示范性农民专业合作社20家，区级规范化农民专业合作社112家。全区的农民专业合作社中，有40家合作社通过“三品”认证，有71家合作社开展省级农产品质量安全追溯系统二维码追溯。农业经营主体财务代理试点工作有序推进，该项工作与农业投入品废弃包装物集中回收和无害化处置工作被列入农业部政府购买农业公益性服务机制创新试点。截至年底，全区共有农业经营主体财务代理中介服务机构3家；区级以上125家农民专业合作社中，聘请财务人员的30家，实行财务委托35家。

【现代农业园区】 2015年，莲都农业局推进省级现代农业综合区建设，至年底，省级现代农业综合区已投入建设资金3.12亿元，建成面积2526.67公顷，成功创建“绿色蔬菜主导产业区”“食用菌主导产业区”“稻菜轮作区”“特色水果精品园”“水生蔬菜精品园”“中药材精品园”“生猪生态养殖园”等“三区四园”。其中，绿色蔬菜主导产业区356.67公顷、食用菌主导产业区70公顷、稻菜轮作区1477.33公顷、特色水果精品园73.33公顷、中药材精品园35.67公顷、水生蔬菜精品园70公顷、生猪生态养殖园2.4公顷。累计建成连栋温室大棚23.33公顷，普通大棚466.33公顷，喷滴灌设施500公顷，新建主干道路32.5千米，沟渠41.62千米，土地流转率45.8%，产地认证2085.6公顷，三品认证49个，建成省级生态循环示范区1个，15家省、市级农业龙头企业，57家农民专业合作社参与园区建设。6月4日，综合区建设以93.03分的高分顺利通过省级验收。粮食生产功能区在碧湖、雅溪新建粮食生产功能片区535.53公顷。至年底，全区在碧湖镇、老竹镇、雅溪镇、丽新乡等地累计建立粮食生产功能区2666.67公顷。

【粮食作物】 2015年，全区粮食播种面积9886.67公顷，比上年增长3.8%；产量4.82万吨，比上年增长2%。据统计，水稻播种面积4000公顷，蚕（豌）豆播种面积1433.33公顷，甜玉米种植面积1100公顷，大豆种植面积为1933.33公顷，与上年基本持平。油料生产持续稳定发展，油菜种植面积达693.33公顷，花生种植面积533.33公顷，与上年基本持平。

【蔬 菜】 2015年，全区蔬菜面积12766.67公顷，产量37.56万吨，产值5.43亿元，产值比上年增加9.9%。莲都蔬菜产业已形成规模化、集约化、特色化的蔬菜重点产区，全区蔬菜生产的品种布局，种植模式已逐步稳定，从零散、粗放走向集约、规模、特色化，形成番茄、苦瓜、八棱瓜等特色集约基地和专业村。全区现有标准钢管大棚面积233.33公顷，标准设施化生产作业方式的推进，已成为莲都区做大做强蔬菜产业的巨大推动力，全区蔬菜种植效益明显提升，已成为全区种植业农民的最大收入来源，为推进莲都区农民增收、农业增效做出显著贡献。

【水 果】 2015年，全区水果总面积13466.67公顷，产量13.27万吨，产值3.51亿元，与2014年相比，面积持平，产量降低2.9%，产值减少2.0%。其中，椪柑面积持续降低，为5600公顷，减少166.67公顷左右，桃及枇杷、猕猴桃、覆盆子等特色小水果面积共增加180多公顷。各品种生产销售情况如下：椪柑、中晚熟温州蜜柑面积减少，产量降低，销售受湖南等省份的高产低价市场影响，价格大幅度降低，前期收购价1.6元/公斤，后期降至0.8元/公斤，平均1.2元/公斤，较2014年2.0元/公斤下滑达40%；瓯柑面积1666.67公顷，增产20%，价格1.2元/公斤，比2014年2.4元/公斤下滑达50%；桃形势仍较好，面积2366.67公顷，新增春美、春蜜等早熟品种33.33公顷，产量1.97万吨与上年持平，销售上，早熟桃4.5～7元/公斤，市场稳定，中熟桃前期价格较低、中后期回升，平均4元/公斤，晚熟品种较去年高，4.5～8元/公斤；杨梅由于幼果期高温造成落果及成熟期雨季影响，产量3185吨，较2014年减少32%，价格10元/公斤、降低20%；枇杷采摘期遭遇雨水造成烂果，减产35%；葡萄166.67公顷、增20%，产量2100吨，价格8～10元/公斤，产值1380万元、增15%；梨花芽分化不足，减产26%；特色小水果猕猴桃、蓝莓、火龙果等产业发展迅速，面积增加66.67多公顷，结合休闲观光游效益显著。财政继续支持设施建设，新发展杨梅、枇杷单体罗帐棚30860平方米、避雨大棚51727.74平方米。特别值得一提的是，2015年冬季的低温（达-8℃）致使全区80%以上椪柑、中晚熟温州蜜柑、枇杷遭受严重冻害，50%以上桃、杨梅等不同程度冻伤，将造成2016年全区水果严重减产。

【茶 叶】 2015年，莲都区新发展茶叶66.67公顷，新发展茶园主要分布在大港头、丽新、乡黄村乡，品种以黄叶类茶为主。至年底，全区茶园总面积达到3200公顷，其中良种茶园基地面积达2800公顷，茶树良种覆盖率达88%。茶叶总产量1950吨，产值2.01亿元，分别同比上年增长30%和14.2%。其中，春茶产量1350吨，比上年增加20%。产值1.5亿元，比上年提高12.5%。夏秋茶产量550吨，产值4500万元，比上年分别增长5%、6%。大港头杨山村茶叶主导产业示范区被评为省级现代农业主导产业示范区。至年底，茶厂改造方面已建设4座标准化、规模化、规范化示范茶厂，通过QS认证的4家。茶厂布局逐步趋向合理，加工设施和配套设施进一步完善。

【食用菌】 2015年，莲都区食用菌生产总规模为5400万支菌棒，产值2.52亿元，外运排场和异地制菇分布于全国30个省市100多个县（市、区），全区食用菌产业品种结构调整加快。莲都区食用菌产业以香菇生产为主，杏鲍菇实现工厂化生产，其他菌类有少量种植。香菇生产主要分布在雅溪、仙渡、峰源、碧湖、老竹等乡（镇）。丽水百兴菇业有限公司投资的食用菌工厂化栽培基地生产杏鲍菇2200吨；全区共建成香菇集约化生产基地6个，代菇农生产菌棒600万袋，有效促进莲都区食用菌产业的转型升级。

【特色产业】 2015年，全年新发展处州白莲种植面积40公顷，新建设处州白莲精品园2个。截至2015年年底，全区共发展处州白莲320公顷，种植莲子的农业龙头企业、种莲专业合作社和种莲大户达到26家，莲产品加工企业5家，营销企业20多家，解决就业1000多人。丽水白枇杷产业进一步壮大，依托太平枇杷产业集聚效应，重点开展太平下岙区域“丽水白枇杷第一村”建设。同时，延伸枇杷产业链（枇杷花茶），宣传枇杷花茶的“养生”功能，拓展礼品市场。结合自助型水果观光旅游线路，发展枇杷采摘游等休闲活动，宣传上发挥“中国十大名牌枇杷”荣誉效应，提升“丽水枇杷”品牌知名度，把丽水白枇杷打造成为效益极佳的“莲都养生第一果”。中药材产业迅速发展，全区中药材产业发展迅速，种植面积达1293.33公顷，比2014年年新增51.73公顷，同比增长4.3%，其中新发展铁皮石斛7.33公顷，皇菊10.93公顷，总产量4584吨，总产值5074万元，产量产值和去年同期相比分别增长11%、18%。

畜牧业

【概　况】 2015年，莲都区畜牧生产保持平稳。全年生猪年饲养量21万头，家禽年饲养量321.10万羽，全区畜牧总产值2.77亿元。其中规模养猪场173家，存栏数6.66万头（1000头以上9家，500～1000头15家，200～500头50家,50～200头99家），家禽规模场37家，存栏数99.69万只，其他规模场79家。

【发展生态畜牧业】 2015年，莲都农业局推进污染整治，实现生态化养殖。至年底，全区累计关停406家养殖场，治理提升285户，已全部顺利通过验收，新增生态消纳地4600公顷；推进农牧结合，实现产业化养殖。全面实施《莲都区设施农用　地备案监管办法》，全年共新增审批畜牧用地8块，总面积达9.40公顷；推进科学模式，实现高效化养殖。推广“水禽旱养”“非接触式发酵床养猪”零排放等新型养殖模式。莲都区建成标准化水禽场2家，有浙江丽水意鑫牧业有限公司、丽水和丰苑农业科技有限公司2家养殖场采用非接触式发酵模式。

【动物疫病防控】 2015年，莲都农业局推进疫病防控，实现基础化建设。实施全面疫情监测，及时开展散养畜禽的春秋两季集中免疫和夏、冬季免疫周行动，确保畜禽“应免尽免、不留空当”，全年乡镇（街道）完成率100%，畜禽规模养殖场免疫率、散养家畜（家禽）总体免疫率均达99%以上；推进体系建设，实现无害化处理。初步建成莲都区病死动物无害化处理场和2个无害化处理收集点，出台相关配套管理制度，建立健全病死动物无害化处理体系；推进畜禽追溯，实现体系化建设。落实村级防疫员上传耳标补贴政策，生猪耳标累计使用量为14.89万个；识读器累计上传信息数据33.72条。

【动物卫生监督】 2015年，莲都农业局相继开展“肉品百日会战”行动、“动物卫生监督提素质强能力行动”等专项整治行动，全年累计出动检查人员310人次，检查养殖场、屠宰场和兽药饲料经营店等场所425个次。检查中立案查处动物卫生监督案件5起，纠正不规范经营行为58起，确保畜产品质量安全。全年屠宰场共抽检生猪8102头，规模猪场抽检生猪660头，“瘦肉精”检测合格率均为100%。开展家禽屠宰改造提升项目，由丽水三农食品有限公司实施，规划投资128万元（其中：省补50万元、企业自筹78万元），至年底，三农公司全部完成项目建设内容，正上报验收。

农业机械

【概　况】 2015年,全区农业机械总动力达15.18万千瓦。主要农业机械中:农用小型拖拉机1286台、1.13万千瓦,配套农具1509台,微耕机2628台,运输型拖拉机711台、1.22万千瓦,联合收割机33台,农产品初加工机械动力9319千瓦,茶叶机械1902台,食用菌机械3205台,设施农业设备温室199万平方米。农业机械原值1.58亿元。机耕作业面积9526.67公顷,植保机械作业面积21166.67公顷,机械收获作业面积1800公顷。国家继续对购置农业机械实行财政补贴,一般补贴额为购机款30%,农民共购置补贴农机具839台,享受财政补贴资金103.676万元;29家农业生产经营组织补贴建设单体标准钢架大棚1万平方米,连栋钢架大棚13.042万平方米,玻璃温室0.3235万平方米,获中央补贴资金437.1176万元,市区配套补贴资金378.66万元。做好机耕路建设,突出农机化主推技术,推广温室大棚、冷藏保鲜、茶叶机械、食用菌机械、畜禽机械、喷滴灌等设施农业装备与技术。

【农机服务体系】 2015年,农机服务体系已初具规模,全区有农村维修网点16个,农机专业合作社7个,农机专业户987户,农机户5808户,乡村农机从业人员5385人。农机专业合作社开展机耕、机插、机收和统防统治等“五统一”的农机社会化服务,共实施水稻机插283.33公顷,病虫统防统治459公顷。全区农机经营总收入0.93亿元。

【农机安全监理】 2015年,未发生农机安全事故。市、区、乡三级农机安全生产责任制签订率达100%。新建“平安农机”示范乡1个,示范村4个,示范合作社2个。组织开展农机行业农机安全生产“打非治违”专项行动、“农业安全生产月”活动、农机安全生产大检查等专项整治工作。开展农机事故应急处置演练。推进乡镇警农协作机制建设,做好道路拖拉机为重点的农机安全动态监管,重点开展以“春运”“五一”等节假日和春耕等农忙季节的农机安全检查,及时排查农机安全隐患。开展拖拉机报废补偿工作,共报废补偿拖拉机151台,补偿总金额32.85万元。严格按规定要求办理新购置的纯农田作业拖拉机、联合收割机的注册登记、核发牌证工作,注册登记联合收割机4台,纯农田作业拖拉机10台。做好插秧机等农业机械实地安全检验试点工作,结合农时季节组织做好14台插秧机的实地安全检验,检验率达到100%。完善办证大厅的规范化、标准化建设,全年共受理承办农机监理行政审批业务126件,其中拖拉机、联合收割机证书和牌照核发业务58件、拖拉机、联合收割机驾驶操作证核发业务68件。

农业执法

【概　况】 2015年,莲都区农业局以“法治农业”建设为目标,推动依法治农、依法兴农,连续12年获省重大农林植物疫情防控指挥部“重大农业植物疫情防控工作考核优秀单位”;获全省优秀处罚案卷1个,全市优秀处罚案卷2个,全区优秀许可案卷1个,优秀处罚案卷1个;获2015年丽水市动物检疫职业技能竞赛团体一等奖。

【专项执法行动】 2015年,莲都区农业局开展“肉品安全专项整治百日会战行动”“瘦肉精专项整治”“畜禽屠宰专项整治”和“绿剑执法”等专项行动,开展农业投入品专项整治行动,规范屠宰检疫,查处影响农产品质量安全的违法违规行为。重点针对种子、农药、肥料、饲料、兽药、食用菌、农机等七大类农资市场进行检查整顿,共出动执法人员682人次,检查农资经营店、农民专业合作社、生产基地、畜禽养殖场等经营单位423家次。依法查处各类农业违法案件31起,结案29起,罚没款总额共计12.6万元;共受理并处理种子投诉4起、农药药害投诉3起,挽回农民经济损失10余万元。

【农产品质量安全监管】 2015年,莲都区农业局开展省级农产品质量安全放心区创建活动,推进农产品质量安全追溯体系建设,累计完成103家主体追溯体系建设，基本涵盖区级以上规模农业生产主体。农产品质量安全追溯体系建设工作顺利通过省级验收。

【重大动植物疫病防控】 2015年，莲都区农业局推进重大动物疫病免疫工作，保障免疫密度和免疫质量，促进莲都区养殖业健康发展。在植物检疫方面，重点开展加拿大一枝黄花、柑橘黄龙病等疫情普查、防控工作，并对有疫情发生的13个乡镇（街道）设立专职检疫员，做好重大植物疫情防控工作。全区共设立加拿大一枝黄花、柑橘木虱等各类监测点60个。

（刘慧剑）

水 利

【概 况】 2015年，莲都区水利局在"安全水利、民生水利、生态水利、资源水利"四大水利建设发展方面，完成投资2.84亿元。出台《莲都区溪流鱼类保护管理试行办法》和《莲都区小型水利工程建设管理体制改革实施方案》，进一步创新和试点水利管理机制。开展"三严三实"教育，全年开展17次学习讨论活动，撰写学习心得168篇。落实党风廉政建设主体责任工作，重视水利人才培养、引进和使用，妥善解决群众上访问题，建立完善信访举报工作责任体系，及时搜集工作中的新动态、新成果，发表和编报信息文章120篇次，完成人大代表建议、政协委员提案的答复工作。是年，莲都区水利局获省农田水利标准化建设考核优秀、省县级海洋与渔业工作先进单位、市水利渔业行政执法技能比武团体三等奖、区工作责任制考评进步奖和区人大代表建议承办工作先进单位。

【水利工程】 2015年，莲都区计划投资1.90亿元，实际完成投资2.84亿元（其中省级以上补助资金0.67亿元），完成投资率149%。全年整治山塘35座，改造灌溉渠道36千米，新增喷微灌面积373.53公顷，新增改善灌溉面积330.07公顷、新增高效节水面积440.20公顷，提升1.10万人口农村饮水安全，水土流失治理15.07平方千米，瓯江大溪治理莲都段完成建设5.20千米，中小河流治理重点县工程完成建设50千米，中小河流治理5.67千米。

【五水共治工作】 2015年，莲都区水利局在完成五水共治项目建设年度任务的基础上，开展"六边三化三美"工作，制定《莲都区水利局2016—2020年"六边三化三美"实施计划》和《莲都区水利局2015年"六边三化三美"行动方案》，开展河道保洁、"两违"、河边违法广告、排污、非法捕鱼等问题的整治。在美丽河道工程建设方面，投资11982万元，完成5个美丽河道工程建设年度任务。创新实施"碧水绕村"项目，共治理7个行政村，建设堤防长度4903米，修复亲水平台长40米。开展以南山堤防生态示范段作为市场管理运行试点，落实专人负责南山堤防1300米的河道管理。推进河道管理经营权改革，共有14段河道实行承包。

【水行政执法】 2015年，莲都区水利局开展大型水行政法制宣传咨询活动5次，发放各类宣传资料4000多份，接受各类法律咨询380多人次。重视水政渔政和水土保持监督管理，开展河道"两违"清理工作，清理河道违建1500平方米和违占河道15400立方米。全年查处水事渔事违法案件6起，罚款1.93万元，征收水保补偿费10.94万元，征收渔业资源保护费4.30万元。

【防汛防台抗旱】 2015年，全区累计平均降雨量1849.8毫米，其中最大降雨量站点为雅溪镇陶坑站2205.5毫米，主要遭受"5·15""6·8""7·1"等梅雨强降雨和9号台风"灿鸿"、13号台风"苏迪罗"、21号台风"杜鹃"的影响。全区洪涝灾害总经济损失1293万元，受灾人口1.09万人，倒塌房屋25间，共转移人口1416人。其中，农作物受灾面积633.33公顷，损坏堤防1处300米，损坏护岸6处，冲毁堰坝1处，损坏灌溉设施10处，机电泵站1处，水利直接经济损失87万元。开展汛前汛期检查，全年共开展汛前检查1次，汛期检查4

次，及时查找和消除安全隐患。开展防汛宣传演练，组织全区大型防汛演练1次，乡镇组织演练数次。组织防汛培训，开展全区基层防汛责任人和水库巡查员培训1次，参加人数240余人，乡镇各自组织培训多场。及时调整责任人，完成水库、山塘巡查人员落实和防指成员单位的调整、增补工作，落实防汛防台抗旱各类重点责任人375人，并在媒体上公布。在防御梅雨期强降雨及灿鸿、苏迪罗、杜鹃等台风的工作中，及时预警，基层防汛组织第一时间到岗到位，全年未发生因处置不当造成人员伤亡和重大财产损失。

【渔业水产】 2015年，莲都区水利局开展渔业水产技术推广服务，做好名、特、优、新水产品养殖技术服务，全年进行技术普培一次，人数51人，到村稻田养殖培训4次。投入资金75.3万元，开展金满水产苗种场养殖塘标准化改造10.67公顷。争取中央资金60万元，建设“丽水市珍稀水生动物规模化养殖基地”项目。推广处州白莲与鱼高效种养模式，推进碧湖徐旭伟泥鳅养殖工程和峰源李伟军石蛙养殖工程。全年共放流草鱼、花白鲢、瓯江彩鲤、光唇鱼、唇鱼骨等200多万尾。全年实施稻鱼共生面积668公顷，水产品产量350吨，完成初级水产品检测50批次，完成水产品质量追溯体系试点2家。

【全员参与里东应急救援】 2015年11月13日，莲都区雅溪镇里东村发生山体滑坡，险情发生后，莲都区水利局第一时间赶赴现场，开展现场救援处置工作，安排技术抢险人员16人，灾害安抚跟踪人员15人，后勤保障人员25人，开展全天候24小时轮班。投入30升汽油7箱，编织袋19万条，砂石料240立方米，土工膜4200平方米，应急照明灯56台，大型照明设备2台，雨衣雨鞋85套，排水泵车6辆，抽水泵41台，复合塑料编织布120米，涵管运输车辆22辆，吊机3台，挖机7台，D1.2米内径涵管525米等抢险救援物资投入救援工作。14日凌晨3点，紧急疏通高速公路涵洞旁边水渠；通过“疏”“排”“堵”“引”4条措施，紧急排除堰塞湖；修筑160余米临时排水渠道，安排技术人员24小时不间断巡查；修建临时排水明渠500米，铺设内径为1.2米的水泥排水涵管100米×5条；完成175米临时排水河道工程，铺设涵管525米，工程用时48小时；调度大型抽水设施，开展抢险作业区积水强排；开展里东村饮用水抢修，安装管道2400米。按照区委、区政府统一部署，做好善后工作。做好3位遇难者的家属思想工作，按时完成承诺书签字和遗体火化、入土工作；做好5户房屋受灾户的安抚，调查了解基本情况、房屋结构、面积及相关诉求，完成善后安置任务。其间，报送信息稿9篇，新闻报道2篇，电视台采访5次，动态报送147次，H5影像资料1份。

（黄秀红）

林 业

综 述

【概 况】 2015年，莲都区森林面积为115186.67公顷，森林覆盖率为77.0%。阔叶林及针阔混交林面积为30426.67公顷，占森林面积的26.42%。活立木蓄积量为426.62万立方米。全区林业总产值319601万元，比上年增长8.02%。其中，第一产业产值122543万元，比上年增长4.11%；第二产业产值44490万元，比上年减少17.54%；第三产业产值152568万元124194，比上年增长22.85%。一、二、三产产值比重为38.4∶13.9∶47.7，与2014年39.8∶18.2∶42相比，一产略有下降，二产大幅下降，三产明显提高。莲都区森林消防大队首次获2013—2015年度全国森林防火先进工作单位称号，为丽水市有史以来唯一获此殊荣的单位；莲都区林业局首次被评为浙江省县级林业工作先进集体，莲都区被评为全省“1818”平原绿化行动先进集体。莲都区林业局主持的《大山峰湿地植物群落特征与保护对策研究》项目被浙江省林业厅林学会评为第十五届科技兴林奖三等奖，《良种油茶栽培技术在“浙南油库”—莲都油茶产业化中的应用》项目被丽水市人民政府办公室评为丽水市科技兴林奖三等奖。

森林生态体系建设

【公益林建设管理】 2015年，区林业局完成省级公益林矢量数据库完善工作。开展省级公益林小班误差分析，全区共有1541个小班的求算面积与界定面积误差绝对值大于等于10%，其中单个小班面积误差绝对值大于等于15%的有997个，共涉及小班面积11812.07公顷，涉及全区15个乡镇街道，2个国有林场，186个行政村。开展省级公益林小班核对，共核对调整误差小班3773个，面积937.87公顷；对部分历史原因造成的不合理小班和错划小班进行调整，共调整7个小班，面积34.47公顷。制作公益林矢量数据库、全区公益林分布图1幅、各乡镇街道林场公益林分布图18幅。以“网上公开”和“实地公示”相结合，由各乡镇编制公益林损失性补偿资金清册，经区林业局和区财政局审核后，再通过电视、报纸、网络、村务公开栏等渠道予以公示，确保损失性补偿资金使用管理规范，确保资金发放及时、足额和准确。3月，发布2014年《丽水市莲都区公益林效益公报》，2014年莲都区公益林涵养水源20945.8万吨，减少土壤流失242.4万吨，吸收二氧化碳96.1万吨，释放氧气70.2万吨，总计发挥生态效益价值51.9亿元，林地平均每公顷发态效益7.6万元，是浙江省平均水平的1.2倍。截至年底，基本建立公益林资源状况动态监测网络体系，强化动态变化的监测、评价和预测，保障生态治理和环境保护决策的科学性，为公益林建设提供重要的科学依据。9月，全面发放重点公益林森林生态效益补偿资金，共涉及15个乡镇街道和1个国有林场的66066.67公顷公益林（市白云生态林场由市人民政府发放，计2466.67公顷），发放资金2813.2万元，其中损失性补偿资金每亩补助标准26元，共发放资金2577.2万元，涉及集体508个、个人户数33063户；发放护林人员劳务费及管护费236.0万元。

【绿化造林工作】 2015年，区林业局完成造林更新面积391.53公顷，是任务的185%；开展珍贵树种人工造林22公顷，珍贵树种人工更新22公顷；完成通道沿线山体林相改造268.20公顷；争取省级财政补助资金1142万元，建设彩色健康森林666.67公顷、木材战略储备林413.33公顷；投入资金1.256亿元，实施平原绿化面积135.40公顷，为任务的369%，其中城市绿化43.33公顷，城镇绿化6公顷，村庄绿化5.33公顷，公路、铁路绿化9.80公顷；堤岸绿化35.80公顷，其他经济林、树圃等35.14公顷。完成四边绿化32.20千米45.60公顷。建设森林乡镇1个，为老竹镇；建成省级森林村庄1个，为碧湖镇里河村；建成市级绿化示范村5个，分别碧湖镇中岙村、丽新乡白岸口村、丽新乡黄弄村、老竹镇梁村村、老竹镇新陶村。

【森林抚育】 2015年，区林业局实施森林抚育5866.27公顷，其中通道沿线抚育1420公顷，为任务的113%；争取中央和省财政补助资金420万元，完成中央和省级财政森林抚育补贴项目1400公顷。

【林政管理】 2015年，全区共下达森林采伐限额7.5万立方米，共发放林木采伐证398份，合计采伐蓄积1.8万立方米，发证份数和采伐蓄积量为近十年最低，仅占全区限额总量的24%。全年共办理林地审核审批手续14起，合计审核面积15.2公顷，其中：林道路占用林地审批11起，计面积14.26公顷；建设项目征收林地审核3起，计面积0.93公顷，收取植被恢复费11万元。林地征占用办件量和面积均为近五年最少，有利于维持莲都区的林地面积稳定。

【濒危植物保护】 2015年，区林业局实施全省首例植物拯救项目——《浙江野外绝灭植物长喙毛茛泽泻种群扩繁与回归研究示范》。项目获省财政项目资金35万元，在南明山及老竹镇分别建立试验区与回归对照区各1个，分别种植种苗5000株，到年底，生长良好，为莲都区生物多样性增添新军。

林业产业体系建设

【油茶产业】 2015年，全区全年新增油茶良种标准化生产基地共计356.27公顷。其中，在碧湖中岙、南坑、大吴山村，大港头北埠村，联城下林，雅溪莲房村，老竹新陶村等地，建成油茶良种推广基地262.93公顷；在联城下林、坑口村，碧湖联坪村等地完成油茶示范林基地建设90公顷，是2010年以来，莲都区年度建成油茶良种基地面积最多的一年。同时，在碧湖龙岩村，联城瑶畈村，老竹郑丰村，大港头利山村等地开展油茶良种抚育197.53公顷；在碧湖南山村，仙渡根竹园、张山后村等地，完成老油茶林技术改造86.67公顷。

【林下经济】 2015年，新增林业企业、合作社、家庭林场认定12家，其中培育从事林下种植三叶青的企业1家，流转林地100公顷，已经套种三叶青33.33公顷，建设苗圃0.67公顷；培育从事香榧种植的合作社1家，流转林地353.33公顷，已经投入资金150万元购进种苗5万株。

【林产品质量监管】 2015年，区林业局成立以局领导任组长的食品安全领导小组，成员由相关科室单位负责人组成。全年共出动食品安全监管人员200余人次，检查各食用林产品生产单位、农户、合作社100多家次。共送检食用林产品101个批次，其中板栗45个批次，油茶籽27个批次，春笋10个批次，鞭笋7个批次，冬笋等10个批次，雷竹基地覆盖物2个批次；抽样地点涉及全区每个乡镇、街道，检测样品涉及重点可食用林产品生产的各个环节，检测项目涉及镉、铅、汞等5项重金属指标和倍硫磷、杀螟硫磷、敌敌畏、甲胺磷等20项农药残留指标，检测合格率100%。

【集体林权制度改革】 2015年，区林业局以盘活森林资源资产、推进林权抵押贷款、培育新型林业经营主体、开展林业保险等为主要内容的配套改革有序推进。完成林权抵押贷款余额67414万元，是任务的105.33%；推进森林资源流转672.27公顷，成交价达3099万元，为林地流转任务的100.8%，其中，办理林地经营权流转证登记13本402公顷，为办证任务的201%；全年受理林权登记20起，其中初始1起，变更19起；签订《莲都区林木火灾保险（林木综合保险）承保协议》，完成林木火灾保险全覆盖，综合保险6666.67公顷，为任务的166%。发放林业小额贷款中央财政贴息资金补助，合计573宗、贴息额177.7315万元。落实2014年度林权、土地流转抵押贷款奖励资金119.63万元。

林业安全管理

【首届“森林消防杯”征文活动】 2015年3月，莲都区森林消防指挥部、区教育局、区林业局在全区中小学校组织开展“森林消防杯”征文大奖赛活动。全区37所中小学校（含校区）、4万多名中小学生参加征文大赛，各校共推选优秀征文468篇。其中初中组183篇，小学组285篇，大赛组委会聘请专家，对468篇优秀征文逐一进行阅卷评分。分初中、小学两个组别，小学组评出一等奖13名、二等奖20名、三等奖30名，中学组评出一等奖12名、二等奖22名、三等奖30名，共有127篇优秀征文分别获一、二、三等奖。同时，评出优秀组织奖4名，优秀指导教师21名。

【森林防火】 2015年，区人民政府与各乡镇人民政府、街道办事处，国有林场签订责任状，各乡镇人民政府、街道办事处及森林消防责任单位与村委会、林区及农户、护林员层层签订森林消防责任书，全区共签订85000份责任书。全区每个乡镇（街道）建成1支以上扑火队，共建有森林消防扑火队伍21支，扑火队员达到620人。全区共发生森林火情21起，森林火灾3起，森林火灾过火面积19.16公顷，受害面积13.13公顷。森林火灾受害率为0.12‰，森林火灾发生率为每10万公顷森林面积2.7次，森林火灾控制率为4.37公顷／次，全部未超过省定指标。实现春节、清明、国庆节日零火灾。无重特大森林火灾，无人员伤亡事故。

【病虫害防治】 2015年，区林业局开展林业有害生物调查、测报工作，开展松材线虫病疫情普查2次、松树枯死木零报告5次，植物检疫对象普查1次、常规病虫普查4次。全区发生松褐天牛危害1760.2公顷、卵圆蝽7.07公顷，松材线虫131.27公顷。年度预报有害生物发生面积2004.60公顷，实际发生1885.53公顷，测报准确率93.70%，好于省定87%指标。林业有害生物成灾面积131.27公顷，成灾率0.10%。组织碧湖等4支林业有害生物防治队，对重点区域森林进行无公害防治，无公害防治率100%，合计防治作业面积5600公顷次。其中三期噻虫啉喷粉作业面积达5526.67公顷次，卵圆蝽防治作业面积7.07公顷次，其他害虫防治近67公顷。投入注杆防治药物5000支，保护和预防松树2000多株。采用形态和核酸相结合的方式进行鉴定，提高松材线虫病鉴定的准确性，并在松材线虫病动态监测中，采取野外取样每个补助60元，加工厂取样每个助30元的措施，提高群众对取样的积极性。截至年底，已初步拔除峰源库坑垟疫点。

【植物检疫工作】 2015年，区林业局开展6次“绿剑护林”检疫执法专项行动。共出动执法人员32人次，检查涉松经营加工企业71个，建筑工地16家，取样镜检样品20份，松材线虫核算鉴定样品81份，发放各种宣传资料140份，检查库存松木3250立方米、杂木电缆盘及包装箱55个。全年莲都区共调运检疫苗木94805株、木材6239.36立方米、竹材28000株，除害处理木材1600立方米，签发产地检疫合格证21份，签发植物检疫证书411份，实施产地检疫种苗面积133.33公顷，种苗产地检疫率100%，好于省定98%指标。

【林区治安】 2015年，区林业局组织开展侦破森林火灾案件大会战、“亮剑一号”、“天网行动”“雷霆一号”清火行动、“雷霆二号”禁种铲毒等专项行动，打击破坏森林资源的违法犯罪行为，共受理各类案件35起，其中：刑事案件11起，行政案件24起。

【里东大救援】 自2015年11月14日至11月22日，莲都区林业局组织森林消防队参与里东山体滑坡救援工作，在9天8夜里，共组织森林消防队员1158人次，实施救援行动30余次，配合丽水消防官兵成功搜救第一批受灾人员5名，包括唯一一名经抢救生还的伤者；寻找并发现失联群众2名，清理受淹与倒塌房屋500平方米，帮助群众转移物资1000公斤，构筑堰塞湖排水渠道3千米，参加修复河道200米，清扫村庄场地卫生5000平方米，向灾区群众捐款19050元。

（丁波澜）

工业　经济　商贸

【概　况】 2015年,全区完成规上工业总产值58.92亿元,增幅2.4%,全市排名第一;完成规上工业增加值12.28亿元,同比增长3.7%,全市排名第二;完成工业投资17.01亿元,增幅26.7%,全市排名第二;完成工业技改投资6.57亿元,同比增长6.0%,全市排名第9;实现合同利用外资1903万美元,实际利用外资1465万美元,完成任务比例全市排名第2;实现自营进出口总额14966万美元,同比增长10.1%,实现出口总额14847万美元,同比增长12.1%;市区实现社会消费品零售总额176.68亿元,增幅3.9%。是年,区经济商务局获全市经信工作考核优秀单位、全市生态工业工作专项考核三等奖。

工　业

【编制"十三五"生态工业发展规划】 2015年7月,区经济商务局着手开展《莲都区生态工业发展"十三五"规划》编制工作,9月确定浙江省工业经济研究所为撰写单位,在经历多次走访调研、资料收集、意见征集后,计划于2016年6月正式发布,

该规划将为"十三五"期间生态工业发展提供明确的方向和思路。

【开展"送服务送政策"助推企业转型升级活动】 2015年6月,"送服务送政策"助推企业转型升级活动在全区范围启动,全区38位副处以上领导干部通过结对帮扶、上门服务,了解企业实情,帮助企业解决影响和制约发展的突出问题,构建有利于企业发展的管理体制和经营机制。活动期间共走访联系企业179次,电话联系企业399次,征集问题82个,按照现场能帮办的即时办理,需要联系其他单位的马上联系,受政策、法规条件限制暂时不能办理的向企业解释说明等要求,细化分类,为企业提供合理化建议,解决企业反映问题共计82个。

【兑现政策资金】 2015年,区经济商务局为莲都区工业企业兑现各类政策资金总计498.85万元。其中,兑现2014年度区级工业企业政策资金67.14万元;兑现符合要求的技术改造项目进行申报审核补助资金86.81万元;协助欧意阀门获2015年省工业与信息化发展财政专项资金项目100万元。

【开展工业企业争先创优评选】 2015年4月,区经济商务局首次开展2014年度工业企业争先创优评选工作,根据主营业务收入、产值、实际缴纳税金、亩均税收、产值增长速度、纳税增长速度等方面进行综合测评,共评出"功勋企业"10家、"最佳效益企业"6家、"最具发展潜力小微企业"2家、"外贸优秀企业"6家,营造创先争优的良好氛围。

【化解资金风险】 2015年,区经济商务局共办理企业应急转贷65次,累计提供转贷资金42925万元。出台《丽水市莲都区小微企业帮扶名单认定管理办法》,首批包括莲都区31家工业企业及1家零售业企业可在农行获最高不超过500万元的融资帮扶贷款,共对8家企业发放2100万元贷款。

【项目建设】 2015年全区列入市重点技术改造项目有12个，已经全部开工，其中9个已投产。全年计划固定资产总投资3.93亿元，累计完成投资2.73亿元。全年实现技术改造投资6.57亿元，同比增长6.01%；“机器换人”项目23个，总投入5.76亿元。针对闲置、低效利用土地成因，采取多种处置方式，全年“腾笼换鸟”盘活土地面积共14.53公顷。

【品牌建设】 2015年全区新增国家高新技术企业3家、省科技型企业9家，列入省农业信息化示范项目6个。欧意阀门研发中心入选省级高新技术企业研发中心，成为继瓯宝安防、万控电气之后第4家拿下省级研发中心的企业。乾麟缝制设备有限公司生产的智能无刷节能电机QLS-22-750D产品入选“浙江精品制造”名单，成为莲都区首个“浙江精品制造”产品。

【低小散行业整治】 2015年全区完成竹木制品加工、翻砂、洗涤等低小散企业整治301家，其中改造提升200家，整合入园15家，合理转移37家，关停淘汰49家。腾出用地42.07公顷，减少从业人员376人。拆除绕城公路旁烧结砖瓦窑两家，削减产能6000万块标砖。

【节能降耗】 2015年莲都区重点用能企业实施节能项目15个，累计投入资金5004.30万元，实现节电942.64万千瓦时、节原煤300吨、节水1736.5吨，折合3341.85吨标煤。浙江瑞益不锈钢有限公司、丽水欧意阀门有限公司和浙江泉舜流体控制科技有限公司3家企业通过清洁生产审核，其中欧意阀门有限公司被评定为清洁生产优秀单位。

附：

【2015莲都区重点用能单位名单】

浙江非王泵阀有限公司
浙江瑞益不锈钢有限公司
浙江申华水泥有限公司
燕京啤酒（浙江丽水）有限公司
欧宝安防科技股份有限公司
浙江省丽水市浙南蓄电池隔板有限公司
丽水中航混凝土有限公司
浙江依莱特纺织有限公司
丽水宾迪实业有限公司
丽水市五金有限责任公司
浙江瑞新药业股份有限公司
浙江泉舜流体控制科技有限公司
丽水市丽峰制革有限公司
丽水市处州混凝土有限公司
丽水程翔矿业有限公司

【安全生产】 2015年，区经济商务局贯彻落实各级安全生产文件精神，做好直属企业日常及假日期间的安全生产、消防安全大检查、大整改和各类安全生产专项检查工作。全年区直各生产经营单位未发生安全生产事故，事故起数、死亡人数和直接经济损失三项指标均为零增长。

商　贸

【电子商务】 2015年，莲都区成立全市首个县级专门负责区域电子商务发展独立机构——莲都区电子商务工作领导小组办公室。从相关部门抽调工作人员8名，主要负责编制全区电子商务发展规划和年度目标，研究制定电子商务产业政策以及全区电子商务行业的管理、宣传、统计等工作。全区2/3规上企业开通电子商务，25个企业纳入电子商务统计监测系统。全年新增“电子商务进万村”的服务点162个，累计完成电子商务进万村服务点230个，行政村覆盖率达到94.65%。新增淘宝村1个。

【“双打”工作】 2015年，区经济商务局开展打击侵犯知识产权和制售假冒伪劣商品工作，成立“双打领导小组”，制定“双打”职责分工、议事规则等6项工作制度，严格执行相关制度，认真做好两法衔接、信息报送的相关工作。

【成品油监管】 2015年，区经济商务局协调乡镇、建设、国土等相关部门，加快中石化公司在老竹、碧湖、大港头、雅溪等乡镇规范加油站的建设，对莲都区8家加油站（点）进行年检；开展加油站（点）的安全生产检查、加油点超范围经营汽油的整治工作，对老竹加油点违规超范围经营汽油行为进行立案调查和行政处罚。

【搭建进出口产品公共服务检测平台】 2015年，区经济商务局与丽水出入境检验检疫局共同出资建立莲都区进出口产品公共服务检测平台，从2015年1月1日起，凡莲都辖区报检企业送检的所有进出口产品实行免费检测，每年可为莲都区进出口企业减免检测费用近百万元。

【兑现政策资金】 2015年，区经济商务局为莲都区50余家外贸企业争取到财政扶持资金1004.72万元。其中，兑现2014年度莲都区本级对外贸易稳定增长专项资金918.63万元；获2014年度浙江省扶持欠发达地区外向型经济发展专项资金和外经贸切块资金41.97万元。

【利用外资】 2015年，区经济商务局围绕先进制造业、特色农业、生态旅游业等产业要求，认真筛选、精心准备一批与莲都区产业相配套、经济效益好、外商感兴趣的项目，从提高行政效率入手，讲方法，优服务，集中力量开展外资项目引进工作。全年新批外资企业4家，其中2家投资规模超千万美元以上，美胜电子设备有限公司实际到资1000余万美元。

（朱碧影）

生态产业集聚区建设

【概　况】 2015年，丽水生态产业集聚区莲都分区管委会（简称：莲都分区）面对仍在深度调整的经济大环境，通过改变盲目求大求强的招商思想，综合考虑资源禀赋和区位条件，实现定位合理招商，开展产业转移趋势和区域合作动态分析，细化重点产业承接，用“项目—产业链—产业集群—产业基地”理念，探索“政府—协会（商会）共建分区”模式，提高招商工作针对性和实效性。2015年，莲都分区税务总收入首破1亿元，实现税务总收入1.13亿元；实现工业总产值30.5元，同比增长1.67%，其中规上企业实现产值24.4亿元，同比增长2.34%；实现工业投资5.45亿元；实现合同引资12.3亿元，实际到资6.12亿元，浙商回归利用额4.77亿元；引进项目16个，其中亿元以上大项目4个；完成工业用地出让面积11.85公顷。截至2015年年底，碧湖产业区块累计完成投资4.87亿元，基本完成区块1.98平方千米开发任务，其中完成区块北区块83.33公顷土地的开发建设。高溪低丘缓坡区块完成投资2.52亿元，累计完成投资18.49亿元，场地平整工程全部完工，路网一期工程开工建设，首期可供用地53.33公顷。

【集聚区安全生产与环保】 2015年，莲都分区出台《落实安全生产领导和监管责任的规定》，组织企业签订《安全生产责任状》《消防安全责任状》，实行莲都分区企业风险抵押金考核机制，监管企业安全生产情况；开展安全生产专项整治，建立安全保障体系，建设企业安全标准化。继续坚持二类以上工业用地的标准，把保护生态作为分区建设发展落脚点，引入企业准入要求和污染总量削减指标，对不符合产业政策、不符合规划、可能对区域环境造成影响的项目坚决不予入园，莲都分区已有63家企业通过环保“三同时”验收，占企业总数的60%，另有25家企业提交环保验收申请。截至2015年年底，莲都分区完善雨污管网建设，莲都分区投资1335万元，新建雨污管网4300米；完成标准化创建41家，占生产企业总数的39%，其中25家规上企业中完成24家创建工作；配合区环保分局处理信访投诉10起，查处非法排污企业2家，要求企业整改环境治理设施19项；安全生产事故总数、死亡人数和直接经济损失三项指标连续三年保持零增长。

【集聚区企业服务与帮扶】 2015年，莲都分区通过股权转让、破产重组、法院拍卖、租赁和协议收回等多种方式开展闲置低效土地盘活、腾笼换鸟工作，成功引进丽水正好铁构件有限公司等4家企业，处置盘活鸿佳鞋业等4家公司闲置土地7.85公顷、闲置厂房7万余平方米。截至2015年年底，累计盘活闲置土地近30公顷，约占分区出让土地总面积的17%；企业帮扶小组协助企业累计申请转贷资金1.4亿元，成功帮助4家企业走出困境；依法处置破产闲置企业13家，为银行收回不良资产1.3亿元。

【科技创新工作】 2015年，莲都分区新增2家国家高新技术企业，累计8家企业通过国家高新技术企业认定；新增科技型企业5家，累计10家企业通过省科技型企业认定；获2014年度莲都区科技创新事后扶持项目奖金187万元，获2014年度莲都区科技创新事后扶持项目各类奖补资金150万元；在全市率先设立科技创业投资引导资金的科技创新券中拿到37万元，占比莲都区2015年科技创新券发放比例的74%；全年获专利授权56件，其中发明专利8件，实用新型专利43件，外观设计专利5件；高新技术企业产值实现9.39亿元，高新技术企业产值占比提升至38.5%。

【品牌建设工作】 2015年，莲都分区企业浙江不知慢运动服饰有限公司姚穆院士工作站被认定为“丽水市院士专家工作站”；丽水欧意阀门有限公司入选2015年度浙江省成长型中小企业榜单；丽水科艺阀门有限公司和丽水瑞泰不锈钢制品有限公司入选2014年度浙江省新上规企业“创业之星”；丽水万控电气有限公司入选2015年度省级管理创新试点企业；丽水市鱼跃酿造食品有限公司董事长陈旭东和浙江不知慢运动服饰有限公司董事长盛春仙入选2015年丽水市政府质量奖（个人）；浙江双达阀门制造有限公司、浙江丽水恒大科技电气有限公司、浙江实利电机有限公司和丽水市中仪电力科技有限公司4家企业共获省对口协作开发专项资金补助100万元，占比莲都区2015年申报获得的专项资金补助74.1%；浙江瑞益不锈钢有限公司退火炉液化天然气改造项目获省级节能补助资金60万元；丽水欧意阀门有限公司、浙江不知慢运动服饰有限公司和浙江坤湧兴阀门有限公司生产的阀门、针织内衣等3个产品首次入选2015年丽水名牌产品；丽水百兴菇业有限公司职工郑承仁和浙江浩富妮鞋业有限公司职工李勇双双入选“莲都好人”之敬业奉献好人。

（张桦）

电力工业

【概　况】 丽水电力始于莲都，莲都电力始于1919年，至2015年已有95年历史。国网丽水市莲都区供电公司担负着丽水市区（不含南城区块）和莲都区的供电服务及35千伏及以下配电网的规划、建设、运行和维护任务。2015年，全年累计完成电网建设投资1.08亿元，增长28.6%；售电量10.02亿千瓦时，增长3.45%，继水阁区块营业区域划出后，时隔五年重新突破十亿千瓦时；全年最高用电负荷235.8兆瓦，供电可靠率99.91%，综合电压合格率99.70%，截至2015年年底，连续安全日达到3636天。国网丽水市莲都区供电公司被授予全省唯一的“全国用户满意标杆服务”单位，获全市唯一“浙江省质量管理小组活动优秀企业”，带电作业班被评为“全国质量信得过班组”。

【配电自动化建设】 莲都区自2013年启动配电自动化建设，相继完成一期、二期工程建设，投运配电自动化开闭所35台，完成配电自动化改造的开闭所64台，共涉及10千伏线路28条，线路长度27.10千米。2015年 5月28日，顺利通过国家电网公司配电自动化实用化验收，成为自国家电网公司出台配电自动化新标准、新要求后全国首家通过实用化验收的单位。

【业扩提质提速工程】 2015年，国网丽水市莲都区供电公司在阳光服务品牌建设方面，建立客户诉求“前后联动”机制，继“阳光天使”后打造“阳光特使”团队，细化供电服务标准和工作流程。执行“先接入，后分流、再改造”接入模式，加快用户接入电网，低压用户实施现场查勘、装表“一岗制”快速响应，高压用户实施“联合查勘，一次办结”作业，确保用户在最短时间用上电。建立绿色通道，大港头迁建木材厂装表用电工作均在1个工作日内办结。

【涉电安全隐患排查治理】 2015年,国网丽水市莲都区供电公司定期开展电网特殊方式风险评估,发出电网预警通知单20份,提前编制相应事故预案16份。做好并网小水电管理,及时排除并网电站电气设备可能影响电网安全的隐患。联合华润燃气、电信、华数等公司开展公共安全隐患排查治理,排查全区52家危化品用户配电设施情况,发现问题43个,下发整改通知书4份。实施重要用户保电"阳光服务",为重要用户提供电工培训、用电安全检查、用户内部电力设施隐患排查等服务,共发放安全用电提醒单56份。

【完善电力应急指挥体系】 2015年,国网丽水市莲都区供电公司为有效应对每年季节性强台风、强雷暴雨、洪涝灾害、低温冰雪灾害等对电网安全可靠运行的威胁,国网丽水市莲都区供电公司自主创新,建设配电网灾害预警及快速响应体系。建成"电网快速抢修智慧平台",接入气象、水利、公安、交通等大量公共资源信息,通过流域水位智能研判功能,实现灾害精准预警;引入危控区理念,利用接入系统的各类监控资源,实现基于GIS的危控区可视化管理,实现精益管控;通过与电力系统内部营配调基础数据的融合,天翼对讲功能、3G视频功能等实时音视频交互工具应用,自行研发应用的临时电源快速切换箱,实现专家远程诊断,达到精确处置的目的。建立相应的管理、运行和保障等配套机制,确保全天候灾害预警和应急响应及时、快速、到位,提升电网应急抢修指挥水平。

【电力科技创新成果】 2015年,国网丽水市莲都区供电公司自主开发发票台账管理系统,获国家计算机软件著作权。投入群众创新项目资金51.10万元,7个项目通过验收。全年共获省、市供电企业科技成果奖4项,其中"电网运行工况诊断分析平台"获国网浙江省电力公司县级供电企业科技成果奖三等奖。获国家实用新型专利授权5项,"一种箱变带电调节分接开关的专用工具"列入国网丽水供电公司科技成果推广应用计划。获各级QC成果奖6项,其中获省级一等奖3项。

【农电管理提升工程】 2015年,雅溪供电站管理模式在全省试点性推广。建立健全供电所专业管理网络,落实定期巡查制度,开展职能部门的稽查和专业指导。推进"精品台区"劳动竞赛,建设"精品台区"和诗画利山"精品台区带"。完成23项农用电力线路改造与接收任务,"上阁村农排线路整改工程"获国网浙江省电力公司"标杆工程"。大港头供电所被评为"浙江省用户满意服务"并获国网浙江省电力公司"五星供电所"称号。

【"11·13"里东救援保电工作】 2015年,国网丽水市莲都区供电公司面对突如其来的"11·13"里东山体滑坡事件,供电公司第一时间响应,为除当地派出所外,第二支队伍到达现场救援。历经9天211个小时,出动抢险人员457人、大型应急照明车辆11辆、移动照明设备32台、应急发电车2辆、应急发电机5台,圆满完成救援保供电重任。

(胡建群)

供销合作社

【概　况】 丽水市莲都区供销合作社联合社(以下简称"区供销社")成立于1949年10月25日,是区政府所属的正科级事业单位,参照公务员法管理,截至2015年年底,下辖3个全资企业,1个控股企业,4个参股企业,2个一类经营服务综合体,3家二类经营服务综合体,5个基层社,32家农民专业合作社,62家农村综合服务社。合力农信担保公司成立9年来,为全区农业龙头企业、农民专业合作社、种养殖大户、农产品购销大户、小微企业等,提供贷款担保2.8亿元;大港头农产品展示展销中心项目已竣工交付使用,古堰画乡文化产业基地项目已开工建设。是年,区供销社重组创办2家基层社,18家综合服务社,7家农民专业合作社和3家二类经营服务综合体;完成绿盒电子商务公司的增资扩股工作,总股本由100万元,增加到500万元,区社占股份由18%调整为10%，追加投资32万元。开展社有资产网点安全检查215批次，参与检查453人次，累计检查生产经营单位770家，安全隐患排查整改及危房改造修理12处，投入整改资金7.91万元，确保系统生产经营安全无事故。

【为农服务工作】 2015年，区供销社组织供应各种化肥36856吨，农药585吨，农膜89.5吨，完成1800吨农资淡季储备任务，确保全年农资供应。合力农信担保公司，为36户农村种、养殖大户及农业龙头企业等共计担保金额2256.46万元；销售农产品556.87万元；选派农村工作指导员和农村第一书记各一名，结对帮扶一个贫困村，联系一个乡镇，共建一个社区、联系一个社区，全年共支出结对帮扶资金8.4万元。

【项目建设工作】 2015年，古堰画乡文化产业基地项目，2、3号地块由区供销社控股的丽水市合力旅游开发有限公司建设，预算投资4.31亿元。6月20日开工，形成倒逼，以加快项目进度。做好方案细化、项目协调、资金筹措、人员调配、工程管理和进度督查工作。至年底，2号地块主体工程结顶，3号地块已完成基础工程，累计完成投资1.21元。

【信访维稳工作】 2015年，区供销社调处化解供销社综合商店翁某某退休待遇不落实和综合商店要求改制的信访案件，原大港头综合商店刘某某自动离职三十年后要求落实待遇的进京上访案件；牵头化解区领导包案的原雅溪退职干部李林要求平反冤假错案的历史积案；帮助原系统双代店从业者积极跟相关部门对接，宣传相关政策，化解了群体上访。举行系统“双老协会”换届选举，明确离退休人员的管理办法和待遇，确保系统360多位老同志的稳定。

（林晓莹）

旅　　游

综　述

【概　况】 2015年，莲都区风景旅游局更名为莲都区旅游委员会。完成《莲都区产业旅游发展战略规划（中长期）》《莲都区乡愁旅游规划》初稿，编制《莲都区联城镇港口村旅游发展规划》《莲都区岩泉街道余岭村旅游发展规划》等乡村特色民宿点规划。推动“旅游厕所革命”，实行景区旅游公厕改造“所长领办制度”，全年完成新建改建旅游厕所22座。东西岩景区“花样旅游厕所”和古堰画乡景区游客接待中心的旅游厕所获丽水市十佳旅游公厕称号。全面推进民宿样板房建设，全年新增民宿经营户103家，客房1123间，床位2099张；全区现有民宿经营户284家，客房1613间，床位3126张。成功举办稻草人创意比赛、东西岩“三月三”畲乡风情节等10多场活动，组织参加省内外旅游营销活动17次，全年接待旅游总人数712.77万人次，实现旅游收入42.86亿元，同比分别增长24.98%和29.97%。

黄金周旅游

【春节黄金周】 2015年春节期间，莲都各乡镇（街道）共组织60多场乡村春晚活动，全区共接待游客总人数14.69万人次，旅游总收入9852.33万元，同比增长分别为27.12%和29.67%，乡村旅游接待4.45万人次，同比增长23.51%，旅游实现安全无事故、无投诉。

【“十一”黄金周】 2015年国庆期间，莲都推出不同举措吸引游客：古堰画乡景区安装自助售票机，利用微信公众号为游客提供吃喝行游购娱等旅游全攻略服务，实现景区免费WiFi全覆盖；东西岩景区举办篝火露营狂欢节；莲都精品民宿隐居画乡国庆开业；诗画利山举行抓溪鱼、摸螺蛳、逮野兔、采莲子和看露天老电影等系列乡村体验活动；瓯江漂流乐园推出打麻糍，玩烧烤，林家药膳养生推广等系列活动；老竹沙溪村专门请来乡村乐队，奏响婺剧、越剧等传统地方戏曲，同时安排各种畲族风情体验活动。据统计，国庆期间莲都共接待游客总人数68.57万人次，实现旅游总收入39697.12万元，同比增长分别为33.72%和37.26%。重点景区接待游客量创历史新高，古堰画乡景区共接待游客量31.44万人次，东西岩接待16.92万人次，其他景区游客量都有不同幅度地攀升。

旅游市场

【成立莲都区旅游委员会驻上海办事处】 2015年8月20日，在区旅委会议室举行莲都区旅游委员会驻上海办事处授牌仪式，区旅委、上海市遂昌旅行社相关负责人参加。该办事处办公室设在上海市遂昌旅行社有限公司，授牌仪式上，区旅委与上海市遂昌旅行社就办事处设立及运营等事宜签订合作协议。

【出台《对旅行社招徕游客的奖励办法》】 2015年莲都区正式出台《莲都区关于对旅行社招徕游客的奖励办法》，10月1日开始实施。该办法的奖励对象为，组织游客到莲都区东西岩、古堰画乡两个国家AAAA级旅游景区游览或到莲都区指定的乡村民宿（农家乐）入住，全年直接送团人数累计达到一定数量的旅行社。

【建设莲都旅游官方旗舰店】 2015年，区旅委委托浙江艺华假日旅业建设莲都旅游官方旗舰店，将景点、酒店、餐饮、交通等信息进行整合，组织和设计出符合现阶段新旅游趋势下的散客游、自驾游的旅游产品，通过线上服务窗口传播落地。

【赴南昌参加浙江（江西）旅交会】 2015年4月10—12日，浙江（江西）旅游交易会在南昌市国际展览中心盛大举行，莲都区风景旅游局组织相关旅游企业参加此次旅游交易会。本次展会以莲都旅游产品现场咨询与销售、旅游市场合作洽谈、扫莲都旅游微信赠送精美旅游纪念品、发放宣传资料等为主要活动内容，整体推广莲都旅游形象。本次展会共发放莲都旅游宣传折页等资料近万份，接受南昌市民现场旅游咨询100余人次，通过扫微信与市民互动活动共赠送旅游纪念品300余份。

【参加第七届中国国际旅游商品博览会】 2015年5月24日，2015第七届中国国际旅游商品博览会在义乌国际博览中心开幕。本届旅博会以"旅游新品、智行天下"为主题，汇集全球创新、智慧与传统的旅游产品与服务。莲都区旅游委员会组织莲都区竹缘竹木有限公司等旅游商品生产企业参加此次博览会。在本届博览会上，莲都旅游商品与采购商签下单子16个，签约额合计人民币达120多万元。同时区旅委还开展扫微信、发精美旅游纪念品等智慧促销活动，并顾客发放莲都旅游产品宣传折页1万余份。

【"5·19"中国旅游日莲都会场系列活动成功开幕】 2015年5月17日上午，由莲都区风景旅游局主办的"5·19"中国旅游日莲都会场系列活动在丽水市青少年宫广场拉开序幕。开幕式上，东西岩景区管委会主任、莲都区风景旅游局局长翁伟标上台致辞，冒险岛水世界、石牛温泉等旅游企业做现场旅游推荐，丽水骑行团团长宣读文明旅游倡议书，驴友团上台为市民讲述本次活动的徒步路线及出游安全知识。活动集中展示东西岩风景区、古堰画乡景区、冒险岛水世界、石牛温泉、在水一方、诗画利山、廊桥遗梦汽车宾馆等知名旅游企业，并倡导市民及旅游业从业者文明旅游、文明出行，塑造莲都良好的旅游形象。

【莲都旅游亮相第十一届海峡旅游博览会】 由国家旅游局和福建省人民政府主办，福建省旅游局和厦门市人民政府共同承办的第十一届海峡旅游博览会于2015年5月8—10日在厦门国际会展中心举行，莲都旅游随丽水市旅游促销团参加此次展会。本届旅博会设置两岸旅游文创商品展销区、两岸乡村旅游嘉年华展销区、旅游新业态（户外装备与邮轮游艇）展销区、"互联网+"主题旅游馆、"美丽中国"（大陆各省）旅游精品展销区、"清新福建"旅游体验展销区、"宝岛台湾"旅游精品展销区、"海上丝路"旅游展销区等八大主题展区。在展会期间，莲都区接受2000多名专业人士及市民的咨询，共发放莲都旅游宣传资料近5000册，并与福建自驾车协会负责人深入交流业务合作事宜。

旅游管理

【莲都区住宿设施基本情况调查工作培训会顺利召开】 2015年5月12日，区风景旅游局举办莲都区住宿设施基本情况调查工作培训会。全区14个乡镇街道旅游统计负责人以及部分重点住宿企业负责人参加本次会议。会上，市旅委行管处处长吴葆春强调此次会议的重要性，区旅游局纪检组长陈红敏部署相关工作，处州统计事务所主任李万东就具体工作进行业务指导。

【组建民宿建设专家团】 2015年，区旅委邀请丽水学院、丽水职业技术学院等地12位专家建立民宿建设专家指导团，搭建校地合作、政企合作的平台，为莲都乡村民宿发展提供咨询和指导。

旅游招商

【莲都区在沪企业家座谈会暨旅游招商推介会在上海召开】 2015年6月30日上午，莲都区在沪企业家座谈会暨旅游招商推介会在上海举行，莲都区总商会上海分会的企业家代表共计20余人参加推介会，莲都区旅游委员会主任、东西岩风景区管委会主任翁伟标出席本次会议。此次推介会，区旅委在前期调查摸底的基础上，重点包装包括官岭村、下南山老村等5个古村落民宿开发项目，天堂山、太极湾等7个养生度假项目以及景区（景点）、农家乐综合体等5个专项旅游开发项目。

【麻雀湾旅游项目签订协议】 2015年12月22日，莲都区旅游委员会与浙江省丽水市莲都区总商会陕西分会签订《莲都区"麻雀湾"旅游项目投资（意向）协议书》。"麻雀湾"旅游项目计划静态总投资为5.2亿元，位于莲都区联城街道区域内的宣平溪下游，该项目是以精品"素旅文化"为主题，以塑造国家AAAA级景区为总体建设目标的旅游项目。主要建设六大功能区，分别为综合服务区、生态度假区、养生休闲区、户外娱乐区、田园互动区以及乡野体验区。截至年底，该项目已完成规划方案初稿，计划于2016年下半年动工建设。

节庆旅游

【东西岩三月三畲乡风情节】 2015年4月21日，由浙江高乐旅游文化有限公司主办，莲都区东西岩景区管委会、老竹畲族镇人民政府协办的2015东西岩"三月三"畲乡风情节在东西岩景区举行。参加本届"三月三"畲乡风情节活动的游客，既可以免费畅游东西岩，还能观赏畲族风情表演，品尝畲族特色小吃。上午，2015东西岩"三月三"畲乡风情节正式启动，畲族传统歌舞表演、互动环节《压伽》和畲族婚嫁歌舞《秋嫁》让游客们亲身体验到畲族民俗风情。下午的"汉畲一家亲"文化表演，又为游客们呈现《口技表演》《美猴王》《变脸》等精彩节目。据不完全统计，活动当天东西岩景区共接待游客近4万人次。

【"行走村落 醉忆乡愁"影像油画展】 2015年6月28日上午，由莲都区旅游委员会主办，丽水市油画家协会、丽水市摄影家协会、丽水市丽水摄影博物馆协办，丽水学院工程与设计学院承办的"行走村落醉忆乡愁"影像油画展，在丽水摄影博物馆正式开幕。本次影像油画展展览时间为6月28日—7月5日，展出的作品以表现莲都区秀美的山水风光、质朴的村落及灵动的田园景色为主，通过影像，展示莲都作为"乡愁"旅游目的地的独特魅力。

【荷塘月色·2015处州莲文化节圆满落下帷幕】 2015年7月25日，荷塘月色·2015处州莲文化节暨东西岩第四届露营大会、知名作家走进莲都采风行活动在莲都区东西岩景区成功举办。此次活动由浙江丽水东西岩旅游开发有限公司主办，丽水市公益救援促进会、丽水市广播电视总台调频FM88.3、浙江岩都旅游文化产业有限公司协办，丽水市户外运动协会、浙江丽水户外应急救援队承办。现场活动有COSPLAY、定向越野、搭帐篷比赛、摇滚篝火晚会、百名驴友露营等。

【举办"东西岩杯"知名作家采风行活动】 2015年7月25日，聚集在杭州的17名作家及媒体达人来到莲都进行为期两天的采风活动。本次采风活动由莲都区旅委与杭州电视台《行走》栏目组联合共同举办，采风团主要对东西岩、古堰画乡、处州白莲精品园、诗画利山等莲都知名景区（点）进行采风。

景区建设

【丽水城市花园温泉度假中心】 2015年，石牛温泉项目完成投资1.1亿元，正在进行酒店内部装修，并完成23幢多层、4幢高层住宅主体工程建设。

【梦里水乡·欢乐谷项目】 2015年，梦里水乡·欢乐谷项目投资0.5亿元，完成项目总体方案以及一期寻梦园和清水湾区块5.33公顷建设用地挂牌、9.33多公顷基础设施土地流转和6.67多公顷滩涂的政策处理。

【乡村旅游示范村建设】 2015年，利山村建成200间富有特色的民宿，推进通景公路拓宽、游步道、观景亭、稻田景观、绿化、防洪堤、标识标牌、公厕、游客接待中心、停车场、农业观光园、水上游乐项目等建设，成功创建为国家AAA级景区。库坑村推进游步道、安全护栏、游泳池、防洪堤、游客接待中心、景观景点等建设；引导村民自行投资对自家民房进行民宿化改造，使之初步具备旅游景区各项服务功能。

【区属旅游企业为里东募捐】 2015年11月20日，“梦里水乡·欢乐谷”、石牛温泉、郎奇桂花清泉、瓯江漂流四家旅游企业为里东募捐。据了解，“梦里水乡·欢乐谷”捐款5000元，石牛温泉捐赠100箱矿泉水、100箱方便面，郎奇桂花清泉捐款1000元，瓯江漂流景区在前期以个人名义捐赠现金后，此次又以企业名义捐赠500元现金、30箱牛奶。

（叶巧梅）

瓯江风情旅游度假区

【概　况】 2015年，浙江省丽水瓯江风情旅游度假区完成建设项目投资108936万元；共接待国内外旅游人次129.41万人次，旅游总收入64424.00万元，其中国内旅游人数127.09万人次，国内旅游收入61202.00万元；入境旅游人数为2.32万人次，旅游创汇521.63万美元，九龙湿地获国家湿地公园称号，诗画利山成功创建国家AAA级旅游景区。

【招商引资】 2015年，“隐居画乡”项目完工于9月底正式营业；通济堰养生文化园开馆试营业；5D梦幻油画馆完成框架协议签订，江滨休闲街区项目完成土地出让条件设置和土地评估工作；中国江南巴比松、风情商业街、画家苑项目全部开工建设，进展顺利；美食街区项目、“大师带你玩摄影”摄影营地、坪地四季花海等项目正在投资商深化洽谈中。

【发展规划】 2015年，瓯江风情旅游度假区突出“养生度假、湿地观光、文化体验”的主题，完善度假区发展的规划体系，以规划引领度假区的建设和发展。完成《古堰画乡旅游发展策划》《古堰画乡特色小镇产业发展策划》《古堰画乡创建国家AAAAA级景区实施方案》编制，为今后发展和古堰画乡AAAAA景区创建奠定基础。

【项目推进】 2015年，瓯江风情旅游度假区通过政府政策拉动、企业创新驱动、部门服务推动，全方位推进旅游综合大平台建设，实际投入建设资金10.89亿元，其中2015年政府财政资金投入7.89亿元，各种社会主体投入项目建设的资金总额为3亿元，主要建设浙江丽水九龙国家湿地公园一期保护工程、浙江丽水九龙国家湿地科普服务用房项目、丽水市瓯江大溪治理工程莲都段、古堰画乡风情商业街、古堰画乡滨水花苑、艺境巴比松项目、50省道改建工程、古堰画乡渡南路改造项目、隐居画乡项目、线杆迁移项目、莲都区碧湖第一水厂项目、大港头学校扩建工程、大港头自来水厂项目、碧湖产业区块拆迁安置项目、碧湖大桥美化工程、碧湖镇城区给水管网改造工程、诗画利山特色民宿村建设项目、大港头环境综合提升工程等项目。

【市场营销】 2015年，瓯江风情旅游度假区举办各类节庆和品牌活动，创新研发多种旅游商品，共完成两期旅游商品的研发工作。是年，瓯江风情旅游度假区开展各类市场营销活动51项，合计费用516.36万元，其中参加各类产品推荐会、博览会5次，费用14.26万元；节庆活动宣传促销活动9次，费用61.60万元；各类媒体宣传12次，费用272.15万元；宣传品制作135.73万元；文化挖掘14.3万元；网站建设形象策划、微信平台运营12.03万元；宣传推广补助6.3万元。

【行业管理】 2015年，度假区共组织各类教育培训活动15次，其中农家乐经营培训2次，消防安全培训2次，礼仪培训、酒店营销、员工职业道德、服务心理学、导游讲解技巧与创新、旅游法规培训、服务质量提升、医疗救援、安全生产、安全员培训、素质拓展培训各1次。度假区成立安全管理机构，安保人员齐备，制定安全生产有关制度、台账、旅游突发公共事件应急预案和各种灾害事件的应急预案，碧湖镇、大港头镇和市经济开发区都设有专业的消防大队，古堰画乡景区、瓯江漂流乐园设有水上应急指挥部办公室，开展消防救援和水上24小时巡查救助。是年，度假区范围内各景区（景点）未发生旅游安全责任事故。

（应一诺）

古堰画乡特色小镇

【推行景镇合一体制机制】 2015年，区委、区政府审时度势，从加强高位协调和明晰工作职责着手，成立古堰画乡小镇和创AAAAA景区建设工作领导小组，并设立古堰画乡小镇党工委、古堰画乡小镇和创AAAAA景区建设指挥部，促进景镇合一，形成体制合力。此外，莲都区成立特色小镇工作领导小组，由市委常委、区委书记葛学斌亲自担任组长，下设四个专项小组，并建立部门常态化协作机制，统筹特色小镇创建工作。

【旅游项目及招商工作】 2015年，共完成建设项目投资2.33亿元，其中，完成政府投资250万元；完成企业投资2.08亿元。规划方面，完成《古堰画乡旅游发展策划》《古堰画乡特色小镇产业发展策划》《古堰画乡创建国家5A级景区实施方案》编制；招商引资方面，通济堰养生文化园开馆试营业，5D梦幻油画馆完成框架协议签订，江滨休闲街区项目完成土地出让条件设置和土地评估工作，中国江南巴比松、风情商业街、画家苑项目全部开工建设，进展顺利；项目建设方面，次游客接待中心、景区游步道、通景公路、自来水厂、游船码头、古樟休闲广场等项目顺利完工。

【开展木制品行业整治】 2015年，短短43天，腾空拆除木制品企业（加工点）154家，拆除违章建筑8.2万平方米，清理违法用地22.52万平方米，实现"零强制""零上访"，创造"莲都速度"，锻造"莲都精神"，为AAAAA级景区创建和特色小镇建设腾挪空间。

【启动创建国家AAAAA级旅游景区】 2015年，古堰画乡自启动创建国家AAAAA级旅游景区，按照评定标准推进创建工作。11月12日，丽水古堰画乡创建国家AAAAA级景区景观质量顺利通过省级专家组评审，并上报国家旅游局。

【打造乡村旅游创客示范基地】 2015年，以提升"环境、政策、文化"为吸引力，营造乡村旅游创客氛围，现有各类业态188家，近200名创客入驻发展。8月，古堰画乡被国家旅游局命名为全国首批20家乡村旅游创客示范基地。

【培育民宿产业】 2015年，古堰画乡特色小镇充分利用美丽乡村资源优势，进一步推进小镇民宿产业健康、快速、和谐发展，民宿总床位数已达1700张，"隐居画乡""小楼""画中游""云上伊人""遇见花开"等民宿"崭露头角"。其中"隐居画乡"项目总投资1500万元，占地1600平方米，建筑面积1200平方米。建设套房16间、游泳池、会议室、咖啡厅、spa馆等设施，旨在打造成为集酒店、度假、文化等元素为一体的高端度假生活平台。

【中法"巴比松"画派交流】 2015年5月23—31日，"中法巴比松油画交流展暨中国丽水莲都和法国巴比松市友好城市签约仪式"在法国巴比松市马克·雅歌文化中心举行，现场展示来自丽水的33幅油画精品，推动两市乃至中法两国艺术家之间长期、深入的文化交流与合作，促进古堰画乡和巴比松画派的发展。

【景区业态提升工作】 2015年古堰画乡景区业态呈现稳步上升态势，特色民宿、茶吧小店等相继开出。截至年底，古堰画乡景区有各类业态188家。其中，画廊49家；展览馆5家；民宿、农家乐（农场）56家；休闲吧及工艺品店39家；其他39家。

（应一诺）

交通　信息

公路建设

【概　况】 2015年，莲都区交通运输局贯彻实施全市交通运输工作战略部署，全区境内公路里程达1345.33千米，其中：高速公路65.16千米，国道29.72千米，省道84.43千米，县道349.42千米，乡道73.20千米，专用道30.25千米，通村公路713.15千米。主要建设项目包括省重点工程南山互通至丽新公路项目，太平竹舟桥危桥改建工程，黄岭上危桥改造工程，凤鸣桥危桥保护工程，农村公路提升改造工程，农村公路大中修和安保等一批在建和续建项目。全年累计完成总投资8345万元，占年度投资计划的103%，超额完成年度计划，推动全区经济社会的全面发展。是年，区交通运输局被莲都区委、区政府评为安全生产先进示范单位，被莲都区政府评为2015年重大项目前期工作先进单位，被莲都区人大常委会评为2015年度区人大代表建议承办工作先进单位。

【南山互通至丽新公路项目】 2015年，南山互通至丽新公路建设工程一期（南山至高溪段）是全市首个采用PPP模式建设的交通工程项目，该工程于10月9日完成施工图批复，初步设计批复概算为9.98亿元，实际建设里程约20.80千米，项目分为二期实施，一期实施的是南山至高溪段，采用PPP模式建设。12月28日完成PPP项目招标，采用竞争性磋商确定浙江省隧道工程公司为第一中标候选人，项目已于2016年1月4日开工建设，预计于2018年6月底前完成建设。该项目的建设将进一步完善丽水市生态产业集聚区公路网络，促进沿线乡镇生态旅游经济的发展，为全面打造“莲都大环线”打下坚实基础。

【农村公路提升改造工程及联网公路】 2015年莲都区农村联网公路建设项目共3个，分别是碧湖镇白口至下圳、岩泉街道雨伞岗至沈村和丽新乡西坑至岙门项目合计里程6.50千米，总投资457.40万元。农村公路提升改造工程项目13个，涉及6个乡（镇）、街道，项目包括：水东至黄泥墩、桃碧线至里河、330国道至里佳源等，合计建设里程21.85千米，总投资约905.50万元。上述项目的完工，有效弥补莲都区在农村公路基础建设方面存在的短板，拓宽原先狭窄的路面，改善沿线村庄群众的出行条件，实现村村相连，路路相通，为莲都区农村生态旅游经济发展铺筑快车道。

【农村公路大中修工程】 2015年，区交通运输局高度重视农村公路大中修工程。完成县道黄碧线、上李线，村道大港头镇北埠至石桥、老竹镇沙溪至大片农村公路大中修工程建设，总实施里程35.06千米，总投资为1064.84万元。完成县道丽和线、村道松坑口至中岙、松坑口至中岙（二期）、雾岭头至横岗、郑地至尤源至正岙、学坑口至学坑、梅田至学坑至周坑公路钢质护栏的增设工作，实施长度为30.47千米，总投资805.93万元，实施安保专项处置项目2个，县道丽武线、丽武公路，实施长度为15.4千米，总投资307.98万元。

【莲都区丽武公路管理养护中心(联城中心公路站)】 2015年,莲都区丽武公路管理养护中心(联城中心公路站)位于联城镇界牌村,总用地面积11076.40平方米,主要工程为四层办公楼、两层食堂、三层宿舍、机械停放维修车间及其他相关水电、道路、绿化、弃方场地平整及水渠改建等附属工程,项目概算1482.64万元。截至年底,工程主体已完工。项目的建成将进一步规范莲都区农村公路的路政管理和养护能力。

【里东山体滑坡灾害抢险救灾工作】 2015年11月13日22时50分,雅溪镇里东村发生山体滑坡灾害,道路、房屋、人员被掩埋,进村主要通道外靖线交通中断,灾害给群众的生命和财产造成严重伤害和巨大损失。面对灾情,区交通运输局第一时间成立"公路抢险"队伍,紧急调配抢险人员和救援机械设备进入现场开展救援抢险工作。抢险人员连夜奋战,开挖被埋公路,有利的支援整个抢险救灾进程。抢险救灾工作中,交通部门共投入应急抢险人员375人次、各类车辆及机械设备25台,其中挖掘机2台,桥梁检测车1台,应急抢险车1台,运输车辆21辆,共运输550车次,共清运土方13872方,为现场抢险救灾工作取得阶段性成果奠定基础。为尽快使损毁的公路恢复通行,加快灾后重建和清理,区交通运输局开展里东村临时通道抢修工程,通过对路基整平加固、完善排水设施,使外靖线里东段于11月26日恢复通车。按照区委区政府的工作部署,区交通运输局成立里东政策帮扶结对工作小组。所有组员分为3个小分队与结对的7户人家进行结对帮扶,帮扶小组深入结对户家中,将政策宣传落实到每一户结对村民,根据所结对人员的实际情况,因地制宜的挨家挨户开展相关工作,通过谈心谈话、座谈交流、同劳同乐等方式,深入了解各户的实际情况,解决他们的诉求,圆满完成结对帮扶工作。

【美丽公路创建工作】 2015年,区交通运输局开展美丽公路创建,对辖区内的17条县道公路开展沿线撒播景观花工作,并对乡镇(街道)进行指导。撒播种子近1000公斤,播撒面积31万平方米,将农村公路变身景观大道,呈现"车在路上走,人在景中游"的优美公路环境。重要县道丽武公路开展美丽公路创建工作,将黄碧线两侧可绿化的地方进行绿化,同时开展丽武公路文化墙建设,总面积1000余平方米,总投资20万元,深化美丽公路创建内涵。率先在全市开展绿化管养市场化试点,县道外靖线、丽武公路均通过招投标方式确定绿化管养单位进行养护,形成绿化专业长效管养机制。

【撤渡建桥及危桥改造工程】 为保障群众生命财产的安全,区交通运输局将危桥改建作为为民办实事项目,推动农村公路危桥改建工作。2015年,区交通运输局重点开展两个危桥改建项目。莲都区太平竹舟至下岙危桥改造工程,该项目为续建项目,桥长138米,桥宽6.10米,桥面净宽5.50米,项目总投资450万元,截至年底该工程已全部完工;莲都区丽新乡黄岭上桥危桥拆建工程,桥长86.50米,桥宽7.50米,桥面净宽6米,总投资为394万元。截至年底,保通便道工程已完工(钢便桥),完成投资139万元,以前的"危桥"变成现在的"幸福桥""民生桥"。

行业管理

【概　况】 2015年,区交通运输局下属事业单位公路管理局开展农村公路管养工作,管养总里程达975.88千米。其中:县道16条,里程183.69千米;乡道9条,里程51.11千米;村道211条,里程710.83千米;专用道3条,里程30.25千米。依据《莲都区农村公路管理和养护办法》出台和修改一系列的相关文件,包括《莲都区农村公路养护管理考核实施细则》《养护承包合同》《安全工作目标管理责任书》等相关文件,根据县道和乡村道管养主体不同签订《目标考核责任书》,签订各类养护责任书25份。使全区公路管养机制进一步规范化和制度化。结合"六三三"工作要求,开展公路整洁养护年活动,重点加强对路面、边沟整洁养护工作,定期组织对全区农村公路养护管理工作进行考核,落实养护工作纳入区政府目标考核举证扣分体系,将养护经费与考核结果相挂钩,督促落实养护责任,确保农村公路养护质量。做好养护工程管理,通过资金管理倒逼工程进度,确定统一监理强化工程质量,做好日常检查规范工程管理这三项措施,破解养护工程进度慢,质量差、项目拖等难题,推进项目管理规范化。是年,老竹镇农村公路管理站被评为省级规范化管理站。通过人大议案政协提案的办理转变工作作风,全年共承办区人大代表建议意见和政协提案21件,为保证办理效果,区交通运输局对所受理的建议和提案进行专项登记,对不同的提案,制定不同的办理计划,拟定具体措施,并确定承办科室,落实责任,选好经办人员负责办理,至年底所有提案全部办理完毕。

【安全生产管理】 2015年,区交通运输局按照与莲都区政府、市交通运输局签订的《安全生产目标管理责任书》各项目标任务和上级有关部署,坚持"安全第一、预防为主、综合治理"的工作方针,落实安全生产"一岗双责"制度,有序开展交通运输行业安全生产管理工作,确保系统内全年无安全生产事故发生,实现安全生产"三项指标"为零,全年未发生水上交通死亡事故,创下连续30年无水上交通安全事故的良好记录。为确保安全管理有据可依,制定《2015年度全区交通运输安全生产工作意见》《莲都区交通运输安全生产暗访抽查工作制度》《莲都区交通运输安全生产攻坚行动方案》,完善《三防预案》等制度,完善交通领域安全生产的长效化管理,推进交通安全工作的规范化管理。质监站共对受监工程进行36次安全监督抽查,累计检查施工、监理单位69家次,印发《安全监督抽查意见通知书》26份,已反馈26份,反馈率100%。全年共作简易流程行政处罚案件8起,约谈2工程次。

【公路财产综合保险试点工作】 针对莲都区公路等级较低,抗灾能力弱,财政资金较为紧缺的现状,2014年莲都区在省内首创农村公路综合保险机制,解决因体制上原因造成的公路修复资金到位难、到位慢的难题,经过一年多的运行,已初步形成"出险及时报,损毁及时修,资金及时到"的"莲都样本"。2015年,这项工作已被列为全省交通运输综合改革试点项目,并获副省长孙景淼的批示。截至12月底,全区农村公路报险124起,估损理赔金302余万元,已全部进入理赔程序,定损率达100%。莲都区农村公路财产损失综合保险工作,实现农村公路养护资金的优化配置,提升政府承担公路抗大灾、保平安的能力。

【探索将公路养护推向市场化】 2015年,区交通运输局通过探索公司养护管理的新模式,将原先"个人承包"传统管养模式转变为对管养县道"打包实行公司养护管理"新模式,通过招投标,择优选择具有养护经验的公司承包养护工程,提升县道公路管养水平。针对乡道、村道公路养护难题,将多年来"一人一路、一人多路"分散式管养模式转变为"一乡一人"集中式管养模式。是年,通过在一街道(联城街道)两乡(丽新乡、峰源乡)一镇(老竹镇)开展指定专人对辖区内的道路进行统一管养的模式,提高公路的养护水平和质量。

【路政管理】 为推进莲都区社会经济的可持续发展,给群众提供"畅通、安全、舒适、优美、生态"的交通环境,2015年区交通运输局采取多种措施,做好路政管理工作。8月17日至11月24日,开展为期100天的百日治超专项整治行动。严厉打击车辆超限超载车辆违法行为,重点整治车货总重55吨以上和超限100%以上的货运车辆;工程车超限超载(抛洒滴漏)以及治超暴力抗法行为。全年共查获超限车辆11辆,卸载泥土、砂石等材料295余吨,罚没款项10750元,有效的保证公路的完好、安全、畅通。全年共办理赔补偿案件9件,行政处罚案件11件,路政案件发现率、查处率达到两个100%,并且未发生一起行政撤销案件和行政诉讼败诉案件。联合乡镇(街道)累计拆除公路边各类违章建筑20695平方米,发放29份责令停止(纠正)违法行为通知书,清理公路沿线堆积物1435立方米,清理非公路标牌7块,增设完善标志牌110块。开展以“实施科技治超,助力美丽公路”为主题的“路政宣传月”活动,通过悬挂宣传横幅、定点设摊、LED宣传车等形式,共发放路政宣传手册800余份,路政管理宣传单1500余份、行政处罚裁量权宣传单1600余份,向学校捐赠文体用品70余份,悬挂横幅5条,出动宣传车辆40余辆次,共出动宣传人员150多人次。路政宣传月活动得到各乡镇、学校、村民的支持,起到良好的宣传效果。

(谢斌)

中国移动莲都分公司

【概　况】 2015年,中国移动通信集团浙江有限公司莲都分公司(以下简称“莲都分公司”)有在册员工128人。设有市场部、网络部、政企部、综合部和碧湖区域。全年累计运营收入2.5亿元,全年累计放号10.3万户,其中新增集团成员21506户;4G活跃客户渗透率达42.09%,较2014年提升27.55PP;上网流量年累计同比增长率160%;较14年提升31pp;4G终端新增16.26万台;宽带净增15511户;政企专线累计发展560条,无线工程建设共完成建设641个站点,其中LTE三期370个,微站54个。日均开通1.76个站点;驻地网工程完成155个片区建设,行政村覆盖率从51.3%提升至83.4%　,完成装移机21329户,月均1778户。机顶盒安装2558户。补点完成1100个DP盒,月均92个。

【开展双岗选拔和基础办公软件培训】 2015年,为适应公司战略转型,激发员工积极性,为员工创造多岗位交流轮岗的机会和通道,促进员工的成长和发展,移动莲都分公司开展全体员工双向选择工作,参加员工经过笔试、面试以及综合评定,选拔优秀人员。7月22日,移动莲都分公司在8楼会议室开展基础办公软件培训,分公司各部门70余人参加此次培训,培训主要针对WORD\EXCEL的数据分析、数据录入、文档设置格式、统一格式等常用功能进行现场讲解,并通过现场操作的方式提升学习。

【“喜阅·分享”员工读书会】 2015年4月28日,移动莲都分公司召开第一期读书分享会——《将才》,读书会会员32人,实到28人。分享会由团支部主持,会上,各会员分享自己的读书心得,吕哲副总从“豆芽现象”说起,分享自己的感受,提出不要关注眼前的利益,追求短期的目标,要从长远的利益出发,循序渐进、一步一步地成长。7月29日,莲都分公司以《别让猴子跳回背上》为主题开展第四期读书分享会,共十余名会员参加此次活动。在主持人陈洪涛的引导下,分享会从“猴子从哪里来?”“猴子不管理会出现什么问题?”“猴子该如何管理?”“猴子专业管理能带来什么?”四个方面展开讨论。通过对本书系统性的学习和经验分享,对管理者和被管理者的日常工作都会有深厚的启发。

【抗洪抢险保通信】 2015年,在台风“灿鸿”中,为快速保障受灾地区的通信畅通,移动莲都分公司在有效组织人员和车辆进行抢修的基础上,抽调组织16支应急发电队伍、2支农民工队伍,对台风造成基站停电的站点,有序地展开应急发电工作。共出动全体网络部及代维人员,保障车辆16辆、紧急调配发电油机35台,保障发电20站次。8月8日22时10分,第13号强台风“苏迪罗”在福建省莆田市秀屿区沿海登陆,对丽水市通信网络造成不同程度影响。莲都分公司出动应急人员6支抢修队、各类应急车辆8台、保障油机28台次投入抢修保障工作。

【开展雅溪里东抢修工作】 2015年 11月13日22时50分许,莲都区雅溪镇里东村发生山体滑坡,山体滑坡一直延伸到里东高速边,近二十栋房屋被埋,险情发生后,市区两级立即启动地质灾害特别重大Ⅰ级响应预案。移动莲都分公司收到消息于

11:10分出动三组人员进行油机发电，由于道路被阻，抢修人员抬着油机到达现场，完成抢修工作。截至14日发稿，出动12组人员抢修，应急保障人员45人次（其中8组扩容，2组送油，2组抢修）。

【企业社会责任】 2015年4月17日，移动莲都分公司参加由丽水市直机关“1+1”修身养廉慢运动活动，本次活动以“生态、运动、修身、养廉”为主题，设置廉政谜语竞猜、廉政摄影作品展，同时开展飞镖、俯卧撑、仰卧起坐等体育运动竞赛项目，活动设置在南明湖畔，从大水门走到紫金大桥。5月31日，丽水市莲都区精神文明建设委员会组织各乡镇街道、区直各单位代表，以及志愿者、市民群众等千余人，在市区滨水公园举行“烟头垃圾不落地 家园环境更美丽”主题实践活动启动仪式，移动莲都分公司组织职工及团委代表近20名参加此次活动。在看到处州晚报上《这些山村孩子的小小愿望与爱有关》这一报道，5月20日，莲都分公司总经理周绍友携团委一行人员来驱车前往龙泉双平中心小学，为留守儿童送“心愿”。

【开展关爱员工工作】 2015年，移动莲都分公司关爱工作持续开展，除定期开展慰问工作、EAP系列活动、工会活动外，分公司还开展总经理接待日活动，公司领导与员工开展一对一的面谈，详细的了解并记录员工的工作情况、心理压力、生活压力等问题，带回员工对公司的意见和建议，并交办各部门进行改进。

【党风廉政建设】 2015年，移动莲都分公司党支部分别在4月8日和4月14日开展2次主题教育学习，主要学习《近平总书记在十八届中央纪委五次全会上的讲话精神》《中国共产党纪律处分条例》《中国移动通信集团公司员工违纪违规处分条例》等内容，观看《廉政中国—堂堂外表下的真相》《廉政中国—贪欲使他走向了深渊》两篇廉政教育片。4月9日，移动莲都公司参加由市公司组织“筑牢廉政防线，永葆廉洁本色”专题讲座（雷春梅主任）。5月8日，分公司召开以“严格党内生活，严守党的纪律，深化作风建设”为主题的组织生活会。市公司督导组邵朝良总经理也带队参加生活会，会上党员干部结合自身实际做深刻的检查，认真分析问题产生的原因，认真开展自我批评，并就产生的问题提出下一步努力的方向和整改方案，会后全体党员干部撰写心得体会，党支部共收到心得体会16篇。分公司根据市公司党委的要求于6月24日、6月30日、8月5日、8月6日分别开展“三严三实”专题教育工作部署暨专题党课报告、庆祝建党94周年暨“三严三实”专题党课报告、市场口“三严三实”专题党课学习和网络口“三严三实”专题党课学习，通过系列学习巩固和拓展党的群众路线教育实践活动成果，推进党的思想政治建设和作风建设，推动各级领导干部把“三严三实”作为修身做人用权律己的基本遵循、干事创业的行为准则，争做“三严三实”的好干部。

【安全管理工作】 2015年2月26日，移动莲都分公司召开节后网络开工前的安全生产宣贯会，参会人员共计27人。会议邀请北京诚公监理、集成厂家、铁通工程队等10家合作单位，与合作单位签署工程施工安全责任承诺书，并确认施工人员到位情况。9月1日，莲都分公司开展常规性消防演习，旨在通过演习，提升员工在紧急状态下的应急处理能力和员工的安全自救能力， 当火灾等危险来临时能够在短时间内有条不紊地紧急疏散。6月17日晚，莲都分公司组织全体员工参加《消防安全知识》。培训围绕“消防安全生产知识和相关案例”为主题，并结合行业实际，向全体员工讲解系统全面的消防安全知识，阐述“安全第一，预防为主，综合治理”12字安全方针的新理念。

（廖余艳）

财政　税务　金融

财　政

【概　况】 2015年，莲都区实现财政总收入21.43亿元，同比增长11.9%，首次突破20亿元大关，完成年度预算104.1%。一般公共预算收入12.47亿元，同比增长10.4%，完成年度预算102.9%。一般公共预算税收收入11.07亿元，同比增长9.9%。一般公共预算收入占财政总收入的比重为58.2%。一般公共财政预算支出25.68亿元。全年一般公共财政预算收支平衡。是年，莲都区财政局被省人力资源和社会保障厅、省财政厅授予“全省财政系统先进集体”称号，连续14年被评为目标责任制优胜单位。

【保障民生支出】 2015年，莲都区民生支出22.35亿元，增长21.6%，占一般公共预算支出的87.0%。农业方面，落实各项强农惠农富民政策，推进农业发展。全年支农资金合计达67963万元，同比增长5.0%。教育方面，将公办学前教育生均公用经费提高到285元/年；农村小学742元/年、城市小学682元/年、农村初中1046元/年、城市初中946元/年；民办中小学生均公用经费按省定生均公用经费小学650元/年、初中850元/年的标准安排。社保方面，完善社会保险制度，城乡居民基础养老金提高20元/月，财政投入城乡社区居家养老服务照料中心和养老机构建设资金361万元、运行经费62万元，推进政府购买养老服务。就业方面，落实就业政策，增加创业担保贷款及创业补助资金的支持力度。实施精准扶贫，消除“4600元以下”贫困现象。社会安全方面，完善政法经费保障机制。全年安排“平安”建设和综治工作经费2326万元。

【规范财政管理】 2015年，区财政局共盘活存量资金16744万元，重点用于对“六边三化三美”“五水共治”“创建全国文明城市”等区委区政府的重点实施项目，提高资金绩效。充分发挥中介机构、财政部门、主管部门以及人大、政协的各自优势，对受托评价的中介则约束纪律，提高绩效评价的质量，提高绩效评价结果的运用效果。全年莲都区已累计完成政府投资项目评审450个，送审评审金额13.28亿元，审定金额12.15亿元，净核减不合理财政性资金1.13亿元，净核减率为8.5%。规范项目管理，先后出台《丽水市莲都区人民政府关于进一步加强财政支农资金管理的意见》《关于在财政专项资金管理领域实行信用负面清单制度的通知》《莲都区关于做好涉农项目储备库工作的通知》等制度，提高资金使用效益，实现管理科学化、规范化。

【财政资金优化改革】 2015年，区财政局做好财政资金竞争性存放工作，出台《莲都区财政资金竞争性存放管理暂行办法》，规范公款存放行为。开展产业发展基金工作，参与投资设立浙江丽水生态经济产业基金，莲都区财政认缴1.2亿元，分三年到位，首期4800万注册资金已经支付至基金公司。由大港头新农村建设发展有限公司、碧湖镇建设发展有限公司、古堰画乡开发建设有限公司三家公司资产整合组建成立浙江丽水古堰画乡旅游投资有限公司，注册资本3.4亿元。吸引浙江丽水生态经济产业基金2亿元，共同投资建设古堰画乡特色小镇，确保AAAAA景区创建的资金需求。探索PPP发展模式，推广运用政府和社会资本合作模式，拓宽基础设施建设、公共服务项目和新型城镇化建设融资渠道，加快转变政府职能，提升经济增长动力。是年，莲都区有两个PPP项目正在推进当中，分别为“南山互通至丽新公路建设一期工程”和“丽水市莲都区社会治安动态视频监控系统（天网工程三期）”项目。做好地方预决算公开工作，落实上级关于推进预算公开的要求，除涉密信息外，2015年预算决算和三公经费预决算总额在区财政局网站按时公开，推进部门预决算公开，莲都区62家区直单位以及14个乡镇街道，全部在规定的时间内在政府网站公开部门预决算。做好地方政府债务管理工作，严格举债程序和资金用途，按省财政厅要求开展政府存量债务清理甄别工作，为将政府债务分类纳入全口径预算管理奠定基础。向省里争取新增地方政府债券资金8000万元，有效化解到期债务偿债压力和风险，降低政府债务成本，优化政府债务期限结构。

（陈莹莹）

金　融

【概　况】 2015年，莲都区有工、农、中、建四家国有银行，莲都农商银行、建信村镇银行、泰隆莲都支行7家金融机构，2家小贷公司，1家民间融资服务中心，7家融资性担保公司和8家惠农担保互助社，其中农商银行开办2家社区金融便民服务点，为莲都区农村金融服务。截至2015年年底，莲都区工、农、中、建四家国有银行、莲都农商银行、建信村镇银行、泰隆莲都支行的各项存款余额171.9亿元，比年初新增11.9亿元，同比增长7.2%；各项贷款余额136.6亿元，比年初新增7.78亿元，同比增长6%。其中：涉农贷款余额57.8亿元，比年初新增5.2亿元，同比增长11.6%。全区五级不良贷款余额为3.48亿元，不良贷款率为2.5%，比年初下降0.21个百分点。

【开展信贷营销工作】 2015年，各金融机构开展信贷营销，实施产品创新，针对中小企业、“三农”、城乡个体工商户的不同需求和不同条件，做好信贷产品。如莲都农商行推出“丰收·惠民”小额保证保险贷、被征地农民幸福人生养老贷，开展民宿贷、安居贷，满足辖内异地下山脱贫农户或新农村建设住宅、装修等资金不足问题。邮储银行与中国人保合作，针对批发市场、农贸市场等商户推出小额保证保险贷。建信村镇银行在原有的“农户小额贷款”“养无忧”失地养老保险等产品基础上，根据贷款客户实际需求，推出“乐悠闲”“起旺宅”“生旺财”等创新产品。

【金融服务体系】 2015年，莲都区已初步形成以国有商业银行为主体，股份制商业银行、农商银行、村镇银行、小额贷款公司及其他中介组织为补充的较为完善的金融服务体系。持续推进小额取款、代理转账、缴费等业务在农村的应用，农商银行新增自助银行15家，新增ATM机36台，开办2家社区金融便民服务点，探索“金融夜市”营业模式；邮储银行推进“互联网+”模式为农户提供便民金融服务，将邮政电子商务平台引入农村金融服务站，为农户提供便捷的商品买卖网上代理服务，助推“消费品下乡”和“农产品进城”双向流通，截至2015年年底，已实现30余家“金融+电商”综合服务平台的升格改造。2015年，全区264家金融服务站累计办理小额取现业务19.3万笔、金额7953.6万元，办理转账业务4.2万笔、金额3502.2万元，办理各类便民缴费583笔、金额4.4万元，真正做到便民、利民。小贷公司运行情况良好，服务“三农”和小企业成效显著。浙兴和万兴2家小贷公司2015年累计发放贷款6.03亿元，年末贷款余额3.37亿元。莲都民间融资服务中心于3月成立，成为丽水市第二个开展此项试点的县市。截至2015年年底，中心共撮合民间供需双方资金133笔4.91亿元。

【农村金融改革】 2015年，莲都区完成“三权”抵押贷款余额10.84亿元，其中：林权抵押贷款6.75亿元、完成率105.1%；农房抵押贷款3.55亿元，完成率105.8%；土地流转经营权抵押贷款5748万元，完成率112.7%。“三权”抵押贷款全部都超额完成市政府下达的目标任务，截至2015年年底，莲都区“三权”抵押贷款不良率为零。对全区所有农户的信用等级进行重新采集、评定， 6万余户的农户信息数据全部录入市人民银行征信系统。开展“整村批发、集中授信”信贷业务，莲都农商银行128个行政村、邮储银行37个行政村、泰隆银行89个行政村、农行3个行政村等都已建立“银村合作”模式。共授信87.88亿元，授信农户94215户，已有60124户信用农户获得贷款，累计发放贷款126.81亿元。鼓励金融机构与村级担保互助社开展合作，以“三权”在担保互助社作为反担保的形式，开展农村“三权”抵押贷款。全区成立8家惠农担保互助社，已由村级担保互助社担保贷款52笔1405万元。继续推进商业性运作涉农担保组织建设，鼓励符合条件的专业合作社、农业龙头企业以及民间资本组建涉农担保公司。莲都区7家农民担保公司，累计为“三农”提供融资担保8.2亿元，基本上都是为种养殖大户、农家乐、农民专业合作以及农民外出创业提供融资担保。继续推进小额保证保险贷款试点，解决农户贷款担保难问题。3月，莲都农商行和太平洋人寿保险合作推出“丰收、惠民”小额保证保险贷款业务，在碧湖镇成功试点的基础上向全区推广，已发放小额保证保险贷款312户6958万元。做好保险服务民生工作，在做好政策性农业保险、政策性农村住房保险的基础上，通过广泛宣传保险知识，提高农户保险意识，推进农村小额保险，通过保险体系建设有效分散和降低涉农信贷风险。截至2015年年底，已有2.76万户参加农村小额保险，219农户获得理赔，金额42.43万元。

【不良贷款处置工作】 2015年，面对银行不良贷款上升趋势较快的形势，莲都区高度重视不良贷款的处置工作。联系司法部门，对接金融机构，研究案件处置方案，做好银行不良资产处置工作。按照先易后难、先急后缓、依法依规、规范运作，集中化解和处置一批不良贷款，最大限度降低银行不良贷款率。通过努力，全年共帮助银行清收处置不良资产1.47亿元。(2015年不良贷款市里交办任务数9480万，年底已收回交办不良资产处置任务5600万，完成率59.07%，超额完成市政府下达的要完成40%的目标任务。)

（王雯）

中国农业银行股份有限公司丽水莲都支行

【概　况】 2015年，农行莲都支行以“稳中求进、夯实基础、改革创新、转型发展”为工作主基调，持续提升市场竞争力、风险控制力、价值创造力。全年营销信用卡专项分期业务1873笔，金额2652万元，全年实现手续费收入567万元。积极开展产品营销，通过加强场内营销、场外摆摊设点等方式，开展信用卡营销，全年实现信用卡有效活动客户新增数2870户，养生卡3259户，实现信用卡业务收入435万元。开展电子银行业务营销，积极落实市分行“强基提质”专项营销竞赛活动，全年实现电子银行业务收入101万元，同比增加10万元。成功突破B2B、B2C、电子账单业务。碧湖支行获“三铁”单位，东城支行被评为全市合规网点。

【构建服务“三农”长效机制】 2015年，农行莲都支行为推进农村金融服务模式改革，转变发展方式，拓宽服务渠道，构建服务“三农”长效机制，莲都支行依托惠农政策，推进支持“三农”工作，推进农村普惠金融服务模式，拓宽惠农金融服务的广度和深度，提升农行区域影响力和品牌形象，做实农村市场。为更好担当三农业务，根据上级行的统一安排，继续选派一名中层干部到碧湖镇挂职工作，宣传国家惠农富农强农政策，宣传涉农金融产品和服务，普及基础金融知识；了解掌握当地新型城镇化、“五水共治”、美丽乡村建设等农村基础建设的金融求，做好项目融资银企业对接，当好建设项目的筹资融资决策参谋；掌握“三农”金融需求，推动惠农通、网银、ATM等渠道建设，推广农村金融“六自治”服务模式，让农民足不出户就能享受现代基础金融服务，解决贷款难、担保难的问题；协助做好所在乡镇各类贷款贷前尽职调查和贷后管理，充分发挥连接当地政府、企业、农民和当地金融机构的沟通桥梁作用。持续推进金融自治村建设，以碧湖支行为重点，与上赵村共同举办“养老敬老”活动，进行金融下乡宣传；密切与村级集体经济组织的联系，增强与政府相关部门的联动，受邀参加相关村的村民会议，与村两委互动，宣传该行惠农产品并签订农房抵押合作协议；同时进入堰头村、里河村、松坑口村等村落，通过张贴海报、借助相关节日进行强势宣传、发展农村市场业务，成功建立碧一村、林宅口村两个金融自治村。全年新增农户贷款2359万元，完成196.58%；其中专业大户15户，完成167%；新增惠农通发卡量369户。

【支持地方经济建设】 2015年，农行莲都支行全年各项贷款余额增加20193万元，增长25.89%，存贷比例上升9.71个百分点。为高度重视项目贷款，该行成立专项支持项目贷款服务小组，与莲都区政府对接，重点做好政府项目的对接工作，成功发放全市首笔五水共治项目贷款1.4亿元，准上市公司——浙江维康药业股份有限公司及旗下国医馆落户该行，同时还正在对接多个有发展前景的政府背景项目。在做好项目贷款的同时，该行利用小微企业帮扶贷、简速贷等一些该行优势产品支持一批当地具有一定知名度及影响力的优质小微企业客户，成功支持小微帮扶贷款企业鱼跃酿造、正翔笔业、华泰玻璃、浙丰阀门、宾迪实业、万钢铜业、汉荣数码等企业，累计投放小微帮扶贷款2130万元。利用丰富个贷产品，重点支持城区公务员、企业股东及高管、市场的个人客户，发展以个人住房抵押为主的零售业务。成功与鑫城“古城佳苑”和“龙都.丽园”等楼盘达成住房按揭业务合作。个人贷款比年初新增12529万元。

【市场营销】 2015年，农行莲都支行全面启动城市攻坚战略。为更好地发展各项城市业务，制订《2015年—2017年莲都支行城市攻坚战略行动方案》和建立《网点城市攻坚战略行动活动方案计划表》。由于央行连续五次降息，而该行产品外币活利盈、定利盈的利率在同业产品利率下调之时仍保持不变。做好对网点的产品培训，并利用短信平台、微信渠道、理财沙龙等方式宣传定利盈、活利盈、大额存单等业务，同时筛选外币业务客户参加相关活动，宣传该行针对外汇客户的结售汇率点差、客户推荐客户等的优惠政策，扩大外汇业务客户群体。另外，做好与出口企业联系，定期上门宣传该行国际业务产品，同时利用该行阶段性产品同业优势，如参融通、结汇宝等产品组合，吸引客户国际结算业务的归行额明确管户责任，做好机构类客户的维护营销，制定客户分层维护名单，根据法人客户的法人代表、企业高管、主要经办人的金融需求，进行产品组合营销。全年对公人民币有效结算账户新增84户。对接证券公司制定《第三方存管业务专项营销活动方案》，根据活动方案开展企业单位驻点营销、沙龙活动等方式做好源头营销工作，有效的提升第三方存管客户市场份额。全年新增个人贵宾客户377户，个人贵宾客户产品交叉销售率提升23%。

【信用风险防范】 2015年，农行莲都支行增强信贷风险意识，严把客户准入关，年初以来，支行把客户准入放在重要位置，调整优化信贷结构，培育优质客户群体，做好信用等级评定和授信工作，做好增量贷款投放管理，严防各类信用风险。定期召开贷后管理例会和风险管理部门联席会议，要求各网点负责人和管户客户经理严格按照贷后管理办法要求，严格频次严格时间点，定期走访客户，不走过场不走形式，将贷后管理工作落到实处。开展内部管控遏制违规经营和违法犯罪专项检查、清雷防险、各部室尽职监督检查、行长离任审计、个人资产业务排查以及2015年重点领域信用风险专项治理等，涉及违规人员全部进行责任追究。在做好风险化解的同时，做好不良贷款处置工作，对出现的不良贷款采取及时诉讼和执行。

【做好员工行为网格化管理】 2015年，农行莲都支行为做好员工行为管理工作，结合市分行《员工行为网格化管理办法（试行）》，莲都支行制定2015年度员工行为管理工作计划，明确年度工作任务和要求，落实分解工作职责，按照“谁主管、谁负责、一级对一级负责”的要求，推进员工行为管理工作。做好员工行为管理制度的贯彻落实，重新修订支行考勤管理办法，严格考勤和请休假管理。严格领导干部和员工的重大事项报告和出入境审批管理。严格执行省分行《领导干部报告个人有关事项的规定》，建立覆盖全员的出国（境）证照集中管理、审批管理和登记备案管理制度。支行员工持有护照及港澳通行证的均上收统一交市分行保管。组织干部员工认真学习总行《关于实行员工行为管理责任制的意见》《员工行为守则》《严格禁止员工行为的若干规定》《员工违反规章制度处理办法》及省分行制定的《严禁员工不规范行为的若干规定》《关于加强员工行为管理的实施意见》《丽水分行基础管理50条严禁》等有关制度文件，确保干部员工掌握制度、熟悉规则，增强尽职尽责、守规守纪的自觉性。落实谈心谈话制度，及时掌握员工行为动态，坚持“十必谈”、“八必访”。充分利用好标准化基层管理系统做好员工日常分析管理工作。

【安全保卫工作】 2015年，农行莲都支行每月组织一次安全教育学习，每周网点对分行下发的安全保卫风险提示和晨会提示进行学习并记录。做好安全设施的建设与管理，对碧湖支行围墙进行施工安装障碍物玻璃，有效防止外人爬越。对四个二级支行的视频监控系统和消防应急灯全部进行更换。对东城支行老化消防水管进行整改。对支行营业室UPS房，安装摄像头、配置灭火器、安装空调、温度计，改造线路，房门加锁。做好安全检查监督、开展防暴及消防预案的演练，发现问题及时整改。做“三化三达标”创建和金融机构安全评估工作，支行专门成立安全评估领导小组，组织第四轮安全评估，统一安排、指导全行的第四轮安全评估工作。

【企业文化建设】 2015年，根据中央和农总行要求，该行组织开展“三严三实”专题教育活动。学习落实《关于落实基层党建工作责任制的实施意见》《关于加强二级支行建设的指导意见》到等相关精神。全行5个网点全部单独成立党支部，所有网点都签订《运营主管聘期目标责任书》，引导基层党组织和党员在“比学赶超”中发挥战斗堡垒和先锋模范作用，推进党建与业务经营融合互动。全年共培养入党积极分子3人，吸收预备党员1人，2人预备党员转为正式党员。注重党建工作与业务经营虚实结合，党建工作与业务经营进行目标同向、部署同步、工作同力、考核同行。将党建工作真正融入业务经营中，做到业务经营有实有虚，党建工作从虚到实。开展抓党建促发展党员示范争星活动，在基层党组织中建立党建阵地“标杆党支部”，在本级部门开展转变机关作风“五比五创”，在营业网点开展窗口服务“三亮三比三评”，在全体党员中开展争先创优“党员示范争星”评比。是年，碧湖支行新购置部分活动器材、厨房设施，完善职工之家建设。对困难、生病员工进行慰问，继续开展一年一次员工体检。

中国银行股份有限公司丽水莲都支行

【概　况】 2015年，中国银行莲都支行围绕省行“十二字方针”，落实市分行的“一三三”工作要求，秉承“抓存款、拼营收、抢清收、拓客户、精管理”发展战略，推进各项业务发展，在该年度总体发展呈现发展提速、市场提升、收入增长、效益提高、基础夯实、重点突出的主要态势。在党员队伍建设方面，开展“三严三实”专题教育，开展“双遏制”、“员工异常行为排查”、“离行人员”和“平安风险隐患”检查、“清雷防险”排查、“反四风”和“关于加强员工行为管理防范卷入洗钱案件”的排查与纠正，以及对于防腐倡廉通过案例、读本、制度等多方位的向员工进行解读与教育。截至2015年年底，全行本外币各项存款余额9.3亿元，较上年新增1.2亿元，其中个人存款余额7.37亿元，较上年新增3.07亿元，公司存款余额1.92亿元，较年初新增-1.87亿元。本外币贷款余额18.24亿元（含银行卡），较年初负增4693万元，其中人民币公司贷款负增7490万元，个人贷款新增1788万元，银行卡透支新增1009万元。实现营业收入为5294万元，拨备前利润为3663万元，全年净利润负1498万元。本外币个人存款新增1.62亿元，日均新增7171万元，新增创近三年新高。

【做好支行客户群工作】 2015年，莲都支行把个贷客户群、汽贷客户群、人才卡客户群、外汇客户群作为拓展重点，个人客户做好四大客户群开发工作，公司客户做好大项目、大客户工作。自年初始，支行既树立“以客户为中心”的基本服务理念，通过反复的会议和培训的宣导及强调，使客户至上的理念深入每一位员工的内心，做到“精确与快速共在”的柜台工作及“细心与耐心并存”的售后服务。在个人业务上，内外结合，做好有效客户拓展工作。通过提高借记卡客户的资金沉淀、梳理维护代发工资户、提高个贷客户的贡献度等方式，内挖潜力。向外吸引优质客户，开展“进区入户”活动、组织客户沙龙110场等方式向外拓展有效客户群体，新增有效客户规模。是年，个人基础客户新增2882户，完成全年计划进度，个人中高端客户新增1421户（折算后），超额完成全年计划。公司有效客户虽然未取得突破，但客户经理上门服务，走出去营销理念已形成。

【不良贷款】 2015年，莲都支行不良贷款余额1.23亿元，不良率6.58%，是全辖的四不良重点支行。为解决不良贷款的问题，支行成立清收化解攻坚小组，落实专职清收化解人员，实行成员负责制，不良清收工作层层包干，落实到人。制定一户一策清收方案，将现金清收、呆账核销、资金转让、资产重组等多种手段的组合应用，做好不良清收化解，全年实现清收化解10037万元，不良余额减少3327万元，不良率下降1.65%，列全辖第五位。

【做好内控外防建设】 2015年，莲都支行正确处理好业务发展与风险防控的关系，全行无经济案件、无重大违法违规违纪问题。莲都支行面对复杂的经济形势，做好内部管理精细化，规范全行各条线的日常经营和管理行为，深植合规文化意识。严格考核基础业务合规性，监管重点人员、重点岗位、重点业务，履行各岗位反洗钱工作职责，开展中高风险客户资金监测工作。提高员工行为管理的有效性，及时排除风险隐患。是年，莲都支行开展“重合规、强内控、防案件”“合规操作、杜绝案件”“做好2015年防范打击非法集资宣传教育工作”“清雷防险”等主题教育活动，从思想上树立人人讲合规，树立内控合规就是效益的理念。组织多项专题检查，开展员工异常行为排查，开展各类排查42次，共发现问题30多个，并做好及时整改，有效防范经营风险。

【员工队伍建设】 2015年，莲都支行坚持“送出去请进来”的培训方式，坚持每周夜学制度，做到员工教育培训全覆盖，参加省行培训14人次，参加市行培训280余人次。主导推动“员工绩效考核办法”“客户经理绩效考核办法”，推行效率优先，兼顾公平的激励机制。推行客户经理选聘及客户经理后备库制度，落实负责人联系制度，带头进行员工家访，从日常生活上关爱员工。引导员工做好职业规划，培养员工重过程管理、重细节管理的良好习惯，使员工的专业能力、学习能力和创新能力得到提高，话术沟通、营销组合技能得到增强。

中国建设银行丽水莲城支行

【概　况】 截至2015年12月31日，建行丽水莲城支行本外币一般性存款时点余额23.15亿元，比年初新增1.15亿元，居全市营业机构第一，一般性存款四行占比累计新增1.23亿元，四行占比19.92%，居城区营业机构第一位；其中对公存款17.62亿元，比年初新增1.08亿元，居全市营业机构第一位；对公无贷户时点存款新增8913万元，完成率469.14%，居全市营业机构第一位，全省排名前六。各项贷款余额11.16亿元，比年初新增646万元(其中个人贷款余额3.49亿元，比年初减少1188万元；对公贷款余额7.67亿元，比年初新增1834万元)。全年消化不良贷款1361万元，不良贷款余额1494万元，不良率为1.34%，对公、对私均超额完成市分行下达的计划任务。全年实现中间业务收入1780.9万元，完成率109.9%，其中对公收入1191.9万元，完成率135.9%，居全市营业机构之首。

【对公业务】 2015年，建行莲城支行对机构类优质客户实行名单制分层管理。对于重点机构客户，支行班子对“财政、教育、社保、医院、电力”单位领导的走访，了解资金运作动态，洽谈合作意向，提升机构类存款市场份额。两大医院和社保资金存款大幅提升，存款余额达到近3亿元。根据掌握的商机，展开对“古堰画乡项目”“丽水市人民医院东城院区项目”“国网浙江丽水市莲都区供电公司项目”攻关营销。对存款客户，明确客户走访要求：日均存款余额在500万元以上的对公目标客户，由支行行长带队开展定期走访；200万～500万元的由支行副行长带队走访；200万元以下的由客户经理走访。对贷款客户执行每月定期走访。拓展五贷一透、速贷通等产品，重点拓展小企业信贷基本户。搭建、巩固多样化平台，对接政府、工商、地税、工商联、行业协会等企业管理部门，分享政府和企业信息，开展对政府、市场、工业园区、楼盘等源头营销。对公条线从源头上拓展代发工资业务，个人条线做好代发工资后期个人客户的维护，通过提供一揽子金融服务产品，提高代发工资个人客户的产品覆盖度。通过结构性存款、基金、贵金属、养老金等产品联动营销，提升客户金融资产总量。

【对私业务】 2015年年初，建行莲城支行实行“一对一、一对多、一对众”维护模式，对优质大客户实行名单制管理。对客户经理下达客户维护计划，要求每日以“电话短信问候、面访、走访”等形式、充分利用OCRM系统、辅助营销系统、精准营销系统、信用卡系统，挖掘潜力客户，提升产品覆盖，提升客户忠诚度。对维护成果每周一小结，每月一总结，做到逐户对接跟进。筛选目标客户，通过主题沙龙、品鉴会、答谢会、讲座、邀约面访等形式，做好对客户的服务营销。支行举行以保险、基金、黄金、投资理财、健康等为主题的沙龙、讲座近20场次，房产中介客户答谢会1场次，黄金品鉴会(分行主办)2场次，邀约面访客户2000多位。通过这些活动，拉近与客户的距离，增加产品覆盖度，提升客户忠诚度，扩大市场份额。支行组团走进企业、学校、医院、商业区拓展营销20多次，重点突破移动代理渠道商户、联通代理渠道商户、莲都供电局、移动公司、丽水市中医院、丽水职高、村镇被征地农户、碧湖工业园区、丽水市汇隆五金装饰城、周边商业街。拓展代发工资、代发学生助学金、代发被征地农户转保养老金等各种代发卡近万户，月代发金额达3000多万元，拓展信用卡1000多张、POS商户24户、个人贷款金额1000多万元，信用卡分期300多万元。支行电子银行活跃客户网均13631户，城区网均排名第一位。个人网银活跃客户和手机银行活跃客户在全市“达标”网点评比中均获第一序列排名第一位。移动金融柜面替代率比年初提升9.61%。

【经营管理工作】 2015年，建行莲城支行规范“大堂布置、柜面摆放、员工形象、服务礼仪、产品宣传、营销技巧、营销术语”等方面要求，其次要求前台柜员、大堂经理、客户经理到他行办理几笔业务，学习他行的长处，提升客户服务能力，创新服务、创新产品、创新渠道。对公业务上，支行针对财政、医院、社保等大客户推出“送服务到单位”的“一对一”优质服务。针对小微企业，推广 “助保贷”“税易贷”“善融贷”和“浙融易”等“五贷一透”信贷新产品。针对个体工商户等优质个人客户推出结算贷、融e贷、助业贷、快贷，并结合贷记卡、POS机、个人结算卡、电子银行等推出“重点客户产品套餐”服务。引导市民代缴“水电费”、学生交“餐费”等通过“悦生活”网银支付，引导单位代发工资通过“企业网银”代发。引导“5万以内转账、2万以内存取现”到自助设备办理。根据《中国银行业营业网点文明规范服务考核评价体系(CBSS1000 2.0)标准》要求，对CBSS1000 2.0评价体系中近200项细则规范高标准执行，硬件环境设备和软件服务质量得到提升。支行积极参与政府“全面消除4600元以下低收入农户”帮扶工作，下乡走访看望帮扶结队的太平乡陈头村贫困户施女当宝、徐雨平，帮扶救济资金3500元。在莲都区里东村发生山体滑坡灾害第一时间，莲城支行领导带领员工加班加点，为“社会各界向里东村灾害捐款”做好金融服务保障工作。参与社区援建工作，援助政府对接单位“白云社区、府前社区”资金10000元。组织志愿者参加无偿献血6人次。支行全体员工参与2015年职工互助基金及慈善捐赠5050元。是年，建行莲城支行获“浙江省银行业协会文明规范服务四星级单位”，成为首家丽水银行业文明规范服务最高星级银行。

浙江泰隆商业银行股份有限公司丽水莲都支行

【概　况】 2015年，泰隆莲都支行新增一万元以上存款有效客户1408户，新增普通贷款户316户，新增信用卡884张，新增存款9145万元，新增普通贷款3568万元，新增创业通贷款1746万元，信用卡垫款余额新增2026万元，国际结算879万美元，新增贷款逾期17户，金额479万，不良资产率1.37%；全年拜访舆情流失客户739户，开展客户座谈会56场，进农村社区开展业务宣传46场；开展对35个企事业单位的营销，办理工薪信用卡和消费贷款145笔；开展反洗钱宣传6场，反假币宣传6场，反非法集资宣传3场，反电信诈骗宣传2场；自行开展银行卡非法买卖、“两违”检查、每月开展33项风险点检查、3项规范检查、批量村担保链排查；全年开展征信查询8980份；网点星级建设，实施柜面服务积分制管理，开展社区“三匹配”梳理、存贷款营销劳动竞赛，支行员工获分行市场条线业务知识竞赛团体第二，员工队伍合格率100%；

【组织举办括苍新村邻里节】 2015年4月27日，泰隆莲都支行业务二部在支行行长项光庆带领下在左渠门社区括苍新村与社区居民举办一场邻里节包水饺活动。支行行长项光庆与社区居民进行互动，客户经理们现场宣传泰隆存贷款产品以及相关金融知识，活动一共有200多名左渠门社区居民参加。自开展社区化工作以来，支行2015年度共开展与社区居民、乡村农户互动宣传活动46场，收益人数达5500人次。

【莲都支行举行柜员技能大比武】 2015年6月2—3日，泰隆莲都支行营业部举行技能大比武活动，比赛共设置传票录入，五比打字，机点，单指点钞，多指点钞五个项目，支行营业部全体员工积极参加。最终陈艳分别取得传票和五笔的头冠，机点榜首归入李静囊中，多指点钞冠军为王艳。

【“泰隆·浙商证券”合作启动】 2015年10月29日晚，泰隆莲都支行举行“泰隆·浙商证券”合作启动仪式，会议由支行行长项光庆主持，丽水分行市场管理部负责人戴乐民，浙商证券丽水中心营业部副总经理徐健以及双方业务团队全体员工参加启动会。此次双方合作主要以第三方存管项目为主，双方在合作中实现客户资源的共享以及双方产品的推广。丽水分行市场管理部负责人戴乐民希望双方在合作道路上一起探索，相互磨合，实现共赢。浙商证券丽水中心营业部副总经理徐健希望通过此次合作的推进开辟出与商业银行合作的试点模式。

【莲都支行营业部赴龙泉支行学习柜面服务】 2015年5月21日，泰隆莲都支行和碧湖支行6名柜员赴龙泉支行就优化柜面服务方面进行交流学习。柜员们首先进入龙泉支行现金柜进行一对一跟柜学习，并与龙泉支行的柜面服务优秀员工进行经验交流与分享。营业经理也就管理培训方面进行交流。

【开展整村授信活动】 2015年8月13日，泰隆莲都支行创业一部前往老竹镇老竹村委开展整村授信仪式。支行行长项光庆就泰隆的发展及银行的现况作详细的介绍，并对本次授信银村共赢的愿景做出展望。村民主任及书记对支行的信贷产品及服务给予高度评价，并希望各位村民用好信贷资金。支行行长项光庆与老竹村村民主任签订银村合作意向书，向老竹村书记颁发"信用村"牌匾并授予5000万元授信额度。现场103位村民拿到信用证书。截至2015年年底，泰隆莲都支行共有授信村25个，农村存款1882万元，有效农村贷款户489户，贷款7526万元，授信证书发放892户，整存授信覆盖率22%，批量贷款户占授信证书户比55%。

【开展社区和单位营销活动】 针对存量客户和舆情流失客户，泰隆莲都支行在2015年年初制定"开门红"营销方案，开展新春送福、新春喜洋洋抽奖、新春贵宾客户拜年座谈、舆情流失客户走访、社区"三匹配"梳理、"一季度喜气洋洋劳动竞赛"活动，开展行庆客户系列品牌活动，"苦战二季度、三季度"竞赛活动。7—8月开展"不良催收百日攻坚仗"活动，四季度开展年度"差距指标推进周监测"管理，针对平台搭建，部门分头推进30多个企事业和政府单位共办理工薪族信用卡130多张、工薪族消费贷款15户、创业部共发放东阳丽水籍商会贷款10余笔。

【优化内部管理】 2015年，泰隆莲都支行进行星级网点建设，实施柜面积分制管理、小组竞赛管理和服务能力表单化管理。日常重视开展现场检查、监控监测、分析点评、标杆回头看、兄弟行交流等措施，每月进行柜员、复核员和大堂经理业务技能、岗位服务质量考评、总分支考试测试、总分行比赛次数成绩及差错率投诉率考证率晋升率满意度等网点考核平分。全年开展银行卡非法买卖、贷款银行家数、"两违"检查、每月33项风险点防控检查、三项规范整顿检查、批量村担保链排查、风险合规案例教育、中台信贷服务达标试点、征信检查问题查询、安保档案制度化标准化规范管理、安保学习训练演练、队伍建设等活动，推进规范管理，集体凝聚力逐步提升。

（祝春艳）

浙江丽水莲都农村商业银行股份有限公司

【概　况】 2015年，浙江丽水莲都农村商业银行股份有限公司发展水电费、话费、有线电视费等基础民生业务，水费签约18764户，新增3820户，电费签约61109户，新增8100户，电话费签约562户，新增34户，有线电视费签约2344户，新增1300户；第三方存管签约1532户，新增361户。发展理财客户，共发售理财产品27期，募集金额13.88亿元，其中，发行"惠民"理财21期、"莲宝"　理财5期、"喜悦"理财1期，理财客户数达9835户，比年初增加5067户。到年末，全行存款客户数达52.03万户，比年初增加3.63万户，存款有效客户数17.85万户，比年初增加7989户。各项存款余额76.62亿元，比年初增加6.32亿元，增幅8.99%；各项贷款余额56.28亿元，比年初增加4.59亿元，增幅8.88%；四级不良余额20600万元，占比为3.71%；五级不良贷款余额19293万元，占比为3.43%。不良贷记卡本金157.03万元，本金不良率为1.91%。贷款拨备率为7.16%，不良贷款拨备覆盖率为208.76%。全年实现总收入55343万元，人均业务总收入131万元。全年上缴税金8075万元，近三年共上缴税金超2亿元，连续5年为全区企业纳税第一大户。调整组织架构，增设金融市场部和加钞中心，与上海华益咨询公司合作，启动人力资源优化工作，优化组织结构及岗位设置，进行岗位等级划分、薪酬及绩效设计等，助推总部建设与社区银行转型战略紧密结合。

【普惠金融】 2015年，丽水莲都农村商业银行股份有限公司支持小微企业贷款1188户、农户贷款15178户，"三农"和小微贷款覆盖面不断扩大。发放3000万元专项贷款支持大港头木制品行业整治项目，发放1.22亿元贷款支持283户农民专业合作社、家庭农场、农家乐、农业龙头企业等新型农业经营主体，发放3408万元贷款支持192户农村党员、青年、妇女创业，发放2187万元小额扶贫贷款支持476户低收入农户创业。进一步推广"三权"抵押贷款，林权抵押贷款6.12亿元，惠及农户2795户，农房抵押贷款2.61亿元，惠及农户536户，土地流转经营权抵押贷款4333万元，惠及农户43户。探索"农业龙头企业+农民专业合作社+社员"模式的产业链金融，助推农业产业化发展。

【支农模式】 2015年，丽水莲都农村商业银行股份有限公司连续第7年开展"走千家、访万户、共成长"活动，开展"普惠金融深化年"和"提升信用品质、服务实体经济"主题活动，共建立客户档案信息90105户。实施"驻点联村"制，各支行行长、分理处主任和客户经理定期开展驻村服务，并利用3G设备主动提供上门服务，共使用3G设备196次。做好信用体系成果运用，推广"整村批发"模式，开展"银村合作"的行政村新增20个，总数达128个；开展"银商合作"的异地商会5个，对3199户在外创业商户发放贷款5.05亿元。

【政银合作】 2015年，丽水莲都农村商业银行股份有限公司参与"三位一体"新型农村合作体系建设，对农合联资金互助组织的金融服务；与公路局加强合作，开办ETC业务213户；与区扶贫办、财政局、民政局联合推出丰收爱心卡，发放丰收爱心卡22628张，占全区低收入农户比例为94%；与区移民办、财政局联合推进大中型水库移民创业贷款业务，支持20户移民创业，金额311万元；与团区委联合推进电商创业贷款业务，向53户电商发放"网易贷"创业贷款2932万元；社保卡总量163577张，已激活88087张，激活率达到53.85%。

【完善服务渠道】 2015年，丽水莲都农村商业银行股份有限公司在物理渠道上，完成5家网点搬迁、1家网点改建，升格2家一级支行；新增自助银行15家，共计34家，新增ATM机36台，共计104台；探索推出2家有人值守的社区金融便民服务点，试水"金融夜市"模式。在电子渠道上，建立微信公众服务平台，开通支付宝快捷支付业务，开通两卡（丰收小额贷款卡、丰收创业卡）网上银行自助放款、还款功能。推进"丰收购""丰收家"建设，做好系统招商工作，已引进特色商户12家进驻"丰收购"电商平台。打造"贷记卡刷卡消费"活动品牌，推出"2元看电影""10元洗车""账单分期"等增值服务，有效提升客户体验。

【企业创新工作】 2015年，在丽水办事处的牵头组织下，丽水莲都农村商业银行股份有限公司与市场监管局开展食品安全溯源体系建设，并在仓前菜市场成功试点。推出"丰收安心卡"，发放安心卡3150张，实现刷卡17516笔，交易金额29.01万元，录入溯源系统的现金交易34030笔，交易金额34.56万元。产品创新方面，推出"幸福人生"养老贷、小额保证保险贷款、年审贷、民宿贷、容易贷、好期贷、安居贷、个人住房按揭贷款等信贷产品；专门开发“贴心存”“暖心存”“随心存”三心存款产品；在全市农信系统中成功发行首张同业存单。

【搭建网格架构】 2015年，丽水莲都农村商业银行股份有限公司探索网格化管理模式，将全区划分为25个网格，确定区域责任人员，落实包干服务。建立181名支农联络员队伍和17名社区网格员队伍，搭建“网点+客户经理+社区网格员（支农联络员）”网格化营销体系，初步实现网格化营销全覆盖。参与社区共建，推动各网点与辖内居委会（村委会）合作开展形式多样的社区活动，举办滨水公园“金融进社区”文艺晚会，开展重阳敬老礼仪活动，参与社区邻里节活动，增强互动关系，树立良好的品牌形象。

【做好各项管理】 2015年，丽水莲都农村商业银行股份有限公司在信贷管理方面，出台信贷管理指导意见、贷款属地管理办法、贷款客户机构迁徙指导意见等制度，规范贷款管理；上线“普惠快车”系统，实现客户信息建档、贷款利率定价、贷款申请与发放等程序集中操作，提高小额贷款的办贷效率。开展贷款利率定价系统试点工作，运用数据模型探索差异化利率定价。在财会管理方面，做好预算管理，制定财务预算管理办法、营业费用考核指标等制度，做好全年的收入、支出和利润预算。完善物品出入库管理，开展固定资产及低值易耗品全面盘查工作。每个网点设立柜组长，缩短会计管理半径；制定银行间债券市场业务相关制度，考取准入备案要求的各项证书，顺利加入全国银行间债券市场。在审计管理方面，开展呆账核销贷款合规性审计、员工行为专项审计，协助外部审计做好银监三方会谈、年度会计报表审计、内控评价审计等工作。共组织实施审计项目18个，检查网点69个次，形成书面报告18份，发出整改通知书11份，提出整改意见105条，共做出审计处罚决定10份，其他处罚决定5份。在科技管理方面，对接人行、银监部门，做好“金融消费权益保护信息管理系统”“新平台客户端系统”建设。对接太平洋保险公司，开发小额保证保险“银保通”系统。对接市场监管局，搭建“丰收安心购”系统，开发具备信息交互功能的POS机和溯源电子秤，推出手机APP，上线MIS-POS非接系统，建立溯源系统数据库。对接区财政局，搭建财政服务公共平台。与移动公司开发短信发送平台，实现对特定客户群体自动发送生日祝福、气象预警等服务功能。完善薪酬管理系统，建设模拟银行并投入使用，做好日常数据维护、导入和提取工作，对全行业务终端、自助机具安装趋势防病毒软件，保障系统安全运行。

【安全保卫工作】 2015年，丽水莲都农村商业银行股份有限公司与各支行签订“三防一保”责任书，各网点与相邻单位签订联防协议书，严格落实安全责任。做好物防技防人防建设工作，推进金融安全“心防工程”建设，完成14家网点安防设施改造。做好自助设备的巡查管理工作，将城区、碧湖、大港头等86台自助设备的日常巡查工作进行外包。做好对安邦护卫及3家保安公司日常工作的监督管理，确保合作项目无差错无事故。做好第四轮安全评估工作，顺利通过市级评估小组的现场验收。落实各网点安保季度检查、节假日重点抽查等工作，确保全行安全经营。

【开展“三严三实”专题教育活动】 2015年，丽水莲都农村商业银行股份有限公司以党委理论中心组学习（扩大）会议的形式，开展“三严三实”专题教育活动，学习习近平总书记系列讲话精神和“三严三实”要求，并传达到每位干部员工。创新学习载体，建立总部每月“夜学”制度，由各部室轮流牵头组织学习，共开展总部夜学6期；推进党风廉政建设，贯彻落实中央“八项规定”和省、市、区委有关规定，开展正风肃纪，改进文风会风，推动作风转变。与各支行签订党风廉政建设责任书、违法违纪违规查防责任书，与员工及家属签订廉洁承诺书，严格落实“一岗双责”。

【干部队伍建设】 2015年，丽水莲都农村商业银行股份有限公司调整优化干部队伍，开展全行管理干部岗位竞聘工作，采用公开竞聘方式对中层正职、中层副职、分理处主任级等88个管理岗位进行调整，共提拔管理干部18名、交流45名、转岗5名。向社会公开招聘新员工27人，扩充客户经理8名，招聘大堂助理20名，新增委派会计9名。开展全年培训30期，参训人员1163人次；组建各条线内训师队伍，5名员工加入办事处会计业务内训师队伍；开展“柜员之家”活动12期、“客户经理沙龙”活动4期。推进“五个百人”工程建设，新增各专业人员17人，其中，金融理财师3名，内部审计师2名，注册会计师1名，法律职业资格2名，软件设计师1名，IBM高级认证8名。

【企业文化建设】 2015年，丽水莲都农村商业银行股份有限公司推进合规文化建设，开展“法治规范年”暨“依规治行”主题活动，出台《员工行为15条铁纪》；聘请系统内外部专家，举办风险管理、大信贷平台、预防职务犯罪、法律知识等专题培训；设立合规管理岗，对全行各类公文、制度、合同等开展合法合规性审查；开展制度清理修编工作，开展员工家访、亲属回避检查，对重要岗位轮换执行不到位的情况进行整改；举办“法治规范年”课题征文活动和演讲比赛，选派优秀员工参加全市农信系统“法治规范年” 演讲比赛，获一等奖和二等奖。

【企业社会责任】 2015年，在里东遭受山体滑坡灾难之际，丽水莲都农村商业银行股份有限公司第一时间运送救灾物资55箱，保障救灾资金汇划、现金提取等金融服务，开辟金融绿色通道，提供信贷支持，并组织全行捐款261750元，支持里东抗灾抢险和灾后重建工作。帮扶弱势群体，向区慈善总会捐款54550元，与雅里小学结对帮扶，与老竹镇徐庄村23户低收入农户进行“一对一”帮扶脱贫。参与“全国文明城市”创建工作，参与“烟头垃圾不落地、家园环境更美丽”活动、社区巡查帮扶活动，组建3支志愿者服务队，开展88场1808人次的“捡烟头”文明劝导活动、12场170人次的“烟头换礼品”公益活动，落实全行公共环境卫生整治及控烟工作。

（叶欣）

浙江稠州商业银行丽水分行

【概　况】 2015年末， 浙江稠州商业银行丽水分行各项存款余额40.31亿元，比年初增加1.77亿元，增长4.58%；存款客户111062户，比年初增加32205户，增幅40.84%，其中个人存款客户107506户，比年初增加31875户，增幅42.15%。各项贷款余额34.83亿元，比年初增加5.07亿元，增长17.05%。存贷比86.42%。不良贷款余额2024万元，比年初增加1186万元，不良率为0.58%。

【农村金融改革】 2015年，浙江稠州商业银行丽水分行结合全国农村金融改革在丽水试点的契机，推进农村“三权”抵押贷款。全年发放三权抵押贷款483户、金额16533.9万元，其中发放林权抵押贷款235户、金额5442.9万元；农房抵押贷款218户、金额8831万元；土地流转贷款30户、金额2270万元。充分运用丽水市农村信用信息体系建设成果，落实“整村授信，整村批发”工作。在总结松阳支行“整村授信”经验的基础上，各机构结合自身实际，利用“村民贷”“如意鑫”等适合农村市场的金融产品，探索服务农村、服务农民的新路子。松阳支行、龙泉支行、庆元支行、景宁支行均顺利开展“整村授信、整村批发”工作。累计授信农户数400余户，授信金额超9亿元。

【小微金融服务】 2015年，浙江稠州商业银行丽水分行在展业模式网格化——“一图三表”方面，通过引导基层网点以市场为导向，从市场细分策略、营销流程建设、客户关系管理等方面构建网点辐射区域内的业务营销拓展网络，开展“一图三表”小微展业营销模式的有益探索和尝试。实施区域市场网格化服务，实现市场锁定化、客户经理责任化、营销服务持续化、获客批量化，推动小微金融服务向“科学化、精准化、高效化”转型。至年末，“一图三表”展业地图项目已在丽水全辖全面实施。在小微产品标准化——“三卡三贷”方面，针对不同目标群体和客户需求先后推出 “融易卡”“惠金卡”“益农卡”“市民贷”“白领贷”“村民贷”“三权”抵押等新产品，初步形成以“三卡三贷”为主体的小微零售产品体系。尤其是针对经营性小微客户开发出集结算、纯信用融资、理财等多项综合金融服务于一体的标准化、无纸化产品——“融易卡”：最高可循环授信50万元，循环额度期限最长为5年，长短结合、随借随还、动态调息，有效解决经营性小微客户担保难问题，并有效满足其融资、结算、理财等综合金融服务需求。融易卡全年累计授信1.8亿元、贷款余额8306万元。在展业服务——移动化方面，随着移动厅堂营销模式的创新上线，客户经理与柜员系统协同外出，使得高效上门服务成为可能，各网点可在应对不同场景时，分别开展客户经理展业平台独自作业、E市通营销终端批量作业、厅堂营销联合作业等移动服务模式。通过构建“移动展业+E市通移动柜员+厅堂营销”三种服务模式，移动服务灵活多变，展业获客移动化取得积极进展。2015年以来，移动营销逐渐成为日常业务拓展的常态，7月展业移动获客比例更是超过30%，服务效率和客户体验大幅提升。

【拓宽乡镇实体经济服务领域】 2015年，浙江稠州商业银行丽水分行在实现丽水县域网点全覆盖的基础上，向各县中心乡镇开设网点。新设机构2家，分别是：丽水莲都支行、青田瓯南支行，为更好地发挥金融“支农支小”功能提供网点支撑。

（杨露）

上海浦东发展银行股份有限公司丽水支行

【概　况】 2015年，上海浦东发展银行股份有限公司丽水支行开展规章制度教育和警示教育活动，落实案件防范工作责任制，提高全体员工的合规意识，按规遵章办事，顺流程、强化合规经营。至年底，全行各项存款余额29.81亿元，比年初减少4.23亿元。其中，公司存款18.32亿元，储蓄存款余额11.49亿元。全行各项贷款余额31.39亿元，比年初下降8.28亿元，其中公司贷款余额22.54亿元，个金贷款余额8.85亿元。全行实现营业收入1.82亿元，比2014年减少0.01亿元。

【公司条线的营销工作】 2015年，公司条线的金融市场业务、投行业务取得新的发展，国际业务取得突破性发展，国际结算量快速增长，贸易产品的运用上已经从原有的四种基本结算产品发展到现在进口保付、进口代付、进口押汇、信用证打包贷款、出口保理等十余种业务品种。同时完成分支行多单首笔创新业务：完成支行首笔人民币NRA账户上福费业务、保付保函业务、掉期业务、跨境兑业务、出口福费廷业务、国内信用福费廷业务；完成支行首笔票据池业务；协助营销并落地支行首笔同业委托资产管理业务；营销并成功落地分行首笔股票质押式回购业务。

【零售条线的营销工作】 2015年，零售条线坚持创新发展，持续开展各项营销工作。全行各机构广泛开展“全民理财行动”，进社区、走市场、跑农村，打出浦发银行理财品牌，拓宽基础客户。陆续成立的社区支行围绕增强价值创造能力，提高经营水平，对网点能辐射到的社区进行扫楼，以崭新的服务态度介入社区生活的各个领域，与社区联动开展社区“邻里节”“社区乒乓球比赛”“养生讲座”等各项活动。通过黄金销售专场巡展活动、产品路演活动，老年大学理财讲座、“情暖邻里、亲如一家”端午节活动等，扩大支行的知名度及影响力，取得较好的成效。发展信用卡客户，营销信用卡车位分期、信用卡万用金、信用卡分期业务；通过黄金沙龙、“财智伴您行”投资策略会等活动，拓展黄金销售及基金销售，为实现零售业务中间收入奠定良好的基础。

【不良贷款处置清收化解工作】 2015年，不良贷款处置清收化解工作是全年工作的重点工作。在清旧方面，在聘请的清收顾问法官的协助下，紧密跟进司法处置进度、各方面收集风险及担保企业的财产线索等方面配合法院加快处置工作；加班加点整理上报核销材料，争取更多的核销指标。在控新方面，全行多措并举做好风险企业、不良贷款的化解、处置、清收工作，做好信贷存量结构调整，做好“一户一策”方案，做好信贷基础管理，提升合规操作，推进各项工作。通过风险排查，列出重点潜在风险客户，严密跟踪到期业务情况，督促做好续授信及时申报、到期业务转贷工作，防止因操作失误而增加新的逾期贷款。做好利息清收工作，提高利息收回率。做好风险贷款重组平移工作，以时间换空间，减少存量后五类贷款。

【企业文化建设】 2015年，全行在业务发展的同时，注重企业文化建设，以考核导向为指针，以培训、岗位轮换、人才入库等举措，做好员工队伍建设工作，提升企业凝聚力和向心力。是年，丽水支行获“浙江省创建和谐劳动关系暨双爱先进企业”称号，丽水支行营业部获“浙江省三八红旗集体”称号，缙云支行工会获“全国模范职工小家”称号。

城建 城管 征迁 环保

城 建

【概　况】 2015年，莲都区建设分局编制完成《莲都区雅溪镇控制性详细规划》、完成村庄建设规划编制87个、完成处州民居特色研究和莲都区处州民居农房设计通用图集，编制里东村、均溪村、洪渡村、水南村、碧湖高速出入口改造等立面改造提升方案设计5个，选取丽新乡徐岸村作为处州民居特色研究试点村。进社区疏通排水管道3.5万米，修复道路0.10万平方米、井盖150多处、修复路灯150多盏。社区基础设施改造包括高井弄、绅弄、紫金新村20幢等3个区块路面及排水改造，绿地改造项目为金龙商厦附属街头绿地。区属房地产开发项目3个（碧湖“怡泉湾”、大港头“风情商业街”和“滨水花园”），年内完成投资3.17亿元。共归集物业专项维修资金2151.03万元，住宅物业保修金984.00万元，首次业委会筹备金21.75万元，提取物业管理用房2988.04平方米，拨付使用维修资金490.84万元。全年实现建筑业总产值122.91亿元（包含市本级、莲都区、开发区），同比增长11.31%，共有13家建筑企业获扶持奖励资金257.31万元。全年办理建筑工程招投标备案项目62个、建筑工程施工控制价备案项目38个；办理项目报建41件、直接发包14件，建筑工程施工许可49件。开展建筑企业“无欠薪”行动和实名制管理，办理农民工工资支付保障金申退项目7个，退还农民工工资保证金32.86万元。集中开展“打非治违”“模板系统、脚手架和起重机械”专项整治行动和隐患排查专项治理及“安全生产月”宣传活动。节假日综合性安全生产大检查行动18次、日常巡查258次，共检查工地378个次、714人次，发现安全生产隐患522处，发放隐患整改通知书55份，对从业人员记分处理5人。全年建筑领域没有发生安全生产事故。全年共受理住宅室内装修备案登记2234多件，接到违章装修举报432余件次，行政处罚6起。农民建房审批权限调整后，分局各建设管理所协助各个乡镇人民政府（街道办事处）做好农民建房审批工作，为建房规划审批和施工建设提供技术支持和业务指导。

莲都区建设分局被省委省政府办公厅评为“五水共治”工作先进集体，以第一名的成绩被丽水市住房和城乡建设局评为县（市、区）建设局工作目标考核优秀单位、被莲都区人民政府评为安全生产工作先进单位，获文明城市创建年度考核第一名。

【633“房美”改造】 2015年，莲都区建设分局指导高速公路沿线乡镇做好村庄外立面改造提升整治工作。8月4日，完成G25长深高速和S33龙丽高速莲都段1163处农房点位整治，改造面积131.59万平方米。下半年各建设所加强日常巡查，着重抓整治点位治旧控新，共整治房屋4382栋、改造建筑面积224.12万平方米，高速公路沿线视野可及范围内的“赤膊墙”基本消除。

【碧湖南山高速出入口】 高速公路碧湖南山出入口，是全省美丽城乡现场会必经之路。分局从2015年6月底接到任务，克服边设计边施工及梅雨季节暴雨频繁等问题，到7月完成入口处景观改造。完成1000多平方米草坪、围墙及500多平方米时令花卉种植等项目，并成功通过专家组验收。

【建设美丽宜居示范村】 2015年，莲都区实施省级美丽宜居示范村6个，其中2013年度启动的北埠村、梁村完成全部改造任务，项目进度100%。2014年启动的老竹镇沙溪村完成进度73.31%、雅溪镇莲房村完成进度63.51%。2015年启动的峰源乡西坑村和联城街道官桥村完成美丽宜居示范村提升规划设计，并通过评审。

【旧住宅区和城中村改造】 2015年，莲都区旧住宅区改造续建项目4个（丽光小区、金田小区、园丁新村、大洋河北区）；新开工项目9个（白云经济适用房、区政府东侧、囿山新村、同心商城、粮油批发市场东、灯塔西区、万丰小区、东银苑小区、金苑新村），完成改造8个（丽光小区、金田小区、园丁新村、大洋河北区、同心商城、囿山新村、白云经济适用房、粮油批发市场东），全年完成投资11130万元。城中村改造续建项目4个(灯塔村、海潮村、丽光村、城西村),新开工项目3个（九里村、城北村、塔下村），完成改造2个（灯塔村、城西村）。全年完成投资 5800万元。

【市区内河周边居住区雨污分流改造】 2015年，丽阳坑水系周边污水治理，完成周边旧住宅区雨污分流改造4个（丽光小区、三岩寺—中心医院沿河区块、白云经济适用房、粮油批发市场东），城中村1个（灯塔村）、开工建设城中村1个，城北小学周边区块于12月开工建设。好溪堰水系周边污水治理，完成周边旧住宅区雨污分流改造3个（园丁新村、金田小区、大洋河北区），新开工旧住宅区3个（东银苑小区、金苑新村、万丰小区）；新开工城中村1个（九里村）。

【指导四个镇镇区供排水设施项目建设】 2015年，莲都区建设分局牵头指导碧湖、大港头、老竹、雅溪镇镇区供排水项目建设。年度镇区实施供排水项目13个，已完工9个，完成投资1.34亿元。雅溪镇污水处理厂工程12月初工程顺利完工并投入运行。至此莲都区实现镇级污水处理设施全覆盖。

【开展市区危旧房屋安全鉴定】 2015年，市区4个街道及碧湖镇全年完成鉴定447幢、面积46.38万平方米。鉴定情况：b级（非危房）32幢面积10.78万平方米；c级（局部危房）243幢面积31.4万平方米；d级（整体危房）172幢面积4.2万平方米。丙类房屋治理改造方式，主要有鉴定排除、征收拆除、审批修缮解危等，年度实施治理改造的房屋有41幢、10.94万平方米，治理改造完成率按幢计算为9.17%（按面积完成率为23.6%）。其中，万象街道10幢0.21万平方米；白云街道2幢0.71万平方米；岩泉街道27幢4.73万平方米，紫金街道2幢0.3万平方米；碧湖镇完成0幢。

【农村房屋产权登记】 2015年，出台《关于农村房屋产权登记相关问题的处理意见》，明确农村房屋不同类型违法建设的确权和处理方式，对解决历史遗留问题、提高农民办证积极性起到较好推动作用。组织农村房屋测绘314批，出具测绘分户报告9235份，建筑面积约303万平方米，为违章处理和规划确权打下基础。完成农村集体土地房屋确权登记10400本，完成率153.96%，历年累计完成农房产权登记33199本，农房发证率101.1%（年度要求90%）。

【创建无烟头小区、认领示范街】 2015年5月，在“绿洲花苑”和“秀丽春江（1期）”2个小区先行试点，开展“无烟头小区”创建，并逐步推广至所有物业服务小区，至2015年年底，94个物管小区成功实现无烟头小区创建。同时，将大洋路（城北街至环城北路）段，认领为建设分局党员干部无烟头示范街，每日由分管领导带队，3人一组开展烟头垃圾拾捡及卫生状况巡查，并向沿街商铺进行文明城市创建宣传劝导。

【建立市区首个物业实训基地】 2015年，在秀丽春江·括苍园小区成立市区首个物业管理实训基地，并组织30多家物业服务企业和150余名物业安全管理员参加安全演练。

【里东山体滑坡大救援】 2015年11月13日，莲都区雅溪镇里东村发生山体滑坡。区建设分局迅速启动应急预案，第一时间组织人员、调动机械前往灾区救援。抢险救援期间，共派出干部168人次，24小时轮流值守，指挥工程机械进行塌方土石方清运，为科学施救、高效施救争取时间，共调动机械车辆70余台。同时，发动分局干部及建筑业协会、物业服务行业协会、装饰装修协会、泥木工匠协会等社团组织为里东灾区募捐，共捐得善款近40万元。抢险救援过后，全力以赴推进里东过渡安置房基础设施土建工程建设，45天时间完成安置区块土建施工项目、48个集装箱体安装，使里东灾民于年前搬进新家，实现温暖过冬。

【建立物业专项维修金建账到户工作机制】 2015年，重点解决市区部分老小区物业专项维修资金未分账到户的历史遗留问题。通过查找基础资料、公开房屋信息、通知业主核对等方式，建立健全物业维修资金档案。目前，已完成丁香公寓、兴和苑等26个小区房屋基础信息公示，白云花苑等小区已实施分户建账资金管理，其他小区逐步推开。

城市管理

·处州·

【概　况】 2015年，处州执法分局共计查处各类案件47150件（平均每个工作日查处188.6件）。其中，自查案件22915件，96310举报案件2370件，数字城管案件21865件，投诉案件得到及时办理。全年受理信访件449件，办结率达100%。全年处罚款和收费共计1445.46万元。按照打造“一个找不到烟头的城市”的要求，开展对乱扔烟头、垃圾的执法处罚工作，先后历时7个多月，共计处罚457件，罚款7090元，参加捡烟头劳动代替处罚45人次，媒体曝光3人次，开创丽水市对乱扔烟头予以罚款的历史先河。累计劝导违章设摊、跨门经营等行为1300余件（次）。共计劝导流动摊贩27182家（次），处罚930件，处罚流动摊贩181人（次），劝导跨门经营12555家（次），处罚112件，跨门经营46处，清理乱拉乱挂112处，清理违章横幅58条，人行道违停处罚1530辆，纠正非机动车入线停放2521辆，捕杀流浪犬178只，查处中山街、解放街和花园路违章广告14处。

【“无烟头”执法】 2015年，处州执法分局以考核为导向，迅速启动“无烟头”执法。将“无烟头”执法工作纳入各执法中队的年度工作目标考核，签订责任状，作为年度评优评先的重要依据。从花园路为主的8条“文明示范街”创建开始，以点带面，逐步扩大执法区域，最终形成以“括苍路以东、紫金路以西、城北街以南、大猷街以北”的市区中心城区为重心的“无烟头”执法重点区域。制定《市城管局处州分局“党员洁净一条街”志愿者活动方案》。将括苍路（卢膛街至继光街路口）确定为认领路段，从10月15日起每周至少安排三次路面巡查，通过拾捡路面垃圾，劝导和处罚乱扔垃圾、不文明遛犬、人行道违停、占道和跨门窗经营等不文明行为，以实际行动全力创建文明城市，助力“三美”莲都建设。

【犬类管理】 2015年，处州执法分局利用广播、电视、报纸、网站、微信等新老媒体进行连续宣传，制作并在滨水公园、处州公园等市民遛狗集中区域展出“文明养犬展板”，开展现场咨询宣传活动。发放《温馨告知》、编发大量提醒短信。4月，实施流浪犬管理新政，定制捕捉网，尽可能对流浪犬进行捕捉，再进行为期一周的公示，对有主的，依法处罚并承担饲养费用后，允许认领。确认无主的予以集中无害化处理。做好处州公园、防洪堤等犬类管理重点区域的巡查执法工作，对不拴绳遛狗等不文明养犬行为进劝导，对不清理犬只排泄物的行为进行处罚。做好流浪犬的捕（捉）杀工作，共计捕（捉）杀流浪犬1817条，是2014年全年总数320条的5.68倍，也是成立城管执法局以来最多的年份。处罚不文明养犬行为243起，罚款4360元。

【交通治堵】 2015年，处州执法分局完成二期咪表泊位的施划和安装工作。年初完成咪表二期379个停车泊位的施划和咪表杆的安装工作，并于5月1日正式开始收费。在提高道路利用率的同时，也给市民的停车提供方便。实施停车场智能化改造项目。每个停车场空余停车泊位数量一目了然，停车收费系统更加智能，方便市民的生活。咪表和停车场收费共计588.9万元。加大人行道违停查处力度。累计采集违停信息21538辆，拖离违停60多辆，罚款251多万元。

【环保执法】 2015年，绿色护考行动期间，共出动执法人员812人次，其中夜间巡查460人次。发放《禁噪通告》600份，及时纠正或制止环境噪声违法行为98起。6月7—13日期间，投诉由“护考”初期的每天10余起，下降至2～3起，环保噪音投诉案件比2014年明显减少，为考生营造良好的考试环境。共计处置噪声投诉案件161件。加强餐饮油烟排放查处力度，查处油烟不达标排放案件112件。

【“六边三化三美”环境整治】 2015年，以铁路、环城路、缙云出口（开发路—灵山寺）、青田出口（芦埠村—凤化村）以及西出入口（高速出口—溪口大桥，西站路）为重点，对违法建筑进行集中清理。拆除以联城街道敏河村公路沿线连片违建厂房、高铁沿线连片简易房、高速和绕城公路沿线违建附属用房等为代表的近40万平方米违法建筑。制定《市城管局处州分局“六边”区域违法广告治理专项行动方案》。以高铁站周边、铁路和环城路沿线、缙云出口、青田出口以及西出入口为重点，对违法广告进行全面拆除。租用登高车等设备，大型广告牌匾1180块，共计7601.87平方米。建立长效机制，开展“评比打擂”活动，评选表彰“文明卫生家庭”，并给予一定的物质奖励。

【“三改一拆”工作和“无违建”工作】 2015年，共拆除违法建筑75.72万平方米。连片拆除夏河商城、夏河一、二、三、五区、海潮村、水南村等地的大量违建。彻底拆除一批诸如人数众多、矛盾复杂、反响强烈、涉访时间久的“九和老年公寓”和白云山“望城山庄、林宅口2幢豪华别墅、联城连片7家违建企业等阻力大、影响大的违法建筑。平稳推进区政府周边楼顶违建拆除和平改坡试点。开展绿城和水晶城架空层违建处置工作。快速拆除碧水山庄等4家被今日聚焦曝光的农家乐违建。完成宗教十字架整改。及时和省电视台汇报沟通，处置《今日聚焦》对“香蜜园”架空层违建的媒体调查。对永利山庄违建进行立案调查。按照74号和101号文件开展违法处置工作，处置违建526户，5.36万平方米，收缴罚没款615.56万元。

【“五水共治”工作】 2015年，制定《“五水共治”专项宣传教育活动计划》。向好溪堰沿线住户、商铺、单位开展宣传，发放宣传资料，广泛动员群众参与治水工作。安排队员每天坚持对丽阳坑、好溪堰等水系巡查监管，普及“五水共治”知识，传达上级精神并听取群众关于“五水共治”的意见和建议。对市领导领衔的丽阳坑、好溪堰等水系共计3处710平方米的违法建筑全部拆除。对6处“五水共治”相关违建进行拆除，对32起向水体乱扔乱倒垃圾行为进行处罚。

【“两违”处置工作】 2015年，处州执法分局召开全局干部职工大会，就百日攻坚违建处置工作作了专门全面的部署，成立百日攻坚违建处置工作组，建立以街道执法中队为基础，以抽调人员为主导，以中队长为各辖区责任人的运作机制。将违建处置力量集中到街道，对每户违建户进行走访调查，建立案件分级讨论制度。多次组织队员对部分提出不合理要求的违建户及顶风作案的违建户实施强制拆除，有效维护依法拆迁、阳光征收秩序。先后共走访调查826户，1596人次，受理立案违建案件数536起，制作调查笔录700多份，研究认定525起，违法建筑面积10.2万平方米。强制拆除丽南公寓项目、丽阳街改造项目、江滨城市综合体项目、丽水火车站新建站房高架平台及匝道项目辖区违建239户共计121750平方米，按时完成“两违”处置工作。

【里东救援】 2015年，灾情发生后第一时间组织一支23人的抢险救援服务队，参加抢险救援服务，所有队员备勤待命。结对帮扶1户亲人遇难的家庭和4户受灾家庭。请专业人员帮助进行心理疏导，进行心理安抚和相关政策解答。并帮助解决了女转学等实际困难。组织全局干部为里东灾民捐款21300元，通过其他渠道组织捐款11560元，送到结对灾民手中。并组织为过冬服装不足的灾民募捐羽绒服。分两个阶段分别成立42人的救援服务工作组和10人的善后服务工作组，负责受灾户善后服务工作。经过近2个月的一线蹲守，最终顺利完成5户受灾户安置协议的签订。

（江涛）

·莲都·

【概　况】 2015年，城管莲都分局共组织中心组学习和夜学各11次，各类业务培训、讨论交流会20余次，专题民主生活会1次。处理农民违章建住宅736宗，占地面积26457.7平方米，建筑面积128038.38平方米；违章建附属用房52宗，占地面积2094平方米，建筑面积2149.7平方米。共组织分组拆违行动40多次，组织集中攻坚行动32次，全局拆违大行动8次。建立健全三级巡查机制，实行驻村干部每日巡查，分管领导、中队每周巡查，严肃查处新增“两违”行为，其中共派出4000多人次的执法人员参与日常巡查，累计巡查1300多次。共接到举报73起，当场发现制止“两违”行为157宗，发放停工通知书93份。

【“两违”处置】 2015年，城管莲都分局每周确定1~2个拆违重点，由副科以上领导带队，以拆违整治大会战的形式对连片、重点违章进行集中攻坚根据省、市两级党委政府下达的“三改一拆”工作任务，莲都区需拆迁各类违法建筑130万平方米。全年投入资金0.57亿元，共拆除各类违法建筑207.7万平方米，列全市第一，在全省所有县（市、区）排序第33，在13个一类县中排序第五；任务完成率159.8%。共完成既有违建测量9242户，测量面积233.7万平方米；处置1766户39.3万平方米，没收罚款1714.9万元。

【无违建区创建】 2015年，莲都区14个乡镇（街道）中有8个申报“无违建乡镇（街道）”创建，有7个乡镇（黄村、老竹、太平、雅溪、仙渡、峰源、丽新）被市政府公示通过。全区233个村（社区）中有208个申报“无违建村（社区）”创建，127个通过考核验收，完成率54.51%。

【卫片执法】 2015年，全区30宗违法用地立案查处21宗，面积4.52公顷，耕地面积2.20公顷；非立案处理5宗（移送或其他部门已处理），面积3.27公顷；列入“三改一拆”拆除计划拆除4宗，面积0.21公顷，耕地面积0.21公顷（复耕0.07公顷），向有关部门建议党纪政纪处理5件5人（次）。

【信访工作】 设置信访举报热线，抓好“接、处、查、督、反”五个环节，对投诉举报案件快速反应，2015年共受理、转办各类信访件109件，反馈率100%，无因“两违”问题造成的越级上访和重大上访事件。

（蓝俊）

征收工作

【概　况】 2015年，市区共安排政策处理项目141个，其中市考核项目43个，城区一般项目62个，区考核项目36个，共需征收土地438.5公顷，拆迁房屋32万平方米，报批土地158.07公顷。同年6月，市、区两级合力启动重点项目政策处理攻坚大会战活动，分集中攻坚阶段（2015年6月17日—9月27日）和全面推进阶段（2015年9月27日—12月31日），集合市区各有关部门、业主单位、市区征收部门、乡镇（街道）全力开展项目政策处理攻坚大会战，全年共全面完成征收工作任务107个，市考核项目36个（其中已考核但有遗留问题的项目共9个），城区一般项目47个，区考核项目24个，征收土地267公顷，征收房屋30多万平方米，完成土地报批147.56公顷。

【市考核项目】 2015年共完成市考核项目36个，其中已考核但有遗留问题的项目共9个，已全部扫尾完成，分别是城中公寓二期北区块、接官亭小区三期、330国道改建工程莲都段、教工路道路及供排水管网工程、丽水盆地易涝区防洪排涝好溪堰水系整治（一阶段）开发路以西段、城西公租及安置房一期、丽阳街西段道路及管网综合整治、瓯江治理工程丽水市大溪治理工程市本级段、之江监狱。2014年未完成结转的项目共9个，完成8个，分别是水东公寓、联城路道路官及管网工程一期、市场2号路北延伸段、好溪东路南段道路（雅坑溪—芦埠村段）、武东路（河堤路—联东路）、花街路道路及管网工程（联花路—纬四路）、污水输送干管（莲都段）、金丽温高速公路丽水北互通工程，另丽阳溪水系综合整治工程1个项目完成年度阶段性任务建议2015年不考核。24个新开工项目完成19个，分别是天宁工业区保障房、处州府城行春门城墙保护修复工程、长虹路东段（开发路—好溪路）、金龙水梦庭苑东侧支路、东港路二期延伸段（东环路—市场1号路）、古城公寓西侧配套道路、丽水城区防洪圈出险段应急闭合工程(独流入海丽水市大溪治理补充工程)、省之江监狱民警宿舍、联平路（河堤路—联城路）、花园中学南侧支路、丽水盆地易涝区防洪排涝好溪堰水系整治（三阶段）、丽水学院附中扩建项目、丽水火车站新建站房高架平台及匝道、浙江丽水国家粮食储备库扩建（丽水市军粮供应站）、丽水市社会保障服务中心（人力资源市场）、寿元路、城北路东段（东地路—环城东路）、联花路（花街路—绕城路）、丽水市人民医院东城院区；5个项目未能完成任务，分别是开发路北延伸段、创建瓯江AAAAA景区相关基础设施项目、丽水市中心医院食堂和后勤楼停车楼、桐岭路（北三路—溪口大桥）、市GNSS地震监测台站。

【城区一般项目】 2014年，完成市本级一般项目47个，具体如下：丽水九龙国家湿地公园、丽水首届旅游文化冰雕展馆、天宁小学西侧地块(第七地质队项目)、开发路与怡园路交叉口东南侧地块(公交中心项目)、华侨饭店附属用房项目、东地路与城北路交叉口东南侧(望城岭公寓)、天宁工业区原农药厂北侧地块(电力检修公司搬迁项目)、好溪路与东地路交叉东北侧地块(东港公寓项目)、丽水市区2014(11)号地块(南明湖养生养老城一期项目)、旧机场周边(出让)、雅坑溪北侧（东方华侨医院项目）、江滨变电所南侧(钟表博物馆项目)、联城街道2014(19)号地块(液化气站搬迁项目)、市车辆管理所西侧(车辆检测站项目)、城北路与大洋路西南角地块(出让)、桃源山庄北侧地块(出让)、大洋路与城北路交叉西北侧(白云小学)、城西公租及安置房（三期）、之江监狱西北侧地块(花街公寓项目)、联城供电所、敏河加油站、联城加油站、太平港林宅口治理工程、好溪堰水系整治二阶段、丽水香蜜园小区北出入口临时道路、丽水五里亭水库北侧低丘缓坡开发收储项目、路湾低丘缓坡开发收储项目、广场南路延伸段、丽水市前村路、东地路北延伸段（北环路—市场2号路）、市场1号路和2号路南延伸段、城东公交枢纽和城东货运停车场收储、联城常宅农民新社区级道路收储、城东公寓项目（一期）、100KV枫缙1218线改造工程、南明湖养生养老二期、烟草公司东侧(后甫村委办公楼)、丽水瓯江文苑（民间博物馆）、环南明湖慢行系统、金丽温天然气输气管道工程、古城岛腾空拆除、金桥路、处州府城、华侨城·圆梦园项目、丽水市怡福家园、林宅口砖瓦厂、联城城郊农民新社区(三期)。

【乡镇项目】 2015年完成乡镇项目24个,具体如下:碧湖镇BH-01-03-45地块、上阁养殖场(拆迁)、九龙农庄政策处理(拆迁)、白桥区块安置小区工程、黄塘窑安置小区、白桥景观大道、碧湖镇50省道安置点、西郊廊香商住小区配套道路工程、丽水市大溪治理工程莲都段、碧湖第一水厂、低丘缓坡工业路、大港头金港小区沿街出让A地块、大港头玉溪路零星地块、大港头镇加油站项目、古堰画乡接待中心、大溪治理大港头段、双桥路项目、老竹镇风情一条街出让地块、老竹民族学校改造工程、莲都区太平乡竹舟村商住用地、梦里水乡欢乐谷项目、李东养殖项目、黄岭上保通便道建设、宣平溪畎岸段治理工程。

【安置工作】 2015年区征收办分别制定《新建小区分房办法》《新建小区剩余房源分房办法》《龙门岭小区分房办法》等相关办法并组织实施;组织召开分房办法研讨会9次;完成新建、龙门岭、蔚蓝水岸等小区安置房分配工作,共计落实分房883套,安排保障无房户住房困难户分配的房源30套,地下车库108个,安置总面积达72215平方米;参与《丽水市人民政府办公室关于印发用市场方式解决江滨等区块拆迁安置户问题的实施办法的通知》研究制定,负责起草制定《关于申请用市场方式解决江滨等区块拆迁安置户的审批及结算具体实施细则》(莲征收〔2015〕44号文件),并制定相关操作流程。自从该安置办法实施以来,截至2015年年底,江滨区块共计申请103户,申请选择用市场方式安置建筑面积13950平方米,缓解和分流安置房源严重不足的压力。全年共计召开各项目安置审查会议18次,出具会议纪要18份,共计审查通过399户;参与各街道无房户、住房困难户资格审查会议11次,共计审查各街道提供的无房户、住房困难户申请对象的房屋征收补偿安置情况377户;审核支付各小区物业管理费共计193227元;完成各小区安置房结算234套;地下车库结算112个。

【完善征收制度】 2014年5月,丽水市国土局召开《市区集体所有土地房屋拆迁管理办法(63号令)》修改听证会,面向村双委干部、群众代表听取修改意见及建议。同年7月《丽水市市区房屋征收签约腾空奖励办法》在网上进行公开意见征集。最大程度的保障群众权益。随后又相继出台《丽水市人民政府办公室关于印发用市场方式解决江滨等区块拆迁按时问题的实施办法的通知》《新建农民公寓分房办法》《丽水市房屋征收范围内无房屋困难户认定及相关事项联席会议纪要》和《关于申请用市场方式解决江滨等区块拆迁安置户的审批及结算具体实施细则》等政策性文件。

【开展市、区重点项目政策处理攻坚大会战活动】 2015年6月17日开始,在全区范围内开展市、区重点项目政策处理攻坚大会战活动,同期开展全区“正风肃纪打霸拔钉”专项行动。大会战分集中攻坚阶段(2015年6月17日—9月27日)和全面推进阶段(2015年9月27日—12月31日)。集中攻坚阶段于6月17日至9月27日共100天时间,以中心城区以及碧湖和大港头为主战场,以78个项目为重点,开展政策处理攻坚活动,截至9月底,共全面完成项目攻坚项目63个,非攻坚项目15个,基本完成4个,共征收土地217.75公顷,征收房屋648户16.5万平方米。全面推进阶段从10月20日至12月31日,全面推进全年所有项目的政策处理工作任务。大会战设立攻坚指挥部,下设综合协调组、政策指导组、违建处置组、司法保障组、依法裁决组、城区五街道攻坚组及乡镇攻坚组等10个小组,市委组织部先后抽调了40余名市管后备干部全程参与攻坚。指挥部通过每日“一报三表”(每日快报、任务完成情况统计表、项目督查表)每周“一会三表”(指挥部工作例会、任务完成情况通报表、任务完成情况排名表），实时精确掌握攻坚进度。大会战期间共编辑攻坚快报152期，通报24期，微信推文150多篇，电视新闻180余条，两级政府党委内部刊物录用50多篇。此外，全省首部宣传阳光征迁和谐理念，反映征收工作的微电影《一米阳光》在浙江在线、浙江新闻客户端、丽水电视台、优酷网等多个平台同步推出，点击量高达50万次。

（余琳）

环境保护

【概　况】 2015年，莲都区已有10个乡镇获得国家生态乡镇命名，完成《丽水市莲都区（市、区）环境功能区规划》编制工作，全区饮用水水源地水质达标率和交接断面水质达标率均达100%，市区PM2.5年均浓度同比下降13.6%，市区空气环境质量优良天数为327天，同比增加了11天，优良率为90.1%，同比上升3.5个百分点，位列全省第二，全国前十。2015年，莲都区生态环境满意度位居全省第八，较2014年提升两位。是年，丽水市环境保护局莲都区分局在丽水市五水共治“督查+执法”考核中名列第一。

2015年莲都区共整治关停信达阀门等14家高污染高耗能企业。完成浙江申华水泥有限公司的整治提标工作。整治（关停）涂装行业企业95家，超额完成涂装行业年度整治任务目标。推进城区餐饮油烟污染整治，环保、行政执法、市场监管、公安、街道办事处等相关部门协作，开展联合执法，对城区范围内存在违法行为的产生油烟污染的餐饮店（场所）按“提升一批、整改一批、查处一批”的要求进行整治，处罚1家餐饮企业，处罚7.7万元。在区政府统一领导下，大港头木制品行业整治工作顺利完成。完成《莲都区大气重污染应急预案》编制工作。

2015年，审批建设项目227个，否决各类不符合环保要求项目41个。完成112件环境信访处理。开展清理违法违规建设项目环保专项行动，共清理违法违规建设项目549件。

【“低小散”专项整治】 2015年，区环保分局开展“低小散”专项整治，共排摸出莲都区各类工业企业1525家，对丽水工业园区外的低小散排污单位进行全面排查整治，共关停石材加工点、洗车点、废塑料加工等低小散非法排污单位100多家。

【环保系列专项行动】 2015年，区环保分局开展莲都区环境保护大检查、绿剑、零点等环保系列专项行动，全年共出动5255人次检查涉水企业，立案调查18家，是2014年的3.6倍；处罚17家，是2014年的3.4倍；处罚金额108.62万元，是2014年的3倍。

【畜禽养殖污染整治】 2015年，区环保分局联合农业、行政执法、属地乡镇街道等部门，开展畜禽养殖污染整治，共出动643人次对全区619家畜禽养殖场进行污染整治检查，先后关停养殖场147户，治理243户，立案4家，处罚3家，处罚金额12.4万元。在区政府的统一领导下，莲都区环保分局积极配合，全区关停非法排污单位414家。

【大气污染防治】 2015年，区环保分局开展大气污染防治工作，落实最严的项目准入制度，最严的生态红线管控制度，绝不允许负面清单企业在莲都区落户，先后否决重污染、高耗能企业10余家，实现城区无大气重污染企业。

【环境监管】 2015年，丽水市固废中心将市区企事业单位的固废管理职能划为莲都区环保分局管理，莲都区环保分局对市（区）医疗行业、工业制造行业、汽车维修行业等多个行业的危险废物管理情况开展专项摸底调查，建立基本信息库，已对26家4S店建立有效的监管名单，完成纳爱斯废矿物油转移处置工作，会同丽水市汽车协会联合召开汽车维修行业危险废物管理工作培训会议。

【洁净村居】 2015年，区洁净办根据莲都区“六边三化三美”工作部署，开展“六乱”整治，落实“洁化工作”，农村环境得到改观。根据现状细化《莲都区农村环境卫生治理工作考核督查细则》，完善“户集、村收、乡镇管理、区转运”的农村生活垃圾集中收集处置机制，农村生活垃圾有效集中收集处理率达74.6%。完善长效保洁机制，实施生活垃圾集中收集处理建制村覆盖率100%。2015年年底，农村垃圾中转站有35座（其中有16座压缩型中转站）。

【污染减排】 2015年，区环保分局开展排污权有偿使用和交易工作，截至2015年年底，莲都区共有27家企业取得丽水市主要污染物排放权证。建立企业刷卡排污总量控制制度，莲都区内刷卡排污企业共有2家。2015年莲都区化学需氧量、氨氮、二氧化硫和氮氧化物四项污染物排放量比2014年分别下降8.43%、6.79%、0.01%和8.22%，“十二五”期间累计完成减排比例为16.15%、13.12%、2.01%和8.97%，四项污染物均完成年度及“十二五”目标任务。

（富静）

环境卫生

【概　况】 2015年底，莲都区环境卫生管理局环卫一线清扫保洁、垃圾清运等工作1496人，其中环卫局83人，保洁公司1413人。城区道路保洁总面积为424.35万平方米，其中机械清扫保洁面积362.79万平方米。开放式小区、背街小巷、城中村保洁总面积219.39万平方米。市区每天产生生活垃圾450～500吨。环卫主要资源：市本级垃圾中转站17座（其中12座为压缩式中转站），无害化垃圾填埋场一座，粪便生化处理站一座，建成区现有公厕127座。

2015年，区环卫局完成市区社区、城中村和主次街道8个标段共643.74万平方米市场化保洁的公开招投标。社区城中村保洁考核分占比，环卫局跟街道办事处为6:4，并将社区、城中村干部列入保洁企业作业质量监管的考核体系。城市道路保洁由区环卫局统一组织管理考核。区环卫局制定《莲都区环卫局机关干部“八小时外”保洁网格化管理责任分工活动方案》，动员全员参与保洁管理。

更换2303只移动垃圾桶，新安装果壳箱140只，更换破旧果壳箱450只。对170座垃圾房、2586个垃圾桶、2268个果壳箱进行定期清洗。

【清扫保洁】 2015年，区环卫局在市区开展“烟头垃圾不落地，家园环境更美丽”主题活动，落实环卫保洁示范街烟头量化管理。主动扩展保洁区域，新增保洁面积24.55万平方米。保洁企业投入扫地车7台、洒水车7台，对市区62条主次街道路面进行清扫、冲洗，道路机械清扫率达到85.49%。区环卫局成立道路清洗车队（大、小吨位高压清洗车、护栏清洗车共11辆），将市区道路、护栏和社区（城中村）的主要通道纳入常态化清洗保洁范围。

【公厕管理】 截至2015年年底，市区有64座公厕实行市场化保洁，保洁标准更加细化和规范化。全年大小设施维护470余次，确保公厕功能完好。

【垃圾清运】 2015年，全区共有垃圾中转站57座（其中市本级17座，街道4座，乡镇36座），垃圾处理点172座。区环卫局全年共清运生活垃圾143950.5吨，其中市本级95946.5吨，街道16247.5吨，乡镇31756.5吨，生活垃圾清运率达100%。清运渣土中转960吨，清运粪便5178吨，疏通管道240余次。车辆、中转站设备购置共计234.1万元。其中1吨路面养护车18.4万元/2辆，智能移动压缩设备87.6万元/6套，配套勾臂车72.2万元/2辆，5吨吸粪车44.5万元/辆。

【垃圾处置】 务岭根垃圾填埋场2015年共处理生活垃圾74303.55吨，建筑垃圾35804.76吨，渗滤液处理达标放排80318.23立方米，年运行费用为966.45万元。焚烧厂焚烧垃圾81185吨，生活垃圾无害化处理率达100%。粪便处理厂日处理粪便100立方米，全过程无害化处理，年运行费用为27.85万元。

【垃圾中转站改造】 2015年，投资150万元完成五座乡镇垃圾中转站的改造(碧湖镇区、里河、大港头、雅里、仙渡)，投资50万元完成北苑路垃圾中转站的改造，投资120万元完成联城垃圾中转站的设备采购和安装。

【行政审批】 2015年开通区环卫局莲都政务服务网网上审批，共办理城市建筑垃圾处置核准事项5件，发放建筑垃圾处置核准证134张，处理土石方约15.7立方米，办理从事城市生活垃圾经营清扫、收集、运输、处理服务审批事项1件。

【垃圾分类】 2015年11月13日出台《丽水市区生活垃圾分类工作实施方案》，该方案进一步明确工作目标、分类实施范围、实施步骤、保障措施。2015年丽水市区垃圾分类涉及4个街道中的49个小区，覆盖率达60%；市区两级的36所中小学校、167个行政机关和事业单位全部参与垃圾分类，覆盖率达100%。截至12月底，居民小区生活垃圾分类收集覆盖率达到55.8%，市区机关事业单位、国有企业和中小学校分类收集全覆盖，机械化清扫率达到83.77%，分类后垃圾分类运输率和垃圾无害化处理率达到100%，分类后垃圾分类运输率和垃圾无害化处理率达到100%。为在硬件设施方面给丽水市区垃圾分类工作提供保障，共先后购置车辆14辆，其中垃圾压缩车5辆，餐厨垃圾运输车1辆，桶装垃圾收集车3辆、电瓶车5辆。共发放240升垃圾桶4000余只，家用垃圾桶、袋、宣传册各22300只(份)都已分发到各社区，由社区安排发放入户。

【“六边三化三美”环境整治】 从2015年年初开始，区环卫局督促各保洁企业按照六边三化三美整治要求，以逐步推进、逐个整治的方式开展整治活动。从5月18日起至12月15日，出动保洁整治人员11151人次，整治六边死角5403处，清运垃圾2485.8车次，共清理垃圾860.71吨。同时，在“攻坚奋战60天迎接高铁新时代”暨高铁站场周边及主要交通通道沿线环境专项整治活动中共出动保洁人员630人次，清理卫生死角和建筑垃圾455吨。

【“五水共治”工作】 2015年，在叶大后坑河道内投入120万元用于农村生活污水治理和改造提升，新增受益农户227户。同时，局里组织体干部职工参加城区河道义务清捡垃圾活动6次，参加局联系黄村乡叶大后坑河道段清理垃圾3次，共清理垃圾4.5吨。

【洁净村居】 2015年，区环卫局完成乡镇卫生保洁业务知识培训，培训对象为全区14个乡镇、街道的村级卫生保洁员及村卫生监督员、村干部，共计培训1200人次。开展环境卫生整治，对城乡接合部、城中村、老旧居民小区、流动人口聚集地、集贸市场周边、道路沿线等卫生难点区域进行集中整治，加大主次街道、背街小巷、居民小区、公厕的保洁力度。环境卫生整理专项资金用途：农村垃圾运输费用217.8万元，农村垃圾处理设施运行维护经费164.5万元，务岭根填埋场年维护管理费600多万元。在农村共投入环卫设施建设项目150万元，改造提升5座垃圾中转站(仙渡滴水岩、碧湖镇镇区、碧湖镇里河、大港头镇镇区、雅溪镇雅里)。根据区委、区政府工作布置和“洁净村居”要求，开展定期考核和不间断巡查，对各乡镇、街道进行明察暗访，并进行考核(每月抽取20%村庄，进行考核评分)，通过电视台播报、区政府网站等形式将考核结果公布于众。做好对老竹、大港头、利山、下南山、堰头、黄村库区等重点区域及公路沿线乡镇(街道)村庄的环境卫生整治，确保农村环境优美、整洁，保障各项活动顺利进行。

【救灾应急】 莲都区雅溪镇里东村发生重大泥石流自然灾害时，区环卫局迅速组织保洁人员对救灾现场提供环卫保障。14日—22日，共发动160人次、保洁公司754人次参与里东村抢险救援，参与现场保洁的全体人员实行三班模式，共计运输垃圾27车次；出动移动公厕管理人员106人次，布置移动公厕8座，配备发放卫生纸巾4箱共640盒，消耗垃圾袋250公斤。

（胡颖）

经济管理

经济发展与规划管理

【概　况】 2015年，莲都区实现生产总值283.19亿元（初步核算），按可比价计算，比2014年增长6.5%；实现固定资产投资146.56亿元，增长16.4%。重点建设项目建设进展良好，列入市重点建设项目有16个，全年累计完成投资18.34亿元，完成年度计划投资的125.8%，超额完成年度目标任务。

2015年，围绕打造“中国莲都”品牌，重点谋划发展目标、产业布局、动力支撑等问题，编制完成《莲都区国民经济和社会发展第十三个五年规划纲要》征求意见稿。全年共争取上级资金2600万元，其中，争取基建类中央资金1732.7万元，是2014年的3倍（去年争取601.5万元）；争取省公建资金385万元；古堰画乡特色小镇列入省服务业创新试点，争取资金450万元；古堰画乡特色小镇列入省首批特色小镇创建名单，高溪台地小镇、风情东西特色小镇、碧湖水墨田园小镇列入市级培育名单。牵头、推进丽水首个新能源电动汽车分时租赁项目与高铁同步开通运营，项目从建设到落户用时一个半月。

做好2014年全区主要经济指标完成情况汇总上报工作，提出2015年主要经济指标预期安排建议。起草完成《莲都区2014年国民经济和社会发展计划执行情况与2015年国民经济和社会发展计划草案的报告》，并在区十五届人代会第四次会议上通过。起草完成《莲都区2015年上半年国民经济和社会发展计划草案的报告》，并经区人大常委会通过。做好经济运行分析和预测监测工作，分季度提出全区经济运行分析报告。完成《莲都区2015年主要经济社会发展指标分析预测》《莲都区2014年经济形势回顾与2015年展望》等报告。

【“十三五”规划编制工作】 2015年，开展“十三五”规划纲要编制工作，完成《实施“两山”总战略　建设“两美”新莲都》——丽水市莲都区“十三五”基本思路研究，督促指导各部门开展33个“十三五”专项规划编制工作，并根据区有关部门的“十三五”研究成果，总结分析，调查研究，形成《丽水市莲都区国民经济和社会发展第十三个五年规划纲要（草案）》。

【规划综合管理】 2015年，严格遵循《莲都区发展规划管理暂行办法》相关要求，做好规划立项、衔接审核、咨询论证、审批发布、实施监督等环节对规划管理工作进行规范和明确。重点把好立项关、评审关，突出规划实施及检测评估环节，确保规划能够落到实地。牵头做好部门2015年发展类相关规划编制计划的审查工作，并提出全区2016年发展类规划初步安排建议。

【固定资产投资】 2015年，完成区属固定资产投资146.56亿元，增长16.4%。按三次产业分：第一产业完成投资2.79亿元，增长185.4%，占固定资产投资的1.9%；第二产业完成投资21.95亿元，增长35.8%，占固定资产投资的15.0%；第三产业完成投资121.82亿元，增长12.0%，占固定资产投资的83.1%。主要特点是:工业投资持续较快增长。全年工业完成投资17.01元,增长26.7%。投资主要依靠浙北-福州特高压变电工程莲都区联城变电站项目、金丽温输气管道莲都段工程等电力、燃气供应业拉动;基础设施投资平稳增长。全年完成基础设施类项目投资48.95亿元,同比增长25.4%,占固定资产投资的33.4%,成为拉动投资的重要力量;房地产投资增长乏力。全年房地产投资完成61.09亿元,同比增长0.1%,占固定资产投资比重的41.68%,形势严峻;民间投资开始回落。全年民间投资完成76.4亿元,同比下降1.8%,占固定资产投资比重的52.13%,增长乏力。

【重点项目推进】 2015年,安排区重点项目26个,区重点项目完成投资23.63亿元,占固定资产投资的51.7%,骨干支撑作用明显。莲都区列入市重点建设项目16个,完成投资18.34亿元,完成年度任务的125.8%;安排区重大项目前期26个,达到目标计划考核要求的21个;列入市重大项目前期11个,完成年度目标任务的95%;建设"十三五"重大项目库,莲都区"十三五"重大项目建设的主要目标是,推进和打造产业转型升级项目、基础设施完善项目、城乡功能统筹项目、生态环境保护项目、公共服务提升项目等五大领域,共谋划实施类、预备类、前期类项目共256个,规划总投资934.87亿元。其中,实施类项目170个,总投资478.18亿元,"十三五"期间投资341.91亿元,其中政府投资72.44亿元,企业投资269.47亿元;预备类项目57个,总投资324.26亿元,"十三五"预备投资133.76亿元;前期类项目57个,总投资132.43亿元。

价格管理

【行政事业收费统计报告制度】 2015年,建立行政事业收费统计报告制度,根据各收费单位和收费项目、标准、政策依据等收费公示目录清单,整理完成后已在省价格智慧网上公示。同时完成2014年度各执收单位收费情况报告,并通过全国收费动态监管系统上报。

【贯彻落实省市价格政策】 2015年,会同区财政局公布全区《行政事业性收费目录清单》和《涉企行政事业性收费目录清单》。规定目录清单之外的行政事业性收费,一律不得执行,并将动态调整目录清单。贯彻落实放开药品、医院制剂、特需医疗价格政策和新增医疗服务价格政策以及电价等政策。

【价格监审】 2015年,做好政府调定价成本调查和监审,完成11所乡镇公办幼儿园保教费成本监审和古堰画乡景区门票价格成本监审。城区处州、天宁中学校住宿费成本调查。

【政府定价】 2015年,出台11所乡镇公办幼儿园保教费收费标准和城区处州、天宁中学住宿费标准。

价格监督检查与认证

【价格监督检查】 2015年,共查处价格违法案件2件,没收违法所得4933元,罚款10000元。开展教育收费专项检查,重点检查民办学校;开展涉农企收费专项检查,对涉农涉企收费的行政机关、事业单位、代行政府职能的社会团体、中介机构等进行检查,结合涉农涉企价格和收费专项检查,开展取消停征和免征行政事业性收费落实情况检查;开展药品市场价格专项检查,对辖区内的碧湖镇、大港头镇、老竹镇的药品零售店和曳岭中心卫生院进行检查;开展商业零售促销价格行为专项检查。对辖区内碧湖、大港头、老竹等乡镇的超市进行检查。

【市场监管】 2015年,开展节日市场价格检查,节假日期间,对主要集镇的主要超市、农贸市场、旅游景点门票和停车服务等进行检查;强化应急监管,及时处置异常情况。

【价格服务】 2015年,做好价格举报工作。完善举报工作责任制度,共受理群众举报件4件,都及时办结,办结率100%。开展《中华人民共和国价格法》颁布实施16周年系列宣传活动。

【价格认证】 2015年,区发改局以涉纪涉案财物认定工作为中心,服务于深化法治莲都建设、党风廉政建设和反腐败大局,坚持高质量、高效率,严谨务实、客观公正地做好涉案财物价格认定工作,为纪检监察、司法机关、行政执法机关查办案件、依法履职提供价格依据。全年共办结涉案财物价格认定案件225起,认定涉案标的金额454万元。

国土资源管理工作

【概 况】 截至2015年年底,莲都区严格落实耕地保护责任,全区耕地实际保有量17493.4公顷,基本农田保护面积14017.47公顷,标准农田实际保有量4475.93公顷。保障全区经济社会发展对用地的合理需求,供应各类具体建设用地25宗,面积124933公顷,收取土地出让金5339万元。做好建设用地批后监管,提升节约集约用地水平,前五年总供地率为90.57%。2015年,共审批农民建房3100户,保障专项用地指标12公顷,办理土地使用权登记发证653宗,确认面积349988.58平方米。

【耕地保护】 2015年,划定永久基本农田13773.33公顷,其中永久基本农田示范区3613.33公顷;完成垦造耕地建设项目19个,实际新增耕地面积237.67公顷,其中水田82.87公顷;实施表土剥离再利用工程项目3个,剥离面积6公顷,方量1.9906万立方米;完成农村土地综合整治单项验收项目7个,面积2.93公顷,推进实施2012—2014年立项项目35个,规划拆旧复垦面积45.057公顷;完成高标准基本农田建设14个项目0.4公顷。相关项目的顺利实施,不仅保障市区两级项目用地的占补平衡,同时剩余指标的调剂也可为莲都区带来可观的财政收入。

【建设用地保障】 2015年,全年共完成建设用地报批79.77公顷,新增建设用地72.77公顷;组件上报规划局部修改方案11个,修改总面积59.73公顷;低丘缓坡综合开发试点完成场地平整295.4公顷,平整率达94.46%;受理建设项目用地预审14个,土地总面积6.39公顷,供应各类具体建设用地25宗,面积12.49公顷,收取土地出让金5339万元;批而未供土地比2010年下降105.47公顷,前五年总供地率达到90.57%;开展土地收储项目19个,面积38.67公顷。各项工作的顺利开展,为莲都区经济社会发展提供可靠的用地保障。

【服务群众权益】 2015年,全年审批农民建房用地3100户,保障专项用地指标12公顷;开展地籍调查村庄184个,完成调查宗地数13810宗,发证3143宗;办理土地使用权登记发证653宗,面积349988.58平方米;办理国有土地使用权抵押登记审查56宗,面积42.97公顷,抵押融资1.68亿元;推进被征地农民保险工作,审核被征地农民基本生活保障条件3749人;及时启动不动产统一登记职责整合、机构设立等前期工作,成立不动产统一登记筹备小组,承接办理登记业务;完成地质灾害避让搬迁108户256人,安排地质灾害排险项目2个,完成历年竣工验收项目5个,总涉及资金75万元。开展"11·13"里东山体滑坡灾害的抢险救援、应急调查、隐患大排查、灾后重建等工作,并取得明显成效。

(刘军武)

审计监督

【概 况】 2015年,莲都区审计局被评为丽水市依法行政示范单位,获全市审计系统综合考核优秀,被评为全省审计系统考核优秀单位。据统计,全年共组织开展审计项目166个。其中:上级审计机关同步项目8个,组织部委托的经济责任审计项目10个,自定项目2个,组织投资审计104个,组织内审项目42个,查出管理不规范金额26228万元,核减工程造价1885万元,提出审计建议56条,完成审计公告46个。

2015年,莲都区审计局完成区本级财政预算执行情况和重大财政政策执行情况审计、公务支出公款消费审计、老竹畲族镇人民政府、峰源乡人民政府科学技术局的财政决算审计。完成"五水共治"政策措施落实情况跟踪审计、全区科技经费专项审计调查、全区基层公共卫生和医疗服务管理情况专项审计调查。撰写农村生活污水处理工程三个问题亟待引起重视的审计建议。

【财政审计】 2015年，区审计局督促财政将未按期上缴国库的1981万元非税收入上缴国库。督促国资公司将未及时上缴财政的757万元房租上缴财政。推动区财政开展全区各单位往来款清理工作，对长期出借（垫付）未处理的3202万元财政资金进行处理。督促财政将专户利息收入196万元纳入公共预算管理。推动区里研究出台莲都区财政资金竞争性存放管理暂行办法。推动区财政牵头制定国有资本经营预算收缴管理办法。推动区里研究出台公务接待管理办法。

【民本审计】 2015年，区审计局推动区治污办出台《农村生活污水治理工作检查评比制度》。督促科技局、财政局出台《莲都区创新券实施管理办法》。推动区政府研究出台《关于做好涉农项目储备库工作的通知》。提出加强基层医疗卫生体系建设和运行、规范基本医疗服务、加强基本公共卫生服务的规范化管理等审计建议。

【经济责任审计】 2015年，围绕"一观三化一廉"审计内容，结合莲都区乡镇经济发展现状和财政分成体制等具体情况，设立一级指标5个，二级指标19个，三级指标35个，侧重绿色和可持续——剔除乡镇工业总产值、农业总产值等有关GDP指标，重点放在民生保护、环境保护、资金效益等。根据综合得分情况，将领导干部履行经济责任情况综合评定为优秀、较好、一般、较差4个等级。组织实施老竹镇领导干部自然资源资产审计试点工作。重点关注自然资源资产管理制度的建立和执行情况、耕地保护责任目标落实、森林资源开发利用保护、水功能区水质达标、水利建设项目推进、农村生活污水治理项目推进、生态环境质量公众满意度等情况开展审计，强化基层干部提高生态文明建设的责任意识。从预算编制、专项资金使用、资产管理、往来款清理、内控制度、会计核算、资金管理7个方面，深入查找部门预算执行中预算编制不完整等问题，促进有关单位规范管理。

【固定资产投资审计】 2015年，区审计局出台《政府投资项目组织审计管理考核办法》，规范委托中介机构程序、审计项目复核程序，建立奖惩制度、重大事项报告制度、投资审计时限制度和年终考核制度，规范政府投资建设项目组织审计行为，加强监管。对所有组织审计项目实行三级复核制。其中，一级复核工作由中介机构按审计质量内部控制流程进行审计复核，签署相关的复核意见。二、三级复核由审计机关人员对中介机构的审计结果进行抽查复核。以复核结果评判中介机构审计结果的准确率和审计人员的执业水平。若二级复核发现审计项目误差率在5%以内的，按误差额1.5倍扣减核减额。针对丽水产业聚集区生态产业低丘缓坡开发场地平整工程项目6个标段的特殊性，与5个协审中介进行谈判，审计费比合同费率下降3个百分点，节约财政资金20多万元。

【计算机审计与信息化建设】 2015年，区审计局运用电子业务项目数据库，落实计算机人员专人管理，建立成果共享机制，降低行政成本，提高行政效率。指定专业人员做好莲都政府门户网站部门信息公开的维护工作，及时更新审计信息、审计动态、审计公告等。审计视频会商系统投入正常使用。所有审计项目均使用AO管理并及时与OA进行交互。

【审计整改】 2015年，区政府常务会议专题研究部署审计整改工作。区政府主要负责人要求各单位认真落实人大常委会对审计工作报告提出的审议意见，按期提交审计整改情况报告。并列出审计整改交办单，对审计整改未落实的问题进行督办，逐个挂销号。每个审计报告提交被审单位后，要求被审计单位收到本报告之日起30日内上报整改方案，三个月内将整改落实情况书面报告审计局。同时，审计局对审计整改和移送事项的办理情况进行跟踪检查，对以前审计过的单位再审时，将上次审计整改情况列入审计范围，并在审计报告中进行披露。

【内部审计】 2015年，全区169个二、三级单位审计率达到100%。针对二、三级预算单位制度缺少、管理缺漏、行为失范等问题，从2013年开始启动三年轮审计划。共查出管理不规范金额9298.39万元，提出审计建议449条。指导村级财务收支审计和村居领导干部经济责任审计。会同农业局和乡镇，将峰源乡毛山村、太平乡吴弄村、丽新乡山村村3个村列为村两长经济责任审计试点。

（胡颖丽）

统计工作

【概　况】 2015年，莲都区统计局在全市统计系统综合考核中被评为优秀单位，在区直机关责任制考核评比中获综合优胜单位。初步核算，2015年莲都区生产总值283.19亿元，按可比价计算，比2014年增长6.5%。其中，第一产业实现增加值17.48亿元，增长2.3%；第二产业增加值103.04亿元，增长2.2%；第三产业增加值162.67亿元，增长10.1%。第三产业成为莲都区经济增长的首要动力。三大产业结构由2014年的6.3∶38.9∶54.8调整为6.2∶36.4∶57.4。按常住人口计算人均生产总值60928元（9782美元），增长5.8%。

2015年编印《莲都统计信息》11期、《统计快报》11期、《统计专报》8篇、《统计分析》58篇，提供统计信息260余篇，其中投资、工业等多篇统计专报和统计分析文章获区委区政府领导批示。撰写《浅谈PDA在人口抽样调查中的应用》《莲都区小微企业发展状况研究》《丽水市区房地产开发经营业投资规模效益分析》等6篇调研文章。共发布统计数据类信息230余条，统计工作类信息140余篇，为部门、企业出具各类统计数据证明共50余份，给党委部门提供咨询服务160余次。

2015年，举办25期共1000余人次的统计业务培训活动，提高部门和企业对统计工作的重视程度，提升统计人员业务水平和工作能力。完成143人参加两期的面授学习、850多人参加网络教育培训，415人报名参加统计从业资格考试，创历史新高。

2015年依法对34家单位进行统计执法检查，比2014年增加9家。当场进行警告处罚的11家，给予罚款处理的2家，发放统计调查表催报单3份，未发生行政复议及行政诉讼案件。

【重点指标监测】 2015年，做好全区“10+2”重点指标排序监测、特色小镇、经济转型升级统计指标体系数据、“4600元以下”贫困现象消除、市对区综合考核、26县发展实绩考核等相关指标的跟踪监测工作，加强数据的收集、整理和对比，关注重点领域的发展趋势变化，及时进行分析预警。

【乡镇（街道）、企业统计基础规范化建设】 2015年，区统计局对全区乡镇（街道）的统计基础规范化情况开展回访，了解每个乡镇（街道）统计规范化建设的现状，巩固规范化成果。完成60家四上企业的统计基础规范化建设考核验收工作。

【名录库维护和管理工作】 2015年，通过建立和完善名录库更新维护通报制度、考核制度，巩固名录库维护节点延伸的成效；创新企业信息登记方式，在统计信息网开设“企业登记”栏目，推行“由企业自主填报、统计员审核管理”登记模式，将基层统计人员的角色由调查员转变为审核员，进一步提高数据质量和工作效率。

【开展1%人口抽样调查】 2015年，落实调查机构、人员和经费，选调年轻干部作为PDA操作员，村会计担任陪调员，以“PDA操作员+陪调员”方式落实入户调查工作。完成样本抽取核实、划区绘图、清查摸底、登记复查、专项编码等阶段业务工作，调查对象户数共计4244户，其中空户547户，网络自主填报52户，调查总人数9882人，其中常住人口8188人，出生人口83人，死亡人口22人。

【农　业】 2015年，莲都区实现农林牧渔业总产值26.14亿元，增长2.8%。其中：种植业产值19.33亿元，增长3.1%；林业产值2.14亿元，增长2.9%；畜牧业产值3.76亿元，下降0.4%；渔业产值0.66亿元，增长9.5%。粮油生产保持稳定。全年粮食作物播种面积9059公顷，增长0.7%，总产量4.25万吨，下降1.1%。油菜籽播种面积999公顷，下降2.3%，总产量1948吨，增长0.2%。水果产业提质增效，转型升级加快。全区水果种植面积8261公顷，增长0.8%，总产量18.34万吨，下降2.0%，水果产业产值4.19亿元，下降0.3%。蔬菜产业效益提升。2015年莲都区蔬菜播种面积1.06万公顷，增长0.2%，产量35.19万吨，同比增长1.3%，实现产值6.99亿元，增长8.1%。渔业生产效益明显。牛蛙养殖作为2015年全区重点推广的特色养殖开始崭露头角，泥鳅等特色养殖在产量产值上都有明显增加。娃娃鱼经过几年的养殖，成品鱼开始大量的上市，拉动渔业产值增长幅度明显。全年渔业实现产值0.66亿元，同比增长9.5%。

2015年主要农产品产量

表20　　　　单位：吨

产品名称	绝对数	比上年增长%
粮 食	42534	-1.1
油 料	3452	0.8
其中：油菜籽	1948	0.2
食用菌	10841	-1.2
其中：香菇	7528	-4.9
蔬 菜	351890	1.3
茶 叶	1738	0.2
水 果	183379	-2.0
其中：柑橘	89948	-4.9
肉 类	16616	-6.5
其中：猪肉	12310	-7.3
禽 蛋	3353	-9.5

年末拥有机械总动力15.18万千瓦，全年化肥施用量(折纯)1.13万吨。农村用电量4410万千瓦时。农田有效灌溉面积达到13133.33公顷，其中旱涝保收面积8833.33公顷。

【工　业】 2015年，区属规模以上工业(年主营业务收入2000万元及以上，下同)实现产值58.92亿元，同比增长2.4%，完成销售产值56.83亿元，增长3.7%，产品销售率为96.46%。五大行业引领规上工业增长。区属电气机械及器材制造业；电力、热力生产和供应业；通用设备制造业；非金属矿物制品业和农副食品加工业完成工业产值39.77亿元，占规模以上工业总产值的67.5%，对规模以上工业总产值增长贡献3.7个百分点。园区工业增幅有所放缓。园区规模以上工业实现产值24.41亿元，同比增长2.4%。其中，占园区规模以上工业比重较大的通用设备制造业和电气机械和器材制造业产值较上年同期分别增长8.4%和5.8%，对规模以上工业总产值增长拉动了2.0个百分点。规模以上企业中私营工业企业产值达到46.34亿元，同比增长2.4%，占规模以上工业产值的比重为78.7%，对规模以上工业的增长贡献率达77.7%。小型企业实现产值41.19亿元，同比增长5.9%。小型企业产值占规模以上工业产值的比重为69.9%，增速超于大中型企业10.7个百分点。出口交货值增势有所回落。实现出口交货值6.24万元，同比下降了30.6%，低于销售产值增幅34.3个百分点。其中农副食品加工业；通用设备制造业和电力机械和器材制造业分别比2014年同期增长−75.7%、−26.2%和−7.8%。

2015年区属主要工业产品产量
（规模以上工业企业）

表21

名　称	单位	绝对值	比上年增长(%)
水泥	吨	268814	−18.3
轻革	平方米	398616	−57.2
商品混凝土	立方米	955145	−3.7
阀门	吨	42493	−0.1
啤　酒	千升	32259	−17.9
钢　材	吨	29965	37.0

2015年莲都区完成规模以上工业总产值371.43亿元，同比下降6.0%；规上工业增加值86.55亿元，增长0.3%；产销率为96.6%。

【固定资产投资】 2015年，莲都区属完成固定资产投资146.56亿元，增长16.4%，增速比上半年和前三季度分别上升4.0个和4.4个百分点，超过年度目标1.4个百分点（年度目标为15.0%），总量在全市排名第1，增幅在全市排名第4，增幅排名比前三季度上升4位，实现平稳增长的态势。其中：实现基础设施投资48.95亿元，增长25.4%；房地产投资61.09亿元，增长0.1%；民间投资76.40亿元，下降1.8%，工业投资17.01亿元，增长26.7%；制造业投资7.92亿元，增长9.5%；工业技改投资6.57亿元，增长6.0%。2015年莲都区属工业投资增速显著，增幅排名居全市第二位，高出全市平均水平18.8个百分点，主要是受金丽温输气管道工程、联城特高压变电站项目、艾莱依总部大楼等大项目拉动，特别是特高压项目2015年全年完成投资5.88亿元，占工业投资的34.6%，拉动工业投资增长18.6个百分点。2015年区属完成水利、环境和公共设施管理业投资18.73亿元，是基础设施九大行业中投资量最大的行业，占基础设施投资的38.3%，“五水共治”项目作用突出，大溪治理工程、好溪堰水系工程、中小河流治理工程等项目的推进，带动水利项目的发展。

2015年莲都区完成固定资产投资196.83亿元，增长4.6%。其中房地产投资完成74.59亿元，下降1.5%；工业投资完成38.36亿元，下降1.4%；基础设施投资完成59.54亿元，增长9.7%。

【内外贸易】 2015年，莲都区实现社会消费品零售总额176.68亿元，比2014年增长3.9%。其中，限额以上消费品零售总额99.51亿元，同比下降3.8%。受宏观经济下行，需求减弱，成品油价格下降等因素的影响，莲都区消费品市场出现深度调整，增速明显放缓。从区域看，乡村发展快于城镇。城镇实现社会消费品零售额151.75亿元，同比增长2.4%；乡村实现社会消费品零售额24.93亿元，同比增长14.0%；农村居民消费潜力进一步释放，城乡消费市场差距在慢慢缩小。从结构看，权重类商品下行，负向拉动效应明显。汽车类和石油及制品类商品零售额同时出现下降，对社会消费品零售额增速产生较大的负向拉动。汽车类商品零售额38.88亿元，下降4.5%，增速比2014年回落12.5个百分点。受成品油价格持续下降影响，石油及制品类零售额28.68亿元，同比下降19.5%，增速比2014年下降28.1个百分点。全年两类商品反向拉动社会消费品零售额增速5.2个百分点。从趋势看，新业态，新动力加快孕育成长。近年来，以城市商业综合体为代表的新兴业态发展迅猛，已成为百姓购物、休闲、娱乐的主要场所。全区商业综合体实现新增零售额3.26亿元，拉动限上零售额增速3.2个百分点，预计在未来几年，商业综合体仍将快速发展，并成为拉动全区消费品市场增长的重要动力之一。莲都区全年进出口总额74787万美元，增长21.0%。其中，出口68089万美元，增长28.1%。全年实际利用外资7282万美元。

【交通运输、邮电和旅游】 2015年，莲都区实现交通运输、仓储和邮政业增加值11.52亿元，比2014年增长5.0%。全年铁路客运量53.66万人，增长8.0%，铁路货运量85.28万吨，增长11.9%。全社会公路、水路货物周转量435851万吨千米，增长7.9%；旅客周转量106650万人千米，增长9.1%。

2015年公路、水路运输完成运输量

表22

指标	计量单位	绝对数	比上年增长(%)
货物周转量	万吨千米	435851	7.9
公路	万吨千米	435851	7.9
水路	万吨千米	0	—
旅客周转量	万人千米	106650	9.1
公路	万人千米	106412	9.0
水路	万人千米	238	45.1

莲都区全年邮电业务总量6.69亿元，下降2.4%。年末固定电话用户(含小灵通)12.12万户，其中，城市电话用户8.88万户，农村电话用户1.00万户。年末移动电话用户80.15万户，互联网用户（固定互联网宽带）16.92

万户。

莲都区全年共接待游客1645.48万人次，增长12.1%，实现旅游收入109.50亿元，增长17.7%。其中：国内游客1643.16万人次，增长12.2%；实现国内旅游收入107.50亿元，增长20.1%；境外入境旅游者2.32万人次；入境旅游外汇收入3250.84万美元。

【金融和保险】 2015年，莲都区金融系统本外币存款余额609.61亿元，比2014年末下降0.3%。其中人民币存款余额589.84亿元，下降0.4%；人民币个人存款余额256.11亿元，比2014年末增长9.7%。金融系统本外币贷款余额559.06亿元，比2014年末增长3.6%，其中人民币贷款余额555.63亿元，增长4.1%。

莲都区全年保险业实现保费收入14.75亿元，增长17.4%。其中财产险保费收入6.40亿元，增长8.9%；人身险保费收入8.35亿元，增长24.9%。支付各类赔款及给付5.33亿元，增长6.3%，其中：财产险业务赔款3.61亿元，下降14.6%；人身险业务赔款1.71亿元，增长119.9%。

【教育和科学技术】 2015年，莲都区拥有高等学校3所，在校学生37614人；中等职业学校6所，在校学生6753人；普通高中5所，在校学生7200人；普通初中18所，在校学生14867人；小学17所，在校学生35836人。小学和初中入学率、巩固率均为100%。初中毕业升高中段的比例为98.92%。莲都区拥有幼儿园98所，在园幼儿18335人。

莲都区全年获省、市级政府奖19项，其中省级3项。争取到省级以上科技项目47项。2015年高新技术企业62家。

【文化、卫生和体育】 2015年，莲都区共有文化馆2个，文化站15个，公共图书馆2个，博物馆5个。组织开展送戏下乡437场，送书下乡25716册，送电影下乡2818场，文化走亲13场。有线广播电视传输干线网络总长1430千米，有线广播电视用户达到90000户，广播、电视人口覆盖率均达到100%。

2015年，莲都区共有卫生机构52个（不含诊所、村卫生室），其中医院16个、卫生院17个、社区卫生服务中心7个。卫生技术人员5386人，其中医生（执业医师和执业助理医师）1916人。卫生机构拥有床位4612张。实施城乡居民医疗保险制度，参保人员达30.25万人，共筹资21623万元，支出23201万元。

2015年，莲都区运动员在航海模型、轮滑等非奥项目中获得世界冠军1个、全国冠军8个、省级冠军15个，在田径、体操、小轮车、篮球等奥运项目中获得世界冠军2个、全国冠军2个、省级冠军24个。全民健身活动蓬勃开展。举办莲都区机关气排球比赛、莲都区庆“三八”女性健身操比赛、“莲都华数”杯气排球联赛、莲都区首届“阿玛尼杯”五人制足球赛、莲都区小学幼儿园围棋锦标赛等区级以上大型比赛活动10余次。体育创强争先工作取得新成绩。截至2015年年底，莲都区已成功创建10个省级体育强乡镇，12个省级体育先进社区，各类省级体育俱乐部38个，3个省级中心村体育休闲公园，1个星级体育职工俱乐部，实现小康体育村的全覆盖。

【人口、就业、人民生活和社会保障】 2015年，莲都区公安户籍人口401404人，比2014年增长0.4%。其中，男性人口202109人，女性人口199295人。全年出生人口4021人，出生率10.04‰；死亡人口2409人，死亡率为6.01‰；全年净增人口1612人，自然增长率为4.02‰。

根据城乡一体化住户调查，2015年莲都区全体居民人均可支配收入30058元，比2014年名义增长8.4%。其中，城镇居民人均可支配收入35038元，农村居民人均可支配收入19327元，名义增长分别为8.4%和9.8%。

全年失业职工再就业人数为1621人，年末城镇登记失业率为2.90%。年末参加基本养老保险人数为17.93万人，比2014年净增2万人。其中参保职工13.28万人，参保的离退休人员4.65万人。参加失业保险的人数为8.63万人。参加职工基本医疗保险的人数为14.36万人。

参加工伤、生育保险参保职工分别为19.30万人和9.16万人。

2015年,各类收养性社会福利机构12家,拥有床位2105张,收养各类人员1400人。支出医疗救助资金1843.3万元,救助4031人,人均救助额度为4573元。基本实现农村五保和城镇“三无”对象集中供养,农村五保和城镇“三无”集中供养率分别达到92.0%和93.2%,有441名农村五保和城镇“三无”对象得到集中供养,完成城乡居家养老服务照料中心158个。

【环境和社会安全】 2015年,市区PM2.5浓度平均为38微克/立方米。全年空气质量优良的天数达到327天。

2015年,共发生各类事故19起,死亡4人,事故死亡人数占全年控制指标的50%。其中,工矿商贸企业事故4起,死亡4人,同比分别下降20.0%和42.9%;经营性火灾事故15起,无人员死亡。全年未发生水上交通、渔业船舶和职业卫生事故。

注:(1)本公报所列各项数据为年度初步统计数据。

(2)生产总值和各产业增加值绝对数按现行价格计算,增长速度按可比价格计算。

(3)人均生产总值按年平均常住人口口径计算。

(4)本公报莲都区(市区)包括区属、市本级、开发区范围。

(吴广英)

市场监督管理

【概 况】 2014年9月22日,原丽水市工商局莲都分局向区编办上报《关于莲都区市场监督管理局主要职责、内设机构和人员编制方案的请示》(莲工商〔2014〕21号);10月10日区编办向区工商分局、区食药局关于征求《莲都区市场监督管理局与其他部门的职责分工》的意见函。接反馈后,2014年10月20日,区编办发布《关于组建丽水市莲都区市场监督管理局的通知》(莲编〔2014〕24号),同意在丽水市工商行政管理局莲都分局、莲都区食品药品监督管理局的基础上组建莲都区市场监督管理局,挂区工商行政管理局、区食品药品监督管理局、区食品安全委员会办公室牌子。同时,将质监部门的食品安全监管职责划入区市场监督管理局。2014年11月11日,莲都区市场监督管理局(以下简称区市场监管局)召开成立大会,正式挂牌成立。

2015年是区市场监管局成立后的第一年,年度市场监管目标责任制考核工作中,区市场监管局在全市9县市(区)局中名列前茅,拿到机构改革后首年的“开门红”。

截至2015年末,莲都区(不含市市场监管局登记)共有各类市场主体33105户,同比增长17.18%。其中:内资企业453户,同比增长16.15%,注册资本(金)8.77亿元,同比增长276.94%;私营企业5581户,同比增长17.10%,注册资本(金)74.11亿元,同比增长40.63 %;农民专业合作社853户,同比增长2.40%,出资总额7.66亿元,同比增长12.67%;个体户26218户,同比增长17.77%,资金总额22.6977亿元,同比增长55.85%。全年共办理“先照后证”登记2439户,食品流通许可1226件,餐饮服务许可证1132件(含变更、延续),药品药械类许可314件,药品经营企业GSP认证86件,药师注册139件,药技术人员变更备案55件。全年共发现无照户数296户,已销281户(其中“无转有”275户),超额完成全年任务数的48%。

2015年,辖区内有药品生产企业2家,医疗器械生产企业2家,药品批发企业2家,连锁总部1家,药品零售企业130家(其中乙类非处方药店3家),医疗器械经营企业177家(有许可证的50家,备案的127家),药械使用单位298家。区市场监管局分别于3月份和5月份和市市场监管局相关业务处室进行职能交接,交接后理顺科与科、科与所的职责,科所联合,共同克服药学专业人员的数量和能力较弱而监管任务繁重等矛盾,顺利完成各项审批、日常监管、专项整治、应急演练等工作任务。

2015年,办理案件253件(其中经检类案件170件,食品类案件63件,药品类案件20件),罚没款140.8万元。截至年末,结案件219件,罚没款万元以上案件48件，入刑案件9件刑拘7人，取保候审3人。对江西月成食品有限公司生产的里脊肉串中检出鸡源性DNA成分，未检出猪源性DNA成分情况的“3·19”假里脊肉案，迅速移交市稽查支队和市公安治安支队处理，该案被列为省食药局督办案件和公安部挂牌督办案件。

2015年，制定《2015年党风廉政建设及纪检监察工作要点》和《关于履行党风廉政建设党组主体责任和纪检组监督责任的实施方案》，和各科(室)、所、队负责人签订党风廉政建设暨作风建设责任状22份；出台《考勤管理制度》《请销假及外出报告制度》《着装规定》等制度，拟订《责任追究办法》《事权划分试行方案》《学分制管理》等制度；开展上下班纪律和公车使用管理督查10余次，发布通报6期，开展专项电脑软件、干部职工经商办企业专项清理2次。

2015年，“11·13”里东村山体滑坡灾害发生后，受灾群众服务组第11小组区市场监管局、区质监局迅速贯彻落实区委、区政府的工作部署，立即开展行动。13天时间内顺利完成里东遇难者家属善后处置的安抚任务。

·工商行政管理·

【个体工商户转型升级为企业】 2015年，完成“个转企”95家，通过集中申请政策奖励等方式，拨付1462615元作为丽水艾品商贸有限公司等466家企业“个转企”财政补贴，其中3000元的一次性补助合计357000元，200元的建账补助合计1052600元，返回税收53015元。

【年报工作】 2015年，完成2013年度的企业年报3774户，年报率92.34%；个体年报13295户，年报率81.40%。完成2014年度的企业年报4652户，年报率92.12%；个体年报17457户，年报率83.4%；农专社年报553户，年报率65.83%。

【品牌培育】 围绕政府“绿水青山就是金山银山”发展战略，把发展生态农业、生态工业、生态旅游业等作为品牌培育的主要方向，2015年，莲都区有效商标共计6472件，其中新增注册商标480件，同比增幅8.86%。1件商标被认定为2015年度浙江省著名商标，2件商标被认定为2015年度丽水市著名商标。浙江不知慢运动服饰有限公司成功通过商标质押组合贷款3220万元。

2015年度新认定浙江省著名商标名单

表23

序号	认定商标	企业名称	类别	核定使用商品
1	鱼跃	丽水市鱼跃酿造食品有限公司	30类	酱油；醋

2015年度新认定丽水市著名商标名单

表24

序号	认定商标	企业名称	类别	商标使用范围
1		丽水市鱼跃酿造食品有限公司	30类	酱油；醋；豆豉
2	CHEERING	浙江乾麟缝制设备有限公司	7类	缝纫机马达；电动剪刀；缝纫机

【商品市场建设】 2015年，开展仓前、城西、西银苑菜市场的放心农贸市场创建工作，对照放心农贸市场创建标准对城西菜场、仓前菜场和西银苑进行改造，累计投入资金126万元。三个市场顺利通过省考核组验收。

2015年全面推进市区农贸市场杀白上市和乡镇农贸市场活禽活禽整治工作。开展 “定点屠宰、杀白上市、冷链配送”；强化“一证两标”上市；开展市区农贸市场禽类摊位冷链改造工作。出台《莲都区市区农贸市场、疏导点禽类摊位冷链改造实施方案》，对市区14个农贸市场32个禽类摊位进行冷链改造，通过组织验收，共发放改造资金12.8万元。联合区卫生、农业、疾控中心、属地卫生院对3个保留活禽交易农贸市场进行活禽区环境采样检测，检查活禽经营户索证索票台账、保洁消毒台账和休市台账，并督查市场举办单位加强对活禽经营户的管理。

全区商品交易实体市场成交额达160亿元，同比增长3.2%，全区商品交易网上市场成交额达6亿元，同比增长20%。

2015年成交额超亿元市场

表25

市场名称	市场类型	年成交额（万元）	建筑面积（平方米）	经营户数（个）
丽水市浙西南农贸城	农副产品综合市场	302000	48000	235
丽水市粮油副食品批发市场	农副产品批发市场	174000	11818	256
丽水市府前菜市场	农贸市场	171390	14162	431

【食品流通溯源】 2015年，开展食品安全电子监管示范单位创建工作，通过召开相关会议确定各市场监管所流通环节食品安全电子监管工作联络人员，提高安装率、使用率、上传率，保障电子监管系统的正常运行。全年累计安装食品安全电子监管软件119台，共上传进货台账701968条、销货台账687890条。

【保化示范单位“回头看”】 2015年4月起对已创建的26家保健食品化妆品示范单位进行“回头看”，对其经营资质、索证索票、购销台账、经营环境等方面进行全面检查，共出动执法人员90人次。已创建单位中有两家变更法人，1家注销经营，2家药店妆字号撤柜，原创建示范单位取消。截至2015年年末，共有示范单位18家。

【消费维权】 根据“12315”系统统计，2015年共受理涉及食品安全、药品医疗器械、餐饮等投诉举报咨询2950件，为消费者挽回经济损失150.39万元。国庆长假期间迅速妥善解决“古堰画乡”景区的消费纠纷案，得到丽水市委常委、莲都区委葛学斌书记批示。成功平息涉及消费者会员达2000多名，涉及金额达一百多万元的“小阿华”婴童洗护中心群体性消费纠纷事件，得到丽水市委常委、莲都区委葛学斌书记，莲都区委副书记、区长杨秀清，莲都区副区长王世强等领导批示肯定。浙江省工商局、浙江省消保委联合发布的“2015年消费者权益保护十大典型调处案例”中，莲都区两例成功调解典型案例上榜。莲都区消费者权益保护委员会被中消协授予“2014—2015年度全国消协组织先进集体”荣誉称号。

【违法广告整治】 自2015年4月22日市“六边”区域违法广告治理专项行动部署会后，区市场监管局加强和区六边办的对接和沟通，开展莲都区“六边”区域违法广告治理专项行动，截至2015年年末，全区共拆除广告牌匾、宣传标语5020条（块、处），清理小广告、牛皮癣78万处，立案查处违法广告案件10件，其中虚假广告1件，罚没款27.725万元，其中适用新《中共人民共和国广告法》查处案件1件，罚没款20万元。

·食品药品监督管理·

【食品生产监管】 自2015年3月份从区质监局接过53家食品生产企业的监管，对食品生产企业开展各项监督检查工作，包括生产企业新申证、换证、注销、委托备案的资料初审、现场观察、整改复核等工作，同时进行对企业“一企一档”的档案整理工作。经注销、换证、新增，截至2015年年末，全区共有食品生产企业49家。

规范食品生产加工小作坊的登记备案管理工作。结合莲都区实际，拟制《莲都区食品生产加工小作坊备案登记管理办法（草案）》，对小作坊食品生产的原辅材料的使用管理、生产环境及设备、产品销售等做出规范性要求，对小作坊备案登记做出相关规定。按照办法要求，灵活登记，规范监管，2015年共有24家小作坊进行改造提升规范，发放食品生产加工小作坊备案登记凭证24本。全年共对食品生产加工小作坊建档34家，并全部进行监督抽检，抽检品种主要包括豆制品、米面制品、红糖等商品，合格率100%。此外，鼓励扶持小作坊取得食品生产许可证1家。

【食品安全溯源体系建设】 2015年，农产品质量安全溯源体系建设依托省溯源管理平台，建立健全农产品生产档案，真实记录主体概况、产地环境、上市日期、包装标识、二维码生成使用等信息，有包装的产品在上市前粘贴二维码，实现责任追究到主体的管控机制。截至2015年年末，区级以上规模生产主体追溯率达96.8%，基本实现全域覆盖。10月份，莲都区农产品质量安全追溯示范县建设工作通过省里考核验收，正式成为第二批全省农产品质量安全示范县。城区农贸市场食品安全溯源体系建设以仓前菜市场为试点市场，制定《仓前菜市场食品安全溯源体系建设实施方案》，召开经营户动员会，对食品安全溯源系统的使用进行培训，全年共办理安心卡54张，办理特约商户签约50户。

【食品安全快检体系建设】 2015年，6家农贸市场，已有5家建立快速检测室，建成率达到83%，3家对外免费开放。各乡镇、街道农技站全部配备农产品快速检测仪器，配有农产品质量安全检测员16名，做好对各乡镇、街道检测人员的培训，提升基层农产品检测能力。快检室对外免费开放服务时间在2014年每周一天的基础上，提升到工作日全开放。

【餐桌安全治理行动三年计划】 2015年，印发《莲都区餐桌安全治理行动三年计划（2015—2017年）》和"六大提升工程"实施方案。部署启动农产品、林产品、水产品、进口食品、"三小一市场"和餐饮具及食品相关产品等六大质量提升工程。各部门着手开展农产品质量安全、农业投入品、地产食品533行动、食用油、网络食品、小餐饮"前厅后厨"和"排污纳管"改造等一系列专项整治。截至2015年年末，林产品标准化生产率达到58.3%、重点水产品标准化生产率达到60%；小作坊建档率100%，已开展抽检率100%，取缔无证无照小作坊8家，其中豆制品5家；城区农贸市场追溯体系建成率达到50%；持证小餐饮等级公示率达到90%，"前厅后厨"和"排污纳管"改造100多家。

【小餐饮整规】 2015年，结合国家卫生城市和文明城市创建，开展小餐饮"前厅后厨"和"排污纳管"改造工程。在2014年完成468家小餐饮单位"前厅后厨"和"排污纳管"改造的基础上，2015年完成280家。通过"两项改造"及强力整治，市区主要街道小餐饮单位在设施、卫生、安全、意识和形象"五个方面"得到全面提升。

【"阳光厨房"及色标管理创建】 根据省市文件要求， 2015年度需完成辖区内14家餐饮单位"阳光厨房"创建工作，阳光厨房创建率达到30%。全年共计新创阳光厨房17家，创建率达到33.3%。为更好在全区范围推广阳光厨房建设，为广大餐饮单位树立阳光厨房的标杆，在36家"阳光厨房"中评选出硬件、软件都比较好的"十大阳光厨房示范店"。截至年底，已经初步完成十大阳光厨房的评选工作，下阶段将利用媒体、微信公众号等渠道推广"十大阳光厨房示范店"，以点带面，达到示范效应。按照"餐桌三年"行动方案，联合区教育局对辖区的各中小学校及托幼机构进行色标管理工作的指导；对大型、特大型餐饮单位及省级示范单位进行集中约谈，专门进行色标管理标准培训。全年共计完成色标创建单位144家。

【学生饮食放心工程】 2015年是千万学生饮食放心工程收官年，各部门结合春秋季学校开学和中高考、公务员招考等重大活动，做好校园及周边食品安全综合治理工作，1月和9月，区食安办两次组织区市场监管局、教育局和城管执法局等部门开展学校和校园周边食品安全联合执法检查。全区学校食堂144家，餐饮服务许可证持证率达到100%，大宗食品定点采购率达到100%，A级食堂22家，B级食堂81家，食堂A、B等级率达到71.5%；学校商店20家，建有品牌超市11家，比例达55%；饮用水城镇管网接入率达到100%。

【启动打造“不会吃到地沟油城市”】 2015年10月24日，在西城广场举行莲都区打造“不会吃到地沟油城市”启动仪式活动。此后，围绕餐饮集聚区、大中型酒店、学校食堂、食用油采购链开展重点打造。在各大型、特大型餐饮企业和学校食堂开展“阳光厨房”建设36家，创建率达33.3%，并筛选出太平洋、云起草堂、鼎盛等餐饮单位打造“十大阳光厨房示范店”。西城广场、万地广场、东方海鲜排档城等餐饮集聚区154家餐饮单位签署《莲都区餐饮业安全用油承诺书》，承诺诚信使用“放心油”，并在媒体上进行公开承诺，接受社会监督。对全区1家食用植物油生产企业、461家食用油经营企业、2493家食用油餐饮单位全面开展调查摸底，共出动执法人员638人次，检查食用油生产经营单位和食用油使用单位1228家次，开展全面清查，逐一排查存在的风险，建立完善的信用档案，共抽检预包装、散装食用油95批次，合格率为96%(合格91批次，不合格4批次)，主要为餐饮单位所使用的本地山茶油苯并芘超标，查处无照收购餐厨废弃油1家，共查处违法行为5起。制定《莲都区食用油领域违法行为举报奖励办法》，设立专项举报奖励资金，开设“96317”食用油质量安全专用投诉举报热线，鼓励全民参与食品安全监管。

【食品安全专项整治】 2015年，开展肉品和水产品安全专项整治“百日会战”行动、“红五月”专项行动、农业投入品“绿剑”执法行动、林产品“质量安全月”活动等多项专项整治工作，集中力量打击食品安全违法犯罪行为。“百日会战”行动期间，以“亮剑”专项行动为抓手，从各部门抽调精干力量，成立主抓肉品质量安全“红剑”专项行动组、主抓水产品质量安全的“蓝剑”专项行动组和主抓餐饮服务食品安全的“餐剑”专项行动组。全区联合执法18次，发放通告1.3万份，完成定量抽检132批次，定性抽检5704批次，培训企业1365家，约谈企业965家，签订承诺书1484家。区市场监管局为全面推进“百日会战”行动，于5月组织开展打击各类食品违法生产经营行为“红五月”专项行动。以7类违法行为和5类区域场所为重点，按照“四个最严”要求，重拳出击，严厉打击食品违法犯罪行为。“红五月”专项行动期间，行政立案22起。为推进农产品质量安全放心示范县的创建，成立领导小组，通过常委会审议并印发创建方案，召开创建动员大会对创建工作进行动员部署。以创建为抓手，深入开展农(林、水)产品质量安全整治工作，开展春季“绿剑”执法行动、蔬菜水果茶叶禁限用高毒农药整治、长豇豆质量安全专项整治、生鲜乳违禁物质专项整治、春笋专项整治、板栗专项整治、水产品专项整治等一系列专项行动，查处违法行为34起，行政立案查处29起。

【食品安全风险监测】 按照食品安全定量检测达到每千人口3批次的要求，食品定量抽检任务从2014年400批次提高到2015年的1390批次。2015年，全区完成定量抽检1400多批次、定性抽检2.3万余批次，检测结果不合格的全部进行处置，发布联合检测通报8期。

【农村集体聚餐食品安全风险防控】 2015年，区食安办两次下发文件，对农村家宴厨师登记备案、农村集体聚餐管理和现场指导、信息汇总上报等工作进行部署和督促落实。4—5月，区市场监管局组织全区农村土厨师进行了业务培训；7—8月，区食安办、区市场监管局赴各乡镇、街道，组织各乡镇、街道食品安全工作人员和中小网格食品安全协管员、信息员，就如何开展聚餐申报备案和现场指导进行培训。截至2015年年末，全区聚餐申报备案率达到70.1%。

【食品安全信用体系建设】 落实食品安全“红黑榜”制度，2015年公布“黑榜”两期。落实有奖举报制度，兑现举报奖金1.6万元。建立食安全金融联合惩戒机制。将农户、农民专业合作社、农业龙头企业、家庭农场、农贸市场举办者及经营户六类实施主体的食品安全不良信息纳入丽水市农户信用等级评定，根据失信的严重程度，实行差别化信贷措施，倒逼食品生产经营者增强主体责任意识、守法意识和安全意识。2015年，向市人行报送不良信息42条。

【食品安全宣传教育】 2015年。推进流通环节食品安全始业教育，提高农村食品经营者自律意识，通过“以考代学”的方式，开展食品经营户《中华人民共和国食品安全法》《中华人民共和国产品质量法》等法律法规的宣传教育活动，逐步实现食品安全始业教育培训全覆盖。全年共有683位食品经营户通过考试。结合“3·15、消费者宣传日”、“食品安全宣传周”、农业“五送下乡”服务活动、快速检测车进田头等活动，利用电视、广播、网络等宣传媒体全方位、多层次地开展新修订《中华人民共和国食品安全法》和食品安全科普知识宣传，提高公众知晓率和食品安全意识。全年共发放各类宣传资料3万余份，发送短信3.8万条，媒体宣传报道100多次；累计接受公众投诉举报206起，办结201起。

【食品药品安全应急管理】 2015年，重新修订出台《莲都区食品安全事故应急预案》及其操作手册。9月29日，举行“2015年丽水市暨莲都区食品安全事故应急处置桌面演练”活动。市、区14个部门参与演练，市、区食安委各相关成员单位和各县（市、区）食安办共计200余人到场进行观摩。12月18日，开展莲都区药品（医疗器械）安全事故（Ⅳ）应急预案桌面演练。提高莲都区对突发重大药品医疗器械安全事故时的组织指挥，协调配合、快速反应和高效处置能力。

【药品安全责任体系】 2015年，按照“地方政府负总责，监管部门各负其责，企业是第一责任人”的要求，健全药品安全责任体系。药品安全纳入区政府对各乡镇（街道）、各职能部门年度目标责任制考核内容，其中，工商及食品药品安全考核分值乡镇（街道）8分，部门2分。

【药械监管网络建设】 莲都区乡镇原有药械安全专管员16名，2015年在城区社区卫生服务中心和卫生院新聘请20名具有药学专业知识和工作经历的医务人员作为药械安全专管员。专管员负责对辖区内的医疗机构每季度巡查一次，发挥全方位、广覆盖的监督作用，使监管部门对医疗机构的动态变化及时掌握。

【药械专项整治】 2015年，将日常检查和专项检查相结合，以基本药物、疫苗、中药饮片、无菌类医疗器械、植入类医疗器械、体外诊断试剂、避孕套、定制式义齿、角膜接触镜等产品为重点，开展春节前检查、中药饮片专项检查、明胶空心胶囊和胶囊剂药品专项监督检查等10余项专项整治。

【生物医药行业企业精准对接】 2015年，浙江维康医药零售有限公司在莲都区新开门店21家，并将连锁总部落户于莲都区；安派科生物医学科技（丽水）有限公司的“生化分析仪”顺利通过省食药局的注册审批，拿到该产品医疗器械注册证，并进行生产，标志着丽水市设备类医疗器械产品实现了“零”的突破；浙江瑞新药业股份有限公司的小容量注射剂（含激素类）、原料药（盐酸多巴酚丁胺、司莫司汀）通过2010版GMP认证；瑞新药业和纳爱斯甘油车间的药品生产许可证顺利换证。

【药械安全智慧监管】 2015年，100%实现药品生产、经营单位入国家电子监管网；100%实现药品批发、零售连锁企业药品储存温湿度在线监管；100%实现药品生产经营单位信用档案电子化；100%达到三类医疗器械经营企业规范指导，并有4家三类医疗器械经营企业达到医疗器械GSP要求，已规范家数居全市第一。

【新修订药品GSP认证】 及时了解和掌握企业的动态，督促和指导企业采取有效措施，依照新修订药品GSP的要求规范药品经营行为。对一些确不能达到要求的企业应督促其及时注销，确保无风险隐患。对2015年许可证到期的企业，告知其在7月前提出换证和认证申请；倒排时间，集中力量，严把标准，严格检查；对2014年通过认证的企业开展回头看工作。全年按照新版GSP要求，对86家药店进行认证，3家药店主动注销，3家药店暂停经营。

【药品不良反应（医疗器械不良事件）监测】 2015年，共有52家涉药单位上报药品不良反应（医疗器械不良事件），药品不良反应（ADR）报告共计245例，完成工作任务数的102%。其中：新的、严重的药品不良反应（ADR）报告70例，医疗器械不良事件（MDR）报告24例。

【药械信用等级】 2015年，依据《莲都区医疗机构药品、医疗器械安全信用分类管理实施办法》，完成 39家医疗机构药械信用等级评定，其中A级（诚实守信）32家，B级（基本守信）7家。依据《丽水市莲都区医疗机构规范药房验收标准》，对城区124家医疗机构药房进行验收，其中合格108家，不合格16家。依据《浙江省药品经营企业药品质量信用评价标准》，完成109家药品零售企业的药品质量信用等级评定，其中A级（守信）35家，B级（基本守信）53家，C(轻微失信)7家，D（严重失信）14家。

（赵维娜）

质量技术监督

【概　况】 2015年，莲都区质监局实现新增省、市名牌数创历史新高，成功指导2家企业产品入选浙江名牌，10家企业产品入选丽水名牌。并与区财政局兑付全区13家企业（20个项目），2013—2014年推进品牌创建与质量建设奖励资金223万元，激励、引导企业增强品牌意识、提升品牌竞争力。获市政府质量奖（企业）实现“零”的突破，成功指导1家企业和2名个人获市政府质量奖。深化安全保障，稳守质量安全底线。“两大安全”（产品质量安全、特种设备安全）继续保持“零事故”。其中，“智慧质监”成效大，发现并消除隐患4832项，提高隐患发现和督促整改能力。是年，区质监局被区委、区政府评为安全生产“优秀单位”、信息公开“优秀单位”，被丽水市质监局评为年度考核“优秀单位”，局党支部连续第二年被莲都区委评为“先进基层党组织”。

【质量强区建设】 2015年，区质监局推动出台《2015年度莲都区质量行动计划》（莲政办发〔2015〕36号），召开质量强区工作会议，与各乡镇（街道）、部门签订《2015质量工作年度目标责任书》；对获得第二届区政府质量奖的3家企业和2位个人进行表彰；将《“十三五”质量与标准化发展规划（2016—2020年）》列入全区“十三五”专项规划；组织70余人召开莲都区首届卓越绩效管理模式培训会，组织180余人参加全面质量管理培训；成功指导丽水市鱼跃酿造食品有限公司评为省级中小学生质量教育社会实践基地，填补全区中小学质量教育社会实践基地的空白。

【品牌强区建设】 2015年，实现新增浙江名牌产品1个、丽水名牌产品6个，创历史新高；推动区政府出台《关于加强“浙江制造”品牌创建工作的意见》（莲政办发〔2015〕31号），瓯宝安防科技股份有限公司、乾麟缝制设备制造有限公司被列入市级“浙江制造”品牌培育企业；联合区财政局兑现浙江绿洲眼镜有限公司等13家企业（20个项目）2013—2014年推进品牌创建与质量建设奖励资金223万元，鼓励企业创业创新；成功指导1家企业（浙江乾麟缝制设备有限公司）和2位个人（丽水市鱼跃酿造食品有限公司董事长陈旭东、浙江不知慢运动服饰有限公司董事长盛春仙）获2015年市政府质量奖。

2015年新增浙江名牌产品

表26

序号	企业名称	产品名称
1	浙江乾麟缝制设备有限公司	缝纫机电机

2015年新增丽水名牌产品

表27

序号	企业名称	产品名称
1	丽水欧意阀门有限公司	阀门
2	燕京啤酒(浙江丽水)有限公司	燕京啤酒
3	浙江乾麟缝制设备有限公司	伺服电机
4	浙江省丽水传人笔业有限公司	自来水笔
5	浙江坤湧兴阀门有限公司	阀门
6	浙江不知慢运动服饰有限公司	针织内衣

【标准强区建设】 2015年，全区规上企业主导产品采标率达到61%，农业标准化生产程度达57.6%。推动区政府成立《莲都区标准化工作领导小组》(莲政办发〔2015〕47号)，出台《莲都区关于加快建设标准强区的若干意见》(莲政办发〔2015〕81号)；指导2家企业制定《皇菊栽培技术规程》《山地茶园套种香榧种植技术规程》2项市级地方标准；指导《轩德皇菊标准化栽培推广示范》《覆盆子标准化种植推广示范》2个项目立为2015年市级农业标准化项目；鼓励企业积极在企业产品标准信息公共服务平台上对企业标准进行自我声明，全年共有40项企业产品标准公开声明，备案企业标准10个；联合区农办申报“诗画利山”民宿服务业标准化示范项目并通过论证会，为大港头镇利山村、栋村内30余家民宿统一制作“安全出口”“小心台阶”等标志用公共信息图形符号，提高民宿标准化服务水平。

【特种设备安全监察】 2015年，特种设备安全继续保持“零事故”。制定《莲都区质监局全面推进智慧质监工作方案》，印发《莲都区特种设备智慧监管系统上线说明》，举办2期系统上线应用培训班，上线企业已从2014年的56家(特种设备523台)增加到319家(特种设备2620台)，上线率达80.9%，发现并消除隐患4891项。完成辖区范围内目录外锅炉、起重机、叉车、游乐设施的清理工作，共清理目录外特种设备180台，清理历史“僵尸设备”306台。排查整治安全隐患，共检查叉车相关企业25家，发现隐患21项，整改15项，查封叉车2台，立案1起。组织电梯维保单位协助辖区内电梯情况自查，发出自查表格1920份。指导乡镇(街道)重点排查未纳入监管数据库的电梯、三无电梯(无物管、无维保、无维修资金)以及停用电梯的隐患和风险排查。会同市特检院摸清运行15年以上、经常出现故障的老旧电梯78台。

【产品质量监督】 2015年，市县定期产品质量监督抽查115批次，合格112批次，合格率97.4%。后处理复查8批次，合格7批次。开展三类企业名录发布工作，梳理相关企业多年来的监督抽查情况，共梳理出一类企业13家、二类企业15家和三类企业9家。开展电子商务产业质量提升服务行动。发挥质监技术优势，为电商企业提供标准、计量、品牌建设及法律法规等方面的服务。同时，强化对网销抽查不合格产品的落地查处，加强对网上销售假冒伪劣产品的监管，严防出现网销产品区域性质量问题。开展“纤检保健康”专项执法及纤维制品产品标识专项整治行动。对辖区内絮用纤维制品和再加工纤维进行检查，共检查生产加工点3家，生活用絮用纤维制品100余件，抽查13批次，合格11批次，责令2批次床上用品标识标注不合格企业进行整改。

【稽查打假治劣】 2015年，组织开展“蓝剑”系列专项执法行动：“蓝剑1号”节日热销产品专项整治行动，“蓝剑2号”农资专项执法行动，“蓝剑3号”特种设备专项执法行动，“蓝剑4号”建材产品和危化品专项执法行动，“蓝剑5号”检验检测机构专项执法行动，维护市场秩序。全年共出动稽查执法人员487余人次，检查企业310余家次，立案10起，上报省局典型案例1起,罚没款数260524元。“12365”接群众电话举报6起，接到申诉7起，均答复完毕。试用执法软件，承担“12365”举报处置指挥系统和丽水市推行行政执法与法制监督综合管理系统的试点工作，做好上级参谋。

【计量监管工作】 2015年，根据市区质监体制的调整、职能划转，首次开展计量监管工作。首次开展“5·20”计量惠民进社区活动，走进8个社区，发放宣传资料6000余份，免费检定计量器具63台次，惠及4000余群众；首次对市区停车电子计时器(咪表)开展检定工作，共抽样检定咪表205台件、停车场4个，首检总体合格率为96.7%；首次开展医疗计量器具检查百日行动，检查医疗机构16家，对检查中发现的问题责令相关单位予以整改，医用三源检定率达到99%；首次开展民用三大表的排摸、检定工作，电表检定与到期更换率达到100%，水表检定率达到100%、到期更换率达51%。

【雅溪镇里东村救灾工作】 2015年11月13日，雅溪镇里东村发生山体滑坡自然灾害。区质监局获悉后，组建3个救灾工作小组，24小时轮班前往里东村受灾一线开展服务工作；主动与食品店联系，为抢险救灾指挥部免费提供早餐(600份)；与市场监管局一并做好第11小组受灾户服务、善后工作。

(季文伟)

安全生产监督管理

【概　况】 2015年，莲都区全年共发生各类事故19起，死亡4人，事故死亡人数占全年控制指标的50%。其中，工矿商贸企业事故4起，死亡4人，同比分别下降20%和42.86%；经营性火灾事故15起，无人员死亡。全年未发生水上交通、渔业船舶和职业卫生事故。全区安全生产事故起数、死亡人数、单位生产经营活动死亡率三项指标连续9年都控制在市下达指标之内，未发生重特大生产安全事故，安全生产形势基本可控。

2015年，莲都区各类安全生产专项资金245万元，同比增长20.81%。开展专项整治，全区共组织检查人员23843人次，检查生产经营单位17330家，排查各类事故隐患18314个，已整改到位18039个，整改率达98.5%。全区打击非法违法、治理纠正违规违章行为共3453起，停产整顿39家，罚款154.83万元，拘留2人。

2015年莲都区被评为丽水市安全生产工作优秀单位。区安监局也被区委、区政府评为2014年度安全生产工作优秀单位、依法行政工作优秀单位、项目推进工作服务先进单位等。

【安全生产责任落实】 2015年，做好4次全区安全生产工作会议的筹备工作，提请区委常委会、区政府常务会议听取安全生产工作汇报6次。修订完善安全生产目标管理责任制，突出安全生产管理指标创新，新增安全生产责任保险、新安法宣贯、职业卫生监管、安全生产服务外包和智慧安监等内容，深化安全生产综合考评。全区上下初步形成“党政同责、一岗双责、齐抓共管”的安全生产新格局。

【提升安全监管能力】 2015年，针对基层监管队伍力量薄弱的问题，提请区委区政府在全市率先出台《关于加强基层安全生产监管队伍建设的若干意见》，从强化机构编制、人员力量、考核激励等方面入手，加强安监队伍建设。并会同人力、审计、编办和财政五部门联合配套出台《莲都区安全生产监管人员工作职责及管理试行办法》，明确安全监管人员岗位职责和岗位权限，完善考核奖励机制，强化安全监管人员的安全意识和责任机制。并加大财政资金对基层安全监管装备能力建设的投入力度。

【大港头镇木制品行业整治行动】 2015年，投身大港头镇木制品行业整治行动，通过两个月的时间，全镇154家“低、小、散”木制品企业(加工点)得到整治，其中转型迁移84家，停产转业37家，关停33家，彻底清除大港头镇木制品行业区域性安全生产隐患问题。

【重点行业领域整治】 2015年，深化综合整治和专项治理，开展建设施工、危险化学品、消防、特种设备、烟花爆竹、有限空间、粉尘等行业(领域)专项整治。健全督查督办、警示办法、暗访暗查机制，建立隐患分级分类监管制度，对重大隐患实行挂牌督办。督促全区规上企业及产值500万以上企业分批注册国家总局隐患排查信息系统企业端并推行试用，落实企业建立隐患排查自查、自改、自报制度。推进职业卫生监管工作，制订出台《丽水市莲都区职业病防治工作联席会议制度》，对全区484家涉及职业卫生的企业进行排查摸底，开展职业危害专项整治。

【安全生产规范执法】 2015年，严格按照新《中华人民共和国安全生产法》要求，严肃事故责任追究，对4起安全生产事故的责任单位和责任人进行行政处罚，共处罚款82.19万元。做好非事故类案件查处工作，对在执法检查中发现存在违法行为的，及时予以立案查处，全年共查处危险化学品等领域非事故类案件36件，罚款11.67万元。对全区14个乡镇（街道）及丽水工业园区的企业开展安全生产对口检查。

【安全生产宣传教育】 2015年，共投入约14万元在丽水广播电视台、《丽水日报》等媒体上，对新《中华人民共和国安全生产法》及全区安全生产工作开展情况进行宣传报道。组织编制《安全生产知识漫画读本》，先后共发放给相关部门和各工矿商贸企业1.26万册，普及安全生产知识。开展第十四个全国"安全生产月"活动，活动期间全区共悬挂标语（横幅）310条，张贴宣传画1100张，出动宣传车11台次，举办知识竞赛20场，发放宣传资料1万余份。加大生产经营单位培训力度，强化对企业负责人、安管员的安全教育，开展农业系统、农家乐、物业、卫生、教育、职业卫生等各类群体专题培训，全年共举办各类培训班31期，培训3210人次。

【提升安全生产服务水平】 2015年，区安监局继续开展安全生产标准化创建工作，对2014年37家达标企业，联合财政部门专门划拨8万元进行奖励。推进安全生产社会化服务工作，截至年底，莲都区共选用5家符合条件的中介机构，28家企业与其签订服务协议。做好园区企业帮扶指导工作。组织以专家会诊的方式，对企业进行全面深入的检查，立足实际帮助企业查找隐患，让企业可以对症下药及时整改。

【安监队伍能力建设】 2015年，做好安监部门监管队伍业务培训工作，开展"集中学法日活动"，专题学习法律法规知识，坚持法律知识学习和解决实际问题相结合，推进安全监管执法工作法治化、规范化，努力培养一支具有较高法律素养的安监干部队伍。

国有资产经营管理

【概　况】 2015年，莲都区国有资产服务中心严格执行公开招租制度，在财政局国资办等监督下，全年完成拍租11批次，成交93个标的，成交总价401.505万元，比起拍标的价371.125万元，增长8.19%。全年租金收入1353万元。对所有资产进行合理分类，对其中115处建筑泥木、砖木等结构为主的房屋资产进行资产投保，参保面积共32249.5平方米，投保额度1467.69万元。合理安排资金整治安全隐患，共投入30余万元，完成括苍路493号原油泵厂区内树木整枝和原敏河化肥厂区的边坡治理等，及时消除隐患，确保资产安全。配合区财政做好行政事业单位闲置资产清理后的接收工作，共接收资产30余宗，分类分步进行公开拍租，有效提高资产利用效率。

【政府融资工作】 2015年，完成紫金大院等四处资产产权过户至低丘缓坡开发公司，为低丘缓坡开发项目贷款提供保证。整合相关部门所属的各平台公司财务报表，提升资产总量，与金融机构做好沟通对接，为水利开发建设、低丘缓坡开发等项目融资担保提供保障，全年完成担保任务3.86亿元。

【安全保障工作】 2015年，深化"打非治违"和专项整治工作为中心，加大安全生产管理力度。落实"一岗双责"和"分工负责"制度。做好安全宣传教育培训工作，夯实安全基础。开展"打非治违”和专项整治工作，以第十四个“安全生产月”活动为契机，围绕“安全责任，重在落实”这一主题，加大排查与治理安全隐患宣传力度，多形式广泛宣传安全生产知识，提高干部职工和广大经营户的安全责任意识和安全素质。执行经营性资产防火、防电、防倒塌的经常性排查工作制度，开展安全巡查，及时尽早发现安全隐患并加以整改，消除安全隐患，重点对批发市场、原碧湖啤酒厂、原油泵厂、原敏河化肥厂等出租厂房和人员密集区块定期开展巡查，及时消除安全隐患。

【代建项目建设和重大项目前期工作】 2015年，提前完成区总工会迁建工程竣工验收并投入使用。该项目建设期间先后获丽水市区 “创卫达标工地”(市区仅有的两个之一)和浙江省“文明现场、和谐工地”竞赛先进工地(市区唯一一个)的称号，并评获“九龙杯”。该项目作为市重点工程，也是莲都区第一个实行整体代建的交钥匙工程，其顺利通过竣工验收并被评为优良工程，标志着莲都区第一个委托代建的市重点工程圆满完成各项建设任务，为莲都区政府投资建设项目整体代建模式探索出成功经验。对接市区相关部门，谋划区便民服务中心和人武部迁建工程项目前期工作。针对上级限制政策要求及时完成对两个项目方案调整，以待条件成熟后可即时重新起动。做好区政府临时交办的其他项目建设，其中西银苑菜场与检察院合建的停车棚改造工程与9月完成验收并顺利交付使用。原区教育局办公楼装修工程于10月完成竣工验收，交付区卫计局投入使用。

【文明城市创建和帮扶结对工作】 2015年，开展文明城市创建工作，成立创建工作领导小组，制定创建工作方案，落实专人负责，做到全员参与。重点做好所属的西银苑和东升两个菜市场治理。参加东升社区(联系社区)的巡查整治活动。不定期给各承租户发送“创建”宣传短信，营造浓厚的创建氛围。落实部门联系乡镇制度，做好帮扶结对工作。做好“六边三化三美”“五水共治”指导督查帮扶工作，定期到联系村太平乡吾古村进行村庄整治和指导督查及彰口塘—老竹路段巡查，组织党员干部进村开展卫生整治活动，助力洁净村居美丽乡村建设。及时组织干部开展“一户一策一干部”结对帮扶工作，定期走访扶贫结对农户，了解情况，制定帮扶措施，为他们解困解难，做好帮扶脱贫工作。

教　育

【综　述】 2015年，莲都区主要承担区域内义务教育、学前教育、成人教育的办学与管理工作；现有幼儿园82所，在园幼儿13520人，幼儿教师944人，其中事业编制教师211人；有中小学26所，另有校区11个、民工子弟教学点5个，共有中小学生40432人，中小学在编教师1989人；有成人教育培训中心1所，区域成技校6所。

2015年，以“办好人民满意教育”为宗旨，围绕创建“浙江省教育现代化区”的工作目标，初三学业考试成绩连续第12年全市第一；组队参加丽水市中小学生田径运动会，连续13年获总分第一；获得省级奖的有：9篇教研论文、3个课堂教学奖、2个综合实践活动奖、1个先进集体、1个先进个人；获得市级奖的有：58个科研成果、13个课堂教学奖、2名优秀教研员、教研工作一等奖6名，二等奖4名，三等奖7名。

2015年，组织200多次教学研讨活动和青年教师团队研修活动；上半年共策划55个浙江省师训平台培训项目，供中小学、幼儿园教师自主选课培训；下半年共策划35个省师训平台项目，供中小学、幼儿园教师自主选课培训。组织莲都区小学六年级网阅模拟考试，城区薄弱民办学校、农村部分学校音、体、美、信息等学科“三部”抽测，6月，组织20所中小学参与教育部义务教育质量检测。6月下旬，组织小学六年级及初中部分学科质量抽测。8月，根据教学疑难问题和学科特点完成暑期教师理论考试命题，开展莲都区中小学幼儿园教师测试、批阅、诊断工作。11月，召开中小学教育质量年度分析研讨会，进行教学质量综合分析及学科教学质量分析。

2015年，莲都区教育局坚持“以人为本”的教育精神，把孩子们的快乐成长和长远发展放在首位，把德育、智育、体育、美育等有机统一在教育活动的各个环节中，坚持“立德树人”，全面提高学生综合素质。落实全省育人工作会议精神，有效实施育人工程，广泛开展唱国歌、学唱《大禹纪念歌》活动，普及优秀传统文化知识，开展特色鲜明、内涵丰富、形式多样的中华经典诵读活动。以5所学校为试点，开展“美丽学校”创建活动，促进学校校园环境外在美与学校品质内在美的有机结合。

以第四届未成年人思想道德文化节为平台，围绕“中国梦”、“社会主义核心价值观”等主题，开展“学雷锋”活动，行为规范达标校创建、校训校徽校歌校报评比，“少年向上，真善美伴我行”主题教育、美德少年评选等活动，让学生在学习和实践中接触美好事物，培养创新精神和实践能力。2015年2月，莲都区教育局被中央精神文明建设指导委员会授予“全国未成年人思想道德建设工作先进单位”称号。“全省中小学生“铭记历史，圆梦中华”网上征文活动”中，花园中学、囿山小学大洋路小学4位学生获三等奖，花园中学、囿山小学2位老师获优秀辅导师称号。

2015年，开展阳光体育大课间等多样化的运动，培养学生“坚持每天体育锻炼一小时”的良好习惯。实施“体育、艺术2+1项目”，让每个学生至少学习掌握两项体育运动技能和一项艺术特长。举办莲都区中小学生田径运动会、中小学生篮球比赛、中小学生乒乓球比赛、第五届莲都区小学生跆拳道锦标赛、莲都区中小学生围棋比赛、莲都区小学生校园足球联赛等比赛。莲都区组队参加丽水市中小学田径运动会,连续13年获团体总分第一,获浙江省第十二届少年儿童田径冠军赛乙级队团体第三名,22年来首次晋级甲组;参加省第五届中小学生校园足球联赛丽水赛区比赛分别获得初中组女子、小学女子组2个组别冠军;处州中学女子足球队获得浙江省校园足球联赛总决赛亚军,浙江省青少年足球锦标赛足球队获男子乙组第四名、男子甲组第六名、女子乙组足球队亚军、女子甲组第三名;参加市篮球锦标赛,花园中学男篮、女篮双双获甲组冠军,花园中学获浙江省第八届中学生篮球联赛(丽水赛区)男子篮球组冠军、女子篮球组亚军,该女子篮球队获得浙江省中学生篮球联赛总决赛第一名。大洋路小学足球队获浙江省校园足球联赛小学组男子一等奖、女子二等奖。丽水市首届中小学生游泳联赛处州中学获初中组冠军、城北小学获小学组冠军,莲都外国语学校获丽水市中小学生乒乓球联赛初中男子组团体亚军。

举办第五届"莲都之春·文艺""莲都之秋·美术"系列比赛活动,4个节目获"绿谷之春"文艺会演一等奖。参加2015年浙江省中小学生艺术节比赛,获一等奖1名。根据区委区政府统一安排,开展好国卫巩固和全国文明城市创建工作。组织城区中小学、幼儿园顺利通过国卫复查;成功申报健康促进学校银牌2所,铜牌1所;顺利完成2015年窝沟封闭和龋齿充填项目。组织全区中小学顺利完成2015年创建全国文明城市"未成年人思想道德建设"专项组网上申报、实地查看和网络测评工作。广泛开展课外科技兴趣小组、校园科技节等科普教育活动。组织中小学生参浙江省科技创新项目比赛、丽水市青少年科技创新大赛、莲都区青少年科技创新大赛、丽水市中小学"绿谷之光"竞技大赛等活动,均取得优异的成绩。持续性开展婺剧进校园活动,水东小学表演队获丽水市婺剧进校园优秀节目展演银奖。

学前教育

【概　况】 2015学年,莲都区有幼儿园82所,其中公办16所、民办66所;等级园67所,准办园15所,等级幼儿园比例为81.7%。另有幼儿园分园3所,教学点17个(公办5个、民办12个)。现有在园幼儿13520人,幼儿教师984名,其中事业编制教师211名,专任教师持证率77%。学前三年入园率96.5%,等级幼儿园招生覆盖率89.6%。全区9个乡镇建有公办幼儿园11所,乡镇中心园创等级率达100%,全区已创建"市学前教育示范乡镇"4个、"市学前教育达标乡镇"5个,市学前达标乡镇创建率达100%。

【保教工作】 2015年,贯彻落实《3~6岁儿童学习与发展指南》,以《浙江省幼儿园等级评定实施办法》《浙江省幼儿园等级评定标准》为抓手,实施三年新评等级园和等级园复评计划。组织开展全区教师基本功全能大赛,"莲都之春"幼儿舞蹈大赛、等级园早操活动评比,提升教师业务技能和教育教学质量。加大无证园整治力度,无证园基本取缔。强化实施薄弱园提升,取消14所年检不合格民办幼儿园年度奖补资金,7所不合格的幼儿园主动提出停办,12所准办园被设为教学点,挂靠在等级园名下扶持过渡。出台《关于公布莲都区普惠性幼儿园认定及实施办法的通知》(莲教发〔2015〕112号),继续实施等级园补助和四部门联合的持证教师补助和学历补助等政策,推进幼儿园规范、内涵、优质发展。实施公民办师资扶持交流,2015学年,有5所二级以上幼儿园的5名教师与民办园教师互派。

【学前教育三年行动计划】 2015年,莲都区出台《丽水市莲都区人民政府办公室关于印发莲都区发展学前教育第二轮三年行动计划(2015—2017年)的通知》(莲政办发〔2015〕10号),各项指标都有了较大提升。

义务教育

【概　况】 2015年，莲都区有中小学26所，其中九年一贯制学校4所，初中8所，小学14所（城乡紧密型教育共同体10个），新增校区1个，另有民工子弟学校5所，在校学生40432人，其中，小学在校生28907人，入学率100%，无流生；初中在校生11525人，入学率100%，巩固率100%，初中毕业生毕业率100%，初级中等教育完成率99.8%；6～15周岁三残儿童入学率100%；初升高比例96.3%，普职比1:1，各项指标均达到省均水平。

【义务教育课程改革】 2015年，莲都区教育局教学教研工作围绕深化义务教育课程改革工作，进行课改实践。3月，全员学习贯彻执行《深化义务教育课程改革指导意见》及配套5个文件，贯彻选择性、个性化教育理念。5月，召开课程改革动员部署会，实地观摩丽水中学选课走班教学，确定22所课改先行校，7月、8月分别举行“课改先行校课程顶层设计答辩会”；8月，对各校开学前课程设置、课时安排情况进行调研指导；9月，赴上海浦东参观考察，学习借鉴外地经验； 同月，丽水电视台深入报道深化义务教育课程改革的情况；11月，各教研员深入课改先行校，进入课堂，细致了解各校拓展性课程的开设与实施情况，形成督查报告；11月12—13日，主办全国性的会议——“中国好课堂”活动，来自全国各地近千人参加活动，莲都区区长杨秀清、丽水市教育局局长何卫宁致欢迎词。邀请原教育司司长王文湛、山东杜郎口学校校长崔其升及莲都区教育局副局长吕春耀就区域推进课堂教学改革做精准介绍，展示莲都区课堂教学改革的进程，67节新课转化为课堂教学的实际操作行为，展示天宁中学、刘英小学学生“自主学习的能力、合作交往的能力、自信表达的能力、质疑探究的能力”的提升。12月，中山小学召开拓展性课程建设现场会，人民路小学召开非纸笔化测试现场会。

【教育均衡工作】 关注弱势群体教育，整合城区公办教育资源，最大限度的吸纳流动人口子女进公办学校就读，2015年，共吸纳1524名（小学1085名，初中439名）民工子女到城区学校就读，做到同城同待遇。发放中小学营养餐及教育券资助款372.68万元，营养餐惠及贫困学生7387人次，教育资助券惠及学生142名；发放民族教育券资助款17.538万元，资助少数民族学生2264人。98名贫困幼儿享受保育费减免。

【校园安全工作】 2015年，莲都区教育局推进“平安校园”创建工作，完善“平安校园” 等级考评标准，将学校（幼儿园）安全工作考核细化、量化，建立“平安校园”创建奖励制度，将省三级以上幼儿园都纳入考核奖励范围。校园非正常死亡人数1人，同比2014年下降1人。推进安全教育课程进校园工作，引进浙教版的安全教科书《安全与健康》进入中小学学校课堂。加强校园“三防”建设，中小学幼儿园全部按标准配备专职保安234名、门防配备八件以上的安防器械，建立110联网的CK报警器，实现中小学幼儿园视频监控系统和报警系统全覆盖。率先在全市推行专用校车运行机制，3月，16辆国标专用校车开通营运，优化学生交通安全保障工程线路和行车安排。学校、幼儿园分别在5月和11月进行5.12防震与减灾演练和11.9消防安全演练，成为必须完成的固定项目。推进心理危机识别干预工作，成立莲都区中小学心理危机识别与干预领导小组和专家组，参与里东“11·13”山体滑坡善后工作，莲都区心理干预领导小组首次启动涉灾学校的心理干预工作方案，进行为期一周的心理辅导工作。根据季节特点及时做好安全教育和安全预警，防止校园安全事件和事故的发生，做好师生居家防火、防冻、防一氧化碳中毒、防食物中毒等。适应新形势下网络特点和手机普及的特点，提高警惕，做好防盗、防骗教育。

民办教育

【概　况】 2015年，出台《丽水市区民办初中学校2015年招生工作实施办法》(莲教发〔2015〕34号),明确招生范围,规范招生报名,坚持免试入学,保障自主招生,核定招生人数,严肃招生纪律。市区各民办初中学校采用电脑派位和自主招生(面谈)相结合方式开展招生,电脑派位和自主招生人数比例为5:5。花园中学电脑派位200人,自主招生200人(市少体校特招20名);莲都外国语学校电脑派位23人,自主招生24人;黎明初中电脑派位128人,自主招生128人;文元中学电脑派位60人,自主招生60人;丽水市外国语学校电脑派位39人,自主招生39人。

成人教育

【概　况】 2015年,大港头区域中心成技校成功创建省级标准化成技校;成功承办丽水市成技校(社区学校)校长论坛暨全市社区教育工作大会;组织参加丽水市第二届全民终身学习活动周;成教干部队伍专业化发展成效显著。开展多层次、多内容、全方位的各类培训,已形成农民实用技术培训、预备劳动力培训、“双证制”教育培训和各类社区教育活动为一体的综合性服务培训模式。全年莲都区成人教育培训中心招收成人“双证”制教育培训学员549人,其中初中培训学员120人,高中培训学员429名,全年初、高中成人“双证制” 学员全部毕业。完成农村预备劳动力培训40名,做到应培尽培,完成率100%。充分利用现有场地、设施、师资,聘请有关专业人才为社区教育服务,开设民族文化与养生,农业科技、时事政策、文明礼仪、妇女教育、婴幼儿教育、和谐邻里关系、孝道文化、经典诵读、普法教育等社区教育系列课程,开展各类培训班450个,上课740期次,受训人数达9.5万人次。其中:开展普及性培训7.34万人次,农民实用技术培训3769人次,新型农民培训2719人次;健康养生教育讲座、活动、宣传共224场次,共有2.13万人次参加活动;常年开设周末国学讲座,讲课34场次,共有2129人次参加学习;法律、安全知识讲座26场次,有2170人次受益;家庭教育、美丽庭院建设等讲座35场次,3632人次;积极发挥绿谷健康教育培训学校、山海技工学校等培训基地和分院的专业功能,开展心理咨询师、婚姻家庭咨询师、公共营养师、育婴师、养老护理师、中式烹调师、茶艺师、汽车维护等家政、技艺类培训,受训人数3142人,有203人通过考试取得技能证书。继续组织开办扫盲(文化知识)培训班87个,分布于全区各个村落,2015年农民脱盲5693名,累计扫盲13793名,超额完成莲都区8840名的任务。

招生工作

【概　况】 2015年,莲都区教育局招生考试工作包括初中毕业生学业考试(含体育考试)、成人高考、自学考试以及全国计算机等级考试报名和全国英语等级考试报名。年初,成立学业考试领导小组,以分管副区长为组长,教育、公安、监察、行政执法、文广、卫生、电力等部门负责人为成员的学业考试工作协作组。初中毕业生学业考试继续实行网上报名、网上阅卷,实行纸质试卷扫描入库,电脑随机抽取阅卷,实时远程传输阅卷数据;全区共招生4552名,其中普通高中2334人,五年制幼师大专班96名,中专381名。体育考试实行网上报名,在长跑、立定跳远、跳绳、实心球项目中继续使用智能电子测试仪;实行两次考试制度,以最高分计入总分;考试裁判员从体育考试裁判员库中随机抽取,所有学校考试时间进行公开抽签。已完成5所乡镇初中和天宁中学考场监控视频系统安装,并投入使用,实现考试管理的实时化、信息化、数字化。全年共组织两次自学考试,报名996人,1531科次,审定毕业生187人。加强成人教育报名条件审核工作,全区年度报名人数486名,其中专科上线455人,录取473人。分两次组织全国公共英语和计算机等级考试报名,公共英语报名132人,计算机等级考试报名162人。

办学条件

【概　况】 2015年,莲都区教育局多渠道筹措教育经费,增加教育投入,全年经费总投入74808万元。安排基建项目、维修改造项目经费4001.8万元，中小学（幼儿园）设备费764.1万元，营养餐贫困生补助369.8万元，支付免费教科书1425.3万元，支付学生安全放心车494.3万元。拨付民办幼儿园发展和幼儿教师发展扶持政策兑现资金468.4877万元，民办中小学扶持资金218.6735万元，民办中小学公用经费700.37万元。

【教育经费投入】 2015年农村生均公用经费提高到小学742元、初中1046元，高于省定标准。对农村小规模学校，学生数低于300人的，按300人计算公用经费，保障小规模学校的正常运转。同时补助农村寄宿制学校住宿生每生每年200元。公办幼儿园的生均公用经费由生均每年245元提高到285元，小规模幼儿园，幼儿人数低于300人的，按300人计算公用经费。2015年终考核奖人均9000元，年终每位教师发放增收节支奖9000元，教育教学质量奖2015年达到840万元，支付名师名校长科研经费78.576万元。

【教育项目建设】 2015年，教育建设项目14个，其中基本建设项目9个，维修改造项目4个，零星修理1项，全年完成政府项目建设投资约7200万元，新建校舍面积约13000平方米，维修改造校舍面积约3400平方米。完成大港头镇中心幼儿园综合楼、老竹镇中心幼儿园综合楼、高溪小学改扩建、大洋路小学综合楼等工程建设；白云小学、厦河新村幼儿园主体建成；水东小学二期、处州中学扩建（体艺馆）、老竹民族学校扩建、大港头学校扩建、雅溪学校扩建等工程开工建设。完成教师进修学校改造、囿山小学、梅山小学两校运动场和球场改造、平原幼儿园厨房拆建和教学楼屋面改造。启动梅山中学二期、城西小学等工程前期工作。根据《浙江省义务教育标准化学校基准标准》要求，2015年南明小学、水东小学、联城中学等3所学校被认定为浙江省义务教育标准化学校。

【教育装备】 2015年，莲都区投入850多万元，主要在学校标准化、现代化及信息化方面加大投入。投入200万元新建电子白板150套，新建3个电脑房，投入90万建成14个标准化音乐专用教室及1个标准化实验室；投入15万元用于书香校园更新图书；投入20万元在教育局层面建设全区学校网站集成系统及设备报修系统，投入10万元启动建成教育公共服务平台框架及数据报送系统，在梅山中学投入20万元进行数字化校园建设，建成OA办公系统及微课制作室。组织中小学实验教学管理培训，结合市相关督查细则有重点有目标进行培训，聘请相关专家进行为期两天的培训，中小学分管校长、科学骨干教师、实验员等150人参加。组织“应用信息技术优化课堂教学及转变学习方式”培训，结合教育信息化建设，邀请省信息技术中心主任施建国莅临指导，教育局各机关科室负责人、教研室教研员、全区中小学校长、分管教学副校长、信息技术教师等200人次参加培训。组织开展全区中小学教师自制多媒体教育软件评比活动和中小学生电脑制作评比活动，莲都区教育局被评为市级组织奖。

师资队伍建设

【概　况】 2015年，莲都区招聘录用中小学教师81名，其中硕士研究生6名；幼儿园教师6名；新增市学科教学带头人16人、市德育学科教学带头人1人，全区市级以上名优教师达到222名。2015年对全区301名省、市、区级名优教师在履行职责、应尽义务、示范带头等方面进行综合考核，根据考核结果发放名师考核奖励共78.576万元。2015年，区教育系统35人获得高学位、高技能人才政府岗位津贴，共计金额16.56万元。

2015年，莲都区共任免股级干部41人；任命到农村学校任职校（园）长6人，12名校（园）级领导干部进行轮岗任职交流；提拔任命23名股级干部，其中副校（园）长提任校长4人，后备干部提任副校长4人，校（园）长助理担任副校长12人，学校中层干部提任副校长2人，共有80后6人。

【师资队伍建设的投入】 2015年，师资队伍建设共投入经费1068.7万元。其中，名师工作专项经费78.576万元，用于市区学科带头人、市教学名师名校长、省特级教师的年度考核奖励；人事工作经费28.1万元，用于教师招聘、教职工调配、评优评先、职称评审工作等；教育教学质量奖350万元，评优促教，激励调动学校教师和管理人员的工作积极性；教师培训经费612万元，用于校长岗位培训，学校中层干部岗位培训，学科骨干教师培训，班主任培训和教科研培训等各类专项培训。

2015年师资队伍建设资金投入一览

表28

项目	经费投入（万元）	同比增加
师资队伍建设投入总计	1068.7	-16.9%
名师工作专项经费	78.6	-1%
人事工作经费	28.1	-16%
教育教学质量奖	350	持平
教师培训经费	612	-25.6%

【师德师风建设】 2015年，以“践行为人师表，争做人民满意好教师”为目标，开展“师德群体创优”活动，举办师德论文比赛，树立“师德楷模”“最美教师”等先进典型，在全区教师中形成“学优秀教师先进事迹，走优秀教师成长道路”的良好氛围；规范教师从教行为，实行教师评先、评优、评职“师德一票否决制”；弘扬“敬业、爱生、奉献”优良传统，树立良好师表形象，针对违规有偿家教现象，开展专项整治行动，对查实的相关违规人员予以了警告处分。

【教师队伍入口管理】 2015年，完善“国标、省考、县聘、校用”的中小学（幼儿园）教师职业准入和管理制度，严把教师队伍入口，提升教师队伍质量。全年，莲都区共招聘新教师92人、选调外县教师24人，新招聘引进硕士研究生学历7人。公办幼儿园211个教师编制全部用足，基本解决学校、幼儿园的教职工需求。

【教师聘任工作】 2015年，执行由区级部门评审中级教师职称；共评审初级职称107人，中级职称23人，推荐中高、小中高、副研究员25人；副高级和中级职称推荐评审率占申报人数的26.9%，比2014年增加1.9%。主动与人事部门沟通对接，争取副高聘任名额19个、中级聘任名额25个，分别占未聘人员的56%和54%，缓解中高级职称聘任岗位不足问题，提高“已评未聘”教师工作积极性。

【教师培训工作】 2015年，制订《莲都区中小学教师专业发展培训实施细则（讨论稿）》，以五年为周期，对全区中小学在职专任教师和校长进行360学时的全员培训，对新分配教师、骨干教师、骨干校长进行专项培训。莲都区100%学校参加自主选课，共3495名教师参加自主选课，自选229998学时，占总体课时数356934学时的64.44%，各项指标均超额完成省、市有关要求。完成教师人均101.12学时的培训工作，超过72学时的要求；全年教师参训率为96.53%，超过省规定92%的要求；组织教师参加国培、省培及市里培训参训率为100%，符合省规定。参训教师对莲都区开设的培训项目在省教师培训管理平台中的总体评价平均满意率为99.56%。

【教师校长交流工作】 2015年3月，莲都区教育局全面推进教师校长交流工作，联合编制、财政、人事等部门出台《关于进一步推进义务教育学校教师校长交流工作实施意见（暂行）》，形成义务教育学校教师校长常态化交流机制。根据教师个人意向和学校编制、学科需求情况，在203名（其中骨干教师38人）符合交流条件的教师校长中确定65名（其中骨干教师10人）交流对象进行交流，骨干教师交流到农村1人。交流比例达到符合交流教师总数的32.02%（骨干教师26.32%）。另有校园长任职交流22人（其中6人交流到农村），另有竞聘交流（进城考试）58人，主动要求交流41人，新教师留城锻炼期满下乡30人，全年教师校长交流人数达到216人，初步实现教师资源的均衡配置。

科学技术

科技管理与科技成果

【概　况】 2015年，县（市、区）科技进步统计监测报告显示，莲都区科技进步综合评价在全省排名：科技投入49位，技术创新74位，科技产出71位，转型升级76位，创新环境64位，变化情况86位。

2015年，安排区本级项目10个，补助经费105.2万元。企业（合作社）投入自筹经费250多万元。其中，工业项目4项，农业项目3项，社会发展类项目3项。共引进示范新品种3个，引进新技术6项。

2015年，全区11个科技项目通过验收，其中：省级农转化项目3个，省级新产品试制项目2个，区级科技项目6个。对2个项目做出终止决定，其中：省级农转化项目1个，区级科技项目1个，退回财政经费10.57万元。

2015年，莲都区企事业单位和个人共申请专利919件，同比增长25.03%；获得专利授权642件，同比增长7.72%，其中，获得发明专利79件，实用新型专利466件，外观设计专利97件。发明专利的申请量和授权量均位于全市首位。

【科技投入和项目建设】 2015年，莲都区共向上争取到2015年农业、社发科技项目11项，共获补助经费293万元，其中：国家科技富民强县后续项目"莲都区蔬菜产业提质增效技术集成与示范推广"1个100万元、省科技惠民计划项目"丽水市城镇社区心脑血管病的综合防治"1个78万元、省级新农村建设科技示范补助1个50万元、省公益技术应用研究计划项目"醛固酮合成酶多态性及螺内酯干预在不同血清钾水平的心力衰竭患者中的相关性及安全性评估"1个10万元、省科技特派员项目7个35万元。科技团队特派员项目资金20万元。

2015年，区科技局做好项目管理工作，区级科技项目申报以规范财务工作为重点，需在原始票据上加盖"丽水市莲都区科技项目经费"章；要求申报企业提供近3年补助情况等前置条件，经发文通知、业主申报、专家评审、实地考察、局班子研究、财政审核、结果公示、领导审批等程序。通过区审计局审计组对2011年至2014年度科技经费专项审计调查。科技财政经费绩效考核评价良好，综合得分为93.60分。

【科技成果】 2015年有3项科技成果申报丽水市科学技术奖，其中莲都区农业技术推广中心的《豇豆连作障碍治理关键技术研究与示范推广》获丽水市科学技术奖。开展2014年度莲都区科技创新活动事后扶持申报认定工作，经审核通过36个科技创新项目，其中创新载体项目10项、科技合作项目1项、专利示范企业6家、科技成果登记10项、高新技术企业4项、省级新产品2项、科学技术奖项目3项。共扶持经费188.5万元。

【专利和技术合同】 2015年新增区级专利示范企业7家，分别为浙江瑞新药业股份有限公司、丽水一森文教用品有限公司、丽水市华一自动化技术有限公司、丽水超特阀门有限公司、浙江天润电力科技有限公司、丽水市海卓科技有限公司、浙江正达环保设备有限公司。推荐申报市级知识产权示范企业2家，分别为丽水欧意阀门有限公司、丽水市金茂电机制造有限公司。瓯宝科技安防有限公司参加省级专利示范企业复核。

【科技特派员】 乡镇机构调整以后，2013年、2014年科技特派员作适当调整。2015年，莲都区共有科技特派员11名，其中省级下派科技特派员7人，丽水市下派科技特派员4人。莲都区还有2个科技特派员团队，即：浙江省农科院科技特派员团队和浙江绿园禽业有限公司法人科技特派员团队。申报省科技扶贫项目7项，获得经费支持35万元；市科技特派员项目4项，获得经费支持16万元。据统计，派驻莲都各乡镇的科技特派员共帮助建立引进新品种55个，引进新项目10项，推广新技术15项，培育示范户(户)24户，建立示范基地15个，示范面积71.13公顷，增加农民收入268万元，新增就业122人，举办培训33期，累计培训人次1550人，发放培训资料3400份，扶持创办企业15家。对特派员工作进行一次总结，挖掘亮点和闪光点，对李伯钧、奚辉、刘建惠先进典型进行宣传报道，刊发人物通讯。5月26日，组织召开省科技特派员项目验收及科技特派员工作会议，专家组对2013年立项的4个省科技特派员项目进行验收。莲都2013年省科技项目共4项，实施期为一年，省科技厅20万元，建立示范基地40公顷，培训人员500余人次，经济效益和社会效益明显，为带动当地农业产业和农民致富做出较大贡献。

【科技合作和交流】 2015年走访丽水学院、职业技术学院，了解学院与莲都区企业的校企合作、技术合作情况。通过走访企业和生产基地，帮助企业分析生产中的技术关键，寻找技术难题和解决途径，协助整理资料和进行项目包装。继续做好科技网上技术市场工作，新增企业技术难题信息30条，提供技术研发经费481万元，新增上网企业20家，新增技术成果信息10条，组织企业参与省科技厅举办的2015年秋季科技成果签约会。科技合作方面完成签约项目22项，合同成交金额1216万元，为企业解决技术难题提供有效平台，推进欠发达地区对外的技术合作。

【科技富民强县】 2015年完成第二轮国家科技富民强县专项莲都区蔬菜产业提质增效技术集成与示范推广项目验收准备工作，包括工作总结、技术总结、附件材料、专题片制作、ppt制作和审计报告等。该项目得到省厅认可，获得省科技厅奖励100万元，并等待省厅安排验收工作。

【新农村建设】 2015年，第三轮省新农村建设科技示范项目获省科技厅立项，获得补助经费50万元。该项目在大港头镇北埠村和利山村实施3个科技示范子项目，培育北埠村茶产业、利山村的乡村旅游产业。两次组织专家前往北埠和利山村，检查和部署两个村的省新农村建设科技示范项目实施情况。北埠村安装太阳能诱虫灯58盏，诱虫色板10000片，覆盖5个自然村，茶文化广场正在建设中。利山村建成处州白莲观赏荷花基地3.33公顷，并举办"荷塘月色"处州白莲户外音乐节，安装太阳能诱虫灯30盏，综合体示范基地建设也已经完成。

【科技惠民】 2015年，由丽水市中心医院承担的浙江省十大科技惠民项目——《丽水市城镇社区心脑血管病的综合防治》，获得省补助经费260万元。市、区两级安排项目配套资金260万元，自筹200万元。该项目通过政府支持—依托医院—疾控配合—社区组织—居民参与的综合管理模式，在心脑血管病综合防治方面积累丰富的经验，初步建立起适合丽水市城镇社区人群心脑血管综合防治的干预措施和模式。市中心医院开展科技惠民计划健康巡讲50场次，印发彩色健康教育宣传教育资料62.5万份(册)，开展义诊咨询活动92次，授益患者58690人次，参与医务人员1596人次，撰写健康科普文章60余篇。

【科技宣传】 2015年，区科技局继续做好莲都科技网络公共信息平台建设，为全社会提供科技信息服务。做好科技工作宣传，及时报道莲都科技动态，2015年被省、市、区录用科技信息194条，其中省级18条，市级74条，县级102条。继续开展莲都科技志编写工作。加强对莲都科技信息网、政府信息公开网、区科技局官方微博、网上技术市场等公共信息平台建设，发布科技政策、农业科技、科技博览、科学普及，提供服务指南，专家咨询，解决技术难题，2015年共主动公开各类信息829条，网上技术市场新增动态信息21条，专家信息9条，企业技术难题信息30条。

【防震减灾】 2015年在全区开展防灾减灾科普知识宣传活动：开展防震减灾应急演练活动，结合“5·12”防灾减灾日，在全区各中小学全面开展师生防震减灾逃生疏散应急演练活动。开展防震减灾知识社区、进农村、进学校活动，在城区四个街道机关、社区，部分农村和城区中小学校开展防震减灾科普展板巡展，普及防震减灾、逃生自救知识。利用“安全生产月”活动宣传防震减灾知识，在市区中山街设立宣传点开展防震减灾知识的宣传活动，向过往群众发放宣传资料1000余份。开展防震减灾知识进课堂活动。5月12日，人民路学校组织三年级全体师生观看“小学生地震逃生与自救”为内容的影片，并撰写观后感。5月13日，人民路小学组织学生开展防震减灾知识测试。5月12日，中山小学开展防震减灾主题班会活动。花园中学开展防震减灾主题宣传系列活动，并邀请医务人员做专题逃生自救讲座。开展科技周宣传活动，在城区4个街道、部分乡镇和区教育局等部门，通过宣传图片展板，过街横幅、发放宣传资料、现场咨询等多种形式向市民进行宣传，共发放宣传单5000多份，防震减灾宣传读本400余册。

【创新体系建设】 2015年，莲都区申报26个科技创新载体。分别是：国家高新技术企业3家（浙江瑞新药业股份有限公司、浙江正达环保设备有限公司、浙江上工阀门有限公司），省级高新技术企业研发中心1家（丽水欧意阀门有限公司），省科技型企业9家，省成长型中小企业1家（丽水欧意阀门有限公司），市级专利示范企业2家、区级7家；莲都区企业技术中心2家，市级机电行业信息化管理试点企业、机械制造行业精细化管理试点企业1家（莲都区万控电气有限公司）。

（秦渝）

科技团体

【概　况】 2015年，莲都区科协围绕“三美融合、主客共享”这一工作大局，完成区委区政府交办的创建全国文明城市、结对消除4600元低收入农户、里东山体滑坡救援安置、“六边三化三美”等中心工作任务。岩泉街道丽阳社区被评为全国基层科普示范社区，梅山中学荣获全国科技教育创新优秀学校称号；全区中小学生有25个项目在全国、省青少年科技创新大赛获奖，获奖总量连续九年名列全省各县（区）首位；新建一家市级院士专家工作站，举办企业高层次管理人才培训两期；完成3家市级科普教育基地建设，开展软课题研究7项，向市区两级党委、政府提科技人员建言献策35篇，其中市区领导批示9篇；组织科技界委员参与政协各类调研、视察活动22项，提交提案18件、大会发言3篇，撰写社情民意15篇，获省政协优秀论文1篇，获区政协优秀大会发言2篇。组建注册132人的莲都区科普志愿者服务队，编写《孝文化》宣传图板，在宣传传统孝道的基础上，向市民普及每个孝文化故事中所包含的自然科学、人文科学知识。配合文明楼院建设，向社区提供近几年全省优秀儿童科学幻想画作品。参与组织“全国科普日”等6项大型科普活动，组织开展“老科学家莲都行”等14项主题科普活动，鼓励鱼跃酿造、美美生态农庄、梅山中学等企事业单位挖掘自身资源定期开展公益科普宣传活动。全年举办“绿色.健康.科学.文明”主题科学文化普及宣传活动27项153场，其中城区学生加与率达97%以上，乡村学生参与率达94%以上。

【学会工作】 2015年，组织科技工作者开展软课题研究，全年共开展软课题研究7项，其中莲都家庭农场规模与效益匹配研究课题为市级立项课题。组织科技工作者做好建言献策，全年共向市区两级党委、政府提科技人员建言献策35篇，市区领导批示9篇，其中王永康书记批示1篇，黄志平市长批示5篇，林健东书记批示1篇，葛学斌书记批示1篇。督促区政协科技界委员认真履职，提交政协大会发言3篇，2篇获大会优秀发言，提交提案18件。组织科技界委员参与政协各类调研、视察活动22项。撰写社情民意15篇。

【科普工作】 2015年，围绕创建全国文化城市，编制莲都区创建全国文明城市科学普及工作方案，以社区、村为基础单位，开展“绿色·健康·科学·文明”主题科普活动27项153场。岩泉街道丽阳社区被中国科协、财政部命名为全国基层科普示范社区。鱼跃酿造、美美生态农庄、梅山中学被市科协、市委宣传部、市教育局、市科技局命名为市级科普教育基地。牵头组织对《全民科学素质行动计划纲要实施方案（2011—2015年》进行全面的总结。在省科协的统一布置下，完成莲都区公民科学素质调查。

【青少年科技教育】 2015年，组织青少年科技创新大赛，莲都区中小学学生共有25个项目在第三十届全国青少年科技创新大赛和第二十九届浙江省青少年科技创新大赛获奖，占全市获奖总量48项的52.1%，连续第九年获奖总量名列全省各县(区) 首位。梅山中学荣获“全国科技教育创新优秀学校”称号。邀请中国科学院6位老科学家到16所中小学举办16场专题科普讲座。32所中小学开展“科普大篷车进校园”专场科普活动。里东山体滑坡灾害后，组织市、区心理医学专家、国家注册心理健康指导师到雅里小学、双溪中心校、雅溪中学举办心理疏导专场科普讲座。会同区教育局、科技局、团区委、关工委以举办青少年科技创新大赛、校园科技文化节、校园科普周、“七彩夏日欢乐暑假”等形式，开展未成年人科技教育，城区学生加与率达95%以上，乡村学生参与率达89%以上。

【人才工作】 2015年，区科协配合浙江不知慢运动服饰有限公司，引进西安工程大学名誉校长，中国工程院院士姚穆院士，建立浙江不知慢运动服饰有限公司院士工作站。院士团队13人除院士本人处有博士4人，硕士3人，本科生5人。院士工作站全面投入工作，主要的研究开发方向是防污、防臭、防辐射新材料内衣开发。

文 化

综 述

【概 况】 2015年，莲都区、乡镇（街道）、村（社区）三级公共文化设施网络逐步健全。村文化活动室基本全覆盖，双向网、宽带延伸至各行政村。承接《中国·莲都》《八百里瓯江赋莲都》等课题，为打造“中国·莲都”城市品牌提供框架基础。对利山、沙溪等12个民宿村文体设施建设及活动开展进行经费补助。文化遗产保护力度不断加大，对10个文保单位、6个重点宗祠、2个历史文化村落重点村、8个一般村开展项目维修，对“丽水鼓词”进行活态保护、传承和弘扬。文化市场环境不断优化，组织开展系列专项整治行动，全年共出动执法人员5370人次，检查经营单位9186家次。广电新闻水平不断提升，完成农村应急广播体系建设，新增建成并投入使用白云、万象、紫金、岩泉4个街道视频会议系统分会场。《莲都新闻》节目时间从10分钟延长至15分钟，全新推出《莲都聚焦》《莲都故事》《阳光连线》三大板块。“文化莲都”微信公众平台粉丝量超过10万。群众体育事业不断发展，举办各类大型群众体育活动10余场，成功创建省级体育强乡镇1个、社区体育俱乐部1个、村级体育俱乐部4个、老年体育活动中心1个、青少年体育俱乐部1个、中心村体育休闲公园2个，1个省级体育强乡镇通过复评。在年终区委、区政府对乡镇、街道、区直单位工作责任制考核中获优胜奖，在全市体育工作考核中获一等奖。2015年年底，区文化广电新闻出版局（体育局）共有下属单位13个，其中局直属部门7个，分别为：区广电新闻中心、区广电网络传输中心（丽水莲都华数广电网络有限公司）、区文化馆、区公共图书馆、区文化事业服务中心（丽水莲城影视文化传媒有限公司）、区文化市场行政执法大队、区文保所；乡镇（街道）文化广电中心站6个，分别为：城区文化广电中心站、大港头文化广电中心站、联城文化广电中心站、雅溪文化广电中心站、老竹文化广电中心站、黄村文化广电中心站。全系统共有在职人员144 人，其中局机关 12人，下属事业单位132人，具有高级职称 11人，中级职称 46人，初级职称 49 人。

（项蕾丽）

文化工作

【概 况】 2015年，莲都区文化中心建成使用，区公共图书馆确定选址处州公园东南角，区数字文化馆成功申报全国数字文化馆试点单位。新建白云、大港头乡镇文化站，已投入使用，老竹文化站项目公开招投标。新建“天天乐”文体广场活动点44个，乡村戏苑11个，建成村级室内固定电影放映点10个。举办各类大中小型文化活动526场，送戏下乡437场，文化走亲10场，送电影下乡2818场。开展区、乡、村三级业余文艺骨干培训347场次，培训人数达15677人。参加各类文体比赛和才艺比赛，获得国家、省、市级奖项及发表的作品共计102件，其中国家级4件，省级36件，市级27件。

【文化设施阵地建设】 完成区文化中心项目，于2015年9月正式投入使用，打造全国数字文化馆试点单位，已在全国10个申报单位中经过文化部、财政部专家组评审通过后批准确定。成立区公共图书馆，确定选址处州公园东南角，截至年底，正处于方案设计阶段。新建白云、大港头乡镇文化站，已投入使用，老竹文化站项目公开招投标。建成村文化活动室233个，覆盖率达到100%。提升村级文化设施规模和档次，合理布置礼堂、讲堂和展示廊，新建“天天乐”文体广场活动点44个，累计达462个，培育示范点52个；新建乡村戏苑11个，累计达55个，建成村级室内固定电影放映点10个。

【开展文化活动】 2015年，以“品牌化、特色化、大影响、高品位”为理念，打造大型文体活动亮点工程。成功举办“灵猴献瑞闹新春”春节文化活动、文化馆开馆系列文化活动、“欢乐家庭”才艺大比拼等大型群众文化活动45场；组织农民参与全市第八届乡村文化艺术节，承办全市第八届乡村文化艺术节排舞大赛。开展文化展示交流，完成文化会亲13场，包括赴宁海开展“文化情 一家亲”浙江省文化馆馆际联动文化走亲、9个县市联动“丽水情”文化走亲走进莲都演出活动等。指导66个村开展乡村春晚。

【文化惠民工作】 2015年，为提高公共文化服务的覆盖面和均等化程度，坚持送文化和种文化相结合的原则，组织开展送戏下乡437场，保障群众观看演出的需要。其中，配合区委区政府中心工作开展“美丽环境 美丽经济 美好生活”“依法征迁 文明创建”“大港头木制品行业整顿慰问演出”等主题送戏下乡80余场，收到良好社会效果。同时，继续推进“文化低保”工程。

【艺术培训和作品获奖】 2015年，开展区、乡、村三级业余文艺骨干培训，内容有文艺理论、文艺创作、排舞、腰鼓、健身操、广场舞等，全年共培训347场次，培训人数达15677人。全年选派49名文化干部参加省市举办的各类文艺培训，举办乡镇（街道）文体干部文艺作品加工会、莲都区农村文化礼堂培训、莲都区农村文化礼堂礼仪活动业务培训和2015年莲都区文化馆、站业务干部培训等。组织参加各类文体比赛和才艺比赛，2015年获得国家、省、市级奖项及发表的作品共计102件，其中国家级4件，省级36件，市级27件。

（李薇）

公共图书馆工作

【概　况】 2015年，开展送书下乡工作，全年送书到村文化活动室、乡镇学校、民宿、养老院等共计14948册。分别在大港头利山村文化礼堂、区文化馆大厅及莲都区会议中心大厅安装3台电子借阅机。完成电子阅览室建设，建成区级支中心，正常接收省、市级共享资源，并拉通到各乡镇（街道）专线，逐步完善网络建设。

【送书下乡工程】 2015年，莲都区公共图书馆共投入18.8万元，分两批共送书14948册。第一批8032册书送到26个村级文化活动室及2个乡镇小学（联城小学和泄川小学），在联城小学建立“关爱书屋”。第二批6916册书分别送到4个村级文化活动室、4个乡镇学校、3个民宿点、1个敬老院。全年图书流通量达到15200册次。新增一批电子书借阅机，已分别安装在大港头利山村文化礼堂、区文化馆大厅及莲都区会议中心大厅。

【区级支中心建设工作】 2015年，完成公共阅览室场址建设，50台电脑及配套桌椅购置，共享工程专线介入，文化共享工程标牌、规章制度制作完成并上墙，正常接收省、市级共享资源，并拉通到各乡镇（街道）专线，逐步完善网络建设。投资25万元，拥有50台计算机、一台服务器的文化信息资源共享工程莲都区支中心正式建成。为使共享工程资源方便广大市民，中心专门选用19英寸宽屏的显示器，增强可视效果，并在区图书馆电子阅览室里，将文化信息资源共享工程放到每一台计算机的显示器桌面上，读者可随时点击进入。指导帮助城区中心站利用好共享工程的信息资源，促进学习型社区工作的开展；对乡镇级基层共享工程服务点进行有效的管理和辅导、培训，使其掌握资源并更新和运用；同时为共享工程基层点拉设专网专线，进行共享工程服务器软件升级，并对工作人员进行培训。

（武振红）

文化市场工作

【概　况】 2015年，开展非法境外电视地面接收设施大检查大整治行动，共巡查60个街道行政村，拆除1103个非法卫星地面接收设施，发出整改通知书209份。对市区歌舞娱乐场所曲库进行专项检查，共出动检查人员24人次，检查歌舞娱乐场所20家次，发现5家存在违禁曲目，分别发出整改通知书，并责令场所负责人立即删除。对出版物经营场所、车站及游商地摊经常出没路段展开拉网式排查整治，重点查缴非法出版物，取缔无证图书、音像零售出租单位及不法游商地摊，共出动执法人员25人次，检查出版物集中销售场所60家次，发现违规2家，立案查处1家，收缴非法书报刊115册、非法音像制品491盒。对市区26个户外公共视频播放点进行巡查、摸底。联合相关部门对户外电子显示屏幕播放内容展开复查，对电子显示屏幕地点运营等情况进行详细登记并建档。召开文化市场经营场所创建全国文明城市启动大会，部署文化市场创建工作。9月中旬，全系统抽调111名工作人员，分成6个片区23个小组对市区、水阁开发区网吧、KTV、电子游戏厅、出版物市场等展开地毯式大检查，责任到人，强化监管，顺利通过全国文明城市创建检查组暗访检查。截至2015年12月31日，共出动执法人员5370人次，检查经营单位9186家次，查处无证经营单位21家，办理行政处罚案件41件，罚没款124990元。加强网吧市场管理，引导网吧行业转型升级，创新多元化经营方式，目前莲都区已有10余家网吧成功转型。

【行政审批工作】 2015年，引导网吧转型升级，创新多元化经营方式，增加服务功能，改善经营环境，新设网吧10余家。规范案卷制作，提高案卷质量，不断提供升文化市场行政审批规范化建设工作。全年共受理、办结各类审批事项110件，实现申请事项办结率100%，零投诉群众满意率100%。

【扫黄打非工作】 2015年，按照省、市“扫黄打非”办公室统一部署，及时制定并下发《开展“扫黄打非·净网、护苗、清源2015”专项行动通知》，采取暗访巡察、错时检查和联合检查等方式，对出版物市场、印刷市场、音像市场及学校周边互联网上网服务营业场所等重点时段、重点部位，进行重点清查，开展专项整治，共出动检查1985人次，检查出版物、印刷厂561家次，打字印刷店210家次，查处违规1家次。检查网吧4249家次，歌舞娱乐场所358家次，查处网吧涉嫌接纳未成年进入16家。

（胡叶莉）

广电工作

【概　况】 2015年，双向网、宽带延伸至各行政村，完成243个行政村（含丽水经济开发区南明山街道）应急广播建设，覆盖率100%，在里东大救援中发挥积极作用。做好安全播出管理工作，保证有线电视传输安全。提升“广电低保”工程，推进农村电影事业，建成10个行政村农村室内电影固定放映点。

【网络基础建设】 2015年，建成广电通信管道6条，总计管道长度8千米；新建光缆线路14条，共计81.45千米，其中，主干光缆线路49.65千米；新开通有线电视小区或村庄16个，新开通小区现已发展用户800余户，共计覆盖用户5000余户；完成双向网络改造25个村，网络覆盖用户4000余户；完成线路迁改9条。完成中心机房互动机顶盒DHCP服务器平台架设；完成对雅溪机房的改造升级及14个乡镇机房的UPS电源更换工作。11月，数字电视客服热线96371并入市华数公司呼叫系统，水阁南城区域装维人员可随时在手机上直接接收派修单和反馈单。

【农村应急广播体系建设】 2015年，完成243个行政村（含丽水经济开发区南明山街道)应急广播建设，覆盖率100%。12月17日，莲都农村应急广播体系建设工程通过区政府验收小组的验收，12月28日，通过市级验收。应急广播在里东山体滑坡大救援发挥很大作用，应急过程区文广新体局反应迅速，方案选择合适，临机处置得当，得到省广电局关注。市局受省局委托进行调研总结，请莲都华数参与提供建议方案，以对农村应急广播体系做补充提升，确定莲都华数公司的应急广播为“里东经验”，拟在全省推广。

【广播电视安全播出】 2015年，组织全区广播电视安全播出管理培训和实战演练，保证有线电视传输安全；建立有线数字电视信号监测系统，实时预防信号插播、异常等情况，保证不出重大技术事故，不出政治事故。5月下旬至10月，开展为期4个月的“深耕行动”，打击销售安装非法“卫星锅”行为，维护国家政治、信息和文化安全，力争挖掘潜在基础用户。截至10月中旬，有671户非法“卫星锅”用户转为数字电视用户。

【广播电视业务培训】 2015年，选派技术人员参加省、市华数公司举办的各类培训学习活动。针对农村应急广播体系建设开展各乡镇(街道)基层广电员维护技术培训工作。

【广电低保工程建设】 2015年，提升“广电低保”工程，农村低保户免费看上有线电视或直播卫星电视覆盖率达到95%以上，免费服务低保用户3775户；建立广电低保工程动态管理数据库，每月更新一次，确保信息数据的准确性。

【农村电影建设】 2015年，实施五项电影放映制度，组建6支农村数字电影放映队，购置农村数字电影45部，共放映农村公益性数字电影有效场次2810场，完成全年省里下达任务2200场的128%，观众60万余人次。组织“五水共治”“三改一拆”“六边三化三美”电影宣传，开展文化礼堂节日旅游电影放映活动和健康生活电影放映活动。结合文化礼堂建设和民宿村建设，建成10个行政村农村室内电影固定放映点。

(程凯娅)

新闻出版工作

【农家书屋建设】 2015年，农家书屋开放时间实行灵活“开放定制”和“周末开放日”，全年共借阅图书39938册，阅览54941人。农家书屋工作实行月报制，并通过每月农家书屋活动综述，提供公开、学习平台。组织开展农家书屋读书、送书、演讲等相关活动215次。其中，区级层面活动有“我的书屋 我的梦”莲都区农民主题演讲比赛、“我心目中的农家书屋”少儿绘画比赛、“农家书屋.引领致富的好平台”农民主题阅读征文活动等。全年农家书屋累计派送书籍14396册，报刊4368份，各类音像制品百余种，完成每个农家书屋每年更新图书不少于60册、音像制品不少于10种，报刊不少于20种的建设任务。组织管理员培训9次，7位农家书屋管理员荣获2015　年度丽水市五星级农家书屋优秀管理员称号。

(程凯娅)

新闻宣传

【概　况】 2015年，对区“两会”“解读三大命题”“三美融合主客共享”等中心工作、重大主题做报道，营造良好的舆论氛围。推出大型系列专题片《百日攻坚 阳光征迁》《推进“六边三化三美”，建设美丽新农村》《里东生死大救援》等。《莲都新闻》节目时间从10分钟延长至15分钟，全新推出《莲都聚焦》《莲都故事》《阳光连线》《一周重点关注》四个小板块栏目。“文化莲都”微信公众平台粉丝量超过10万。新闻中心演播制作厅改造工程顺利完成。

【新闻宣传工作】 2015年，先后策划摄制“解读三大命题”“六边三化三美”“文明城市创建”“三改一拆”“农村生活污水治理”“三美融合主客共享”“大港头木制品加工行业整治”“游民宿，话发展”等系列主题新闻报道和大型系列专题片《百日攻坚　阳光征迁》，并开设《我们的节日》《改造老旧小区，提升幸福指数》《重点项目攻坚大会战》《打霸拔钉正风肃纪》《推进“六边三化三美”，建设美丽新农村》等专栏，为莲都区经济社会发展营造良好的舆论环境。

【关注民生报道热点】 2015年4月25日，《莲都新闻》栏目升级改版，时间从10分钟延长至15分钟，全新推出《莲都聚焦》《莲都故事》《阳光连线》《一周重点关注》4个小板块，在社会上引起广泛关注。《莲都聚焦》为“五水共治”、全国文明城市创建、“六边三化三美”等工作的推进发挥助推作用。松阳、龙泉等县、市台新闻媒体为此前来学习。周六档《一周重点关注》，以哑语的形式同步播出，让特殊群体也能收看莲都一周的重点新闻动态。

【重大新闻事件宣传策划】 2015年，里东山体滑坡灾害，新闻中心第一时间派出记者赶赴现场，记录下珍贵的第一组救援镜头。在整个里东救援工作中，新闻中心打破原有的新闻报道框架，大统筹、大协调、大策划，采、编、播人员24小时三班无缝对接，根据救援工作的推进情况，先后开设《里东生死大救援》《情暖里东》专版，摄制播出专题纪录片《灾害无情，人间有爱——“11·13”里东村山体滑坡灾害救援纪实》，全方位报道里东灾情、救援、送爱心和灾后安置重建的相关情况。制作《让我们的爱在一起》H5，弘扬正能量，为“里东精神”做出应有贡献。

【外宣工作】 2015年，组织策划完成《鲜红党旗耀莲城》《秀山丽水，醉忆莲都》《幸福莲都，美丽蝶变》《丽水市区垃圾分类指导视频》《看得见的乡愁》《中国·莲都》等10多个外宣专题片和旅游推荐专题片《中国·莲都》。围绕莲都区2015年打造的12个民宿村，组织力量策划拍摄“乡愁记忆”大型电视系列专题片。通过党建平台向省、市电视台传送《沈香女当：帮助他人，快乐自己》《忙人徐时海》《千年彩带，传承文化》等节目，并在省、市电视台播出。参加丽水市媒体异地采访活动，《走进遂昌：信息进村入户　村民足不出村办成事》《庆元：珍贵树种占山为王藏富于民》两件新闻作品分别获二等奖。

【新媒体协同发展】 2015年，莲都新闻网站按照“以新闻为中心，以文化为补充”的改版思路，页面设计更加合理、美观、人性化，对一年来发生的大事要事都进行专题页面报道；策划推广“美丽乡村比一比　赛一赛”“军人时光机”“我的抗战记忆　莲都新闻网三大征集”等网络活动。“文化莲都”微信公众平台粉丝量超过10万。在“文化莲都”微信平台和莲都新闻网站上同步开展的各类网民互动活动，群众参与度不断增加，社会影响力正在提升。

（陈丹云　陈雅萍）

体育工作

【概　况】 2015年成功创建省级体育强乡镇1个、社区体育俱乐部1个、村级体育俱乐部4个、老年体育活动中心1个、青少年体育俱乐部1个、中心村体育休闲公园2个，1个省级体育强乡镇通过复评。举办大型群众体育活动10余场。为莲都区农村、社区配送健身路径448件、室内外乒乓球台32张、篮球架1副。做好纳爱斯广场等体育场馆的管理工作。是年，莲都区体育局被评为浙江省体育宣传工作优秀单位、丽水市体育工作考核一等奖。

【体育创强及设施完善】 2015年，区体育局指导太平乡成功创建省级体育强乡镇，指导大港头镇顺利通过省级体育强乡镇复评，指导紫金街道东升社区、白云街道北郭桥社区、岩泉街道朝阳社区成功创建浙江省体育先进社区，指导紫金街道金苑社区成功创建浙江省社区体育俱乐部，指导紫金街道水东村、太平乡小安村、大港头镇大港头村、峰源乡庞山村成功创建浙江省村级体育俱乐部，指导雅溪镇雅里村成功创建省级老年体育活动中心，指导莲都小学成功创建浙江省青少年体育俱乐部，指导老竹镇梁村村、碧湖镇上街村成功创建浙江省中心村体育休闲公园。为莲都区农村、社区配送健身路径448件、室内外乒乓球台32张、篮球架1副。投入45万元维修专项，对莲都区范围内存在安全隐患的健身器材进行维修更换。结合“美丽乡村”建设，做好大港头镇利山村、老竹镇沙溪村、碧湖镇里河村等民宿特色村体育场地及设施建设工作。推进公共体育设施和学校体育设施对外开放工作，实现公共体育设施及符合开放条件的公办学校体育场地设施开放率达到100%。

【比赛活动及培训】 2015年，区体育局成功举办浙江省首届生态运动会丽水市象棋公开赛、莲都区机关气排球比赛、莲都区体育系统首届生态运动会、莲都区庆“三八”女性健身操比赛、“莲都华数”杯气排球联赛、莲都区首届“阿玛尼杯”五人制足球赛、莲都区小学幼儿园围棋锦标赛、白云山健康步道行、8月8“全民健身日”市区健步走等区级以上大型比赛活动10余次。组队参加浙江省第二届海洋运动会沙滩排球、海涂速滑项目的比赛，组队参加2015年浙江省全民健身浙南片区活动纸山乡村运动会，组队参加2015年莲都区宣传系统气排球比赛，组队参加2015年莲都区卫生计生系统气排球比赛。组织2人参加浙江省2015年健身排舞培训班，组织4人参加2015年浙江省体育创强培训班，组织8人参加2015年丽水市气排球裁判员培训班，组织1人参加2015年浙江省国民体质监测初级社会体育指导员培训班，组织30人参加二级社会体育指导员培训，组织21人参加一级社会体育指导员培训，培训审批三级社会体育指导员119人，其中门球项目44人，太极拳项目75人。

【纳爱斯体育场馆经营管理】 2015年，区体育局完成“送福进万家”大型公益活动、“灵猴献瑞闹新春”文艺会演、丽水市“庆三八”广播操比赛等92场活动的场地使用审批。做好场馆的日常管理维护工作，及时完成创文明城市公益广告投放、健身器材维护、绿化修剪、消防维保、体育馆补漏、垃圾清运等事宜。做好对外开放工作，其中纳爱斯广场为全天候免费对外开放，丽水市体育馆（府前）为免费或低收费对外开放。

（任斌）

文化遗产保护工作

【概　况】 2015年，开展国保通济堰附属文物龙庙的修缮工程，截至年底已基本完工；通济堰堰头村古民居之懋德勤学、光荣南极、玉叶流芳修缮已通过国家文物局立项、方案批复；通济堰渠道（石函至开拓概段）文物修缮工程通过国家文物局立项，获前期补助资金。完成省保西畈花门楼修缮工程；区保峰源复兴桥、公起桥古廊桥维修工程顺利完成并通过工程验收；编制完成碧湖沈家邸保护维修工程设计方案；省保西溪乡土建筑维修工程已列入省级历史文化村落保护利用重点村项目一期。指导完成联城街道汝河村何氏宗祠、里东村李氏宗祠、洪渡村李氏宗祠等宗祠的抢险加固，协助开展历史文化村落保护利用建设，监督指导2个重点村、8个一般村的保护利用项目开展。做好全区各级文保单位的安全巡查和监管工作，对过期灭火器材及时更换，对出现险情的文保单位及时列入保护维修计划，对沈宅等文保单位内杂乱老化的电线及时进行套管等。

2015年，组织开展第五批国家级非遗代表性传承人的申报工作，完成第六批丽水市非遗名录申报工作，莲都区筛选推荐申报“雅里庙会”“上黄村民间台阁表演”“织彩带”“鱼跃酒传统酿造技艺”等9个优秀非遗项目。组织开展“服务传承人月”“文化遗产日”等非遗展览、展演系列活动，使区级以上优秀非遗项目得到更好的传承。

【“丽水鼓祠”保护申报】 2015年，开展区国家级非遗项目“丽水鼓词”的保护传承工作，对传统曲目进行录音录像200多小时，撰写出版《丽水鼓词研究》专著；开辟丽阳门鼓词场（室外）、大港头鼓词场（室内）活态传承载体。为两个鼓词场专门购买字幕机、话筒等专业音响设备，落实鼓词场专项经费，用于激励鼓词艺人传承演唱和带徒授艺。每周日下午和周五下午，都有1～3名鼓词艺人在鼓词场演唱“丽水鼓词”传统短片或长篇选段。2月12日，在大港头文化礼堂举行第二届丽水鼓词演唱会暨大港头鼓词场开场仪式，自开场以来，与古堰画乡大港头的旅游发展相结合，组织老艺人演唱56场。丽阳门鼓词场自2015年1月3日开场以来，坚持定期或不定期开放，把每周日定为开场日，在重大节庆共举办4次大型“丽水鼓词”演唱会。

（陈芳红、徐金莲）

文联工作

【概　况】 2015年，莲都文学民间文艺家协会参与莲都区文广局主办的《括苍文化》杂志的创刊，协助完成从栏目设置、稿件选编、再到排版、印刷的全过程；应莲都区史志办的要求，为莲都区仙渡乡仙里村编写村史，完成8万多字的《仙里人家》初稿；与区农办联合，配合省农办的千村故事采写工作，完成20多个村的采写工作。同时，协会会员在民间文学艺术方面的创作和研究取得较好的成绩，出版图书10部，在国家、省、市、区报刊上发表文章60多篇。其中周雅慧的论文《魏村采茶灯保护传承的思考与探索》在《大众文艺》发表，她创作的歌词《古韵碧湖》和《通济堰，绿谷一幅画》分别获丽水市原创歌词大赛银奖和铜奖；周率编写的村史《上黄记忆》刊印，参与合作编译的《亲历龙国—外国人眼中的民国丽水》一书，获丽水市社会科学成果二等奖。音乐家协会成果显著，共创作近30首原创歌曲、歌词和音乐小品，其中获省部级金奖3个、银奖5个、铜奖10个，尤其是朱闽江辅导的原创歌曲《八百里瓯江流天边》获全市第十届原创歌曲大赛演唱金奖、创作金奖；鲁宁获全国“国家电网”原创歌曲浙江赛区演唱金奖；天宁中学的郭芳萍等老师指导的表演唱获浙江省中小学生艺术节一等奖。舞蹈家协会硕果累累，创作群舞《莲花灯》《畲簸狮》《茶韵》《跑马灯》，并参加全省文化礼堂展演，获金兰花奖。同时，还举办莲都区业余舞蹈爱好者培训班，为期3个月，每周一次，共计400余人次参加；举办莲都区政协女委员舞蹈培训班，时间3个月，每星期一次，受到政协女委员的欢迎；举办农村实用人才的排舞培训活动，参加人数达300多人；举办少儿舞蹈、少儿拉丁舞培训共100多次，参加人数上千人；免费为留守儿童培训舞蹈。

【举办“大港头镇木制品行业”采风活动】 2015年6月13日至6月14日，为配合区委区政府的重点工作，由区委区政府大港头镇木制品行业整治工作指挥部主办，区文联承办，大港头镇政府协办的实地采访、采风活动如期进行。文联邀请全区文学骨干20余人到风景秀丽的古堰画乡进行采风，并实行专人跟踪采访工作组的方式深入大港头镇木制品行业整治工作的进展。活动后，文联整理作家们的采访稿及其他文稿，出版《莲都文艺大港头专刊》。

【举办“纪念抗战胜利70周年”红色之旅采风活动】 2015年9月28—29日，文联举办红色之旅秋季采风活动，邀请浙江省知名作家与莲都本土优秀作家、文学爱好者及文联所属各协会文艺骨干到莲都区老竹镇沙溪村、新屋村革命纪念馆参观采风。采风活动以体验红色文化，接受红色教育为主，结合本土乡愁文化元素，挖掘和展示莲都本土的文化特色。

【承办“省书协学采送种”系列活动中丽水点的采风活动】 2015年4月28日至4月30日，浙江省书法家协会副主席赵雁军、秘书长何涤非一行到莲都授课并采风创作。采风之余，文联积极配合有关部门并提供笔墨纸砚等工具材料，为采风团中的书法家们进行创作会做好服务工作，并和来访书法家进行艺术交流，受到区领导和采风团的好评。

【举办莲都书法、美术精品邀请展】 莲都书法、美术精品邀请展是莲都区的大型书法、美术展览，已邀请莲都代表书画家50余名，征集82幅作品。这次展览是莲都地区规格较高的一次展览，也是莲都书法美术精品力作的一次展示。

【开展“送文化下乡”活动】 2016年春节前夕，莲都区文联组织文化“三下乡”活动，组织莲都书法协会会员到仙渡乡皂树村，岩泉街道黄畈村，老竹镇梁村村、徐庄村，碧湖镇红圩村，太平乡小安村等地为民写春联、送福字，达5000余对，福字6000多个。组织处州乱弹剧团到各农村文化礼堂演出共5场，11个剧目，观看群众达2000余人，受到群众的热烈欢迎。

（赵洁宇）

卫　生

【概　况】 2015年，区卫生计生完成机构改革。3月18日正式组建区卫生和计划生育局，9月份完成机构“三定”方案，11月27日正式合署办公。截至年底，局机关设办公室、医政医管与综合监督科、规财科、公共卫生科、计划生育综合科和爱卫办等6个职能科室，核定行政编制19名。

截至2015年年底，全区医疗卫生机构160家，其中计划生育宣传技术指导站1家，县级综合医院1家，乡镇卫生院17家，社区卫生服务中心5家，社区卫生服务站4家，村卫生室109家，民营医院2家，个体诊所21家。全区执业（助理）医师441人；注册护士334人；注册乡村医生116人，实际在岗116人。核定住院床位430张，其中区人民医院125张、丽水南山法朝骨伤医院99张、莲都南山法敏骨伤医院99张、乡镇卫生院107张。

2015年全区计划生育目标责任制和“一票否决”制严格落实。全年莲都区共出生2583人，其中计划内2405人，计生率93.11%；计划外多孩人数20人，计划外多孩率0.77%；全年共审核各类先进集体358个，个人3202人，审查出不符合计划生育政策23人，否决23人；单独两孩政策平稳有序实施；全区出生婴儿性别比为105.11；其他各项指标均符合省、市要求，计划生育“双创”工程深入推进。获2015年度丽水市人口和计划生育工作优胜单位。

【医改成效】 2015年，所有药品均在浙江省药械集中采购平台采购，基本药物使用金额比例占45.28%；门急诊人次11.84万，与2014年基本持平；住院人次4803人、医疗总收入4585.86万，较2014年分别增长7.59%和14.5%。深化基层医疗卫生机构综合改革。对原有的基层医疗卫生单位绩效考核办法进行重新修订，将基本医疗和基本公共卫生服务8个重点指标进行量化考核，奖罚效果明显，各单位间奖励性绩效工资差距明显拉大（相差100多万元），真正体现优劳优酬。截至2015年年底，已建立省、区级托管式合作关系1家（省新华医院与区人民医院），市、区级托管式合作关系1家（市人民医院与区人民医院）。

【计生惠民政策】 2015年享受奖扶人数1697人，特扶166人，共计发放将特扶金额283.6万元；对符合特扶条件的独生子女死亡或伤病残家庭的夫妻，给予适当补助，全年共计补助人数50人1.4万元；发放计生公益金12万元、助学金6.3万元、关爱计划生育特殊家庭系列保险2.36万元。

【基层建设】 2015年，全区新（拆）建、修缮基层卫生业务用房项目5个，包括雅溪中心卫生院扩建、岩泉、白云社区卫生服务中心新建等，共完成投资600万元。做好109家村卫生室建设和管理工作，截至年底，已实施基本药物80家，占比73.4%，实行紧密型一体化管理80家，实施医保即时结报的11家。

【医疗服务】 2015年，创建浙江省甲等乡镇卫生院2家，乙等乡镇卫生院6家。莲都区人民医院与22家基层医疗卫生机构签订对口支援协议，开展诊疗、健康体检、会诊及疑难病例讨论、接受进修、组织业务培训等工作。推进中医药服务“三进”项目，创成“中医药参与社区卫生服务市级示范单位”9家。所有单位均开展老年人中医体质辨识和儿童中医药健康管理，已累计为20400位老年人进行中医体质辨识，为4662名儿童进行中医健康管理，管理率分别为49.98%和44.91%。

【公共卫生服务】 2015年，通过莲都宣传微信平台、莲都新闻网、发放宣传手册等多形式开展项目宣传，提高居民项目知晓率。开展电子健康档案专项清理活动，全区电子健康档案建档率84.41%，档案合格率达90.09%。通过组织项目培训、季度督查、举办基本公共卫生服务项目技能竞赛，提高项目服务能力。截至2015年年底，全区高血压、糖尿病、重性精神疾病三类患者的规范管理率分别为61.3%、60.03%和69.54%。开展全科医生签约工作，目前规范签约的全科医生60634人，规范签约率16.51%。2015年，获得省级精神卫生工作先进集体、省级妇女儿童工作先进集体、丽水市基本公共卫生服务项目工作优胜单位等称号。

【卫生应急】 2015年，成功申报省级卫生应急示范区试点。健全传染病监测报告网络，每月开展突发事件公共卫生风险评估。组建卫生应急、医疗救援两支应急队伍，开展应急培训2次共80余人参加。组织开展人感染H7N9禽流感防控应急演练，参与区政府组织的食品安全应急演练和防洪抢险实战演练。召开全区人感染H7N9禽流感防控工作联席会议，并组织防控工作督查。在“11·13”里东山体滑坡灾害中，第一时间启动医疗救治应急预案，成立10各医疗服务小组，24小时不间断值班，累计出动救护车32辆次，出动医务人员540人次，为受灾群众和救援人员共服务1719次，及时开展灾后防疫消杀，直接消毒面积累计达15万余平方米，确保大灾之后无大疫。

【爱国卫生】 2015年，新增省级无烟单位5家，市级无烟单位16家，区级无烟单位27家；创成健康教育促进（银牌）学校3所；大港头镇创成省级卫生乡镇，大港头村、沙溪村、池岭村创成省级卫生村；通过省级灭鼠、灭蟑先进城区达标工作复评，莲都区病媒生物防制工作被列入全省病媒生物防制工作试点县（区）；完成农村生活饮用水水质检测1047份，水质合格率65.4%；累计完成农村户厕改造8.59万户，无害化厕所普及率达到88.74%。

【依法行政】 2015年，完成再生育审批1278例，特殊情况生育审批65例；征收社会抚养费1643.3万元；对辖区159家医疗机构开展依法执业检查，全年立案14件，罚没款3.5万元。开展打非宣传活动3次，取缔无证行医点3处；创成省级卫生监督协管示范点2个；开展“莲都区域卫生监督协管智能信息管理系统”建设。全年有2件行政许可案卷及2件行政处罚案卷，分别被区政府、市卫计委评为优秀案卷。

红十字会

【概　况】 莲都区红十字会于2008年7月经区编委批准设立，核定编制3名，规格相当于正科级。2010年1月，区委配备红十字会常务副会长，同年8月人员到位，区红十字会正式独立，并该选中山街613号四楼作为新的办公场地。2015年，共培训红十字救护员3900余名，完成十二五”救护培训任务。共普及红十字应急救护知识人数2000余人。共有救护培训师资16名，其中1名师资成为省级红十字应急救护培训师资库首批成员。向困难群众发放价值130元的物资200份，慰问金14000元，受益户数达240户。12月，区委区政府印发《莲都区进一步加快红十字事业发展的实施意见的通知》，夯实莲都红十字事业发展基础。

【召开莲都区红十字会第二次会员代表大会】 2015年，是推进依法治国的第一年，是“十二五”规划的收官之年，也是红十字事业适应新常态迎接新挑战的重要之年，依法建会是发展红十字事业的组织保证和必要条件，根据《中华人民共和国红十字法》及《红十字章程》的相关要求，2015年召开莲都区红十字会第二次会员代表大会，市委常委、区委书记葛学斌等领导到会祝贺并作重要讲话，会议选举产生区红十字会第二届理事、会长、常务副会长及副会长。此次大会是区红十字会自理顺体制以后召开的第一次会员代表大会，区广大红十字工作者将以此次大会为契机，履行职责，发挥自身作用。

【人道救助工作】 2015年，开展以“走基层、心连心、惠民生”为主题的红十字博爱送万家活动，共向峰源乡、双黄乡、紫金街道等五个乡镇困难群众送去米、油、面及慰问金等，共发放价值130元的物资200份，慰问金14000元，受益户数达240户。弘扬人道主义精神，关爱莲都区困难家庭老年病（前列腺疾病）患者健康，向省红十字会“康恩贝健康之旅——老年病防治博爱行动”项目争取到价值32万元的前列腺疾病治疗药物，向莲都区部分家庭经济困难的前列腺疾病患者免费提供，受益600余人。

【救护培训工作】 2015年，结合“5·8”红十字日、“世界急救日”等节日，采取社区健康讲座、学校主题活动、菜单定制式培训等方式，做好对社区居民、农民、学校师生等的应急救护培训普及教育工作，本年度共普及红十字应急救护知识人数2000余人。坚持把救护师资的选拔、培训作为应急救护培训工作的关键环节来抓，并在教育、卫生部门选派责任心强、热爱红会工作的优秀业务骨干参加省红十字会举办的“红十字公益性应急救护培训民生实事项目救护师资培训班”，同时选派优秀师资参加省红十字会举办的“救护培训教学研修班”。

【造血干细胞采集工作】 2015年，区红十字会印发《关于开展招募造血干细胞志愿捐献者活动的通知》，要求各基层红十字会、各企事业单位踊跃加入造血干细胞的捐献行列。“5·8”活动周与市红十字会在爱心献血屋门口联合举办“世界红十字日”纪念活动。通过活动前期的动员和活动期发放资料，共有26人次参加造血干细胞的采集。

【红十字青少年工作】 2015年，区红十字会在天宁中学利用“5·8”世纪红十字周组织开展“现场救护我能行”情景剧表演、“七年级救护技能比赛”、关爱老年人等形式多样的红十字活动，推进莲都区红十字青少年工作。为更好地在青少年学生中推广中华传统美德，将红十字精神与传统文化融入学校的德育中，在暑期举办为期七天的“红十字青少年国学夏令营”，共有50多名青少年参加，并取得良好的社会效益。联系舟山红十字会志愿者与莲都区贫困学子牵手，开展爱心助学活动。莲都区城中中学15位家庭贫困、品学兼优的学子接受来自舟山红十字志愿者爱心助学金（每人每年1200元），让贫困学子感受到红十字的温暖。

【宣传报道工作】 2015年，区红十字会充分利用新闻媒体（处州晚报、老白谈天、丽水新闻频道、丽水经济生活频道）和网络平台（丽水在线、丽水信息港）加大宣传力度，增强宣传效果。在“5·8”世界红十字博爱周、“6·14”国际献血日等重要纪念日，组织红十字志愿者在中山街献血屋、社区摆摊设点，为过往群众发放宣传资料、应急避险读本、红十字会知识小册子、无偿献血及造血干细胞捐献倡议书。里东灾害发生后，工作人员在老白谈天、丽水新闻频道接受采访，呼吁社会募捐。

【情系里东山体滑坡灾害】 2015年11月13日晚22时50分，里东发生山体滑坡灾害，区红十字会于当晚23时37分赶到现场，组织救援。组织的10名户外救援队队员，在接到救援命令后，于次日凌晨1点，赶到现场，积极救援，第一时间调2台挖机在现场待命。11月14日晚，在里东救灾安置点，发放200个价值5万多元的家庭包，并安排心理安抚小组，对灾民进行安抚。

11月15日第一时间发出向里东灾区捐款的倡议书,同时组织各企业、单位、个人进行捐款。同日,组织丽水市中意大酒店全体员工捐款123555元,成为莲都区首个捐款单位。向里东灾区购买价值35万余元的大米、食用油、厨房用品、棉被等物资,并发放到灾民手中。共接收社会向里东灾区捐款人民币255.22万元,接收物资折合人民币19万元。

【自身组织建设】 2015年,区红十字会做好自身组织建设工作,要求建设一支热爱红十字事业、爱岗敬业、勇于开拓、会做群众工作的干部队伍。做好对红会干部的教育培训工作,参加省市各种红会培训班,组织红会干部学习考察,做好与友好红会的交流合作,提高红会干部队伍综合素质。教育红会干部要廉洁自律,以适应新形势对红会干部的特殊要求。

社会生活

民政工作

【概　况】 2015年，莲都区民政局结合消除4600元以下低收入农户工作，低保实现提标扩面，城乡标准分别提高到每人每月612元和459元，较2014年提高13%和18%，新增低保对象1532人。完成省民政厅“救急难”试点工作，出台《莲都区“救急难”工作实施意见》，实行救助关口前移，“急难”救助1000元以下的由乡镇（街道）直接实施。出台《莲都区困难居民医疗救助办法的补充通知》，政策范围内救助比例提高到70%。新建城乡社区避灾安置点21个。在里东大救援行动中发挥重要的保障作用，累计接收社会物资捐赠184万元、捐款1200多万元。深化养老服务，百位老人床位数达到3.17张，建成城乡社区居家养老服务照料中心158个，健全养老服务补贴制度。用全部直选的方式完成第五届城市社区居委会换届选举，落实社区事务准入制，新创成幸福社区5个，新增社区3个。新登记社会团体10家，民办非企业单位27家。取消婚姻登记证书工本费和收养登记收费。举办抗日战争暨世界反法西斯战争胜利70周年系列活动，开展送文化进军营活动5场次，完成历史遗留货币安置转业士官就业帮扶工作。推进青山白化治理，建立青山白化治理周督查、月通报制度，基本消除青山白化现象。完成《村规民约》和《社区公约》的修订，推行村级重大事务代表票决制。

（潘丽芬）

【里东救援】 2015年11月13日22时50分左右，莲都区雅溪镇里东村发生山体滑坡灾害，造成重大人员伤亡和财产损失，死亡38人，受伤1人，倒塌房屋62户，146间，直接经济损失约2916.9万元。莲都区紧急启动地质灾害特别重大I级响应预案，市、区两级民政部门紧急动员、积极应对，全员参与、密切配合，切实做好灾民安置安抚、生活物资保障、款物接收发放、民间救援组织动员协调、后勤保障以及灾后恢复重建等方面工作。集中转移安置受灾群众70人，转移人口320人；民政系统共有163人参与现场救援，投入救灾车辆22辆，在莲都区民政局、高速丽水西入口、高速缙云洪渡出口设立四个民政部门捐赠点，紧急下拨应急救灾资金100万元，救灾物资价值20多万元。对200多位受灾人员，按照莲都区农村低保标准的6～12倍发放一次性生活救助金。截至12月底，共接收捐赠物资价值约183万元，接收捐款3016.59万元，其中民政932.69万元，慈善1798万元，红会255.2万元，共青团30.7万元。发放遇难人员救助金2204万元，过渡生活、房屋重建、过渡房租等救助金659万元，确保受灾群众有饭吃、有衣穿、有地方住。

【防灾减灾工作】 2015年，由区民政牵头，市民政局、科技局、中医院、街道等单位参与的“5·12”防灾减灾日“地震人员疏散演练”活动。建成村（社区）级避灾安置场所23个。截至2015年年底，全区共建成避灾场所134个，覆盖率达到57%，标识牌和指示牌设置率达到98%。白云、丽阳、后庆、永辉、丽阳门、天宁、东银苑社区等7个社区被国家减灾委、民政部评为“全国减灾示范社区”称号，大水门社区被评为“省级减灾示范社区”。

【社会救助工作】 2015年，区民政局开展春节困难群众的慰问和救助。走访慰问五保对象、困难户近7000多户，11200多人次，发放慰问金259.24万元,救济款150万元。被子1000多床,大米3150多公斤，油1400多升，确保节日期间困难群众生活得到明显改善。下拨冬春和应急救灾救济款共172万元，救济受灾群众3000多人(次)。吸引社会资金参与慈善助学，筹措助学金71.87万元，资助孤儿、困难学生350名，帮助解决困难学子入学难的问题。

【城乡最低生活保障制度】 2015年，全区共有最低生活保障对象6263户，7792人，全年新增低保对象991户1532人，共核拨低保金1914.98万元；资助低保对象参加城乡居民医疗保险新型农村合作医疗。城镇居民低保标准由2014年的每人每月540元提高到每人每月612元，农村低保标准由每人每月389元提高到每人每月459元，城乡低保增幅达到15%以上，低保工作做到“应保尽保，应退尽退”的动态管理机制。

【城乡困难居民医疗救助】 2015年，区民政局完善大病医疗救助政策，扩大救助对象，提高救助比例。出台《莲都区城乡困难居民医疗救助补充办法》，将因病致贫人员和最低生活保障边缘户家庭成员住院医疗政策范围内费用列入医疗救助。截至12月底，共审批14批次，救助4031人，支出医疗救助资金1843.3万元，全年人均享受救助4572.8多元，医疗救助人均筹资48元，全市最高。民政持证对象推行医疗救助即时结报“一站式”服务，方便困难群众，有效缓解困难群众看不起病的问题。

【“救急难”临时救助】 2015年，莲都区作为浙江省“救急难工作试点单位。出台《莲都区“救急难”工作实施意见》，实行救助关口前移，“急难”救助1000元以下的委托乡镇(街道)实施，全区共救助各类困难群众1000多人，发放救助金733万元，发挥托底线、保基本、救急难的重要作用。

【落实支宁人员政策】 2015年，根据《丽水市支宁返丽人员固定生活补助政策实施办法》(丽民〔2015〕6号)文件要求，对1959年、1960年去支援宁夏建设返莲人员进行认定，落实困难生活定期补助。截至12月底，落实固定生活补助119人，发放救助金29.86万元。

【孤儿和困境儿童保障】 坚持孤儿和困境儿童生活费与当地上年度城镇居民家庭人均消费性支出挂钩，执行自然增长机制。2015年，机构养育孤儿从每人每月1171元提高到1369元，散居养育孤儿每人每月703元提高到822元。截至12月底，全区共救助174人，发放孤儿和困境儿童生活费200万元。做好精减退职人员和三老人员的生活补贴发放工作。根据文件要求及时调整定期补助标准，做到按月及时发放，重大节日安排慰问，订阅报纸等活动，全年发放定期补助164.3万元。

【精减、三老人员定期补助】 2015年，完成精减退职人员和三老人员的生活补贴发放工作。根据文件要求及时调整定期补助标准，做到按月及时发放，重大节日安排慰问，订阅报纸等活动，全年发放定期补助164.3万元。

【养老服务机构建设】 2015年，区民政局推进公办养老机构项目建设，启动郑榴娟第二敬老院进行改扩建项目，建筑面积4188平方米，新增床位180张。集中供养标准由2014年的每人每月615元提高到每人每月717元，增幅达到了17%，保障特困供养对象的生活不低于当地农村群众的一般生活水平，资金由区财政全额拨付，足额到位；特困供养对象城乡居民医疗保险全额由财政资助，住院医疗费用全额纳入医疗救助范围，实施医疗救助保障。

【民间资本参与养老服务】 2015年，区民政局完成莲都区山水养老院（民办）和郑榴娟养老院的审批许可，新增床位115多张。截至2015年年底，机构拥有床位数2105张，每百位老人拥有床位数达到约3.1张。

【居家养老服务照料中心建设】 2015年，通过整合资源，建成居家养老服务照料中心44个，截至2015年年底，共建成城市社区居家养老服务照料中心（站）21个，农村社区居家养老服务照料中心（站）137个，为老年人提供集日托、家政服务、助餐、老年活动、医疗保健等服务。

【养老服务人才队伍建设】 2015年，共培训养老机构护理员51人，并都通过人事部门的职业资格认定，截至2015年年底，莲都区有护理员师资2名，高级1人，中级8人，初级90人，打破莲都区民办养老机构零持证上岗现象。

【养老服务评估、补贴发放】 2015年，开展养老服务需求评估，符合条件的对象补贴发放标准为在机构养老的为每人每年15000元（包括低保金），接受居家养老服务的每人每年6000元，全年发放低保家庭中60周岁以上失能、失智老人养老服务补贴141人，发放补助资金79.06万元。

【拥军优属、拥政爱民】 2015年，区民政局组织开展元旦、春节、“八一”期间的走访慰问活动。区委书记、区长带领区几大班子和有关部门的领导在元旦、春节期间对驻莲部队官兵、军队离退休干部进行走访慰问，详细了解部队官兵的军政训练、学习工作及生活情况，送去慰问金14万余元。全区各乡镇街道和民政部门在春节期间共走访慰问烈军属、残疾军人、在乡老复员军人、带病回乡退伍军人和参战参试退役人员等906人次，赠送慰问金、慰问品50余万元。春节前，区民政局还印制2600多副对联和15000张年画，对全区重点优抚对象全面进行慰问。广泛开展“关爱功臣，永葆光荣”为主题的系列活动：10月，安排30名重点优抚对象到浙江省嘉兴市（省荣军医院）进行为期6天的短途疗养。

【退役士兵安置工作】 2015年，继续围绕“妥善安置、各得其所”的要求，按照“从哪里来，回到哪里去”的原则，逐步推进安置保障机制的创新发展。依据丽水市人民政府办公室《关于调整自主就业退役士兵一次性经济补助标准的通知》丽政办发〔2014〕150号文件精神，为促使尽快走上新的城乡退役士兵一体化自主择业的道路，提高自主择业的吸引力，提高经济补偿标准，全年自主就业的退役士兵（服役2年），城镇户口补助标准（基数）为38000元；农村户口补助标准（基数）在2014年的8500元提高为14000元。每增服役1年增发1500元。2014年冬季退役士兵166人，共发放一次性经济补助金324.725万元。

【专场就业招聘会】 2015年9月25日退役士兵专场招聘会在国际大酒店三楼会议室举行。15家用大企业和培训机构提供66个就业岗位，招聘需求380人，涵盖销售、管理、金融等多个行业，经过一个上午的互相推介，共有45人选择技能培训，172个职数达成初步就业意向。

【烈士纪念日、清明祭扫烈士】 2015年9月30日是烈士纪念日，市、区150多名党员群众机关干部职工、驻莲官兵、老战士、学生、烈属等代表，在丽水市委书记王永康、市委常委区委书记葛学斌等党政领导的带领下，参加9月30日在万象山举行烈士纪念日公祭活动，少年儿童面向烈士纪念碑，唱响中国少年先锋队队歌，市、区向烈士墓敬献2个花篮，并由区民政局向烈士遗属等代表慰问12户，发放慰问金7500元。清明节期间，莲都区400多名党员群众机关干部职工、驻莲官兵，在区委副书记、政法委书记陈元龙、区人大常委会副主任江爱军、区政府副区长雷勇军、区政协副主席卢进等领导同志带领下，到万象山祭奠革命烈士，向长眠的烈士们致以深切的悼念，向烈士墓敬献花圈、近前瞻仰纪念碑。据不完全统计，在万象山烈士墓祭奠单位共105个，人数达11357人次。分散在全区各地的烈士墓，当地政府、学校也组织青少年到烈士墓进行祭奠扫墓。

【优抚工作】 2015年，完成提高优抚金和残疾军人1～4级护理费标准自然增长机制（调整标准），及时足额发放抚恤补助金，通过金融机构直补到户。同时做好新增带病回乡16人、60周岁以上退伍军人146人的生活补贴审核发放等工作。全年1～4季度共发放抚恤补助费11121085元。办理见义勇一次性抚恤金1起，发放抚恤金745556.5元。办理精简老复员军人定期补助4人；换发伤残人民警察证手续2例、残疾军人退出现役转移抚恤关系手续2例。

【医疗补助】 2014年10月至2015年9月部分优抚对象门诊治疗实施医疗补助，全区门诊补助对象892人，共发放门诊补助金为765965元；2015年优抚对象医院“一站式”结报医疗补助317人次，结报金额690915.83元；1～4季度优抚对象住院人工结报医疗补助62人次，结报金额195707.6元。

【义务兵优待金】 2015年，现役义务兵347人，共发放优待金5994507元。义务兵及其家属优待金标准调整为：非农户口和农业户口义务兵及其家属优待金按年人均2014年标准12660元调整为17275元。

【现役军人奖励金】 奖励2014年度立功受奖现役军人112人，奖励金4.68万元，已于2015年5月底前全部发放到位。

【退役士兵安置】 2015年，完成全区共接收2014年冬季退役士兵166人，其中城镇居民29人，农村居民137人；5月省厅移交市区转业士官17人（区级单位安置任务6人），共计183人。经审核，符合城乡统一自主就业经济补助政策的退役士兵166人，发放资金324.725万元（莲民〔2015〕62号文件），符合政府安排工作条件的士官17人（区级单位安置任务6人），由区政府指令性安置，安置到碧湖镇下属事业单位1人、联城街道（乡镇安监员）2人，大港头镇（乡镇安监员）1人、仙渡乡（乡镇安监员）1人、太平乡（乡镇安监员）1人。

【军休职工安置】 军队离退休干部移交地方政府安置是党中央、国务院、中央军委的重大决策，是军地双方一项长期共同的政治任务，是新时期加强军队和国防建设的重大举措。区委、区政府历来高度重视这项工作，全区已接收安置的军队离退休干部16名和无军籍退休退职职工16名。2015年，无军籍退休退职职工接收安置任务1人，在所部队的大力支持和地方部门的密切配合下，已圆满完成接收安置工作任务。

【职业技能教育和培训】 按照政府扶持、个人自愿的原则，组织退役士兵在退役后一年内免费参加相关的职业技能教育培训，提高就业创业能力。区退役士兵职业技能教育培训工作领导小组办公室组织民政、财政、劳动保障、物价等相关部门深入对接、认真考察，对培训专业及政府补贴标准等一一进行确定。区民政局通过发送技能培训指南、公开信、打电话等各种宣传方式确保2015年度166名退役士兵对该项工作的知晓率达到100%。参加区组织免费培训人员73人（4人是年度参加统考的），其中参加2015年度汽车驾驶类培训69人（参加汽车驾驶C1 68人和B2 1人）和在浙江省旅游职业学院1人、警官职业学院1人、金融职业学院2人等各学院学习的政府补贴4人共计181900元予以发放。

【城市社区】 2015年，天宁社区服务用房、厦河门社区服务用房4月交付使用，增设佳和、星湖、娄丰堰3个社区。完成2015年城市社区居委会换届选举工作。社区直选率达到100%。25个社区全部修订《社区公约》。采取“3+X”模式深入开展邻里节活动，“3”是指社区“欢乐家庭”

擂台赛、社区重阳节“敬老礼仪”评选、“优秀楼道长”评选等3项规定活动，实行活动经费奖补。累计开展邻里节125场，2万多人参加活动。实行“自下而上”的审报评估机制，开展幸福社区创建，全年有5个社区被创成“幸福社区”。推进社区、社会组织、社会工作“三社联动”工作，共服务6500多人次。全年14人取得社工师资格证书，全区累计取得社工师资格证书49人，中级22人，初级27人。拓展“96345”服务功能，全年接到求助电话15.4万个，日均达到422个，服务回访满意率99.97%，中心被授予“省青年文明号”荣誉称号。

（吴君霞）

【农村社区建设】 按照“一厅五室四站两栏一校一场所”的要求，整合现有村级办公场所、图书阅览室、综治室、星光老年之家、救助帮扶站、卫生计生站等各类设施资源和服务资源，建设服务平台。将教育、卫生、文化、体育、科技、法律、社会治安、社会救助、社会福利、社会保险等公共服务纳入农村社区服务中心。2015年，完成大港头镇西坑口社区，碧湖镇河东、白桥、沙岸、岩头社区，太平乡朱弄社区，黄村乡戈刮社区，仙渡乡何金富社区，紫金街道芦埠村便民服务中心、联城街道金周村便民服务中心等10个村的农村社区服务中心完善提升工程。开展村级便民服务中心标准化建设对标达标活动，通过健全完善相关制度，规范优化办事程序，强化考核监督，打造窗口一站式、服务事项全面、服务设施完善、服务机制健全的示范型村级便民服务中心。开展城乡社区建设对口见学活动，2015年完成30%城乡社区见学任务。

【基层政权建设】 2015年，贯彻宣传“一法两办法”，强化民主管理和村务公开，开展“阳光工程”，建立健全村党组织领导的充满活力的村民自治机制，推行村级重大事务村民（社员）代表会议票决制，全区村务公开和民主管理工作的基本实现制度化、规范化和程序化。为全面深化基层民主法治建设，推进基层社会治理法治化，全区208年村、25个社区完成村民公约、社区公约的制订修订工作。

（项赵洁）

【婚姻与收养管理】 2015年，区民政局贯彻落实《关于开展婚姻登记工作规范化建设活动的通知》精神，开展以严格执行条例和规范为主要内容的婚姻登记工作规范化建设活动。全年办理登记结婚4075对，离婚1239对，补发结婚证2670本，补发离婚证251本，出具无婚姻登记记录证明13343份，依法办理合格率达100%，群众满意率达99%。共办理收养登记34件，其中办理非社会福利机构抚养的弃婴3件，福利机构抚养的弃婴（儿童）件28，三代以内血亲3件。从1月1日起，取消婚姻登记证书工本费，包括结婚登记、离婚登记及复婚登记证书工本费；取消收养登记费，包括收养申请手续费、收养证工本费、收养登记调查费、解除收养关系登记费，所需费用全部由区财政承担。落实依法行政和简政放权的要求，自9月21日起，群众办事无须再提供（无）婚姻登记记录证明。

（王春光）

【民间组织管理】 2015年，注册登记的全区性社会团体102家，其中行业性社团19家，专业性社团33家，学术性社团16家，联合性社团34家；区本级民办非企单位153家，其中教育类108家，卫生类7家，科技类16家，劳动类12家，民政类10家。80家社会团体和126家民办非企业单位应参加年度检查，年检率100%，合格率100%。

（王春光）

【殡葬改革】 2015年，区民政局落实市委、区委“六边三化三美”工作部署，以推行绿色生态节地葬法为抓手，疏堵并举、治旧控新，在巩固2012年“三沿五区”坟墓整治成果基础上，加大治理力度，全面整治裸露的白化坟墓，推进全区“六边”青山白化治理工作。莲都区青山白化治理工作重点以突出“1359”，即围绕1条环城线、3个城市出入口、5条公路主干线（S33龙丽高速、S328丽浦线和53省道—利山、G25长深高速、港前线、丽和线）和9个精品村（大港头、利山、南山、松坑口、均溪、里河、蒲塘、下圳、白口村），开展治理工作，全年共投入资金180多万元，种植柏树、红叶石楠等树木6万余株，治理“六边”坟墓3000多座，其中覆土治理450座。加强殡葬改革宣传，发放、张贴青山白化治理通告及殡改宣传品2万份，制作悬挂宣传横幅50条、立宣传广告牌80块，出动宣传车辆150台次。继续实行殡葬惠民政策，全年免费火化遗体2421具，减免殡葬基本服务项目费用165.3万元。按时完成全区228处村级公益性墓地年检工作。

（钟树青）

移民工作

【概　况】 2015年，莲都区实有紧水滩水库、石塘水库、滩坑水库等30座大中型水库移民10855人，占全区总人口的2.4%，涉及14个乡镇、街道183个行政村（居委）。全区还有小型水库　43　座，移民688人，涉及10个乡镇、街道33个行政村。全区移民人均可支配收入17325元，比2014年增长15%。加大移民遗留问题处理力度，全年共调处各类信访案件13处，24人次，比2014年下降26.3%。完善移民项目库建设管理制度。区本级举办移民创业致富技能培训班7期，培训移民709人次，新增移民就业203人次。

2015年，共下达2014—2015年度水库移民资金项目150个，计划补助资金1813万元。至2015年12月底，实施项目132个，补助移民资金1198.85万元。其中，大中型水库移民后扶资金项目2个补助6万元；大中型水库移民扶持结余资金项目65个补助548.5万元；大中型水库移民创业致富专项资金项目9个补助224.5万元；大中型水库移民应急补助资金项目3个补助17.5万元；大中型水库库区基金项目15个补助139.75万元，小型水库移民扶助基金项目38个补助262.6万元。争取到省、市2015年度水库移民资金计划1338万元。其中大中型水库移民后扶资金6万元，大中型水库移民扶持结余资金805万元，大中型水库移民创业致富专项资金210万元；大中型水库库区基金126万元，小型水库移民扶助基金161万元，市本级大中型水库移民项目资金30万元。

【移民维稳工作】 2015年，区移民办把保障移民群众合法权益作为工作出发点和落脚点，畅通移民合理诉求渠道，健全移民信访维稳源头性预防机制，做好日常信访接待工作。重点抓好元旦、春节、全国“两会”、“9·3”阅兵、十八届五中全会、第二届世界互联网大会期间信访维稳工作，做好移民矛盾纠纷排查化解工作，实现库区和安置区社会和谐稳定。在有关乡镇和部门的配合下，重点解决可能引发群体性上访的碧湖镇缸窑村紧水难移民因低丘缓坡开发引发的山林款分配问题和碧湖竹溪村滩坑移民因土地征用开发的引发的失地保险问题，确保移民大局的平安稳定。

【移民后扶工作】 2015年，区移民办在重点移民安置乡镇，开展移民创业重点扶持活动。着重扶持移民发展生态经济，包括生态农业、生态旅游、生态工业、生态乡村等。全年共编排生产开发类项目46个计划补助693.02万元，占全年已下达项目资金总量的40%。启动碧湖镇下叶村红叶20公顷蔬菜基地转型升级、寨岭头农业观光基地工程，扶持牛郎山养殖场建设等，为带动更多移民创业致富发挥示范作用。同时，区移民办与区妇联紧密配合，发展来料加工业。全年，已建成移民安置点规模来料加工点3个，从事来料加工移民达1000余人，全年加工费达110万元。

【大港头镇均溪移民和美新村建设】 按照市移办提出的关于在移民集中安置村建设“环境美、生活富、文明和谐”的移民和美新村建设的要求，结合全区开展的美丽乡村建设年度安排，2015年区移办选择大港头均溪村作为移民和美新村建设的重点村。争取并投入资金110万元，通过对村自来水管网改造、农业生产道路、排水渠建设、后桑村村内道路硬化等项目建设，村庄环境及生产生活条件得到较大改善。同时，积极引导移民充分利用自身优势，发展农家乐，乡村民宿等乡村休闲旅游业创业致富，充分发挥以点带面的示范功效。

【出台大中型水库移民创业贷款贴息政策】 为鼓励更多的移民创业致富，并切实解决创业致富过程中融资难、融资贵的问题。经多方征求意见，区移民办于2015年5月与财政、农商银行联合下发《关于开展大中型水库移民创业贷款贴息的通知》，明确以户为单位，对移民生产开发和生产经营的贷款额在10万元以内的贷款项目按照年利率3%予以补助。通知下发后的短短7个多月时间，移民贷款总额比2014年同期增加1600多万元，56户。通过贴息补助，间接增加移民的收入，1户10万元的贷款，减少3000元的利息支出，也将相应增加3000元的收入。

【开展创建“无烟蒂”办公场所活动】 2015年，区移民办围绕“破解三大命题”，区移民办以“无烟蒂”为标准，组织全办干部参加创建“无烟蒂”办公场所活动。自活动开展以来，在醒目位置张贴禁烟标志，一切办公场所禁止摆放烟灰缸，厕所做到每半天清洁一次，所有办公室、会议室、走廊及厕所等公共场所真正实现“看不到烟蒂、闻不到异味”。办党支部主动认领城西路（继光街至灯塔街路段），作为该单位党员干部文明实践区，承诺利用节假日、周末、上下班时间在该区域开展文明劝导、捡拾烟头垃圾等活动。共同打造莲都“无烟头”品牌。

（潘瑞冰）

残疾人事业

【概　况】 2015年，全区有各类持证残疾人9806人，莲都区残联全面开展残疾人各项工作，充分履行“代表、服务、管理”残疾人的职能，出台《莲都区扶持残疾人就业创业实施办法》《开展用人单位按比例安排残疾人就业公示试点实施方案》《莲都区残疾人小康·阳光庇护中心实施办法》等扶残新政策，修订《莲都区自谋职业残疾人参加职工基本养老保险补贴办法》《莲都区残疾人专职委员管理办法》等，推进残疾人社会保障和服务体系建设，完成各项工作任务指标，年度考核列全市残联系统9个县（市、区）第一名，在区委、区政府年度考核中被评为优胜单位。

2015年，区残联继续实施残疾人基本生活保障工程，3625名残疾人纳入最低生活保障，占全区低保人数的49.6%，其中2381名重度残疾人单独施保，全额享受低保金，实现应保尽保；1851名无固定收入残疾人发放每月125元的生活补助。重度残疾人托（安）养工程继续在满足一级智力、精神、肢体残疾人的前提下向二级扩面，全年共有815名重度残疾人享受托（安）养服务，640名残疾人享受居家安养政策，落实175名重度残疾人在敬老院等机构集中托养。8279名持证残疾人参加城乡居民医疗保险和4402名残疾人参加农村政策住房保险的人个人缴费部分实行全额补贴，帮助892名持证重度残疾人缴纳城乡居民养老保险。以商业补充险为推手提高残疾人社会保障水平，为所有持证残疾人投保重大疾病团体保险，为2034名农村户籍的重度残疾人投保农村小额保险。

2015年，区残联以各种形式惠及1859名残疾人进行各类康复。贫困白内障患者实施复明手术每例补助800元，共补助300例；贫困下肢重度残疾人人工髋关节或膝关节置换手术每例补助1万元，共补助8例；为20名盲人免费提供定向行走训练，安装假肢20条，赠送助听器100台、助视器10台、轮椅200辆；0～6岁抢救性工程康复训练共54人，赠送辅助器具14人；为精神残疾患者发放价值600元的服药卡共计1018张；为20户残疾人家庭进行了无障碍设施改造，康复辅具进家庭项目95户。

【残疾人扶持救助】 2015年，区残联鼓励残疾人从事种养业或加工业，给予创业初期有困难的残疾人2000元的资金扶持，达到扶贫基地标准的给予15000的一次性扶持。新增省级扶贫基地1个，市级扶贫基地2个，区级扶贫基地4个，种养户15户。帮助从事个体经营和自谋职业（灵活就业）的193名残疾人缴纳基本养老保险给予补助33万元。对从事个体经营的25名残疾人进行一次性的资金补助。开展临时生活困难救助，对生活困难残疾人或家庭提供困难救助，全年救助困难残疾人835人次，28名困难残疾人享受5000～30000元的爱心助残特殊救助共计34.92万元。

【残疾人教育就业】 2015年，区残联促进残疾人就业贯彻执行《残疾人就业条例》，依法推行按比例安排残疾人就业85名，集中安置就业198名。通过市、区残疾人专场招聘会，达成就业意向60多人。鼓励残疾人创业创新，发展残疾人扶贫基地、来料加工，促进残疾人不同形式就业。发展来料加工点5个，发展来料加工残疾人561人。开发适合残疾人的市场管理员、保洁员等公益性岗位。是年，共举办残疾人电子商务、计算机、白莲、白枇杷、来料加工等技能培训5期，培训残疾人170余人次。办好培智学校，普及适龄残疾儿童少年义务教育。做好助学工作，每学年发放补助，帮助贫困残疾学生和贫困残疾人家庭子女完成各类学历教育，2015年残疾学生和残疾人子女172人共补助40.3万元，残疾儿童学前教育补助4人。

【残疾人文体宣传工作】 2015年，区残联开展残疾人文体活动，丰富、活跃残疾人的精神文化生活。全国助残日在雅溪镇莲房村举行全国助残日浙江省残疾人艺术团专场文艺演出，在莲城剧场举办第二十四个国际残疾人日暨丽水市、区残联飞得更高文艺晚会。各乡镇（街道）也因地制宜地开展不同形式助残活动如座谈会、爱心超市、爱心义卖、春游、趣味运动会，使残疾人的生活更加丰富多彩。通过各种活动的开展，也涌现出一批残疾人优秀人才，残疾人运动员梅兴宙参加全国第九届残疾人运动会，获象棋（听力残疾男子组）第三名的成绩。完善残疾人事业宣传网络，利用各种宣传手段，反映残疾人生活，宣传残疾人事业，动员感召全社会关爱残疾人。全年印发《莲都残联》简报12期，被各级报纸网站录用政务信息228篇，新闻79篇，及时反映我区残疾人典型和残疾人事业发展，宣传残疾人事业发展及各类扶残政策。

【用人单位按比例安排残疾人就业公示省级试点】 2015年，莲都区开展用人单位按比例安排残疾人就业公示省级试点工作。9月印发《开展用人单位按比例安排残疾人就业公示试点实施方案》，12月通过区政府网站对55家超比例和按比例安置残疾人就业的用人单位进行公示，为各类用人单位树立榜样。做好对莲都区用人单位按比例安排残疾人就业相关政策和超比例安排残疾人就业奖励办法的宣传工作，多方面鼓励用人单位安排残疾人就业。做好对用人单位的就业服务工作，根据用人单位需要，有针对性地开展残疾人职业技能培训，主动向用人单位推介，促进更多的残疾人实现就业。

【“精残政策进万家”活动省级试点】 2015年10月9日，全国第24个世界精神卫生日前夕，浙江省精残亲友协会在莲都区左渠门社区举行“精残政策进万家”活动试点工作启动仪式，全省11个地市、丽水9个县（市、区）的精协主席参加启动仪式。“精残政策进万家”活动以落实近年国家和当地已经出台的惠及精神残疾人的相关政策为目标，组织精神残疾人康复者及家属志愿者，深入社区走访精神残疾人805户，宣讲政策，帮助精神残疾人家庭解决具体困难和问题，最大限度发挥政策的温暖效应，促进社会和谐稳定发展。

【成功创建省级“示范数字化档案室”】 2011年，区残联坚持标准化原则，逐步推进室藏档案数字化建设和规范化管理，实现省级示范数字化档案室创建目标。截至2015年年底，档案室归档文件282卷10030件、电子照片425张、证书匾牌图片33张，管理规范、查阅方便。是年，莲都区残联通过省级示范数字化档案室验收考评，被浙江省档案局命名为第五批“示范数字化档案室”。

【莲都区电视手语新闻节目开播】 由莲都区残联、莲都广电新闻中心联合推出的电视手语新闻节目《莲都新闻·每周重点关注》于2015年5月16日在丽水电视台文化休闲频道正式开播。《每周重点关注》逢周六18:35播出，次日6:48和12:10重播，屏幕的左下方设有手语播报主持人的小画面，在电视播音员播报新闻时做出相应手语。电视手语新闻的播出为莲都区听力障碍人士及时获取新闻资讯和融入社会生活提供一个新平台。

（叶舒敏）

民族工作

【概　况】 丽水市莲都区是浙江省民族工作重点县(市、区)之一，有汉族和蒙古族、回族、藏族、维吾尔族、苗族、彝族、壮族、布依族、朝鲜族、满族、侗族、瑶族、白族、土家族、哈尼族、哈萨克族、傣族、黎族、傈僳族、佤族、畲族、高山族、拉祜族、水族、东乡族、纳西族、景颇族、土族、达斡尔族、仫佬族、羌族、布朗族、毛南族、仡佬族、普米族、塔吉克族、俄罗斯族、京族等39个民族成分。莲都区少数民族人口居全省第二位，全市第一位，截至2015年年底，全区少数民族人口26903人，其中以畲族居多，约有2.53万。辖区内有老竹、丽新两个畲族乡镇，少数民族人口在1000人以上的乡镇(街道)8个，分别是老竹畲族镇、丽新畲族乡、碧湖镇、大港头镇、联城街道、白云街道、岩泉街道、南明山街道(水阁街道和富岭街道合并)。

2015年，区民宗局共争取争取中央、省、市各级资金和帮扶资金538万元，其中中央资金150万元，省补助资金185万元，区专项资金88万元；对接落实省新一轮少数民族低收入群众增收帮扶计划项目8个，资金55万元；借助全省“五水共治、五教同行”慈善公益活动，对接落实帮扶资金60万元，用于联城街道坛峡村和老竹镇后坑村的饮用水提升项目。

2015年，区民宗局共组织、推荐少数民族群众参加省、市民宗部门举办的培训班4批次，培训少数民族群众、干部33人次。

【少数民族地区经济】 2015年，全区少数民族农村居民人可支配收入16933元，年人均收入在4000元以下的有0人，4600～6000元的有902人，6000～7000元的有2359人，7000～8000元的有2819人，8000～9000元的有3253人，9000～10000元的有3832人，10000～12000元的有6179人，12000元以上的有7559人。老竹畲族镇少数民族农民人均可支配收入15070元；丽新畲族乡少数民族农民人均可支配收入14903元。两个民族乡镇工农业总产值38865万元，其中工业总产值11214万元，农业总产值27651万元。

【结对帮扶】 协调落实省政府98号文件精神，2015年3月，区委常委、统战部长朱超模和区委常委、副区长赵加慧带领民宗、丽新、老竹乡镇主要领导，前往平湖市、省农业厅对接结对帮扶工作，介绍民族乡镇下步发展思路，争取在项目、资金、人才等方面得到更大的支持和帮助。共对接落实项目3个，资金120万元。(桐乡市落实老竹镇新屋村基础设施建设项目资金50万元，省体育局落实老竹镇民族村体育设施建设项目资金20万元，平湖市落实丽新乡马村绿草地建设项目50万元)。

【特色村寨建设】 探索畲族特色村寨建设与民宿经济融合发展的有效路径，扎实推动特色村寨建设。在推进畲族特色村寨建设的基础上，重点打造利山和沙溪两个民族村为民宿精品村，截至2015年年底，利山村有农家乐24家，其中公司经营1家(98个床位)，床位数409个，餐位数330个；沙溪村现有畲家特色农家乐13家，可同时接待住宿150人、餐饮1500人。

【民族团结进步工作】 2015年，区民宗局落实少数民族优惠政策和社会服务工作，为152名少数民族高考学生做好民族成分的审核工作，完成全区230名少数民族初中段考生中考加分审核工作以及为符合条件的公民办理民族成分变更手续，落实少数民族教育券补助经费175380元。结合省、市民宗部门开展春节等节日慰问，共向38户少数民族群众发放慰问品和慰问金各38份，共计5.62万元。把城市少数民族流动人口的服务与管理纳入到政府对流动人口的服务管理大格局中，建立丽阳门社区少数民族"四微"服务示范点。穆斯林斋月前和斋月期间的各项维稳工作，同民政、建设、发改、国土等部门协调沟通，协助做好莲都区穆斯林群众的墓地因城市征迁的调整问题。

【民族文化活动】 2015年，区民宗局协助全省在武义柳城镇举办的"柳新桥竹"三月三畲族歌会活动。摄制反映莲都区及老竹、丽新两个民族乡镇少数民族经济社会发展的宣传片，在活动现场播出。会同区畲研会，协助指导老竹镇沙溪村、联城街道路湾村同步举办"三月三"歌会，丰富莲都区少数民族群众节日活动。组织发动全区少数民族各界，收集整理上报丽水市"畲族文化网页"文字、图片、视频等资料30余份。组织开展莲都区首届少数民族书法展活动，开展民族团结进步宣传。会同区教育局、区文广新体局、区青年书法家协会、区畲研会等单位，成立组委会，组织专家组评审，共收到来稿作品93件，评选出优秀少数民族书画作品10件，入围展出50件，在区文化馆成功展出。

（李飞）

老龄工作

【概　况】 2015年，全区60周岁以上老年人口74573人，占总人口18.58%，增长率4%。其中90岁以上长寿老人1514人，百岁老人28人。截至2015年年底，全区有532人享受政府购买服务，金额324400元，累计享受政府购买服务共1627人，发放"居家养老服务券"117.8万元。老年电大教学点(班)82个，共有办学人员、辅导员、注册学员5356人。在全区范围内规范化老年人协会　283个，60岁以上老年人参与比重高于81.22%。统一制定《莲都区基层老年人协会工作台账》；定期组织基层老年协会规范化建设工作会议；建立老年协会示范点，将老竹村、新陶村老年人协会的成功经验进行宣传交流。

【居家养老服务工作】 莲都区始终秉承提供"六个老有"的养老服务理念，坚持多元化、个性化、专业化的服务模式，统筹政府、社区和社会志愿者多方资源，依托"96345"便民服务热线，深化居家养老服务工作。2015年在原有基础上，为城区208名90岁以上老人提供居家养老购买服务，服务补助金额为每人每年300元。此外，全区2015年共有居家养老服务站(含具有生活照料服务等功能的星光老年之家)154个，建筑面积达35246平方米，现有志愿者服务队伍320支，志愿者人数5330人，努力打造全方位，一体化，多层次的居家养老服务体系。

【老龄宣传工作】 2015年，莲都区开展一系列评比宣传工作。其中组织开展全市十大"百岁好人"、十大"长寿村"评选活动。莲都区老龄办推选莲都区大港镇小井村的叶群翠、叶芝莲两位百岁老人均被评为丽水市"最美百岁好人"；大港头镇小井村、岩泉街道雨伞岗村参加十大长寿村评选活动，网络投票分别排名第一、第三。持续推进"敬老文明号"评比工作，区民政局、区公安分局等五家单位参与第二届"敬老文明号"创建工作，为老办实事持续升温。

【老年文体工作】 2015年，莲都区陆续开展一系列有益于老年人身心健康的、丰富多彩的活动。一方面，关注老人文体娱乐需求，在"敬老月"期间举办纪念反法西斯战争胜利70周年知识竞赛；庆祝"老年节"文艺会演；在老年电视大学直属班增设音乐课；培育区老年孝文艺宣传队，广泛开展各项宣传"孝文化"

的老年文体活动。另一方面，关注老年人文化需求，举办老年电大教学点（班）；持续推进“孝文化”三进系列活动，增强社会共识，提高广大老年人依法维护自身合法权益的意识和能力。

（范伊卉）

关心下一代工作

【概　况】 2015年，区关工委联合教育部门，以当地爱国主义教育基地为阵地，结合清明节、建党纪念日等节日，组织开展中国梦主题教育系列活动。联合区文明办、区教育局等部门在莲都小学举行“莲都区第四届未成年人道德文化节”启动仪式。通过好人好事榜评比，美德好少年评选和传唱“核心价值观童谣”等活动，引导学生践行中华民族传统美德。2015年，区关工委共资助贫困大学新生91名，发放贫困助学金33万元。资助贫困中小学生70名，发放助学金和物资共7.2万元。

2015年，区关心下一代讲师团先后与社区学校、人文小讲堂合作，分赴学校、社区、农村开展社会主义核心价值观教育宣讲活动。累计开展《弘扬民族传统文化，构建和谐家庭》《弘扬传统家教文化，做现代智慧家长》《了解孩子心理，助孩子健康成长》等传统国学经典文化、家庭教育、心理健康等讲座71场，受益群众达1.3万人次，取得良好的社会效果。为深化、提升百名老科技专家联百村的“双百”活动，区关工委科技组将莲田套养甲鱼实验、茶叶机械化操作试点、野绿豆以草制草推广等10个项目、15个联系点为年度重点帮扶项目，帮助广大青年农民积极投身全面小康建设。

2015年，为进一步提升自身综合素质，区关工委于10月举办业务培训班。各乡镇街道关工委、五老骨干、讲师团成员等参加培训。此外，区关工委还召开“五老”学习通报会，对全国文明城市创建、青少年违法犯罪现状和思想道德建设相关情况进行学习，促使“五老”同志了解大局、充实自我。

【“五好”基层关工委创建工作】 经过3年的创建，全区共完成9个乡镇街道、55个村、19个社区、26所学校的“五好”创建工作，基层关工委的组织建设进一步得到加强。各乡镇街道都配备关工委专职副主任，其中“五老”同志占80%，解决有人办事的问题。

【浙江省关工委领导到莲都考察】 2015年9月22日，省关工委主任徐宏俊一行来到莲都区，对关工委公民道德教育基地相关情况开展调研，实地参观莲都区关工委公民道德教育基地即万象书院。徐宏俊主任对万象书院“去功利化”办学宗旨给予充分认可和肯定，他认为当前学校教育、家庭教育功利化现象普遍，书院作为公民道德教育基地，对传承中华优秀传统文化必须要长期坚持，采取多种方式落到实处。对传统文化要取其精华，去其糟粕，根据青少年特点寓教于乐，将书院真正打造成传承经典、提升素养的文化阵地。

【品牌建设工作】 2015年，区关工委法制组通过与相关部门建立联席制度，组织“五老”参与庭前调查、讯问陪审、狱内帮教等“法润少年”关爱活动，依法维护青少年合法权益。“法润少年”工作目标明确，成效明显，被省市关工委评为关心下一代工作创新奖。区关工委以万象国学书院为阵地，与市关工委联合成立公民道德教育基地。通过开展国学国艺教育，举办家庭教育、传统文化、健康教育等公益讲堂形式，传承中华传统文化，弘扬核心价值观。莲都小学关工委坚持开展的“莲文化”教育，以培育美德少年为目标，发动社会、家庭共同参与，持续开展“莲声诗韵”校园文化艺术周、“学习雷锋　点滴践行”、爱心救助等活动。

【调查研究工作】 2015年，区关工委分别对太山猕猴桃基地、生态果园野绿豆“以草治草”项目等开展实地调研，并及时向区政府和相关部门提交建议。5个工作小组还分别就中小学禁毒预防教育、农民工子女关爱、关工委五老队伍建设等多个课题开展调研并撰写调研文章。

（周华敏）

乡镇 街道

岩泉街道

【概 况】 2015年，岩泉街道总面积92.19平方千米，辖18个行政村、5个社区。山林面积5373公顷；耕地面积578公顷。全年实现工业总产值27.9亿元；企业增加值3.3亿元；税收收入2310万元；房产税总户数864户，收入473万元，完成率100%；实现农业总产值1.95亿元，同比增长3.5%；农民人均收入19840元，同比增长10%。岩泉街道招商引资包括浙江艾莱依羽绒制品有限公司、万丰中西医结合医院两个续建项目和浙江瑞新药业工业技改、内河三期整治PPP两个新建项目。考核要求合同利用市外内资2亿元，实际利用市外内资2.5亿元，浙商回归考核要求1亿元，基本完成。上报综合性总部经济项目一个（艾莱依总部经济项目）。

2015年，实现粮食生产539.13公顷，产量2456吨，完成指标的100%。完成生态公益林4238.20公顷，发放个人公益林补偿金额104.38万元。完成人工造林10公顷，中幼林抚育面积266.67公顷，四旁植树8000株。开展松材线虫病的疫情调查，共砍伐可疑松木300多株。实现来料加工费收入2886.7万元，其中低收入集中村加工费970万元，累计从业人员达3376人。村级集体收入1715万元，比2014年增加8.2%。种粮农民农资综合直补面积达566.99公顷，直补资金45.1万元。开展动物疫病防疫，有效防止重大疫情的发生。坚持把农村产权制度改革作为推进新一轮农村改革的重点和关键点，完成9个城中村的农村产权制度改革工作。发放农村土地使用证160本。做好低收入农户增收工作，落实帮扶资金5万元，消除4600元以下贫困人口，共计451户712人。做好集体林权制度改革，实现林农小额循环贷款余额3768万元。调整产业结构，建设抚育笋竹两用基地20.53公顷，依托灵山鲜果合作社种植瓯柑、杨梅、优质桃40公顷，依托丽水市曼地亚红豆杉科技开发有限公司、龙华红豆杉研究所、余岭红豆杉专业合作社种植红豆杉66.67公顷。逐步扩大板栗、油茶、香榧为主的干水果种植基地，形成新的产业。

打造双黄区块“一道三园”农业休闲观光精品示范园，打造“雨伞岗葡萄”“高山皇菊”等金名片，扩大皇菊基地种植面积6.67公顷，举办第四届雨伞岗葡萄节和皇菊摄影文化节，有效地提高品牌知名度。推进余岭村和枫树湾村民宿培育工作，截至2015年12月底，余岭村民宿建设意向户共27户、122个房间、169张床位。已有李树庭、张余法等11户、64个房间、83张床位完成装修，8户、47个房间、68个床位正在装修施工，2户样板房已经确定，正在抓紧施工中。枫树湾村民宿建设意向户共21户、104个房间、145个床位。正在装修的民宿户有10户，共有56个房间、81个床位；已装修好3户，13个房间、19个床位。

【文明城市创建】 2015年，岩泉街道办事处围绕“三大命题”，开展余岭村、蔚蓝水岸等1个村、6个居民小区的“无烟头”示范小区创建。开展全街道农村公厕的调查，建立档案，落实专职保洁人员，加快公厕建设。新建文明楼道37条，文化教育长廊1条，文化礼堂1个，“六星文明户”创评村4个，其中黄畈村试点基本完成。开展暑期关爱留守儿童系列活动、身边好人推荐、邻里节、中老年运动会等活动。发布党员微心愿，广泛招募党员志愿者1000余人次，发动各类创建志愿者60批375人次。

【美丽宜居乡村建设】 2015年，岩泉街道办事处组织开展“六边”区域洁化、违章建筑拆除、违法广告治理等工作。开展“六三三”专项行动、铁路沿线整治攻坚行动，重点整治公路沿线、河道边、村庄居民区，清除“脏乱差”，确保“六边”区域可视范围内无明显垃圾，无乱堆乱放，村容村貌、人居环境整洁有序。基本完成上级交办的点位354处，其中市级35处，拆除面积24729.19平方米，清理乱堆放394处，清理垃圾950吨。对公路沿线村内外播撒景观花17000平方米。完成“三沿五区”的重点坟墓整治工作，特别是对高铁沿线的坟墓，进行种树、覆土，总共覆土600多座，全年共整治800多座坟墓，种植9000多棵柏树和冬青。

【“五水共治”工作】 2015年，岩泉街道办事处组织实施好溪堰干流以南及以北19个点支流截污和临时污水处理工程的选点、设计和财审，其中8个点已开工建设并全部完工。成立专门的河道巡查员队伍，建立相关保洁巡查制度，每天按时开展河道巡查工作，确保垃圾不入河。落实河长队伍、专职巡查员和党团志愿巡查队伍，共计巡查500多人次，清理垃圾30余吨，确保街道所辖范围内的河道清洁。做好乡级村级河长河道巡查，写好河长工作手册，制作2015年“五水共治”告示牌，明确相关责任人。对市、区级交办的治水任务，及时组织整改，按时反馈整改后情况，交办单完成率100%。

【项目征迁工作】 2015年，街道重点项目政策处理任务总共33个。街道抽调精干力量并由班子带队打好政策处理百日攻坚战。特别是在省重点项目九里湾内河改造工作中，经市、区两级相关部门组成攻坚组，“5+2”“白+黑”，经过13天日夜奋战，完成29大户63小户的签约工作，10天时间完成8000余平方米房子的腾空拆除，创造政策处理工作的新速度。截至2015年12月底，已经完成的项目有26个，基本完成的项目4个，总征地82.94公顷，已完成70.64公顷，完成率85.17%。总签约数392户，已签约355户，签约率90.56%，已腾空拆除面积37632.08平方米。

【“三改一拆”工作】 2015年，街道拆违任务18万平方米，全区第三。街道全体干部咬定目标，严格执法，敢于拔钉，敢于亮剑。重点拆除严重影响好溪堰水系的旧机场黄仲仙户养猪场违章建筑、东城教会十字架和楼顶违章建筑等，结合重点工程项目推进，完成好溪堰内河整治九里湾段、市场二号路、市人民医院东城院区等项目的房屋拆除。截至2015年12月底，共计拆除违章建筑214052.25平方米，完成2015年任务数的118.92%。“无违建”创建处罚83户，处罚面积27521.54平方米，处罚金额407万元。

【计划生育工作】 开展攻坚月活动，成立社会抚养费征收工作突击小组，由主要领导带队，进村入户征收社会抚养费。以“三查”为契机，对应查未查对象进行全面排摸，动态掌握生育信息，严控计划外生育。2015年1—11月，共上报出生309人（不含清查），计划内出生上报283人，计划外出生上报26人，计生率91.59%。1—11月当年应征收社会抚养费41例，应征社会抚养费2071443元，已征收830479元，征收率为40.09%；往年应征收84例，应征社会抚养费2141666元，已征收社会抚养费424973元。

【社会保障工作】 2015年，完成农村劳动力转移就业141人，完成率120.5%；完成公益性岗位18人，完成率100%；完成企业用工需求信息采集65份，完成率100%。开展社会保险工作，16515人参加城乡居民医疗保险，新增136人参加城乡居民社会养老保险，新增被征地农民基本生活保障参保人数936人。完成全民参保登记调查入库8383人。开展企业退休人员社会化管理工作。全年共完成147户低保户的走访审核上报。开展困难家庭及低保家庭入户调查906户，建立街道困难群体数据库。困难居民申请医疗救助215人次，办理临时救助101人，发放各类救助存折268人，发放“救急难”27人20500元。做好各类走访慰问工作，年初走访慰问820洪灾受灾户175户，发放慰问金5.5万元，11月发动全体干部职工为里东山体滑坡受灾群众捐款43295万元。

【安全生产工作】 2015年，调整安全生产工作领导小组。与辖区内生产经营单位签订责任书2438份，分层次对企业进行监管，先抓大后抓小，突出重点领域的监督检查。落实市级全员培训，对企业基本情况进行摸底并发放全员培训书籍2021册。领导带队对辖区内开展春、夏拉网式的安全生产大检查活动，重点对危险化学品、锅炉压力容器、食品卫生、特种设备、娱乐场所等生产经营单位进行全面细致的检查。共检查企业125家，查找隐患171处，明确整改限期。有组织有步骤开展食品安全检查指导工作。开展粉尘专项摸底行动，共排查出包括林产品、农副产品、金属粉尘隐患企业19家。完成5家企业安全生产标准化达标挂牌工作。

【信访工作】 2015年，共受理信访件30起，54人次，其中集体访4起，20人次。建立健全重点人员稳控责任制和责任追究制度，实行党政领导信访接待日制度，及时做好信访人员的初信初访，引导信访人员走合理、依法信访的渠道。摸排信访重点人员，及时跟进每位重点人员的思想动态，尽量避免重复信访、群体信访和越级信访。做好市、省、全国“两会”“9·3”阅兵、国庆节、十八届五中全会、世界互联网大会等期间的信访维稳工作。配合开展信访维稳百日攻坚活动，排除不稳定因素，化解信访积案，做好老上访户息访息诉工作。

【社区便民服务工作】 2015年，岩泉街道办事处组织五个社区换届选举工作，5月所有社区换届选举全部顺利完成。开展社区邻里节活动，各社区根据实际开展诸如卷饼节、百家宴等邻里节活动。搬迁天宁社区办公场所，建立天宁社区便民服务中心。正阳社区、北苑路社区新建设居家养老照料服务中心，为老年人休闲、学习、娱乐提供有利条件。

【住村联心工作】 2015年，街道建立住村联心工作制度。明确住村联心工作要求，开展走访农户、记好《住村联心工作手册》、手绘民情地图、采集民情地图信息等工作。18个村的民情地图信息全部按要求导入，并进行关联。参与“应知应会”考试，取得较好的效果。开展组团“三夜”服务活动，从10月开始，街道制定班子组团“三夜”活动计划，重点走访15%人员、老党员、民宿经济重点户等60户，并召开座谈会4次，帮助解决相关问题12个。

【武装队伍建设】 按照突出重点、整合资源、规范组建的原则，18个村民兵连进行重新编组整合。基干民兵整组点验到点率100%，点到率100%，得到上级的充分肯定。走访慰问从军家属、困难军属20余次，营造良好的双拥氛围。在春节和“八一”期间组织人员到驻军单位进行双拥慰问，慰问驻军单位5家，送上慰问品以及慰问金19500元。新征入伍新兵21名，其中女兵一名，超额完成征兵工作任务。民兵应急连训练有素，前后派出民兵50名150人次参加里东大救援工作。

紫金街道

【概　况】 2015年，紫金街道总面积60.04平方千米，辖19个行政村、332个居民组、137个村民小组。全镇总户数33633户，其中，农业户5966户；总人口104815人，其中，农业人口13539人，有外来人口37654人。山林面积5045.6公顷；耕地面积91.99公顷，其中，水田77.62公顷。全年共完成工业总产值11.87亿元，完成年度目标100%；其中规上工业总产值10.7亿元，完成年度目标的98.7%；工业增加值累计完成2.78亿元，其中规上工业增加值2.63亿元。

2015年紫金街道各行政村基本情况

表29

村名	面积(平方千米)	户数(户)	人口(人)
合 计	56.48	5966	13539
海 潮		496	1203
厦 河		673	1647
大 众		268	536
新 建		186	419
城 东		169	416
古 城		239	434
水 东		610	1372
金 东		202	532
芦 埠		313	532
塔 下		126	258
湾 岙		196	426
风 化		404	952
瀑 泉		253	741
杨 坑		470	1021
祝 庄		305	765
水岭根		405	1058
黄泥墩		122	279
河 村		145	341

2015年底有关数据统计

表30

村 别	村民小组	农业户数	农业人数	外来人口数	劳动力人 数	耕地面积(亩)		当地主要种植水果面积(亩)	
						水田	旱地	果园面积	其中柑橘面积
合 计	137	5966	13539		9965	77.63	14.37	846.67	536.87
海 潮	10	496	1203		842				
厦 河	16	673	1647		1152				
大 众	5	268	536		375				
新 建	1	186	419		293				
城 东	6	169	416		291				
古 城	3	239	434		304				
水 东	14	610	1372		960			67.87	16.87
芦 埠	7	313	532		925	1.30		33.33	30.67
塔 下	1	126	258		231			16.67	8
开 潭	6	324	607		424		0.24	44.73	36.4
湾 岙	5	196	426		298		1	104	60
风 化	8	404	952		566			95.33	84.67
瀑 泉	12	253	741		518	16.67	1.4	56.93	48.67
祝 庄	9	305	765		532	20.59	3.6	59.13	36.67
杨坑村	15	470	1021		714	26.13	5.2	121.93	70.27

续表30

村 别	村民小组	农业户数	农业人数	外来人口数	劳动力人 数	耕地面积(亩)		当地主要种植水果面积(亩)	
						水田	旱地	果园面积	其中柑橘面积
水岭根	13	465	1058		735	12.93	2.93	152	136.67
河 村	1	145	341		238			27.4	6.67
黄坭井	1	122	279		195			67.33	1.33
金 东	4	202	532		372				

说明:莲都区统计局测定紫金街道人均可支配收入为22341元

2015年,紫金街道共有征迁项目21个,其中,重点项目8个,一般项目11个,新增项目2个,共计需征地面积45.93公顷,拆迁690户,拆迁面积6万多平方米。2015年以来,街道全体干部以服务城市建设为中心,“5+2”“白+黑”,全面提升工作进程、工作水平、工作力度,最大限度凝聚征迁合力。截至年底,共征地25.59公顷,16个项目全面完成,其中重点项目6个,其他项目正在有序推进。截至2015年12月底,引进冰雕文化项目、盛业投资管理项目和浙江民泰银行丽水分行、飞达国际大酒店4个续建项目,合同利用市外内资3.98亿元;实际利用市外内资2.92万元。完成18个城中村的农村产权制度改革工作。以高度的政治责任感推进扶贫开发工作,落实帮扶资金10万元,消除4600元以下贫困人口,共计255户463人。

【文明城市创建工作】 2015年,紫金街道办事处围绕葛书记提出的“厕所能不能成为文明窗口、烟头能不能成为形象品牌、乡愁能不能成为经济”三大命题,打造“一个捡不到烟头的城市”。街道党员干部以及志愿者踊跃参与“烟头垃圾不落地、家园环境更美丽”主题实践活动,开展“无烟头”示范小区创建。新建文明楼道38条,“六星文明户”创评村1个。开展暑期关爱留守儿童系列活动、身边好人推荐、邻里节、中老年运动会等活动。发布党员微心愿,广泛招募党员志愿者1200余人次,开展各类志愿服务近300多次。

【“六边”集中整治】 2015年,紫金街道办事处分别对330国道沿线、金丽温铁路沿线及“六边”区域开展集中整治,全年共拆除“六边”区域违章建筑超2026处,拆违面积11.05万平方米,并及时做好拆后垃圾清运和村民思想工作。

【洁净村居工作】 2015年,清理卫生死角200余处,清理大小水沟30余段,清运腐烂柑橘32余吨;完成8座农村公厕的整改,开展彻底清洗,并对损坏的洁具等物品进行维修或更换,落实保洁员进行日常维护。

【“无违建”工作】 2015年,街道联合执法部门,分别对金丽温铁路沿线和330国道沿、海潮村、厦河村、城东村进行违章拆除,累计拆除18.72万平方米,超额完成全年指标,完成率108.9%,有效遏制私搭乱建不良之风,拆出声势,拆出公平。

【“五水共治”工作】 2015年,紫金街道办事处落实河道专职巡查员6人,并对专职巡查员进行考核检查,确保巡查任务有序进行。同时安排村(社区)、街道干部及区直部门干部开展巡查。建立村(社区)、街道干部治水工作的激励与约束机制,奖优罚劣,强化责任追究。截至年底,辖区水系9个污水处理点完成8个。完成风化砂场、开潭砂场的治理工作。其中,风化砂场已经取缔,开潭砂场已经不进行采砂,待砂场余料售完立即关停。

【民生保障工作】 2015年,紫金街道办事处完善就业服务体系,拓展就业服务平台,继续扩大社会保险覆盖面,新增农民失地保险1696人,养老保险3749人,新增城乡居民基本医疗保险14185人。做好大病医疗、困难家庭帮扶、慈善救助、退伍军人和优抚对象优抚安置、劳动监察等工作。探索建立紫金街道居民自治联合会。

【综治工作】 2015年，紫金街道办事处共调处各类矛盾纠纷453起，办结上级转交信访问题15件，省巡视组转办件14件。做好禁毒工作，提高群众的防毒拒毒意识。开展反邪教工作，推进“无邪教社区（村）”创建工作，开展综治、法制等宣传活动。

【科教文卫事业】 2015年，紫金街道办事处计生率为94.87%，共征收社会抚养费122.3万元。高度重视村（社区）文化建设，建立农家书屋19个、天天乐文体广场活动点55个。组织街道内文艺团队参加省、市、区举办的各项活动。

（何卓）

白云街道

【概　况】 2015年，白云街道总面积37.7平方千米。东起大洋路，南至丽青路、丽阳路，西面与莲城街道接壤，北依风景秀丽的白云山森林公园。辖区内有6个社区、4个村委会，总户数18414户，总人口44456人，其中，农业人口6598人、非农人口37858人。有外来人口29510人。耕地面积12.3公顷。全年实现工业产值13602万元，工业增加值2240万元；实现农业总产值4532万元，农民人均可支配收入23517元；全面完成4个城中村的农村产权制度改革工作。引进住宿、软件开发等企业4家，招商引资合同内资完成4.3亿元，完成年任务的200%，已实到资4.3亿元，引进华侨大酒店大项目1个，实现全年浙商回归到位资金3亿元。另有1个宾馆、1个休闲养生度假区项目也已达成投资意向，不断加强财源建设，本年实现税收153万元。

白云街道办事处村情表

表31

村名	面积（平方千米）	户数（户）	人口（人）
合　计	14.52	2660	6598
丽光村	0.02	570	1249
城北村	0.9	506	1356
城西村	9.7	526	1241
灯塔村	3.9	1058	2752

白云街道办事处社情表

表32

名称（个）	人口（人）	党（总）支部书记 居委会主任
白云社区	5820	卢君红 黄溦芬
北郭桥社区	6908	黄士祥 黄俊燕
后庆社区	6984	吴杨琳 翁丽霞
灯塔社区	6612	沈　敏 赵丽霞
三岩寺社区	4613	陈朝霞 陈苏芳
接官亭社区	7425	管伟红 杨初春

2015年街道共承担市区重点项目16个，征地总面积75.58公顷，拆迁面积8万多平方米。4月下旬对辖区中波台地块22户剩余个人房屋征收开展攻坚，20天内实现市委提出的“干净、整洁、协调”目标，成为征迁政策处理工作新样板。6月中旬启动政策处理“百日攻坚”大会战，充分发扬“钉住、粘上、拿下”工作方法，全年共完成项目建设任务11个。街道开发的“卫星地图系统”成就项目攻坚“互联网+”，人民网、中国网、光明网和《浙江日报》《丽水日报》等诸多媒体上均有报道；以街道干部攻坚事迹为原型拍摄的微电影《一米阳光》成为全省首部反映征迁工作微电影，先后登陆《绿谷先锋》网、浙江在线、浙江新闻手机客户端、丽水电视台、腾讯视频、优酷视频等，发布不到一个月，网上点击量超过10万人次，《浙江日报》、浙江在线和市区各媒体都对微电影进行专门报道。

街道新增农民失地保险1123人；新增养老保险参保人数15人，任务完成率为125%；医疗保险共参保7734人，指标完成率105%；农村政策性住房保险1456户，参保率100%。全年发放低保金、补助救济款共170多万元，申报医疗救助14批次116人次，发放医疗救助金808250元，对33户突发性困难家庭给予“救急难”补助33000元，44位重度残疾人纳入托（安）养工程，给予每人6000元补助。在全区率先实现对年人均收入低于4600元农户的消除。街道计划生育率90.34%，育龄妇女“三查”率95.6%，长效节育率76.85%；社会抚养费应征2027318元，已征1269978，征收率62.6%。

【五水共治工作】 2015年，工程治水方面：排查解决污水直排河道问题。解决城北吴垵村、城西五一溪、星火商城等地的污水直排问题，并做好2014年建成的五个污水处理设施的日常运行维护工作。完成丽阳坑流经国税段的两岸立体绿化改造工程；教工路项目和丽阳街西段综合整治区块工程进展有序；投资100多万元对位于丽阳坑畔原来脏乱差的星火商场旁拆违空地完成绿化改造，变成一座小型的休闲公园。丽阳坑水系流经的4个城中村已全部启动改造，共计划改造面积483781平方米，投资6270万元。灯塔村和城西村已全面完成改造工程，丽光、城北村改造进度分别达77%、35%。社会治水方面：街道在落实各网格河长责任制的同时，鼓励基层组织和社会的积极参与，共同营造"全民治水"的良好工作氛围。组织开展以"五水共治"为主题的集中活动7次，并组建保洁、护鱼、巡逻等多支队伍。街道、社区发动志愿者在丽阳坑开展"邻里共育文明花，携水治水添色彩"以及"护水护鱼签名"等活动，参与人次1200多人，在后庆社区还有60多名居民志愿组成"治水护鱼巡逻队"，每天开展治水护鱼巡逻宣传。截至2015年年底，丽阳坑内的观赏鱼苗约有3000多尾。

【全国文明城市创建工作】 2015年，白云街道办事处成立街道创建工作领导小组，研究制定实施意见，召开动员大会和专题部署会，明确责任分工和工作要求。先后在辖区范围内安置文明创建宣传展板24块，文明提示牌200多块；在绿化带、道路旁安装文明提示牌1050块，张贴楼层贴、微笑牌1500套。街道机关党员主动认领文进街作为文明实践区，各社区、村成立市民文明巡逻队，每天坚持开展文明劝导。以"携手共建，人人参与"为主题，组织大型踩街宣传、文明创建市民签名、知识竞赛、问卷调查等活动。按期完成新增52条文明楼道和1条文化长廊建设，文明楼道新建数量在各街道居首，北郭桥社区文化长廊被区创建办评为一等奖。按照莲都区"烟头垃圾不落地　家园环境更美丽"主题实践年活动要求，在辖区开展"小烟头，大文明"主题活动，下辖的6个社区4个村，组织党员志愿者、学生志愿者、居(村)民代表、热心群众等，深入辖区各街道、小巷、居民区及各角落，开展"拾捡垃圾，文明劝导"活动，宣传文明共建。

【基层人武规范化建设】 2015年2月，区人武部将白云街道列为基层武装部规范化建设试点后，街道党工委、办事处坚持把党管武装工作摆在重要位置，按照上级要求，设置民兵资料室、器材室，抓好设备购置，为民兵队伍建立"一信通"，达到办公自动化。配齐配全应急携行装备、抢险救灾、森林防火、指挥器材、维稳防暴等五大类37个品种500余件。街道科学优化组织一支素质高、业务熟、技术硬、有较强战斗力的民兵队伍，在维护社会治安和抢险救灾中发挥突击队的作用。特别是在里东救援中，街道出动民兵60余人次，共营救救困难群众462人次，抢救物资共计700万余元。根据上级兵役机关的时间安排，街道于3月中旬进行兵役登记，参加登记的应征青年(当年18周岁)达150人，登记率98.6%；参加目测的人数106人，合格56人，合格率达53%。经过层层筛选街道有14名优秀青年(其中大学生8名)走进军营，超额完成征兵任务。

【社区文化建设工作】 2015年，白云街道办事处在下辖6个社区先后成立"居民议事厅"，采取"有事大家议、有难社区帮"的方式，各社区诸多的热点、难点、焦点问题得到解决或形成一致，受到广大居民的好评，促进辖区的稳定和谐。北郭桥社区开展的"凝聚邻里情，其乐暖人心"、接官亭社区开展的"邻里一家亲，情系你我他"等活动，搭建社区邻里互认、互助平台，拉近邻里距离。在充分调研的基础上，择定在白云社区开展文明楼道"邻里公约"试点工作，促进居民文明行为养成，推进社区文明创建。创设志愿服务载体、模式，使街道志愿服务品牌建设得到深化。白云社区组织15支志愿服务队，开展"捡烟头，倡文明"比赛活动，设立流动红旗，每季一评一表彰，把“文明劝导”志愿服务常态化。三岩寺社区组织丽水附高的学生志愿者开展“大扫除活动”，志愿者们头戴标小红帽，手拿畚箕、扫把、火钳等工具，对辖区进行全面细致的清扫；接官亭社区“丽人”志愿队一早来到白云山森林公园，开展“爱绿护绿”活动，她们手拿垃圾袋，沿着盘山公路捡垃圾，清理卫生死角；后庆社区“益民”志愿队在重阳节开展“敬老助残”活动，上门看望行动不便、不能外出参加活动的高龄、空巢、残疾老人，送上慰问品，还为老人们进行健康义诊；各社区组织广大在职党员开展文明巡查志愿服务活动，有效改善社区环境，提升社区文明水平。

（黄俏超）

万象街道

【概　况】 2015年，万象街道总面积7.26平方千米，下辖7个社区、4个行政村、总户籍人口5.4万、200个居民组、28个村民小组。全街道总户数23071户，其中，农业户2784户；总人口53764人，其中，农业人口5379人，有外来人口729人。山林面积295.6公顷；耕地面积32.67公顷。街道所属工业企业138家，全年实现规模工业企业销售产值5950万元，规模工业增加值1078万元，企业销售固定资产投资1037万元。工业经济持续稳定增长，实际完成工业总产值6289万元，完成年度任务数的100.4%，比2014年增长11.19%。企业增加值比2014年增长0.7%；实际完成工业增加值1003万元，完成年度任务数的159%。实现地方财政收入813万元，房产税收入473万元，财政总收入3709.22万元。

2015年万象街道各行政村基本情况表

表33

村　名	面积（平方千米）	户数（户）	人口（人）
合　计	4.307	2784	5379
丽华村	0.2	1285	2644
丽南村	1.2	413	798
城南村	2.107	638	1131
水南村	0.8	448	806

全年粮食播种面积11.33公顷，粮食总产量51.9吨。年出栏生猪190头、家禽2630头，完成农民素质培训650人次。

2015年，科学统筹处州府城、华侨城·圆梦园、丽阳街西段综合整治工程等项目，重点破解水南公寓的征迁难题，实现阳光征收、批发签约和会战完胜的美好梦想。其中，水南公寓属大会战期间拆迁户数最多、面积最大、任务最重的项目，共需拆迁382户，已签约352户，腾空284户，拆除99户。其中，9月26日签约40户创下历史新高，9月27日中秋节签约38户。截至2015年年底，已全面完成处州府城、华侨城·圆梦园、丽阳街西段综合整治工程、桐岭路等11个项目的年度征迁任务，水南公寓、市中心医院停车场、江滨城市综合体1#～3#地块项目等3个项目正在商讨相关政策和开展依法裁决。

2015年，街道成功引进丽水瑞成文化古玩城项目，一期70间店铺已于7月底对外营业，截至2015年年底到位资金1.9亿元；处州府城项目合同利用市外内资4.7亿元，截至2015年年底到位资金9600万元；计划投资超10亿元的华侨城·圆梦园项目完成土地二次清场工作；总投资1.6亿元的丽水国宾体检中心项目也已完成项目用房租赁，招商合同也即将正式签订。

全年共支出困难补助10.08万、医疗救助154人次105万，各类民生保障资金115.08万元。2015年度城乡居民医疗保险参保人数为8110人，完成率100.1%。

城乡居民基本医疗保险覆盖8208人次，建成社区居家养老服务照料中心7个，完成残疾人无障碍进家庭设施改造4户。稳定计划生育，全面落实单独两孩政策。下乡送科技图书300余册，为5280名农民进行免费健康体检。

是年，万象街道被评为2015年度工作责任制考评综合优胜单位；丽水市乡镇（街道）食品安全工作先进集体；2015年度莲都区六边三化三美工作二类单位考核优胜奖；2015年度信访工作先进集体；2015年度洁净村（居）创建工作三等奖；“五好”服务型乡镇街道。

【“六边三化三美工作”】 2015年，万象街道办事处完成市级交办点位4个、区六边办交办点位111个，区市场监管局交办点位82个。开展自查自纠。对卢镗街丽华小区、吕埠坑西站路沿线、环城南路沿线实施美化提升工程。全年共排查整治点位1000余处，其中拆除整治违法广告600余处，违法搭建100余处，乱堆放200余处，清理生活垃圾60余吨，建筑垃圾200余吨。拆除各类违规、破损、无主、存在安全隐患的户外广告200余幅，1000多平方米，清除牛皮癣50余处，擦亮城市西"窗口"。制定街道、村两级"路段长制"，街道主要负责人亲自担任街道级路段长、村支书亲自担任村级路段长。督促落实各责任路段，尤其是环城南线万象段、城区西出入口等重点区域沿线的洁化、绿化、美化相关整治工作。每月考核成绩在全区二类单位(乡镇街道)中一直名列前茅，1—11月综合排名位列第一。

【宣传思想文化工作】 2015年，万象街道办事处建设首条以"校居共建，文明同行"为主题的文化长廊，46条文明楼道建设工作；获文明楼道考核总分第一。召开浙江省首届生态运动会万象街道第三届全民体育节暨社区运动会，开展志愿者服务、文明创建知识竞赛、全国文明城市创建文艺会演、微信推广、好家风评选等丰富多彩、寓教于乐的文化体育活动。组织开展"参与全国文明城市创建——赢取苹果6s手机活动""小手拉大手，共创文明城"等主题活动，发放文明创建的扇子、雨伞、纸杯、环保袋等宣传品4000余份。安装文明提示牌150份。绿化带文明提示语330个和小区道路的遵德守礼提示牌200个。

【"五水共治"工作】 2015年，万象街道办事处组织500多人次对辖区内所有河道进行排查，清理瓯江大溪沿岸的垃圾约3吨，拆除河道边的违法搭建8处，658平方米。与联合环保部门排查辖区内332家企业，查出问题企业10家，逐一督促整改。完成排山养猪场关停任务，转移生猪47头，拆除养殖场违法建筑500平方米，完成全街道的畜禽养殖场整治任务。拓展社会治水平台。发挥社会力量作用，动员垂钓人员争当义务治水员，组建志愿者巡查队和绿谷治水帮帮团。开展"一袋行动""把脉助推五水共治，群策群力共建美丽万象"人大代表活动、群众治水例会、80岁和90岁老寿星丽阳坑集体祝寿活动、"手拉手，助力丽阳坑"大型宣传活动等，掀起群众治水"热潮"。各级媒体报道万象街道治水工作60多篇，特别是人民网、新华网、新浪网、浙江在线等主流媒体也多次报道和转载街道的治水成效和工作经验。

【新农村建设工作】 2015年，万象街道办事处开展消除"4600"元以下低收入农户工作，街道25个干部结对帮扶本街道和老竹镇共计45户"4600"元以下低收入农户，实现增收目标。开展辖区内5家农家乐星级评定工作，其中三星级农家乐2户，二星级1户，一星级2户，开展农家乐节假日安全检查工作，确保安全。多措并举促发展。完成4个村的农村股份制经济改革工作，新增一宗农村产权公开交易，落实农村三资管理各项制度，落实减轻农民负担的相关工作，开展春、秋、冬三季动物防疫以及加拿大一支黄花、黄龙病等植物防控工作。

【"无违建"创建工作】 2015年，万象街道办事处与各村、社区签订无违建创建工作责任书，定人、定岗、定责任。全年共拆除违建70567.35平方米，其中，包括城南村吕步坑过景公路两侧的违法建筑13357平方米；对绿城秀丽春江小区不存在安全隐患的违建进行了处置试点，共处罚39户199.36平方米，收缴罚款298636.86元；对下水南205户610例违法建筑案件，结合房屋拆迁工作进行依法处置。同时，开展违建户的制作谈话笔录和现场勘测工作，完成569户的谈话笔录制作和现场勘测工作。

【城市管理工作】 2015年，万象街道办事处做好丽南水果市场等场所的环境卫生管理工作，持续开展占道经营和流动商贩的治理。做好危旧房排除和鉴定及日常巡查管理工作。街道对辖区内7个社区排查出的丙类疑似危房，委托房产鉴定机构进行全覆盖鉴定，鉴定为C、D类危房共8.9万平方米。强化数字城管案件管理。全年共接到案卷2943件，总结案率为100%。及时结案数为2942件，及时结案率为99.96%，总结案率与及时结案率均位列中心城区4个街道之首。

【社会保障工作】 2015年，万象街道办事处做好失地农民保险转职工养老保险工作，城乡居民医疗保险和养老保险收缴均完成任务，完成率分别为101.33%和111.76%。全民参保登记、退管工作、农民转移就业等相关工作有序开展。开展"阳光低保"行动，共新增低保对象18人，续保35人，建立困难家庭数据库。规范残疾人办证工作，以773名残疾人（其中2015年新增办证45人）为重点，通过帮扶、就业、康复服务，推进残联工作更上新台阶。

【综治信访工作】 2015年，根据"属地管理"原则，分别与4个村、7个社区和辖区内97个单位、企业、学校签订综治目标管理责任书。共排查调处各类矛盾纠纷460件，矛盾纠纷调处成功率达99.56%。维护社会稳定。围绕全国、省、市、区两会，以及"9·3"阅兵、国庆、世界互联网大会和省委巡视组在莲期间等重点时段维稳工作要求，共排摸各类不稳定因素和信访积案29件。

【安全生产工作】 2015年，万象街道共签订安全生产目标责任书2825份，签订率达到100%。街道先后多次对处州商场、棉布市场进行检查，开展对辖区内商住两用房进行排摸并检查，共开展安全生产检查150余次200多人次，各个社区、村开展检查100余次300多人次。组织开展食品安全专项大检查，共排查辖区内食品生产加工企业15家，排查出无证经营7家，并联合市场监管部门抓好整改工作，取缔1处无证非法生产小作坊。

【计生、人武工作】 2015年，万象街道办事处有效运用社会抚养费征收零陈述定案机制，通过法律手段强力征收。排摸符合"零陈述"条件的对象共10例，共发出《通知书》15份，通过告知"零陈述"定案机制后，已征收完毕20例，征收金额达38204元。另3例经街道计生办多次做工作拒绝缴纳的，也已送达征收决定书，并通过法律手段强力征收。全年计生率93.04%，多孩率0.31%（区下达指标0.5%），当年社会抚养费征收兑现率65%。落实优惠政策，享受奖扶、特扶对象补助资金12人56400元；发放关爱计划生育特殊家庭系列保险，共惠及40人。征兵工作中，万象街道为部队输送大学生11人，占总数的78.6%，超过区级要求的28.6个百分点。在"11·13"里东山体滑坡灾害大救援中，共组织基层民兵85人次参加抢险救灾行动，共组织7次民兵训练。

（汤梦圆）

联城街道

【概　况】 联城街道办事处驻地武村，距市区6千米。东与丽水市市区相邻，南与水阁街道办事处隔江相望，西与丽新乡、老竹镇等毗邻，北接太平乡。总面积108平方千米，辖21个行政村，总人口17553人，拥有耕地7600公顷，山林7866.67公顷。按地理位置和旧行政规划习惯上把联城分为老联城片、苏港片和张村街片。

随着绕城公路、50省道等主要干道的全线开通，联城区位优势明显，可以归结为"三江交汇"、六路通达，已成为交通枢纽。1000KV特高压浙南站、浙江省之江监狱、第五中学、市区生态公墓、丽水农民新社区一二期、保障房一二三期、丽水市第二人民医院、市委党校等一大批国家、省、市重点工程纷纷落户联城，带动联城片区的迅猛发展，使得联城进入大发展、大建设、大开发时期，对农民的思想观念、经济收入、村容村貌产生较大的影响。

2015年农业总产值18750万元，同比增长2.6%；工业企业产值47239万元，同比增长3.8%；农民人均可支配收入达到19907元，同比增长,10%，各项经济指标均大幅度增长。

2015年联城街道各行政村基本情况表

表34

村名	耕地面积(公顷)	户数(户)	人口(人)
合计	7636.4	7936	16579
张村街	39.93	420	950
下 林	852.67	437	923
坛 峡	345.27	394	886
莲 景	160.73	411	922
苏 港	1137.2	668	1204
竹 道	599	371	856
青 岗	466.93	405	890
花 街	174.87	245	540
金 周	184.87	435	1037
路 湾	201.67	396	690
敏 河	113.67	300	476
武 村	117.73	441	933
白 前	76.07	297	450
常 宅	95.87	135	272
林宅口	376.13	307	684
凤 鸣	180.13	502	1125
官 桥	353.6	298	593
坑 口	426	102	220
苏 埠	487.67	610	1000
港 口	261.4	259	623
瑶 畈	165.27	564	1305

践行“绿水青山就是金山银山”的生态理念，充分发挥联城毗邻城区的区位优势，深掘山水资源优势，打造精品村，提升新农村建设，发展民宿经济，结合路湾千年古樟、花街青云寺、“一吻千年”景点、九坑桃花源、麻雀湾等农家乐的优势，发展城郊型生态休闲旅游观光业。利用区位优势，引导扶持果农走精品小水果之路，提质扩面路湾、凤鸣葡萄，下林红晶李、九坑桃等精品小水果，引进蓝莓新品种，三叶青套种果园项目等，力求达到每季联城都有新鲜水果上市，切实增加农民收入。

2015年承接金丽温高速公路丽水北互通工程、花街路、武东路等29个项目，累计共需征地逾115.67公顷，拆迁面积13150平方米。截至2015年年底，瓯江治理工程丽水市大溪治理工程(市本级段)、武东路(河堤路—联东路)、联城路道路及管网工程(一期)、之江监狱、丽水市怡福家园等26个项目已经完成任务要求。金丽温高速公路丽水北互通工程(二期)已完成分户测量;纬一路已签订报批协议。

【“六边三化三美”工作】 2015年，共有省市区交办点801个，完成点位整改794个;问题点位

920个，解决问题914个；“两路两侧”自查问题204个，完成率分别为99.1%、99.3%、100%。整治乱堆放513处、清理违法广告、牛皮癣869处，清运各类垃圾2694.6吨。全面完成路湾废旧汽车堆场清理。开展白前、凤鸣、敏河、常宅、武村、林宅口6个高速公路沿线村172处房屋外墙粉刷、美化工作。完成新50省道沿线39处赤膊墙点位，整改乱拉挂15处、蓝铁棚23处，农户改厕135处，新建、改造、整修卫生公厕35座，拆除非公路标牌315处。发动港口、凤鸣、敏河、林宅口3个村共计350户建设“花样农家”，购置花样农家花坛花卉2548盆，新种各类苗木4.6万株。

【“美丽乡村建设”工作】 2015年，联城街道办事处完成凤鸣、底金弄、界牌、瑶畈等4个续建村的工程治理，路湾、青岗、苏埠、坛峡、陈村、金弄口、敏河等7个新建村工程已基本完成，总投资1050万元。联城街道高标准农田建设项目涉及苏港、港口、下林等8个村约266.67公顷农田，投资达800多万元，全部通过区里组织的复核验收。垦造水田任务涉及下林村7.47公顷，完成项目立项涉及。

【计划生育工作】 2015年，联城街道办事处开展两次有奖三查活动，修订村计生员考核办法，加大下村督查和日常通报，有针对有计划得征收社会抚养费。计划生育率为89.1%，综合节育率89.48%，总三查率96.86%。当年社会抚养费已征收803552元，征收率67.19%。

【社会保障事业】 2015年，联城街道办事处通过救助帮扶，已全面消除4600元以下低收入农户。城乡居民基本医疗保险参保人数达12203人，参保率达总任务数的95.3%，城乡居民基本养老保险新增参保人数81人，新办理失地保险735人，发放社会保障卡4000余张，基本实现应保尽保。加大困难群体帮扶力度，办理低保续保106人，走访慰问327户贫困家庭，发放慰问补助7万余元。

【文教卫工作】 2015年，联城街道办事处更新宣传栏、宣传标语12个，发送创建标语700余条，在公益宣传栏、便民服务中心电子显示屏播放创建宣传标语40多条，安装文明提示音38块，张贴温馨提示语107张，发放宣传资料1000多份。开展农村“六星文明户”评选，代表区里接受市文明办考核，获得肯定。完成苏港村文化礼堂提升改造，达到省级标准。在文化礼堂内开展重阳敬老礼仪活动及春晚等大型活动10场，各类培训班60余场次。开展各类文体活动，举办联城街道精品文化节目联合演出、路湾畲族三月三歌会、联城街道第三届全民文化体育节等大型活动。帮助联城小学解决因武东路、联城路施工建设师生进出学校的临时通道问题。调解并出资帮助联城中学解决污水外流至常宅村造成村民不满的纠纷问题。落实人员巡查学校安保工作，整治校园周边环境，一年内学校未发生1起安全责任事故。建立健全居民健康档案，开展丰富的健康教育，完成居民体检、计划免疫及特殊人群健康保障。

【信访、维稳工作】 2015年，联城街道办事处定期开展矛盾纠纷大排查大调处，落实重大事件风险评估机制，做好突发性事件的应对工作，共接待群众356人次，处理信访信件20起、答复网上投诉7起，化解积案1件。排查和调处各类矛盾纠纷56件，调解成功率100%；

南明山街道

【概　况】 南明山街道辖区总面积108.86平方千米，其中城市规划面积58平方千米，包含水阁、富岭、龙江三个管理区，下辖35个行政村，农村户籍人口1.48万人，外来人口8万余人。共有35个农村党支部，1602名农村党员。耕地面积866.67公顷，园地面积1066.67公顷，林地面积4933.33公顷。街道办公驻地位于开发区绿谷大道50号，距市区6千米。

2015年规模以上工业产值208.86亿元；财政总收入9亿元，增长20.1%，其中一般公共预算收入4.96亿元，增长12.6%。村级集体经济总收入680.65万元，增长 8%；农民人均收入12144元，增长12%。

2015年南明山街道各行政村基本情况

表35

村民	户数（户）	人口（人）
水阁村	730	1523
张村村	721	1555
叶岙村	298	672
旭光村	1179	2494
白岩村	560	1122
垟店村	607	1310
吴垵村	572	1304
桐岭村	378	809
余庄前村	531	1112
七百秧村	463	1013
龙石村	205	439
岑山村	189	403
丽沙村	476	1004
上沙溪村	199	373
大源村	310	697
下章村	143	283
松坑圩村	237	432
丽周村	153	281
山根村	220	442
陈店村	347	708
里坑村	373	798
章巷村	202	409
潘田村	182	394
金山村	103	255
大门楼村	143	314
小木溪村	243	543
中堂村	424	830
叶村村	589	1268
大坑口村	730	1516
张垵村	720	1520
下仓村	533	1143
陶庄村	520	1130
富岭村	896	1893
前垟村	613	1360
下张村	262	528
合计	15051	31877

2015年，以“双十工程”和区街村三级联动办百件实事”为工作载体，推进民生各项事业全面发展，全年完成年度村级实事172件。

2015年，完成绿园禽业，天然气站末站，天然气CNG母站、门站、加气站，垃圾焚烧中心，小木溪中堂环南明湖慢行系统工程，中岸圩防洪堤工程，惠明街西延伸工程，110千伏四都变电站等项目的政策处理，全年完成征地（土地测量）440公顷（机场项目完成村界测量170.67公顷），攻克久拖未决的陶庄、岑山、丽沙6户钉子户。完成9个村征收项目502户，征收面积超8.49万平方米，支付拆迁资金1.82亿元，实现清零征收、平稳征收、和谐征收，创造新的“南明山速度”。

2015年，便民服务中心为街道百姓办理事项1.5万余件，办事对象综合满意率达99%。便民服务中心还组建“巾帼志愿者服务队”，开展争创“群众满意办事窗口”、助力“六边三化三美”行动、探望南城福利院老人等活动，被评为2015年度丽水市“巾帼文明岗”。

2015年，新增林权抵押贷款141户共3339万元，完成林权抵押贷款余额233户4591万元；完成林权初始登记8件，变更登记3件；投入保费8.1万元，实现有林地林木火险全覆盖。

【美丽城乡建设工作】 2015年，南明山街道投入3000余万元，高标准完成7个村15个房改工程项目，房改面积达15余万平方米；完成前垟、中堂、垟店、大坑口4个村的花样村庄建设，高速沿线、富岭迎宾大道沿线“处州民居”风格成效初见，基本形成“串点连线、连线成片”的整体效果，在全省美丽城乡规划现场会上得到省市领导的一致好评。投入4000余万元完成16个村生活污水治理项目建设，并通过省考核验收，全区出境断面水质明显改善。开展环境综合整治“擂台赛”，不断完善村级保洁制度，做好村内保洁工作。“擂台赛”开展以来，共整治乱堆乱放1630余处、清理各类垃圾1320余吨。

【“三改一拆”工作】 2015年，南明山街道开展畜禽养殖场、砂场、安置小区违建专项整治，关停辖区内的11家碎石场，整治43家养猪场、14家禽类养殖场、1家养牛场、2处养鹿场和5家废品回收点，对六边可视范围内的违章建筑坚持重拳出击、以拆开路，全年共拆除违法建筑面积13.7万平方米。

【安置工作】 2015年，南明山街道迁建安置动工建房1558间，完成迁建安置729户，停发临时安置补助费1226万，分别是2014年完成量的213.6%、206.5%、107.54%，完成公寓及产权调换安置16套，累计完成安置1756户。2014—2015年两年完成的安置总户数是历年累计完成安置总数的160.53%。

【平安综治】 2015年，南明山街道按照“一手抓经济、一手抓稳定”的要求，把维护稳定作为建设“美丽南城”的基础工程和头等大事，顺利通过省市级平安考核，平安报表取得硬性和动态总扣分1.06分的建区以来最好成绩，街道获省劳动人事争议先进基层调解组织、全市平安综治优秀单位和全市群众信访工作先进单位等荣誉。实现“两网融合”，实行“一格一员”“一格多员”的网格化管理服务模式。成功处置群体访事件77件。全年共排查出各类社会矛盾纠纷527件，调处成功率达99.43%，涉及当事人数达919人，涉案金额1520余万元。确保“百日维稳攻坚大会战”期间上访“零进京”，市场主体签订安全管理承诺书3500余份，成功处置“9·7”南明化工火灾事故，顺利完成吴垵、桐岭村等地质灾害隐患整治工作。

【农民增收工作】 2015年，南明山街道新增农家乐6家，民宿4家，成功创建黄田农家乐园和桐岭岗骑士山庄2个农家乐综合体，新增床位40张、餐位500余个，接待游客累计30万人次，营业额达2000余万元，直接带动农民增收300余万元；成立专业合作社6家、家庭农场12家，其中垟山茶叶种植合作社和桐岭村德军家庭农场的2个产品通过农业部无公害产品认证。全年新增白枇杷基地84.93公顷，处州白莲10.67公顷，特早橘3.33公顷，特色农业基地4个14.67公顷，特色农业产值达5000余万元；全年仅农民物业收入就达6000余万元。

【养老服务工作】 2015年，南明山街道争取各类养老资金190万元，启用南城福利院，新增养老床位320张，完成村级综合性照料中心建设24家，建成6个村级照料庇护中心。老龄工作得到加强，通过“多心合一”的建设方式，加强和完善24个村的老年活动中心和8个村的老年大学场所，参与全省老年友好城市建设和“文明号”创建工作，小木溪村被评为全市“十大长寿村”之一。

【扶贫攻坚】 2015年，以“全面消除4600元以下低收入农户、与全省基本同步全面小康”为目标，制定《开发区基本消除农村家庭人均纯收入4600元以下贫困现象实施方案》，稳步实施精准扶贫，开展低收入农户脱贫帮困工作，其中通过保障扶贫，实施最低生活保障措施（纳入民政口低保户、农保户等）方式解决157户293人，产业扶贫36户53人，结对帮扶99户130人，督孝帮扶63户116人，实现全区355户592名4600元以下低收入农户全脱贫。全年完成临时救助、医疗救助637人次，救助金额172万元，完成冬令春荒救灾，救助困难群众408人，救助金额16万元，慰问困难群众866人，慰问金额18.32万元。

【新农村建设工作】 2015年，南明山街道制定出台《南明山街道农业农村项目资金管理办法》，成立项目管理领导小组，全年安排资金800万元，涉及道路、水利、绿化等方面的27个农业农村项目。丽周村下山脱贫点已全面完成场地平整、挡墙建设等工作，正积极筹备首批农民建房；完成大源村新村建设一、二期道路硬化、绿化、排水排污等配套工程扫尾工作，已顺利启动三期项目建设，山根新村一期项目的路面硬化、绿化、亮化等工作也已全面完成，大源、山根两村顺利通过省级美丽宜居示范村验收。投入500多万元， 推进4个村的农民饮用水保障工程项目。完成桐岭底庵弄公墓、叶村岙底弄公墓和大梁山公墓项目前期工作；完成农村应急广播体系建设，实现应急广播全覆盖。

【文明创建工作】 2015年，南明山街道发布墙体广告2.4万平方米，道旗600余对，发送创建短信48万条。加大对马路菜场、无证摊贩现象治理，文明出行成效初显；严格取缔无证游戏厅、黑网吧，净化学校周边环境。举办首届邻里文化节，受到群众的认可和欢迎。街道社区教育学院（市民学院）正式开班授课，张村、水阁、白岩等村“村晚”举办得有声有色。推动前垟、白岩两个村的“六星级文明户”评选试点落到实处。

【计生工作】 2015年，街道做好流动人口的服务管理工作，高标准建设省级项目“新居民计划生育服务中心”并顺利启用，全年实现计生率93.9%，三查率98.3%，落实四项手术160例，征收社会抚养费100余万元，较好地完成各项考核指标。街道计生“心桥工程”工作经验获丽水市2015年度人口和计划生育工作创新奖，并被《中国人口报》、人民网等国家级媒体宣传报道。

碧湖镇

【概 况】 2015年，碧湖镇总面积219.57平方千米，辖43个行政村、3个居民组、611个村民小组。全镇总户数28383户，其中，农业户28527户；总人口60799人，其中，农业人口57692人。人口自然增长率5.7‰。山林面积11751.73公顷；耕地面积2650.8公顷。

全年实现工业总产值43.69亿元，与去年基本持平(其中规模以下企业预计实现产值10.35亿元，同比增长1%；规模以上企业共4家，预计实现产值3.33亿元。)工业增加值预计可达23170万元，超额完成考核目标(14900万元)。预计农业总产值7.64亿元，同比增长7%。生态旅游价值逐渐凸显，全镇农家乐收入稳步提高，接待人数累计42.85万人次，营业收入1497万元，同比增长20%。预计全镇旅游收入6.73亿元，增长30%。完成合同利用市外内资3亿元,完成年度目标100 %；完成实际利用内资5千万元，完成年度目标25%；浙商回归到位资金2.2亿元；任务大项目引进个数1个。全年财政总收入2895.32万元，比2014年同期增长18.25%。其中，地方财政收入1239.3万元，比2014年同期增长5.55%。全镇农村集体经济总收入778.69万元，同比增长8%；农民人均收入10984.9元，同比增长12%。

2015年碧湖镇各行政村基本情况表

表36

村名	面积（平方千米）	户数(户)	人口(人)	农村集体经济总收入(万元)	农村集体经济总费用(万元)	农村集体经济净收入(万元)	农民人均纯收入（元）
合计	214.26	25276.00	6.799.00	778.69	848.20	-127.19	10984.9
高溪	5.43	874	1847	29.6218	15.2815	14.3403	10238.4
竹溪	5.92	693	1565	36.357	13.7326	22.6244	10061.28
南坑	20.59	594	1391	2.9433	7.4954	-4.5521	7772.76
龙岩	20.77	431	1091	3.132	6.2571	-3.1251	9508.32
大吴山	21.75	485	1117	2.756	11.8026	-9.0466	8346.24
缸窑	6.17	891	1993	9.7	22.53	-12.83	9750.24
红南	3.54	465	1123	4.9165	8.4704	-3.5539	9910.08
联济	6.06	413	826	4	6.31	-2.31	5815.8
中岙	8.49	462	958	4.6	9.41	-4.81	5184
南山	6.48	595	1381	40.9572	65.093	-24.1358	11072.16
中溪	13.45	726	1787	4.5	4.262	0.238	5738.04
松坑口	11.84	740	1417	37.2708	38.0306	-0.7598	6626.88
魏村	3.30	675	1585	5.88	6.57	-0.69	8967.24
概头	1.55	510	1304	13.7	13.7	0	9275.04
保定	4.81	739	1657	39.8	57.4171	-17.6171	8294.4
岩头	2.87	286	719	4.8	15.76	-10.96	8537.4
三峰	1.57	560	1328	5.53	8.37	-2.84	8615.16
周巷	5.68	889	2176	6.58	6.73	-0.15	8434.8
堰头	15.29	787	1813	5.33	7.1	-1.77	9012.6

续表36

村名	面积（平方千米）	户数(户)	人口(人)	农村集体经济总收入(万元)	农村集体经济总费用(万元)	农村集体经济净收入(万元)	农民人均纯收入（元）
大陈	1.10	376	856	3.3055	3.6	-0.2945	9639
红圩	1.35	593	1248	47.4875	120.0646	-72.5771	9303.12
里河	1.43	496	986	17.7725	51.9956	-34.2231	10404.72
上阁	1.56	440	1067	4.8	6.4462	-1.6462	7861.32
九龙	4.31	1150	2569	4.9	6.8	-1.9	8835.48
章塘	2.03	744	1695	2.7	5.37	-2.67	7953.12
下叶	2.24	484	1201	4.63	4.92	-0.29	8706.96
同心	2.15	580	1339	2.4	3.98	-1.58	8973.72
郎奇	8.84	829	1785	14.9	35.4	-20.5	13039.92
蒲塘	2.33	757	1812	4.1	7.2	-3.1	8001.72
白桥	4.46	569	1350	4.08	8.32	-4.24	7892.64
下赵	0.85	303	766	5.1	5.41	-0.31	7286.76
泉庄	0.78	310	719	4.92	5.7	-0.78	8085.96
石牛	2.23	850	2150	13	15.3	-2.3	8755.56
白口	3.82	786	1807	12.73	25.8	-13.07	8351.64
河口	1.96	406	878	8.98	16.58	-7.6	8763.12
上街	0.86	490	989	60.7	12.95	47.75	8768.52
古井	0.64	468	989	30.9	25.0016	5.8984	8546.04
行口	1.24	538	1060	17.8418	23.4817	-5.6399	9718.92
下街	0.55	374	748	69	6.28	62.72	8759.88
碧一	0.83	682	1400	9.8242	30.0219	-20.1977	8687.52
上赵	1.40	435	1024	9.4753	24.2922	-14.8169	8283.6
河东	0.77	319	682	94.2	66.65	27.55	8744.76
沙岸	1.00	482	1089	10.89	12.311	-1.421	7679.88

2015年，碧湖镇完成BH-01-03-45地块、九龙湿地文化创作园、上阁养殖场（拆迁）、九龙农庄政策处理（拆迁）、白桥区块安置小区工程、白桥景观大道、黄塘窑安置小区、碧湖镇50省道安置点、碧湖第一水厂等9个项目。全年镇属工业企业完成技改投入100万元。

全年实现统一育供秧144.53公顷，统一机插131.97公顷，统防统治面积206.71公顷，建成国家级水稻良种示范基地1个，创建水稻高产示范方4个140公顷，旱粮高产示范方3个22公顷。建成“碧湖区块千亩钢管大棚蔬菜基地”“碧湖平原省级现代农业综合区”和千亩嫁接西瓜基地、万亩无公害长豇豆基地，“农户+基地+企业”的农业经营模式逐步推广。新发展钢管大棚草莓3.33公顷，白枇杷1.33公顷，新建立无公害杨梅基地1000多亩，茶园66.67公顷，处州白莲基地6.67公顷，铁皮石斛、火龙果等农业基地初具规模。

建成蒲塘村的农事躬耕体验区，里河村、山根村的现代设施农业观光园，石牛郎奇的设施草莓果蔬采摘园等。此外，任村水仙花生产基地、中溪村梅后土木金玫瑰园、高溪村“桑园春晓”桑葚采摘园、山根大棚番茄基地、蒲塘红心火龙果基地、铁皮石斛基地以及全镇14.2公顷草莓基地已渐成规模，成为丽水市民周末出游、踏青采摘的主要目的地。出台《碧湖镇民宿经济发展扶持办法》，成立民宿经济发展工作领导小组，里河、红圩、堰头、松坑口等村的民宿建设工作正在稳步推进，已完成并营业的客房有273个，床位348个，餐位3410个，游客接待40多万，主营业务收入1800多万元。

镇党委政府尊师重教氛围浓厚，小学、初中适龄儿童少年入学率、巩固率均达100%。全年送戏下乡17场，举办大型文化活动7场，乡村春晚13场。举办村级文化管理员业务培训班，上报文化志愿者2700余人。组织文体员开展文艺创作，其中《古韵碧湖》被录用为碧湖镇镇歌。

全年共支出困难补助、医疗救助等各类民生保障资金974.7万元，城乡社会养老保险参保群众达到2.82万人，农村医疗保险覆盖4.12万人次。建成村级居家养老服务照料中心9个，完成残疾人“无障碍进家庭”设施改造3户。稳定计划生育率，全面落实单独两孩政策。全年下乡送科技图书9976册，碧湖图书馆新增添书籍1500多册，为7157名农民进行免费健康体检。

是年，碧湖镇被授予“六三三”工作集体三等功，并在全区洁美擂台赛中获先进集体荣誉称号。碧湖镇关工委被省关工委评为先进集体

【中心镇建设】 2015年，谋划“十三五”经济社会发展规划，进行新一轮的碧湖—大港头分区总体规划的编制工作。文一路、环北路拓宽及人行道工程、碧湖镇碧湖大桥提升美化工程等重点工程基本完成建设，碧湖镇第一水厂、碧湖平原风情绿道二期、松坑口安置小区工程项目等工程稳步实施，美丽碧湖规划馆、瓯江大溪防洪堤等城镇建设“六个一”项目有效推进。

【“六边三化三美”工作】 2015年，碧湖镇共完成交办点位1054个（下达1099个，其中省级点位2个，市级交办点位10个，紧急点位3个），房屋外立面改造完成率100%，六边区域拆除乱搭建约30万平方米，高标准完成沿线村庄整治及美化提升工作。上报“六边三化三美”相关信息107篇，被录用77篇（其中省级录用1篇，市级录用3篇，区级录用73篇）；完成53个公厕的维修和保洁工作，其中48个公厕完成花样公厕改造；村规民约上墙要求全部落实到位。设立镇级“洁净村居”考核督查组，创新实施党员包干责任制和星级考核制度，落实村级保洁员配备196人。以“洁美”擂台赛为契机，开展无烟单位、无烟头洁净村创建，并在全区洁美擂台赛中荣获先进集体荣誉称号。

【“五水共治”工作】 2015年，碧湖镇严格落实“河长”制和网格化管理制度，实行“每周一汇报、每周一更新”，督促干部务实有为推进工作。全年新拆除养殖场43家，拆除面积30184.19平方米；新启动第四批农村生活污水治理9个村，共完成39个村（本年计划完成37个村）；镇区截污纳管工程一期已全部完成；通济堰清淤新完成77千米，共计完成137.22千米；完成企业污染检查109家，22家存在一定污染、排放不达标的企业已全部整改到位；瓯江大溪防洪堤（碧湖段）工程建设截至年底已建成保定段、南山段共3.8千米，新治河拓宽工程和新合片排涝渠工程已于年底前开工。

【“三改一拆”工作】 对全镇六个片区实行网格化管理，并开展动态巡查。2015年，碧湖镇共组织动态巡查366次，出动人员1488人次，发现各类违法行为167起，累计拆除违法建筑636147.15万平方米，完成全年任务212.05%。稳步推进“无违建”创建工作，镇“无违建”创建工作组，累计接待违建户1896户，处罚完成714户（占全区60.82%），金额633.16万元，其中17个行政村已经通过区“无违建”考核小组的初检。落实新审批建房全程跟踪制，290户新审批建房均未出现严重违法建设行为。

【农村产权制度改革】 开展农村土地承包经营权改革，完成农村土地指界工作18个村，完成测量294组，11415户，测量合同面积1286.53公顷，实测面积1666.67公顷。加快土地承包经营权流转，实际办理土地经营权

流转证累计14本，完成率127%，土地流转面积累计52.33公顷。“三权”抵押贷款余额为33837万元，任务数为30590万元，任务完成率为110.6%。（其中林权抵押贷款余额为21005万元，任务完成率为113.5%；农房抵押贷款余额为10812万元，任务完成率为99.3%；土地流转抵押贷款余额为2020万元，任务完成率为168.3%。）完成万方以上山塘2座，经确权审查、公示，已确权发证。已完成宅基地确权登记调查2770宗，已完成任务115.42%；符合条件的宅基地确权登记630宗，已完成任务136.96%。完成符合登记条件农村房屋产权登记415处。

【行政体制改革】 2015年，碧湖镇严格按照《浙江省强权扩镇改革的指导意见》，梳理已下放权限52项，建议区直部门下放权力事项37项。莲都行政审批中心碧湖分中心共有窗口10个，提供服务内容31项，每月平均办理3000件以上，办结率98%以上。

【群众路线实践活动】 2015年，碧湖镇以“学党章、守纪律、讲规矩”“三严三实”活动为契机，落实活动各阶段的任务要求，号召各基层党组织认真学习和贯彻新修订的《中国共产党廉洁自律准则》《中国共产党纪律处分条例》。全年共组织党员干部、代表开展“烟头垃圾不落地、家园环境更美丽”党员志愿者服务活动20余次，参加人员200余人；开创“党员包干制”，要求党员亮身份、责任包干到户，助推美丽城乡建设。整治文风会风，推进正风肃纪行动。出台考勤管理制度、公车管理制度、公务接待管理制度、财经管理制度等9项制度和规定，使全镇作风建设有章可依。

（徐颖萍）

大港头镇

【概　况】 2015年，大港头镇总面积94.22平方千米，辖10个行政村、1个居民组、140个村民小组。全镇总户数5482户，总人口12058人。人口自然增长率-1.9‰。山林面积6615.2公顷；耕地面积504.53公顷。全年实现旅游总收入6.4亿元，同比增长60.8%；固定资产投资1.52亿元，同比增长18.2%；农村居民人均收入1.63万元，同比增长13%；税收总额1065.6万元，同比增长15.2%。

2015年大港头镇各行政村基本情况

表37

村名	组数	户数（户）	人口（人）	耕地面积（公顷）	有林地（公顷）	茶叶面积（公顷）	村级集体经济收入（万元）
合　计	140	856	1697	504.5	6615.2	1495	108.0
大港头村	18	593	1286	31.3	468.9	46	13.7
河边村	13	285	632	8.7	425.2	31.7	20.1
石侯村	6	400	852	17.1	291.7	13.8	16.1
利山村	13	301	776	49.0	637.8	48.1	17.2
西黄村	8	273	653	48.3	480.1	23.5	1.8
小井村	6	499	1038	46.7	570.6	17.5	3.0
西坑口村	14	427	994	60.1	673.9	135.9	10.1
小山村	12	610	1424	77.4	831	192.6	3.3
均溪村	16	1238	2706	55.3	654.1	187.3	11.9
北埠村	34	856	1697	110.7	1582	798.7	10.8

古堰画乡景区共接待游客121万人次（2014年89.6万人次），同比增长35%，门票收入923万元（2014年510万元）万元，同比增长81%。古堰画乡小镇先后入选全省首批37家特色小镇、全国首批20家乡村旅游创客示范基地。

全年新增茶园38.33公顷，茶叶种植面积达1493.33公顷，产值1.03亿元。发展新品种黄金芽25.33公顷。实施吊瓜套种茶叶项目，面积23.33公顷，项目已进入验收阶段。

开展木制品行业整治工作。仅用43天时间，腾空拆除木制品企业（加工点）154家，拆除违章建筑8.2万平方米，清除违法用地22.5万平方米。为AAAAA级景区创建和特色小镇腾挪出发展空间，成为拆治结合、以治促转、一石多鸟的典型，受到省委夏宝龙书记的点赞。

2015年，大港头镇文化站迁建项目完成交工验收；金港小区项目B区块基本建成，下山脱贫农户建房通过验收，小区基础设施配套及绿化工程完工；大港头镇自来水厂主体工程基本完工，即将实现试供水；河边区块安全饮用水工程开工建设。

2015年，全镇共有人均纯收入在4600元以下的农户597户，751人，其中纳入低保的207户，267人，产业扶贫102户，133人，救助救济263户，324人，死亡25户，27人，发放四批帮扶资金共计19.85万元。全年共发放自然灾害补助资金9万元。实施医疗救助128起，发放医疗救助金33.8余万元。农村困难群众住房救助134户。新办理社保卡420张，完成失地保险参保236人，新增养老保险55人，完成医疗保险参保人数9100人。全年共受理人民调解案件68件，调解率100%，受理信访案件14件，办结率100%。

是年，大港头镇被评为浙江省卫生镇，丽水市“六边三化三美”考核优胜单位，莲都区年度工作责任考评综合优胜单位，莲都区信访工作先进集体，莲都区美丽乡村建设先进单位，莲都区农村发展六大行动计划一等奖，莲都区安全生产工作示范单位

【项目征迁工作】 2015年，大港头镇完成征地共计46.8公顷，其中清场交地10公顷，签订新增征收补偿协议38公顷，上报农转用21.33公顷；签订房屋拆迁补偿安置协议31户，拆除房屋面积约1.2万平方米。古堰画乡接待中心及客运站项目、森工站出让地块项目、大溪防洪堤等历经多年的项目全面推进。

【“六边三化三美”工作】 2015年，大港头镇完成省级交办点位7个，市级交办点位211个，区级交办点位915个，外墙立面改造19.8万平方米，拆除乱搭建210处。完成利山、石侯、大港头、均溪、北埠等5个村的村边美化工程；开展花样美村建设，改造和修缮房屋140余栋，栽种花卉4万余株，修建景观围墙1200余米，墙体绘画美化63处，新建农家院落23个。

【“三改一拆”工作】 2015年，全镇共拆除违章建筑33.1万平方米，拆除危房1.6万平方米，改造3800平方米。

【“五水共治”工作】 2015年，大港头镇关停拆除20家养殖场，拆除面积约2.7万平方米；完成张山、石桥、杨山等4个自然村农村生活污水治理工程；完成小山坑截污纳管工程，铺设污水管约1931米。

【镇容镇貌综合整治】 2015年，大港头镇对影响镇区整体环境的“六乱”现象进行全面整治，镇区8条路段共拆除违章搭建66处，面积1320平方米。

（吴昊）

峰源乡

【概　况】 2015年，峰源乡总面积189平方千米，辖8个行政村，52个自然村，107个村民小组。全乡总户数3523户，总人口8479人。山林面积12666.7公顷，耕地面积1346.1公顷，植被覆盖率93%。全乡平均海拔735米，气温比市区低5℃左右，年降雨量比市区多200毫米左右，具有独特的高山气候、资源、环境。全年实现工农业总产值22054万元，比2014年增长

13%，其中实现工业总产值6505万元，增长25%；农业总产值15549万元，增长9%。财政总收入541.3万元，增长11%。村级集体经济总收入69.85万元，增长8%。

峰源乡村情

表38

村名	面积（平方千米）	户数（户）	人口（人）
庞山村	16.2	625	1551
夏庄村	19.9	619	1327
赛源村	43.7	442	1066
库坑垟村	25.5	543	1365
郑地村	6.8	261	677
正岙门村	9.3	369	878
毛山村	8.6	240	633
新砀村	21.1	424	982
合计	151.1	3523	8479

2015年，峰源乡现有乡属小学1所，在职教师14名，小学生74名，幼儿园儿童21名。学校建有学生食堂、师生宿舍楼、厕所和篮球场，学校还配备和建立多媒体教室、实验室、少先队活动室、电脑房和图书室，是一所硬件设施较为先进的学校，校园环境整洁、优雅，学生有较好的学习环境。

峰源一直是以农业生产为主的乡镇，推进高山放心菜工程，实施化肥农药减量，提升农产品品质，生态农业效益不断显现。目前高山蔬菜种植面积达31.13公顷，产量1.8万余吨，产值0.76亿元，品种涵盖高山茭白、四季豆、青皮豆、茄子、番茄等20余种；建成高山放心蔬菜核心示范基地5个，创建示范家庭农场3家、生态精品农产品4家；建立农产品安全追溯体系4家，高山茭白、茄子、四季豆通过无公害农产品认证，注册“庞山源”“秀地峰”等品牌商标。

2015年，峰源乡立足生态优势，发展生态旅游产业。8月15日，成功举办“相约峰源，体验乡愁”暨第三届峰源乡“果蔬采摘·纳凉避暑”活动，推出参观“影像故事中的乡愁”，品评“舌尖上的乡愁”，体验“人文乡愁”，观看“乡愁晚会”，带嘉宾游客享清凉世界、采高山果蔬、尝农家土菜、品乡村生活，寻找记忆中的“乡愁”，推进峰源乡愁旅游发展。

【生态农业提质增效】 2015年，峰源乡通过乡政府推动的合作“联姻”方式，引进外部资源，开辟“长三角”市场。与遂昌仙翁果蔬专业合作社合作，成功试养饲养原生态鸭5000余只，原生态母鸡2000余只，打开上海高端市场；与丽水职业技术学院后勤服务公司签订蔬菜直供合同，峰源高山蔬菜打开直供市场；引进丽水蓝城农业发展有限公司，采用传统原生态的方式试种新品种高山稻谷2.3公顷。

依托院地合作，根据海拔特点，规划高山茭白产业带、高山四季豆产业带、茄果类蔬菜产业带三大种植带。截至年底，全乡发展高山果蔬 470公顷，核心高山放心菜示范基地167公顷，产量1.8万余吨，产值0.76亿元。茭白、茄子、四季豆通过农业部的国家生态农产品认证，成功注册“庞山源”“秀地峰”等品牌商标,成功创建市级生态精神农业示范乡,建成家庭农场3家,生态精品农产品4家,生态企业1家。

【乡愁旅游蓬勃发展】 2015年,峰源乡充分挖掘“乡愁元素”,将乡愁旅游贯穿于峰源发展的每个环节。共搜集人文传说、故事35篇,传统生产生活用具展示品83件;邀请22名市美协知名画家走进峰源,开展“彩墨峰源”采风活动,共创作国画和油画64幅,摄影作品54幅,并在丽水市文化馆举办为期8天的“彩墨峰源”画展。成功举办“相约峰源,体验乡愁”暨第三届“纳凉避暑·果蔬采摘”活动,为高山蔬菜和乡村旅游的互利共赢搭建平台,扩大宣传和营销。活动期间休闲自驾游火爆,香菇、笋干等农产品销量骤长,接待游客1万余人次,直接经济效益达30余万元。

【人居环境持续改善】 2015年,峰源乡综合运用“六三三”、“五水共治”、无违建创建等手段,持续美化人居环境,打造美丽宜居新峰源。全年共组织六边区域集中整治大小活动50余天次,新增及更换垃圾箱263个,清运垃圾1760余吨,清理乱堆放近3000处,清理违章广告528处,拆除涉六边区域违章8560平方米,完成148个点位整改。累计拆除违章面积16912平方米,建成上下联动、齐抓共管、日常巡查、及时报告、有效处置的综合机制,确保新违建零发生。对全乡144条河道进行地毯式检查,全面完成农村生活污水治理工程建设。

【新农村建设工作】 2015年,夏庄、库坑、赛坑、西坑申报省级传统古村落,其中西坑村被列入省级“美丽宜居”示范村建设,总投入104万的西坑村省级历史文化村落保护项目,已完工可验收。“魅力夏庄·长寿福地”新村建设一期工程平稳实施,新建、扩建桥梁各1座,修建新路2条,小上垟自然村10余户村民集中发展农家乐,截至年底已有133个床位。础设施工程顺利完工,完成下郑线和大大线至库坑公路路面大中修项目,中小河流治理重点县综合治理及水系联通试点莲都区大顺坑项目,夏庄、孙畲两村水田垦造项目。

【平安建设工作】 2015年,峰源乡开展矛盾纠纷集中排查24次,排查隐患76起,成功化解72起,确保社会和谐稳定。坚持“安全第一,预防为主、综合治理”,做好元旦、国庆等节假日期间消防安全监管工作,对学校、企业、经营户等安全隐患处开展消防安全专项检查35次。做好日常对依山傍水、危旧房的巡查工作,开展水电站、山塘、水库、各村安全隐患点拉网式排查5次,确保汛期人民群众的生命财产安全。是年,全乡无安全生产责任事故。做好节庆、农村红白喜事等聚餐期间食品安全督查,定期开展副食品店、餐饮店及卫生院巡查,全年未发生食品安全事故。

【民生服务工作】 2015年,峰源乡做好农村产权制度改革工作,进行土地承包经营权确权登记颁证工作,摸底调查8个行政村,107组,2789户,面积519公顷,完成实测面积233公顷。发放农村土地流转经营权证9本;开展宅基地确权登记调查,完成发证285本;新增农村产权公开交易数7宗;开展农村集体土地房屋产权制度改革,办理农村住房所有权登记。全年共发放困难群众临时救济4批次,救助金6.15万元;下发自然灾害生活补助资金14万元;发放困难居民医疗救助12批次,救助金63.93万元。全乡建立7个避灾中心和9个日间照料中心点。在“96345”设立城区便民服务中心(外出党员服务站),方便外出群众办事,全年办理各类证件、证明、领取社保卡、代交材料等事项1000余件,惠及外出群众800余人次。

【社会事业协调发展】 2015年,峰源乡征缴农医保5960人,完成指标率达99.3%;养老保险参保2251人,住房保险2234户。全年出生新生儿50人,计生率为92%,应征社会扶养费593362.72元,已征42,6221.7元,征收率为71.8%,查环查孕率为97%。,开展双拥共建工作，慰问大山峰雷达部队，举办“八一”军民共建相关活动，实现军民一家亲。参加区党外知识分子联谊会组织的各项活动，完善全乡统情地图，开展“侨法宣传月”活动，有序推进统战民族宗教工作。

【教育文化工作】 2015年，峰源乡重视教育事业，乡政府投入3万余元改善师生生活条件。动员全社会力量关爱山区儿童，组织社会公益组织走进峰源校区，为山区儿童送去书籍，用相机、摄像机记录山区儿童成长历程。重视村级文体队伍的建设和发展，参加上级组织的各类文体比赛，获全区气排球比赛二等奖。投入资金4.5万元，举办全民运动会、妇女健身操、乡村春晚、文化走亲等各类文体活动20余次。

（蒋洪勇）

太平乡

【概　况】 2015年，太平乡总面积105.34平方千米，辖19个行政村、203个村民小组。全乡总户数9937户，其中，农业户9330户；总人口22994人。人口自然增长率18.4‰。山林面积8818公顷；耕地面积666公顷，其中，水田11公顷。全年实现工农业总产值3.20亿元，比2014年增长7.0%；财政总收入415.49万元，增长4.13%，其中，地方财政收入276.85万元，增长16.83%。村级集体经济总收入143.20万元，增长60.9%；农民人均收入11320元，增长9.8%。

2015年太平乡各行政村基本情况

表39

村名	面积（平方千米）	户数（户）	人口（人）	农村集体经济总收入（万元）	农村集体经济总费用（万元）
合　计	105.34	9847	22994	143.20	213.22
吾　古	5.09	445	1092	11.82	16.68
太　平	14.25	685	1746	12.52	19.23
竹　舟	3.34	310	784	11.81	14.23
下　圩	6.47	972	2414	11.73	15.69
长　濑	3.02	286	678	11.80	9.31
小　安	9.69	787	2017	11.72	18.57
城　头	3.13	506	1182	11.26	11.55
大　畈	3.16	430	965	11.32	12.28
朱　弄	2.95	438	959	11.41	11.71
大　河	5.25	436	936	10.87	15.91
吴　弄	3.20	318	806	1.17	5.08
长　乐	5.77	367	906	1.18	7.00
横　岗	4.21	580	1317	10.86	9.38
戴　彰	2.46	592	1311	1.75	6.91
巨　溪	3.12	689	1444	1.66	7.35
玉　田	3.98	478	1077	2.32	4.39
留　龙	4.59	493	1088	3.03	8.68
富　源	11.5	612	1340	2.40	9.80
富山头	6.03	423	932	2.57	9.47

全乡重点发展高附加值的白枇杷产业，2015年白枇杷种植面积达160公顷，新建全区首个白枇杷伞棚1120株，面积达24000平方米；结合市场需求研发投产白枇杷花茶，并通过QS认证，使种植户单株成年白枇杷增收达到300元左右；5月顺利筹办莲都区太平乡第四届白枇杷休闲采摘自助游活动，吸引游客2万人次前来采摘观光，大幅提高白枇杷知名度，丰富销售渠道和销售模式。

坚持"产业下乡、生产入户"，培育农村电子商务、来料加工等农民就地致富的新业态。培养和扶持规模化、专业化的电商队伍，2015年，帮助8人完成青年创业贷款和电子商务创业贷款申报。发展来料加工块状经济，全乡经纪人总数累计达39人，带动2300名妇女从事来料加工，实现加工费1261万元，其中发展低收入农户从事来料加工人数1736人，加工费用达855万元。此外，做好招商引资工作，成功引进浙江迪臣网络科技项目和小安村酵素推广项目，总投资达2830余万元，超额完成年度目标任务。

2015年，太平乡注重农旅融合，发展民宿经济。文化搭台，以互联网为载体加大对外宣传，创建"美丽太平"官方微信订阅号，每周推出"特色古村落"等一系列微信宣传活动，结合采摘游活动，吸引大批网友前来太平寻古采风。旅游唱戏，启动西畈花门楼修缮工作，发展以古香人文为引领的文化旅游。向上级部门争取资金40万完成巨溪三岩寺红军洞的修缮工程，使之成为红色旅游特色景点。同时，发展乡愁经济，将横岗村列为太平乡重点民宿推进村，计划增加床位200个，截至年底已完成横岗村内小花园、游步道、凉亭、观光池塘等基础设施建设，为发展以怀念乡愁为主题的乡村旅游夯实基础。业态富民，推进巨溪三岩寺农家乐综合体项目建设，邀请旅游规划部门对该项目进行旅游配套设施规划，与周围自然景观及村落有机融合，打造集休闲养生、亲子采摘、避暑体验等功能为一体的农家乐综合体模式。

是年，太平乡被评为区"五水共治"工作先进集体，区计生工作进步奖，区招商引资工作三等奖，年度"六边三化三美"工作考核在一类单位中排名第三，年度工作责任制考评综合优胜单位。

【"六边三化三美"工作】 2015年，全乡完成绿化面积12000多平方米，完成440幢民房的外立面改造工程，总面积达14.9万余平方米，清理乱堆乱放点1200多个、清理非法小广告2000多处等。在洁化的基础上，做足拆后利用这篇文章，及时跟进绿化、美化建设，在村庄沿路、农户房前屋后建起大小花坛共200多个，创建"美丽庭院"20个，完成"美丽公厕"建设30个，并于11月在长濑村成功承办全区"花样美村"现场推进会，得到区里与会人员一致好评。

【"三改一拆"工作】 2015年，太平乡共组织大大小小拆违大会战25次，累计治旧73643.57平方米，完成率为147.29%，其中拆违265处，71763.57平方米；处罚45户，6500平方米，金额近63万元。顺利完成"无违建村"的创建任务，通过"无违建乡镇"的市级验收。落实路段长制度，确保每条路每段路段有责任人，定期进行道路巡查，发现所管辖路段有乱堆乱放情况或违章建筑苗头的，及时进行整治和上报。

【"五水共治"工作】 2015年，太平乡建立健全乡村两级河长日常巡查制度，对乡域内主要河道、畜牧业养殖等污染源进行全面排查整治，每月12日坚持组织"全乡洁净日"活动，发动党员干部和农村群众等各方力量义务整治河道环境，全面消除乡域范围内的垃圾河和黑臭河。加快推进农村生活污水治理项目以及污水管网建设，提高农村生活污水的处理率和覆盖面，累计完成28个农村生活污水治理项目的建设，受益农户达5000余户。

【社会事业工作】 2015年，太平乡有序推进扶贫项目、低收入农户收入倍增计划，稳定农民增收，落实帮扶责任，建立"一户一策一干部、一村一计一部门"结对帮扶机制，逐户明确产业扶持项目、技能培训内容和帮扶人员，实现产业项目、技能培训和帮扶人员精准到户。结合驻村联心工作，排摸全乡19个行政村的农户基本情况和扶贫重点人口，共“定位”4600元以下的低收入农户753户，其中已纳入低保的有478户，非低保低收入农户275户，截至年底已帮助所有低收入农户摘去“贫困”帽子，全面完成贫困农户消除工作。

2015年，太平乡城乡居民社会养老保险新增186人，完成目标任务116人的160.34%；城乡居民社会医疗保险参保16128人。农村住房保险参保6675户，参保率98.45%。农村劳动力转移132人，全面完成年度目标任务。

2015年，全乡共开展平安月集中排查活动12次，组织矛盾纠纷“大排查、大调处、大化解”活动4次，成功调处矛盾纠纷15起。全面落实信访工作责任制，完善领导坐班信访接待制度。全年收到信访案件11件，其中结案9件，在办2件。初步构建以村情民事自我管理、自我化解为主体，行政调解、司法调解、人民调解相互衔接的“大调解”工作格局。应对里东山体滑坡事件，做好重点时期的维稳、慰问安抚工作，圆满完成区里指派的援助工作任务。

2015年，太平乡做好计生管理工作，实行一月一通报工作机制，每月对各村计生工作进行排名，并在乡便民服务中心电子显示屏上对计生工作前三名和末三名的村进行公示。全乡计生率86%，共计征收社会抚养费123.4万余元，结案36例，当年社会抚养费兑现率达到74%，全面完成计生考核指标。

2015年，太平乡完成下土夭村文化礼堂的建设并通过验收，并利用已建成的小安村和大畈村文化礼堂载体，每月开展文化娱乐活动，丰富村民业余生活。做好“六星文明户”评选工作，以长濑村为试点村，带动全乡营造“家家创文明，户户争六星”氛围。11月，在长濑村成功承办的“全区六星文明户”评选现场会得到区领导的高度肯定。

【农村产权制度改革】 2015年，完成太平乡19个行政村经济合作社股份制改革工作。完成8本土地经营权确权证的办理，完成率100%，新增农村产权公开交易10件，完成率100%。完成全乡446.67公顷承包耕地的调查摸底和测量，同时做好土地承包经营权确权颁证工作，为全乡经济社会发展夯实基础。

【项目建设】 2015年，在政策处理百日攻坚大会战期间，顺利完成联城花街路项目太平段的分户测量和清场交地。此外，林宅口防洪堤太平段的分户测量和地震监测站太平区块的征迁协议签订工作均已顺利完成。垦造耕地项目成效明显，组织实施竹舟村、大河村和横岗村垦造耕地项目，累计新增耕地面积40公顷，完成总量居全区各乡镇第一；同时，申请立项小安村垦造耕地、吾古村垦造耕地和大畈村垦造耕地项目，共43.7136公顷。完成横岗村、戴彰村路面硬化一事一议项目。投资190万元的高田至留畈桥和投资360余万元的竹舟—下土夭桥已基本完工，有效改善5个行政村5600多名群众的通行条件。

（金双凤）

雅溪镇

【概　况】 雅溪镇位于丽水市区北偏西22千米，2015年，雅溪镇域面积156.65平方千米，辖19个行政村、200个村民小组。截至年底，全镇总户数9061户，总人口21673人，人口自然增长率2.3‰。全镇土地总面积为13899.13公顷，其中耕地541.87公顷，园地223.07公顷，林地12667.27公顷，其他29.90公顷。

2015年全镇农村经济总收入4.6亿元，增长15.4%；村级集体经济总收入41.2万元，增长16.3%；农民人均收入13021元，增长14.7%。同时在金竹村建立和推广粮食高产示范基地53.67公顷，全镇粮食作物播种面积638公顷。建设特色农业基地树莓13.33公顷、中药材20公顷、香榧33.33公顷、桃树59.73公顷、柑橘151公顷、梨23.67公顷、杨梅36.13公顷，建立红豆杉等绿化苗木基地13.33公顷。全年实现工农业总产值3.73亿元，比2014年增长19.2%。

2015年雅溪镇各行政村基本情况表

表40

村名	面积（平方千米）	户数（户）	人口（人）	农村经济总收入（万元）	农民人均纯收入（元）
合 计	156.65	9061	21673	41245	13021
双溪村	11.15	1066	2263	5395	10712
洪渡村	8.04	488	1319	3592	10707
上黄村	3.75	311	797	2251	9699
莲房村	14.03	1010	2185	3907	8784
周村村	2.64	338	801	1674	8759
季岭根村	2.42	230	650	1221	8767
西溪村	9.30	645	1633	3211	9624
雅里村	10.22	747	1603	2794	8991
里东村	12.13	727	1572	2661	8924
上陈村	3.64	245	691	1163	8883
潘百村	6.21	339	912	1498	9117
岩蒙村	5.47	351	834	1133	8692
雅义村	18.73	615	1302	1445	7894
库川村	13.78	678	1681	3204	9374
金竹村	4.39	346	948	1723	8988
双源村	6.79	227	578	1030	9328
岱后村	7.09	291	836	1476	8985
上金竹村	8.08	140	410	637	9214
泄下村	8.79	267	658	1230	8867

坚持招大商、引强商，通过引进龙头企业带动产业转型升级。2015年，书记葛学斌联系雅溪镇里东村，牵头引进浙江惠明集团，到里东做乡村建设实验。项目设计团队于8月进驻里东，通过几个月调研，初步设计思路已经成型，项目有民宿、陶艺隐逸养生、花式酒店、油料牡丹等经济作物培育加工、自然农法基地、农创客基地等。由于里东突发山体滑坡灾害，里东实验项目推迟。引回在宁波开超市的莲商回乡投资漂流项目，协议投资4800万，截至年底该项目已经完成初步设计方案。

开展农村产权制度改革，推进三权抵押贷款发动工作。完成15个村宅基地确权发证调查，累计调查750宗，调查率120%，累计发证157宗，发证率130.83%。完成7宗土地流转经营权证颁证，完成率100%。新增农村产权公开交易数11宗，完成率100%。有序推进农村土地承包经营权确权登记工作。科技方面，完成浙江大学科技特派员肉羊养殖项目。

【里东大救援】 2015年11月13日22时50分许，丽水市莲都区雅溪镇里东村发生山体滑坡，塌方量30余万立方米，导致27户房屋被埋，房屋进水21户，造成重大人员伤亡和财产损失。在中央和省委省政府强有力领导下，在党政军联合救援指挥体系下，投入公安、消防、通讯、电力、卫生、交通、建设、人武部、乡镇、村等单位和社会救援组织共2300余人，成立综合协调、抢险救灾、医疗救护、社会维稳、物资生活保障、交通保障、通讯电力保障、信息宣传、调查评估、善后安抚等10个专项工作组，投入搜救犬7只，专业救援车辆20多辆，救援大型机械和专业救援车辆110辆，运渣土车80多辆。事发当晚11时40分，43名镇干部集结里东村，雅溪镇所有村两长立即组织村民代表、党员干部赶赴现场，投入救援。截至19日12时39分，39名失联人员全部搜救出来。里东灾难发生后，共转移325人，安置107人。11月27日前，39位遇难者遗体全部火化。事发67天，完成所有受灾群众灾后救助协议等文书签订工作，首批23户受灾群众入住过渡安置房。

【重点项目】 2015年，雅溪镇完成历史遗留多年的雅溪双桥路政策处理。完成镇区控制性详细规划、修建性详细规划方案以及3个村庄规划方案编制。完成辖区内1个应急排险治理项目、3个土地开发项目、19个水利项目建设。完成全镇19条康庄公路的养护承包工作，投入资金46.3万元用于雅庄和马弄道路大中修。完成西溪历史文化名村中央资金申报材料编写及西溪传统村落档案制作，完成库头村传统村落申报工作。

【生态农业】 2015年，在金竹村建立和推广粮食高产示范基地56.67公顷，全镇全年粮食作物播种面积638公顷，粮食总产量达3408吨。发展香菇种植业，全镇香菇种植业收入达2亿多元。建设特色农业基地树莓13.33公顷、中药材20公顷、香榧33.33公顷、桃树59.73公顷、柑橘151公顷、梨23.67公顷、杨梅36.13公顷，建立红豆杉等绿化苗木基地13.33公顷。改善潘百村娃娃鱼苗种养殖基地配套设施，养殖大鲵20万尾成为雅溪金名片之一。喜洋洋养殖场完成浙江大学科技特派员肉羊养殖项目，效益得到提升。

【生态旅游】 2015年，雅溪镇融合生态农业和民俗文化，举办库川村摄影大赛、潘百村覆盆子采摘节、雅里村元宵龙灯庙会和莲房村首届“葵花节”等大型活动，走出一条具有雅溪特色的生态旅游发展道路。其中，“葵花节”活动吸引游客3万人次，覆盆子采摘5000人次，经济效益达150万元。

【美化环境】 2015年，雅溪镇开展“六边三化三美”。共完成整治点位602个，完成率达99%。开展“镇村环境大整治”专项行动，重点整治公路沿线、河道边、村庄居民区，全面清除“脏乱差”。据统计，整治乱堆放3174处、违法广告2659处，清理垃圾8008.7吨。完成高速公路沿线四个村村边美化项目、农房立面改造项目、绿化项目，有效提升村庄品味。推进“三改一拆”。从群众最关注的难点问题入手、从党员干部下手，拆除双溪村潘子元、洪渡村李官亮、潘百村朱金汉等一大批重点、难点违章建筑。全年共拆除307宗，面积66310.27平方米；处置44宗，罚款金额325821.35元。巩固“洁净村居”。建立“洁净村居”巡查考核制度，每月对19个行政村卫生保洁情况实行巡查打分，根据得分情况拨付月底保洁经费。把每月5日作为“夕阳红·党员义务活动日”，有效组织全镇老人协会及党员积极参与村内卫生保洁。稳步实施“五水共治”。贯彻落实河长制工作要求，开展河道集中清理和定期巡查。组织专业人员，定期清理5条重点河段的生活垃圾，保证河道整洁。完成里东竹后砂场和雅庄砂场的关停工作，莲房村睿洋生猪养殖场完成整改，上陈金绿箭生猪养殖场关停并拆除。农村生活污水整治方面，洪渡村、小桃村基本完成主体工程，里东村因山体滑坡项目暂时搁置。完成污水处理厂建设项目，建成污水管网10.26千米，主体完成率100%，完成投资852万元。

【社会保障】 2015年，雅溪镇城乡居民基本医疗保险、养老保险持续扩面，符合条件的低保对象全部纳入低保范围。关心残疾人、退伍军人、困难群众等特殊群体，新增残疾人生活补助9人，办理助学6人，办理残疾人贷款贴息5人。深入开展“和谐家庭”救助活动，全年累计救助108人次，发放医疗救助资金50多万元。新增建设避灾中心3个，居家养老服务中心3个，新增居家养老8人，消除老人养老后顾之忧。开展4600元以下低收入农户结对帮扶工作，通过产业帮扶、纳入低保、督孝帮扶等措施，全面消除4600以下低收入农户。

【社会事业】 2015年，医疗方面，雅溪医院改建项目扎实推进，建成后将有效改善群众就医条件。教育方面，适龄少年儿童小学和初中入学率均达到100%；积极联系社会各界为学校献爱心，其中葡萄牙华侨陈靖为西溪和雅里小学每位学生捐赠一套冬装，共174套，价值4万余元；关心教师生活，组织教师节庆祝活动。计划生育方面，做好放开二孩后政策宣传解释工作，"三查"率达到95%以上。农村精神文明建设方面，以"农村六星文明户"创评和"好家风、好家训"评选为载体，促进农村文明程度的提升。

【社会稳定】 2015年，做好安全生产工作，建立和落实安全生产责任制，加强安全生产和食品安全巡查督查，组织企业负责人和村安全协管员集中培训，开展安全生产宣传咨询活动，打非治违。把信访维稳工作列入重要议事日程来抓，严格执行"一岗双责"责任制，逐步、逐层、逐人落实责任。全镇共排查出各类矛盾纠纷32起，其中：基层化解20起，由镇司法所等职能部门参与调处，经信访信息系统处理12起，调处率达100%，无民转刑案件发生。全年共张贴反邪教、禁毒等平安宣传海报80多张，平安综治集中宣传1次，发放各种宣传资料2000多份、各类宣传品800余份，张贴警钟等宣传海报100余份，受教育人数达10000余人次。是年，全镇邪教组织案件的发案均为零。

（李恬静）

仙渡乡

【概　况】 2015年，仙渡乡总面积65.8平方千米，辖11个行政村、41个自然村、130个村民小组，全乡总户数4589户，总人口11666人。外来人口129人。现有耕地面积504公顷。山林面积4685.66公顷。实现工农业总产值18630万元，同比增长4.9%。其中：工业总产值1130万元，同比增长15.3%农业总产值17500万元，同比增6.03%；财政总收入2800.35万元，同比增长13%。农民收入稳中有升，2015年农民人均收入达到13344元，同比增长12%。

2015年仙渡乡各行政村基本情况表

表41

村名	耕地面积（公顷）	林木面积（公顷）	户数（户）	人口（人）
合　计	457.09	4298.1	4581	11666
仙里村	66.46	399.46	540	1381
何金富村	32.2	509.93	472	1184
葛畈村	30.33	222.86	405	971
张山后村	58.33	497.06	409	1096
根竹园村	24.13	226.26	277	713
梅田村	13.33	40.13	327	806
皂树村	64.33	322.4	467	1204
南源村	42.6	497	329	860
滴水岩村	45.46	565.6	461	1153
芦村村	59.06	817.4	549	1394
董弄村	20.86	200	345	904

全乡有工业企业主要从事茶叶生产加工和小水电、竹木加工等行业。全乡经济在水果、茶叶和食用菌种植三大支柱产业的基础上，引导农民发展蔬菜，使仙渡乡成为市区重要的蔬菜基地。2015年，全乡现有水果总面积866多公顷，桃园面积666多公顷。以岭头为核心的规模化桃产业重点区域农村人均收入已突破万元。

全乡种有食用菌1300万椴，其中在本乡种植的有600万椴，外出到全国各地的有700万椴。仙渡茳萱专业合作社投资100多万余，创立精品园区，实现食用菌产业标准化生产。在梅田村实施"非设施晚熟栽培及其配套技术"，共实施大棚蜜橘种植6.6多公顷；在滴水岩、芦村、张山后、仙里等村新发展桃园20多公顷；在董弄村发展高山茶叶33多公顷。在梅田村积极引导农户将老橘树进行高接换种6.6多公顷。引进蓝梅、迷你桃、春蜜桃、白猕猴桃等新品种5个；梅峰茶叶荣获国家生态原产地保护产品称号。

2015年，完成省重点工程天然气管道（滴水岩段）共涉及2.93公顷土地，现全面完成政策处理并清场交地并正式开工。开展"花样农家""美丽庭院"等创评工作，完成仙渡乡半岭村的花样美村建设。做好"六边三化三美""五水共治""三改一拆"及洁净村居等工作，落实好河长制、路段长制，全年累计清除垃圾850余吨，乱堆放900余处，违法广告、牛皮癣620处，六边区域乱搭乱建拆除集中大整治行动7次共计500余处近17000平方米。加大硬件设施投入：提升改造乡垃圾中转站一座，改建临时垃圾中转站7处，拆除、修缮垃圾房65座，补充更换破损垃圾桶400余个，改建绿化带1000余米，新砌粉刷围墙500余米，提升改造公厕15座。

实施一批重点惠民工程，向交通部门争取基础设施建设资金，2015年，共争取188万元资金。其中葛畈村至仙里村2.9千米康庄路大中修，争取40多万元。皂树村至芦村村4.6千米康庄路大中修。争取119多万元。张山后村至山头岗自然村700米联网公路，争取29万元。帮助农村建房困难群众住房救助76户，争取补助资金51万元。积极帮助农民完成建房审批69户，其中董弄村旧村改造30户

2015年，参加城乡新农医参合率达98.3%，政策性农房保参保率达99.7%，农村居民养老保险新参保人数112人，共发放社保卡6197张，做好普通低保287人，重残低保169人的常态化管理，全年发放保障金60.17万元，物价补贴10160元，一次性生活补贴72600元。推进困难群众大病医疗救助工作，共报批9人，发放医疗救助款58.3345万元惠及全乡94人；开展走访慰问困难家庭、失学儿童、残疾人家庭10余户，送去慰问金、物品等价值2万余元。高度重视救灾救济工作，为困难群众解决实际困难，及时发放救灾、大病救助救济款共计10.2万元。重视老龄工作，重阳节开展走访慰问百岁老人。

落实安全生产和食品安全责任制，加大对辖区内的食品安全工作实行"网格化"监管，全乡69家食品企业启用食安通动态巡查；严格遵守"一岗双责"工作制度，开展安全生产专项活动；切实做好防汛抗台抗旱工作，开展防汛"五化"达标示范乡和葛畈、滴水岩、仙里三个防汛示范村建设，提高全乡防汛防台工作标准化、规范化水平；开展森林消防网格化管理唯一一个乡级试点工作。建立健全自由择业知识分子、宗教信仰场所数据库，开展民族宗教场所巡查。全年无重大安全事件发生。

开展法制教育活动，全年共召开综治工作专题会议22次，开展法制培训2期，在禁毒日、法制宣传日当天更是发放各类宣传册、宣传小围裙、平安宣传鼠标垫等物件共计2000多份。10月份，发放"一户一签"平安宣传单1800份，发放《村规明约》小册子3200份。

【主导产业】 桃产业是仙渡乡农民增收的支柱产业，经过多年的政策扶持推动，正进入鼎盛发展阶段。2015年，全乡现有水果总面积866.67公顷，桃园面积666.67公顷。以岭头为核心的规模化桃产业重点区域农村人

均收入已突破万元。针对许多桃园已有10多年桃龄,已经开始衰退和不能连作的问题,争取农业、科技等部门支持,引进新品种,分片分批次进行桃产业结构调整,确保水果产业可持续发展。依托桃产业,创新桃文化,以岭头为核心,3月成功策划养生莲都·桃缘仙渡"2015第五届仙渡桃花节,以万亩桃花、梅田古道、红色之旅和农家厨艺为卖点,展示仙渡特色乡村魅力,不断提升仙渡知名度和美誉度,吸引了众多外地游客前来观光旅游。7月启动"仙渡仙桃自助采摘游"活动,整个活动从2013年7月至9月底,旨在打响仙渡仙桃品牌,提高仙渡仙果知名度,推动农民增收致富,搭建一个农民增收与农业增效相得益彰的新平台。通过举办桃花节、采摘游等活动带动一大批农家乐的发展,开辟桃花游精品线路,设立游客接待中心,改善基础设施建设,现已成功创建省级农家乐特色村。

【潜力产业】 2015年,仙渡乡结合乡情,根据市场规律,做好潜力产业的开发。扶持做强本土企业。充分利用毛竹资源丰富的优势,扶持做强本土企业。仙渡乡竹缘竹木竹制品厂选用中国独有的大楠竹,尝试用竹制品替代木材和塑料金属制品,采用传统手工艺制作,生产出各种化妆镜等20多种竹制工艺品,产品色彩天然纯朴,造型别具一格,具有浓厚的中华民族古典文化气息,截至年底已远销日本、韩国、美国等国家,并在国内各旅游景点销售。农家乐蓬勃发展。岭头村作为历届桃花节的主会场,于2011年被评为市级农家乐特色村,为争创省级农家乐特色村,根据要求,岭头村于2012年新建农家乐接待中心,建立完善的旅游标识系统,改进旅游线路,新建公共厕所、游步道、游客座椅等基础设施,通过完善和整改,岭头村于2013年成功创建省级农家乐特色村。并在桃花节期间对各农家乐经营业主进行提升培训,在桃花节期间开展服务技能大比拼,调动农户发展农家乐产业的积极性,节日期间岭头农家乐营业火爆。实施富民强县项目。增加科技投入,做好项目申报,检查督促工作,全年共上报项目10个,有8个已经列入富民强县水果提质增效后续实施项目。妇女来料加工发展迅速。全年累计来料加工费951万元,完成区妇联下达任务的100%。

【"三改一拆工作"】 2015年,仙渡乡共拆除134户,共拆除违法建筑面积33641.19平方米。无建村11个村都已上报,9个村通过验收。既有违章处理共处罚24户,上缴罚款共计250374.9元。

【五水共治工作】 2015年,仙渡乡定专人对每条河道进行日常保洁,各村巡查队伍,严格落实河长制,参与河边巡查工作,做好巡查记录。对已整改验收的7家畜禽养殖场实行网格化管理,明确责任人职责,落实每周巡查、随机抽查机制,杜绝排污发生,确保养殖场排泄物"零排放"。继续推进农村生活污水治理工程建设,周坑、岭头等9个确保村和皂树、仙里2个续建村完成预验工作,并根据预验中发现的问题和不足开展整改。全年新建村张山后村基本完成工程建设。做好涉污企业排查整治工作,派出乡、村两级网格化工作人员对全乡所有排污单位和场所深入排查,对发现的问题制定综合整改方案,责任到人,保证整改落实到位。

【低收入工作】 2015年,通过认定,仙渡乡11个行政村共认定4600元以下低收入农户506户,678人。自开展"一户一干部"结对工作以来,结对干部对结对农户进行至少4次以上的摸排走访,摸清农户的家庭成员、家庭收入、存在困难等基本情况,建立农户家庭信息和帮扶干部结对档案,通过产业帮扶、就业帮扶、助困救济、纳入低保残保等帮扶措施完成当年帮扶目标,消除4600元以下低收入农户。

【水利工程】 2015年,仙渡乡完成葛畈、何金富等村防洪堤修复;皂树、仙里等村农民饮用水提升建设;滴水岩村冯弄山塘、梅田灌溉工程等建设。张山后村吴里山塘整治工程完成建设并通过验收，积极主动配合做好仙渡港山洪沟治理工程建设的政策处理工作，工程顺利建设。

【计划生育】 2015年，仙渡乡围绕计划生育优质服务活动的各项要求，巩固示范乡成果，严格执行《仙渡乡计划生育奖惩办法》。做好计划生育困难家庭服务，开展生育关怀行动。计划内生育82例，计划生育率90.86%，发放关怀资金2.3万元，征收社会抚养费56.73万元。

【维稳工作】 2015年，仙渡乡共召开综治工作专题会议22次，开展法制培训2期，在禁毒日、法制宣传日当天更是发放各类宣传册、宣传小围裙、平安宣传鼠标垫等物件共计2000多份。10月，发放“一户一签”平安宣传单1800份，发放《村规明约》小册子3200份。排查不稳定因素10件，均已稳控；全乡现有帮教安置31名吸毒人员、44名归正人员和11名社区矫正人员，通过努力44名矫正对象、31名吸毒人员和11名社区矫正人员中，没有重新犯罪人员。做好“六五”普法工作的宣传，在6月初举行一次法制咨询，收到良好的社会效果。开展纠纷调处工作和维稳防控工作，11个村充分利用综治平安通手机录入矛盾纠纷，全年全乡调解各类纠纷14起，调解成功14起，调解率100%，为全乡的社会稳定做出,贡献。

【乡风文明工作】 2015年，仙渡乡成功举办第五届桃花节、采桃节。新建皂树村文化礼堂。开展“六星文明户”活动。新增“春泥计划”示范点1个。炳利用闲置围墙，在葛畈村做24孝文化宣传长廊，在岭头村利用墙绘的形式绘制仙渡寻梦乡愁篇。

【美丽乡村工作】 2015年，仙渡乡在半岭村和岭头村，打造“花样农家”，调动广大群众在家家户户房前屋后种植鲜花150多盆。发展普通民宿50多间。个别农家乐经营户增收2万多元。

【“住村连心”大走访】 2015年，仙渡乡按照区委的统一部署，结合本乡实际，以“谈心、解惑、理思路”为活动主题，把干部的心思和精力凝聚起来，确保“住村连心”大走访和乡重点项目攻坚活动顺利开展。自开展住村连心以来，区联系领导、区联系部门、全乡干部共走农户5608户，走访党员273人，村民代表185人，特困户家庭132户。总共收集各类意见建议134条。其中，关于农民建房、环境治理、村级经济发展、子女就学就业等问题的反映较为集中，群众普遍关注。

老竹畲族镇

【概　况】 2015年，老竹畲族镇总面积83.9平方千米，辖12个行政村、139个村民小组。全镇总户数7196户，总人口16094人，其中畲族同胞有3554人，占总人口的21%。山林面积6488公顷，耕地面积1018.6公顷。全镇农业总产值12720万元，同比增长7.6%；旅游总收入65722万元，同比增长28%；固定资产投资10017万元，同比增长18.1%；产业投资额为893万元，同比增长18.1%；财政总收入942万元，同比增长24.27%；农村居民人均纯收入12804元，同比增长12.03%。

2015年老竹畲族镇各行政村基本情况表

表42

村别	总户数（户）	总人口（人）	村民小组(个)	耕地面积（公顷）	水田（公顷）	旱地（公顷）	林地面积（公顷）	山林面积（公顷）	村集体经济收入（万元）
曳岭脚	672	1683	14	117.7	81.0	36.7	526.7	525.1	2.2
榴 溪	565	1316	14	103.4	66.1	37.3	482.5	465.7	0
新 陶	669	1431	14	112.2	72.5	39.7	695.6	653.3	0

续表42

村别	总户数(户)	总人口(人)	村民小组(个)	耕地面积(公顷)	水田(公顷)	旱地(公顷)	林地面积(公顷)	山林面积(公顷)	村集体经济收入(万元)
沙溪	312	720	6	37.5	29.7	7.8	232.1	225.5	3.8
老竹	808	2165	13	91.5	74.3	17.1	194.6	192.0	216.4
后坑	472	1089	9	80.4	62.6	17.8	413.9	406.3	3.5
周坦	671	1606	10	131.1	110.1	21.0	620.2	583.3	1.1
郑丰	246	516	8	37.5	33.1	4.5	576.7	559.5	0.4
梁村	546	1339	9	100.3	61.0	39.3	448.5	437.5	0
徐庄	1044	2319	20	99.3	77.4	21.9	911.3	891.7	0.5
丁公	331	760	6	37.2	29.5	7.7	211.3	197.9	0
赤坑	539	1138	16	59.8	46.5	13.3	1012.4	968.8	0
工办				10.7	-	10.7	-	-	
非农	357	447	0	0.0	0.0	0.0	0.0	0.0	
合计	7195	16537	139	1018.6	743.7	274.9	6325.7	6106.6	225.90

2015年，老竹畲族镇在徐庄片建立水果精品基地132公顷，年产优质水果2760吨；在陶村、黄桂等村发展富硒米33.3公顷；在黄桂、曳岭脚、西岸等村建立食用菌示范基地70万袋；在红桥、后坑等村建立茶叶示范基地71.1公顷。实现村村有特色，促进农业产业向规模化、优质化、特色化的方向发展。同时，强化科技灌输，全年培训7期，受训3000多人次，邀请省、市、区专家现场观摩指导5次，受训380人次。11月16日，第六届国际社会生态农业大会开展之际，国内国际生态农业专家莅临老竹镇口坑村“六江源处州白莲精品园”考察，了解千年畲乡农耕文化的发展历史，交流学习经验，并对生态循环、土壤轮作的农业成果表示赞赏。

2015年，老竹畲族镇续建村(周坦村)已全部完工，等待初验，新建5个村总收益农户951户，新增收益农户772户，新增污水处理池11个，计划总投资487.85万元。

2015年，老竹畲族镇开展参保农民健康体检工作，完成11509人参加城乡居民医疗保险，参保率98.3%；城乡居民社会养老保险新增参保83人，完成率254%；住房保险参保4396户，三种保险均超额完成区下达的指标任务。完成农村劳动力转移91人，引导306名退休人员纳入社区，得到统一的管理和服务。

2015年，老竹畲族镇举办“竹柳新桥”畲族“三月三”歌会、沙溪春晚、处州白莲节等大型具有浓郁民族特色的文化活动，深挖畲族文化内涵，使畲族文化旅游与东西岩风景区相辅相成，打造畲族文化旅游品牌。新陶村随着南乡革命纪念馆的建成，逐步打造成红色旅游景区。梁村古戏台的修复，为美丽乡村增添历史感，同时定期举办唱戏，不仅丰富村民的生活，也为游客带来“土味”。

【唱好民宿经济“重头戏”】 2015年，老竹畲族镇从明确发展民宿产业以来，不到5个月时间，发展民宿产业氛围日渐浓厚，经发动有发展民宿意向的农户48户，床铺568张(其中特色民宿11户，119间，192张床铺)。截至2015年年底，已完成改造投入营业7户(86间，155张床铺，其中特色民宿2户，33间，59张床铺)，主要聚集在沙溪村，青腾小院特色民宿自2月开业以来，总接待游客7000多人次，营业额约65万，客房入住率达70%以上，8月还被评为莲都区“十美民宿”。正在改造实施有20户(166间，314张床铺，其中特色民宿9户，86间，133张床铺)。

【强化项目配套助推生态农业】 2015年，老竹畲族镇在周坦、梁村、后坑等村争取资金127.6万元加强粮食功能区建设，完善农业配套工程。在徐庄、郑丰、曳岭脚、新陶、赤坑等村争取资金73.7万元，新建机耕路5条。农村土地确权调查摸底基本完成，土地流转经营权证颁证100%完成，新增农村产权公开交易数100%完成。按照各项惠农政策要求，先后实施水稻良种补贴、水稻直补、农资综合补贴、农机补贴等，发放金额达62.16万元。

【打造“风情东西”特色小镇】 东西岩国家AAAA级景区提升改造工程。2015年，老竹畲族镇完成新畲家山寨一楼房间和走廊开展装修改造，景区内6座旅游厕所提升改造，管理用房修缮工程等，景区风貌得到一定提升。镇区基础设施工程改造。完成老竹镇通东西岩景区的道路拓宽工程、区镇前街中段等四条道路改造工程，完成镇民族中学扩建、风情一条街、学甫小区一期道路土地清场等项目政策处理工作稳步推进。规划区及周边村庄建设。对接区旅委进行新陶村革命纪念馆主体工程、纪念馆广场、凉亭水景、纪念碑、公厕、廊桥、白莲基地游步道、进村新公路等建设，将新陶村打造成红色旅游景区。同时，借助“六三三”活动，开展违章建筑整治活动，对丽武公路沿线的周坦村、后坑村内违章搭建屋棚、建筑进行拆除，美化景区周边环境。

【创建省级森林城镇】 2015年，老竹畲族镇以“一区、两轴、三乡、多点”的森林城镇布局，森林的绿化、彩化和美化得到有力的提升，建成区的“一轴、一心、三园”的绿化、彩化得到很大的改观；镇域有古树名木112株，古树群18个，并均已实行挂牌保护；干线公路和骨干河道宜林地绿化率达到95%，建设生态科普教育基地一处，植树认养示范基地一处，建成区林木覆盖率21.74%，绿地率达27.18%，人均公园绿地7.10平方米/人。全镇总面积8396.3公顷，其中林业用地面积7112.2公顷。建设省级重点生态公益林2996.2公顷，经营商品林4116公顷。活立木总蓄积158949立方米。森林覆盖率84%，林木绿化率84.1%。

【“六边三化三美”工作】 2015年，老竹畲族镇在梁村村开展“六边三化三美”启动仪式，并率先开展“洁美老竹我先行”为主题的大清扫活动。将每月12日设为洁净村居日。通过试点村带动镇村开展“畜禽圈养”，提升村民居住环境；召开镇区136户商户业主动员会议，签订《门前“三包”责任书》全力推进镇区整治；各村签订《洁净村居责任书》；每月评比选出“洁净家庭户”等方式方法，形成“洁美老竹，从我做起”浓厚氛围。开展多次镇区环境大整治专项行动，重点整治公路沿线、河道边、村庄农户区，全面清除“脏乱差”，确保“六边”区域可视范围内无明显垃圾，无乱堆乱放，村容村貌、人居环境整洁有序。截至2015年年底，拆除各村违法乱搭建37899平方米，401个点位，整治乱堆放657处，清理违法广告、牛皮癣666处，清理垃圾1096吨。“既有违建”处置测量累计378户，已处置2431.29平方米，收罚金297730.95元。

【全面消除4600元以下低收入农户】 2015年，为更好地落实精准扶持，老竹畲族镇要求联村干部走村入户开展状况调查，并为低收入农户“建档立卡”，全镇共有低收入农户441户（其中产业帮扶203户），共使用资金169730元。

【做好宣传思想工作】 2015年，老竹畲族镇开展社会主义核心价值观12个词宣传，开展“讲文明树新风”公益广告宣传活动。“六星文明户”创评全面铺开，已完成市定标准。农村文化礼堂建设村达4个，举办村晚、重阳敬老礼仪、文化走亲、送戏下乡、家风家训、放映电影等活动，开展形势政策宣讲、技能培训等讲座。“春泥计划”重点村年度活动12次，文化礼堂村、“春泥计划”重点村、“春泥书库”覆盖率达到100%。

【做好社会稳定工作】 2015年，老竹畲族镇建立12个行政村综合治理网格平台，以200人为一个网格，强化落实工作责任。全年共调解各类矛盾纠纷184起，调解率100%；派出所抓获犯罪嫌疑人20名，破获各类刑事案件21起，治安案件23起；查处违法人员47人，查处治安案件23起。全镇信访形势总体较好，群众上访反映的绝大部分问题都已经解决到位，突发事件也都得到妥善处理，全镇无赴京访、集体访。全镇共排查出重点矛盾纠纷和信访隐患5起。

【做好公共服务工作】 2015年，老竹畲族镇义务教育普及率达到100%，建有省级义务教育标准化学校一所，是省级九年一贯制示范学校。建有省二级标准幼儿园，等级幼儿园覆盖率达到80%以上。梁村中心幼儿园已建设完成，即将招生开学。农村有线电视、广播入村率达到100%。乡镇服务窗口实行规范化服务，村级便民服务中心各项制度完善，人员落实到位，实现党务、政务、财务“三公开”。食品（农产品）安全基层责任网络规范化建设到位，做到安全网络建立、经费落实、人员配备“三到位”，无Ⅳ级以上群体性食品安全事故发生。自来水普及率达100%，供水达到规范要求。“五保户”入住敬老院比利达到100%。

丽新畲族乡

【概　况】 2015年，丽新畲族乡总面积83.22平方千米，辖9个行政村、63个自然村，100个村民小组。全乡总户数4245户，总人口10397人，有外出人口4669人。人口自然增长率3.23‰。山林面积6818.8公顷；耕地面积495.4公顷，其中，生态公益林3581.5公顷。全年实现工农业总产值1.7852亿元，比2014年增长7.46%；财政总收入2893.11万元，增长-14.7%，其中，地方财政收入79.61万元；农民人均收入16157元，增长32.5%。

2015年度丽新畲族乡各行政村基本情况

表43

名 称（村）	村域面积（公顷）	户数（户）	人口（人）
上塘畈	342.22	345	995
黄弄	546.58	609	1439
咸宜	460.95	608	1452
畎岸	633.90	810	1958
黄岭上	1307.69	488	1236
山村	695.83	245	646
马村	335.66	310	724
白岸口	1527.10	478	1113
吾赤口	2049.65	352	834
合计	7899.58	4245	10397

2015年，全乡财政总实际可用资金3393.52元，财政总支出2346.98万元。有畲族人口2100余人，有上塘畈、山村、咸宜3个民族村，畲族人口主要分布在上塘畈、山村、咸宜、黄岭上、白岸口等6个行政村的18个自然村，其中上塘畈村共有畲族人口占全村总人口的95%，称为“浙江畲族第一村”。

2015年，丽新畲族乡主要产业有粮油、水果、竹笋两用林。共有水稻面积351公顷，水果面积400公顷，竹笋267公顷，茶叶面积333公顷，油茶面积267公顷。在2014出台政策扶持茶叶产业的基础上，2015年继续安排25万元专项资金扶持茶叶产业发展，截至年底，全乡拥有茶园近万亩。注重基地培育，新发展葡萄基地6.7公顷，蓝梅基地10公顷，猕猴桃基地3.3公顷。

2015年，丽新畲族乡完成农村股权、土地承包经营权、林权、水利产权改革工作任务，发放股权证10048本，新增农村产权公开交易数完成率达到200%。完成各村土地承包经营权确权颁证指界工作任务的73.8%，发放土地流转经营权证7本。实现林地流转857公顷，办理流转权证368.6公顷。完成"三权"抵押贷款4156万元。完成全乡农村住房调查摸底工作，受理颁证619户，已经发放244户。

2015年，丽新畲族乡成功创建农产品质量安全示范乡镇和农产品质量安全追溯体系示范乡镇。成功创建市级生态精品现代农业示范乡镇，示范企业2家、示范合作社2家、示范家庭农场3家、大学生创业典型1个、生态精品农产品5个。发展农业龙头企业2家，全乡共有农民专业合作社20家，其中：国家级示范性合作社1家、省级示范性合作社2家、市级示范性合作社1家；全乡共发展家庭农场达20家，其中：省级示范性家庭农场1家。发展来料加工业，全年全乡共有来料加工人员650余人，实现产值约1002万元。

2015年，丽新畲族乡十件实事基本完成。全年组织大小型文艺系列演出38场，观众人数达20188人次。建立健全春泥计划队伍，全年开展春泥活动29次，参与青少年280多人次。新建山村、黄岭上文化礼堂2个，已建成的咸宜村和上塘畈村文化礼堂，开展活动50余次。完成丽新民族小学的校园污水排放入网项目、开设畲族校本课程等工作，协助丽新幼儿园申报创建省二级标准园。定期开展空气和饮用水检测，着力提升公共卫生服务水平。

2015年，丽新畲族乡做好计生工作，平稳实施单独二孩政策，完成区里下达的计划生育考核指标。推进村级便民服务中心规范化管理。做好月度和重大政治活动期间信访信息排查和重点人员稳控工作，全年共受理群众来信来访4件，办结4件，被评为区信访工作"四无乡镇"。严格依法行政，做好合同管理，严格落实政府法律顾问制度，与浙江万申佳律师事务所签订法律顾问合同，提升法律咨询的便利性和专业性。做好食品药品安全工作，完善应急处置预案。落实安全生产"一岗双责"制度，开展隐患排查、事故应急演练工作。做好宣传和预防，强化森林消防、消防安全、防汛防台抗旱、重大动植物疫病等工作的长效机制。

2015年，丽新畲族乡做好新型农村合作医疗保险、城乡居民社会养老保险、农村政策性住房保险等参保缴费工作，做好社会保障卡信息采集和换卡工作。关注弱势群体，开展残疾人结对扶贫工作，做好困难群众救助帮扶工作，加强低保人员动态管理，严格落实帮扶资金。做好老龄工作，开展长寿、空巢、失能、重残老人调查并开展结对帮扶。做好双拥工作，全年慰问复退军人51人次。加大一户一策、精准扶贫力度，全面消除4600元以下低收入农户429户746人，不把贫困现象带入"十三五"。

【"五水共治"项目建设工作】 2015年，丽新畲族乡落实河长包干河道管、治、保"三位一体"职责，围绕"管理、巡查、协调、督办、报告"等基本任务开展治水工作。河道保洁的管理工作做到年初有计划、有打算，年终有总结。将宣平溪河道分段承包给沿溪5个村的6个村民，实现河道保洁工作承包到村到人。农村生活污水治理工程有序推进，续建村3个，新建村4个，截至12月底，除黄岭上由于大桥坍塌原因只完成工程总量的70%，其余村已基本完工。完成吾赤口村防洪堤建设。

【"三改一拆"工作】 2015年，丽新畲族乡共发现和接到电话举报违建行为45次，及时制止29起。全乡组织开展集中大拆违行动13次，出动人员达800人次，共拆除违法建筑161处，面积达3.2万平方米。开展违法建筑处置工作，处理83户、面积4273.31平方米，收罚金37.36万元。“无违建”乡镇创建工作顺利通过市里验收。全面完成全乡“一户一档”资料收集整理工作，并通过区里的检查验收。

【“六边三化三美”工作】 2015年，丽新畲族乡严格落实“六边三化三美”工作，全年共收到六边办交办单221件，其中乱堆放88件，坟墓整治3件，乱搭建103件，广告10件，其他17件，均整改到位。开展集中整治行动18次1177人次，出动机械1540台；六边区域清理垃圾370吨，累计投入资金37.29万元。

【建成山村村文化礼堂】 2015年9月，丽新畲族乡建成山村村文化大礼堂，全年开展活动13次。该村人口600余人，是全乡3个民族村之一。按照“文化礼堂、精神家园”的定位，礼堂选址确定在该村原大会堂，占地面积400平方米，与该村村委会距离较近，总投资70余万元。在文化墙上描绘体现畲族元素的图案，在展示廊上介绍畲族的起源、风俗习惯，突出畲族特色，其中文化走亲、文艺会演等活动，既拉近民族村的距离，弘扬畲族文化，也切实丰富农村居民的业余生活。

【全面消除“4600元以下”低收入农户】 结合“两消除”工作，2015年全乡年收入在4600元以下的429户746人进行“一对一”结对帮扶。为鼓励低收入农户发展产业，结对干部到村到户进行产业发展指导，全乡落实产业帮扶的285户，共支出帮扶资金137862元。截至年底，全乡省物价局结对帮扶的7个低收入集中村的低收入农户实现全面脱贫，不把贫困现象带入“十三五”。

【社会监督全面覆盖】 2015年，丽新畲族乡建立健全村监会主任定期交流制度，通过例会制度及时对村里的“三务”公开情况及台账进行检查，并进行工作交流，有效促进各村“三务”及时有序公开。在乡、村财务管理上，乡级财务采取乡长一支笔审批制度，大额开支由班子集体讨论研究通过。严格执行村级财务“双代理”制度，落实代理会计AB岗制度，确保村级财务及时办理。完善大额支出集体决策制度、财务支出定期公开等制度，在项目施工过程中，村监会全程监管，严格按照区里制定的招投标管理办法实施相关程序，严把工程质量，严控项目进度，有效促进项目建设合理合法合规的实施。

（雷丽娟）

黄村乡

【概　况】 2015年，黄村乡总面积100.8平方千米，辖11个行政村、62个自然村、142个村民小组。全乡总户数5394户，总人口11741人，其中，农业人口11535人、非农人口206人。有外来人口32人。人口自然增长率4.62‰。耕地面积440公顷，其中水田面积204.4公顷；山林面积9001公顷。全乡实现工业销售产值1949万元，比2014年增长55%；农业总产值6636万元，增长2.8%；社会消费品零售总额51678万元。财政总收入656.5万元，财政总支出577.15万元。上缴国税、地税471.42万元。农村农民人均可支配收入15783元，增长10.5%。

2015年黄村乡各行政村基本情况表

表44

村名	面积（平方千米）	户数（户）	人口（人）
合　计	103.47	5394	11741
黄村村	19.3787	1295	2637
黄泥墩村	8.5124	508	1103

续表44

村名	面积 （平方千米）	户数 （户）	人口 （人）
戈割村	7.7509	506	1067
和垟村	5.3625	297	660
天堂村	7.9629	270	640
池岭村	4.7367	276	711
郑村村	7.2274	282	675
严鸟村	18.4639	734	1646
汇村村	7.7821	579	1192
皂坑村	9.0528	312	660
金鸟村	3.482	335	750

2015年，黄村乡所属工业企业共有14家，其中大部分为小水电。企业职工共有79人，工业总产值1949万元，比2014年增长55%。

2015年，黄村乡粮食播种面积318公顷，粮食总产量1559.2吨；承包耕地面积346公顷，其中流转面积136公顷。农民专业合作社8个，成员数420户。发放农业四项补贴资金30余万元。完成人工造林1.33公顷，中幼林抚育266.67公顷，四旁植树333.33公顷，毛竹抚育93.33公顷，年出栏生猪1324头、家禽5385羽。全年动物防疫0.4万头次、家禽免疫1万羽，免疫率100%。

2015年，黄村乡农业规模化、组织化、精品化程度进一步提高，首次成功申报省级无公害绿色产品，建成区级示范合作社1家，发展家庭农场4家。出台《关于扶持发展黄村乡茶叶特色产业的实施意见》，新增茶叶种植面积20公顷。加大科技投入，培训新型农民103人，举办科技培训2期。生态旅游起步，黄泥墩村总投资12.5亿元的梦里水乡欢乐谷旅游开发项目完成7公顷用地征收任务和13.33公顷的土地流转工作，盛景旅游开发有限公司成功挂牌，并正式开工启动项目。开展“花样农家”“美丽庭院”等创评工作，完成黄村中心村建设和刘西堂村的花样美村建设。做好“六边三化三美”、“五水共治”、“三改一拆”及洁净村居等工作，落实好河长制、路段长制，共完成六边办交办单161件，坟墓整治269座，新建戈割朱坑、池岭泮庄、黄村大林坑等垃圾处理点，维修岭根、岩头垃圾处理点，整治破损垃圾房35座，乡村环境得到明显改善。

2015年，黄村乡实施一批重点惠民工程，完成“8·20”中损毁的戈割村康庄路修复项目、天堂村至淤地的道路拓宽和路面硬化工程的项目前期工作。在继续做好黄村等13个村的污水项目运行管理的同时，新启动池岭、和垟两个村的生活污水建设。新批危旧房改建60户、困难群众房屋修缮5户。争取一事一议项目资金，实施天堂村老年活动中心项目建设，帮助学校办好基地，捐赠床等物资，解决一些实际困难。

2015年，参加城乡居民基本医疗参保8548人，参保率97.14%。完善社会救助体系，建立“救急难”数据库，发放各类救济款16万元；开展低保动态管理，实现应保尽保，现有低保对象359户，435人。新建黄村村的日间照料中心，开展银龄互助和高龄、空巢、重残老人调查，及时慰问全乡90岁以上老人。

2015年，黄村乡开展法制教育活动，在黄村小学、严鸟小学等开设法制课，向广大群众发放各类宣传资料500余份，通过悬挂横幅和摆摊形式进行法制宣传。2015年，共受理群众来信来访4件，办结4件，并协调办结信访积案2件。

2015年，黄村乡获莲都区

2015年度工作责任制考评综合合格单位、2015年度莲都区农村产权制度改革优胜单位。

【"六三三"工作】 2015年，黄村乡对六边、两路两侧范围进行全面整治，清除乱堆放、乱张贴、拆除违章，实行农户自拆、党员干部帮着拆、政府集中拆。组织800多人次对兰石线、上李线、铁路沿线及各村脏乱差、违建进行统一、快速拆除，拆除六边范围建筑18521平方米，清理违章广告和牛皮癣550余处，上级交办的98个点位完成95个，完成率96.9%。开展"无违建乡"创建工作，截至2015年12月底，共拆除违章建筑41058.89平方米，完成"三改一拆"任务指标的136.86%，收缴违章处置罚款91.6881万元，面积17687.27平方米，户数113户，还有34户在审批办理中。

【农村污水整治处理】 2015年，黄村乡以五水共治工作开展为契机，抓实抓好农村污水治理项目建设，1月完成5个村的续建工程，3月进行试通水，4月完成自查整改，6月完成8个交办问题的整改。实施的和垟、池岭污水工程完成施工项目。

【洁净村居工作】 2015年，黄村乡实行不定期的监督巡查，每月考核打分排名评奖，发放流动红旗实行竞赛，形成你追我赶洁净村居比拼氛围，确保全乡环境洁净，5—7月全乡开展洁美黄村擂台赛，在全区洁美擂台赛中获得较好成绩（2、7、8、9月获得优秀）。环卫设施投入10万元购置垃圾桶450只、新建潘庄、大林、朱坑3村垃圾处理点、维修2处垃圾处理点，整治35座破损垃圾房，进一步完善环卫设施。在修订的村规民约中对垃圾倒入河道的行为进行处罚，对审批建房农户收取建筑垃圾倾倒保证金基础上，在黄村、严鸟两村各选址落实建筑垃圾倾倒点，做到疏堵结合、标本兼治。新修建上郑、李村、池岭、刘西堂、严溪5村农村公厕，修缮黄村、油竹坑、下郑、下陆、皂坑5村破旧公厕，拆除无用处公厕3个。

【农村文化建设】 2015年，黄村乡借助学校和社会力量，建成皂坑、郑村文化礼堂；通过村企联合方式，成功举办黄泥墩村九九重阳节文艺会演、省电视台的《流动大舞台》、重阳敬老礼等农村文化活动。开展"六星文明户"创评试点工作，建成六星文明广场，形成人人争当文明的氛围。

【全面实施两消除】 2015年，黄村乡原有低收入农户2977户，6702人，"两个消除"工作启动后，黄村乡开展驻村干部摸底、结对，全面启动低收入农户再摸底，再筛选，经过一定形式会议重新确定4600元以下农户为508户877人，开展一对一结对帮扶，认真部署，落实帮扶干部，制定帮扶措施。通过产业帮扶、低保、申请大病救助、居家安养以及发展来料加工，劳动力转移等方式，全面完成消除工作。

【建设农林特色基地】 2015年，黄村乡根据水源保护地限种禁养的要求，推广有机、无公害产品种植。打造以池岭、郑村的茶叶、笋竹，戈剳、严鸟的油茶，黄坑的香榧为主的绿色生态农业，产业规模化发展渐趋明显，产业集聚效应成效突显。推广白茶种植，出台扶持政策种植茶叶，新种植23.33公顷。3月26日举办首届郑村白茶采摘活动，打响郑村白茶知名度，白茶茶青售价每斤达135元高于往年50多元。

【民宿乡愁经济】 2015年，黄村乡利用良好生态优势，挖掘传统生活印记，黄村村的杨梅、椪柑、笋竹100多米的墙绘，黄泥墩村200米的文明墙、六星广场增添乡村记忆。利用当地生态、海拔气候优势，发展一批民宿，计划利用高海拔、湿地等资源优势谋划发展避暑养生型天堂村民宿，依托梦里水乡欢乐谷旅游项目发展黄泥墩村民宿，已完成规划、设计，9月21日邀请区农办到村进行培训。

【农村基础设施建设】 2015年，黄村乡在继续做好黄村等13个村的污水项目运行管理同时，新启动池岭、和垟两个村的生活污水建设。截至2015年年底，池岭、和垟村已全面完成，等待验收。新批和危旧房改造60户、困难群众房屋修缮5户。

【住村联心工作】 2015年，黄村乡推进"三天两夜"制度和"夜访夜谈夜宿"活动，做好干部住村情况督查工作，建立健全住村联心工作考核制度。结合"两消除"工作，开展走访工作，全年共计走访农户3576户，其中，离任村干部、党员、村民代表、困难户等重点对象全部走访4次以上。全面开展民情地图电脑版录入工作，11个行政村均按时保质完成农户关联及相关信息录入工作。

【农村产权制度改革】 2015年，黄村乡完成村经济合作社股份制改革村数11个，发放股权证4778本，完成资料收集37本，已通过相关部门的验收。建立健全农村产权流转市场体系，通过整合乡、村便民服务中心，新增农村产权公开交易数8宗，完成率达到100%。农村宅基地确权登记发证131宗、完成任务数的119%，土地流转经营权证颁证6本、新增农村产权公开交易数8宗、完成任务数的100%。完成全乡农村住房调查摸底工作，受理颁证430户，已经发放32户，完成登记发证任务的3.29%。

（姜建水）

文件选编

中共丽水市莲都区委
关于全面深化法治莲都建设的实施意见

莲委发〔2015〕1号

（2015年2月2日中国共产党丽水市莲都区第十三届委员会第七次全体会议通过）

中国共产党丽水市莲都区第十三届委员会第七次全体会议深入学习贯彻党的十八届四中全会、省委十三届六次全会、市委三届八次全会精神，根据中央、省委和市委的决策部署，结合莲都实际，现就全面深化法治莲都建设提出如下实施意见：

一、全面深化法治莲都建设的总体要求

1.面临形势。自2006年区委十一届十次全会作出建设法治莲都决策部署以来，区委高度重视法治建设，在实践中探索、在探索中提升，法治莲都建设取得了明显成效，我区有望连续9年被省委、省政府命名为“平安区”，区政府连续4年被评为全市依法行政优秀单位，2013年荣获我市首个省级法治政府建设（依法行政）优秀单位。

当前，莲都正处在全面深化改革、加快转型升级、力争率先发展的关键期和攻坚期，面对的改革发展稳定任务之重和遇到的矛盾风险挑战之多前所未有。全面深化法治莲都建设，就是要主动适应发展新常态，进一步推动“绿水青山就是金山银山”战略思想落地生根，善于在制度范围内、在法治轨道上，加快发展方式转变，有效应对和化解社会矛盾，促进社会公平正义。

必须清醒看到，法治莲都建设还存在一些与新形势新要求不相适应的问题。主要表现为：有的领导干部法治意识和法治思维还需加强，执法司法不规范、不公正、不文明现象还一定程度存在；法治建设发展不够平衡，基层法治建设基础还比较薄弱；部分社会成员遵法守法意识淡薄，依法维权意识有待提高；社会诚信体系建设还有待进一步加强，等等。这些问题，必须下大力气加以解决。全区各级各部门必须切实增强全面深化法治莲都建设的政治自觉、思想自觉、行动自觉。

2.指导思想。认真贯彻落实党的十八大和十八届三中、四中全会精神，深入贯彻落实习近平总书记系列重要讲话精神，按照省委、市委的决策部署，坚持依法执政、依法行政共同推进，坚持法治政府、法治社会一体建设，用法治保障人民权益、维护社会公平正义、促进经济社会发展，为坚定不移走“绿水青山就是金山银山”绿色生态发展之路、全面深化改革、推进“两美”莲都新发展提供有力法治保障。

3. 总体目标。围绕加快建设生态保护和生态经济“双示范区”，全力抓好“生态、经济、平安、民生、党建”五张报表，到2020年，基本建成与全区经济建设、政治建设、文化建设、社会建设、生态文明建设和党的建设相适应的法治体系，并实现“四个明显提升”：

——依法决策和依法执政水平明显提升。人民代表大会制度、中国共产党领导的多党合作和政治协商制度、基层群众自治制度进一步巩固和完善。各级党组织和党员干部带头遵守宪法法律，以法治思维和法治方式推动改革发展的能力明显增强，“两美”莲都建设取得显著成效，生态文明建设继续走在前列。

——法治政府建设和执法水平明显提升。政府依法全面履行职能，依法行政水平明显提高，基本建成职能科学、权责法定、执法严明、公开公正、廉洁高效、守法诚信的法治政府。执法规范化建设水平全市领先。

——司法公信力和司法为民水平明显提升。司法机关依法独立公正行使职权，司法公信力显著提升。法治队伍建设有效加强，执法司法人员违法违纪案件发生率明显下降。各类社会主体合法权益得到切实保障。社会治理法治化水平不断提高，力争到2017年获得“平安金鼎”。

——全民法治意识和法律素养明显提升。“法律六进”有效推进，社会主义法治精神深入人心。法治与德治二者齐头并进，社会主义道德和社会诚信建设取得明显成效。领导干部学法培育率达到100%，法治文化阵地实现区、乡、村三级全覆盖。

二、全面提高依法执政能力和水平

4. 坚决维护宪法法律权威。全区各级党政机关、社会团体、企业事业组织和个人都必须以宪法为根本活动准则，捍卫宪法法律尊严，保证宪法法律实施。落实宪法宣誓制度。开展国家宪法日活动。把宪法法律列入党委（党组）中心组学习内容，列为党校、行政学校必修课，各级党委（党组）中心组每年集中学法不少于2次。健全完善领导干部任前法律知识考试等制度。把法治建设成效作为衡量领导班子和领导干部实绩的重要内容，纳入政绩考核指标体系。把能不能遵守法律、依法办事作为考察干部的重要内容，在相同条件下，优先提拔使用法治素养好、依法办事能力强的干部。

5. 完善党的领导方式和执政方式。各级党委要按照中央《决定》提出的“三统一”、“四善于”的要求，切实改进党的领导，以法治的理念、法治的体制、法治的程序开展工作。坚持党管武装原则，扎实推进军地融合发展，支持驻莲部队建设。

完善党内民主。严格执行《区委议事规则》《区委重大事项决策制度》，推进民主集中制规范化、程序化。科学配置党委部门及内设机构权力职能，探索扩大基层党内民主多种实现形式。落实省委党内法规制定工作五年规划纲要。探索建立党内规范性文件备案审查与政府行政规范性文件备案审查衔接联动机制。探索建立党内规范性文件实施后评估机制、督查机制和问责机制。党规党纪严于国家法律，各级党组织和广大党员干部要严格遵守《党章》和各项党内法规，加强党性修养，切实维护党章的严肃性和权威性。

加强党内监督。严格执行民主集中制，规范各级党政主要领导干部职责权限。严格执行领导干部廉洁自律各项规定，认真落实领导干部报告个人有关事项、任职回避、述职述廉、民主生活会、信访处理、谈话和诫勉、询问和质询、特定问题调查等监督制度。不断探索完善党务公开的途径和形式，建立健全党内情况通报、党内事务听证咨询等制度。

加强和改进党对政法工作

的领导。进一步健全党委定期听取政法机关工作汇报制度。党委政法委员会要把工作着力点放在把握政治方向、协调各方职能、统筹政法工作、建设政法队伍、督促依法办事、创造公正司法环境上。加强政法机关党的建设,健全政法机关党组织重大事项向党委报告制度。

6.推动人民代表大会制度与时俱进。健全党委领导人大工作制度,支持和保障人大及其常委会依法行使决定、监督、任免等职权。加强党委对人大选举工作的领导。深化代表联络站和代表履职平台建设,推进区、乡两级人大代表密切联系选区选民。加强议案和建议处理工作,完善重点建议领办和督办制度,提高办理工作成效。加强区人大及其常委会自身建设。积极运用公民旁听、公听会、网络在线交流等方式,扩大公民对人大常委会工作的有序参与。加强对乡镇人大的工作指导,提高基层人大代表素质,整体推进全区人大工作。

7.推动协商民主广泛多层制度化发展。加强政党协商,认真做好人民团体协商,扎实开展基层组织协商和社会组织协商,组建区"协商咨询人才库"。发挥人民政协在发展协商民主中的重要渠道作用,坚持协商于决策之前和之中的原则,规范政协民主协商,开展专题协商、对口协商、界别协商、提案办理协商。建立党委、政府、政协三方共同跟踪督办工作机制,把采纳落实政协建议情况纳入对党政部门工作的考评。完善民主党派直接向党委提出建议制度。

三、深入推进依法行政

8.加快转变政府职能。以深化"四张清单一张网"建设为抓手,加大简政放权力度,建立权力清单、责任清单、财政专项资金管理清单动态调整机制,探索推进企业投资负面清单管理方式。深化行政审批制度改革,加强行政审批事项动态管理,加强事中事后监管。完善网上政务服务体系,加强政府职能精细化管理,提高行政效能。推动公共资源市场化配置,建立统一规范、上下衔接的公共资源交易平台。规范执行政府向社会力量购买服务制度,探索公共服务供给主体多元化。规范行政给付、行政奖励等授益性政府行为。

9.健全依法决策机制。编制并实施《莲都区全面推进法治政府建设五年规划(2016—2020年)》,坚持把公众参与、专家论证、风险评估、合法性审查、集体讨论决定作为重大决策的必经程序,强化决策程序刚性约束。凡是涉及公共利益和人民群众切身利益的重大决策事项都应进行听证,凡是未经合法性审查或经审查不合法的,不得提交集体讨论。完善重大决策社会稳定风险评估制度。建立重大决策终身责任追究制度及责任倒查机制。普遍建立法律顾问制度,保证法律顾问在制定重大行政决策、推进依法行政中发挥积极作用。探索建立区、乡、村三级法律顾问库,实现法律顾问全覆盖。

10.加强对行政权力的制约和监督。加强对政府内部权力的制约,强化流程防控,防止权力滥用。加强人大及其常委会对政府全口径预决算审查监督和国有资产监督。完善审计制度,保障依法独立行使审计监督权。健全公众参与监督的激励机制。坚持以公开为常态、不公开为例外原则,推进决策公开、执行公开、管理公开、服务公开、结果公开,重点推进财政预算、公共资源配置、重大建设项目批准和实施、社会公益事业建设、行政执法等领域的信息公开。完善纠错问责机制,健全责令公开道歉、停职检查、引咎辞职、责令辞职、罢免等问责方式和程序。充分发挥行政复议监督纠错、权利救济和化解争议的作用,提高行政复议公信力和权威性。

11.规范行政执法行为。深化行政执法体制改革,重点探索建立公安、市场监管、质监、文广、旅游、农业、环保、民政、建设、国土、人力社保等部门的联合执法机制,全面提升综合执法水平。全面落实行政执法责任制,严格行政执法资格管理,健全行政执法投诉机制,完善行政执法案卷评查制度,坚持重大具体行政行为报备制度。规范行政执法自由裁量权行使,完善行政执法程序，推行行政执法结果公示制度。完善市区城管执法体制。推进乡镇行政执法体制改革，在碧湖镇建立综合执法机构。严格执行罚缴分离和收支两条线管理制度。健全行政执法和刑事司法衔接机制。

四、扎实推进公正司法

12.确保依法独立公正行使审判权和检察权。各级党政机关和领导干部要支持法院、检察院依法独立公正行使职权。严格落实领导干部干预司法活动、插手具体案件处理的记录、通报和责任追究制度。落实司法人员履行法定职责保护机制。落实重大案件指定管辖、提级管辖和集中管辖制度，完善行政案件异地管辖制度，探索建立涉及生态环保的民事、行政、刑事案件的审理制度。健全行政机关负责人依法出庭应诉、支持法院受理行政案件、尊重并执行法院生效裁判的制度。

13.优化司法权配置。健全公安机关、检察机关、审判机关、司法行政机关各司其职，侦查权、检察权、审判权、执行权互相配合、互相制约的体制机制。改革法院案件受理制度，变立案审查制为立案登记制，依法保障当事人诉权。加大对虚假诉讼、恶意诉讼、无理缠诉行为的惩治力度。探索建立检察机关提起公益诉讼制度，建立检察机关与行政执法部门的监督合作机制。明确司法机关内部各层级权限，建立司法机关内部人员过问案件的记录制度和责任追究制度。完善主审法官、合议庭、主任检察官、主办侦查员办案责任制。加强职务犯罪线索管理，明确纪检监察与刑事司法办案标准和程序衔接，正确履行分工职责。

14.完善阳光司法机制。推进审判、检务、警务公开，依法及时公开执法司法依据、程序、流程、结果和生效法律文书，加强法律文书释法说理。推进以审判为中心的诉讼制度改革，贯彻证据裁判规则，推行量刑规范化改革、案例指导制度。强化对立案、侦查、批捕、起诉、审判、执行等重点环节的执法监督，严肃查办司法不公、执法不严背后的职务犯罪案件。完善人民监督员和专家陪审机制，畅通人民群众监督司法的渠道。完善党委政法委执法监督机制。强化检察机关法律监督职能。加大对重大、疑难、复杂案件和涉法涉诉信访案件的专项监督力度。完善对限制人身自由司法措施和侦查手段的司法监督。依法规范司法人员与当事人、律师、特殊关系人、中介组织的接触、交往行为，坚决惩治司法掮客，防止利益输送。

15.健全司法为民长效机制。保障诉讼过程中当事人和其他诉讼参与人的知情权、陈述权、辩护辩论权、申请权、申诉权。健全落实罪刑法定、疑罪从无、非法证据排除等法律原则的工作机制。严格落实省防止冤假错案33项制度，严禁违反司法程序办案。完善律师职业权利保障机制。认真落实宽严相济刑事政策。严格落实国家赔偿制度。健全社区矫正工作机制。加快建立失信被执行人信用监督、威慑和惩戒机制，依法保障胜诉当事人及时实现权益。落实终审和诉讼终结制度，实行诉访分离，保障当事人依法行使申诉权利。推进法院“一站式”诉讼服务、检察院综合性受理接待中心等窗口建设。完善当事人权利义务告知、群众旁听庭审、司法听证、网络司法拍卖等制度。

五、加快推进法治社会建设

16.促进全民学法守法。坚持把全民普法和守法作为法治莲都建设的长期基础性工作。建立法官、检察官、行政执法人员、律师等以案释法制度，加强普法讲师团、普法志愿者队伍建设。重点加强国家工作人员、企业经营管理人员、青少年和外来务工人员的法治教育。把法治教育纳入国民教育体系、纳入精神文明创建内容，健全媒体公益普法制度，积极开展群众性法治文化活动。扎实开展法治实践活动，鼓励和支持开展重大法治课题研究和解决现实问题的应用研究。突出改革和发展大局，依法推进“五水共治”、“三改一拆”、生态经济等中心工作。深入开展法治创建系列活动，加强社会诚信体系建设，推进法治乡镇（街道）、民主法治村（社区）、依法行政示范单位和诚信守法企业等创建活动。

17.推进基层依法治理。发挥乡镇(街道)作为基层社会治理的核心作用,推动和指导基层依法治理。推进基层民主政治建设,推行村级重大事务民主决策票决制,完善村(社区)民主选举、民主决策、民主管理、民主监督制度。完善村(居)务监督委员会制度,探索村(居)务公开、校务公开、厂务公开的新途径新方法。发挥市民公约、村规民约、行业规章、团体章程在社会治理中的积极作用,实现基层事务的自我管理。加强对社会组织的政策扶持和分类指导,开展直接登记和备案登记,重点培育和优先发展行业协会、商会类、科技类、公益慈善类、城乡社区服务类社会组织。探索建立城乡社区小微权力清单制度,巩固村(社区)机构牌子多、考核评比多、创建达标多等“三多”问题整治成果,实行村(社区)事项审核准入制度,切实为基层减负。

18.维护群众合法权益。加快完善党和政府主导的维护群众权益体系,推进矛盾预警、利益表达、协商沟通、救济救助等机制建设。加强群众工作、网络投诉管理等平台建设,完善源头预防,加强源头防控,畅通群众诉求表达渠道。深化和完善党政领导干部定期接访、约访、下访制度,健全信访问题解决和依法终结机制,加强网上信访工作。深化流动人口和特殊人群服务管理工作机制。推进人民调解、行政调解、司法调解和仲裁调解衔接配合的大调解体系建设,有效化解矛盾纠纷。加快推进覆盖城乡居民的公共法律服务体系建设,将法律服务向就业、就医、就学等民生领域延伸。完善法律援助制度,不断扩大法律援助范围,提高法律援助案件质量。

19.提高平安建设水平。围绕“三年平安计划”,深入实施平安建设“九大工程”,督促平安创建各项措施的落实。创新和发展枫桥经验,加强乡镇(街道)社会服务管理中心建设,深化“网格化管理、组团式服务”工作。推进平安建设信息系统建设,构建信息收集、分流办理、信息反馈、联动处理工作机制。深化社会治安动态视频监控系统建设,形成覆盖全区、对接城际、城郊、辐射重点中心村的视频监控网络。强化社会“三色预警”和应急管理机制建设,提升应急管理工作统筹和协调能力。依法治理危害食品药品安全、影响安全生产、损害生态环境、破坏网络安全等重点问题。依法妥善处置涉及民族、宗教等因素的社会问题,促进民族关系、宗教关系和谐。

六、强化法治莲都建设的政治保障

20.加强组织领导和督促检查。完善党委法治建设工作领导小组例会制度,定期听取工作汇报,研究部署重要工作,协调解决重大问题。各级党委要领导和支持工会、共青团、妇联等人民团体和社会组织在全面深化法治莲都建设中积极发挥作用。人大、政府、政协、审判机关、检察机关等党组织要认真贯彻党委决策部署,领导和监督本单位模范遵守宪法法律,坚决查处执法犯法、违法用权等行为。坚持以目标化管理要求推进法治建设,分层面量化法治考核指标,纳入党委、政府对本级各部门单位综合目标管理考核体系,确保法治建设工作有序推进。

21.推进作风建设常态化。持之以恒抓好中央“八项规定”、省委“28条办法”和“六个严禁”、市委实施意见、区委实施办法的落实。健全作风建设长效机制,巩固和拓展党的群众路线教育实践活动成果,加大正风肃纪力度,完善作风状况社会评价和电视问政等制度和方法。健全厉行节约反对浪费制度体系,完善配套措施。健全财务预算、核准和审计制度,严格控制“三公”经费支出。进一步精简文件简报和会议活动。积极稳妥推进公务用车制度改革,严格执行领导干部工作、生活待遇方面各项规定,着力整治特权行为。

22.坚定不移推进反腐败斗争。健全反腐败领导体制和工作机制,落实纪律检查体制改革各项任务。严格落实党风廉政建设党委主体责任和纪委监督责任,对任何腐败行为和腐败分子“零容忍”。完善有效发现、揭露、查处腐败问题机制，强化对党风廉政建设和反腐败工作法规制度执行情况的监督检查。健全防控廉政风险、防止利益冲突等制度规定，贯彻落实《关于禁止领导干部违反规定插手干预工程建设领域行为若干规定》，探索科技防治腐败机制，严防领导干部利益冲突和利益输送问题。加强对执纪办案工作的监督，确保依法依纪安全文明办案。

23.建设高素质法治工作队伍。推进法治队伍正规化、专业化、职业化建设。加强政府法治机构、乡镇行政执法机构、公安派出所、基层法庭、检察室、司法所建设，探索常态化、制度化的走访群众机制，推进法治干部下基层活动。加强政法宣传文化阵地建设。加强法律服务队伍建设，推动基层法律服务工作者和法律服务志愿者队伍建设。加强人民调解员管理，制定《人民调解员等级评定实施办法》。优化法律服务人才资源配置。重视法治人才培养和使用，把法治人才队伍建设纳入人才发展总体规划，建立全区法律人才专家库。

中共丽水市莲都区委

2015年2月15日

中共丽水市莲都区委办公室
丽水市莲都区人民政府办公室
关于印发《莲都区深化“六边三化三美”行动方案（2015—2020年）》的通知

莲委办发〔2015〕14号

各乡镇党委、政府，各街道党工委、办事处，区直各单位：

《莲都区深化“六边三化三美”行动方案（2015—2020年）》已经区委、区政府同意，现印发给你们，请认真贯彻落实。

中共丽水市莲都区委办公室
丽水市莲都区人民政府办公室
2015年3月23日

莲都区深化“六边三化三美”行动方案（2015—2020年）

为积极践行“绿水青山就是金山银山”绿色生态发展战略，深入贯彻省委“四边三化”、市委“六边三化三美”的工作部署要求，扎实推进我区“六边三化三美”行动，特制订本实施方案。

一、指导思想

贯彻落实党的十八大精神，坚定不移走绿色生态发展之路，坚持不懈推进美丽城乡建设，坚守不渝改善城乡环境面貌，以经营山水、统筹城乡为理念，以串点成线，连线成片为要求，进一步推进“六边三化三美”行动（公路边、铁路边、河边、山边、村边、城边区域的洁化、绿化、美化，实现村美、房美、城美），结合五水共治、三改一拆、美丽城乡建设等重点工作，坚持政府主导、全民参与，因地制宜、城乡联动，综合治理、长效管理，切实打造首善之区“秀山丽水、养生莲都”和最具幸福感旅游城市，加快推动“两美莲都”建设进程。

二、主要目标

通过六年时间努力，实现“三个重点一个提升”，即实现“六边三化三美”全城覆盖，建立健全长效机制，打造一批精品示范工程，提升“2010样板工程”建设水平。到2020年，全区公路边（边界为高速公路用地外缘起向外200米、普通国省道公路用地外缘起向外100米、县道公路用地外缘起向外30米、乡村公路用地外缘起向外10米）、铁路边（边界为铁路线路向外100米）、河边（边界为堤岸及护堤地）、山边、村边、城边影响环境面貌的“脏乱差”问题得到全面整治。按照串点成线、连线成片的要求，突出村美、房美、城美，全面推进高速公路、通景公路、美丽乡村风景线、国省道公路、铁路通道、入城通道两侧农房建筑物立面改造。以“路段长”制为抓手，“网格化管理”为中心，全面开展视野范围综合整治，有序推进瓯江滨水带（碧湖镇—大港头镇区块）、生态峰源线（峰源乡区块）、风情东西线（老竹镇—丽新乡区块）、古道问今线（岩泉街道—仙渡乡区块）、红色北乡线（太平乡—雅溪镇区块）一带四线建设，培育创建景区化乡村旅游示范村10个，创建碧水绕村示范村10个，农村生活污水治理行政村集中收集处置覆盖率达到90%，行政村垃圾收集率达到100%。具体分以下两个阶段：

第一阶段：2015年至2017年，在巩固前阶段工作成果的基础上，扩大整治覆盖范围，突出房美、村美、业美，重点巩固瓯江滨水风景线（53省道莲都段沿线）、农业产业园区风景线（50省道莲都段沿线）、风情东西风景线（东西岩景区沿线）。重点推进高速公路、通景公路、美丽乡村风景线、国省道公路、铁路通道、入城通道沿线两侧农房等建筑物立面改造，改善沿线民居风貌和人居环境，实现沿线房美目标。以国省道公路、通景公路、美丽乡村风景线沿线为重点，按照串点连线、连线成片的要求，创建和提升11个具有处州民居风格和自然生态、人文产业特色，可看、可游、可住的美丽乡村精品村，行政村垃圾集中收集处置覆盖率达到100%，农村生活污水治理行政村覆盖率达到90%，引领实现沿线村美目标。以主要交通通道沿线为培育区域，推进产业结构调整，强化“六边三化三美”工作与美丽乡村、生态旅游名城建设的结合，推动形成宜居宜业宜游新业态，培育建设现代农业景观带3个，培育创建景区化乡村旅游示范村10个，创建提升农家乐特色村5个，创建碧水绕村示范村5个，打造美丽乡村风景线3条，推动实现业美富民目标，夯实美丽城乡基础。

第二阶段：2018年至2020年，持续深化整治，全面开展区级以上河道、区级以上公路与河道及铁路两侧1000米可视范围内“三化”，推进乡村公路、乡村河道及可视范围内“三化”治理，提高村边、城边“三化”水平，重点打造古道问今线（330国道莲都段）、生态峰源线、红色北乡线等六边区域，持续深化综合整治，彻底改善环境脏、乱、差的问题，长效机制基本健全，提升建设一批美丽乡村精品村、农家乐综合体、农家乐特色村、景区化乡村旅游示范村、现代农业景观带，创建碧水绕村示范村5个，巩固提升农村生活污水治理、行政村垃圾集中收集处理成果，提升建设一批美丽乡村风景线、城市迎宾大道，建立健全长效管理机制，深化美丽城乡建设。

三、主要任务

（一）深化村边“三化”，推进“美丽村庄”建设。按照“面上整洁、村点出彩、沿线美丽”的建设要求，以国省道公路、通景公路、美丽乡村风景线沿线为重点，以洁净乡村、环村绿化带、花样农家等为抓手，以每年打造3-5个精品村为目标，深入推进农房改造、卫生改厕、洁净乡村、森林村庄、无违建村、农村文化礼堂、文化墙、农村生活污水治理等项目，凸显人文和产业特色，健全常态化管理制度，推进建设一批集农房改造示范村、美丽乡村示范村、景区化乡村旅游示范村、农家乐综合体、农家乐特色村等于一体，具有处州民居风格和自然生态、人文产业特色的美丽乡村精品村，示范带动交通通道沿线村庄整治建设，一村一韵，串珠成链，串点连线，连线成片，打造一批美丽乡村风景线。

（二）深化路边农房整治，推进“美丽民居”建设。优化道路沿线人居环境，重点推进区内主要交通通道（高速公路、铁路通道、通景公路）和美丽乡村风景线两边视野范围内住房、其他建筑物的改造提升，沿线新建房屋2015年起必须按照“处州民居”风格审批建设，按照“第一年线状成型、第二年纵深推进、第三年全面完成、后续长效管控”的要求，规划引领、责任到位、梯度推进，实现“一年见效、两年出彩、三年成景”的目标，建设提升美丽民居景观带。

（三）深化公路边“三化”，推进“美丽公路”建设。以洁化、绿化带动美化，结合“一带四线”建设，形成公路沿线整洁美观、绿化梯次分布、环境优美协调的格局。以“一种三清”（种植绿化和清理垃圾、清理违法建筑、清理违法广告）为抓手，以区内主要交通通道（高速公路、铁路通道、通景公路）和美丽乡村风景线为重点，以路段长为抓手，全面清理和拆除国省道公路沿线堆积物、违法建筑和无序非公路标志标牌，清理区道公路沿线垃圾、非法废品收购点和违法建筑、马路市场。2017年底前国省道公路两侧宜林地段绿化率达到96%以上，县道公路两侧宜林地段绿化率达到55%以上。以G25长深高速为基础，推进区乡级公路三化，循序推进乡村公路三化，2020年底前全面拆除区道公路沿线违法建筑，国省道公路两侧宜林地段绿化率达到98%以上，平均单侧绿化宽度达到15米以上，县道公路两侧宜林地段绿化率达到72%以上，通过“一带四线”为样板，打造一批美丽公路。

（四）深化铁路边“三化”，推进“美丽铁路”建设。以金丽温铁路莲都段沿线乡镇为区域，以种植绿化、清理垃圾堆场和违章建筑为重点，巩固提升铁路沿线整治成果。以金温铁路莲都段业主为主体，进一步加强铁路路权范围和客货车站、列车的日常保洁，建立垃圾清理专业管理队伍，革新排污设施，消除污水污物直排铁路的现象。健全和完善地方与铁路的联合协调、卫生保洁、巡视养护、督查检查等制度。推进铁路通道沿线宜林路段林带建设，2017年底前铁路两侧宜林地段绿化率分别达到98%以上，平均单侧绿化宽度达到15米以上，实现沿线林带不断、常青有花，以林护路、整齐美观的“绿色走廊”景观，推进美丽铁路建设。

（五）深化河边“三化”，推进“美丽河道”建设。坚持水岸同治，结合“五水共治”行动，继续推进五条大河道（省级河道大溪，市级河道松阴溪、好溪莲都段，区级河道太平港、宣平溪）的市场化保洁。以河道长制方式，健全城乡河道三化管理机制，落实管护责任、保洁人员和管理经费，有计划推进乡村河道综合治理，全面巩固提升高速公路、国省道公路、铁路沿线河道三化成果。严格河道采砂许可证制度，及时查处河道非法采砂行为，加强生态堤岸、沿岸林带、水文化景观等建设，建好一批美丽河道。2017年底前建立健全河道长效保洁机制，清除河岸违法建筑，主要河道两岸宜林地段绿化率达到96%以上，区级河道两岸宜林地段绿化率达到50%以上，建设水清、流畅、岸绿、景美、鱼游的“五水融合”示范河道，创建碧水绕村示范村10个。2020年底前主要河道两岸宜林地段绿化率达到98%以上，区级河道两岸宜林地段绿化率达到70%以上，提升一批美丽河道。

（六）深化山边“三化”，推进“美丽林相”建设。以“多彩林带”为建设抓手，实施山体林相改造，加强荒芜低效经济林、疏林地、荒山荒地、火烧和病虫害迹地、开垦地、裸露山体等绿化提升，采取新造、补植、封育等改造措施，逐步形成多林种、多树种、多色彩、多层次的林相结构，打造季相分明、层次丰富、色彩多姿的绿化景观。结合莲都山区特点，以高速公路、通景公路、美丽乡村风景线、国省道公路、铁路通道、入城通道视线范围山体为重点，严格控制“六边”视野范围内林木采伐。严格控制高速公路、通景公路、美丽乡村风景线、国省道公路、铁路通道、入城通道视线范围土地整理开发项目审批，加快已建项目复绿。同时，以建设“生态墓园”为抓手，疏堵并举，治旧控新，加大“六边”青山白化治理力度，消除裸露的白化坟墓，推进沿线的绵延群山绿化彩化，提升美丽林相建设。

（七）深化景边“三化”，推进“美丽景区”建设。全面实施旅游“1311”行动计划，深入开展景区内外环境综合整治，加强通景公路边“三化”。按照《旅游景区质量等级的划分与评定》的国家标准，加强全区A级景区旅游交通、游览设施、安全设施、环境卫生、邮电服务、文化娱乐、咨询投诉、旅游购物、环境保护等设施建设，进一步强化景区资源和环境保护、垃圾处理、污水处理等工作，引导景区处理好与周边乡镇及居民生活的关系，不断改善景区整体环境面貌。加强景区管理提升，加大工作明访暗访力度，重点强化黄金周等重大节假日期间的暗访频率和覆盖面，对景区内各种脏、乱、差现象进行通报批评，提升2个高等级旅游景区（产品）、推进10个旅游招商项目、培育10个景区化乡村旅游示范村，打造一批美丽景区。

（八）深化城边“三化”，推进“美丽城镇”建设。以中心镇为重点，加强乡镇规划红线范围内集镇区的环境综合治理，强化镇区村、里弄小巷、农贸市场、镇区入口的三化整治。加强城市入城口公路的绿化建设、环城公路防护绿带建设，规范户外广告、建筑立面和城市管理，减少城市噪音。以建设“六个一工程”为抓手，结合“绿色城镇”行动，巩固提升城区三化成果，提高三化水平。及时做好“五水共治”“三改一拆”行动后的拆违地复绿等工作，确保不留死角。围绕城乡接合部、城区入口、城中村、背街小巷等重点部位，深入开展占道经营、乱搭乱建、乱堆乱摆等重点行为的专项整治，规范城区秩序，注重人文特色，美化城镇环境。

（九）深化矿区“三化”，推进“美丽矿山”建设。以“绿色矿山”创建为抓手，以矿山生态环境治理与修复为重点，全面巩固提升交通沿线矿山治理成果，编制实施新一轮矿产资源规划，科学合理布局矿权和划定矿区范围。严格执行矿山自然生态环境治理备用金制度，最大限度减轻矿山开发对生态环境的影响与破坏，2017年底前国省道公路、铁路、主要河道两侧1000米可视范围内废弃矿山整治率达到90%以上，县级公路与河道两侧1000米内可视范围内废弃矿山治理率达到60%以上。2020年底前进一步巩固提升交通通道沿线矿山治理成果，县级以上公路与河道、铁路两侧1000米可视范围内废弃矿山治理率达到90%以上，立足区域实际，建设美丽矿山。

（十）深化田园“三化”，推进“美丽业态”建设。以沿线、沿江人口、产业集聚区域为重点，建设处州白莲休闲养生园、农业综合生态休闲观光园（老竹新屋村）、皇菊休闲观光园、大学生创业园—老竹狮子山休闲观光生态园、花卉休闲光观园—满庭芳农业科技休闲养生园等美丽产业。加大农业面源治理力度，强化农业生产废弃物清理；强化畜牧业禁限养区规划和控制，按照“规划一块、关停一批、搬迁一批、治理一批”的要求，加强沿线畜牧业养殖场污水治理。加大沿线土地流转力度，大力发展休闲观光农业，强化沿线田园点缀绿化，推进景观田园建设，着力打造一批农业产业景观带和乡村旅游示范园区。充分发挥美丽乡村建设成果，着力提升发展农家乐休闲旅游、来料加工、农村电子商务以及家庭农（渔、林）场等农村新型业态。以盘活土地、农房、山林等资产为突破口，持续推进扶贫改革、农村产权制度改革、农村金融改革等各项改革，增加农民财产性收入，促进农民增收。

四、保障措施

（一）强化组织建设。建立区深化六边三化三美工作领导小组（下设办公室，简称区六边办）。在区农办、区建设分局、区农业局、区林业局、区水利局、区风景旅游局、区交通运输局（公路局）、金温铁路公司莲都工电部、区国土分局、区民政局、城管处州分局、城管莲都分局等分别设立美丽村庄建设、美丽民居整治建设、美丽业态建设、美丽林相建设、美丽河道建设、美丽景区建设、美丽公路建设、美丽铁路建设、美丽矿山建设、生态墓园建设、市区综合整治、乡镇综合整治等12个专项组，强化部门联动推进。建立区领导联席会议制度和区领导、区直有关部门联系重点路段督导制度；成立六边三化三美5+2X专家组，谋划、指导项目工作；实行区级领导督办美丽乡村精品村建设制度，全力推进。

（二）强化要素保障。建立健全“政府主导、农民自筹、社会参与”的资金筹措机制，进一步完善财政投入保障机制，整合各类资金，加大对“六边三化三美”行动的资金支持，区财政每年整合安排不低于3600万元专项资金。按照规划衔接、计划对接、项目配套的要求，融汇整合项目资金，强化部门协同配合，做足资源优化配置文章。从2015年起，区直有关部门和乡镇（街道）全面引导美丽乡村精品村、美丽乡村风景线沿线、农家乐专业村（点）、农村文化礼堂、农房改造示范村、村庄绿化示范村等项目向高速公路、国省道公路、通景公路沿线布局，制定出台有关涉农资金和项目向主要交通沿线地区倾斜政策，编制《莲都区“六边三化三美”工作涉农财政资金项目整合导向目录》，合力保障建设投入。组织发动群众投工投劳参与“六边三化三美”行动，鼓励工商企业和社会各界出资出力支持“六边三化三美”工作，广泛发动丽商、莲商、华侨等捐资捐款，结对帮扶主要交通沿线美丽村庄建设。采取征用、租用、结构调整、依法流转、奖励补助等多种方式，有效保障六边三化三美用地需求。

（三）强化宣传引导。通过报纸、电视、广播、网络等媒体，加大宣传力度，营造舆论氛围。在莲都新闻频道和处州晚报等主要媒体开辟“六边三化三美”行动专栏，不断营造全社会关注、支持和参与“六边三化三美”工作的良好氛围。充分发挥乡村（社区）干部和党团员的示范带头作用，积极发挥民间环保组织和环保志愿者的作用，组织引导群众积极参与“六边三化三美”工作。结合长效管理，广泛组织开展基层路段长、保洁员、抚育员、执法员、指导员评比活动，大力宣传“六边三化三美”工作先进典型，及时曝光各类影响环境卫生的不良习俗和违法行为。

（四）强化工作职责。区六边办负责牵头抓总、组织协调、工作指导、督查考核、宣传引导等工作。区农办负责美丽乡村风景线建设、美丽乡村精品村建设、洁净乡村创建、花样农家创建、历史文化村落保护利用、农家乐产业培育、农村生活污水治理等工作。区建设分局负责美丽民居整治建设、沿线房屋外墙设计与美化、城区出入口外立面的改造、美丽宜居示范村创建、困难群众的危旧房改造等工作，主动对接市建设局做好相关工作。区发改局负责编制《莲都区“六边”地区控制发展项目目录》和美丽城镇项目建设、涉农项目整合及出台向“六边”区域倾斜政策意见等工作。区发改局、区审批中心负责简化有关项目审批手续等工作。区林业局负责美丽林相建设，主要开展沿线林业产业景观带建设、“六边”绿化美化等工作。区农业局负责美丽业态建设，主要开展农业产业景观带、休闲观光农业园区建设、沿线简易果蔬大棚改造、畜禽养殖整治等工作。区交通运输局（公路局）负责美丽公路建设，主要开展辖区内公路用地内的环境卫生和绿化美化、马路市场整治、路政综合管理等工作，主动对接市交通运输部门，做好沟通协调工作。区风景旅游局负责美丽景区建设，主要开展旅游景区的三化、景区化乡村旅游示范村创建、乡村休闲旅游发展等工作。区水利局负责美丽河道建设，主要开展河道综合治理、碧水绕村示范村建设，配合环保分局做好河道保洁、配合区砂管办做好河道非法采砂查处等工作。区国土分局负责美丽矿山建设，主要开展矿山整治与复绿工作，做好沿线违法违章用地整治、土地整理管控等工作。金温铁路公司工电部负责美丽铁路建设，主要开展铁路线路防护栅栏内环境治理和绿化美化工作，指导做好铁路线路防护栅栏外的绿化美化等工作。区民政局负责生态墓园建设，主要开展“六边”区域青山白化整治，推行绿色生态节地葬法等工作；城管处州分局主要开展城区市容环境综合整治，牵头做好城区的“三改一拆”工作等工作。城管莲都分局主要开展乡镇环境综合整治，牵头做好乡镇的“三改一拆”工作等工作。区委组织部负责区六边办干部抽调工作，组织发动各级党员干部积极参与支持“六边三化三美”等工作。区委宣传部负责农村文化礼堂建设、特色文化和乡土民俗风情挖掘、“六边三化三美”专项宣传、“六边”区域文化墙建设指导等工作。区财政局负责落实专项资金和工作经费，出台涉农财政资金整合并向“六边”区域倾斜政策，编制《莲都区“六边三化三美”工作涉农财政资金项目整合导向目录》，做好财政投入绩效监管等工作。区环保分局负责做好“五水共治”工作，加强城乡工业污水治理、大气治理、河道保洁，指导河道污水治理，全面消除垃圾河、黑河、臭河等工作。区卫生局负责把“三化”工作纳入卫生城市（城区、乡镇）建设，开展城乡环境卫生整洁行动及做好农村卫生改厕等工作。区文广新体局负责沿线村庄有线电视线路规范整治，指导区域特色文化挖掘利用和展示等工作。区市场监督管理局负责沿线广告整治管理等工作。国网莲都供电公司负责农村电气化创建和照明路灯建设及日常维护管理工作。区监察局、区审计局做好项目跟踪监督和服务等工作。区砂管办负责河道非法采砂查处等工作。

（五）强化长效机制。依据区深化“六边三化三美”行动六年工作总体布局，区直有关部门和乡镇（街道）在深入调查摸底基础上，制订年度工作计划，明确目标任务。规划布局以一带四线建设主题，按照高速公路、通景公路、美丽乡村风景线、铁路通道、区乡公路的建设时序，一年一路段、一年一计划，逐年推进。方案编制要全域布局、全域覆盖、梯度规划，项目量化细化落实到点、到位、到人，六年方案概算、年度计划预算准确，做到项项有方案、年年有计划。区直各部门单位六年行动方案和年度工作计划经区六边办审核印发实施。及时总结“六边三化三美”行动经验和做法，形成一整套行之有效的工作机制。建章立制，编制《莲都区“六边”地区控制发展项目目录》，健全“六边”区域环境管制、建房管控、保洁管护、绿化维护、监督管理等一系列治理制度，明确人员、资金、工作标准、工作制度，建立职责清晰、部门联动、综合管控的管理机制。改革创新，积极探索专业化、市场化的卫生保洁和绿化长效管护机制，提高“六边三化三美”治理水平。充分发挥城市规章条例、村规民约的积极作用，增强公众自律意识，建管并举，倡导形成爱护环境、保护环境、美化环境的良好习惯。

（六）强化考核机制。遵循区、乡、村三级联动，以块为主、条块结合，实行日提醒、周通报、月排名、季交流、年考评的工作推进机制，组织各乡镇（街道）互看互学互比互促。各相关单位及时向区六边办报送工作信息、工作动态，强化部门联动推进。建立健全管理制度，审批招标、财政绩效、效能监察、预算审计部门要简化审批程序，加强建前规划预算、过程监督检查、建后长效管理，做到规范和时效并行。每年将“六边三化三美”工作列为区委区政府年度综合考核的重要内容和专项考核项目。区委区政府依据《莲都区“六边三化三美”工作考核与奖励管理办法》进行年度考评。根据考评结果，每年评选表彰一批工作先进集体、先进个人。2017年11月底将组织开展阶段性总结，2020年底将组织开展全面考核验收。

附件：

1.莲都区深化“六边三化三美”行动（2015—2020）主轴线一览表

2.莲都区美丽乡村风景线及精品村建设三年规划一览表（2015—2017）

附件1

莲都区深化“六边三化三美”行动(2015年—2020年)主轴线一览表

表45

序号	实施年度	路段名称	类别/等级	里程数(公里)	基本情况	责任单位
1	2015	G25长深高速	高速	37.4	起点牛岱岭隧道，终点富岭高速出口。沿线视野范围整治，完成沿线农房外立面改造任务数的40%以上，达到“线状成型”的美丽民居建设效果。沿线涉及13个村，包括雅溪镇双溪村、洪渡村、雅里村、里东村，联城街道林宅口村、凤鸣村、敏河村、常宅村，太平乡太平村、竹舟村、吾古村、长濑村、小安村	所在乡镇(街道)及相关部门
2		S328丽浦线	省道	13.5	完成起点松坑口村至终点均溪村沿线视野范围整治，完成沿线农房外立面改造。沿线涉及7个村，包括碧湖镇松坑口村、南山村，大港头镇石候村、河边村、大港头村、北埠村、均溪村	所在乡镇(街道)及相关部门
3		S33龙丽高速	省道	28.13	起点富岭高速出口，终点北埠村，沿线视野范围整治。沿线涉及7个村，包括大港头镇石候村、河边村、大港头村、北埠村、均溪村，碧湖镇松杭口村、南山村	所在乡镇(街道)及相关部门
4		港前线	县道	14.61	完成起点港口村至终点周坦村沿线视野范围整治。沿线涉及4个村，包括联城镇港口村、苏港村、瑶畈村，老竹镇周坦村	所在乡镇(街道)及相关部门
5		丽和线	县道	22.5	完成起点丽水林宅口村至终点双溪村沿线视野范围整治。沿线涉及7个村，包括联城镇林宅口村，太平乡枫柴村、太平村、竹舟村、长濑村、小安村,雅溪镇双溪村	所在乡镇(街道)及相关部门
6		53省道-利山	乡道	4.912	起点石候，终点利山。沿线涉及2个村，包括大港头栋村村、利山村	所在乡镇(街道)及相关部门
6	2016	S222龙丽线	省道	10.945	起点堰头村，终点南山桥头。沿线涉及6个村，包括碧湖镇堰头村、保定村、周巷村、概头村、三峰村、碧湖	所在乡镇(街道)及相关部门
7		新50省道	省道	27.3	起点苏埠村，终点保定村。沿线涉及8个村，包括联城街道港口村，碧湖镇白桥村、下圳村、缸窑村、岩头村、郎奇村、高溪村、保定村	所在乡镇(街道)及相关部门
8		桃碧线	县道	24.331	起点桃山，终点碧湖大桥。沿线涉及12个村，包括联城街道路湾村、敏河村、武村村、苏埠村、港口村，碧湖镇白口村、石牛村、下叶村、九龙村、上阁村、同心村、上赵村	所在乡镇(街道)及相关部门
9		黄山坑-碧湖	县道	10.882	起点白桥村，终点碧湖。沿线涉及6个村，包括碧湖镇白桥村、郎奇村、蒲塘村、大陈村、周村村、河东村	所在乡镇(街道)及相关部门
10		石牛-郎奇	县道	2.693	起点石牛村，终点郎奇村。沿线涉及2个村，包括碧湖镇石牛村、郎奇村	所在乡镇(街道)及相关部门

续表45

序号	实施年度	路段名称	类别/等级	里程数(公里)	基本情况	责任单位
11		金温铁路莲都段	铁路	19.2	起点黄泥墩村,终点开谭村。沿线涉及8个村,包括黄村乡磨石坑村、黄泥墩村,岩泉街道秋塘村、馆头村,紫金街道开谭村、塔下村、河村、水东村	所在乡镇(街道)及相关部门
12	2017	联周线	乡道	16.743	起点联城官桥村,终点周坦村。沿线涉及5个村,包括联城镇官桥村、张村街村、坛峡村、莲景村、老竹镇周坦村	所在乡镇(街道)及相关部门
13		彰口塘-老竹	县道	14	起点彰口塘村,终点老竹村。沿线涉及5个村,包括太平乡戴彰村,老竹镇徐庄村、梁村村、郑坑村、老竹村	所在乡镇(街道)及相关部门
14		小安-彰口塘	县道	9.28	起点小安村,终点彰口塘村。沿线涉及6个村,包括太平乡小安村、城头村、大畈村、朱弄村、沙河村、彰口塘村	所在乡镇(街道)及相关部门
15		丽武公路	县道	12.346	起点50省道,终点老竹镇。沿线涉及4个村,包括联城街道坑口村、莲景村,老竹镇周坦村、后坑村。拟改造民房外立面面积0.4万平方米	所在乡镇(街道)及相关部门
16		红桥村-前湾	县道	16.472	起点红桥村,终点前湾。沿线涉及7个村,包括老竹镇红桥村,丽新乡黄弄村、咸宜村、畎岸村、马村村、白岸口村、吾赤口村。拟改造民房外立面面积15万平方米	所在乡镇(街道)及相关部门
17	2018	G330温寿线	国道	29.721	起点风化村,终点滴水岩村。沿线涉及10个村,包括紫金街道风化村、湾岙村、芦埠村村,岩泉街道凉塘村、长岗背村、岩泉村、枫树湾村、余岭村,岩泉街道雨伞岗村,仙渡乡滴水岩村。拟改造民房外立面面积4万平方米	所在乡镇(街道)及相关部门
18		S333六东线	省道	16.717	起点岩泉村,终点琯头村。沿线涉及4个村,包括岩泉街道岩泉村、秋塘村、冷水村,岩泉街道琯头村	所在乡镇(街道)及相关部门
19		上冷水-李村	县道	16.474	起点上冷水村,终点李村村。沿线涉及3个村,包括黄村乡黄泥墩村、黄村村、汇村村	所在乡镇(街道)及相关部门
20		杉树坑-黄畈	县道	7.292	起点杉树坑村,终点黄畈村。沿线涉及2个村,包括岩泉街道琯头村、黄畈村	所在乡镇(街道)及相关部门
21		兰口-石笕	县道	9.633	起点上陆村,终点黄坑大桥。沿线涉及2个村,包括黄村乡李村村、严鸟村	所在乡镇(街道)及相关部门
22	2019	双港口-双源	乡道	11.413	起点双港口村,终点双源村。沿线涉及4个村,包括雅溪镇上陈村、金竹村、库川村、双源村	所在乡镇(街道)及相关部门
23		滴双线	县道	8.43	起点仙渡乡,终点双溪村。沿线涉及4个村,包括仙渡乡葛畈村、何金富村,雅溪镇上黄村、双溪村	所在乡镇(街道)及相关部门
24		双溪-石蒙圩	县道	11	起点洪渡村,终点武义。沿线涉及4个村,包括雅溪镇洪渡村、潘百村、西溪村、岩蒙村	所在乡镇(街道)及相关部门
25		滴水岩-双溪	县道	7.62	起点滴水岩村,终点仙渡。沿线涉及4个村,包括仙渡乡滴水岩村、南源村、皂树村、葛畈村	所在乡镇(街道)及相关部门
26	2020	大大线	县道	38.093	起点大港头,终点新桥。沿线涉及4个村,包括大港头镇大港头村、西黄村,峰源乡庞山村、夏庄村	所在乡镇(街道)及相关部门
27		柿大线	县道	17.52	起点柿树垟,终点大山峰。沿线涉及3个村,包括大港头镇西黄村、小井村,峰源乡正岙门村	所在乡镇(街道)及相关部门

附件2

莲都区美丽乡村风景线及精品村建设三年规划一览表（2015—2017）

表46

实施年度	美丽乡村风景线名称	实施村庄名单				其中打造农家乐t特色村名单	责任单位
		个数	美丽乡村精品村	建设类型	人文特色		
2015	瓯江滨水风景线（53省道莲都段沿线）	5	大港头村	文化产业型	古镇文化、画乡文化	大港头村 利山村	大港头镇农办
			利山村	休闲旅游型			
			南山村	古村保护型			
			松坑口村	城郊结合型			
			均溪村	休闲旅游型			
2016	农业产业园区风景线（50省道莲都段沿线）	4	里河村	农业产业发展型	农业产业园区	蒲塘村	碧湖镇农办
			蒲塘村	农业产业发展型			
			下圳村	古建筑保护型			
			白口村	自然景观保护型			
2017	风情东西风景线（东西岩景区沿线）	4	新屋村	乡村休闲型	莲花文化、畲族文化	梁村村 沙溪村	老竹镇农办
			老竹村	人口聚聚型			
			沙溪村	名族特色型			
			梁村村	景区示范型			

中共丽水市莲都区委办公室
丽水市莲都区人民政府办公室
关于印发《莲都区大港头镇木制品行业整治工作方案》的通知

莲委办发〔2015〕36号

各乡镇党委、政府，各街道党工委、办事处，区直各单位：

为推进大港头镇木制品行业整治工作，经区委、区政府研究，特制定《大港头镇木制品行业整治工作方案》。现印发给你们，请认真贯彻执行。

中共丽水市莲都区委办公室
丽水市莲都区人民政府办公室
2015年5月21日

莲都区大港头镇木制品行业整治工作方案

一、指导思想

牢固树立“绿水青山就是金山银山”战略指导思想，紧密结合“三严三实”教育在我区的全面开展，按照“三个一批”，即转型迁移一批、转业升级一批、关停淘汰一批的总体要求，坚持“依法整治、疏堵结合”的工作原则，坚持精准发力，攻坚克难，全力推进大港头木制品行业整治工作，为古堰画乡特色小镇建设和AAAAA级景区创建工作打下坚实基础。

二、工作目标

首期开展大港头镇石侯村、河边村、大港头村、均溪村木制品行业整治搬迁工作，河边村、大港头村的墓碑加工点也纳入本次整治搬迁范围，2015年6月30日前完成。

三、工作计划

（一）准备阶段（4月30日至5月15日）。

1.调查摸底。5月10日前完成。大港头镇政府负责。

2.制定方案。5月10日前完成。制定《莲都区大港头镇木制品行业整治工作方案》，提交区委、区政府研究。

3.建立组织。5月10日前完成。建立大港头镇木制品行业整治工作指挥部，市委常委、副市长、区委书记葛学斌总负责，区委副书记、区长杨秀清担任总指挥，相关区领导担任副总指挥，区委常委、常务副区长胡献如担任常务副总指挥，区人大常委会副主任陈鲁军担任常驻副总指挥，常驻大港头镇指挥协调整治工作，指挥部下设综合组、司法保障组、政策研究组、政策处理组、转型迁移服务组、民宿发展指导组共六个工作组。

4.研究政策。5月10日前完成。由大港头镇政府牵头，区征收办、城管莲都分局配合，制定《莲都区大港头镇木制品行业整治补助办法》；由工业园区管委会制定《大港头镇木制品行业转型迁移入园方案》；由区发改局制定《古堰画乡核心区特色小镇项目布局方案》；由古堰画乡管委会负责落实风情小镇生态策划文案的编制工作。

5.风险评估。由大港头镇政府委托第三方资质单位进行项目社会风险评估。

（二）宣传发动阶段（5月11日至5月15日）。

1.召开动员大会。5月15日前完成。四套班子主要领导参加。

2.开展学习培训。5月15日前完成。完成业务培训、指挥部人员工作分工，建立指挥部工作运行机制，由指挥部负责。

3.启动舆论宣传。5月15日前完成。由区委宣传部牵头，研究制定舆论宣传方案，统一干部群众思想，营造整治工作氛围。

4.进企走访动员。5月15日前完成。指挥部制定进企走访方案并组织实施。

（三）整治阶段（5月16日至6月30日）。

1.测量评估。5月25日前完成，委托中介机构测量面积、附属物登记、机器设备和原材料搬迁费用评估；

2.自行拆迁。6月15日前完成，工作组入企签订整治协议，企业（加工点）停止生产自行拆迁。

3.转型迁移。6月25日前完成腾空交付拆除，自愿转型迁移的企业完成迁建。木制品业主通过购置或租赁厂房入园的，应转型升级为企业，重视安全生产、环保、消防设施投入，相关部门做好入园指导。就地转产经营服务业的，优先享受民宿和农家乐扶持政策，由区经济商务局、工业园区管委会、区农办做好转型帮扶工作。

4.强制拆除。6月30日前完成。对没有按照规定时间完成腾空交付拆除的，指挥部组织力量强制拆除。

5.巩固提升。6月30日后开

始，完成拆除场地清理，开展环境绿化美化，启动土地征收。

四、工作措施

（一）建立机制。一是每日召开指挥部工作情况碰头会；二是总指挥或常务副总指挥每周召开工作分析研究会三次以上；三是区委书记专题会议每周听取指挥部工作汇报一次；四是每日上报工作简报；五是建立工作责任包干制，即部门责任交办制和干部亲属领办制；六是开展比学赶超，由区委组织部制定考核办法。

（二）强化保障。一是司法保障，组长由区委常委、区公安分局局长叶建利担任，人员从区委政法委、区检察院、区公安分局、区司法局抽调，进驻大港头镇工作；二是人员保障，由区委组织部负责，区委组织部常务副部长管兴标担任综合组组长，负责指挥部人员协调；三是后勤保障，由大港头镇政府负责，工作经费由区财政局负责。

（三）强化监督。由区纪委监察局负责对木制品行业整治工作的督查，建立严格的请销假制度。集中攻坚期间实行“5+2”“白+黑”工作机制。

五、工作要求

（一）集中干部力量。指挥部和大港头镇党委、政府要把此项工作作为当前最重要的中心工作，集中力量攻坚；各部门要抽调精干力量专注于此项工作。

（二）明确工作责任。把整治企业（加工点）分别落实到各政策处理小组，并落实到具体人员与工作时点。

（三）强化工作合力。此项整治工作是一个系统工程，各职能部门要主动融入，敢于担当，各单位都要关心、支持，把此项工作作为本单位当下的“一把手”工程抓好落实。

（四）严肃工作纪律。工作人员必须严格遵守指挥部工作纪律，统一政策口径，不乱开口子。

附件：《莲都区大港头镇木制品行业整治补助办法》

附件

莲都区大港头镇木制品行业整治补助办法

为贯彻落实“绿水青山就是金山银山”战略指导思想，加快推进古堰画乡特色小镇建设和AAAAA景区创建工作，根据古堰画乡产业布局规划要求，决定对大港头镇木制品行业进行整治。为推进整治工作顺利实施，特制定本整治补助办法。

一、整治范围

首期完成大港头镇石侯村、河边村、大港头村、均溪村范围内的木制品行业的整治。2015年6月30日前完成整治任务。

二、整治要求

2015年6月15日前签订整治协议并停止生产，2015年6月25日前腾空交付拆除。

三、政策补助对象

原则上为取得营业执照或木竹经营加工核准证的大港头木制品企业（加工点）。

四、整治补助政策

（一）临时安置补助费。

按房屋建筑面积8元/平方米·月的标准给予6个月的临时安置补助，由企业（加工点）自行过渡。

（二）搬迁补助费。

可以搬迁的设备、设施的搬迁费和安装、调试费，按生产用房房屋建筑面积给予30元/平方米的一次性补助；属于一次性投入无法搬迁的设备、设施，按该设备、设施的重置价结合折旧、损耗，经评估后给予补助；堆积的原材料（产品）的搬迁费，经评估后予以补助。

（三）停产、停业损失补助。

木制品企业（加工点）的停产、停业损失补助，按房屋建筑面积50元/平方米的标准给予一次性补助。

（四）腾空拆除误工补助。

当事人在规定期限内签订整治协议并腾空交付拆除违法建筑物，给予腾空拆除误工费补助。补助标准：简易棚20—30元/平方米；泥木结构60—90元/平方米；砖木结构90—120元/平方米；砖混结构150—180元/平方米。

五、转型升级扶持政策

（一）大港头木制品企业在莲都区范围内购置合法厂房并纳税的，经认定给予企业厂房购置费8%的奖励。

（二）在大港头镇区范围内转型发展服务业，符合古堰画乡业态布局规划，利用合法房产发展民宿或农家乐，予以优先立项，并享受相关的扶持政策。

六、奖励政策

取得营业执照或木竹经营加工核准证的企业（加工点）在2015年6月15日前签订整治协议，并于2015年6月25日前腾空交付拆除的，给予企业（加工点）整治奖励。奖励标准：半成品企业（加工点）每家1.8万元，成品企业（加工点）每家4.5万元。

七、营业执照或木竹经营加工核准证均未取得的加工点，必须在2015年6月5日之前签订整治协议并完成腾空交付拆除。在6月5日前腾空交付拆除的，可享受本办法第六条外的整治补助和转型升级扶持政策。

八、当事人在规定时间内未签订整治协议和腾空交付拆除的，其违法建筑物按照“三改一拆”相关规定执行，并责令当事人恢复土地原貌。

九、本办法由大港头镇木制品行业整治工作指挥部负责解释。

中共丽水市莲都区委办公室印发《关于在县处级以上领导干部中开展“三严三实”专题教育工作方案》的通知

莲委办发〔2015〕42号

各副处级以上领导干部所在单位：

《关于在县处级以上领导干部中开展“三严三实”专题教育工作方案》已经区委同意，现印发给你们，请结合实际认真贯彻执行。

中共丽水市莲都区委办公室

2015年6月9日

关于在县处级以上领导干部中开展“三严三实”专题教育工作方案

为贯彻落实全面从严治党要求，巩固和拓展党的群众路线教育实践活动成果，持续深入推进党的思想政治建设和作风建设，根据中央、省委和市委关于在县处级以上领导干部中开展“三严三实”专题教育的部署要求，结合我区实际，提出如下工作方案。

一、总体要求

深入学习贯彻党的十八大和十八届三中、四中全会精神，深入学习贯彻习近平总书记系列重要讲话精神，紧紧围绕推进“四个全面”战略布局要求，对照“严以修身、严以用权、严以律己，谋事要实、创业要实、做人要实”要求，聚焦对党忠诚、个人干净、敢于担当，着力解决“不严不实”问题，切实增强践行“三严三实”要求的思想自觉和行动自觉，做到心中有党、心中有民、心中有责、心中有戒，努力在深化“四风”整治、巩固和拓展党的群众路线教育实践活动成果上见实效，在守纪律讲规矩、营造良好政治生态上见实效，在真抓实干、推动改革发展稳定上见实效。

坚持从严要求、聚焦问题。坚持严字当头，以严的标准、严的措施、严的纪律开展专题教育，抓好思想教育、党性分析、整改落实和立规执纪。强化问题导向，坚持把发现问题、解决问题作为专题教育的出发点和落脚点，对照“三严三实”要求，真正把自己摆进去，紧紧盯住“不严不实”问题和具体表现，着力解决理想信念动摇、信仰迷茫、精神迷失，宗旨意识淡薄、忽视群众利益、漠视群众疾苦，党性修养缺失、不讲党的原则等问题；着力解决滥用权力、设租寻租，官商勾结、利益输送，不直面问题、不负责任、不敢担当，顶风违纪还在搞“四风”、不收敛不收手等问题；着力解决无视党的政治纪律和政治规矩，对党不忠诚、做人不老实，阳奉阴违、自行其是，心中无党纪、眼里无国法等问题，推动各级领导干部争做“三严三实”的好干部。

坚持身体力行、示范带动。区委常委会带头开展“三严三实”专题教育，示范带动和推进全区“三严三实”专题教育深入开展。区级领导班子成员特别是党政主要负责同志，立足承上启下、为政一方，同群众联系更直接、更紧密的实际开展专题教育。其他县处级领导干部立足本职岗位开展专题教育，把“三严三实”要求体现到履职尽责、做人做事的方方面面。

坚持工作结合、统筹推进。坚持与推进“六边三化三美”、“五水共治”、“三改一拆”、“四换三名”、创新驱动、美丽乡村建设等区委、区政府中心工作紧密结合，与完成本单位年度目标任务紧密结合，做到专题教育与日常工作有机融合、相互促进，两手抓、两不误。注重承接教育实践活动的好做法和深化整改落实的任务，巩固教育实践活动成果。深入开展“个十百千万”活动（一个微心愿、十项扶贫措施、百家单位结百村，千名干部联千户，万名志愿者帮万人），真正实现“村村有人帮、户户有人扶”，全面推进“基本消除人均4600元以下低收入农户”工作。继续开展领导干部抓治水、助推企业转型升级、“包百案”、“一联十”、“一联七”、“三员”等活动，推动党员干部深入基层、深入一线，办实事、解难题，进一步坚定“绿水青山就是金山银山”发展战略，促进各级领导干部提振精气神、锤炼好作风、展现新作为，加快推进“两美”莲都建设步伐。

二、方法措施

“三严三实”专题教育要融入领导干部经常性学习教育，不分批次、不划阶段、不设环节，不是一次活动。

（一）区委书记带头讲"三严三实"专题党课。这次专题教育，以领导干部讲党课启动开局。结合专题教育动员部署工作，区委书记要紧扣"三严三实"要求，联系本地区本单位实际，联系党员干部思想、工作、生活和作风实际，带头讲一次党课，其他领导干部也要在适当范围讲党课，发挥带学促学作用。要讲清楚"三严三实"的重大意义和丰富内涵，讲清楚"不严不实"的具体表现和严重危害，讲清楚落实"三严三实"的实践要求。（时间：2015年5月）

（二）区委理论学习中心组开展"三严三实"专题学习研讨。结合理论中心组学习，采取个人自学、集体交流研讨等形式，深入学习习近平总书记系列重要讲话精神，学习党章和党的纪律规定，重点研读《习近平谈治国理政》《习近平关于党风廉政建设和反腐败斗争论述摘编》《之江新语》《干在实处、走在前列》《习近平同志对丽水工作的重要指示摘要汇编》等书目。用好《优秀领导干部先进事迹选编》《领导干部违纪违法典型案例警示录》和《点赞千名好支书》《四风百相》等正反两方面学习用书，对照先进事迹找到差距，从违纪违法案件中汲取教训。在个人自学的基础上，重点分3个专题开展学习研讨，大体上每两个月1个专题。（时间：2015年6月至11月）

专题一：严以修身，加强党性修养，坚定理想信念，把牢思想和行动的"总开关"。重点学习研讨如何坚定马克思主义信仰和中国特色社会主义信念，增强道路自信、理论自信、制度自信；如何站稳党和人民立场，牢固树立正确的世界观、人生观、价值观和公私观、是非观、义利观，忠于党、忠于国家、忠于人民；如何保持高尚道德情操和健康生活情趣，自觉远离低级趣味，树立良好家风，坚决抵制歪风邪气，坚守共产党人精神家园。

专题二：严以律己，严守党的政治纪律和政治规矩，自觉做政治上的"明白人"。重点学习研讨如何严格遵守党章，落实习近平总书记在十八届中央纪委五次全会上提出的"五个必须"要求，对照省委巡视组反馈的意见认真剖析，自觉维护中央权威，任何时候任何情况下都做到在思想上政治上行动上同以习近平同志为总书记的党中央保持高度一致；维护党的团结，做老实人、说老实话、干老实事，不搞团团伙伙，不搞任何形式的派别活动；遵循组织程序，不超越权限办事，不搞先斩后奏；服从组织决定，不跟组织讨价还价，不欺骗组织、对抗组织；管好亲属和身边工作人员，不让他们擅权干政，不让他们利用特殊身份谋取非法利益。

专题三：严以用权，真抓实干，实实在在谋事创业做人，树立忠诚、干净、担当的新形象。重点学习研讨如何坚持用权为民，自觉遵守宪法法律和党的纪律，按规则、按制度、按法律行使权力，敬法畏纪，为政清廉，任何时候都不搞特权、不以权谋私；如何坚持民主集中制，自觉接受监督，不搞大权独揽、独断专行；如何坚定"绿水青山就是金山银山"发展战略，坚持从实际出发谋划事业、推进工作，敢于担责、"为官有为"，努力创造经得起实践、人民、历史检验的实绩。

（三）召开"三严三实"专题民主生活会和组织生活会。2015年底，党员领导干部年度民主生活会和组织生活会，要以践行"三严三实"为主题进行。每名县处级以上党员领导干部要在开展专题学习、广泛征求意见、深刻自我剖析、深入谈心交心的基础上，对照党章等党内规章制度、党的纪律、国家法律、党的优良传统和工作惯例，对照中央、省委、市委和区委指出的"不严不实"表现，对照正反两方面典型，联系个人思想、工作、生活和作风实际，联系个人成长进步经历，联系教育实践活动中个人整改措施落实情况，深入查摆"不严不实"问题，进行党性分析，严肃认真开展批评和自我批评。

（四）强化整改落实和立规执纪。坚持边学边查边改，主要领导和其他成员都要列出问题清单，制定整改措施，一项一项整改，以解决问题的成果来检验专题教育的成效。坚持个性问题立即改、共性问题专项改，对反映比较集中、影响较大的问题开展专项整治，严格正风肃纪；对存在“不严不实”问题的领导干部，立足于教育提高，促其改进；对群众意见大、不能认真查摆问题、没有明显改进的，要进行组织调整。针对“不严不实”问题，建制度、立规矩，强化刚性执行，推动践行“三严三实”要求制度化、常态化、长效化。

三、组织领导

“三严三实”专题教育在区委常委会领导下进行，由区委组织部牵头组织实施，区委办、区纪委、区委宣传部等参与组织、协同推进。各县处级以上领导干部所在单位要把开展“三严三实”专题教育作为重大政治任务，认真谋划、精心组织，确保取得实施。

基层党组织和党员中要开展“学党章、守纪律、讲规矩”主题教育，进一步增强党员的政治意识、纪律意识和规矩意识。

丽水市莲都区人民政府办公室关于印发莲都区餐桌安全治理行动三年计划（2015—2017年）的通知

莲政办发〔2015〕66号

各乡镇人民政府，各街道办事处，区政府直属各单位：

《莲都区餐桌安全治理行动三年计划（2015—2017年）》已经区政府第45次常务会议审议通过，现印发给你们，请认真贯彻执行。

丽水市莲都区人民政府办公室

2015年8月28日

（此件公开发布）

莲都区餐桌安全治理行动三年计划（2015—2017年）

为切实加强我区餐桌安全治理，保障人民群众饮食安全，根据浙江省人民政府办公厅《关于印发浙江省餐桌安全治理行动三年计划（2015—2017年）的通知》（浙政办发〔2015〕36号）、丽水市人民政府办公室《关于印发丽水市餐桌安全治理行动三年计划（2015—2017年）的通知》（丽政办发〔2015〕92号）精神，结合我区实际，特制定本行动计划。

一、目标要求

按照"最严谨的标准、最严格的监管、最严厉的处罚、最严肃的问责"的要求，坚持"服务民生、问题导向、标本兼治、社会共治"的原则，以实施"六大提升工程"为载体，进一步加大监管力度，强化监管措施，深化隐患治理，提升监管效能，建立长效机制。通过三年左右时间，建立健全从田头到餐桌的食品安全全程管控体系，食品安全违法犯罪行为得到有效遏制，食品安全重点风险隐患和突出问题得到有效解决，食品安全工作体制机制更加完善，食品安全社会共治格局初步形成，食品安全总体水平和治理能力现代化水平得到全面提升。

到2017年，实现以下食品安全工作目标：

（一）农业标准化覆盖率达到62　%以上，规划建成的病死畜禽集中无害化处理厂实现有效运行。蔬菜、畜禽产品监测合格率保持稳定，不发生重大农产品质量安全事件。

（二）食品生产加工小作坊建档率和登记率达到95%以上，小作坊食品监督抽检合格率达到92%以上。

（三）基本建立农贸市场（含食用农产品批发市场，下同）准入制度，城区农贸市场质量追溯体系建成率达到95%以上，快速检测体系建成率达到95%以上。

（四）大型、特大型餐饮企业和学校食堂阳光厨房建设率达到50%以上；持证小餐饮等级公示率达到95%以上；省级餐饮服务食品安全示范单位、省级示范街范围内的餐饮单位和量化A级单位以及B级学校食堂色标覆盖率达到95%以上。

（五）主要食用林产品标准化生产程度达到68%以上；食用林产品省级抽检合格率保持在97%以上，不合格产品追溯查处率达到100%。

（六）石蛙等重点品种标准化生产率达到60%，石蛙、瓯江彩鲤等重点品种抽检合格率达到98　%以上，不合格水产品追溯查处率达到100%。

（七）餐饮具集中消毒企业产品抽检合格率保持在95%以上；企业内部管理实施远程监控，安装率达到80%以上；和餐桌安全相关的一次性餐饮具和餐具洗涤剂等实施生产许可证管理的重点食品相关产品生产企业的监督抽检覆盖率达到100%。

二、主要任务

全区餐桌安全治理行动三年计划，以实施"六大提升工程"为载体，主要任务如下：

（一）实施农产品（种植业产品和畜禽产品）质量安全提质工程。完善农产品质量安全监管体系，加大农产品质量安全监测力度，建立食用农产品产地准出制度，健全农产品质量安全追溯管理运行机制。开展农产品质量安全放心示范县创建，推进农业标准化生产。严格农业投入品管理，规范农药、兽药、肥料、饲料及饲料添加剂的生产、经营和使用，严厉打击违法违规行为。健全畜禽疫病防控体系，推进生猪定点屠宰场所改造升级，加强对生猪屠宰定点企业和家禽定点屠宰厂的规范管理，严禁未经检疫或检验检疫不合格的猪肉、杀白家禽等产品出厂。落实病死畜禽收集处理属地管理责任,进一步规范病死畜禽无害化处理工作。【责任单位:区农业局、区市场监管局。排在首位的为牵头单位,下同】

(二)实施“三小一市场”整治提升工程。以食品生产加工小作坊、小餐饮、食品小摊贩、农贸市场(含食用农产品批发市场,以下简称“三小一市场”)为整治重点,全面动态掌握基本情况,按照疏堵结合、标本兼治、统筹监管的原则,实施分类监管,加强准入管理,强化生产经营主体责任落实,严厉打击违法添加非食用物质和滥用食品添加剂等行为,依法取缔无证无照生产经营单位,切实解决质量安全突出问题,规范生产经营行为。实施食品生产加工小作坊目录管理、“负面清单”和申报登记管理制度。逐步推进食品小摊贩定点定时经营。积极推行食用农产品市场准入,完善农贸市场质量追溯体系、快速检测体系建设,推行公众免费检测服务。全面提升餐饮量化分级动态管理质量,实施“阳光厨房”建设和色标管理。【责任单位:区市场监管局、城管处州分局、城管莲都分局】

(三)实施进口食品市场整治规范工程。以乳制品、食用油、肉类、酒类等为重点品种,以冷库、批发市场等进口食品储存、经营场所为重点场所,强化市场巡查,强化监督抽检,加强联合执法,深挖案源线索,严厉打击走私、逃避监管、假冒进口食品等行为,确保进口食品市场规范有序。【责任单位:区市场监管局、区公安分局】

(四)实施食用林产品质量安全整治提升工程。围绕当前食用林产品质量安全方面存在的问题和重点品种开展治理整顿,严厉打击在食用林产品生产、贮运等过程中违法使用禁限用农药、兽药等行为。加大食用林产品和产地环境质量安全监测力度,增加监测频次。逐步实施食用林产品产地准出和市场准入制度、追溯制度、约谈和通报制度。强化森林食品品牌建设,积极推进林业标准化示范企业、森林食品基地的培育和认定工作,大力培育和推介林业行业名牌产品。【责任单位:区林业局】

(五)实施初级水产品质量安全整治提升工程。建立完善水产品产地环境监测、病死水生动物无害化处理、水产品质量安全信息化管理、水产品质量安全突发事件应急处置等监管机制。推广健康安全生产模式,推进渔业规模化、标准化、品牌化,加强水产品质量安全风险监测、监督抽检和执法查处,以石蛙、瓯江彩鲤等高密度养殖品种等为重点,严厉打击生产过程中使用孔雀石绿、氯霉素、硝基呋喃等禁用药物,非法添加着色剂和滥用保鲜剂等行为,规范生产行为,保障初级水产品质量安全。【责任单位:区水利局】

(六)实施集中消毒餐饮具及食品相关产品质量安全提升工程。加强餐饮具集中消毒企业,食品相关产品生产企业监管,加大集中消毒饮具及食品相关产品质量安全风险监测和监督抽检的力度,严厉打击未取得卫生监督合格证的餐饮具集中消毒生产经营行为,严厉打击食品相关产品无证生产、使用回收原料、违规使用增塑剂等有毒有害物质的违法行为,依法查处餐饮服务单位使用无卫生监督合格证企业生产的集中消毒餐饮具或不符合标准餐饮具行为。进一步规范和提升餐饮具集中消毒企业卫生条件和内部管理,进一步健全食品相关产品生产环节长效监管机制,逐步规范产品包装标识,督促企业全面落实质量安全主体责任,提高产品质量。【责任单位:区卫计局、区市场监管局、区质监局】

“六大提升工程”的具体实施方案,经区政府同意后,以区食品安全委员会办公室名义一并下发。

三、实施步骤

(一)部署阶段(2015年8月)。各有关部门要根据职责分工,结合我区食品产业状况、食品安全突出风险隐患及群众关心的热点难点问题,将餐桌安全治理列入本部门2015年至2017年重点工作,细化工作方案,层层分解责任。

(二)实施阶段(2015年9月

—2017年9月）。各乡镇（街道）、有关部门按照工作方案，大力推进“六大提升工程”，坚持问题导向，深化隐患排查整治，重点破解食品安全重点难点问题，严厉打击食品安全违法犯罪行为，切实规范食品生产经营行为，构建地方政府负总责、监管部门各负其责、企业为第一责任人的食品安全责任体系，不断提升区域食品安全总体水平。

（三）总结阶段（2017年10月—2017年底）。开展餐桌安全治理行动实施情况验收，总结和提炼好经验和好做法，巩固深化食品安全长效监管机制。

四、保障措施

（一）加强组织领导。各乡镇（街道）、各有关部门要充分认识开展餐桌安全治理的重要性，切实加强组织领导。各牵头单位要会同各责任单位按照专项实施方案要求，加强联动配合，抓好三年目标任务落实。区、乡两级食安委、食安办及食品安全监管部门要履职尽责，加强对行动的统筹谋划和组织协调，建立健全食品安全基层责任网络，共同抓好食品安全工作。

（二）完善保障机制。按照餐桌安全治理行动任务的要求，将餐桌安全治理行动经费纳入年度财政预算，加大食品安全监督抽检、检验检测能力建设、快速检测体系建设、电子追溯体系建设、基层责任网络建设、监管执法能力建设、应急处置能力建设、食品安全宣传等经费保障，加快提升食品安全治理能力现代化水平。

（三）营造共治氛围。各乡镇（街道）、各有关部门要将宣传教育作为餐桌安全治理行动的重要内容，加强食品生产经营单位法律法规、安全知识的培训，开展企业诚信教育，及时曝光典型案例，公布“黑名单”企业，提升食品生产经营单位的守法意识、诚信意识和首责意识。要充分发挥行业协会作用，增加自我教育、自我管理、自我监督功能。要利用各种媒介，普及食品安全知识，提高群众安全消费、理性消费意识。要大力宣传和推行食品安全有奖举报制度，继续组织开展食品安全“六进”、“四个你我”等活动，激发公众参与食品安全监督的热情，形成政府、企业、行业组织、专家、消费者和媒体共同关心、参与、维护食品安全的良好氛围。

（四）加强督查评估。区政府已将餐桌安全治理行动纳入年度食品安全工作目标考核重要内容，各乡镇（街道）、各有关部门要制定具体工作措施，并将工作落到实处。区食安办要加强综合协调，对行动开展情况进行年度评估和终期评估，确保计划实施到位。

（五）规范信息报送。各乡镇（街道）、各有关部门要加强餐桌安全治理行动信息报送工作，落实专人负责，定期向区食安办报送工作动态、好经验、好做法及大案要案线索、查处的典型案件等相关信息。各有关部门将餐桌安全治理行动进展情况（附件3）于每年3月12日、6月12日、9月12日、12月12日前，报至区食安办，同时每年 12月 12日前上报年度工作总结（联系人：罗晓燕，联系电话：2050021）。

附件：

1. 莲都区餐桌安全治理行动信息专报人员名单报送表

2. 莲都区餐桌安全治理行动工作目标进度表

3. 莲都区餐桌安全治理行动进展情况报表

附件1

莲都区餐桌安全治理行动信息专报人员名单报送表

表47　　单位名称(公章):__

姓 名	处 室	办 电	手机	传 真	电子邮箱

填报人:　审核人:　填报时间:

注:请各乡镇(街道)、区农业局、区市场监管局、城管处州分局、城管莲都分局、区公安分局、区林业局、区水利局、区卫计局、区质监局于8月31日前将名单报送至区食安办

附件2

莲都区餐桌安全治理行动工作目标进度表

表48

工作目标 / 年度	农产品(%)		小作坊(%)			城区农贸市场(%)		餐饮服务(%)			食用林产品(%)			初级水产品(%)			集中消毒餐饮具和食品相关产品(%)						
	标准化生产覆盖率	农资监管与服务信息化系统县级覆盖率	建档率	监督抽检覆盖率	监督抽检合格率	质量追溯体系建成率	快检体系建成率	阳光厨房建设率	色标管理覆盖率	持证小餐饮等级公示率	主要品种标准化生产率	省级以上质量抽检合格率	不合格产品追溯查处率	重点品种标准化生产率	重点品种抽检合格率	不合格产品追溯查处率	餐饮具集中消毒企业、获证食品相关产品生产企业的年度自查报告提交率	餐饮具集中消毒企业基本情况、监督执法等建档率	两类食品相关产品生产企业底数掌握率	实行生产许可证管理的重点食品相关产品种类的风险监测覆盖率	实行生产许可证管理的重点食品相关产品生产企业的监督抽查覆盖率	餐饮具集中消毒企业电子监控探头安装率	抽检的集中消毒餐饮具合格率，并开展洗消剂残留指标检测(+)
2015年	61	100	90	90	—	50	50	30	85	85	58	97	100	58	90	100	100	100	—	—	—	60	95
2016年	61.5	100	92	—	90	70	70	40	90	90	63	97	100	59	94	100	—	—	100	100	—	70	95
2017年	62	100	95	—	92	95	95	50	95	95	68	97	100	60	98	100	—	—	—	—	100	80	95+

附件3

莲都区餐桌安全治理行动进展情况报表

表49　填报单位(公章)：

工作目标 完成情况	农产品		小作坊			城区农贸市场		餐饮服务			主要食用林产品标准化生产覆盖情况	重点初级水产品标准化生产覆盖情况	集中消毒餐饮具企业				食品相关产品		
	标准化生产覆盖情况	农资监管与服务信息化系统覆盖情况	建档情况	监督抽检覆盖情况	监督抽检情况	质量追溯体系建成情况	快检体系建成情况	阳光厨房建设情况	色标管理覆盖情况	持证小餐饮等级公示情况			年度自查报告提交情况①	建档情况②	电子监控探头安装情况	产品抽检情况③	年度自查报告提交情况④	风险监测覆盖情况⑤	监督抽查覆盖情况⑥
应开展单位数(家)	总面积				抽检批次						总面积	总面积				抽检批次			
已开展单位数(家)	应该开展面积				合格批次						应该开展面积	应该开展面积				合格批次			
覆盖率或建成率(%)					合格率											合格率			

注：1. ①②④列仅报2015年数据，⑤列仅报2016年数据，⑥列仅报2017年数据，③列从2017年开始加报洗消剂残留指标检测情况。

2. 比率均保留小数点后一位

填报人：　联系电话：　审核人：　填报时间：

丽水市莲都区人民政府办公室关于印发《莲都区2015年扩大有效投资百日攻坚活动实施方案》的通知

莲政办发〔2015〕74号

各乡镇人民政府，各街道办事处，区政府直属各单位：

《莲都区2015年扩大有效投资百日攻坚活动实施方案》已经区政府同意，现印发给你们，请认真贯彻执行。

丽水市莲都区人民政府办公室

2015年9月15日

（此件公开发布）

丽水市莲都区人民政府办公室关于印发城区餐饮服务业油烟污染整治工作方案的通知

莲政办发〔2015〕77号

各乡镇人民政府,各街道办事处,区政府直属各单位:

《城区餐饮服务业油烟污染整治工作方案》已经区政府同意,现印发给你们,请认真遵照执行。

丽水市莲都区人民政府办公室

2015年8月28日

城区餐饮服务业油烟污染整治工作方案

根据《浙江丽水国家生态文明先行示范区建设方案》《2015年莲都区生态市建设工作领导小组各成员单位工作任务书》工作要求，为切实解决城区餐饮服务业乱排油烟、群众投诉较多等问题，建立定期清洗和长效监管制度，结合莲都实际，特制定本工作方案。

一、整治范围

（一）城区范围内所有产生油烟污染的餐饮店（场所）；

（二）城区范围内所有露天烧烤。

二、整治内容

对城区范围内存在以下违法行为之一的产生油烟污染的餐饮店（场所）进行整治：

（一）未办理营业执照或餐饮服务许可证的；

（二）有证照未办理环评审批手续的；

（三）证照齐全，已办理环评审批手续但未按规定使用油烟净化设施造成油烟超标排放的。

三、整治原则

（一）治旧控新、整体推进。城区四个街道整治行动同时开始，整体推进，对产生油烟污染的餐饮店（场所）全面整治，严格控制新建产生油烟污染的餐饮场所，严格执行环评审批制度。

（二）分类整治，从严查处。对市区产生油烟污染的餐饮店（场所）按“提升一批、整改一批、查处一批”的要求进行整治，从严查处一批群众反映强烈、油烟乱排乱放的违法排污案件。

（三）部门协作，联合执法。环保、行政执法、市场监管、公安、街道办事处等相关部门齐抓共管，相互配合，联合执法，形成合力，共同完成整治工作。

四、部门职责

（一）城管处州分局：负责证照齐全、已办理环评审批手续餐饮店（场所）超标排放油烟的行政处罚；负责露天烧烤整治；配合环保部门、市场监管部门整治行动。

（二）区环保分局：负责有证照未办理环评审批手续进行经营的餐饮店（场所）的行政处罚工作；配合城管部门、市场监管部门整治行动。

（三）区市场监管局：负责未办理营业执照或餐饮服务许可证的餐饮店（场所）的行政处罚工作；配合城管部门、环保部门整治行动。

（四）区公安分局：负责整治行动的执法保障。

（五）街道办事处：负责各自辖区对餐饮店（场所）的宣传、发动和教育活动，配合各执法部门开展联合整治行动。

五、整治步骤

（一）宣传发动阶段（7月1日—8月30日）

加强新《环保法》、《大气污染防治法》、《浙江省大气污染防治条例》等相关大气环境保护法律法规的宣传，提高市民对环境保护的认识，意识到餐饮油烟污染的危害性，全民参与，共同治理油烟污染。

（二）组织实施阶段（9月1日—11月30日）

各部门按照职责，各司其职、各负其责，联合执法，环保、行政执法、市场监管、公安、街道各出4人，按街道辖区分成4个联合执法组，全面开展联合整治行动，做到不推诿扯皮，形成整体合力。区领导小组协调相关部门联合执法，确保整治行动顺利推进。

（三）巩固提升阶段（12月1日—12月10日）

各部门建立巡查机制，加强监管，查漏补缺，对发现的问题及时处置，并在12月10日前将工作总结报领导小组办公室。

六、保障措施

（一）加强组织领导。成立城区餐饮油烟污染治理工作领导小组，由区政府分管领导任组长，城管处州分局主要负责人任副组长，成员单位包括城管处州分局、区环保分局、区市场监管局、区公安分局及城区四街道，领导小组办公室设在城管处州分局,负责餐饮油烟污染治理总牵头工作,落实整治工作的督查考评。各责任部门要按照职责具体负责相关工作推进,强化联合执法,强化联动互动,完成餐饮油烟污染治理工作。

（二）建立联席会议制度。工作领导小组固定时间召集各责任部门召开联席会议,总结前阶段工作进展情况,协调、解决存在的问题和治理难点,部署下一阶段的工作任务,保障治理工作阶段性胜利。

（三）建立抄告机制。各责任部门在巡查或监管中发现不属于本部门职责范围的油烟污染行为的,应及时抄告具有职权的部门,形成联管联防,无死角监管机制。

（四）协作分工,责任明确。各部门责任明确,分工合作,密切配合,齐抓共管,切实做好市区餐饮油烟污染治理工作。

（五）健全工作机制。各责任部门要明确分管领导和联络员,建立进度报送制度。工作进度要以书面形式每半月向工作领导小组办公室报送治理工作进展。

附件:城区餐饮服务业油烟污染整治工作领导小组成员名单

附件

丽水市区餐饮服务业油烟污染整治工作领导小组成员名单

组　长:王世强(区政府副区长、环卫局局长)
副组长:蔡通友(区政府副区长、城管处州分局局长)
成　员:周蕴敏(城管处州分局副局长)
叶伟春(区公安分局副局长)
王　炜(区环保分局副局长)
朱泽霞(区市场监管局副局长)
尤会贤(岩泉街道副主任)
吕军勇(紫金街道副主任)
王刘毅(白云街道副主任)
蓝林余(万象街道副主任)
王龙健(城管处州分局综合管理科负责人)

领导小组下设办公室,办公室设在城管处州分局,王龙健任办公室主任,施小飞、李爱柳、谢剑勇、邹珊炜、雷发云、陆志强、吴雅婷、孙炳峰为办公室成员。负责餐饮油烟污染治理总牵头工作,落实整治工作的督查考评。

丽水市莲都区人民政府办公室关于印发《莲都区关于加快建设标准强区的若干意见》的通知

莲政办发〔2015〕81号

古堰画乡小镇指挥部,各乡镇人民政府,各街道办事处,区政府直属各单位:

《莲都区关于加快建设标准强区的若干意见》已经区政府研究同意,现印发给你们,请认真遵照执行。

丽水市莲都区人民政府办公室

2015年10月23日

(此件公开发布)

莲都区关于加快建设标准强区的若干意见

为全面推动“绿水青山就是金山银山”战略、打造生态保护与生态经济“双示范区”、加快建设“三美融合”新莲都，充分发挥标准在引领生态文明建设、促进生态经济发展中的重要作用，根据《浙江省人民政府关于加快建设标准强省的若干意见》(浙政发〔2014〕35号)和《丽水市人民政府办公室关于加快建设标准强市促进生态经济发展的若干意见》(丽政办发〔2015〕27号)精神，结合我区实际，现就加快建设“标准强区”提出如下意见：

一、重要意义

标准是国民经济和社会发展的基础性制度，是生态文明和生态经济发展的重要技术支撑，标准化是推进社会治理体系和治理能力现代化的重要手段。近年来，我区标准化工作取得了一定成效，但全社会标准化意识还不强，标准化总体水平还较低，标准化在发展生态工业、生态农业、生态服务业中的支撑作用还不突出。当前，我区正处于发展生态产业、转型升级关键时期，加快建设“标准强区”，制定与实施具有国际、国内先进水平的标准，构建符合莲都发展要求的先进标准体系，有利于实施“四换三名”工程、促进绿色生态产业发展，提升莲都绿色生态经济的核心竞争力，做大“金山银山”；有利于推动“五水共治”，促进经济生态化，保护好“绿水青山”；有利于促进依法治安，为莲都区经济发展和社会稳定创造良好的环境条件；有利于加快政府职能转变和社会治理方式创新，改善和提高民生幸福指数，促进社会和谐稳定。各乡镇(街道)和部门要充分认识建设“标准强区”的重要性和紧迫性，用标准促产业，以标准优服务，向标准要市场，靠标准保生态，增强责任感、使命感，为加快建设“三美融合”新莲都做出积极贡献。

二、总体要求

力争到2020年，标准化工作体制机制进一步完善；支撑生态文明和生态经济的标准体系进一步健全；标准的科学性、有效性和竞争力显著提高；政府综合治理能力和治理体系的标准化水平不断提升；高技术产业、战略性新兴产业创新成果标准转化率大幅提升；重点产业采用国际先进标准比率明显提高；龙头骨干企业实质性参与国内外标准化活动能力显著增强；标准促进生态文明建设成果显现，将潜在的生态优势转化为区域经济优势、竞争优势的能力明显提高；安全生产形势显著好转，各项考核指标达到中等发达国家水平；全社会标准化意识明显提高，高素质复合型标准化人才队伍日益壮大，产业竞争的标准“话语权”不断增强，全社会关注、支持和参与标准化的良好氛围更加浓厚。

三、重点任务

(一)以标准化助推“五水共治”。探索符合莲都实际的农村生活污水集中治理、用水节水技术与管理、生活饮用水供水服务等标准化试点示范。组织“五水共治”相应标准宣贯，组织开展对污水排放、废气排放、固体废弃物污染防治等强制性标准实施情况的监督检查，以标准的硬约束淘汰落后产业、产能和倒逼转型升级，实现可持续的绿色发展。

(二)提升重点产业标准创新能力。强化科技计划执行与技术标准研制互动，加强推动标准研制与科研项目立项、研究、验收或成果鉴定的衔接配套，推行“技术创新—标准转化—做优产业”的标准运作模式。以生态农产品、电子信息、文化创意、生态旅游、休闲养生等产业为重点，鼓励和支持龙头企业、科研机构、行业协会等积极参与或主导制(修)订国际标准、国家标准、行业标准和达到国际先进水平的“浙江制造”标准，积极参与构建“浙江制造”先进标准体系，努力参与“浙江制造”标准的修订;支持和鼓励我区企事业单位创造条件承担全国、省级专业标准化技术委员会(分技术委员会、工作组)秘书处工作。不断提升标准创新能力,加快推进科技创新成果转化为现实生产力,形成一批掌握国内外标准话语权的优势产业和企业。

(三)加强生态工业标准化工作。以培育高端装备、生物医药、电子信息等战略性新兴产业为重点,加快完善农林产品加工等传统产业标准体系,着力构筑具有莲都特色、符合生态特性、竞争优势明显的生态工业标准体系。大力推进采用国际标准、国外先进标准和"浙江制造"先进标准,实现科技创新、标准研制和产业发展的深度融合,技术改造与采用国际先进标准的深度融合;着力在产业集聚区和产业集群制订实施先进联盟标准,推动生态工业发展质量不断提升。引导推动企业从注重产品标准到进一步建立健全包括技术标准、管理标准、工作标准的企业标准体系, 60%以上的生态工业规上企业基本建立以技术标准为主体包含管理标准、工作标准在内的企业标准体系。

(四)加强养生农业标准化工作。按照"优质、安全、高产、高效"要求,推进农业产业结构调整,提升水果、蔬菜、食用菌、畜牧、油茶等传统产业,大力发展"莲"产业为主导的特色产业, 培育一批高品质、高效益、高知名度的拳头产品,加强生态农产品、精品农业、创意农业等地方标准研制。推进养生农业发展,重点建设一批特色养生农业产业带和生态养生精品农业示范基地。着力贯彻现行的国家标准、行业标准、地方标准中有关农产品质量安全、种养殖技术规程、科学施肥与防治病虫害等标准,确保农产品"生态、安全、优质、高效",加快形成一大批生态农产品品牌;深入推进农业标准化示范区或标准化示范项目建设,培育新型农业经营主体,大力推广"龙头企业(合作社、家庭农场)+基地+农户+标准"的运行模式,促进农业增效农民增收,加快生态农业发展进程。

(五)加强生态服务业标准化工作。围绕现代物流、电子商务、商贸流通、文化创意等重点领域,大力开展服务业标准化试点示范,进一步完善服务业标准化推进机制;建立健全具有莲都特色的生态服务业标准化体系。推广国家级、省级、市级标准化项目典型示范经验,发挥服务业重点企业在标准推广实施中的示范带动作用,引导服务业企业按标准开展经营活动;通过制定与实施服务标准,培育创建品牌,加快服务业品牌建设;在重点服务业集聚区,探索开展综合服务标准化试点示范,大力促进生态服务业"扩量提质并举"。

(六)推进生态旅游业标准化工作。围绕打造生态旅游名城战略,立足"瓯江山水、生态养生、民族风情、乡村田园"四个基点,加快发展生态旅游、养生养老、文化创意等美丽业态,研究制定养生乡村、高等级景区、养生养老等设施配置、服务质量、绩效评价标准,构建具有莲都特色的旅游标准体系;推进民宿风貌个性化、设施标准化和居住现代化,制定民宿行业服务质量地方标准,梳理出一套有莲都特色、安全、养生的农家菜标准体系;着力打造精品旅游特色小镇、乡村旅游示范村、养生乡村、养老服务等标准化试点示范;发挥标准的引领和支撑作用,培育一批影响力大、示范带动强的高等级景区与生态休闲养生(养老)基地,加速形成我区的战略支柱产业。

(七)着力提高社会管理和公共服务标准化水平。加强社会管理和公共服务标准化工作的统筹协调和组织领导,建立社会管理和公共服务标准化工作联席会议(工作组)机制,探索建立社会管理和公共服务标准体系;推动智慧政务、便民服务、基础教育、交通运输、医疗卫生、体育保健、公共文化等重点领域标准制定实施和试点示范项目建设;深入推进乡(街道)、村(社区)便民服务中心、养老服务(照料)中心标准化建设,用标准助推政府职能转变,提升社会治理和公共服务能力,促进社会公平正义,推动和谐社会建设。

(八)推进市场秩序监管标准化。强化标准在市场准入、市场规范、市场监管中的基础作用，着力构建开放有序、公平竞争、科学高效的市场经济秩序；严厉打击违反国家强制性标准的生产经营行为，依法依标保护自主知识产权与品牌。大力推进组织机构代码和物品编码在实体贸易、电子商务、现代物流等领域的应用，实现企业信息、产品信息与交易信息的互联与可追溯，促进社会信用体系建设。

（九）强化安全生产标准化。以新《安全生产法》为引领，探索符合莲都实际的安全生产监管模式，实现乡镇（街道）、部门（单位）安全生产规范化，规模以上企业安全生产标准化建设。

（十）积极应对技术性贸易壁垒。围绕我区主要出口产品和出口目标国，有针对性地开展技术性贸易壁垒的研究和信息收集，加强对主导产业重点产品与国际、国内标准水平的比较研究；跟踪进口国的技术法规、标准更新情况，及时提供预警信息，指导和帮助企业规避风险，提高应对国外技术性贸易壁垒的能力，减少出口贸易损失，增强国际市场竞争力。

（十一）加强标准的实施与监督检查。各行业主管部门要加大组织标准宣贯与实施力度，将科技计划、项目建设、技术改造、技术引进、政府采购、工程建设招标、科技奖励等工作与标准实施工作有机结合起来，共同推进标准的有效实施，提高企业的标准实施率。重点加强对污染物排放限额、能耗限额、道路交通标志标识、旅游标志标识等涉及公共利益的强制性标准实施情况的监督检查，促进标准在全社会的广泛应用。探索建立标准实施信息反馈机制，实施标准相关组织应主动配合行业主管部门、标准化行政主管部门，真实及时反馈标准实施信息。

四、保障措施

（一）加强领导，合力推进。设立区政府推进标准化工作的领导机构，坚持“统一管理、分工负责”的原则，将标准化工作纳入经济社会发展规划，做到政府统一领导、标准化部门统一管理、行业管理部门各司其职。强化“管行业必须管标准”的理念，行业主管部门、相关综合部门须将标准化工作与经济社会发展中心工作一起谋划、整体推进、同步实施，与科技政策、产业政策、人才政策和社会发展政策有机衔接。

（二）统筹安排，加大政策扶持。加大对实施标准强区战略的资金投入，在深入实施《丽水市人民政府关于加强品牌创建与质量建设的若干意见》(丽政发〔2012〕48号)基础上，要重点加强对标准化理论研究、标准制修订、采用国际先进标准、标准化试点示范、标准信息平台建设、标准宣贯等方面的资金支持。各行业主管部门在下达重大技术专项时，应明确标准化有关工作要求和资金的投入比例。鼓励和引导社会各界，特别是有条件的企业建立标准化工作经费保障机制，逐步形成以政府投入为引导、企业投入为主体、社会资金投入为补充的多渠道、多元化的投入机制。

（三）加强标准化人才队伍建设。支持科研院所开展标准化原理、技术等基础理论研究，鼓励职高等学校开设标准化课程、设立标准化专业。鼓励龙头企业、骨干企业和高等院校、科研机构合作，依托专业标准化技术委员会组建覆盖产业链上下游的标准创新团队、标准创新基地。加大标准化人才的培养和引进力度，广泛利用社会资源，多层次、多形式开展标准化培训，重点培育一批业务精、懂标准的复合型人才，发展壮大标准化专家队伍。

（四）营造良好的标准化氛围。要充分利用各种媒体，以“世界标准日”“质量月”“3·15”“科技周”等宣传活动为载体，切实做好标准化知识宣传和普及工作，提升企业主体的标准化意识与能力，提高标准化在生产经营者和消费者中的认知度和普及率。增强社会各界的标准化意识，营造全社会“了解标准化知识、参与标准化活动、享用标准化成果”的良好社会氛围。

丽水市莲都区人民政府办公室关于印发《关于加快莲都区旅游农业产业发展的实施意见》的通知

莲政办发〔2015〕108号

古堰画乡小镇指挥部，各乡镇人民政府，各街道办事处，区政府直属各单位：

《关于加快莲都区旅游农业产业发展的实施意见》已经第48次区政府常务会议审议通过，现印发给你们，请认真贯彻执行。

丽水市莲都区人民政府办公室

2015年12月20日

（此件公开发布）

关于加快莲都区旅游农业产业发展的实施意见

为贯彻落实《国务院办公厅关于加快转变农业发展方式的意见》(国办发〔2015〕59号)、《关于积极开发农业多种功能大力促进休闲农业发展的通知》(农加发〔2015〕5号)、《丽水市人民政府关于深入贯彻“绿水青山就是金山银山”指导思想全面实施生态产业强市的意见》(丽政发〔2014〕31号)等文件精神,进一步加快我区农村经济产业发展,充分发挥农业的基础支撑作用,提升精致农业发展新水平,顺应健康消费新趋势,顺应乡村旅游发展新要求,创建特色,打造品牌,形成农旅深度融合发展新格局。特制定我区旅游农业产业发展实施意见。

一、发展理念

按照“健康时尚、品质第一、融合旅游、科技保障、典型引领”的总体要求,着力特色与品牌建设,推进养生农业发展,围绕“请上门体验与送上门消费”的目标,实现旅游与农业的深度融合,全面提升品牌化、绿色化、标准化的旅游农业产业化水平。坚持旅游为导向,植入文化创意,全区以莲产业为主基调,围绕赏莲、品莲,做足、做活莲文化莲产业文章,统筹发展花卉、中药材、特色小水果等观光休闲、养生度假型产业,将“精心、精致、精品”养生农业向纵深推进。

二、发展背景

发展旅游农业产业,不仅是发展乡村休闲旅游的有力推手,更是发展“安心、健康、养生”农业的重要内容之一。旅游农业产业贯穿农村一、二、三产业,融合了生产、生活和生态功能,紧密连结农业、农产品加工业、服务业的新型农业产业形态和新型消费业态,是建设现代农业的重要内容,已经成为农村经济新的增长点。发展旅游农业产业符合当前农村经济发展规律,有市场需求,蕴藏着巨大发展潜力,是有助于解决“三农”问题的朝阳产业,是农村生态文明建设的重要引擎,是农业产业转型升级的重要途径,是促进农业增效、农民增收的重要突破口。同时,发展旅游农业产业也是推进城乡一体化发展的重要载体,沿着“三美融合、主客共享”的工作主线,能快速推动农村发展、农业增效、农民增收。

三、发展路径

坚持以理念引领、规划统筹、政策推动、科技保障,推进农业产业特色化发展,品牌化经营,力争至2018年,建设成布局合理、生态高效、设施配套、功能完备、示范带动能力强的农业产业体系。其中:至2018年,全区白莲种植面积达到10000亩,花卉种植面积达到3000亩,草本药材种植面积达到2万亩,新增特色水果3000亩左右。

四、扶持政策

(一)大力扶持适度规模种植。对围绕莲都区景区、景点、主题村落进行特色农业产业种植,具有一定规模、观赏性较强,促进农旅深度融合的,由业主申请,经区旅委、区农业局审核把关、验收合格后给予一定补助。其中:

1.莲产业。积极推进莲产业扩面提质,全面拓展白莲四大属性,全力打造“中国莲都”这张城市名片。围绕以老竹区块为核心,以主题村落建设、民宿发展村及农业休闲观光园(点)为重点,沿路、沿景区、沿村庄、沿主河流,大力推进籽莲和观赏莲的发展。对2010年起种植籽莲和观赏莲5亩以上(要求良种密植,密度大于100株/亩)的种植户,继续给予每亩500元/年的补助;对种植处州白莲20亩以上,且种植水平高、园相好的规模种植户,再给予每亩300元/年的奖励。

2.花卉产业。围绕景区、景点、主题村落,引导适度规模发展花卉产业。对新发展花卉集中连片种植50亩以上的基地,给予每亩500元/年的补助。

3.中药材产业。充分利用生态资优势,结合实际,大力发展皇菊、铁皮石斛等观赏性强、经济效益高的中药材产业。对新发展中药材集中连片种植50亩以上、经济效益高、带动性强的基地，每亩给予一次性补助500元。

4.特色水果产业。大力发展生态、精品、特色小水果产业，着力打造特色小水果采摘休闲光观农业基地，推进“两门”农业发展。以白枇杷产业发展为重点，适度规模发展其他新兴特色小水果，着力形成布局科学合理，季季都有品质优良的特色小水果。对新发展特色小水果集中连片种植20亩以上、经济效益高、带动性强的基地，每亩一次性补助1000元。

（二）加强基地基础设施建设。对种植品种优良、示范带动性强的基地，基础设施建设采取项目申报制，采用以奖代补方式给予一定的资金补助（注：对已经享受省、市、区其他项目扶持的不予重复补助）。

（三）新技术、新品种研究与推广。每年安排一定经费用于业主与院校、科研院所合作，开展新品种、新技术、新模式的研究、推广和技术培训等方面的补助。

（四）品牌宣传与营销。每年安排一定资金，采取“政府搭台，企业唱戏”形式，通过特色农产品展示活动的开展，不断提升莲都旅游农业产业的知名度和影响力。积极培育1～2家龙头企业，对产品开展商标注册、认证、包装及组织营销等工作，提升产品包装，打造区域品牌，严格规范品牌管理，制定品牌使用规则。加大品牌宣传力度，开展名牌产品、著名商标申报认定，提高品牌附加值。

五、项目管理

全区旅游农业产业发展实行项目库管理，对本意见规定的补助政策按申报、评估、立项、实施、验收等程序规范操作。

（一）申报。以村集体或种植业主为项目实施主体的，需编制项目标准文本一式五份，向所在乡镇政府（街道办事处）提出申请，经乡镇政府（街道办事处）审核汇总后，上报涉农项目库。

（二）审核评估。由区农业局会同有关部门组织专家或技术人员进行实地勘察，对申报项目进行审核评估论证。

（三）立项。经评估后，对符合条件和要求的申报项目择优予以立项，纳入莲都区涉农项目储备库信息管理系统统一管理。

（四）实施。计划下达后，由项目申报主体按建设要求认真组织实施，所在乡镇政府（街道办事处）负责项目监督管理，相关主管部门确定专业技术人员进行技术指导。

（五）验收。项目按建设要求完成后，项目实施主体向所在乡镇政府（街道办事处）提出验收要求，乡镇政府（街道办事处）接到验收申请后，上报区农业局，由区农业局组织相关部门进行验收，同时将验收结果在政府网站上进行公示。公示无异议的，按照财政使用资金管理办法给予拨付。

本意见自2016年1月1日起实施，有效期为3年。之前我区出台的《关于扶持发展处州白莲特色产业的实施意见》（莲政办发〔2011〕150号）和《丽水市莲都区人民政府办公室关于调整处州白莲和白枇杷产业发展部分扶持政策的通知》（莲政办发〔2013〕12号）同时废止。

丽水市莲都区人民政府办公室关于转发《丽水市人民政府关于支持大众创业促进就业的实施意见》的通知

莲政办发〔2015〕110号

古堰画乡小镇指挥部，各乡镇人民政府，各街道办事处，区政府直属各单位：

现将《丽水市人民政府关于支持大众创业促进就业的实施意见》（丽政发〔2015〕78号）转发给你们，请认真贯彻落实。

附件：丽水市人民政府关于支持大众创业促进就业的实施意见

丽水市莲都区人民政府办公室
2015年12月31日

（此件公开发布）